CentOS 8

LINUX
EXPRESS

신윤환 지음

생능출판

지은이 **신윤환** (Dr. Eric Shin)

「Big Data 환경에서 Needle Points 선정을 위한 생체 데이터의 패턴 분석」으로 이학박사를 학위를 취득하였고 중소벤처기업부 정보화융합기술 전문위원과 중소기업기술정보진흥원, 정보통신기획평가원, 기상청, 한국콘텐츠진흥원에서 연구개발지원사업 평가위원으로 활동하고 있습니다. 주요저서로는 《Linux & Unix 정복하기》, 《프로그램 개발을 위한 첫 걸음 C Programming 정복하기》, 《Apache+PHP+MySQL로 웹 데이터베이스를 구축하는 PHP Programming 정복하기》, 《CentOS7으로 쉽게 터득하는 Linux 시스템 구축 실무 테크닉》, 《XAMPP에서 쉽게 연출하는 PHP7 웹 프로그래밍 실무 테크닉》, 《소프트웨어 창의력 향상을 위한 Python3 START-UP》, 《C 언어 일취월장》, 《PHP EXPRESS》 등이 있습니다.

CentOS 8
LINUX EXPRESS

초판발행 2020년 3월 27일
제1판2쇄 2023년 2월 3일

지은이 신윤환 (Dr. Eric Shin)
펴낸이 김승기
펴낸곳 (주)생능출판사 / **주소** 경기도 파주시 광인사길 143
출판사 등록일 2005년 1월 21일 / **신고번호** 제406-2005-000002호
대표전화 (031)955-0761 / **팩스** (031)955-0768
홈페이지 www.booksr.co.kr

책임편집 신성민 / **편집** 이종무, 김민보, 유제훈 / **디자인** 유준범, 표혜린
마케팅 최복락, 김민수, 심수경, 차종필, 백수정, 송성환, 최태웅, 명하나, 김민정
인쇄 · 제본 (주)상지사P&B

ISBN 978-89-7050-399-8 93000
정가 35,000원

● 이 도서의 국립중앙도서관 출판예정도서목록(CIP)은 서지정보유통지원시스템 홈페이지(http://seoji.nl.go.kr)와 국가자료공동목록시스템(http://www.nl.go.kr/kolisnet)에서 이용하실 수 있습니다. (CIP제어번호: 2020009942)

이 책을 펼치는 순간부터
리눅스 전문가가 될 수 있습니다!

※ 손쉬운 리눅스 환경 구축 + 가상 머신
초보자도 쉽게 리눅스 환경을 구축할 수 있습니다.
상세한 설명과 도전문제를 통해 명확한 이해로 학습 의욕을 높여줍니다.

※ 개념 설명 ➜ 풍부한 예제 ➜ 도전문제로 이어지는 학습체계
리눅스 명령어에 대한 충분한 설명과 이해를 도와주는 예제
꼭 알아두고 넘어가야 하는 [여기서 잠깐 살펴보세요] 코너
배운 내용을 바탕으로 실력향상을 위한 도전문제
본문에서 배운 내용을 함축해 놓은 핵심 요약
기승전결의 학습 완성도를 높였습니다.

※ 배움의 기쁨을 만끽할 수 있는 IT 교과서
리눅스 명령어에 대한 자세한 설명을 담았습니다.
학습자가 필요한 공부가 될 수 있도록 방법을 제시합니다.

머리말

리눅스는 유닉스와 호환되며 주로 서버용 운영체제로 많이 사용되어 왔지만 최근에는 개인용 PC에서도 리눅스 운영체제를 사용하고 있는 빈도는 점차 증가하고 있는 추세입니다. 리눅스는 오픈형 소프트웨어로 누구나 소스를 쉽게 구할 수 있고 원하는 대로 버전을 만들 수도 있습니다.

리눅스 환경에서 서버와 웹 언어, 데이터베이스의 연동을 통해 사용자가 구축하고자 하는 웹 사이트를 손쉽게 구현할 수 있도록 네트워크 인터페이스를 지원하고 있습니다. 이와 같이 리눅스에서 제공하는 장점을 최대한 활용하여 업무에 필요한 컴퓨터 환경을 조성할 수 있으며 저렴한 비용으로도 웹 사이트를 쉽게 구축할 수 있습니다.

이 책의 구성은 크게 5개의 단원으로 구분하여 집필하였습니다.

Part 01 | 리눅스 환경 구축과 명령어 입문
Part 02 | 디렉터리와 파일 관리
Part 03 | 파일시스템과 디스크 관리
Part 04 | 리눅스 시스템 관리
Part 05 | 웹 서버 구축과 보안 관리

첫 번째 단원에서는 리눅스 환경 구축과 리눅스 명령어 입문에 대해 다루었고 두 번째 단원에서는 디렉터리와 파일, 리눅스 에디터, 파일접근 권한설정을 배우기 쉽게 전개하였습니다. 세번째 단원에서는 관리자 권한 실행, 파일 시스템과 마운트 설정, 하드디스크 관리와 쿼터 설정을 다루었고 네 번째 단원에서는 소프트웨어 관리와 프로세스 관리, 셸 스크립트 프로그래밍을 전개하였습니다. 마지막 단원에서는 네트워크 인터페이스와 원격접속, 데이터베이스 서버 구축 및 운영, 웹 서버 구축 및 운영, 리눅스 방화벽 관리에 대해 다루었습니다.

각 단원에 들어서면 장별로 꼭 알아두어야 할 사항들을 핵심요약으로 함축하였으며 배운 내용을 스스로 풀어볼 수 있도록 예제문제를 제시하여 배운 지식을 함양할 수 있도록 자신감을 심어놓았습니다. 이 책을 선택하신 모든 독자분이 즐겁고 재미있게 공부하여 리눅스 명령어를 마음껏 활용할 수 있는 실력을 탄탄하게 다지기를 바랍니다.

이 책이 완성되기까지 많은 정성을 기울여 좋은 책으로 탄생하기 위해 노력해 주신 생능출판사 임직원 여러분과 편집부 권소정님께 감사드립니다. 그리고 좋은 강의와 학업 증진을 위해 많은 조언과 격려를 아낌없이 베풀어주시는 주위의 교수님들께도 감사의 말씀을 드립니다.

항상 진지한 열의와 젊음의 패기를 가지고 열심히 들어주는 학생들에게도 감사와 희망의 기쁨으로 가득 찬 내일의 시간을 전합니다. 그리고 이 책을 집필하는 동안 바쁜 와중에도 물심양면으로 보필해 준 아내 김경미에게 감사와 사랑의 마음을 가득 담은 내일의 시간을 고이 접어 드립니다.

작은 꿈을 실현하기 위한 노력은 내일의 기쁨입니다.
지은이 신윤환

이 책의 구성

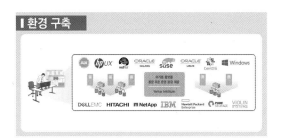

리눅스 운영체제의 개념과 트렌트를 살펴보고 리눅스 시스템의 특징, 리눅스 실습환경 구축, 가상머신과 리눅스 설치 등을 상세하게 기술하였습니다.

각 단원에서 반드시 알고 넘어가야 할 중요한 사항들에 대해서는 따로 요약하여 한 번 더 살펴보도록 전개하였습니다.

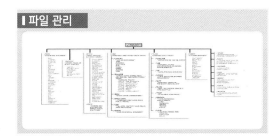

파일의 구성요소와 종류, 디렉터리와 파일 관리, 명령어 사용 등에 대해서 쉽게 이해할 수 있도록 전개하였습니다.

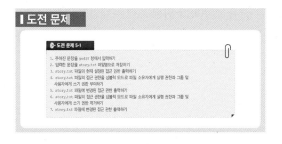

각 단원에서 배운 내용을 바탕으로 실력을 향상할 수 있도록 도전문제를 제시하였습니다.

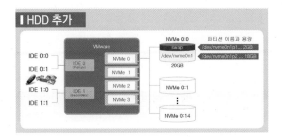

하드디스크 추가 및 파티션 분할과 파일 시스템 검사 및 복구, 사용자별 공간 할당 방법에 대해 혼자서도 할 수 있도록 충분한 예제를 수록하였습니다.

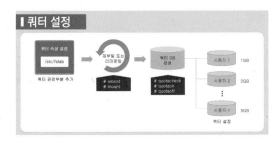

리눅스 시스템은 여러 사용자가 동시에 접속하여 사용하는 시스템이므로 각 사용자에게 디스크 용량을 할당할 수 있도록 쿼터 설정에 대해 초보자도 수행할 수 있도록 전개하였습니다.

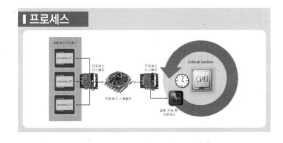

리눅스 시스템에서 구동되는 프로세스의 상태 전이와 커널 내에서 사용하는 준비 큐, 대기 큐, 실행 큐 등의 자료구조를 통해 프로세스의 상태관리 방법을 자세히 설명하였습니다.

사용자가 입력한 명령을 커널에게 해석하여 전달하거나 처리결과를 사용자에게 전달하는 역할을 수행할 수 있도록 셸 스크립트 프로그래밍 작성 및 소스 코드에 대한 설명을 자세하게 다루었습니다.

차례

리눅스 환경 구축과
명령어 입문

CHAPTER 01
리눅스 입문

학습목표

- 리눅스 운영체제에 대해 이해할 수 있습니다.
- 가상 머신 프로그램의 동작 의미에 대해 이해할 수 있습니다.
- CentOS 리눅스 설치환경을 구축할 수 있습니다.
- 리눅스 X 윈도에서 환경을 변경하여 설정할 수 있습니다.

리눅스와 운영체제

1 리눅스 운영체제

리눅스(Linux)는 핀란드의 헬싱키 대학에서 운영체제를 공부하던 시간에 우연히 386 기종에서도 구동할 수 있는 유닉스 운영체제를 만들었으면 좋겠다는 생각을 한 리누스 토발즈(Linus Benedic Torvalds)에 의해 개발된 운영체제이지만 처음부터 리누스 토발즈 혼자서 만든 것은 아닙니다. 뉴스그룹의 구성원들과 전 세계 네티즌들의 많은 관심과 지대한 노력으로 만들어졌다고 볼 수 있습니다.

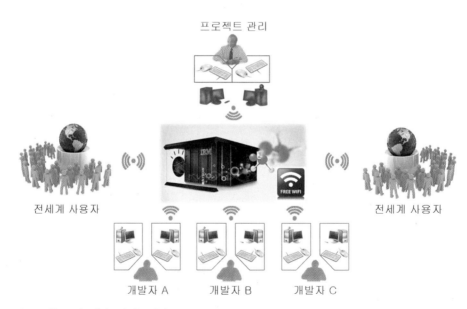

그림 1-1 리눅스 업그레이드와 버그 해결

많은 네티즌이 리누스에게 아이디어와 기술을 제공하였으며 발표된 리눅스의 커널을 보고 문제점과 이를 개선한 소스 파일들을 전송해 줌으로써 리눅스의 토대를 마련하는 계기가 된 것입니다. 리눅스는 처음부터 커널(Kernel) 부분의 소스 파일을 공개하여 컴퓨터 사용자는 누구나 이 소스 파일을 가져다가 사용할 수 있도록 지속적으로 노력을 기울이고 있습니다.

이와 같은 과정을 통하여 많은 사람이 리눅스의 소스 파일을 이용해 자신의 환경에 맞도록 사용해 보고 문제점을 보완하거나 기능을 개선하는 등의 노력으로 꾸준히 전 세계의 네티즌에게 공개되어 왔습니다.

이러한 방법으로 개선된 소스 파일을 다른 사용자가 사용해 보고 또다시 개선된 소스 파일을 공개하는 방식으로 리눅스의 성능을 개선하여 현재까지 이르게 되었습니다. 현재 시중에 배포되고 있는 리눅스 중에서 많은 관심과 사랑을 받는 리눅스의 종류에는 데비안, 레드햇, 페도라, 우분투, CentOS 등의 리눅스가 있습니다.

그림 1-2 리눅스의 종류

이 책에서는 업스트림 소스인 레드햇 엔터프라이즈 리눅스와 완벽하게 호환되고 무료 기업용 컴퓨팅 플랫폼을 제공하기 위해 만들어진 CentOS 8 리눅스에 대해서 다루기로 하겠습니다.

2 CentOS 8 리눅스

CentOS(Community Enterprise Operating System) 8 리눅스는 레드햇 제휴로 개발된 컴퓨터 운영체제입니다. CentOS 8은 업스트림 소스인 레드햇 엔터프라이즈 리눅스의 소스 코드를 그대로 가져와 빌드(Build)하였기 때문에 레드햇 엔터프라이즈 리눅스와 완벽하게 호환되는 무료 기업용 컴퓨팅 플랫폼을 제공하는 장점이 있습니다.

CentOS 8 리눅스는 높은 보안성을 제공하며 낮은 컴퓨터 사양에서도 설치할 수 있습니다. 무엇보다 가장 큰 장점은 무료로 사용할 수 있다는 점입니다. 최신 컴퓨터로 대체하고 남은 구형 컴퓨터는 CentOS 8 리눅스를 운영체제로 설치하여 서브(Sub) 컴퓨터로 활용할 수 있습니다.

그림 1-3 리눅스가 가지는 특징

CentOS 8 버전까지 개발되어 온 리눅스의 변천사는 다음 표에서 제시한 바와 같이 한눈에 파악할 수 있습니다.

표 1-1 CentOS 리눅스 버전

버전	프로세서 아키텍처	커널 버전	출시 일자
2.1	i386	2.4.9	2004년 05월 14일
3.1	i386, ia64, s390, s390x, x86＿64	2.4.21-15	2004년 03월 20일
3.3	i386, ia64, s390, s390x, x86＿64	2.4.21-20	2004년 09월 20일
:	:	:	:
6.9	i386, x86＿64	2.6.32-696	2017년 04월 05일
6.1	i386, x86＿64	2.6.32-754	2017년 07월 03일
7.0-1406	x86＿64	3.10.0-123	2014년 07월 07일
7.1-1503	x86＿64	3.10.0-229	2015년 03월 31일
7.2-1511	x86＿64	3.10.0-327	2015년 12월 14일
7.3-1611	x86＿64	3.10.0-514	2016년 12월 12일
7.4-1708	x86＿64	3.10.0-693	2017년 09월 13일
7.5-1804	x86＿64	3.10.0-862	2018년 05월 10일
7.6-1810	x86＿64	3.10.0-957	2018년 12월 03일
7.7-1908	x86＿64	3.10.0-1062	2019년 08월 06일
8.0-1905	x86＿64	4.18.0-80	2019년 05월 07일

[참조] https://ko.wikipedia.org/wiki/CentOS

3 GNU 프로젝트

GNU 프로젝트는 리누스 토발즈가 리눅스 커널을 개발하기에 앞서 그 이전인 1984년에 리차드 스톨만(Richard Stallman)에 의해서 시작되었습니다. GNU 프로젝트가 추구하고 하는 목표는 '모두가 공유할 수 있는 소프트웨어'를 만드는 것을 모티브로 하였습니다.

그림 1-4 GNU 프로젝트 추구 목표

누구든지 소프트웨어를 자유롭게 사용하도록 하고자 함을 추구하여 소프트웨어를 자유롭게 사용하도록 FSF(Free Software Foundation)에서 제공되는 대부분 소프트웨어는 GPL(General Public License)이라는 라이선스를 따르도록 권장하고 있습니다. 이 라이선스는 자유 소프트웨어(Free Software)의 수정과 공유의 자유를 보장(사용, 수정, 재배포, 이윤 창출)하는 것을 기본 목적으로 추진하고 있습니다.

◢ 리눅스 시스템 구성요소

리눅스 운영체제의 구성요소는 크게 세 가지로 분류할 수 있습니다. 첫째는 리눅스 운영체제의 핵심이 되는 커널(Kernel)과 둘째, 커널과 사용자 프로그램의 중간에 자리 잡고 명령어를 해석하는 셸(Shell)이 있으며 셋째, 사용자 프로그램으로 구성되어 있습니다.

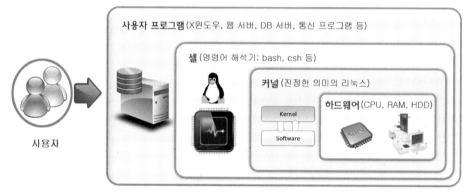

그림 1-5 리눅스의 커널과 셸, 사용자 프로그램의 관계

커널

리눅스 커널(Linux Kernel)은 1991년 리누스 토발즈에 의해 생긴 용어입니다. 운영체제와 컴퓨터 사용자(User) 사이에는 커널(Kernel)과 셸(Shell)이라는 것이 존재합니다. 셸이란 일종의 명령어 해석기를 의미하며 운영체제에서 사용되는 언어와 사용자가 사용하는 언어가 다르기 때문에 사용자가 명령을 입력하면 셸에서 명령을 받아 운영체제가 사용할 수 있는 언어로 셸을 통해 번역을 수행합니다.

이렇게 번역된 언어를 커널로 보내게 되며 커널은 명령을 받아 해당하는 작업을 수행합니다. 이와 같은 관점에서의 커널은 운영체제를 실제로 운영하는 것으로 생각해도 무방합니다.

리눅스의 가장 큰 특징 중 하나는 배포판에 포함된 기본 커널을 사용자가 직접 최신의 커널로 업그레이드할 수 있다는 점입니다. 이러한 과정을 '커널 업그레이드' 또는 '커널 컴파일'이라고 하며 최근 리눅스 배포판은 많이 안정적이라서 예전보다 커널 업그레이드에 대한 부담감은 다소 줄어들었습니다.

셸

셸(Shell; Operating System Command Interpreter)은 사용자와 운영체제 내부(커널) 사이의 인터페이스를 감싸는 층이며 셸은 일반적으로 명령 줄과 그래픽 형의 두 종류로 분류됩니다. 명령 줄 셸은 운영체제 상에서 명령 줄 인터페이스(CLI; Command Line Interface)를 제공하는 반면에 그래픽 셸은 그래픽 사용자 인터페이스(GUI; Graphic User Interface)를 제공합니다.

일부 사람들은 커널을 운영체제 그 자체로 생각하는 사람들도 있으며 커널이 수행하는 작업은 실제로 사용자 눈에는 보이지 않지만, 그 결과 값이 셸에 의해 사용자가 볼 수 있는 언어로 번역되어 화면에 출력됩니다.

■ Shell의 의미

- 리눅스에서 대화형 사용자 인터페이스를 의미
- 사용자가 입력하는 명령어를 이해하고 실행하는 역할
- 운영체제의 바깥 계층에 위치
- 사용자와 커널의 의사소통을 담당
- `cshell`, `bourneshell`, `bashshell`, `tcshell`, `cshell` 등의 다양한 종류

■ Shell의 역할

- 입력을 읽고 해당 명령행을 분석
- 특수 문자들을 평가
- 파이프(|), 리다이렉션(>), 백그라운드(&) 프로세스를 설정
- 시그널 처리(예> `Ctrl + C`)

■ 사용자 프로그램

리눅스에서 사용자 프로그램이라 함은 말 그대로 리눅스 환경에서 사용하는 프로그램을 의미합니다. XWindows와 네트워크 서비스를 위한 웹 서버나 FTP, DB 서버 등을 사용자 프로그램이라고 할 수 있습니다.

우리가 현재 사용하고 있는 마이크로소프트사의 Windows 운영체제와 비교할 때 리눅스 시스템의 특징을 살펴보면 다음과 같습니다.

독립된 플랫폼을 갖는 운영체제

리눅스는 마이크로프로세서 x86을 기반으로 하는 인텔 계열의 CPU와 AMD사에서 출시되는 CPU 등과 같은 모든 CPU를 완벽하게 지원하고 있으며 IBM POWER, Z SERIES 및 S/390까지도 지원한다는 점에서 특정된 어느 하나의 운영체제 환경에서만 구동되는 제약을 벗어나 독립된 플랫폼을 갖는 범용 운영체제입니다.

그림 1-6 이기종에 독립된 플랫폼

UID와 GID

리눅스는 유닉스와 마찬가지로 UID(User ID)와 GID(Group ID)를 갖고 있으며 USER, GROUP, OTHER로 구분하여 각 디렉터리와 파일의 접근 여부에 관한 권한을 제어하고 있습니다.

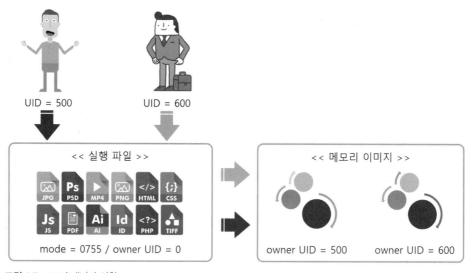

그림 1-7 UID의 개념과 역할

리눅스에서는 여러 개의 파일 시스템이 존재하기 때문에 각각의 파일 시스템의 성격에 맞도록 ID를 부여할 수 있을 뿐만 아니라 각 USER 또는 GROUP에게 사용할 수 있는 용량을 제어할 수도 있습니다.

리눅스 시스템을 사용하는 사용자 계정도 관리자(root)와 일반 사용자(user)로 구분하여 필요한 범위만을 일반 사용자들에게 공개 또는 공개하지 않을 수 있으며 개인 사용자의 데이터 보안을 부여할 수도 있습니다.

이와 같은 특징으로 동일 그룹 안의 USER들은 서로 자료를 공유할 수 있으며 디렉터리 또는 파일에 관한 권한을 부여할 수 있기 때문에 효율적으로 관리할 수 있습니다. UID는 사용자를 구별하는 키워드입니다.

빠른 업그레이드

Windows 운영체제와 같은 비공개형 운영체제의 경우에는 사용 중에 버그가 발견되더라도 사용자는 수정할 수 없으며 오직 마이크로소프트사에서 공식적으로 패치 버전을 설치해야 합니다. 그러므로 패치 버전이 배포될 때까지는 상당한 시간이 소요되기도 합니다

그림 1-8 업그레이드를 통한 안정성

리눅스는 커널 및 프로그램에 대한 버그 및 업그레이드에 대한 상당 부분이 전 세계 수많은 프로그래머에 의해 개발되고 수정되기 때문에 업그레이드 속도와 버그 해결이 신속하게 이루어져 사용자에게 빠른 업그레이드의 편의성을 제공하고 있습니다.

여기서 잠깐 살펴보세요.

리눅스는 오픈형 운영체제이기 때문에 전 세계의 많은 프로그래머가 배포된 리눅스를 사용하면서 발생하는 버그나 편의 기능 등을 나름대로 연구 노력하여 인터넷상에 올려놓음으로써 또 다른 프로그래머들에 대한 의견들을 수렴하여 리눅스의 업그레이드 버전이 수시로 빠르게 업그레이드되고 있습니다.

강력한 네트워크 지원

리눅스가 큰 사랑을 받는 특징 중에서도 가장 큰 비중을 차지하고 있는 부분은 바로 강력한 네트워크를 지원하는 운영체제라는 점입니다. 하나의 프로세스가 실행되고 있는 상태에 또 다른 프로세스가 진행될 수 있는 장점을 제공합니다. 이러한 기능들을 제공하기 때문에 리눅스는 네트워크 기능에 충실한 운영체제라 할 수 있습니다.

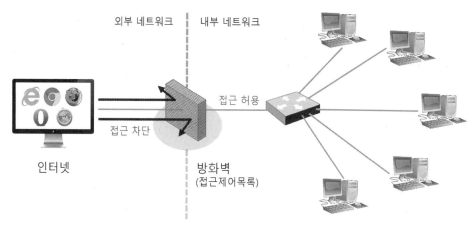

그림 1-9 리눅스의 강력한 네트워크 지원 망

리눅스 시스템을 네트워크 서버로 사용하기 위해서는 간단한 몇 가지의 환경설정(IP주소, 도메인 네임, 넷마스크, 게이트웨이 등)만으로도 곧바로 네트워크 서비를 사용힐 수 있고 인터넷이나 이더넷에 안정적으로 연결할 수 있습니다.

클라이언트 프로그램 지원뿐만 아니라 웹서버, DB서버, 메일서버, 뉴스서버, 네임서버 등의 네트워크 서버 기능도 제공하고 있어 강력한 네트워크를 지원합니다.

다중 작업과 가상 터미널 환경지원

리눅스에서의 다중 작업(Multi-Tasking)이란 동시에 여러 작업을 처리하는 개념으로 예를 들면 웹 브라우저를 통해 인터넷 검색함과 동시에 다른 창에서는 문서를 작성하거나 프로그램 소스를 컴파일하는 등 시스템의 자원 사용방법을 의미합니다.

이와 같은 멀티태스킹은 마이크로소프트사의 Windows 환경에서 제공되는 의미와 동일하게 해석됩니다.

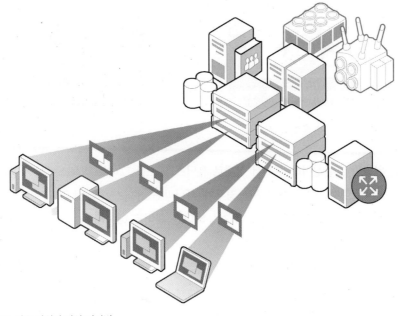

그림 1-10 다중 작업과 가상 터미널

리눅스는 개발 단계에서부터 멀티태스킹 기능을 제공하기 위해서 만들어진 운영체제이므로 상당히 안정적이며 효율적인 멀티태스킹 기능을 제공합니다.

가상 터미널(Virtual Terminal) 환경이라는 것은 하나의 모니터에 여러 개의 가상 화면을 두는 기능을 의미하며 리눅스는 기본적으로 6개의 가상콘솔이 설정되어 있어 각각의 화면마다 다른 작업을 진행할 수 있는 환경을 제공해 줍니다.

유닉스와 리눅스의 완벽한 호환

예전에 네트워크를 주로 사용하고자 할 경우의 운영체제는 유닉스 또는 Windows NT 중에서 어느 하나를 선택하여 사용해 왔습니다.

유닉스는 워크스테이션용 운영체제로 대학이나 연구기관, 기업 등에서 많이 사용하고 있지만 뛰어난 성능 및 안정성에 비해 높은 비용의 시스템으로 개인이나 중소규모의 기업에서 사용하기에는 다소 어려움이 존재했습니다.

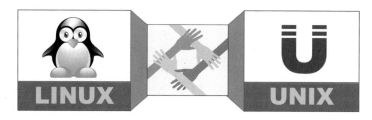

그림 1-11 리눅스와 유닉스 호환성

그렇지만 완벽한 호환성이라고 해서 실제로 유닉스 코드를 그대로 리눅스에서 사용하는 것은 아닙니다. 다만 프로그램을 개발하는 경우가 아니라면 유닉스에서 사용하는 프로그램 등을 별도의 수정 없이도 리눅스에서 사용이 가능하다는 의미로 해석해야 합니다.

공개형 오픈 소스의 운영체제

리눅스가 빠르게 확산되고 정착할 수 있었던 계기는 비공개형 Windows 운영체제와는 달리 그 소스가 공개되어 있어 누구나 소스를 변형, 개발, 재배포할 수 있는 특징을 가지고 있기 때문입니다.

그림 1-12 오픈 소스의 활용성

이와 같은 특징으로 리눅스는 전 세계 프로그래머들의 적극적인 참여로 더욱 안정적이고 강력한 운영체제로 진화되어 가고 있습니다.

예전부터 사용해 왔던 리눅스는 거의 무료라는 장점과 유닉스와의 호환성을 장점으로 현재에는 보다 안정적이고 성능향상까지 이루어진 상용화된 운영체제로 발전하였습니다.

이와 같은 계기로 탄생하게 된 상업용 리눅스는 유닉스의 높은 가격대와는 달리 저렴한 비용
으로 엔터프라이즈 환경에서 가장 안정적이고 뛰어난 성능을 갖는 운영체제가 되었으며 각
리눅스 업체로부터 유지/보수 등의 지원을 받을 수 있게 되었습니다.

그 외의 특징

앞에서 다룬 리눅스의 특징 이외에도 터미널이나 네트워크를 통해서 한 시스템에서 여러 사
용자가 많은 프로그램을 동시에 사용할 수 있는 다중 사용자(Multi-User) 환경을 지원하고 있
으며 많은 작업을 동시에 수행할 수 있으면서도 저렴한 비용이라는 장점이 있습니다.

이와 같은 장점들을 가진 리눅스는 예전에 사용하던 구형 컴퓨터 등에서도 효율적으로 리눅
스 전용 컴퓨터로 사용할 수 있으며 네트워크 서비스 등의 기능도 운영할 수 있을 만큼의 기
능을 제공함으로써 저급사양의 개인용 컴퓨터에서도 큰 불편함 없이 인터넷과 서버구축 등의
편리성을 사용할 수 있습니다.

6 운영체제 역할

운영체제는 처리하고자 하는 과정을 일련의 작업순서로 정하고 중앙처리장치(CPU; Central
Processing Unit)와 주기억장치(RAM; Random Access Memory, ROM; Read Only Memory) 그리고
컴퓨터 주변장치(키보드, 모니터, 마우스 등) 등의 여러 하드웨어 시스템에 일련의 작업순서를
할당합니다.

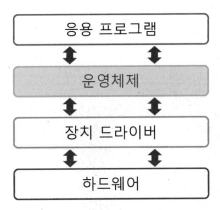

그림 1-13 운영체제의 역할

이와 같은 과정은 매우 복잡한 명령으로 프로그램 실행은 물론 파일접근, 응용 프로그램 구

동, 모니터 및 메모리 저장장치 제어, 글자판 명령 해석과 같은 특별한 임무를 수행하도록 CPU에게 지시합니다.

여기서 잠깐 살펴보세요.

> 운영체제는 컴퓨터와 같은 기계장치인 하드웨어(H/W; HardWare)와 컴퓨터에 설치되는 모든 소프트웨어(S/W; SoftWare)를 관리하는 '실행 관리자'라고 명명할 수 있습니다. 운영체제는 사용자가 누구든지 컴퓨터를 효율적으로 사용할 수 있도록 관리해주므로 운영체제를 달리 비유하면 컴퓨터 시스템을 관리하는 마스터(Master)라고 할 수 있습니다.

운영체제를 사용하는 목적은 기계장치인 하드웨어를 사용할 수 있도록 기반을 조성해 주는 것입니다. 컴퓨터를 하드웨어 부품으로 조립하였다 할지라도 전원을 켜면 화면에는 아무것도 나타나지 않아 작업을 수행할 수가 없습니다. 스마트폰 역시 마찬가지입니다. 하드웨어로 구성된 단말기에는 응용 소프트웨어를 사용할 수 있는 플랫폼이 구성되어 있어야 합니다.

하드웨어로 구성된 단말기를 구동하게 하기 위해서는 가장 먼저 운영체제를 설치해야 합니다. 그 이유는 운영체제를 기반으로 응용 소프트웨어를 설치할 수 있기 때문입니다. 운영체제의 역할과 목적에 대해 다음 그림과 같이 표현할 수 있습니다.

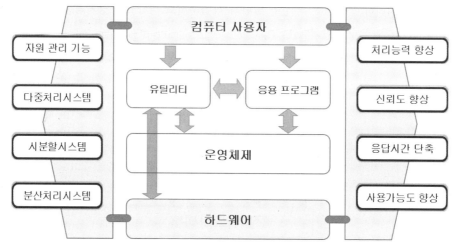

그림 1-14 운영체제의 역할과 목적

컴퓨터 1대에 1개의 운영체제만 사용하는 것이 일반적이지만 때로는 1대의 컴퓨터에 여러 개 운영체제를 설치하여 사용할 수도 있습니다. 컴퓨터 1대에 여러 개 운영체제를 설치할 때 필요한 소프트웨어는 바로 가상 머신 프로그램입니다.

SECTION 02 리눅스 실습환경 구축

1 가상 머신 프로그램

가상 머신(Virtual Machine)이란 실존하는 컴퓨터가 아닌 가상(Virtual)으로 존재하는 머신(Machine = Computer)을 의미합니다. 즉, Windows 컴퓨터 호스트(OS) 안에 가상의 컴퓨터를 만들어 또 다른 게스트 운영체제(OS)를 설치하여 운영할 수 있도록 제작된 프로그램입니다.

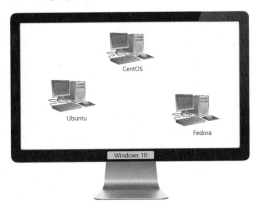

그림 1-15 가상 머신 프로그램

여기에서 가상 머신은 멀티 부팅(Multi Booting)과는 다른 개념이므로 혼동해서는 안 됩니다. 멀티 부팅은 하드디스크의 파티션을 나누어 한 번에 하나의 운영체제만을 가동할 수 있는 컴퓨터 환경을 의미합니다.

가상 머신은 파티션을 나누지 않고 동시에 여러 개의 운영체제를 구동할 수 있는 환경을 제공해 주는 프로그램입니다.

가상 머신 프로그램은 VMware Player, Virtual 컴퓨터, Hyper-V, Virtual Box 등 여러 종류

의 소프트웨어가 무료로 사용할 수 있도록 제공하고 있습니다. 이 중에서 가장 많이 사용되고 있는 VMware Player 소프트웨어를 선택하여 실습하도록 하겠습니다.

VMware Player는 VMware사에서 제공하는 무료 버전으로 제공되는 소프트웨어로 유료 버전인 VMware Workstation 소프트웨어의 기능에서 스냅숏, 클론, 보안 등의 기능이 제외된 소프트웨어이지만 무료로 사용할 수 있다는 부분에서 약간의 불편함은 충분히 감수할 수 있으리라 생각합니다.

② VMware 설치

VMware Player는 www.vmware.com 사이트 또는 www.vmware.com/kr.html 웹 사이트를 방문하면 VMware Workstation Player 설치 프로그램을 다운로드할 수 있습니다.

또 다른 방법은 웹 브라우저에서 직접 링크된 URL 아래 주소를 입력해서 다운로드할 수도 있습니다.

```
https://my.vmware.com/en/web/vmware/free#desktop_end_user_computing/vmware_
workstation_player/15_0
```

VMware Workstation Player를 다운로드할 때 익스플로러보다는 크롬 웹 브라우저로 접속하기 바랍니다. 그 이유는 컴퓨터 환경에 따라 익스플로러에서는 사이트를 찾지 못하는 경우가 종종 발생할 수도 있기 때문입니다.

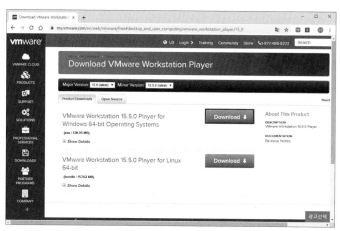

그림 1-16 VMware 다운로드 사이트

프로그램을 다운로드할 수 있는 사이트 주소는 버전이 업그레이드되거나 홈페이지 환경변화에 따라 달라질 수 있으므로 참고하기 바랍니다.

가상 머신 프로그램 설치

여기서는 VMware 가상 머신 프로그램 설치하도록 하겠습니다. VMware 설치과정은 다음 단계를 따라만 하면 쉽게 설치할 수 있습니다.

- **Step 01** | VMware Work-station Player 설치는 특별한 설정이나 주의해야 할 부분은 없으므로 <Next>를 클릭하여 계속 설치하면 됩니다. 이전 버전이 내 컴퓨터에 설치되어 있다면 기존 소프트웨어를 제거하는 과정이 먼저 수행됩니다.

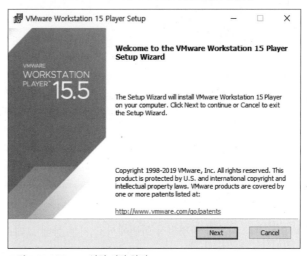

그림 1-17 VMware 설치 시작 화면

- **Step 02** | 라이선스에 동의한 다음 <Next>를 클릭하여 계속 설치를 진행합니다.

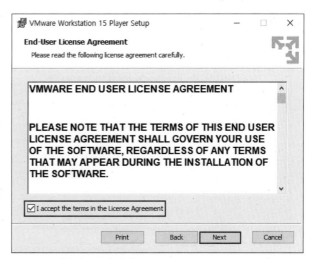

그림 1-18 라이선스 동의 화면

- **Step 03** | 설치대상 및 추가기능 설치 화면이 나타나면 옵션을 선택하지 않은 기본 상태 그대로 두고 <Next>를 누릅니다.

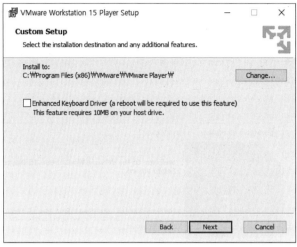

그림 1-19 설치대상 및 추가기능 설치 화면

- **Step 04** | 사용자 환경설정 화면에서도 기본 상태 그대로 두고 <Next>를 클릭하여 다음 단계로 넘어갑니다.

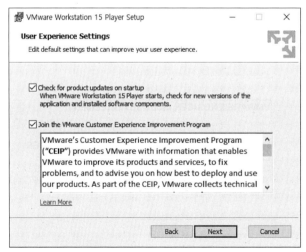

그림 1-20 사용자 환경설정 화면

- **Step 05** | 시스템에 설치할 단축키 선택 화면이 나타나면 기본 상태 그대로 두고 <Next>를 누릅니다.

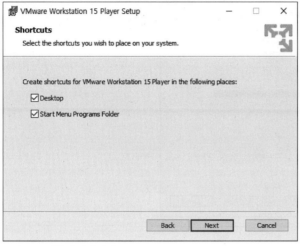

그림 1-21 단축키 선택 화면

- **Step 06** | VMware Workstation Player 설치준비 화면이 나타나면 <Install>을 클릭하여 본격적으로 프로그램을 설치합니다.

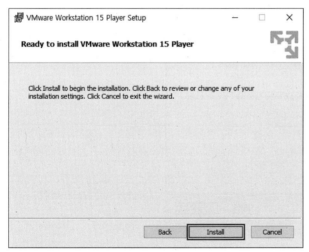

그림 1-22 VMware Workstation Player 설치준비 화면

- **Step 07** | VMware Workstation Player가 설치됩니다.

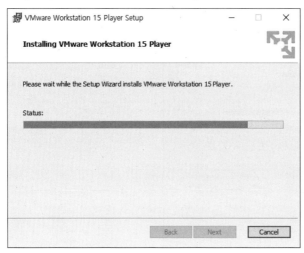

그림 1-23 VMware 설치 화면

- **Step 08** | VMware Workstation Player 프로그램이 모두 설치되면 <Finish>를 누릅니다.

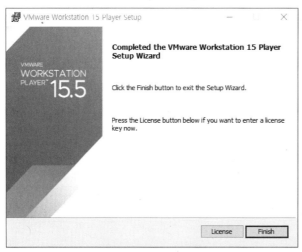

그림 1-24 VMware 설치 마법사 완료

가상 머신 실행

설치한 가상 머신 프로그램인 VMware Workstation Player를 실행하는 방법에 대해 살펴보
겠습니다.

● **Step 01** | Windows 바탕화면에서 설치가 완료된 VMware Workstation Player 아이콘을
클릭하여 프로그램을 실행합니다.

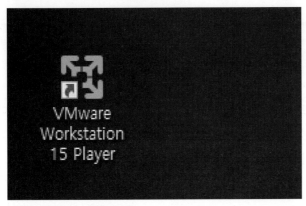

그림 1-25 VMware 실행 아이콘

● **Step 02** | VMware Workstation Player 프로그램을 실행하기에 앞서 무료로 사용하기 위
한 안내 메시지를 보여주는 화면에서 <Continue>를 클릭한 다음 프로그램 설치 완료 화
면에서 <Finish>를 누릅니다.

(a) 라이선스 키 또는 이메일 주소 입력   (b) 프로그램 설치 완료

그림 1-26 비영리용으로 사용할 것을 동의하는 화면

- **Step 03** | VMware Workstation Player 설치가 완료되면 다음과 같은 프로그램의 초기화면이 나타납니다.

그림 1-27 VMware Workstation Player 초기화면

VMware Workstation Player 프로그램의 좌측에는 설치된 가상 머신 목록을 보여줍니다. 하지만 우리는 아직은 어떠한 가상 머신 프로그램을 설치한 사례가 없으므로 가상 머신 설치 목록을 보여주는 창에는 [Home]만 나타나 있는 것을 확인할 수 있습니다.

3 CentOS 8 다운로드

Windows 운영체제 기반인 컴퓨터에 CentOS 8 리눅스를 설치하기 위해서는 먼저 설치할 파일을 다운로드해야 합니다.

- **Step 01** | CentOS 사이트 www.centos.org/download에 방문해서 [DVD ISO]를 클릭하면 CentOS를 다운로드할 수 있는 페이지로 이동합니다.

그림 1-28 CentOS 다운로드 사이트

- **Step 02** | CentOS 8 버전의 리눅스 설치 ISO 파일 목록이 나타나면 이 중에서 하나를 선택해서 다운로드합니다. 다운로드한 리눅스 설치 ISO 파일이 저장될 경로명은 각자 알아서 지정하고 경로명을 반드시 기억해 두기 바랍니다.

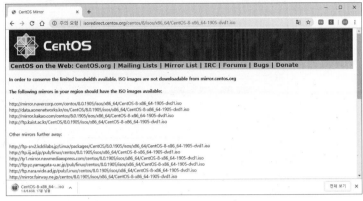

그림 1-29 CentOS ISO 다운로드 리스트

4 가상 머신 생성

다운로드한 CentOS 리눅스를 설치하기 위해서는 먼저 VMware Workstation Player에서 가상 머신을 생성해야 합니다. 앞에서 최소화 모드로 화면 아래에 내려놓은 VMware Workstation Player 프로그램 초기화면을 크게 활성화합니다. 만약 프로그램을 종료하였다면 VMware Workstation Player 프로그램을 다시 실행합니다.

- **Step 01** | VMware Workstation Player를 실행하여 나타난 초기화면에서 [Create a New Virtual Machine] 항목을 선택합니다.

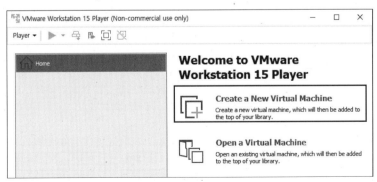

그림 1-30 새로운 가상 머신 설치

- **Step 02** | 리눅스 운영체제는 나중에 선택하는 항목을 선택한 다음 <Next>를 누릅니다.

그림 1-31 운영체제는 나중에 설치항목을 선택

- **Step 03** | 운영체제의 종류는 'Linux'를 선택하고 버전은 'CentOS 8 64-bit'가 있으면 선택하고 없다면 'Red Hat Enterprise Linux 8 64-bit'를 선택한 다음 <Next>를 누릅니다.

그림 1-32 운영체제의 종류와 버전 선택

- **Step 04** | 새로 생성할 가상 머신의 이름은 'CentOS_8'로 입력하고 사용할 하드디스크의 위치는 새로운 디렉터리를 생성 후 [Browse...]를 눌러 D:₩CentOS_HDD와 같이 경로를 지정해 줍니다. 경로는 각자 알아서 지정하면 됩니다.

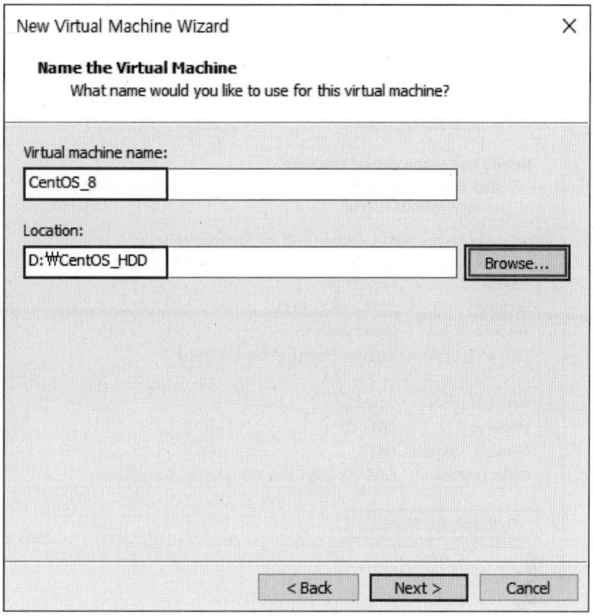

그림 1-33 가상 머신 이름과 하드디스크 경로 설정

- **Step 05** | 디스크 용량과 파일 저장방식을 지정한 다음 <Next>를 누릅니다. 파일을 저장하는 방식 중 첫 번째 항목은 디스크 파일을 하나의 파일로 저장하는 방식입니다. 두 번째 방식은 디스크 파일을 여러 개의 파일로 분리하여 가상 머신을 복사하거나 이동할 때 용이하도록 설정해 주는 방식입니다.

그림 1-34 디스크 용량과 파일 저장방식 지정

- **Step 06** | 앞에서 설정한 하드웨어 정보를 살펴보기 위해 [Customize Hardware...]를 누릅니다.

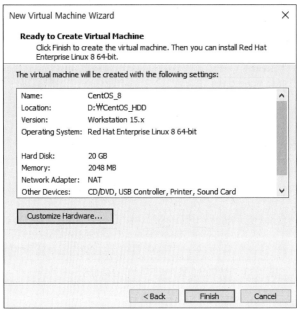

그림 1-35 하드웨어 맞춤화 옵션 선택

- **Step 07** | 하드웨어 정보를 나타내는 화면에서 [Display] → [3D graphics] 설정값 중에서 '☑ Accelerate 3D graphics'에 체크가 되어 있다면 체크를 해제 후 <Close>를 누릅니다. 이 항목이 선택되어 있으면 CentOS 리눅스가 설치된 다음에 정상적으로 동작하지 않을 수 있습니다.

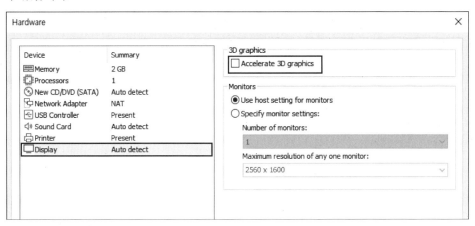

그림 1-36 하드웨어 맞춤화 정보화면

- **Step 08** | 새로운 가상 머신 생성을 완료하기 위해 <Finish>를 누릅니다.

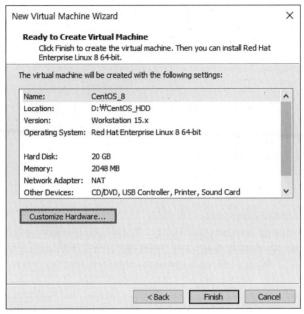

그림 1-37 가상 머신 생성 완료

- **Step 09** | VMware Workstation Player 화면의 왼쪽에 새로 생성한 [CentOS_8] 가상 머신이 생성되었습니다.

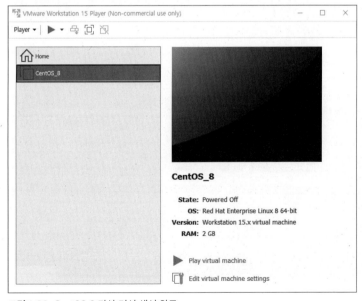

그림 1-38 CentOS_8 가상 머신 생성 완료

5 BIOS 가상화 옵션 설정

Windows10 운영체제 64bit 버전에서 VMware Workstation Player를 설치하고 사용할 경우 당연히 리눅스 64bit 운영체제를 사용할 수 있어야 합니다. 그렇지만 32bit 버전만 설치가 가능하도록 나타나는 경우도 있습니다.

이와 같은 증상이 나타나는 이유는 CPU의 가상화 기능이 비활성화되어 있기 때문입니다. 이와 같은 문제점을 해결하기 위해서는 컴퓨터의 BIOS에서 CPU 메뉴 옵션을 [Disable]에서 [Enable]로 변경한 다음 컴퓨터 재부팅을 수행해야 합니다.

여기서 잠깐 살펴보세요.

> BIOS 설정 화면으로 들어가기 위해서는 컴퓨터를 재부팅하여 DELETE 키 또는 F2 키를 눌러 설정 화면으로 들어가야 합니다. 컴퓨터를 재부팅하여 BIOS 설정 화면으로 들어간 다음 가상화 옵션 [Intel Virtualization Technology]를 [Disable]에서 [Enable]로 변경하고 F10 키를 누르면 변경된 환경설정이 저장되면서 컴퓨터가 정상적으로 부팅됩니다.

그림 1-39 BIOS 가상화 옵션 설정변경

SECTION 03 CentOS 8 설치

1 CentOS 8을 선택한 이유

우리나라에서 주로 사용되고 있는 리눅스 배포판은 데비안, 우분트, 페도라, 민트, 레드햇, 칼리, CentOS 등 여러 가지가 존재하지만, 우리가 실습을 위해 설치할 리눅스는 CentOS 8 입니다.

CentOS 8 리눅스는 라이선스가 있는 리눅스인 레드햇 엔터프라이즈를 그대로 사용하여 배포판으로 만든 리눅스로 레드햇의 기술을 무료로 사용할 수 있습니다. CentOS 8 리눅스에서는 운영체제에 대한 32bit를 지원하지 않지만 64bit 환경에서 필요에 따라 32bit 패키지를 설치해 호환성을 제공하고 있습니다.

여기서 잠깐 살펴보세요.

CentOS 8 리눅스는 서버가 안정적으로 구동됩니다. 하지만 배포판이라는 한정적인 여건이기 때문에 서비스 지원을 받을 수는 없습니다. 그렇지만 레드햇 엔터프라이즈 리눅스 기반으로 구성되어 있으므로 리눅스를 공부하기 위해서는 더할 나위 없이 좋은 리눅스로 전문가들 사이에서 추천되고 있는 리눅스입니다.

2 설치 하드웨어 사양

가상 머신 프로그램에서 설치하지 않고 컴퓨터에 직접 CentOS 8 리눅스를 설치할 경우 다음 표와 같은 최소한의 하드웨어 사양을 권장하고 있습니다.

표 1-2 CentOS 8 설치 하드웨어 최소 사양(https://wiki.centos.org/Manuals/ReleaseNotes/CentOS8.1905)

하드웨어	사양
CPU	하드웨어 가상화 지원이 가능한 64 비트 x86 시스템(Intel VT-X 또는 AMD-V)
HDD	최소한 30GB 이상의 여유 공간 권장
RAM	최소 2GB 이상
그래픽카드	최신 그래픽카드는 대부분 지원

3 리눅스 설치

본격적인 리눅스 설치를 위해 앞에서 다운로드한 CentOS 8 리눅스 이미지 파일이 어느 폴더에 존재하는지 먼저 확인 후 다음 단계를 진행합니다.

- **Step 01** | VMwarc Workstation Player 화면의 왼쪽에 있는 [CentOS 8] 가상 머신을 선택한 다음 오른쪽 하단의 [Edit virtual machine settings]를 클릭합니다.

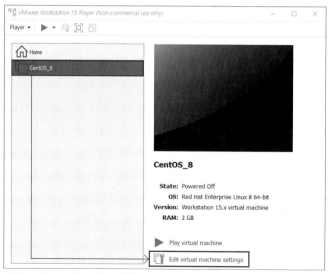

그림 1-40 CentOS 8 리눅스 설치 세팅

- **Step 02** | 가상 머신 설정 화면에서 왼쪽의 [CD/DVD(IDE)] 항목을 선택한 다음 오른쪽에서 'Use ISO image file:'을 선택하여 다운로드한 CentOS 설치 디스크 파일인 ISO 파일의 경로를 지정한 다음 <OK>를 누릅니다.

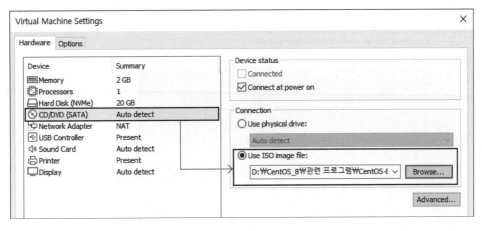

그림 1-41 리눅스 ISO 이미지 파일 경로 설정

- **Step 03** | 가상 머신 화면의 오른쪽 하단에 있는 [Play virtual machine]을 클릭하여 VMware를 시작합니다. 이 과정은 컴퓨터의 전원을 켜는 것과 같은 의미입니다.

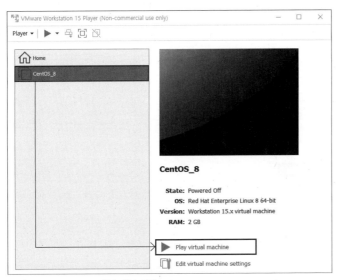

그림 1-42 CentOS_8 가상 머신 시작

- **Step 04** | Install CentOS Linux 8.0.1905 항목을 선택하여 CentOS 8 리눅스 설치를 시 작합니다. Test this media & install CentOS Linex 8.0.1905 항목은 설치 미디어 검사 후 설치하는 항목이고 Troublesbooting 항목은 리눅스에서 발생한 문제를 해결하는 항목 입니다.

그림 1-43 CentOS 8 리눅스 설치 시작화면

- **Step 05** | CentOS 8 리눅스 설치가 시작되면 설치과정에서 사용할 언어는 '한국어'를 선택 하고 <계속 진행>을 누릅니다.

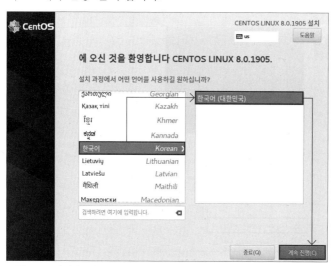

그림 1-44 설치과정에서 사용할 '한국어' 선택

- **Step 06** | 리눅스 설치 드라이브를 설정하기 위해 [설치 목적지]를 누릅니다.

그림 1-45 리눅스 설치 드라이브 설정

- **Step 07** | 리눅스를 설치할 하드디스크를 선택하고 '오토매틱'을 저장소 구성을 설정한 다음 <완료>를 누릅니다.

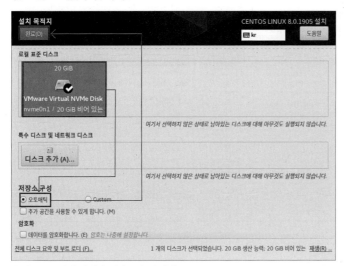

그림 1-46 설치 위치와 저장소 옵션 선택

- **Step 08 |** 유선 인터넷 연결을 위해 [네트워크 및 호스트 이름] 설정 항목을 선택합니다.

그림 1-47 네트워크 및 호스트 설정

- **Step 09 |** '이더넷'을 선택한 다음 설정 화면 오른쪽에 [끔] 버튼을 [켬]으로 변경하고 '사용
이 가능하면 자동으로 이 네트워크에 연결'을 선택 후 <완료>를 누릅니다.

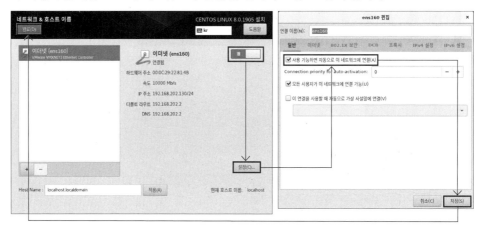

그림 1-48 이더넷 연결 설정

- **Step 10** | 키보드 설정을 위해 [keyboard]를 누릅니다.

그림 1-49 키보드 설정

- **Step 11** | 키보드는 '한국어(101/104키 호환)'을 선택 후 <완료>를 누릅니다.

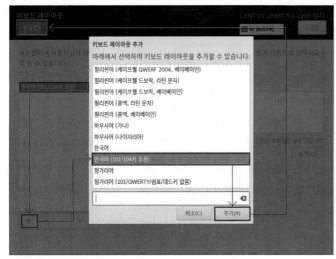

그림 1-50 키보드 레이아웃 선택

- **Step 12** | 리눅스 시스템의 [시간 및 날짜]를 설정합니다.

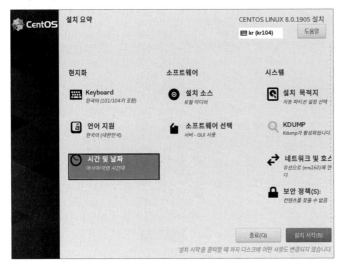

그림 1-51 리눅스 시스템 시간 및 날짜 설정

- **Step 13** | 시간 및 날짜는 [아시아]-[서울]을 선택 후 <완료>를 누릅니다. 리눅스를 설치하면시 이 과정을 생략하게 되면 한국 시간대 KST가 아닌 미국 시간대로 EST로 표기됩니다.

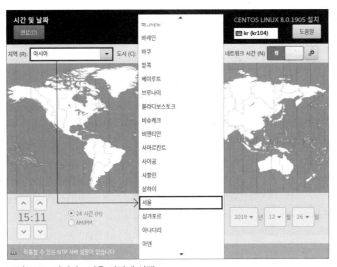

그림 1-52 아시아 - 서울 시간대 선택

- **Step 14** | [시간 및 날짜] 부분이 '아시아/서울' 시간대로 변경된 것을 볼 수 있습니다. 리눅스 시스템에 설치할 소프트웨어를 선택하기 위해 [소프트웨어 선택]을 누릅니다.

그림 1-53 리눅스 시스템에 설치할 소프트웨어 선택

- **Step 15** | [서버-GUI 사용]를 선택하고 옵션은 '기본 웹 서버', '레거시 UNIX 호환성', '컨테이너 관리', '개발용 툴' 옵션을 선택 후 <완료>를 누릅니다.

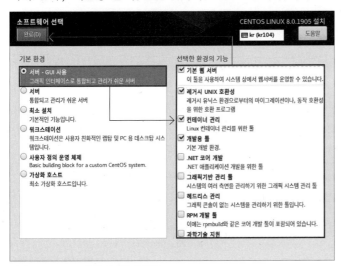

그림 1-54 소프트웨어 설치환경 설정

- **Step 16** | 소프트웨어와 시스템 설정이 완료되면 느낌표가 사라집니다. 설정이 완료되었으면 <설치 시작(B)>을 누릅니다.

그림 1-55 리눅스 소프트웨어 설치 시작

- **Step 17** | 관리자 계정의 암호를 설정하기 위해 [Root 암호]를 클릭합니다.

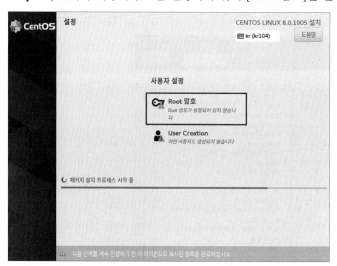

그림 1-56 관리자 계정 암호설정

- **Step 18** | 관리자 계정의 암호는 각자 알아서 입력하면 됩니다. 여기서는 spacezone을 암호로 입력하였습니다.

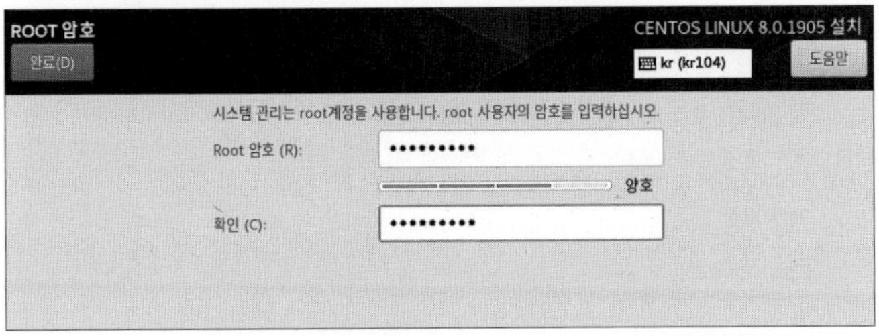

그림 1-57 관리자 계정암호 입력

- **Step 19** | 사용자 계정 이름은 각자 알아서 입력하여 생성합니다. 여기서는 사용자 계정 이름은 cskisa로 입력하고 암호는 123456으로 설정하였습니다.

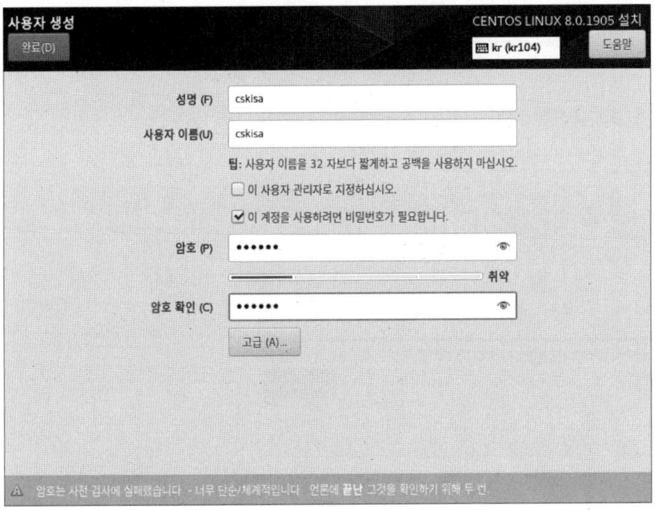

그림 1-58 사용자 계정 이름과 암호설정

- **Step 20** | 관리자 계정과 사용자 계정에 나타났던 느낌표는 암호를 설정해 주면 사라집니다. 리눅스 소프트웨어가 모두 설치될 때까지 잠시 기다립니다.

그림 1-59 소프트웨어 설치 중

- **Step 21** | 리눅스 시스템 설치가 완료되면 <재부팅>을 누릅니다.

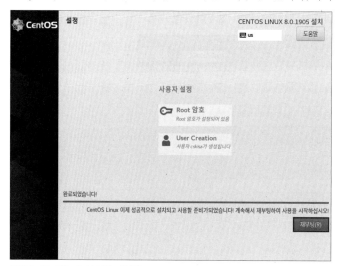

그림 1-60 리눅스 시스템 재부팅

4 라이선스 동의

CentOS 8 리눅스 시스템을 사용하기 위해 라이선스 동의가 필요합니다. 라이선스 동의는 다음 순서대로 진행하면 됩니다.

- **Step 01** | 리눅스 시스템 재부팅 후 나타난 초기설정 화면에서 라이선스 동의를 위해 [License Information]을 누릅니다.

그림 1-61 라이선스 동의 안내 메시지

- **Step 02** | 라이선스 약관 동의에 체크 한 다음 <완료>를 누릅니다.

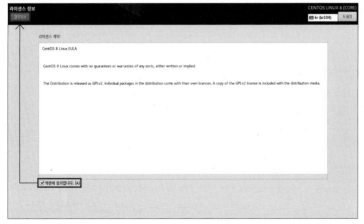

그림 1-62 라이선스 동의

- **Step 03** | 초기설정이 모두 완료되었으면 <설정 완료>를 클릭합니다.

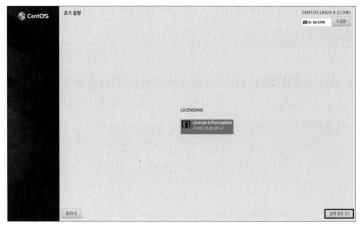

그림 1-63 초기설정 완료

5 리눅스 로그인

CentOS 8 리눅스 소프트웨어가 모두 설치되었습니다. 권한설정을 위해 로그인 화면에서 관리자 계정으로 접속합니다.

- **Step 01** | 관리자 계정 이름은 나타나 있지 않으므로 '목록에 없습니까?'를 누릅니다.

그림 1-64 로그인 화면

- **Step 02** | 관리자 계정 이름은 root를 입력합니다.

그림 1-65 관리자 계정 이름 입력

- **Step 03** | 관리자 계정암호 spacezone을 입력합니다.

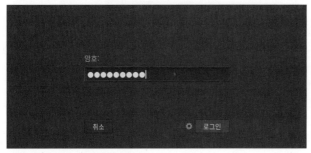

그림 1-66 관리자 계정암호 입력

6 기본 환경 설정

CentOS 8 리눅스에 처음 로그인을 하게 되면 기본 환경을 간단하게 설정하기 위해 다음 과정을
수행합니다.

- **Step 01** | 리눅스에서 사용할 언어는 '한국어'를 선택하고 <다음>을 누릅니다.

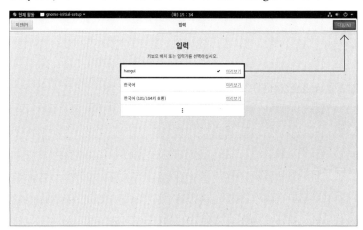

그림 1-67 리눅스 시스템에서 사용할 언어 선택

- **Step 02** | 키보드 배치 또는 입력기의 선택은 'hangul'을 선택하고 <다음>을 누릅니다.

그림 1-68 키보드 배치 또는 입력기 선택

- **Step 03** | 개인정보를 설정 후 <다음>을 누릅니다.

그림 1-69 개인정보 설정

- **Step 04** | 온라인 계정을 연결하면 전자메일, 온라인 달력, 연락처, 문서, 사진 등에 쉽게 접근할 수 있습니다. 여기서는 그냥 <건너뛰기>를 누릅니다.

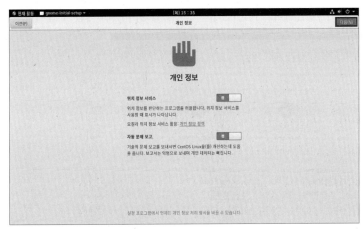

그림 1-70 온라인 계정 연결설정

- **Step 05** | CentOS 리눅스를 시작할 준비가 완료되었습니다. <CentOS Linux 시작(S)>를 누릅니다.

그림 1-71 CentOS 8 리눅스 시작준비 완료

- **Step 06** | CentOS 리눅스 시작화면이 나타납니다. 시작화면에서 수행할 작업을 선택하면 실행하는 과정을 살펴볼 수 있습니다. 여기서는 [프로그램 실행] 카테고리를 누릅니다.

그림 1-72 CentOS 8 리눅스 시작하기 화면

- **Step 07** | 키보드의 슈퍼키(윈도우키)를 누르면 현재 활동 요약을 열 수 있습니다. 활성화된 창을 닫으려면 오른쪽 상단에 위치한 [닫기] 아이콘을 누르면 됩니다.

그림 1-73 슈퍼키를 눌러 활동 요약 활성화

- **Step 08** | CentOS 리눅스 시작화면의 오른쪽 상단에 위치한 아이콘[⏻]을 눌러 리눅스 시스템을 종료하거나 다시 시작할 수 있습니다.

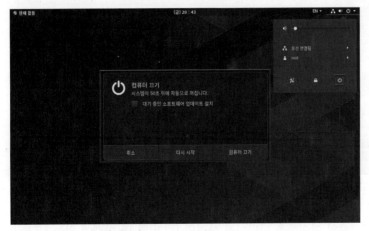

그림 1-74 리눅스 시스템 재부팅

리눅스 X 윈도 환경

1 X 윈도 환경 구성요소

CentOS 리눅스 X 윈도 환경 구성요소에 대해 쉽게 이해할 수 있도록 다음 그림과 같이 나타냈습니다. 화면 맨 왼쪽에 아이콘이 있는 부분을 [런처]라고 합니다.

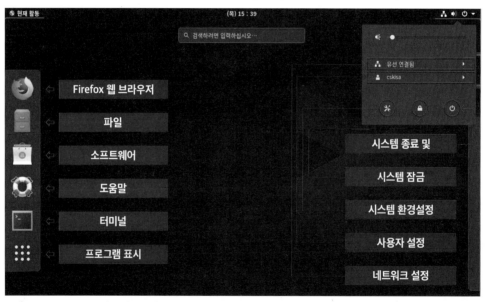

그림 1-75 CentOS 8 X 윈도 환경 구성요소

바탕화면에 모든 프로그램의 아이콘을 나타나게 하려면 [런처]의 맨 아래에 있는 [프로그램 표시] 아이콘을 누르면 됩니다.

2 한글 입력방식 설정

CentOS 8 리눅스 시스템에서 키보드로 한글과 영문을 변환하는 한글 입력방식 설정에 대해 살펴보도록 하겠습니다. 리눅스에서 작업하다 보면 한글과 영문을 번갈아 가면서 입력해야 하는 경우가 종종 발생하게 됩니다.

- **Step 01** | 리눅스 배경 화면의 런처에서 [터미널]을 실행합니다. 터미널은 명령을 실행하기 위한 창입니다.

그림 1-76 터미널 창 실행

- **Step 02** | 관리자 계정 root로 접속된 상태에서 한글 설정을 위한 ibus-hangul 패키지를 설치하기 위해 다음과 같이 명령을 수행합니다.

```
[root@localhost ~]# dnf install -y ibus-hangul
...
패키지 설치 중
...
[root@localhost ~]#
```

- **Step 03** | 설치한 패키지가 시스템에 적용되도록 리눅스 시스템을 재부팅 합니다.

```
[root@localhost ~]# reboot
```

- **Step 04** | 재부팅 후 관리자 계정인 root 계정으로 접속한 다음 바탕화면의 우측 상단에 위치한 [한 ▼]을 눌러 '한국어(Hangul)'를 선택합니다. [Shift]+[Space Bar] 키를 눌러 한글과 영문 입력이 잘되는지를 확인합니다.

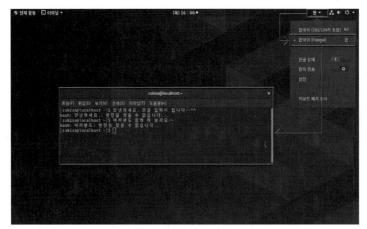

그림 1-77 한글(Hangul) 선택

만약 한글과 영문이 변환되지 않는다면 CentOS 8 리눅스 시스템에서 한글(Hangul) 설정 과정을 꼼꼼하게 살펴보고 다시 수행하기 바랍니다.

3 소프트웨어 업데이트

리눅스 시스템이 최적화 상태를 유지하도록 관리하기 위해서는 수시로 설치된 소프트웨어의 업데이트를 수행해야 합니다. 리눅스 시스템의 최적화를 위한 소프트웨어 업데이트 과정에 대해 살펴보도록 하겠습니다.

- **Step 01** | 리눅스 배경 화면의 왼쪽에 위치한 런처에서 [소프트웨어]를 누른 다음 [업데이트]-[다운로드] 과정을 수행 후 리눅스 시스템을 재부팅 합니다.

그림 1-78 소프트웨어 업데이트

- **Step 02** | 이번에는 터미널 창에서 DNF 명령으로 모든 패키지에 대한 업그레이드를 수행하도록 하겠습니다. 옵션 -y는 패키지 업그레이드를 수행하면서 나타나는 질문에 모두 Yes 라고 답한다는 의미입니다. 이 과정은 다소 시간이 걸리므로 잠시 여유를 갖도록 합니다.

```
[root@localhost ~]# dnf -y upgrade
...
(생략)
설치됨:
  kernel-4.18.0-80.11.2.el8_0.x86_64          kernel-core-4.18.0-
80.11.2.el8_0.x86_64
  kernel-modules-4.18.0-80.11.2.el8_0.x86_64          xorg-x11-drv-
fbdev-0.5.0-2.el8.x86_64
  xorg-x11-drv-vesa-2.4.0-3.el8.x86_64        grub2-tools-efi-1:2.02-66.
el8_0.1.x86_64

완료되었습니다!
[root@localhost ~]#
```

- **Step 03** | 리눅스 시스템을 재부팅 합니다.

```
[root@localhost ~]# reboot
```

4 배경 화면 설정

CentOS 8에서 기본으로 제공해주는 X 윈도는 MS사의 Windows의 GUI(Graphical User Interface) 환경과 비슷하게 느낄 수 있도록 오픈 데스크톱 환경인 그놈(GNOME)을 제공하고 있습니다. CentOS 8 리눅스 배경 화면의 배경을 변경해보도록 하겠습니다.

- **Step 01** | 바탕화면에서 마우스 오른쪽 버튼을 클릭하여 [배경 바꾸기]를 선택합니다.

그림 1-79 배경 화면 바꾸기 메뉴 선택

- **Step 02** | 배경 화면을 변경하기 위해 [배경(B)]을 누릅니다.

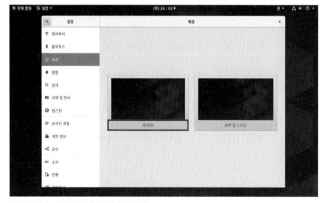

그림 1-80 배경 화면 변경 탭 클릭

- **Step 03** | 변경하고자 하는 배경 화면을 선택합니다.

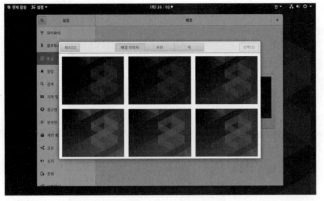

그림 1-81 변경할 배경 화면 선택

- **Step 04** | 리눅스 시스템에서 기본적으로 제공하는 배경 화면이 마음에 들지 않는다면 Firefox 웹 브라우저를 실행하여 아래 사이트 주소에 접속하면 다양한 배경 화면을 선택할 수 있습니다.

```
https://www.gnome-look.org
```

- **Step 05** | 접속한 웹 사이트의 왼쪽 카테고리에서 [Wallpapers]를 눌러 오른쪽에 보여주는 배경 화면 중에서 하나를 선택하여 커서를 그림 위에 올려놓은 상태에서 마우스 오른쪽 버튼을 눌러 [배경으로 지정]을 선택하여 배경 화면을 변경할 수 있습니다.

그림 1-82 Gnome에서 제공하는 배경 화면 리스트

- **Step 06** | 선택한 배경 화면을 화면의 [가운데] 위치로 선택 후 [배경 화면으로 설정]을 누르면 선택한 이미지가 배경 화면으로 적용됩니다.

그림 1-83 선택한 이미지를 배경 화면으로 적용

- **Step 07** | 배경 화면뿐만 아니라 시계 스타일, 아이콘 테마 등에 대해서도 제공하고 있으므로 본인 취향에 맞도록 설정하면 됩니다.

그림 1-84 각종 스타일 및 테마 선택

5 디스플레이 설정

CentOS 8 리눅스 전체 화면이 작아서 보기가 불편할 경우 디스플레이 설정을 변경해 주면 됩니다.

- **Step 01** | 바탕화면에서 마우스 오른쪽 버튼을 클릭하여 [디스플레이 설정]을 선택합니다.

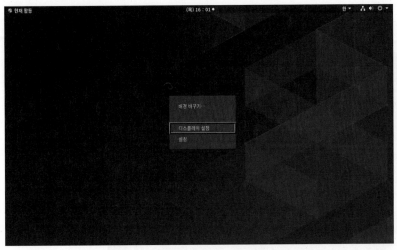

그림 1-85 디스플레이 설정

- **Step 02** | 본인이 원하는 크기로 디스플레이의 해상도를 설정하면 됩니다.

그림 1-86 디스플레이 설정변경

6 네트워크 프록시 설정

프록시(proxy)란 클라이언트가 자신을 통해서 다른 네트워크 서비스에 간접적으로 접속할 수 있게 해 주는 컴퓨터 시스템 또는 응용 프로그램을 의미합니다. 서버와 클라이언트 사이에 중계 기능을 수행하는 서버를 프록시 서버라고 합니다. 네트워크 프록시 설정은 다음과 같이 진행하면 됩니다.

- **Step 01** | 리눅스 바탕화면에서 [설정]을 누릅니다.

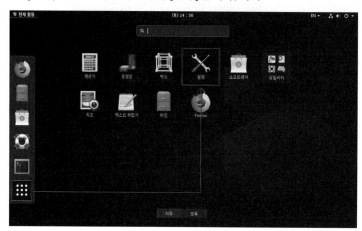

그림 1-87 바탕화면에서 '설정' 클릭

- **Step 02** | 네트워크 설정 화면에서 [네트워크]를 선택 후 [네트워크 프록시] 칸에 있는 톱니 바퀴를 누릅니다.

그림 1-88 네트워크 프록시 설정 아이콘 클릭

- **Step 03** | 네트워크 프록시 설정 화면에서 [수동]을 선택하면 아래 그림처럼 각종 프록시와 Socks 호스트 설정이 나타납니다.

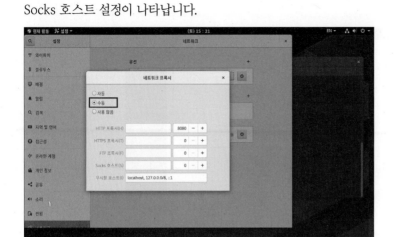

그림 1-89 네트워크 프록시 '수동' 설정

- **Step 04** | 네트워크 프록시 설정은 [자동]을 선택한 다음 프록시 설정 화면은 닫아줍니다.

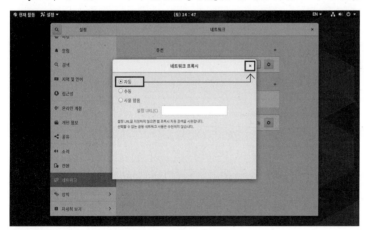

그림 1-90 네트워크 프록시 '자동' 설정

- **Step 05** | 네트워크 프록시 탭에 '자동'으로 표기된 것을 확인하고 네트워크 설정 화면은 닫아줍니다.

그림 1-91 네트워크 프록시 설정 완료

01 리눅스는 처음부터 커널 부분의 소스 파일을 공개하여 컴퓨터 사용자는 누구나 이 소스 파일을 가져다가 사용할 수 있도록 제공하여 왔습니다.

02 GNU 프로젝트는 리누스 토발즈가 리눅스 커널을 개발하기에 앞서 그 이전인 1984년에 리차드 스톨만(Richard Stallman)에 의해서 시작되었습니다.

03 GNU 프로젝트가 추구하고 하는 목표는 '모두가 공유할 수 있는 소프트웨어'를 만드는 것을 모티브로 하였으며 1985년 리차드 스톨만은 자유 소프트웨어 재단(FSF)을 설립하여 GNU 프로젝트에서 제작한 소프트웨어를 지원함으로써 컴퓨터 프로그램의 복제, 변경, 소스 코드의 사용에 대한 제한을 철폐하는 것을 목표로 하였습니다.

04 리눅스 운영체제는 커널, 셸, 사용자 프로그램의 3가지 요소로 영역을 광범위한 범주로 구분하고 있습니다. 커널은 리눅스 운영체제의 핵심역할을 수행하며 셸은 리눅스 명령어를 수행합니다. 그리고 사용자가 프로그램을 편리하게 사용할 수 있도록 기반을 제공해 줍니다.

● 리눅스 운영체제의 3가지 요소 영역

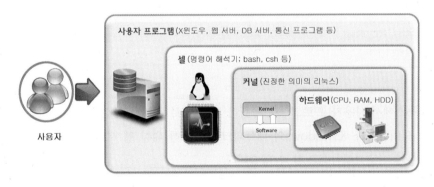

05 커널(Kernel)은 수행할 명령을 받아 해당하는 작업을 수행합니다. 리눅스의 가장 큰 특징 중 하나는 배포판에 포함된 기본 커널을 사용자가 직접 최신의 커널로 업그레이드할 수 있다는 점입니다.

06 셸(Shell; Operating System Command Interpreter)은 사용자와 운영체제의 내부(커널) 사이의 인터페이스를 감싸는 층이며 셸은 일반적으로 명령 줄과 그래픽 형의 두 종류로 분류됩니다.

07 명령 줄 셸은 운영체제 상에서 명령 줄 인터페이스(CLI; Command Line Interface)를 제공하는 반면에 그래픽 셸은 그래픽 사용자 인터페이스(GUI; Graphic User Interface)를 제공합니다.

■ Shell의 의미

- 리눅스에서 대화형 사용자 인터페이스를 의미
- 사용자가 입력하는 명령어를 이해하고 실행하는 역할
- 운영체제의 바깥 계층에 위치
- 사용자와 커널의 의사소통을 담당
- `cshell`, `bourneshell`, `bashshell`, `tcshell`, `cshell` 등의 다양한 종류

■ Shell의 역할

- 입력을 읽고 해당 명령 행을 분석
- 특수 문자들을 평가
- 파이프(|), 리다이렉션(>), 백그라운드(&) 프로세스를 설정
- 시그널 처리 (예> Ctrl + C)

08 리눅스에서 사용자 프로그램이라 함은 말 그대로 리눅스 환경에서 사용하는 프로그램을 의미합니다. XWindows와 네트워크 서비스를 위한 웹 서버나 FTP, DB 서버 등을 사용자 프로그램이라고 할 수 있습니다.

09 리눅스 시스템의 특징을 Windows 운영체제와 비교할 때 다음과 같은 특징을 지니고 있습니다.

■ 리눅스 시스템의 특징

- 독립된 플랫폼을 갖는 운영체제
- 빠른 업그레이드
- 강력한 네트워크 지원
- 다중 작업과 가상 터미널 환경지원
- 유닉스와 리눅스의 완벽한 호환
- 공개형 소프트웨어

10 운영체제는 컴퓨터와 같은 기계장치인 하드웨어와 컴퓨터에 설치되는 모든 소프트웨어를 관리하는 컴퓨터 시스템의 한 부분인 '실행 관리자'라고 명명할 수 있습니다.

● 운영체제의 역할과 목적

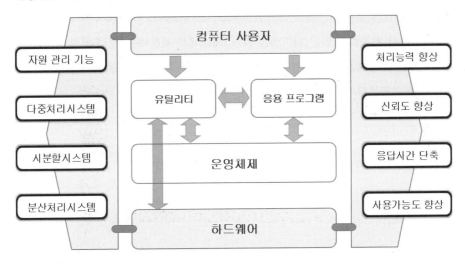

11 가상머신(Virtual Machine)이란 실존하는 컴퓨터가 아닌 가상으로 존재하는 머신 Machine=Computer을 의미합니다. 즉, Windows 컴퓨터(호스트 OS) 안에 가상의 컴퓨터를 만들어 또 다른 운영체제(게스트OS)를 설치하여 운영할 수 있도록 제작된 프로그램입니다.

12 Windows10 운영체제 64bit 버전에서 VMware Workstation Player를 설치하고 사용하면 당연히 리눅스 64bit 운영체제를 사용할 수 있어야 하지만 32bit 버전만 설치가 가능하도록 나오는 경우가 있습니다. 이와 같은 증상이 나타나는 경우는 CPU의 가상화 기능이 비활성화되어 있기 때문입니다. 컴퓨터의 BIOS에서 CPU 메뉴옵션이 [Disable]로 되어 있는 것을 [Enable]로 변경하고 컴퓨터를 재부팅해야 합니다.

13 BIOS 설정화면으로 들어가기 위해서는 컴퓨터를 재부팅하고 [Del]키 또는 [F2]키를 눌러 설정화면으로 들어가야 합니다. 컴퓨터를 재부팅한 다음 BIOS 설정화면으로 들어간 다음 가상화 옵션 [Intel Virtualization Technology]를 [Disable]에서 [Enable]로 변경하고 [F10]키를 누르면 변경된 환경설정이 저장되면서 컴퓨터가 정상적으로 부팅됩니다.

14 리눅스에서 제공하고 있는 터미널은 Windows에서 사용하는 명령 프롬프트와 같은 의미로 나타낼 수 있습니다. 터미널에서 명령어를 입력하면 그대로 수행합니다. 터미널을 또 다른 표현으로는 셸(Shell)이라고도 합니다.

CHAPTER 02
리눅스 명령어 입문

학습목표

● 리눅스 터미널 창에서 명령을 수행할 수 있습니다.

● 시스템 날짜와 시각을 변경하여 설정할 수 있습니다.

● 시스템 사용자에 대한 로그네임과 ID를 확인할 수 있습니다.

● 리눅스 시스템 정보를 출력할 수 있습니다.

시스템 날짜와 시각

1 사용자 계정 로그인

2장에서 배울 내용에 대해서는 사용자 계정으로 접속된 상태에서 수행하도록 하겠습니다. 실습을 위해 CentOS 8 리눅스에 사용자 계정인 cskisa를 누른 다음 암호 123456을 입력하여 접속합니다.

그림 2-1 사용자 계정 로그인

2 현재 시각과 날짜 출력

우리가 사용하고 있는 운영체제의 시각은 두 가지 형태로 제공되고 있습니다. 하나는 마더 보드에서 배터리 전력으로 구동되는 하드웨어 시계인 RTC(Real-Time Clock)이고 다른 하나는 커널에 의해 관리되는 소프트웨어 시계(System Clock)입니다.

RTC는 운영체제에게 간섭받지 않는 독립적인 형태로 동작하고 소프트웨어 시계는 커널에 의해 관리됩니다. 소프트웨어 시계는 시스템 부팅 시 RTC로부터 설정되어 있는 시각을 받아오며 초기설정 이후에는 RTC와 상관없이 독자적으로 구동됩니다. 리눅스 시스템 시각은 UTC(협정 세계 표준시) 형태로 저장됩니다.

현재 시각과 날짜 출력 : date

리눅스 시스템에 설정되어 있는 현재 시각과 날짜를 출력할 때 사용하는 명령어는 date입니다. date 명령을 사용하여 현재 시각과 날짜를 출력하기 위해 다음 예제를 수행합니다.

| 예제 2-1 |

- **Step 01** | 리눅스 명령어 실습을 위해 터미널 창을 실행합니다.

그림 2-2 터미널 창 실행

- **Step 02** | 현재의 날짜와 시각을 출력하기 위해 다음과 같이 명령을 수행합니다.

$ **date**

기능 시스템의 현재 시각과 날짜 출력
형식 date ENTER↵

```
[cskisa@localhost ~]$ date
2019. 04. 28. (일) 00:23:51 +03
[cskisa@localhost ~]$
```

리눅스 시간대 변경

CentOS 8 리눅스 시스템에 설정되어 있는 시간대를 한국 표준시인 KST로 변경하기 위해 다음 예제를 수행합니다.

| 예제 2-2 | ───────────────────────────

- **Step 01** | 한국 표준시인 서울의 timezone 정보가 담긴 /usr/share/zoneinfo/Asia 파일을 ls 명령으로 검색해 보면 Seoul이라는 파일이 존재하는 것을 확인할 수 있습니다.

```
[root@localhost ~]# ls /usr/share/zoneinfo/Asia
...
(생략)
...
Seoul     Ujung_Pandang     Baku        Damascus        Istanbul
Kuala_Lumpur
Oral      Shanghai    Ulaanbaatar    Bangkok      Dhaka       Jakarta
...
(생략)
...
[root@localhost ~]#
```

- **Step 02** | 서울의 timezone 정보가 담긴 Seoul 파일을 서버 시간에 맞춰주는 파일에 심볼릭 링크를 설정해 주어야 합니다. 원래 파일을 백업한 뒤 심볼릭 링크를 설정하기 위해 다음 명령을 수행합니다. 심볼릭에 대한 자세한 설명은 5장에서 다루겠습니다.

```
[root@localhost ~]# mv /etc/localtime /etc/localtime_org
[root@localhost ~]# ln -s /usr/share/zoneinfo/Asia/Seoul /etc/localtime
[root@localhost ~]#
```

- **Step 03** | date 명령을 수행하면 한국의 서울 기준시간인 KST로 출력되는 것을 확인할 수 있습니다.

```
[root@localhost ~]# date
2019. 04. 28. (일) 14:25:38 KST
[root@localhost ~]#
```

시간 동기화 : timedatectl

리눅스 시스템에서 구동되고 있는 날짜와 시각에 대해서 하드웨어 시계와 소프트웨어 시계, UTC, 타임존, 시간 동기화 등을 출력할 때는 timedatectl 명령을 사용합니다. timedatectl 명령으로 시간 동기화 과정을 수행하기 위해 다음 예제를 수행합니다.

| 예제 2-3 |

시스템의 현재 설정 상태를 timedatectl 명령으로 확인합니다.

> $ **timedatectl**

기능 하드웨어 시각, 소프트웨어 시각, 시스템 시각, 타임존, 시간동기화 등을 출력
형식 timedatectl ENTER↵

```
[cskisa@localhost ~]$ timedatectl
              Local time: 일 2019-04-28 15:43:59 KST
          Universal time: 일 2019-04-28 06:43:59 UTC
                RTC time: 일 2019-04-28 06:43:59
               Time zone: Asia/Seoul (KST, +0900)
             NTP enabled: yes
        NTP synchronized: yes
         RTC in local TZ: no
              DST active: n/a
[cskisa@localhost ~]$
```

시스템 설정 상태를 확인한 결과 현재 날짜와 시각을 나타내는 KST, 세계 협정 표준시를 의미하는 UTC, 하드웨어와 시스템 시각을 나타내는 RTC(실시간 시계), 타임존, 시간 동기화 등을 확인할 수 있습니다.

출력된 날짜와 시각에 대한 정보를 변경하려면 관리자 계정인 root의 권한이 필요합니다. 관리자 계정에 대해서는 해당 단원에서 다루기로 하고 여기서는 기본적으로 리눅스 시스템에 설정된 날짜와 시각에 대한 정보를 출력하는 정도만 이해하고 넘어가겠습니다.

❸ 연간 달력 출력

달력의 출력은 오늘 날짜에 해당하는 월의 달력을 출력하는 cal 명령어가 있습니다. 알고 싶은 연도의 달력을 출력하기 위해서는 특정 연도에 대한 옵션을 지정하여 출력하면 옵션에서 지정해 준 연도의 달력이 출력됩니다.

오늘의 날짜 출력 : cal

오늘 날짜를 기준으로 달력을 출력할 때는 cal 명령을 사용합니다. 오늘의 날짜를 출력하기 위해 다음 예제를 수행합니다.

| 예제 2-4 |

오늘 날짜를 기준으로 해당하는 월의 달력을 출력합니다.

> **$ cal**

기능 오늘 날짜에 해당하는 달력 출력
형식 cal ENTER↵

```
[cskisa@localhost ~]$ cal
       4월  2019
 일  월  화  수  목  금  토
     1   2   3   4   5   6
 7   8   9  10  11  12  13
14  15  16  17  18  19  20
21  22  23  24  25  26  27
28  29  30

[cskisa@localhost ~]$
```

달력 출력 : cal [옵션]

달력을 출력하는 cal 명령 다음에 연도를 [옵션]으로 함께 지정하게 되면 옵션으로 지정된 연도의 달력이 출력됩니다. 아직 도래되지 않은 미래의 연도에 대한 달력을 출력하기 위해 다음 예제를 수행합니다.

| 예제 2-5 |

특정 연도인 2023년의 달력을 출력합니다. 미래의 특정 연도에 대한 달력을 출력하기 위해서는 cal 명령과 함께 알고 싶은 연도를 [옵션]을 함께 사용하면 됩니다.

$ **cal 2023**

기능 옵션으로 지정한 연도에 해당하는 달력을 출력
형식 cal [옵션] ENTER↵

```
[cskisa@localhost ~]$ cal 2023
                              2023

          1월                       2월                       3월
   일 월 화 수 목 금 토       일 월 화 수 목 금 토       일 월 화 수 목 금 토
    1  2  3  4  5  6  7                   1  2  3  4                   1  2  3  4
    8  9 10 11 12 13 14        5  6  7  8  9 10 11        5  6  7  8  9 10 11
   15 16 17 18 19 20 21       12 13 14 15 16 17 18       12 13 14 15 16 17 18
   22 23 24 25 26 27 28       19 20 21 22 23 24 25       19 20 21 22 23 24 25
   29 30 31                   26 27 28                   26 27 28 29 30 31

(생략)
...

[cskisa@localhost ~]$
```

◎- 도전 문제 2-1

1. 2025년도 달력을 출력하는 명령어 사용하기
2. 금연도 오늘 날짜가 포함된 달력 출력하기

4 화면 지우기 : clear

터미널 창에서 지금까지 사용한 명령들의 종류에 따라 다양한 실행 결과가 터미널 창에 출력되었습니다. 다양한 명령을 입력하다보면 실수로 틀린 명령어 등을 입력할 수도 있습니다. clear 명령을 사용하여 현재 터미널 창에서 사용했던 명령들과 실행결과에 대해 깨끗하게 모두 지우기 위해 다음 예제를 수행합니다.

| 예제 2-6 |

터미널 창에서 수행했던 모든 명령과 실행결과를 지웁니다.

```
$ clear
```

기능 터미널 창에 수행했던 모든 명령과 실행결과를 화면에서 지움
형식 clear ENTER↵

```
[cskisa@localhost ~]$ clear
```

◎- 도전 문제 2-2

1. 지금까지 사용한 명령들의 목록 출력 : history 명령 사용
2. 터미널 창에 있는 모든 명령과 출력결과 삭제하기

SECTION 02 시스템 사용자 정보

리눅스 시스템은 강력한 네트워크를 지원하는 운영체제이며 네트워크 서버로도 사용되기 때문에 인터넷이나 이더넷 등의 네트워크 연결이 유용합니다. 이러한 장점들은 클라이언트 프로그램뿐만 아니라 DB 서버, 메일 서버, 뉴스 서버, 네임 서버 등의 네트워크 서버 기능을 갖추고 있어 많은 사용자가 동시에 접속할 수 있습니다. 이 섹션에서는 리눅스 시스템에 접속한 사용자의 로그인 정보와 사용자 계정에 대한 정보를 확인하는 명령과 수행방법에 대해 살펴보겠습니다.

■1 로그네임과 ID 확인

리눅스 시스템은 실시간으로 많은 사용자가 로그인하여 사용하기 때문에 동시에 접속한 사용자들의 로그인 정보와 사용자 계정인 ID에 대한 정보를 확인할 필요가 있을 때도 있습니다.

사용 중인 로그네임 : logname

리눅스 시스템에 사용자들이 동시에 접속하여 사용 중인 로그네임을 확인하고자 할 때는 logname 명령을 사용합니다. 로그네임은 리눅스 시스템을 설치할 때 입력했던 사용자 계정을 의미합니다.

우리는 CentOS 8 리눅스 시스템을 설치하면서 사용자 계정의 이름을 cskisa로 입력하였습니다. 아직 사용자 계정을 발급하는 절차에 대해서는 배우지 않았기 때문에 여기서는 그냥 cskisa 계정으로 접속한 상태에서 사용 중인 사용자 계정의 로그네임을 살펴보기 위해 다음 예제를 수행합니다.

| 예제 2-7 |

리눅스 시스템에 접속하여 사용 중인 로그네임을 출력합니다.

$ **logname**

기능 시스템에 접속하여 사용 중인 로그네임 확인
형식 logname ENTER↵

```
[cskisa@localhost ~]$ logname
cskisa
[cskisa@localhost ~]$
```

logname 명령으로 로그네임을 확인한 결과 리눅스 시스템을 설치하면서 입력했던 사용자 계정인 cskisa가 출력된 것을 확인하였습니다.

접속한 사용자의 아이디 : users

users 명령을 사용하여 리눅스 시스템에 접속한 사용자들의 ID 정보를 확인하기 위해 다음예제를 수행합니다.

| 예제 2-8 |

리눅스 시스템에 접속하여 사용 중인 로그네임을 출력합니다.

$ **users**

기능 시스템에 접속하여 사용 중인 사용자들의 ID 확인
형식 users ENTER↵

```
[cskisa@localhost ~]$ users
cskisa cskisa
[cskisa@localhost ~]$
```

2 사용자 계정 정보

리눅스 시스템에 로그인 한 모든 사용자의 계정과 터미널, 로그인 시간 등을 확인하고 현재
시스템을 사용하고 있는 사용자가 누구인지에 대한 정보를 확인할 수 있습니다. 사용자 계정
정보를 확인하는 명령에 대해 살펴보겠습니다.

로그인 한 모든 사용자 계정 : who

who 명령을 사용하여 리눅스 시스템에 로그인 한 모든 사용자의 계정과 터미널, 로그인 시각
등을 확인하기 위해 다음 예제를 수행합니다.

| 예제 2-9 | ━━━━━━━━━━━━━━━━━━━━━━━━━━━━━━━━━━━

리눅스 시스템에 로그인 한 모든 사용자의 계정과 터미널, 로그인 시각 등에 대한 정보를 출
력합니다.

> $ **who**

기능 시스템에 로그인 한 모든 사용자의 계정과 터미널, 로그인 시각 등 확인
형식 who ENTER↵

```
[cskisa@localhost ~]$ who
cskisa    :0            2019-04-28 13:26 (:0)
cskisa    pts/0         2019-04-28 15:39 (:0)
[cskisa@localhost ~]$
```

ptspseudo terminal slave는 가상 터미널을 의미합니다. 아직 다른 사용자 계정을 생성하지
않았기 때문에 로그인 사용자 계정은 리눅스 시스템을 설치할 당시에 입력했던 계정인 cskisa
계정만 출력되었습니다.

현재 시스템 사용자 확인 : whoami

가상 콘솔을 사용하거나 여러 계정으로 동시에 시스템에 접속하여 로그인 상태의 경우 사용자에 대한 구분이 혼란스러울 수가 있습니다. whoami 명령을 사용하여 현재 시스템을 사용하고 있는 사용자가 누구인지를 확인하기 위해 다음 예제를 수행합니다.

| 예제 2-10 | ―――――――――――――――――――――――

현재 리눅스 시스템에 동시에 접속된 사용자를 출력합니다.

$ **whoami**

기능　시스템에 동시에 로그인 한 사용자 확인
형식　whoami ENTER↵

```
[cskisa@localhost ~]$ whoami
cskisa
[cskisa@localhost ~]$
```

◎- 도전 문제 2-3

1. 현재 접속하여 사용 중인 로그네임 확인하기
2. 리눅스 시스템에 접속된 사용자 아이디 확인하기
3. 시스템에 로그인한 모든 사용자의 계정과 터미널, 로그인 시각 등 확인하기

SECTION 03 리눅스 시스템 정보

1 시스템 정보출력

리눅스 시스템에 대한 정보를 확인하려면 uname 명령을 사용하면 됩니다. 해당 옵션을 사용하면 상세한 정보를 확인할 수 있습니다. uname 명령과 함께 -a 옵션을 사용하여 시스템의 모든 정보를 확인하기 위해 다음 예제를 수행합니다.

| 예제 2-11 |

uname 명령과 옵션을 사용하여 현재 사용 중인 시스템에 대한 정보를 출력합니다.

> $ **uname [옵션]**

기능 시스템에 대한 정보 확인
형식 uname [옵션] ENTER↵
옵션 -a : 시스템의 모든 정보 확인
　　　-m: 시스템이 사용 중인 하드웨어 정보 확인
　　　-n : 호스트네임 확인
　　　-r : 운영체제의 릴리즈번호 확인
　　　-s : 운영체제의 이름 확인
　　　-v : 운영체제의 버전출시 일자 확인

```
[cskisa@localhost ~]$ uname
Linux
[cskisa@localhost ~]$ uname -a
Linux localhost.localdomain 4.18.0-80.11.2.el8_0.x86_64 #1 SMP Tue Sep 24
11:32:19 UTC 2019 x86_64 x86_64 x86_64 GNU/Linux
[cskisa@localhost ~]$ uname -m
x86_64
[cskisa@localhost ~]$ uname -n
localhost.localdomain
[cskisa@localhost ~]$ uname -r
```

```
4.18.0-80.11.2.el8_0.x86_64
[cskisa@localhost ~]$ uname -s
Linux
[cskisa@localhost ~]$ uname -v
#1 SMP Mon Mar 18 15:06:45 UTC 2019
[cskisa@localhost ~]$
```

◎- 도전 문제 2-4

1. 현재 시스템이 사용 중인 하드웨어의 정보 확인하기
2. 현재 사용 중인 운영체제의 이름 확인하기
3. 현재 사용 중인 운영체제의 이름과 버전 출시일자 한꺼번에 확인하기

2 호스트네임 출력

현재 사용 중인 리눅스 시스템의 호스트네임을 확인하고자 할 때는 hostname 명령을 사용합니다. hostname 명령을 사용하여 호스트네임을 확인하기 위해 다음 예제를 수행합니다.

| 예제 2-12 |

hostname 명령으로 현재 사용 중인 리눅스 시스템의 호스트네임을 출력합니다.

> $ **hostname**

기능 시스템의 호스트네임 정보 확인
형식 hostname ENTER↵

```
[cskisa@localhost ~]$ hostname
localhost.localdomain
[cskisa@localhost ~]$
```

3 하드웨어 정보출력

리눅스 시스템이 설치되어 있는 컴퓨터의 하드웨어 중에서 CPU에 대한 정보를 확인하기 위해서는 arch 명령을 사용합니다. arch 명령을 사용하여 현재 사용 중인 컴퓨터의 CPU에 대한 정보를 출력하기 위해 다음 예제를 수행합니다.

| 예제 2-13 |

arch 명령으로 현재 시스템의 하드웨어 정보를 출력합니다.

> $ **arch**
>
> **기능** 현재 사용 중인 컴퓨터의 CPU에 대한 정보 확인
> **형식** arch ENTER⏎

```
[cskisa@localhost ~]$ arch
x86_64
[cskisa@localhost ~]$
```

현재 사용 중인 컴퓨터의 CPU에 대한 정보가 x86_64와 같이 출력되었습니다. arch 명령의 수행결과는 컴퓨터의 사양에 따라 출력되는 정보는 다르게 나타날 수 있습니다.

4 환경변수 확인

리눅스 시스템에서 설정되어 있는 환경변수를 확인하기 위해서는 env 명령을 사용합니다. env 명령을 사용하여 현재 시스템에 설정되어 있는 환경변수에 대한 정보를 출력하기 위해 다음 예제를 수행합니다.

| 예제 2-14 |

env 명령으로 현재 시스템에 설정되어 있는 환경변수에 대한 정보를 출력합니다.

> $ **env**
>
> **기능** 환경변수에 대한 정보 확인
> **형식** env ENTER⏎

```
[cskisa@localhost ~]$ env
LS_COLORS=rs=0:di=38;5;33:ln=38;5;51:mh=00:pi=40;38;5;11:so=38;5;13:
do=38;5;5:bd=48;5;232;38;5;11:cd=48;5;232;38;5;3:or=48;5;232;38;5;9:
mi=01;05;37;41:su=48;5;196;38;5;15:sg=48;5;11;38;5;16:ca=48;5;19
...
(생략)
...
GJS_DEBUG_TOPICS=JS ERROR;JS LOG
SESSION_MANAGER=local/unix:@/tmp/.ICE-unix/2682,unix/unix:/tmp/.ICE-
unix/2682
LESSOPEN=||/usr/bin/lesspipe.sh %s
_=/usr/bin/env
[cskisa@localhost ~]$
```

5 문자열 표준 출력

리눅스 시스템의 터미널 창에서 문자열에 대한 표준 출력을 위해서는 echo 명령을 사용합니다. echo 명령은 주어진 문자열을 문자열 사이에 포함된 공백과 줄 마지막에 줄 바꿈 문자를 포함하여 표준 출력을 해 주는 명령어입니다.

echo 명령어는 지정한 문자열뿐만 아니라 환경변수 출력도 시원합니다. echo 명령으로 'Have a good time.' 문자열을 출력하기 위해 다음 예제를 수행합니다.

| 예제 2-15 |

echo 명령을 사용하여 'Have a good time.' 문자열을 표준형식으로 출력합니다.

> $ **echo Have a good time.**

기능 지정한 문자열 및 환경변수 표준출력
형식 echo 출력할 문자열 ENTER↵

```
[cskisa@localhost ~]$ echo Have a good time.
Have a good time.
[cskisa@localhost ~]$
```

옵션 출력 : echo [옵션] 이스케이프

echo 명령을 사용할 때 이스케이프 문자를 옵션으로 지정하여 표준 출력의 형태를 지정할 수 있습니다. echo 명령에서 사용할 수 있는 이스케이프 문자에 대해 다음 표와 같이 정리하였습니다. 이스케이프 문자를 echo 명령에서 사용할 경우 반드시 인용부호("")로 묶어서 사용합니다.

표 2-1 이스케이프 문자 종류 및 의미

이스케이프 문자	의미
"\a"	삑~ 경고음
"\b"	백스페이스 적용
"\c"	마지막에 줄 바꿈 문자 출력 안 함
"\f"	폼 피드 형식으로 출력 (프린터에서 용지변경)
"\n"	줄 바꿈 문자 출력
"\r"	다음 행의 처음으로 커서 이동 (캐리지 리턴)
"\t"	수평 탭 정렬
"\v"	수직 탭 정렬
"\\"	역슬래시 (또는 ₩) 출력
"\nnn"	아스키코드가 8진수(nnn)인 문자 출력

이스케이프 문자의 사용방법을 살펴보기 위해 다음 예제를 수행합니다.

| 예제 2-16 | ━━━━━━

echo 명령과 줄 바꿈 옵션 "\n" 을 사용하여 하나의 문장을 두 줄로 출력합니다.

> $ **echo -e Have a good time. "₩n" Nice good day.**

기능 지정한 문자열 및 환경변수 출력
형식 echo [옵션] [문자열] [이스케이프 문자] [문자열] ENTER↵
옵션 -n : 문자열을 출력한 다음 줄을 바꾸지 않음
　　　 -e : 이스케이프 문자를 사용하기 위한 옵션

```
[cskisa@localhost ~]$ echo -e Have a good time. "\n" Nice good day.
Have a good time.
 Nice good day.
[cskisa@localhost ~]$
```

6 명령어 존재 위치 확인

리눅스 시스템의 터미널 창에서 사용하는 명령어가 어느 디렉터리에 존재하는지를 확인하고 자 할 때는 which 명령을 사용합니다. 리눅스 시스템에서 제공하는 여러 디렉터리에 대한 의 미에 대해서는 3장에서 다루도록 하겠습니다.

echo 명령이 어느 디렉터리에 존재하는지를 확인하기 위해 다음 예제를 수행합니다.

| 예제 2-17 |

echo 명령이 어느 디렉터리에 존재하는지에 대한 정보를 출력합니다.

> **$ which echo**

> **기능** 명령어가 어느 디렉터리에 존재하는지 확인
> **형식** which 명령어 ENTER↵

```
[cskisa@localhost ~]$ which echo
/usr/bin/echo
[cskisa@localhost ~]$
```

which 명령을 사용하여 echo 명령이 존재하는 디렉터리 확인결과 echo 명령이 존재하는 계 층적 디렉터리 형태인 /usr/bin/echo와 같이 경로가 출력되었습니다. 아직 디렉터리에 대해 배우지 않았으므로 지금은 이 정도만 실습하고 자세한 내용은 해당 단원에서 다루기로 하겠 습니다.

7 명령어 리스트 확인

터미널 창에서 수용했던 여러 가지 명령들을 한 눈에 확인하고자 할 때는 history 명령을 사용합니다. 리눅스에 접속하여 터미널 창에서 사용했던 명령들을 전체 리스트로 출력하거나 history 명령과 함께 옵션을 지정하여 사용했던 명령어를 다시 실행할 수도 있습니다.

history 명령을 사용하여 터미널 창에서 수행했던 명령들의 리스트를 출력하기 위해 다음 예제를 수행합니다.

│ 예제 2-18 │

history 명령으로 리눅스 시스템의 터미널 창에서 지금까지 사용한 모든 명령어에 대한 리스트를 출력합니다.

$ **history**
기능 지금까지 사용했던 모든 명령의 리스트를 보여줌 **형식** history `ENTER↵`

```
[cskisa@localhost ~]$ history
    1  ls
    2  clear
    3  cal
    4  cal 2023
    5  dir
    6  vdir
    7  date
 ...
 (생략)
 ...
   25  arch
   26  env
   27  echo Have a good time.
   28  echo -e Have a good time. "\n" Nice good day.
   29  which echo
   30  history
[cskisa@localhost ~]$
```

사용했던 명령을 라인 번호로 다시 실행 : ![라인 번호]

이 방법은 지금까지 사용한 명령 중에서 다시 실행하고 싶은 명령어의 라인 번호를 느낌표 옵션과 함께 선언하여 다시 실행할 수 있습니다. 사용했던 명령을 다시 실행하는 방법은 '![번호]'와 같이 느낌표와 라인 번호를 함께 선언하면 됩니다. 느낌표와 라인 번호를 사용하여 수행했던 명령을 다시 실행하기 위해 다음 예제를 수행합니다.

| 예제 2-19 |

터미널 창에서 수행했던 명령 중에서 history 명령으로 조회한 25행의 arch 명령을 다시 수행하기 위해 다음과 같이 명령을 선언합니다.

$ **!25**

기능 사용했던 모든 명령어 중에서 25번째 수행한 명령어를 다시 사용
형식 [옵션][라인 번호] ENTER↵

```
[cskisa@localhost ~]$ !25
arch
x86_64
[cskisa@localhost ~]$
```

라인 번호를 지정하여 명령 삭제 : history -[옵션] [라인 번호]

history 명령으로 출력된 명령어 리스트 중에서 명령을 수행했던 특정 라인 번호의 명령을 삭제할 수 있습니다. history 명령으로 특정 라인 번호를 삭제하기 위해 다음 예제를 수행합니다.

| 예제 2-20 |

history 명령과 옵션 -d를 사용하여 [예제 2-19]에서 조회한 명령들의 리스트 중에서 29행의 which echo 명령을 삭제합니다.

$ **history -d 29**

기능 지금까지 사용했던 모든 명령어 중에서 100번째 수행한 명령어를 다시 사용
형식 history [옵션] [번호] ENTER↵
옵션 -d : 사용했던 명령어 중에서 라인 번호를 지정하여 삭제
　　　 -c : 이전에 사용했던 모든 명령어를 삭제

```
...
(생략)
...
  28  echo -e Have a good time. "\n" Nice good day.
  29  which echo
  30  history
[cskisa@localhost ~]$ history -d 29
[cskisa@localhost ~]$ history
...
(생략)
...
  28  echo -e Have a good time. "\n" Nice good day.
  29  history
  30  arch
  31  history -d 29
  32  history
[cskisa@localhost ~]$
```

예제를 수행한 결과 명령어 리스트 중에서 라인 번호 29행으로 출력되었던 which echo 명령이 삭제되고 30행의 위치에 출력되었던 history 명령이 29행으로 당겨져 출력된 것을 확인할수 있습니다.

사용했던 모든 명령을 한꺼번에 삭제 : history -[옵션]

터미널 창에서 지금까지 사용했던 모든 명령어를 한꺼번에 삭제하고자 할 때는 history 명령과 함께 옵션 -c를 사용하면 됩니다. history 명령을 사용하면서 사용한 -d 옵션은 특정 라인에 대한 명령을 수행하는 옵션입니다.

history 명령과 옵션 -c를 함께 사용하여 지금까지 사용했던 모든 명령을 한꺼번에 모두 삭제하기 위해 다음 예제를 수행합니다.

┃ 예제 2-21 ┃

history 명령과 옵션 -c를 함께 선언하여 터미널 창에서 수행했던 모든 명령어를 한꺼번에 삭제합니다.

```
$ history -c
```

기능 지금까지 사용했던 명령들을 모두 삭제
형식 history [옵션] [번호] ENTER↵
옵션 -d : 사용했던 명령들 중에서 삭제할 번호에 해당하는 명령 삭제
　　　 -c : 이전에 사용했던 명령들을 모두 삭제

```
[cskisa@localhost ~]$ history -c
[cskisa@localhost ~]$ history
    1  history
[cskisa@localhost ~]$
```

history 명령과 함께 –c 옵션을 사용하여 그동안 사용했던 모든 명령어를 한꺼번에 삭제하였
더니 최근에 사용했던 history 명령 하나 남고 모든 명령어는 삭제되어 출력된 것을 확인하였
습니다.

◎- 도전 문제 2-7

1. 지금까지 사용한 모든 명령들의 목록 출력하기(없으면 명령어 5개 실행)
2. 수행했던 라인 번호 3의 명령을 다시 실행하기
3. 사용한 명령들 중에서 라인 번호 5번만 삭제하기
4. 지금까지 수행했던 모든 명령들을 한꺼번에 삭제하기

8 접속 계정 변경

리눅스에서 작업을 수행하다 보면 사용자 계정으로는 수행하지 못하는 관리자 고유의 권한
정책이 존재합니다. 처음부터 관리자 계정인 root 계정으로 접속하였다면 별다른 문제는 없겠
지만 사용자 계정으로 접속한 상태에서 관리자의 권한으로 접속을 변경해야 할 경우도 종종
생기곤 합니다.

2장에서는 리눅스 시스템에 사용자 계정인 cskisa 계정으로 접속하여 명령을 수행하였습니
다. 사용자 계정으로 접속할 경우 터미널 창에 나타나는 프롬프트의 기호는 $로 나타납니다.
즉, 프롬프트 기호가 $로 표기된 것은 현재 사용자 계정으로 접속된 상태를 사용자에게 시각
적으로 보여주는 것입니다.

이미 접속된 사용자 계정에서 다른 계정으로 접속을 변경할 때는 substitute의 약어인 su 명령을 사용합니다. 사용자 계정에서 관리자 계정으로 접속을 변경할 때는 반드시 관리자 암호를 입력해야 합니다. 그 이유는 관리자 계정은 리눅스 시스템의 모든 권한을 가지고 있기 때문입니다.

su 명령의 사용형식은 다음과 같습니다.

$ **su**

기능   다른 계정으로 변경
형식   su [옵션] 계정 이름 ENTER↵
옵션   -c : 셸을 실행하지 않고 주어진 명령만 수행
　　　　-s : 지정된 셸로 접속
　　　　-, -l : 지정한 사용자의 환경변수를 적용하여 접속

이미 접속된 cskisa 사용자 계정에서 관리자 계정인 root 계정으로 접속하기 변경하기 위해 다음 예제를 수행합니다.

| 예제 2-22 |

- **Step 01** | 터미널 창에서 su 명령과 옵션 -을 함께 선언하여 su - root와 같이 명령을 수행하고 암호는 리눅스 시스템을 설치할 때 지정했던 spacezone을 입력합니다. 암호는 입력할 때 보안상의 이유로 입력한 암호가 화면에는 나타나지 않습니다. 관리자 계정으로 접속을 변경하면 프롬프트 기호 또한 #으로 변경되어 나타납니다.

$ **su - root**

기능   root 계정으로 변경
형식   su [옵션] 계정 이름 ENTER↵

```
[cskisa@localhost ~]$ su - root
암호: spacezone      ← 보안상 화면에는 암호가 보이지 않음
[root@localhost ~]#
```

- **Step 02** | 접속된 관리자 계정인 root 계정에서 사용자 계정인 cskis 계정으로 접속을 다시 변경합니다.

```
[root@localhost ~]# su - cskisa
[cskisa@localhost ~]$
```

- **Step 03** | 이번에는 – 옵션 없이 su 명령으로만 root 계정으로 접속변경을 시도합니다. 옵션 –를 사용하지 않을 경우 관리자 계정의 프롬프트는 [root@localhost ~]로 나타나는 것이 아니고 [root@localhost cskisa]로 나타납니다.

```
[cskisa@localhost ~]$ su root
암호: spacezone    ← 보안상 화면에는 암호가 보이지 않음
[root@localhost cskisa]#
```

su 명령을 사용할 때 – 옵션을 사용하지 않으면 root의 셸 환경변수를 가져오는 것이 아니라 원래 사용자 계정의 셸 환경변수를 사용하게 됩니다. 그러므로 온전하게 관리자 계정에 설정된 환경변수를 사용하기 위해서는 반드시 su – root와 같이 옵션을 함께 사용해 주어야 합니다.

01 운영체제에서 제공하는 시각은 마더보드에서 배터리 전력으로 구동되는 하드웨어 시계인 RTC와 커널에 의해 관리되는 소프트웨어 시계의 두 가지 형태가 있습니다.

02 소프트웨어 시계는 시스템 부팅 시 RTC로부터 설정되어 있는 시각을 받아오며 초기설정 이후에는 RTC와 상관없이 독자적으로 구동됩니다. 그리고 리눅스 시스템 시간은 UTC 형태로 저장됩니다.

03 리눅스 시스템에서 제공하는 기본 명령어는 다음과 같습니다.

● 리눅스 시스템 기본 명령어

명령어	의미
date	시스템의 현재 시각과 날짜 출력
timedatectl	하드웨어와 소프트웨어, 시스템 시각 및 타임존, 시간동기화 출력
cal	오늘 날짜에 해당하는 달력 출력
cal [옵션]	특정연도를 [옵션]으로 지정하면 지정한 연도의 달력 출력
clear	터미널 창에서 수행했던 모든 명령어와 실행결과를 화면에서 지움
logname	시스템에 접속하여 사용 중인 로그네임 확인
users	시스템에 접속하여 사용 중인 사용자들의 ID 확인
who	시스템에 로그인 한 모든 사용자의 계정과 터미널, 로그인 시간 확인
whoami	시스템에 동시에 로그인 한 사용자 확인
who am i	시스템에 접속한 사용자의 상세한 정보 확인
uname	시스템에 대한 정보 확인
uname [옵션]	[옵션] -a : 시스템의 모든 정보 확인 -m : 시스템이 사용 중인 하드웨어 정보 -n : 호스트네임 확인 -r : 운영체제의 릴리즈 번호 확인 -s : 운영체제의 이름 확인 -v : 운영체제의 버전출시 일자

hostname	시스템의 호스트네임 정보 확인
arch	현재 사용 중인 컴퓨터의 CPU에 대한 정보 확인
env	환경변수에 대한 정보 확인
echo	지정한 문자열 및 환경변수 표준출력
echo [옵션]	[옵션] -n : 문자열을 출력한 다음 줄을 바꾸지 않음 -e : 이스케이프 문자를 사용하기 위한 옵션
echo [옵션] "\"	[이스케이프 문자] "\a" : 삑~ 경고음 "\b" : 백스페이스 적용 "\c" : 마지막에 줄 바꿈 문자 출력 안 함 "\f" : 폼 피드 형식으로 출력 (프린터에서 용지변경) "\n" : 줄 바꿈 문자 출력 "\r" : 다음 행의 처음으로 이동(캐리지 리턴) "\t" : 수평 탭 정렬 "\v" : 수직 탭 정렬 "\\" : 역슬래시 (또는 \) 출력 "\nnn" : 아스키코드가 8진수(nnn)인 문자 출력
which [명령어]	명령어가 어느 디렉터리에 존재하는지 확인
history	지금까지 사용했던 모든 명령어를 보여줌
![라인 번호]	사용했던 명령어 중에서 [라인 번호]번째 명령어를 다시 사용
history [옵션] [번호]	[옵션] -d : 사용했던 명령어 중에서 라인 번호를 지정하여 삭제 -c : 이전에 사용했던 모든 명령어를 삭제

04 echo 명령을 사용할 때 이스케이프 문자를 옵션으로 지정하여 표준 출력의 형태를 지정할 수 있습니다. echo 명령에서 사용할 수 있는 이스케이프 문자를 echo 명령에서 사용할 경우 반드시 인용부호("")로 묶어서 사용해야 합니다.

## PART 02

디렉터리와 파일 관리

CHAPTER 03
디렉터리와 파일

학습목표

- 리눅스 시스템 파일의 구성요소에 대해 이해할 수 있습니다.

- 리눅스 파일의 종류에 대해 구분할 수 있습니다.

- 리눅스 환경에서 디렉터리와 파일을 관리할 수 있습니다.

- 디렉터리와 파일 관리 명령어를 사용할 수 있습니다.

파일 구성요소

1 리눅스 파일 구조

리눅스 시스템에서는 모든 처리 과정을 파일 단위로 처리하며 계층적인 구조의 특성 또한 지니고 있습니다. 리눅스에서의 파일이라는 개념은 아래 그림과 같이 파일 이름, I-node, 데이터 블록의 세 가지 요소를 모두 충족해야만 파일로서 존재의 가치를 가질 수 있습니다. 리눅스에서의 파일로서 자격을 갖추기 위한 필수요건을 하나씩 살펴보도록 하겠습니다.

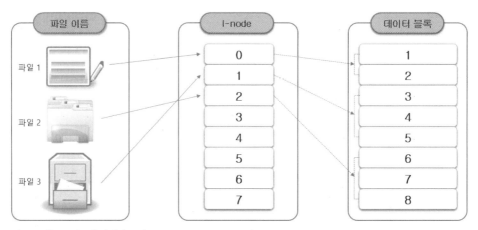

그림 3-1 리눅스 시스템 파일의 구성요소

2 파일 이름

파일 이름은 사용자가 파일을 사용 목적에 맞도록 사용하고 해당 파일에 정확하게 접근할 수 있도록 구별할 수 있는 변별력을 제공합니다. 이와 같은 변별력은 파일을 조작하기 위한 과정에서도 활용됩니다.

만약 파일 이름을 정확히 파악할 수 없는 상태라면 실수로 다른 파일을 조작하게 될 경우 리눅스 시스템에 예상치 못한 결과를 초래할 수도 있습니다. 그러므로 작업하고자 하는 파일을 정확히 찾아서 수행할 수 있도록 파일 이름을 사용하는 것입니다.

리눅스 시스템에서 관리하는 모든 데이터는 파일(현지 실행 중인 프로세스, 일반 파일, 하드웨어 등)이라는 단일 인터페이스를 가지고 있습니다.

이러한 파일들은 생성, 수정, 삭제, 보관이 가능하며 각각의 파일들은 파일의 이름과 크기, 특성을 함께 지니고 있습니다. Windows 운영체제에서는 파일의 속성에 따라 각각의 확장명이라는 개념을 사용합니다.

하지만 리눅스 시스템에서는 특별한 확장명이 제공되지는 않습니다. 단지 시스템을 관리하면서 관리가 쉽도록 파일을 구분하기 위한 차원에서 사용되는 정도입니다.

3 I-node

Index Node라고 불리는 I-node는 파일을 기술하는 디스크 상에서의 데이터 구조를 의미합니다. I-node는 파일의 데이터 블록이 디스크 상의 어느 주소에 위치하고 있는가에 대한 정보를 기록하기 위해 사용됩니다.

하나의 파일을 생성하면 하나의 I-node가 생성되고 파일을 구별할 수 있도록 I-node 번호가 부여됩니다. 부여된 I-node 번호를 찾고자 할 경우 파일의 정보를 통해 알 수 있습니다.

일반적으로 파일을 생성하게 되면 I-node의 link가 '0'인 위치에 I-node를 생성하고 정보를 저장한 다음에는 link의 값이 1의 위치로 이동하게 됩니다.

여기서 잠깐 살펴보세요.

리눅스 시스템에서 파일을 생성하기 위해서는 파일의 데이터를 저장하기 위한 디스크 내의 공간을 먼저 확보해야 합니다. 이때 파일이 저장될 주소에 대한 정보를 기록하기 위해 I-node는 각각의 파티션마다 0부터 시작하는 정수의 형태로 고유의 식별번호가 부여되고 파일이 생성될 때마다 각각 I-node와 테이블 블록을 갖게 됩니다.

I-node를 파일 하나에 모든 정보를 함축하고 있는 구조체와 비슷하다고 표현할 수 있습니다. I-node에는 실제 데이터가 몇 번 블록과 몇 번 블록 사이에 저장되었는지를 기록합니다. 만약 여러 개의 서로 다른 이름의 파일이 존재하여도 I-node 번호가 같다면 같은 파일을 의미합니다.

■ I-node에 저장된 정보

- 파일의 종류
- 파일의 소유권 – 사용자(소유자)와 그룹
- 파일의 액세스 모드
- 파일의 타임스탬프(파일 갱신일)

4 데이터 블록

데이터 블록(Data Block)은 파일에서 데이터를 저장하는 블록을 의미합니다. 데이터 블록에는 일반 파일이나 디렉터리 파일의 데이터가 존재합니다. 디스크 장치에 파일을 저장할 때 실제 데이터는 특별한 구분 없이 디스크에 저장됩니다.

다시 말해서 파일 1과 파일 2가 디스크에 저장될 때 특별히 2개를 각각 구분되지 않고 디스크에 차례대로 기록됩니다. 이러한 방법으로 파일들에 대한 실제 데이터는 디스크의 어느 한 곳에 차례대로 쌓여 있습니다. 바로 이 부분을 데이터 블록이라고 합니다.

데이터 블록에는 파일을 저장할 때 어떠한 파일인지를 구분하지는 않습니다. 그렇기 때문에 파일들을 구분할 수 있는 부가정보가 필요하게 됩니다. 리눅스에서는 I-node를 이용해 부가정보를 구별할 수 있도록 편리성을 제공하고 있습니다.

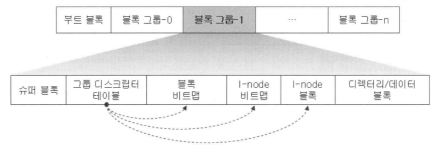

그림 3-2 블록 그룹의 개념

블록 그룹은 블록들의 모임을 의미하며 운영체제(OS) 커널이 같은 파일에 속하는 데이터 블록은 같은 블록 그룹에 저장하는 기능을 제공하므로 파일의 단편화를 줄일 수 있습니다. 파일 시스템의 전체적인 정보는 슈퍼 블록(Super Block)과 그룹 디스크립터 테이블(Group Descriptor Table)에 저장됩니다.

여기서 잠깐 살펴보세요.

슈퍼 블록과 그룹 디스크립터 테이블은 0번 블록 그룹의 정보만을 사용합니다. 하지만 주요 데이터가 손상될 경우를 대비하여 모든 블록 그룹에 사본이 따로 저장되어 있습니다. 블록 그룹의 개수와 크기는 해당 파티션 블록의 크기에 따라 달라집니다.

리눅스 파일 종류

1 리눅스 파일 종류

리눅스 시스템에서 관리하는 모든 데이터는 파일(현재 실행 중인 프로세스, 일반 파일, 하드웨어 등)로 인식되며 하나의 프로세스는 하나의 작업 디렉터리를 가집니다.

리눅스 시스템은 일반 파일, 디렉터리 파일, 특수 파일 등 세 종류의 파일을 가지며 파일은 사용자가 이용할 수 있는 데이터의 실체를 의미합니다.

시스템이나 응용프로그램도 파일로 취급되며 키보드, 프린터, LAN 카드, 마우스 등도 파일로 나루어집니다. 리눅스 시스템에서는 모든 자원을 파일로 다루고 있습니다.

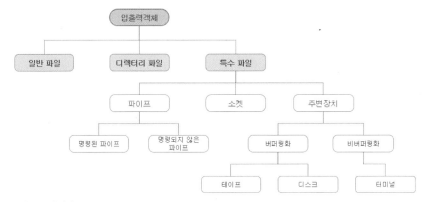

그림 3-3 리눅스 파일의 종류

2 일반 파일

일반 파일(Regular File)은 데이터를 관리하며 주로 사용되는 일상적인 파일을 의미합니다. 각종 실행 파일이나 텍스트 파일, 이미지 파일, 프로그램 소스 파일 등 리눅스에서 사용하는 파일 대부분을 의미하며 실행 파일이나 이미지 파일의 경우 데이터가 바이너리 형태로 저장됩니다.

여기서 잠깐 살펴보세요.

실행 파일을 확인하기 위해서는 해당 파일의 내용을 확인할 수 있는 유틸리티 프로그램이 있어야 합니다. 텍스트 파일의 경우에는 문서 편집기를 사용하여 내용을 편집하거나 볼 수 있습니다. 일반 파일을 정규 파일이라고도 하며 정규 파일은 표준 입출력 시스템의 호출을 통해 참조됩니다.

3 디렉터리 파일

리눅스 시스템에서는 디렉터리(Directory) 역시 파일로 취급됩니다. 디렉터리 파일은 해당 디렉터리에 저장된 파일이나 하위 디렉터리에 대한 정보를 가지고 있습니다.

디렉터리는 일반 파일과 마찬가지로 디스크에 저장되어 다른 파일을 조작하고 액세스하는데 필요한 정보를 가지고 있습니다.

디렉터리 안에는 파일을 액세스하는데 필요한 정보를 가지고 있으며 '디렉터리'라는 파일을 이용해서 전체 파일을 하나의 트리 구조로 만들어 관리합니다.

4 링크 파일

Windows 운영체제만을 사용해온 사용자라면 링크 파일(Link File)은 왠지 낯설게만 느껴질 것입니다. 그렇지만 유닉스와 리눅스에서는 자주 사용되며 시스템 사용자에게 편리성을 제공해주는 파일입니다.

유닉스와 리눅스에서는 링크(Link)라는 개념을 도입해 여러 개의 이름이 하나의 I-node에 연결되도록 수행하고 실제 파일이나 디렉터리 또는 또 다른 링크를 가리킵니다.

링크를 추가한다는 것은 단순하게 디렉터리의 엔트리(Entry)를 만드는 것을 의미합니다. 리눅스에서 제공하는 링크 파일에는 하드 링크와 심볼릭 링크가 존재하며 링크 파일을 생성하기 위해서는 ln 명령을 사용합니다.

하드 링크

하드 링크(Hard Link)는 원본 파일을 복사하여 원본 파일과 동일한 내용의 다른 사본 파일을 만드는 것을 의미합니다. 하드 링크에서는 원본 파일과 링크 파일 2개가 서로 다른 파일로 취급되므로 둘 중 어느 하나를 삭제하더라도 나머지 하나는 그대로 남아있습니다.

하드 링크에서는 원본 파일의 내용이 변경되면 복사된 링크 파일의 내용 또한 자동으로 변경됩니다. 하드 링크는 동일한 I-node를 갖는 파일을 생성하는 것을 의미하며 파일의 실제 I-node의 정보를 공유하기 때문에 마치 동일한 파일이 여러 곳에 존재하는 것처럼 보입니다.

심볼릭 링크

리눅스 시스템에서 통상적으로 사용되는 링크 파일이 바로 심볼릭 링크(Symbolic) Link 파일입니다. 다른 표현으로는 소프트 링크(Soft Link)라고도 합니다. 심볼릭 링크 파일의 기능은 Windows 운영체제에서 사용되는 '바로 가기' 기능이나 '단축 아이콘'과 같은 기능을 수행합니다.

이미 생성된 심볼릭 링크 파일을 삭제하여도 존재했던 원본 파일에는 어떠한 영향도 미치지 않습니다. 원본 파일이 삭제되어 존재하지 않으면 링크 파일은 깜박거리면서 링크 파일의 원본 파일이 없다는 것을 알려줍니다.

심볼릭 링크들은 특별하게 다루어야 하는 백업 유틸리티와 같은 프로그램들에서는 직접 식별하고 조작할 수도 있습니다. 심볼릭 링크는 다른 파일이나 디렉터리에 대한 경로로서 리눅스 운영체제에서 자동으로 해석하고 추적하는 텍스트 문자열을 포함하고 있습니다.

여기서 잠깐 살펴보세요.

심볼릭 링크는 다른 의미로 기호화된 링크라고도 하며 절대 경로 또는 상대 경로 형태로 구성된 다른 파일이나 디렉터리에 대한 참조를 포함하고 있는 특별한 종류의 파일입니다. 리눅스 시스템에서 심볼릭 링크로 이름이 지정된 파일을 읽고 쓰는 프로그램들은 마치 운영체제가 직접 대상 파일에 작용하는 것처럼 수행합니다.

5 특수 파일

특수 파일이란 리눅스가 지원하는 파이프, 소켓, 주변장치(디바이스)를 의미합니다. 디바이스(Device)는 Windows 운영체제에서 하드디스크(Hard Disk)가 C:, D:, E: 등으로 표시되지만 리눅스 시스템에서는 /dev/hda1, … /dev/hda3과 같이 사용됩니다.

리눅스 시스템에서 특수 파일로 다루어지는 파일의 영역을 살펴보면 키보드, 모니터, 마우스, 디스크 드라이브 등과 같이 컴퓨터의 모든 자원이 특수 파일로 사용되고 다루어집니다.

6 문서 파일과 이진 파일

문서 파일(Text File)은 키보드로 입력받은 값만을 가지고 있으며 ASCII 문자로 구성되어 있습니다. ASCII 문자는 알파벳 대/소문자, 숫자, 공백, 탭, 제어문자, 문장부호를 포함하여 128개의 코드로 구성되어 문서를 작성할 때 해당 알파벳을 ASCII 문자로 매칭 합니다.

이진 파일(Binary File)은 문자가 아닌 데이터 파일이 들어있으며 기계어인 '0'과 '1'의 값으로 구성되어 있습니다. 이진 파일은 프로그램을 코딩하여 컴파일을 수행하는 과정에서 생성되는 파일을 의미하며 실행 파일이라고도 불립니다.

디렉터리와 파일 관리

이 섹션에서는 디렉터리의 계층구조, 절대 경로와 상대 경로, 파일과 디렉터리의 생성규칙에 대해서 다루기로 하겠습니다.

1 디렉터리 계층구조

리눅스에서 제공되는 디렉터리의 구조는 계층적 형태인 트리(Tree) 구조로 구성되어 있으며 사용하고자 하는 목적에 따라 수행되는 명령어의 성격과 내용 및 사용 권한 부여 등의 그 사용 목적에 따라 디렉터리로 구분하여 제공되고 있습니다.

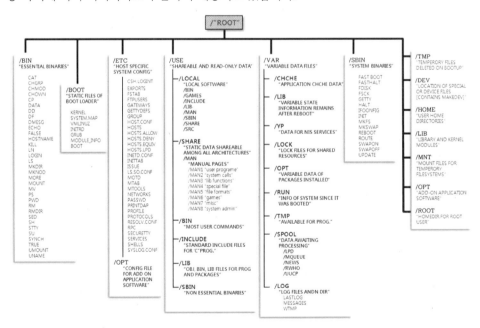

그림 3-4 리눅스 시스템의 디렉터리 구조

리눅스 파일 시스템은 파일과 디렉터리의 구조를 가지고 있으며 최상위는 루트(root) 디렉터리에 기반을 두고 있습니다. 이 디렉터리를 루트 디렉터리 또는 최상위 디렉터리라고 합니다. 일반적으로 루트 디렉터리는 /(슬래시)로 표시되며 루트 디렉터리를 제외한 모든 디렉터리는 서브 디렉터리 또는 하위 디렉터리라고 부릅니다.

루트 디렉터리와 서브 디렉터리

루트 디렉터리에는 기본적으로 서브 디렉터리를 가지고 있습니다. 리눅스 배포판에 따라 약간씩은 다를 수 있지만 대부분 유닉스와 호환성을 가지므로 비슷한 디렉터리를 가지고 있습니다. 우리가 설치한 리눅스 시스템에서 루트 디렉터리와 서브 디렉터리의 구조에 대해 다음 예제에서 살펴보겠습니다.

| 예제 3-1 |

리눅스 시스템의 루트 디렉터리와 심볼릭 링크 파일을 확인하기 위해 -F 옵션과 루트를 의미하는 /를 사용하여 존재하는 리스트를 확인합니다.

```
$ ls -F /
```

기능 -F : 파일의 종류를 실행파일은 '*', 디렉터리는 '/', 심볼릭 링크는 '@' 표시
형식 ls [옵션] / ENTER↵

```
[cskisa@localhost ~]$ ls -F /
bin@    dev/    home/    lib64@  mnt/    proc/   run/    srv/    tmp/    var/
boot/   etc/    lib@     media/  opt/    root/   sbin@   sys/    usr/
[cskisa@localhost ~]$
```

루트 디렉터리에 존재하는 서브 디렉터리와 심볼릭 링크 파일을 확인하기 위해 List 명령을 옵션 -F와 루트를 의미하는 /를 ls 명령 다음에 사용하였습니다. ls 명령 수행 후 나타난 결과를 살펴보면 파일 이름 뒤에 /가 붙어있는 파일과 @(앳)이 붙어있는 파일이 각각 존재하는 것을 확인할 수 있습니다.

파일 이름 뒤에 붙어있는 /는 디렉터리 파일을 의미하고 @은 심볼릭 링크 파일을 의미합니다. 리눅스에서 제공하는 디렉터리와 심볼릭 링크 파일의 주요기능을 다음 표와 같이 정리하였습니다.

표 3-1 디렉터리와 심볼릭 링크 파일의 주요기능

디렉터리	기능
bin@	기본 명령어가 존재하는 심볼릭 링크 파일
dev/	시스템 디바이스 장치 파일이 존재하는 디렉터리
home/	일반 사용자들이 사용하는 홈 디렉터리
lib64@	64bit 운영체제 호환성과 관련된 파일이 존재하는 심볼릭 링크 파일
mnt/	입/출력장치 등 파일 시스템을 임시로 마운트 하는 디렉터리
proc/	프로세스 정보 등 커널 관련 정보가 저장되는 디렉터리
run/	실행 중인 서비스와 관련된 파일이 저장되는 디렉터리
srv/	FTP 또는 web 등 시스템에서 제공하는 서비스 데이터가 저장되는 디렉터리
tmp/	시스템 사용 중 발생하는 임시 데이터가 저장되는 디렉터리
var/	시스템 운영 중에 발생하는 데이터와 로그 관련 정보가 저장되는 디렉터리
boot/	부팅에 필요한 커널 파일이 존재하는 디렉터리
etc/	리눅스 시스템 설정을 위한 각종 파일이 존재하는 디렉터리
lib@	공유 라이브러리가 존재하는 심볼릭 링크 파일
media/	USB, CD-ROM과 같은 외부 장치를 마운트(연결)할 때 사용되는 디렉터리
opt/	리눅스 시스템에 존재하지 않는 프로그램이 추가 설치되는 디렉터리
root/	root 계정의 홈 디렉터리로 '/'(루트) 디렉터리와는 성격이 다른 디렉터리
sbin@	시스템 운영 관련 파일이 존재하는 심볼릭 링크 파일
sys/	리눅스 커널과 관련된 파일이 존재하는 디렉터리
usr/	기본 실행 파일과 라이브러리 파일, 헤더 파일 등의 파일이 존재하는 디렉터리

작업 디렉터리

작업 디렉터리는 사용자가 리눅스 시스템에 접속하여 현재 사용하고 있는 디렉터리를 의미합니다. 현재 작업 중인 디렉터리는 점(.)으로 표시되고 현재 작업 중인 디렉터리의 위치를 상세하게 확인하기 위해서는 pwd 명령을 사용합니다.

홈 디렉터리

홈 디렉터리는 각 사용자에게 할당되는 디렉터리로 사용자 계정을 처음 만들 때 지정해 줍니다. 리눅스 시스템은 많은 사용자가 접속하여 사용하는 서버 시스템 구조이기 때문에 각각의 사용자별로 홈 디렉터리를 지정해 주어야 합니다.

사용자에게 지정된 홈 디렉터리에 파일과 서브 디렉터리를 생성하여 작업할 수 있습니다. 홈
디렉터리의 표시는 ~(Tiled; 틸드)를 사용하여 표시됩니다. 예를 들어 guest_01 계정의 홈 디
렉터리는 'guest_01 ~'와 같이 표시됩니다.

2 절대 경로와 상대 경로

리눅스 시스템에서 제공하고 있는 경로(Path)는 특정 파일이나 디렉터리의 위치를 나타냅니다.
각 경로는 구분자 /를 사용하여 구분되도록 표기됩니다. /를 맨 앞에 위치하면 루트 디렉터리
를 의미하고 중간에 있는 /는 중간에 있는 경로를 구분하는 의미로 사용됩니다.

리눅스에서 제공되는 기본적인 파일 시스템의 구조를 제외하고는 사용자가 사용 목적에 따라
경로를 다르게 설정할 수도 있습니다. 그렇다고 해서 사용자가 임의로 파일 시스템의 구조를
바꾼다는 것은 바람직하지 않습니다.

여기서 잠깐 살펴보세요.

리눅스에서 제공하는 디렉터리의 구조는 파일 시스템의 표준안을 기반으로 만들어진 것이기 때문에 될 수 있으면
그대로 사용하는 것을 권장합니다. 리눅스에서 제공되는 디렉터리의 구조는 트리 형태로 구성되어 있으므로 경로
에 대한 이해가 꼭 필요합니다.

리눅스에서의 디렉터리 관리는 절대 경로(Absolute Path)와 상대 경로(Relative Path) 두 가지의
형태로 제공되고 있습니다.

현재 자신이 속해 있는 디렉터리는 '.'으로 표현하고 바로 상위 디렉터리는 '..'으로 표현하는 방
법이 바로 상대 경로 표기 방법입니다.

절대 경로

절대 경로는 루트(root) 디렉터리인 /를 기준으로 제공되는 디렉터리를 의미합니다.

```
/usr/share/zoneinfo/Asia
```

절대 경로를 표시할 때는 항상 루트(/) 디렉터리 위치부터 시작해야 하며 다음과 같은 특징이 있습니다.

상대 경로

상대 경로는 현재 디렉터리를 기준으로 경로명을 시작합니다. 상대 경로는 절대 경로인 루트 (/)를 포함하지 않는 경로로 셸의 작업 디렉터리가 상대 경로의 기준이 됩니다.

```
../usr/lib
```

현재 디렉터리는 사용자가 어느 디렉터리에서 작업하고 있느냐에 따라 경로명이 달라지기 때문에 매번 경로명이 동일하지는 않습니다. 상대 경로명을 지정하는 방법은 다음과 같은 특징이 있습니다.

- '/' 이외의 문자로 시작해야 함
- 현재 디렉터리의 위치에서 서브 디렉터리로 내려갈 경우 서브 디렉터리명을 추가
- 현재 디렉터리 위치에서 상위 디렉터리로 이동하려면 ..(마침표 2개)를 추가
- 상대 경로명은 현재 위치한 디렉터리의 위치에 따라 달라질 수 있음

❸ 파일과 디렉터리명 생성규칙

리눅스 시스템에서 파일 이름과 디렉터리명을 생성할 때는 다음과 같은 규칙을 준수해야 합니다. 파일과 디렉터리명 생성규칙을 지키지 않고 파일이나 디렉터리를 생성하려고 한다면 좋은 방법이 아닙니다.

예를 들어 myroot/, /test, welcome/name와 같이 생성규칙을 무시한 채 파일과 디렉터리를 생성하려고 명령을 수행한다면 정상적으로 파일과 디렉터리가 생성되지 않기 때문에 뜻하지 않은 오류가 발생할 수도 있습니다.

이러한 이유로 파일과 디렉터리의 이름은 반드시 생성규칙을 준수해서 생성해야 합니다. 파일과 디렉터리의 생성규칙은 다음과 같습니다.

- • '/' 는 파일 이름이나 디렉터리명에 사용할 수 없음
- 파일과 디렉터리 이름에는 알파벳, 숫자, -, _ , .(마침표)만 사용할 수 있음
- 공백, *, |, ", ', @, #, $, %, ^, & 등은 사용할 수 없음
- 알파벳 대/소문자는 엄격하게 구별되어 다른 글자로 취급됨
- 파일과 디렉터리명을 사용할 때 점(.)으로 시작하면 숨김 파일로 간주됨

◎- 도전 문제 3-1

1. 현재 위치한 디렉터리에 존재하는 모든 파일목록을 한꺼번에 출력하기
2. usr 디렉터리에 존재하는 모든 파일목록 출력하기

디렉터리 명령어

1 사용자 계정 로그인

3장에서 배울 내용에 대해서는 사용자 계정으로 접속된 상태에서 수행하도록 하겠습니다. 실습을 위해 CentOS 8 리눅스에 사용자 계정인 cskisa를 누른 다음 암호 123456을 입력하여 접속합니다.

그림 3-5 터미널 창 실행

2 현재 디렉터리의 위치 확인

현재 작업 중인 디렉터리의 위치를 확인하기 위해서는 print working directory의 약어인 pwd 명령을 사용합니다.

| 예제 3-2 |

리눅스 시스템에서의 현재 작업 중인 디렉터리의 위치 정보를 확인합니다.

```
$ pwd
```

기능 현재 디렉터리의 위치를 절대 경로로 보여줌
형식 pwd ENTER↵

```
[cskisa@localhost ~]$ pwd
/home/cskisa
[cskisa@localhost ~]$
```

pwd 명령을 수행한 결과 화면에는 home/cskisa와 같이 출력되었습니다. 이 경로명은 절대 경로명의 형태로 출력되었으며 프롬프트에 ~(틸드)가 붙은 이유는 현재 사용자 계정인 cskisa 계정의 홈 디렉터리에 있음을 의미합니다.

현재 사용자 계정이 작업하는 위치인 홈 디렉터리를 의미하는 '~'가 나타나지 않게 하려면 현재 디렉터리에서 다른 디렉터리로 이동한 다음 프롬프트에 ~가 나타나지 않는지에 대해 살펴보면 됩니다.

3 현재 디렉터리 위치 이동

현재 디렉터리의 위치 이동은 리눅스 시스템에서 다른 사용자가 접근하지 못하도록 막아놓은 디렉터리를 제외하고는 모든 디렉터리의 이동이 가능합니다. 현재 디렉터리 위치에서 절대 경로명으로 다른 디렉터리의 위치로 이동하기 위해서는 change directory의 약어인 cd 명령을 사용합니다.

절대 경로명으로 디렉터리 이동하기

현재 디렉터리 위치에서 절대 경로명으로 다른 디렉터리의 위치로 이동하기 위해 다음 예제를 수행합니다.

| 예제 3-3 |

리눅스 시스템의 현재 디렉터리에서 지정하는 특정 디렉터리 /dev로 이동한 다음 이동한 위치의 정보를 확인합니다.

> $ **cd /dev**

기능 현재 디렉터리의 위치에서 지정한 디렉터리 위치로 이동
형식 cd [디렉터리명] ENTER↵

```
[cskisa@localhost ~]$ cd /dev
[cskisa@localhost dev]$ pwd
/dev
[cskisa@localhost dev]$
```

디렉터리의 위치가 /dev 디렉터리로 위치가 이동되었으며 프롬프트에는 '~'가 붙어있지 않음을 확인할 수 있습니다.

상대 경로명으로 디렉터리 이동하기

상대 경로명으로 디렉터리를 이동할 경우 먼저 상위 디렉터리로 이동하기 위한 '..' 명령을 먼저 사용한 다음 상위 디렉터리에 종속된 하위 디렉터리명을 옆에 사용해 주면 됩니다. 상대 경로명으로 특정 디렉터리로 이동하기 위해 다음 예제를 수행합니다.

| 예제 3-4 |

상대 경로명으로 /usr/lib 디렉터리로 이동하기 위해 cd 명령을 수행하고 이동한 디렉터리의 현 위치를 pwd 명령으로 출력합니다.

> $ **cd ../usr/lib**

기능 상대 경로명을 사용하여 현재 디렉터리의 위치에서 지정한 디렉터리 위치로 이동
형식 cd [상대 경로명/디렉터리명] ENTER↵

```
[cskisa@localhost dev]$ cd ../usr/lib
[cskisa@localhost lib]$ pwd
/usr/lib
[cskisa@localhost lib]$
```

실행결과에서 보는 바와 같이 상대 경로명을 ../usr/lib와 같이 사용하여 현재의 디렉터리 위치에서 /usr/lib 디렉터리로 이동하였습니다.

원래 위치했던 사용자 홈 디렉터리로 되돌아가기 위해서는 다음과 같이 다양한 방법을 사용해서 이동할 수 있습니다. 이 중에서 가장 간단한 방법은 두 번째 방법인 cd 명령으로 이동하는 방법입니다.

- cd ~ : 홈 디렉터리를 나타내는 기호인 '~'를 사용해서 홈 디렉터리로 이동
- cd : 이동할 목적지를 지정하고 않고 해당 계정의 홈 디렉터리로 이동
- cd /home/cskisa : 절대 경로명을 사용하여 홈 디렉터리로 이동
- cd ../../home/cskia : 상대 경로명을 사용하여 홈 디렉터리로 이동

홈 디렉터리로 이동하기

현재 작업 중인 디렉터리에서 cd 명령을 사용하여 홈 디렉터리의 위치로 이동하기 위해 다음 예제를 수행합니다.

| 예제 3-5 |

cd 명령으로 현재 작업 중인 디렉터리에서 홈 디렉터리의 위치로 바로 이동합니다.

$ **cd**

기능 해당 계정의 홈 디렉터리로 이동
형식 cd ENTER↵

```
[cskisa@localhost lib]$ cd
[cskisa@localhost ~]$ pwd
/home/cskisa
[cskisa@localhost ~]$
```

◎- 도전 문제 3-2

1. 현재 위치에서 /usr/lib 디렉터리로 이동하기
2. 이동한 /usr/lib 디렉터리에서 홈 디렉터리로 바로 이동하기

4 디렉터리 내용 확인

ls 명령은 list의 의미로 현재 디렉터리에 있는 파일이나 서브 디렉터리의 목록을 보여주는 명령입니다. ls 명령을 사용하면 특정 디렉터리에 어떠한 파일이나 서브 디렉터리가 존재하는지를 확인할 수 있으므로 해당 파일을 실행하거나 응용할 수 있습니다.

기능 디렉터리에 존재하는 파일이나 서브 디렉터리에 대한 정보 확인

형식 ls [옵션] [파일 이름 또는 디렉터리명] ⌈ENTER↵⌉

옵션 -a : 숨겨진 파일까지 포함하여 모든 파일 리스트를 출력
　　 -d : 지정한 디렉터리에 존재하는 파일과 디렉터리의 정보출력
　　 -n : 호스트네임 확인
　　 -i : 첫 번째 열에 I-node 번호를 출력
　　 -l : 파일의 상세한 정보를 출력
　　 -A : .와 ..를 제외한 모든 파일 리스트를 출력
　　 -F : 파일의 종류를 실행파일은 '*', 디렉터리는 '/', 심볼릭 링크는 '@' 표시
　　 -L : 심볼릭 링크 파일은 원본 파일의 정보를 출력
　　 -R : 하위 디렉터리 리스트 출력

현재 디렉터리 내용 확인 : ls

특정 옵션이나 디렉터리를 지정하지 않은 상태에서 ls 명령을 사용하면 현재 디렉터리의 내용을 간략하게 확인할 수 있습니다. ls 명령으로 현재 디렉터리의 내용을 확인하기 위해 다음 예제를 수행합니다.

| 예제 3-6 | ────────────────────

ls 명령으로 현재 디렉터리에 존재하는 디렉터리와 파일의 종류를 출력합니다.

$ **ls**

기능 현재 디렉터리의 내용 확인
형식 ls ⌈ENTER↵⌉

```
[cskisa@localhost ~]$ ls
Firefox_wallpaper.png   다운로드      바탕화면      사진     음악
공개                     문서          비디오        서식
[cskisa@localhost ~]$
```

숨김 파일 확인 : -a 옵션

리눅스 시스템에서는 파일 이름이나 디렉터리명을 점(.)을 사용하여 숨김 파일로 지정하고 있기 때문에 ls 명령만으로는 모든 파일을 확인할 수 없습니다. 숨김 파일까지 모두 확인하기 위해서는 all의 의미를 부여하는 -a 옵션을 사용해야 합니다.

현재 사용자 계정의 홈 디렉터리에 어떤 파일들이 숨겨져 있는지를 확인하기 위해 다음 예제를 수행합니다.

| 예제 3-7 |

ls 명령과 옵션 -a를 함께 사용하면 현재 디렉터리에 존재하는 파일과 디렉터리 목록뿐만 아니라 숨겨져 있는 파일까지도 모두 출력할 수 있습니다.

> **$ ls -a**

기능 현재 디렉터리의 숨김 파일 확인
형식 ls [옵션] ENTER↵

```
[cskisa@localhost ~]$ ls -a
.                .bash_profile  .esd_auth              공개        사진
..               .bashrc        .local                 다운로드    서식
.ICEauthority    .cache         .mozilla               문서        음악
.bash_history    .config        .pki                   바탕화면
.bash_logout     .dbus          Firefox_wallpaper.png  비디오
[cskisa@localhost ~]$
```

출력결과를 살펴보면 bash_history를 비롯해 숨겨져 있는 파일이 여러 개 존재한다는 것을 확인할 수 있습니다. 숨김 파일 대부분은 사용자 계정의 환경설정이나 응용프로그램의 환경설정 등의 파일입니다.

현재 디렉터리를 나타내는 '.'(점)과 상위 디렉터리를 의미하는 '..'(점 2개)는 디렉터리가 생성될 때 자동으로 만들어진 것입니다.

파일의 종류 확인 : -F 옵션
리눅스에서 제공되는 파일의 종류에는 일반 파일과 디렉터리 파일이 존재한다고 앞에서 배웠습니다. 앞에서 실습한 [예제 3-6]과 [예제 3-7]의 수행결과 출력된 내용에서는 어느 것이 파일이고 어느 것이 디렉터리인지를 구분하기가 어렵습니다.

ls 명령에서 파일의 종류를 확인하기 위한 옵션 -F를 사용할 경우 파일의 종류를 구분할 수 있는 기호가 표시됩니다. 파일 이름 뒤에 '/'가 붙은 파일은 디렉터리 파일이고 '@'은 심볼릭 링크, '*'는 실행 파일을 의미합니다.

파일 이름 앞이나 뒤에 아무런 표시가 없으면 일반적으로 많이 다루어지는 일반 파일을 의미합니다. ls 명령과 옵션 -F를 함께 사용하여 현재 디렉터리에 존재하는 파일의 종류를 확인하기 위해 다음 예제를 수행합니다.

| 예제 3-8 | ━━

- **Step 01** | 현재 디렉터리에 존재하는 파일의 종류와 기호가 모두 표시되도록 ls 명령과 -F 옵션을 함께 사용하여 파일의 종류를 확인합니다.

$ **ls -F**

기능 파일의 종류가 기호와 함께 표시되어 파일의 종류 확인
형식 ls [옵션] `ENTER↵`

```
[cskisa@localhost ~]$ ls -F
Firefox_wallpaper.png   다운로드/   바탕화면/      사진/     음악/
공개/                     문서/       비디오/        서식/
[cskisa@localhost ~]$
```

- **Step 02** | 현재 디렉터리에 존재하는 파일의 종류와 숨김 파일까지 포함하여 모든 파일의 종류를 ls 명령과 -aF 옵션을 사용하여 한꺼번에 확인합니다.

$ **ls -aF**

기능 숨김 파일까지 함께 모든 파일의 종류를 확인
형식 ls [옵션][옵션] `ENTER↵`

```
[cskisa@localhost ~]$ ls -aF
./                .bash_profile   .esd_auth            공개/           사진/
../               .bashrc         .local/              다운로드/       서식/
.ICEauthority    .cache/         .mozilla/            문서/           음악/
.bash_history    .config/        .pki/                바탕화면/
.bash_logout     .dbus/          Firefox_wallpaper.png  비디오/
[cskisa@localhost ~]$
```

◎- 도전 문제 3-3

1. 현재 디렉터리의 위치를 홈 디렉터리로 이동하기
2. 홈 디렉터리 위치에서 /usr/lib 디렉터리의 숨김 파일까지 모두 출력하기

지정한 디렉터리의 내용 확인

다른 디렉터리로 이동하지 않고도 현재 작업 중인 디렉터리에서 다른 디렉터리에 있는 내용을 확인할 수 있습니다. ls 명령에서는 다른 디렉터리를 인자로 사용할 수 있기 때문에 디렉터리를 인자로 사용하는 방법을 사용하면 현재 작업 중인 디렉터리에서도 다른 디렉터리의 내용을 확인할 수 있습니다.

현재 디렉터리의 위치에서 다른 위치에 있는 /tmp 디렉터리의 내용을 확인하기 위해 다음 예제를 수행합니다.

| 예제 3-9 | ─────────────────────────

ls 명령으로 /tmp 디렉터리에 존재하는 파일과 서브 디렉터리의 종류를 모두 출력합니다.

> $ **ls /tmp**

기능 다른 위치에 있는 디렉터리의 내용 확인
형식 ls [디렉터리명] ENTER↵

```
[cskisa@localhost ~]$ ls /tmp
anaconda.log
gnome-desktop-thumbnailer-5IK00Z
hsperfdata_root
ifcfg.log
ks-script-h1Tuhq
...
(생략)
...
dnf.log
dnf_save_tx.2019-04-27.15-59.QwFHyj.dnftx
[cskisa@localhost ~]
```

현재 디렉터리에서 특정 디렉터리에 존재하는 목록 확인하기

현재 디렉터리에서 ls 명령의 옵션과 디렉터리를 인자를 한꺼번에 지정하여 /tmp 디렉터리에 존재하는 모든 파일목록을 출력하기 위해 다음 예제를 수행합니다.

| 예제 3-10 | ─────────────────────────

ls 명령과 옵션 -F를 함께 사용하여 현재 디렉터리의 위치에서 /tmp 디렉터리에 존재하는 파일과 서브 디렉터리의 리스트를 출력합니다.

$ ls -F /tmp

기능 다른 위치에 있는 디렉터리의 내용 확인
형식 ls [옵션] [디렉터리명] [ENTER↵]

```
[cskisa@localhost ~]$ ls -F /tmp
anaconda.log
gnome-desktop-thumbnailer-5IK00Z/
hsperfdata_root/
ifcfg.log
ks-script-h1Tuhq*
...
(생략)
...
dnf.log
dnf_save_tx.2019-04-27.15-59.QwFHyj.dnftx
[cskisa@localhost ~]$
```

디렉터리에 존재하는 파일의 상세정보출력 : -l 옵션

ls 명령으로 지정한 디렉터리에 존재하는 파일의 상세한 정보를 출력하기 위해서는 long의 약어인 -l 옵션을 함께 사용하면 됩니다.

ls 명령에서의 -l 옵션은 [Windows 탐색기]에서 [자세히 보기] 기능과 같은 기능을 수행합니다. ls 명령과 옵션 -l을 함께 사용하여 디렉터리에 존재하는 파일의 상세정보를 출력하기 위해 다음 예제를 수행합니다.

| 예제 3-11 | ────────────────

ls 명령과 옵션 -l을 함께 사용하여 현재 디렉터리에 존재하는 모든 파일의 상세한 정보를 출력합니다.

$ ls -l

기능 디렉터리에 존재하는 파일의 상세정보출력
형식 ls [옵션] [ENTER↵]

```
[cskisa@localhost ~]$ ls -l
합계 236
-rw-rw-r--. 1 cskisa cskisa 238664    4월 28 14:48 Firefox_wallpaper.png
drwxr-xr-x. 2 cskisa cskisa      6    4월 27 15:57 공개
drwxr-xr-x. 2 cskisa cskisa    102    4월 28 14:45 다운로드
drwxr-xr-x. 2 cskisa cskisa      6    4월 27 15:57 문서
drwxr-xr-x. 2 cskisa cskisa      6    4월 27 15:57 바탕화면
drwxr-xr-x. 2 cskisa cskisa      6    4월 27 15:57 비디오
drwxr-xr-x. 2 cskisa cskisa      6    4월 27 15:57 사진
drwxr-xr-x. 2 cskisa cskisa      6    4월 27 15:57 서식
drwxr-xr-x. 2 cskisa cskisa      6    4월 27 15:57 음악
[cskisa@localhost ~]$
```

실행결과에서 보는 바와 같이 ls 명령과 함께 -l 옵션을 사용하여 디렉터리에 존재하는 파일의 상세정보가 출력된 것을 확인하였습니다. 출력된 정보를 좀 더 쉽게 이해할 수 있도록 다음 표와 같이 정리하였습니다.

표 3-2 파일에 대한 상세정보

구분	의미
d	파일의 유형 : [표 2-3 참조]
rwxr-xr-x	파일 접근권한(rwx : 사용권한, r-x : 그룹권한, r-x : 타인권한)
2	하드 링크의 개수
cskisa	파일 소유자
cskisa	파일이 속한 그룹
6	파일의 크기(byte 단위)
10월1 21:58	파일이 마지막으로 수정된 날짜와 시간
공개	파일 이름

리눅스 시스템에서 다루고 있는 파일의 종류는 앞에서 살펴본 바와 같이 일반 파일, 디렉터리 파일, 링크 파일, 특수 파일, 문서 파일, 이진 파일이 있습니다. 이와 같은 파일의 종류를 구분해 주는 문자의 종류에 대해서 알아보기 쉽게 다음 표와 같이 정리하였습니다.

표 3-3 파일의 종류

문자	파일 종류
-	일반 정규적인 파일
d	디렉터리 파일
l	심볼릭 링크 파일
b	블록 단위의 Read/Write 블록장치 파일
c	섹터 단위의 Read/Write 문자장치 파일
p	프로세스 간 통신에 사용되는 특수 파일(파이프 파일)
s	네트워크 통신에 사용되는 특수 파일(소켓 파일)

◎- 도전 문제 3-4

1. 현재 디렉터리의 위치에서 tmp 디렉터리에 있는 파일의 종류와 기호 출력하기
2. tmp 디렉터리에 존재하는 파일의 상세정보화 파일 종류 및 기호를 한꺼번에 출력하기

디렉터리의 자체정보 확인

ls 명령에서 디렉터리의 자체정보를 확인할 때는 옵션 -d를 함께 사용합니다. 옵션 두 가지를 한꺼번에 사용할 때와 하나만 사용할 경우를 비교해서 실습하기 위해 먼저 -l 옵션을 사용하여 루트 디렉터리에 존재하는 파일의 정보를 확인하기 위해 다음 예제를 수행합니다.

| 예제 3-12 |

ls 명령과 옵션 -l, 루트 디렉터리를 의미하는 /를 함께 사용하여 루트 디렉터리에 존재하는 모든 파일의 상세한 정보를 출력합니다.

```
$ ls -l /
```

기능 루트 디렉터리에 존재하는 파일의 정보 확인
형식 ls [옵션] [디렉터리] ENTER↵

```
[cskisa@localhost ~]$ ls -l /
합계 28
lrwxrwxrwx.   1    root root         7    4월 27 15:11 bin -> usr/bin
dr-xr-xr-x.   5    root root      4096    4월 27 16:21 boot
drwxr-xr-x.  20    root root      3300    4월 28 13:12 dev
drwxr-xr-x. 162    root root     12288    4월 28 15:06 etc
drwxr-xr-x.   3    root root        20    4월 27 15:54 home
lrwxrwxrwx.   1    root root         7    4월 27 15:11 lib -> usr/lib
lrwxrwxrwx.   1    root root         9    4월 27 15:11 lib64 -> usr/lib64
drwxr-xr-x.   2    root root         6    4월 11  2018 media
drwxr-xr-x.   2    root root         6    4월 11  2018 mnt
drwxr-xr-x.   3    root root        16    4월 27 15:15 opt
dr-xr-xr-x. 220    root root         0    4월 28 13:12 proc
dr-xr-x---.   4    root root       169    4월 27 15:22 root
drwxr-xr-x.  51    root root      1500    4월 28 13:43 run
lrwxrwxrwx.   1    root root         8    4월 27 15:11 sbin -> usr/sbin
drwxr-xr-x.   2    root root         6    4월 11  2018 srv
dr-xr-xr-x.  13    root root         0    4월 28 13:12 sys
drwxrwxrwt.  24    root root      4096    4월 28 16:38 tmp
drwxr-xr-x.  13    root root       155    4월 27 15:11 usr
drwxr-xr-x.  24    root root      4096    4월 27 15:22 var
[cskisa@localhost ~]$
```

[예제 3-12]에서는 ls 명령과 –l 옵션을 함께 사용하여 루트 디렉터리의 존재하는 파일 리스트를 확인하였습니다.

이번에는 루트 디렉터리의 자체정보를 확인하기 위해 ls 명령과 함께 옵션 -l과 -d를 한꺼번에 사용하여 루트 디렉터리가 가지고 있는 자체정보를 확인하기 위해 다음 예제를 수행합니다.

| 예제 3-13 |

ls 명령과 옵션 –ld를 함께 사용하여 루트 디렉터리의 자체정보를 출력합니다.

$ **ls -ld /**

기능 루트 디렉터리의 자체정보 확인
형식 ls [옵션][옵션] [디렉터리] [ENTER⏎]

```
[cskisa@localhost ~]$ ls -ld /
dr-xr-xr-x. 17 root root 224  4월 27 16:19 /
[cskisa@localhost ~]$
```

수행결과 디렉터리와 심볼릭 링크 파일의 주요기능과 파일의 종류에 대해 상세히 출력된 것을 확인할 수 있습니다.

I-node 번호 확인 : -i 옵션

파일에 부여된 I-node 번호를 확인하기 위해 ls 명령을 옵션 -i와 함께 사용하여 출력합니다. 파일 이름 앞에 출력된 숫자가 바로 I-node 번호입니다. 현재 디렉터리에 존재하는 I-node 번호를 확인하기 위해 다음 예제를 수행합니다.

| 예제 3-14 |

ls 명령과 옵션 -i를 함께 사용하여 현재 디렉터리에 존재하는 파일에 부여된 I-node 번호를 출력합니다.

> $ **ls -i**

기능 파일에 각각 부여된 I-node 번호 확인
형식 s [옵션] ENTER↵

```
[cskisa@localhost ~]$ ls -i
18300147 Firefox_wallpaper.png      18306006 문서        52235869 사진
   75734 공개                       18306003 바탕화면      52235868 서식
33575023 다운로드                    75735 비디오        33575024 음악
[cskisa@localhost ~]$
```

심볼릭 링크 명령 : dir, vdir

리눅스 시스템에서 디렉터리의 내용을 볼 때 사용되는 심볼릭 링크 명령으로는 dir과 vdir이 있습니다. 도스 명령에서 디렉터리와 관련하여 주로 많이 사용되었던 dir 명령을 리눅스에서도 쉽게 사용할 수 있도록 심볼릭 링크 명령으로 제공하고 있습니다.
dir 명령은 ls 명령에 대한 심볼릭 링크를 의미합니다.

```
$ dir
```

기능 ls 명령에 대한 심볼릭 링크 명령
형식 dir ENTER↵

vdir 명령은 ls –l 명령에 대한 심볼릭 링크를 의미합니다.

```
$ vdir
```

기능 ls –l 명령에 대한 심볼릭 링크 명령
형식 vdir ENTER↵

dir 명령을 사용했을 경우와 vdir 명령을 사용했을 경우 출력되는 정보의 차이를 확인하기 위해 다음 예제를 수행합니다.

| 예제 3-15 |

- **Step 01** | ls 명령에 대한 심볼릭 링크를 출력하기 위해 dir 명령을 사용합니다.

```
[cskisa@localhost ~]$ dir
Firefox_wallpaper.png    다운로드    바탕화면    사진    음악
공개                      문서        비디오      서식
[cskisa@localhost ~]$
```

- **Step 02** | ls –l 명령에 대한 심볼릭 링크를 출력하기 위해 vdir 명령을 사용합니다.

```
[cskisa@localhost ~]$ vdir
합계 236
-rw-rw-r--. 1 cskisa cskisa   238664    4월 28 14:48 Firefox_wallpaper.png
drwxr-xr-x. 2 cskisa cskisa        6    4월 27 15:57 공개
drwxr-xr-x. 2 cskisa cskisa      102    4월 28 14:45 다운로드
drwxr-xr-x. 2 cskisa cskisa        6    4월 27 15:57 문서
drwxr-xr-x. 2 cskisa cskisa        6    4월 27 15:57 바탕화면
drwxr-xr-x. 2 cskisa cskisa        6    4월 27 15:57 비디오
drwxr-xr-x. 2 cskisa cskisa        6    4월 27 15:57 사진
drwxr-xr-x. 2 cskisa cskisa        6    4월 27 15:57 서식
drwxr-xr-x. 2 cskisa cskisa        6    4월 27 15:57 음악
[cskisa@localhost ~]$
```

특정 파일 존재 유무 : ls [파일 이름]

리눅스 시스템에서 찾고자 하는 특정 파일이 존재하는지 확인하기 위해서는 ls 명령과 함께 '파일 이름'을 선언해 주면 됩니다.

ls 명령을 사용하여 game_data 파일이 존재하는지에 대해 확인하기 위해 다음 예제를 수행합니다.

| 예제 3-16 |

ls 명령으로 리눅스 시스템에 game_data 파일이 존재하는지를 확인합니다.

$ **ls game_data**

기능   해당 파일이 존재하는지 확인
형식   ls [파일 이름] ENTER↵

```
[cskisa@localhost ~]$ ls game_data
ls: cannot access game_data: 그런 파일이나 디렉터리가 없습니다
[cskisa@localhost ~]$
```

5 디렉터리 생성

리눅스 시스템에서 사용자의 필요에 따라 새로운 디렉터리를 생성할 수 있습니다. 하지만 아무 디렉터리에서나 가능한 것은 아니고 사용자 계정에 할당된 홈 디렉터리에만 생성할 수 있습니다.

다른 디렉터리에 새로운 디렉터리를 생성하고자 할 경우 다른 디렉터리의 소유자로부터 쓰기 권한을 부여받아야만 합니다. 쓰기 권한을 부여받은 디렉터리에는 새로운 디렉터리를 생성할 수 있지만 쓰기 권한을 받지 못한 사용자는 새로운 디렉터리를 생성할 수 없습니다.

쓰기 권한 부여에 대해서는 해당 단원에서 다루기로 하고 여기서는 사용자 홈 디렉터리에 새로운 디렉터리를 생성하는 과정에 대해서만 살펴보도록 하겠습니다.

사용자 홈 디렉터리에 새로운 디렉터리를 생성하기 위해서는 make directory의 약어로 mkdir 명령을 사용하면 됩니다.

$ **mkdir**

기능	새로운 디렉터리 생성
형식	mkdir [옵션] 생성할 디렉터리명 ENTER↵
옵션	-p : 하위 디렉터리를 계층적으로 생성할 때 중간단계의 디렉터리가 없으면 자동으로 중간단계 디렉터리를 생성하면서 전체 디렉터리를 생성

새로운 디렉터리 생성

새로운 디렉터리를 생성할 때는 보통 현재의 디렉터리에 하위 디렉터리를 새로 생성하는 경우가 대부분입니다. 디렉터리명은 상대 경로명이나 절대 경로명으로 지정하며 대체로 상대 경로명을 사용하여 디렉터리를 생성합니다.

mkdir 명령으로 홈 디렉터리에 새로운 test_dir 디렉터리를 생성한 다음 생성한 디렉터리가 존재하는지를 확인하기 위해 다음 예제를 수행합니다.

| 예제 3-17 | ─────────────────────────────────

mkdir 명령으로 현재 디렉터리의 위치에서 test_dir 디렉터리를 생성한 다음 ls 명령으로 test_dir 디렉터리가 존재하는지를 확인합니다.

기능 새로운 test_dir 디렉터리 생성
형식 mkdir 디렉터리명 `ENTER↵`

```
[cskisa@localhost ~]$ mkdir test_dir
[cskisa@localhost ~]$ ls
Firefox_wallpaper.png   공개        문서        비디오   서식
test_dir                        다운로드   바탕화면   사진     음악
[cskisa@localhost ~]$ ls test_dir
[cskisa@localhost ~]$
```

실행결과에서 보는 바와 같이 새로 생성한 test_dir 디렉터리가 존재하는 것을 확인할 수 있습니다. ls test_dir 명령을 수행하게 되면 화면에 아무것도 나타나지 않았습니다. 그 이유는 아직 빈 디렉터리여서 파일이나 디렉터리 등 관련된 내용이 없기 때문에 화면에는 아무것도 나타나지 않는 것입니다.

새로 생성하려는 test_dir 디렉터리가 정상적으로 생성되지 않게 되면 해당 디렉터리가 없다는 메시지가 출력됩니다. 이 예제에서는 정상적으로 test_dir 디렉터리가 새롭게 생성되었기 때문에 디렉터리가 없다는 메시지는 출력되지 않습니다.

새로운 디렉터리 동시에 여러 개 생성

mkdir 명령으로 새로운 디렉터리를 한 번에 여러 개를 생성하기 위해서는 생성하고자 하는 디렉터리명을 각각 지정해 주면 됩니다. 이때 각각의 디렉터리명과 디렉터리명 사이에는 공백 문자를 넣어 디렉터리명을 구분해 주어야 합니다.

mkdir 명령으로 3개의 디렉터리 test_01, test_02, test_03을 생성한 다음 ls 명령으로 생성된 디렉터리가 존재하는지를 확인하기 위해 다음 예제를 수행합니다.

| 예제 3-18 | ━━

mkdir 명령으로 현재 디렉터리의 위치에 test_01, test_02, test_03 디렉터리 3개를 생성한 다음 ls 명령으로 생성된 디렉터리가 존재하는지를 확인합니다.

> **$ mkdir test_01 test_02 test_03**
>
> **기능** 한 번에 3개의 새로운 디렉터리 test_01, test_02, test_03 디렉터리 생성
> **형식** mkdir 디렉터리명1 디렉터리명2 디렉터리명3 `ENTER↵`

```
[cskisa@localhost ~]$ mkdir test_01 test_02 test_03
[cskisa@localhost ~]$ ls
Firefox_wallpaper.png  test_03     다운로드    비디오    음악
test_01                test_dir    문서        사진
test_02                공개         바탕화면    서식
[cskisa@localhost ~]$
```

mkdir 명령으로 생성한 3개의 디렉터리 test_01, test_02, test_03이 현재 디렉터리에 존재하는 것을 확인하였습니다.

◎- 도전 문제 3-7

1. 홈 디렉터리에 2개의 디렉터리 d _ mark01, d _ mark02 생성하기
2. 생성한 d _ mark01 디렉터리로 커서 위치 이동하기
3. d _ mark01 디렉터리 위치에서 상대번지를 사용하여 d _ mark02 디렉터리로 바로 이동하기
4. 커서 위치를 홈 디렉터리로 바로 이동하기

중간 디렉터리 자동으로 생성하기 : -p 옵션

새로운 계층적 디렉터리를 생성할 경우 디렉터리 중간단계의 디렉터리가 없는 경우에는 자동으로 생성되도록 하려면 mkdir 명령과 함께 옵션 -p를 사용하면 됩니다.

-p 옵션을 지정하지 않은 상태로 mkdir 명령을 사용하여 계층적 디렉터리를 생성하려고 하면 디렉터리를 생성할 수 없다는 메시지가 출력됩니다.

그 이유는 중간 디렉터리가 존재하지 않기 때문입니다. 즉, 옵션 -p는 중간계층의 디렉터리를 생성해 준다는 의미로 지정해 주는 것입니다.

mkdir 명령과 옵션 -p를 사용하여 중간 디렉터리의 구조를 갖는 디렉터리를 생성하기 위해 다음 예제를 수행합니다.

중간 디렉터리의 구조를 갖는 tmp/data/guest 디렉터리를 생성하기 위해 mkdir 명령과 옵션 -p를 사용하여 새로운 계층형 디렉터리를 생성합니다.

> $ **mkdir -p tmp/data/guest**

기능 계층적 디렉터리 tmp/data/guest 생성
형식 mkdir [옵션] 계층적 디렉터리명 [ENTER.↵]

```
[cskisa@localhost ~]$ mkdir -p tmp/data/guest
[cskisa@localhost ~]$ ls
Firefox_wallpaper.png   test_03     공개        바탕화면      서식
test_01                 test_dir    다운로드     비디오        음악
test_02                 tmp         문서        사진
[cskisa@localhost ~]$ ls -R tmp
tmp:
data

tmp/data:
guest

tmp/data/guest:
[cskisa@localhost ~]$
```

mkdir 명령과 옵션 -p를 함께 사용한 결과 tmp/data/guest 계층적 디렉터리가 생성되었음을 확인하였습니다. ls 명령과 함께 옵션 -R을 사용하면 디렉터리에 존재하는 하위 디렉터리까지 모두 출력하여 볼 수 있습니다.

예제를 실행한 결과 tmp 디렉터리 아래에 data 서브 디렉터리가 tmp/data와 같이 생성되었습니다. data 디렉터리 아래에는 guest 서브 디렉터리가 tmp/data/guest와 같이 생성된 것을 확인하였습니다. 실습한 결과로 생성된 계층적 디렉터리의 구조를 다음과 같이 나타냈습니다.

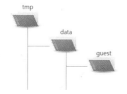

그림 3-6 계층적 디렉터리 생성 구조

6 디렉터리 삭제

기존에 존재하는 디렉터리를 삭제할 때는 remove directory의 약어인 rmdir 명령을 사용합니다. 디렉터리를 삭제하는 경우는 더 이상 디렉터리가 필요 없거나 디렉터리를 잘못 만들었을 경우 rmdir 명령으로 해당 디렉터리를 삭제하게 됩니다. 사용자 홈 디렉터리에 현재 존재하는 기존 디렉터리를 삭제하고자 할 때는 다음과 같이 명령을 수행하면 됩니다.

$ rmdir

기능 기존에 존재하는 디렉터리 삭제
형식 rmdir [옵션] 삭제할 디렉터리명 ENTER↵
옵션 -p : 삭제하고자 하는 디렉터리를 삭제할 때 부모 디렉터리가 빈 디렉터리로
        존재할 경우에는 부모 디렉터리도 자동으로 삭제

다음 예제에서는 [예제 3-17]에서 생성한 test_dir 디렉터리를 rmdir 명령으로 삭제하는 과정을 살펴보기 위해 다음 예제를 수행합니다.

| 예제 3-20 |

rmdir 명령을 사용하여 현재 디렉터리에 존재하는 test_dir 디렉터리를 삭제합니다.

$ rmdir test_dir

기능 기존에 존재하는 디렉터리 삭제
형식 rmdir 디렉터리명 ENTER↵

```
[cskisa@localhost ~]$ ls
Firefox_wallpaper.png    test_03        공개      바탕화면    서식
test_01                  test_dir       다운로드   비디오     음악
test_02                  tmp            문서      사진
[cskisa@localhost ~]$ rmdir test_dir
[cskisa@localhost ~]$ ls
Firefox_wallpaper.png    test_02   tmp   다운로드   바탕화면   사진   음악
test_01                  test_03         공개      문서      비디오  서식
[cskisa@localhost ~]$
```

⊙- 도전 문제 3-8

1. 홈 디렉터리에 존재하는 디렉터리의 목록 출력하기
2. 홈 디렉터리에 2개의 디렉터리 d_mark01, d_mark02 한꺼번에 삭제하기
3. d_mark01, d_mark02 디렉터리가 삭제되었는지 확인하기

비어 있지 않은 디렉터리 삭제하기 : rm 명령과 -r 옵션

이번에는 비어 있지 않은 디렉터리를 삭제하는 과정에 대해서 배워보도록 하겠습니다. 비어 있지 않은 디렉터리를 삭제하고자 할 때는 디렉터리를 삭제하는 rmdir 명령으로는 삭제할 수 없습니다.

반드시 파일 삭제 명령인 rm 명령과 함께 옵션 -r을 사용해야만 비어 있지 않은 디렉터리를 삭제할 수 있습니다.

$ **rm -r tmp**

기능 비어 있지 않은 디렉터리 삭제
형식 rm [옵션] 삭제할 디렉터리명 ENTER↵
옵션 -r : 삭제하기 위해 지정한 디렉터리를 삭제

---

rm 명령과 옵션 -r을 함께 사용하여 비어 있지 않은 디렉터리를 삭제하는 과정에 대해 살펴보겠습니다. 앞에서 생성해 놓은 tmp/data/guest 디렉터리를 한꺼번에 삭제하는 방법을 살펴보기 위해 다음 예제를 수행합니다.

┃ 예제 3-21 ┃

• **Step 01** ┃ rm 명령으로 하위 디렉터리가 존재하는 tmp/data/guest 디렉터리를 한꺼번에 삭제합니다.

```
[cskisa@localhost ~]$ ls
Firefox_wallpaper.png  test_02   tmp    다운로드   바탕화면   사진    음악
test_01                test_03          공개      문서      비디오   서식
[cskisa@localhost ~]$ rm tmp
rm: cannot remove `tmp': 디렉터리입니다
[cskisa@localhost ~]$
```

rm 명령만으로는 비어 있지 않은 디렉터리를 삭제하려고 하면 출력결과에서 보는 바와 같이 "rm: cannot remove 'tmp' : 디렉터리입니다"라는 메시지가 나타나면서 디렉터리 삭제 명령은 취소됩니다.

- **Step 02** | 비어 있지 않은 디렉터리를 삭제하기 위해서는 rm 명령과 옵션 -r을 함께 선언하면 됩니다.

```
[cskisa@localhost ~]$ rm -r tmp
[cskisa@localhost ~]$ ls
Firefox_wallpaper.png  test_02      공개      문서      비디오    서식
test_01                test_03      다운로드  바탕화면  사진      음악
[cskisa@localhost ~]$
```

- **Step 03** | 만약 하위 디렉터리를 삭제할 때 삭제해도 좋겠냐는 물음이 매번 출력될 경우 일일이 y를 누르는 과정은 상당한 번거로움을 초래하게 됩니다. 이런 경우에는 rm 명령과 함께 옵션 -rf를 사용하게 되면 하위 디렉터리 삭제에 대한 메시지가 출력되지 않도록 수행할 수 있습니다.

```
[cskisa@localhost ~]$ rm -rf tmp
[cskisa@localhost ~]$ ls
Firefox_wallpaper.png  test_02      공개      문서      비디오    서식
test_01                test_03      다운로드  바탕화면  사진      음악
[cskisa@localhost ~]$
```

◎- 도전 문제 3-9

1. 홈 디렉터리에서 /work/space/zone 계층적 디렉터리 생성하기
2. work 디렉터리의 하위 디렉터리까지 한꺼번에 계층적 디렉터리 출력하기
3. zone 디렉터리로 한 번에 이동하기
4. 홈 디렉터리로 바로 이동하기
5. 한꺼번에 /work/space/zone 계층적 디렉터리 삭제하기
6. 계층적 디렉터리가 정상적으로 삭제되었는지 확인하기

05 파일 명령어

이 섹션에서는 파일과 관련하여 파일 생성, 파일 내용 출력, 파일 복사, 파일 찾기, 파일내용 출력, 파일의 특정 문자열 검색, 특정 명령의 위치 검색, 파일 이동, 파일 삭제, 파일 링크에 대한 명령에 대해서 살펴보겠습니다.

▌1 파일 생성

파일을 생성할 때는 touch 명령을 사용하고 파일의 내용을 검색할 때는 grep 명령을 사용합니다. 이미 생성된 파일의 위치를 찾기 위해서는 find 명령을 사용하고 특정 명령이 어느 위치에 존재하는지를 알기 위해서는 whereis와 which 명령을 사용합니다.

실습 디렉터리 생성 : mkdir [디렉터리명]

mkdir 명령으로 홈 디렉터리에 새로운 section_05 디렉터리를 생성하여 실습하도록 하겠습니다. 현재 위치한 디렉터리의 위치는 pwd 명령으로 확인할 수 있습니다. 실습 디렉터리의 생성과 디렉터리의 위치를 확인하기 위해 다음 예제를 수행합니다.

▌예제 3-22 ▌

- **Step 01** | pwd 명령으로 현재의 위치를 확인합니다. 현재 디렉터리의 위치가 홈 디렉터리(~)가 아닌 경우에는 cd ~ 명령을 수행하여 홈 디렉터리로 이동합니다.

```
[cskisa@localhost ~]$ pwd
/home/cskisa
[cskisa@localhost ~]$
```

- **Step 02** | 현재 위치에서 mkdir 명령으로 section_05 디렉터리를 생성 후 ls 명령으로 확인합니다.

```
[cskisa@localhost ~]$ mkdir section_05
[cskisa@localhost ~]$ ls
Firefox_wallpaper.png       test_02     다운로드    비디오      음악
section_05                  test_03     문서        사진
test_01                     공개        바탕화면    서식
[cskisa@localhost ~]$
```

- **Step 03** | cd 명령으로 section_05 디렉터리로 이동한 다음 현재 위치를 pwd 명령으로 확인합니다.

```
[cskisa@localhost ~]$ cd section_05
[cskisa@localhost section_05]$ pwd
/home/cskisa/section_05
[cskisa@localhost section_05]$
```

빈 파일 생성 : touch

touch 명령을 사용하여 빈 파일을 새로 생성하게 되면 파일의 마지막 수정시간 또는 접근시간도 같이 변경해 줍니다. touch 명령을 사용할 때 파일 이름을 인자로 주었을 경우 해당 파일이 존재하지 않으면 빈 파일을 생성합니다. 인자로 주어진 파일이 존재할 경우 현재시간 또는 옵션에서 지정한 시간을 적용하여 파일 관련 시간을 변경해 줍니다.

$ **touch**
기능 빈 파일을 생성하는 명령
형식 touch [-acm] [r ref_file	-t time] ENTER↵
옵션 -a : 최근에 작업한 파일의 접근시간만 변경 적용
-c : 존재하지 않는 파일은 새로 만들지 않음
-m : 최근에 작업한 파일의 수정시간만 변경 적용
-t [[CC]YY]MMDDhhmm[.ss] : 시간을 직접 입력

> **여기서 잠깐 살펴보세요.**
>
> touch 명령의 리턴 코드는 존재하지 않고 작성되지 않는 파일을 포함해서 시간이 수정된 파일의 수를 의미합니다. 이는 앞에서 생성한 section_05 디렉터리로 이동하여 touch 명령으로 지정한 파일이 존재하지 않으면 내용이 없는 빈 파일을 생성하게 됩니다.

section_05 디렉터리에 새로운 파일(test_file)을 생성한 다음 파일의 크기를 확인하기 위해 다음 예제를 수행합니다.

| 예제 3-23 | ───────────────────────────────

- **Step 01** | 새로운 빈 파일을 생성하기 위해 touch 명령으로 비어 있는 text_file을 새로 생성합니다.

```
[cskisa@localhost section_05]$ touch test_file
[cskisa@localhost section_05]$
```

- **Step 02** | ls -l 명령을 사용하여 새로 생성한 파일에 부여된 권한과 파일에 대한 상세정보를 확인할 수 있습니다. 파일에 아무것도 기록된 내용이 없으면 파일의 크기는 0으로 표기됩니다.

```
[cskisa@localhost section_05]$ ls -l
합계 0
-rw-rw-r--. 1 cskisa cskisa 0  4월 28 17:28 test_file
[cskisa@localhost section_05]$
```

파일 시스템의 현재 시각

파일에 대한 생성 시각과 최종 수정시각 등은 리눅스 시스템에서 설정된 시각을 기준으로 부여됩니다. 리눅스 시스템에 설정된 현재 시각은 date 명령으로 확인할 수 있습니다.

$ **date**
기능 시스템의 현재 시각 확인 **형식** date ENTER↵

이미 존재하는 파일의 최종 수정시각을 확인할 때는 touch 명령을 사용하면 됩니다.

$ **touch test_file**
기능 이미 존재하는 test_file 파일의 수정시각을 현재 시각으로 변경 **형식** touch 파일 이름 ENTER↵

리눅스 시스템에 설정된 현재 시각과 파일 시스템에 대한 수정시각을 변경하는 방법을 살펴보기 위해 다음 예제를 수행합니다.

| 예제 3-24 |

- **Step 01** | ls -l 명령으로 앞에서 생성한 test_file에게 부여된 파일 생성 시각을 출력합니다.

```
[cskisa@localhost section_05]$ ls -l test_file
-rw-rw-r--. 1 cskisa cskisa 0  4월 28 17:28 test_file
[cskisa@localhost section_05]$
```

- **Step 02** | date 명령으로 리눅스 시스템에 설정된 현재 시각을 확인합니다.

```
[cskisa@localhost section_05]$ date
2019. 04. 28. (일) 17:33:27 KST
[cskisa@localhost section_05]$
```

- **Step 03** | touch 명령으로 test_file 파일의 최종 수정시각을 리눅스 시스템에서 설정된 현재 시각으로 변경합니다.

```
[cskisa@localhost section_05]$ touch test_file
[cskisa@localhost section_05]$
```

- **Step 04** | ls -l 명령으로 test_file 파일의 최종 수정시각을 출력해 보면 최초 파일 생성 시각인 17:28분이 아닌 리눅스 시스템의 현재 시각인 17:33분으로 변경된 것을 확인할 수 있습니다.

```
[cskisa@localhost section_05]$ ls -l test_file
-rw-rw-r--. 1 cskisa cskisa 0  4월 28 17:33 test_file
[cskisa@localhost section_05]$
```

시각 표시형식 지정

touch 명령과 옵션 -t를 함께 사용하면 시각의 표시형식을 따로 지정할 수 있습니다. 시각 표시형식을 지정할 때 초 앞에 반드시 점(.)을 붙여야 하며 사용형식은 다음과 같습니다.

```
$  touch -t [[CC]YY]MMDDhhmm[.ss]
```

기능 파일에 시각을 지정하여 표시
형식 touch [옵션] [시각표시] ENTER↵
옵션   -CC : 연도의 첫 두 자리
        -YY : 연도의 마지막 두 자리
        -MM : 01~12 월 지정
        -DD : 01~31 일 지정
        -hh : 00~23 시간 지정
        -mm : 00~59 분 지정
        -.ss : 00~59 초 지정 (반드시 앞에 점(.)이 삽입되어야 함)

touch 명령과 함께 -t 옵션을 사용하여 CC를 지정하지 않으면 YY의 값에 따라 CC는 자동으로 인식됩니다. YY의 값에 따른 CC의 연도지정 옵션에 대해 다음 표와 같이 정리하였습니다. 2038년 이후 날짜는 유효하지 않습니다.

표 3-4 YY 값에 따른 CC의 연도지정 옵션

옵션	연도 지정		
YY	69~99	00~38	39~68
CC	19	20	ERROR

touch -t 명령을 사용하여 test_file의 수정시각을 2025년 12월 25일 13:00분으로 변경하여 지정하기 위해 다음 예제를 수행합니다.

│ 예제 3-25 │

- **Step 01** | list -l 명령으로 test_file에 설정된 시각을 확인합니다.

```
[cskisa@localhost section_05]$ ls -l test_file
-rw-rw-r--. 1 cskisa cskisa 0  4월 28 17:33 test_file
[cskisa@localhost section_05]$
```

- **Step 02** | touch -t 명령과 시각 표시형식을 지정하여 test_file의 최종 수정시각을 2025년 12월 25일 13:00분으로 변경합니다.

```
$  touch -t 2512251300 test_file
```

기능 이미 존재하는 test_test 파일의 수정시각을 2025년 12월 25일 13:00분으로 변경
형식 touch [옵션] [시간표시] ENTER↵

```
[cskisa@localhost section_05]$ touch -t 2512251300 test_file
[cskisa@localhost section_05]$
```

- **Step 03** | ls -l 명령으로 test_file의 최종수정 시각을 확인해 보면 수정하기 전 시각 11월 22일 09:57분에서 명령 수행 후 2025년 12월 25일로 변경된 것을 확인할 수 있습니다.

```
[cskisa@localhost section_05]$ ls -l test_file
-rw-rw-r--. 1 cskisa cskisa 0 12월 25  2025 test_file
[cskisa@localhost section_05]$
```

연도를 지정하지 않고 test_file의 수정시각을 10월 31일 08:00분으로 지정하여 변경하기 위해 다음 예제를 수행합니다.

| 예제 3-26 |

- **Step 01** | ls -l 명령으로 test_file의 최종수정 시각을 먼저 확인합니다.

```
[cskisa@localhost section_05]$ ls -l test_file
-rw-rw-r--. 1 cskisa cskisa 0 12월 25  2025 test_file
[cskisa@localhost section_05]$
```

- **Step 02** | touch -t 명령으로 test_file의 최종수정 시각을 연도지정을 제외하고 10월 31일 08:00분으로 변경합니다.

```
$  touch -t 10310800 test_file
```

기능 이미 존재하는 test_test 파일의 수정시각을 10월 31일 08:00분으로 변경
형식 touch [옵션] [시간표시] ENTER↵

```
[cskisa@localhost section_05]$ touch -t 10310800 test_file
[cskisa@localhost section_05]$
```

- **Step 03** | ls -l 명령으로 test_file의 최종수정 시각을 다시 확인합니다.

```
[cskisa@localhost section_05]$ ls -l test_file
-rw-rw-r--. 1 cskisa cskisa 0 10월 31  2019 test_file
[cskisa@localhost section_05]$
```

◎- 도전 문제 3-10

1. 홈 디렉터리에서 /workspace 디렉터리 생성하기2. workspace 디렉터리에
   빈 파일 sample.txt 파일 생성하기
2. 홈 디렉터리 위치에서 workspace 디렉터리에 있는 파일목록 출력하기
3. sample.txt 파일에 대한 최종 수정시각을 2055년 8월 15일 10:23분으로 변경하기
4. 홈 디렉터리 위치에서 sample.txt 파일에 대한 자세한 내용을 확인하기
5. 비어 있지 않은 /workspace 디렉터리 삭제하기
6. workspace 디렉터리가 정상적으로 삭제되었는지 확인하기

2 파일 복사

파일이나 디렉터리를 복사할 때는 copy의 약어인 cp 명령을 사용합니다.

$ **cp**

기능	디렉터리 또는 파일을 복사
형식	cp [옵션] [첫 번째 인자] [두 번째 인자] ENTER↵
옵션	-i : 복사할 파일 이름 또는 디렉터리명이 존재하면 덮어쓸 것인지를 물어보는 방법
	-r : 디렉터리를 복사할 때 사용

cp 명령을 사용할 때 [옵션] 다음에 사용되는 [첫 번째 인자]는 원본 파일 또는 디렉터리명을
지정하고 [두 번째 인자]에는 복사할 파일 이름 또는 디렉터리명을 지정합니다. cp 명령에서
사용되는 옵션의 종류를 다음 표와 같이 정리하였습니다.

표 3-5 cp 명령 옵션의 기능

옵션	기능
-a, -dpR	원본 파일의 속성과 링크 정보를 그대로 유지하면서 복사
-b	원본 파일의 백업본을 생성
-d	원본 파일이 심볼릭 링크된 파일일 경우에는 그 자체까지 복사
-f	복사하고자 하는 파일 이름이 겹칠 경우에는 강제 복사
-i	복사할 파일이름이 겹치면 물어보는 프롬프트 출력
-l	하드 링크 형식으로 복사
-P	원본 파일의 경로가 지정되어 있을 경우 그대로 복사
-p	원본 파일의 소유주, 그룹 소유주, 퍼미션, 시간 등을 동일하게 복사
-r	디렉터리 안에 있는 모든 하위 디렉터리 파일까지 복사
-s	심볼릭 링크를 생성
-u	복사되는 파일이 원본과 변경 날짜가 같거나 더욱 최신이면 복사하지 않음
-v	복사할 원본 파일 이름과 복사되는 파일이름을 보여줌
-x	원본 파일과 복사되는 파일의 시스템이 다르면 복사하지 않음
--help	cp 명령 사용에 대한 도움말
--version	cp 명령의 버전 확인

cp 명령을 사용할 때 [첫 번째 인자]와 [두 번째 인자]를 어떻게 구성하느냐에 따라 그 결과는 다양하게 나타날 수 있습니다. 두 인자가 모두 파일인 경우와 첫 번째 인자는 파일이고 두 번째 인자는 디렉터리로 지정할 경우, 그리고 첫 번째 인자를 여러 개의 파일로 지정하는 경우 등의 다양한 결과를 연출할 수 있습니다.

원본 파일을 다른 파일 이름으로 복사

첫 번째 인자와 두 번째 인자가 모두 파일인 경우는 파일과 파일을 복사하라는 의미입니다. 두 번째 인자로 지정한 파일 이름이 존재하지 않으면 원본 파일을 복사해서 생성합니다.

이미 존재하는 파일일 경우에는 원본 파일의 내용을 덮어쓰기 때문에 기존 파일에 존재하던 원래 내용은 모두 없어지게 되므로 주의해야 합니다. 중요한 파일의 경우 반드시 백업파일을 생성해 놓거나 cp 명령을 사용할 때 -i 옵션을 사용하여 존재하는 파일에 내용을 덮어씌울 것인지를 물어보는 방식으로 진행하는 것이 바람직합니다.

cp 명령을 사용하는 방법에서 첫 번째 인자와 두 번째 인자가 모두 파일인 경우에 대해 살펴보겠습니다. 실습은 section_05 디렉터리 위치에서 수행하도록 하겠습니다.

다음 예제에서는 리눅스 시스템 설정을 위한 파일이 들어있는 /etc/avahi/hosts 원본 파일을 text_01 파일로 복사하기 위해 다음 예제를 수행합니다.

│ 예제 3-27 │ ──

• **Step 01** │ find 명령으로 /etc 디렉터리에 존재하는 hosts 파일의 위치를 확인합니다.

$ find

기능 검색 조건에 맞는 파일을 지정한 위치에서 찾음
형식 find 경로 검색조건 [옵션] [동작] ENTER↵
옵션 -name : 파일 이름으로 검색
　　　 -type : 파일 타입으로 검색
　　　 -user : 로그인 아이디로 사용자가 소유한 모든 파일 검색
　　　 -perm : 지정한 접근권한과 일치하는 파일 검색
옵션 -exec 명령 {} \ : 검색된 파일에 명령을 실행
　　　 -ok 명령{} \ : 사용자의 확인을 받아서 명령을 실행
　　　 -print : 검색된 파일의 절대 경로명을 화면에 출력 (기본 동작)
　　　 -ls : 검색결과를 긴 목록형식으로 출력

```
[cskisa@localhost ~]$ find /etc -name hosts
find: '/etc/pki/rsyslog': 허가 거부
find: '/etc/pki/pesign': 허가 거부
find: '/etc/lvm/archive': 허가 거부
find: '/etc/lvm/backup': 허가 거부
find: '/etc/lvm/cache': 허가 거부
find: '/etc/dhcp': 허가 거부
/etc/hosts
find: '/etc/polkit-1/rules.d': 허가 거부
find: '/etc/polkit-1/localauthority': 허가 거부
find: '/etc/grub.d': 허가 거부
find: '/etc/sssd': 허가 거부
find: '/etc/cups/ssl': 허가 거부
find: '/etc/audit': 허가 거부
find: '/etc/libvirt': 허가 거부
find: '/etc/firewalld': 허가 거부
/etc/avahi/hosts
find: '/etc/sudoers.d': 허가 거부
[cskisa@localhost ~]$
```

관리자 계정으로 접속하지 않고 사용자 계정으로 접속할 경우 '허가 거부'라는 메시지가 출력됩니다. 그 이유는 해당 파일이 리눅스 시스템에서 중요한 파일이기 때문입니다. 이 파일들은 관리자 계정으로 접속해야만 다룰 수 있습니다.

- **Step 02** | cp 명령으로 /etc/avahi/hosts 파일을 text_01 파일 이름으로 복사한 다음 ls 명령으로 복사된 파일이 존재하는지에 대해 확인합니다.

> $ **cp /etc/avahi/hosts text_01**

기능 원본 파일 hosts를 text_01 파일로 복사
형식 cp 원본 파일이 존재하는 [디렉터리명/파일 이름] 복사할 [파일 이름] `ENTER↵`

```
[cskisa@localhost section_05]$ cp /etc/avahi/hosts text_01
[cskisa@localhost section_05]$ ls
test_file   text_01
[cskisa@localhost section_05]$
```

대상 파일을 디렉터리로 복사

원본 파일을 현재 디렉터리로 복사할 경우 복사되는 파일은 현재 디렉터리 안에 복사됩니다. 특정 파일을 지정한 디렉터리로 복사할 경우 지정한 디렉터리는 반드시 먼저 생성되어 있어야 합니다.

mkdir 명령으로 새로운 temp 디렉터리를 만든 다음 앞에서 복사한 text_01 파일을 temp 디렉터리로 복사하기 위해 다음 예제를 수행합니다.

| 예제 3-28 |

- **Step 01** | 현재 디렉터리에 새로운 temp 디렉터리를 생성한 다음 현재 디렉터리에 존재하는 파일 text_01을 temp 디렉터리에 복사하고 ls 명령으로 temp 디렉터리에 복사한 파일이 존재하는지를 확인합니다.

```
[cskisa@localhost section_05]$ mkdir temp
[cskisa@localhost section_05]$ ls
temp   test_file   text_01
[cskisa@localhost section_05]$
```

- **Step 02** | cp 명령으로 text_01 파일을 temp 디렉터리로 복사한 다음 ls 명령으로 temp 디렉터리 안에 text_01 파일이 존재하는지를 확인합니다.

```
[cskisa@localhost section_05]$ cp text_01 temp
[cskisa@localhost section_05]$ ls temp
text_01
[cskisa@localhost section_05]$
```

대상 파일을 특정 디렉터리로 복사

text_01 파일을 temp 디렉터리에 새로운 파일 이름 text_02로 복사하기 위해 다음 예제를 수행합니다.

| 예제 3-29 |

- **Step 01** | 현재 디렉터리에 존재하는 text_01 파일을 temp 디렉터리에 text_02 파일 이름으로 복사합니다

```
[cskisa@localhost section_05]$ cp text_01 temp/text_02
[cskisa@localhost section_05]$
```

- **Step 02** | ls 명령으로 temp 디렉터리에 복사된 text_02 파일을 확인합니다.

```
[cskisa@localhost section_05]$ ls temp
text_01   text_02
[cskisa@localhost section_05]$
```

파일접근 권한이 없는 사용자 계정

파일을 복사하는 과정에서 디렉터리에 복사할 경우 해당 디렉터리에 대한 쓰기 권한이 부여되어 있어야 작업을 수행할 수 있습니다. 파일과 디렉터리에 대한 접근 권한 부여에 대해서는 5장에서 자세하게 다루겠습니다.

관리자 계정에서 대상 파일의 접근 권한을 부여받지 못한 사용자 계정에서 특정 파일을 복사할 경우 발생할 수 있는 증상에 대해 살펴보기 위해 다음 예제를 수행합니다.

| 예제 3-30 |

쓰기 권한이 없는 etc 디렉터리에 파일을 복사할 경우 '허가 거부' 메시지가 출력됩니다.

```
[cskisa@localhost section_05]$ cp text_01 /etc
cp: cannot create regular file `/etc/text_01': 허가 거부
[cskisa@localhost section_05]$
```

여기서 잠깐 살펴보세요.

/etc 디렉터리는 리눅스 시스템 설정을 위한 여러 파일이 들어있기 때문에 리눅스 시스템 안정을 위해 디렉터리에 대한 접근 권한을 제한하고 있습니다. 접근 권한을 부여받지 못한 사용자 계정에서 특정 작업을 수행하게 되면 '허가 거부'라는 메시지가 출력됩니다.

한꺼번에 여러 개의 파일을 디렉터리 복사

특정 디렉터리의 위치로 파일을 복사하기 위해서는 반드시 디렉터리가 생성되어 있어야 합니다. 만약 디렉터리를 먼저 생성하지 않은 상태에서 파일 복사 명령을 수행하게 되면 작업을 거부당하게 됩니다.

앞에서 생성해 놓은 temp 디렉터리에 /etc/avahi/hosts와 /etc/avahi/services 파일 2개를 한꺼번에 복사하기 위해 다음 예제를 수행합니다.

| 예제 3-31 |

● **Step 01** | find 명령으로 serviecs 파일의 존재 위치를 파악합니다.

```
[cskisa@localhost section_05]$ find /etc -name services
...
(생략)
...
find: '/etc/firewalld': 허가 거부
/etc/avahi/services
find: '/etc/sudoers.d': 허가 거부
[cskisa@localhost section_05]$
```

- **Step 02** | cp -r 명령으로 /etc/avahi/hosts와 /etc/avahi/services 파일 2개를 한꺼번에 temp 디렉터리로 복사합니다. 옵션 -r(하위 디렉터리까지 복사)을 사용한 이유는 앞에서 복사한 hosts 파일이 이미 존재하기 때문에 함께 선언한 것입니다.

```
[cskisa@localhost section_05]$ cp -r /etc/avahi/hosts /etc/avahi/services
temp
[cskisa@localhost section_05]$
```

- **Step 03** | etc 디렉터리에 이미 존재하는 hosts 파일과 services 파일 2개를 temp 디렉터리로 한꺼번에 복사한 다음 temp 디렉터리에 파일이 존재하는지를 확인합니다.

```
[cskisa@localhost section_05]$ ls temp
hosts   services   text_01   text_02
[cskisa@localhost section_05]$
```

디렉터리를 복사할 경우

디렉터리는 디렉터리로만 복사할 수 있습니다. 마찬가지로 디렉터리를 복사할 때도 복사할 위치의 디렉터리를 먼저 생성해야 합니다. 하지만 cp 명령과 함께 옵션 -r을 사용하게 되면 굳이 그럴 필요는 없습니다.

cp 명령을 사용하면서 옵션 -r을 사용하지 않을 경우와 함께 사용할 경우 작업은 어떻게 다른지를 살펴보기 위해 다음 예제를 수행합니다.

| 예제 3-32 |

- **Step 01** | 먼저 cp 명령만 사용하여 temp 디렉터리를 temp_cp 디렉터리로 복사를 수행하게 되면 다음과 같은 메시지가 출력됩니다.

```
[cskisa@localhost section_05]$ cp temp temp_cp
cp: omitting directory `temp'
[cskisa@localhost section_05]$
```

- **Step 02** | 이번에는 cp -r 명령으로 temp 디렉터리를 temp_cp 디렉터리로 복사하는 과정을 수행하겠습니다. 명령을 수행한 다음 행에 아무런 메시지가 출력되지 않은 상태는 수행한 명령이 정상적으로 완수되었음을 의미합니다.

```
[cskisa@localhost section_05]$ cp -r temp temp_cp
[cskisa@localhost section_05]$
```

- **Step 03** | cp -r 명령으로 수행한 temp_cp 디렉터리가 새로 생성되었는지를 ls 명령으로 확인합니다.

```
[cskisa@localhost section_05]$ ls
temp   temp_cp   text_01
```

- **Step 04** | 새로 생성된 temp_cp 디렉터리에 파일들도 함께 복사되었는지를 확인합니다.

```
[cskisa@localhost section_05]$ ls temp_cp
hosts   services   text_01   text_02
[cskisa@localhost section_05]$
```

여기서 잠깐 살펴보세요.

디렉터리를 복사할 경우 cp 명령과 함께 옵션 -r을 사용하지 않았을 경우 디렉터리를 복사하는 명령이 생략되어 무시당하게 됩니다. 그렇지만 cp 명령과 옵션 -r을 함께 사용하게 되면 기존에 존재하지 않았던 디렉터리까지 자동으로 생성되면서 그 안에 들어있는 모든 파일까지 복사됩니다.

파일 복사 시 대화식 방법 사용 : -i 옵션

파일을 복사할 때 이미 존재하는 동일한 파일 이름도 함께 복사됩니다. 이러한 경우 기존 파일을 덮어씌울 것인지 아닌지에 대해 y 또는 n을 입력하여 수행하는 명령을 선택할 수 있는 대화식 방법을 사용하는 것이 바람직합니다.

cp 명령을 사용할 때 -i 옵션을 사용하게 되면 기존에 존재하는 파일을 업데이트할 것인지 아니면 복사를 수행하지 않을 것인지에 대한 판단을 확인하면서 수행할 수 있습니다. 효율적인 파일 관리를 위해서는 파일을 복사할 때 옵션 -i를 사용하여 기존 파일의 존재 유/무를 확인하면서 수행하는 것이 좋습니다.

cp 명령과 옵션 -i를 함께 사용할 경우 수행되는 과정을 살펴보기 위해 다음 예제를 수행합니다.

| 예제 3-33 |

파일을 복사할 때 이미 존재하는 동일한 text_01 파일 이름으로 복사할 경우 덮어씌울 것인지에 대한 옵션이 나타나도록 cp 명령과 함께 옵션 -i를 사용합니다.

$ **cp -i /etc/avahi/hosts text_01**

기능 복사될 파일 이름이 이미 존재하는 파일일 경우 덮어씌울 것인지를 물으며 진행
형식 cp [옵션] [디렉터리명/원본 파일 이름] [복사될 파일 이름] ENTER↵

```
[cskisa@localhost section_05]$ cp -i /etc/avahi/hosts text_01
cp: overwrite `text_01'? y
[cskisa@localhost section_05]$
```

◎- 도전 문제 3-11

1. 홈 디렉터리에서 workspace 디렉터리 생성하기
2. 홈 디렉터리 위치에서 workspace 디렉터리에 빈 파일 sample.txt 파일 생성하기
3. workspace 디렉터리에 sample.txt 파일이 생성되었는지 확인하기
4. workspace 디렉터리를 copy_workspace 디렉터리로 복사하기
5. /etc/avahi/hosts 파일과 /etc/avahi/services 파일을 copy_workspace 디렉터리로 한꺼번에 복사하기
6. 홈 디렉터리 위치에서 copy_workspace 디렉터리에 존재하는 파일목록을 자세하게 출력하기
7. 비어 있지 않은 workspace 디렉터리와 copy_workspace 디렉터리를 한꺼번에 삭제하기
8. workspace 디렉터리와 copy_workspace 디렉터리가 정상적으로 모두 삭제되었는지 확인하기

3 파일 찾기

리눅스 시스템에서 찾고자 하는 파일을 찾고자 할 때는 find 명령을 사용합니다. find 명령은 파일의 생성 일자, 파일 이름, 파일 소유자 등 다양한 조건에 맞는 파일을 찾을 수 있다는 편리성을 제공하는 명령입니다.

find 명령을 사용할 때 지원하는 옵션은 많이 있습니다. 많은 옵션 중에서 보편적으로 가장 많이 사용되고 있는 옵션에 대해서만 살펴보겠습니다.

$ find

기능 검색 조건에 맞는 파일을 지정한 위치에서 찾음
형식 find 경로 검색조건 [옵션] [동작] ENTER↵
옵션 -name : 파일 이름으로 검색
　　　 -type : 파일 타입으로 검색
　　　 -user : 로그인 아이디로 사용자가 소유한 모든 파일 검색
　　　 -perm : 지정한 접근권한과 일치하는 파일 검색
　　　 -exec 명령 {} \ : 검색된 파일에 명령을 실행
　　　 -ok 명령{} \ : 사용자의 확인을 받아서 명령을 실행
　　　 -print : 검색된 파일의 절대 경로명을 화면에 출력 (기본 동작)
　　　 -ls : 검색결과를 긴 목록형식으로 출력

---

find 명령에서 사용되는 조건 옵션을 쉽게 이해할 수 있도록 다음 표와 같이 정리하였습니다.

표 3-6 find 조건옵션의 기능

옵션	기능
-empty	비어있는 파일 찾기
-group	지정한 그룹이 소유하고 있는 파일 찾기
-name	지정한 파일찾기 (와일드카드 사용 : '*', '?' '[ ]') ⇒ 와일드카드를 사용할 경우 작은따옴표를 사용하여 파일이름을 정확히 표현
-newer	지정한 파일보다 최근에 생성된 파일 찾기
-size	지정한 파일크기 n으로 파일 찾기 (c : byte, k : kbyte, w : word) ⇒ +n : n보다 큰 값, n : 정확한 n 값, n- : n보다 작은 값
-type	찾고자 하는 파일의 타입 지정 ⇒ b : 블록 디바이스 파일, d : 디렉터리, f : 파일, l : 심볼릭 링크
-user	저정한 사용자가 소유하고 있는 파일 찾기

find 명령에서 사용되는 동작 옵션에 대해 다음 표와 같이 정리하였습니다.

표 3-7 find 동작 옵션의 기능

옵션	기능
-print	찾은 파일 리스트를 보여줌
-prune	현재 디렉터리의 하위 디렉터리로는 내려가지 않음
-exec [명령] {} ;	찾은 파일을 대상으로 주어진 [명령]을 수행 ⇒ 앞에는 공백이 들어가야 하고 세미콜론(;)은 붙여야 함
-ok [명령] {} ;	exec와 비슷한 기능으로 [명령]을 적용하기 전 물어봄 ⇒ 앞에는 공백이 들어가야 하고 세미콜론(;)은 붙여야 함
-ls	검색결과 긴 목록형식으로 출력

파일 위치 찾기

리눅스 작업을 하다 보면 갑자기 파일의 위치를 찾을 경우가 종종 발생하게 됩니다. 특정 파일을 찾고자 할 때는 find 명령을 사용하면 됩니다. find 명령으로 특정 파일이 존재하는 위치를 찾기 위해 다음 예제를 수행합니다.

| 예제 3-34 |

find 명령과 -name 옵션을 함께 사용하여 /usr 디렉터리에 존재하는 ls 파일을 검색하게 되면 /usr/bin/ls와 같이 출력되어 ls 파일의 존재 위치를 확인할 수 있습니다.

> **$ find /usr -name ls**
>
> **기능** /usr 디렉터리에 존재하는 ls 파일 찾기
> **형식** find [디렉터리명] [조건 옵션] [파일 이름] ENTER↵

```
[cskisa@localhost section_05]$ find /usr -name ls
/usr/bin/ls
find: '/usr/share/rhel/secrets': 허가 거부
find: '/usr/share/polkit-1/rules.d': 허가 거부
find: '/usr/share/selinux/targeted/default/active': 허가 거부
find: '/usr/libexec/initscripts/legacy-actions/auditd': 허가 거부
[cskisa@localhost section_05]$
```

와일드카드로 파일 위치 찾기

현재 디렉터리의 위치에 존재하는 파일 중에서 알파벳 'h'로 시작하는 파일을 와일드카드 '*'를 사용하여 파일 이름을 찾는 방법에 대해 살펴보겠습니다.

find 명령과 와일드카드 '*'를 사용하여 알파벳 h로 시작하는 파일을 찾기 위해 다음 예제를 수행합니다.

| 예제 3-35 | ──────────────

find 명령과 함께 와일드카드 '*'를 사용하여 현재 디렉터리부터 하위 디렉터리까지 파일 이름이 알파벳 h로 시작하는 모든 파일을 찾아서 파일목록을 화면에 출력합니다.

> $ find . -type f -name 'h*' -print

기능 파일타입 중에서 알파벳 h로 시작하는 파일 이름을 찾아서 출력
형식 find [디렉터리 경로] [조건옵션] [인자] [조건옵션] [인자] [동작옵션] `ENTER↵`

```
[cskisa@localhost section_05]$ find . -type f -name 'h*' -print
./temp/hosts
./temp_cp/hosts
[cskisa@localhost section_05]$
```

여기서 잠깐 살펴보세요.

find 명령 다음에 점(.)을 사용하여 현재 디렉터리부터 하위 디렉터리까지의 경로를 나타냈습니다. -type f 는 파일의 형태를 의미하고 -name 'h*'는 파일 이름이 h로 시작하는 모든 파일을 찾으라는 의미입니다. -printf 동작 옵션은 find 명령으로 찾은 파일목록을 화면에 출력되도록 하는 기능을 수행합니다.

와일드카드로 빈 파일목록 찾기

find 명령과 와일드카드를 사용하여 빈 파일목록을 찾기 위해 다음 예제를 수행합니다. find 동작 옵션에서 사용되는 역슬래시(\)는 한글 모드에서 원(₩) 표시로 사용됩니다.

| 예제 3-36 | ─────────────────────────────────────

find 명령과 와일드카드를 사용하여 현재 디렉터리부터 하위 디렉터리까지의 경로에서 비어 있는 파일목록을 출력합니다.

> $ find . -type f -name '*' -empty -exec ls -l {} ₩;

기능 현재 디렉터리부터 하위 디렉터리까지 빈 파일 리스트 출력
형식 find [경로] [조건옵션] [인자] [와일드카드] [조건옵션] [동작옵션] ₩; [ENTER↵]

```
[cskisa@localhost section_05]$ find . -type f -name '*' -empty -exec ls -l
{} \;
-rw-rw-r--. 1 cskisa cskisa 0 10월 31  2019 ./test_file
[cskisa@localhost section_05]$
```

여기서 잠깐 살펴보세요.

find 명령 다음에 사용한 점(.)은 현재 디렉터리부터 하위 디렉터리까지의 경로를 출력하라는 의미이며 -type f '*'는 모든 파일을 출력하라는 의미이고 -empty는 비어 있는 파일을 찾아서 파일목록을 상세하게 출력하라는 의미입니다. 이 과정에서 동작 옵션 -exec ls -l {} \;을 사용할 때의 주의해야 할 점은 중괄호 {}와 \(또는) 사이에는 반드시 한 칸 공백이 있어야 하고 맨 끝에 입력한 세미콜론(;)과의 사이에는 공백이 존재해서는 안 됩니다. 그 이유는 공백을 두느냐 마느냐에 따라 명령의 수행 여부가 결정되기 때문입니다.

디렉터리 위치 이동 : 틸드(~)

현재 작업하고 있는 디렉터리에서 틸드(~)를 사용하여 사용자 홈 디렉터리 위치로 이동하고 파일 이름이 h로 시작하는 모든 파일을 출력하기 위해 다음 예제를 수행합니다.

| 예제 3-37 | ─────────────────────────────────────

- **Step 01** | 틸드(~)를 사용하여 사용자 홈 디렉터리로 이동하게 되면 프롬프트 표시도 변경되어 현재 위치를 보여줍니다.

```
$ cd ~
```

기능 사용자 홈 디렉터리로 이동
형식 cd [이동할 디렉터리명] ENTER↵

```
[cskisa@localhost section_05]$ cd ~
[cskisa@localhost ~]$
```

- **Step 02** | 현재 디렉터리에 존재하는 파일 이름 중에서 h로 시작하는 모든 파일목록을 출력합니다.

```
$ find -type f -name 'h*' -print
```

기능 사용자 홈 디렉터리에 존재하는 파일 중에서 h로 시작하는 파일 찾기
형식 find [조건 옵션] [인자] [조건 옵션] [와일드카드] [동작 옵션] ENTER↵

```
[cskisa@localhost ~]$ find -type f -name 'h*' -print
./.mozilla/firefox/vw5eefsp.default/handlers.json
find: './.cache/gnome-control-center/backgrounds': 허가 거부
find: './.config/gnome-control-center': 허가 거부
./.local/share/gvfs-metadata/home
./.local/share/gvfs-metadata/home-0aa7938a.log
./section_05/temp/hosts
./section_05/temp_cp/hosts
[cskisa@localhost ~]$
```

4 파일 내용 출력

파일 내용 출력은 기본적으로 텍스트 파일의 내용을 출력함을 의미합니다. 실행 파일은 컴파일되어 바이너리 파일로 변환되었기 때문에 일반적인 명령으로는 그 내용을 확인할 수 없습니다.

아직 텍스트 파일을 작성하지 않았기 때문에 [텍스트 편집기]를 사용하여 간단한 텍스트 파일을 먼저 생성하기 위해 다음 예제를 수행합니다.

● **Step 01** | 리눅스 시스템에서 [현재 활동]-[프로그램 표시]-[텍스트 편집기] 아이콘을 더블
  클릭하여 텍스트 편집기를 실행합니다.

그림 3-7 텍스트 편집기 실행

● **Step 02** | 사용자 계정으로 접속하여 키보드로 한글을 입력할 때는 [EN ▼]을 눌러 한국어
  (Hangul)를 선택하면 됩니다.

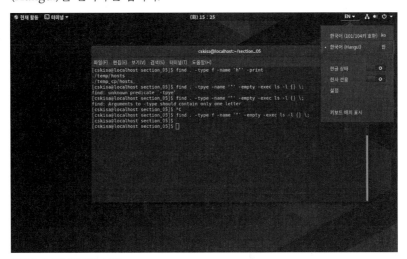

그림 3-8 키보드 한글 설정

- **Step 03** | 한글과 영문 변환은 Shift + Space Bar 키를 동시에 누르면 됩니다. [텍스트 편집기] 창이 나타나면 아래와 같이 내용을 입력합니다.

test.txt

안녕하세요.
리눅스 시스템에서 텍스트 파일을 작성합니다.
열심히 하시면 반드시 좋은 결과는 찾아옵니다.

- **Step 04** | 작성한 텍스트 파일의 저장 위치는 [홈]-[section_05] 디렉터리를 선택하고 저장할 파일 이름은 test.txt로 입력하여 저장합니다. 텍스트 파일이 저장된 경로는 home/cskisa/section_05/test.txt 입니다.

그림 3-9 텍스트 문서 저장 경로와 파일 이름

[텍스트 편집기] 창에서 작성한 텍스트 파일은 home/cskisa/section_05/test.txt 경로에 저장되었습니다.

파일 내용 연속출력 : cat

파일 내용을 연속해서 출력하기 위해서는 cat 명령을 사용합니다. cat 명령의 사용형식은 다음과 같습니다.

$ cat

기능 파일 내용을 연속해서 출력
형식 cat [옵션] 출력할 파일 이름 ENTER.┘
옵션 -n : 파일내용을 행 번호를 붙여서 출력

---

cat 명령으로 앞에서 생성한 test.txt 파일의 내용을 터미널 창에 출력하기 위해 다음 예제를 수행합니다.

| 예제 3-39 | ──────────────────────────────

cat 명령으로 상대 경로명 ./section_05/test.txt 파일의 내용을 터미널 창에서 연속적으로 출력합니다.

$ cat ./section_05/test.txt

기능 section_05 디렉터리에 test.txt 파일 내용 연속출력
형식 cat [디렉터리명/파일 이름] ENTER.┘

```
[cskisa@localhost ~]$ cat ./section_05/test.txt

안녕하세요.
리눅스 시스템에서 텍스트 파일을 작성합니다.
열심히 하시면 반드시 좋은 결과는 찾아옵니다.
[cskisa@localhost ~]$
```

파일 내용을 행 번호와 같이 출력하기

cat 명령과 함께 옵션 -n을 사용하여 앞에서 작성한 test.txt 파일의 내용을 출력할 때 각행의 앞에 일련번호를 출력하기 위해 다음 예제를 수행합니다.

| 예제 3-40 |

section_05 디렉터리에 존재하는 [텍스트 편집기]_test.txt 파일의 내용을 행 번호와 함께 연속으로 출력합니다. 1행이 비어 있는 이유는 텍스트 편집 창에서 입력할 때 첫 행은 띄워놓고 두 번째 행부터 작성해서 비어 있는 것입니다.

$ **cat -n ./section_05/test.txt**
기능 section_05 디렉터리에 test.txt 파일 내용을 행 번호와 함께 연속출력 **형식** cat [옵션] [디렉터리명/파일 이름] ENTER↵

```
[cskisa@localhost ~]$ cat -n ./section_05/test.txt
  1
  2 안녕하세요.
  3 리눅스 시스템에서 텍스트 파일을 작성합니다.
  4 열심히 하시면 반드시 좋은 결과는 찾아옵니다.
[cskisa@localhost ~]$
```

화면 단위로 파일 내용 출력 : more

파일 내용을 화면 단위로 출력하기 위해서는 more 명령을 사용하며 사용형식은 다음과 같습니다.

$ **more**
기능 파일내용을 화면 단위로 출력 **형식** more [옵션] 출력할 파일 이름 ENTER↵ **옵션** +행 번호 : 지정한 행 번호부터 파일내용이 화면단위로 출력

파일 내용을 출력할 때 more 명령을 사용하게 되면 화면 단위로 파일 내용을 볼 수 있습니다. 파일 내용이 많으면 터미널 창의 오른쪽에 있는 스크롤 바를 이용하여 전체 파일 내용을 확인할 수 있습니다.

more 명령을 사용하여 /etc/services 파일의 내용을 화면 단위로 출력하기 위해 다음 예제를 수행합니다.

| 예제 3-41 |

- **Step 01** | more 명령으로 /etc/services 파일의 모든 내용을 화면 단위로 출력합니다. 화면 단위로 이동하려면 `Space Bar`를 누르면 되고 한 줄씩 넘기려면 `ENTER↵`를 누르면 됩니다.

> **$ more /etc/services**
>
> **기능** etc 디렉터리에 존재하는 services 파일의 내용을 화면단위로 출력
> **형식** more [디렉터리명/파일 이름] `ENTER↵`

```
[cskisa@localhost ~]$ more /etc/services
# /etc/services:
# $Id: services,v 1.49 2017/08/18 12:43:23 ovasik Exp $
#
...
(생략)
...
#
# service-name   port/protocol   [aliases ...]   [# comment]
--More--(0%)
```

- **Step 02** | 해당 문자열을 찾으려면 /와 찾을 문자열을 / tcp와 같이 입력 후 `ENTER↵`를 치면 해당 문자열로 이동합니다.

```
...
(생략)
...
# Each line describes one service, and is of the form:
#
# service-name   port/protocol   [aliases ...]   [# comment]

tcpmux          1/tcp                           # TCP port service
multiplexer
/ tcp    ← 키보드로 입력한 슬래시와 문자열
tcpmux          1/tcp                           # TCP port service
multiplexer
tcpmux          1/udp                           # TCP port service
```

```
multiplexer
rje             5/tcp                                   # Remote Job Entry
rje             5/udp                                   # Remote Job Entry
echo            7/tcp
echo            7/udp
discard         9/tcp               sink null
discard         9/udp               sink null
systat          11/tcp              users
systat          11/udp              users
--More--(0%)
```

- **Step 03** | 수행 중인 more 명령을 종료하려면 q를 입력하면 됩니다.

```
...
(생략)
...
# Each line describes one service, and is of the form:
#
# service-name   port/protocol  [aliases ...]   [# comment]

tcpmux          1/tcp                                   # TCP port service
multiplexer

[cskisa@localhost ~]$
```

◎- 도전 문제 3-12

1. 홈 디렉터리에서 section _ 05 디렉터리에 있는 파일목록을 출력하기
2. section _ 05 디렉터리에 존재하는 test.txt 파일 내용을 행 번호와 함께 출력하기
3. 터미널 창에 사용했던 명령어와 출력결과를 모두 지우기

5 파일의 특정 문자열 검색

파일 내에서 특정 문자열을 검색하기 위해서는 grep 명령을 사용합니다. grep 명령을 통해 지정한 패턴을 포함하는 행을 검색하는 기능 등을 수행하며 사용형식은 다음과 같습니다.

$ grep

기능 찾고자 하는 문자열 검색
형식 grep [옵션] [찾을 문자열] [파일 이름] [ENTER.]
옵션 -c : 찾을 문자열이 속한 행의 개수 출력
  -H : 파일 이름과 함께 출력
  -i : 대소문자를 구별하지 않고 출력
  -l : 해당 패턴을 포함하는 파일이름 출력
  -n : 찾으려는 문자열이 속해 있는 행의 번호를 함께 출력
  -r : 현재 경로부터 하위 경로까지 검색하여 출력
  -v : 찾으려는 문자열이 없는 행 출력
  -w : 패턴 표현식을 하나의 단어로 취급하여 검색

---

cd 명령으로 section_05 디렉터리로 이동한 다음 /etc/services 파일을 ex_data로 복사 후 복사된 파일의 내용에서 'DHCP'가 포함된 행을 찾아서 행의 번호와 함께 출력하기 위해 다음 예제를 수행합니다.

| 예제 3-42 |

• **Step 01** | 현재 위치에서 cd 명령으로 작업할 section_05 디렉터리로 이동합니다.

```
[cskisa@localhost ~]$ cd section_05
[cskisa@localhost section_05]$
```

• **Step 02** | cp 명령으로 /etc/services 파일을 ex_data 파일 이름으로 복사 후 ls 명령으로 확인합니다.

```
[cskisa@localhost section_05]$ cp /etc/services ex_data
[cskisa@localhost section_05]$ ls
ex_data   temp   temp_cp   test.txt   test_file   text_01   tmp
```

• **Step 03** | grep 명령으로 특정 문자열 DHCP를 ex_data 파일에서 찾아서 해당 행 번호와 함께 출력되도록 옵션 -n을 지정합니다.

> **$ grep -n DHCP ex_data**
>
> **기능** ex_data 파일에서 특정 문자열 DHCP가 포함된 부분을 행 번호와 함께 출력
> **형식** grep [옵션] [특정 문자열] [검색 대상인 파일 이름] ENTER↵

```
[cskisa@localhost section_05]$ grep -n DHCP ex_data
1413:dhcp-failover      647/tcp                 # DHCP Failover
1414:dhcp-failover      647/udp                 # DHCP Failover
[cskisa@localhost section_05]$
```

grep 명령으로 복사된 ex_data 파일에서 특정 문자열 'DHCP'가 포함된 부분이 행 번호 1413, 1414와 같이 함께 출력된 것을 확인할 수 있습니다. 옵션 -n을 사용하지 않으면 행 번호는 출력되지 않습니다.

◎ 도전 문제 3-13

1. 홈 디렉터리에서 /etc/services 파일내용을 행 번호와 함께 출력하기
2. services 파일내용 중에서 cssc 문자열이 포함된 부분을 행 번호와 함께 출력하기
3. 지금까지 사용했던 명령어를 모두 출력하기
4. grep 명령을 다시 실행하기

6 특정 명령 위치 검색

whereis 명령과 which 명령은 특정 명령이 어느 디렉터리에 존재하는지를 찾아서 절대 경로를 지정하는 형태로 보여줍니다.

고정된 경로에서 특정 명령 검색 : whereis

whereis 명령은 찾고자 하는 특정 명령을 고정된 경로에서 검색하는 기능을 수행하며 사용 형식은 다음과 같습니다.

> **$ whereis**
>
> **기능** 찾고자 하는 명령의 바이너리 파일이나 매뉴얼 파일의 위치 검색
> **형식** whereis [옵션] 명령 ENTER↵
> **옵션** -b : 바이너리 파일만 검색
>   -m : 매뉴얼 파일만 검색
>   -s : 소스 파일만 검색

whereis 명령은 정해진 디렉터리에서 찾고자 하는 명령을 검색하여 그 위치를 알려줍니다. 각
종 명령이 존재하는 디렉터리의 구조를 다음 그림과 같이 나타냈습니다.

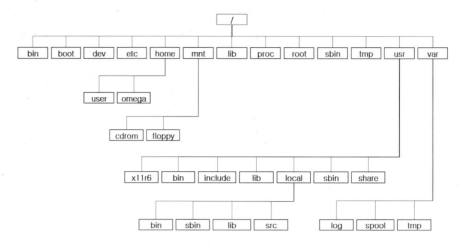

그림 3-10 각종 명령이 존재하는 디렉터리의 구조

whereis 명령을 사용하여 cp 명령과 mv 명령이 어느 디렉터리에 존재하는지를 확인하기 위
해 다음 예제를 수행합니다.

| 예제 3-43 |

- **Step 01** | whereis 명령으로 cp 명령이 존재하는 디렉터리의 위치를 확인해 보면 /usr/bin
  디렉터리에 존재하는 것을 확인할 수 있습니다.

$ **whereis cp**

기능 cp 명령이 어느 디렉터리에 위치하는지를 검색
형식 whereis [파일 이름] ENTER↵

```
[cskisa@localhost section_05]$ whereis cp
cp: /usr/bin/cp /usr/share/man/man1/cp.1.gz /usr/share/man/man1p/cp.1p.gz
[cskisa@localhost section_05]$
```

- **Step 02** | 이번에는 whereis 명령으로 mv 명령이 존재하는 디렉터리의 위치를 확인해 보
  면 cp 명령이 존재하는 동일한 디렉터리인 /usr/bin 디렉터리에 존재하는 것을 확인할 수
  있습니다.

> **$ whereis mv**
>
> **기능** cp 명령이 어느 디렉터리에 위치하는지를 검색
> **형식** whereis [파일 이름] `ENTER↵`

```
[cskisa@localhost section_05]$ whereis mv
mv: /usr/bin/mv /usr/share/man/man1/mv.1.gz /usr/share/man/man1p/mv.1p.gz
[cskisa@localhost section_05]$
```

◎ 도전 문제 3-14

1. grep 명령이 어느 디렉터리에 있는지 위치 출력하기
2. cat 명령과 history 명령이 어느 디렉터리에 있는지 한꺼번에 출력하기
3. 터미널 창에 출력된 모든 명령과 출력결과 지우기

경로 또는 에일리어스 출력 : which

which 명령은 사용자 초기화 파일에 지정된 에일리어스(Alias, 별명)를 찾거나 PATH 환경
변수에 지정된 경로를 순서대로 찾아가며 명령 파일이 어느 디렉터리에 존재하는지를 검색
합니다. which 명령으로 출력되는 경로는 우리가 명령을 입력할 때 실행되는 파일을 의미하
며 사용형식은 다음과 같습니다.

> **$ which**
>
> **기능** 지정된 에일리어스 또는 PATH 환경변수로 지정된 경로 검색
> **형식** which [명령] `ENTER↵`

which 명령으로 ls 명령에 지정된 에일리어스와 경로를 검색하기 위해 다음 예제를 수행합니다.

| 예제 3-44 |

which 명령으로 ls 명령에 지정된 에일리어스와 경로를 검색합니다.

> **$ which ls**
>
> **기능** ls 명령에 지정된 에일리어스와 경로 검색
> **형식** which [명령] `ENTER↵`

```
[cskisa@localhost section_05]$ which ls
alias ls='ls --color=auto'
        /usr/bin/ls
[cskisa@localhost section_05]$
```

검색 결과 ls 명령에 지정된 에일리어스와 경로 /usr/bin/ls가 검색되었습니다. 이와 같이 which 명령은 알고 싶은 명령이 어느 디렉터리에 존재하는지와 함께 에일리어스도 같이 검색할 수 있습니다.

7 파일 이동

파일이나 디렉터리를 다른 디렉터리로 이동하기 위해서는 move 약어인 'mv' 명령을 사용합니다. mv 명령은 파일이나 디렉터리의 이동뿐만 아니라 파일 이름이나 디렉터리의 이름을 변경할 때도 사용됩니다.

mv 명령의 사용형식은 다음과 같습니다.

$ **mv**

기능 파일이나 디렉터리를 이동 또는 파일 이름이나 디렉터리명 변경
형식 mv [원본 파일 이름] [이동할 파일 이름] `ENTER↵`
옵션 -i : 이동할 디렉터리에 동일한 파일 이름이나 디렉터리가 존재하는지 메시지 출력

파일을 파일로 이동

현재 존재하는 파일을 다른 경로로 이동하는 것은 원본 파일 이름으로 존재하는 파일을 다른 파일 이름으로 바꾸는 작업을 의미합니다. 원본 파일을 이동하고자 하는 디렉터리에 동일한 이름의 파일이 존재하지 않는다면 새 파일이 생성되고 동일한 이름의 파일이 존재한다면 원본 파일의 내용으로 덮어쓰고 기존의 내용은 삭제됩니다.

mv 명령으로 section_05 디렉터리에 존재하는 text_01 파일을 text_02 파일로 이동하기 위해 다음 예제를 수행합니다.

| 예제 3-45 |

- **Step 01** | 대상 파일을 이동하기 전 ls 명령으로 현재 디렉터리에 존재하는 파일목록을 확인해 보면 text_01 파일이 존재하는 것을 확인할 수 있습니다.

```
[cskisa@localhost section_05]$ ls
ex_data   temp   temp_cp   test.txt   test_file   text_01   tmp
[cskisa@localhost section_05]$
```

- **Step 02** | mv 명령으로 현재 디렉터리에 존재하는 text_01 파일을 text_02 파일로 이동 후 ls 명령으로 확인해 보면 text_01 파일은 사라지고 text_02 파일이 존재하는 것을 확인할 수 있습니다.

$ mv text_01 text_02

기능 기존에 존재하는 text_01 파일을 text_02 파일로 이동
형식 mv [원본 파일 이름] [이동할 파일 이름] ENTER↵

```
[cskisa@localhost section_05]$ mv text_01 text_02
[cskisa@localhost section_05]$ ls
ex_data   temp   temp_cp   test.txt   test_file   text_02   tmp
[cskisa@localhost section_05]$
```

파일을 다른 디렉터리로 이동

mv 명령을 사용하여 현재 디렉터리에 존재하는 text_02 파일을 temp 디렉터리로 이동하기 위해 다음 예제를 수행합니다.

| 예제 3-46 |

- **Step 01** | ls 명령으로 현재 디렉터리에 text_02 파일이 존재하는지를 확인합니다.

```
[cskisa@localhost section_05]$ ls
ex_data   temp   temp_cp   test.txt   test_file   text_02   tmp
[cskisa@localhost section_05]$
```

- **Step 02** | mv 명령으로 현재 디렉터리에 존재하는 text_02 파일을 temp 디렉터리로 이동 후 ls 명령으로 temp 디렉터리에 text_02 파일이 존재하는지를 확인합니다.

```
[cskisa@localhost section_05]$ mv text_02 temp
[cskisa@localhost section_05]$ ls temp
hosts   services   text_01   text_02
```

만약 쓰기 권한이 없는 디렉터리로 파일을 이동하려고 하면 '허가 거부'라는 오류 메시지가 출력됩니다.

- **Step 03** | ls 명령으로 당초 존재하던 디렉터리의 위치에서 text_02 파일이 사라진 것을 확인할 수 있습니다.

```
[cskisa@localhost section_05]$ ls
ex_data   temp   temp_cp   test.txt   test_file   tmp
[cskisa@localhost section_05]$
```

여러 파일을 다른 디렉터리로 이동

파일을 다른 디렉터리로 이동할 때마다 mv 명령을 사용하는 것은 번거로운 과정입니다. 이러한 번거로움은 한꺼번에 여러 개의 파일을 다른 디렉터리로 이동할 수 기능으로 해결할 수 있습니다. 이때 중요한 점은 반드시 디렉터리로 이동해야 한다는 점입니다. mv 명령을 실행하면 지정한 디렉터리로 이동하고자 하는 모든 파일이 한꺼번에 이동하게 됩니다.

mv 명령으로 temp 디렉터리에 존재하는 text_01 파일과 text_02 파일을 한꺼번에 temp 디렉터리로 예제를 통해 자세히 살펴보도록 하겠습니다.

│ 예제 3-47 │

- **Step 01** | 현재 디렉터리로 옮길 대상인 temp 디렉터리에 존재하는 파일 목록을 ls temp 명령으로 확인합니다.

```
[cskisa@localhost section_05]$ ls temp
hosts   services   text_01   text_02
[cskisa@localhost section_05]$
```

- **Step 02** | mv 명령으로 temp 디렉터리에 존재하는 text_01 파일과 text_02 파일을 현재 디렉터리로 이동 후 ls 명령으로 현재 디렉터리를 확인해 보면 text_01 파일과 text_02 파일 2개가 이동한 것을 볼 수 있습니다. 맨 끝에 선언한 점(.)은 현재 디렉터리를 의미합니다.

```
[cskisa@localhost section_05]$ mv temp/text_01 temp/text_02 .
[cskisa@localhost section_05]$ ls
ex_data  temp  temp_cp  test.txt  test_file  text_01  text_02  tmp
```

- **Step 03** | ls 명령으로 이동한 text_01 파일과 text_02 파일이 존재했던 temp 디렉터리를 확인해 보면 text_01 파일과 text_02 파일이 사라진 것을 볼 수 있습니다.

```
[cskisa@localhost section_05]$ ls temp
hosts  services
[cskisa@localhost section_05]$
```

2개의 파일을 이동한 다음 ls 명령으로 현재 디렉터리에 대한 파일목록과 temp 디렉터리의 파일목록을 확인하여 2개의 파일이 정상적으로 이동되었음을 최종적으로 확인하였습니다.

파일 이동 시 대화식 방법 사용 : -i 옵션

여러 개의 파일을 이동하다 보면 동일한 이름의 파일이 존재할 수 있는데 이러한 경우 mv 명령과 함께 -i 옵션을 사용하게 되면 기존 파일을 덮어씌울 것인지를 확인하면서 진행할 수 있습니다.

mv 명령과 -i 옵션을 함께 사용하여 파일을 이동하는 과정에서 동일한 파일을 덮어씌울 것인지에 대한 여부를 확인하면서 진행하기 위해 다음 예제를 수행합니다.

| 예제 3-48 |

- **Step 01** | 대상 파일을 이동하기 전에 현재 디렉터리에 존재하는 파일목록을 출력합니다.

```
[cskisa@localhost section_05]$ ls
ex_data  temp  temp_cp  test.txt  test_file  text_01  text_02  tmp
[cskisa@localhost section_05]$
```

- **Step 02** | 현재 디렉터리에서 mv –i 명령으로 text_01 파일을 text_02 파일로 이동할 때 동일한 파일 이름에 대해 덮어씌울 것인지에 대해 대화식 방법으로 진행합니다. 여기서는 동일한 파일 이름을 이동하지 않기 위해 n을 입력합니다.

```
[cskisa@localhost section_05]$ mv -i text_01 text_02
mv: overwrite `text_02'? n
[cskisa@localhost section_05]$
```

특정 디렉터리를 다른 디렉터리로 이동

mv 명령을 사용하여 기존에 존재하는 디렉터리를 다른 디렉터리로 이동할 수 있습니다. 만약 이동하려는 다른 디렉터리가 존재하지 않으면 이동하려고 지정한 디렉터리명으로 디렉터리의 이름이 변경됩니다.

mv 명령으로 기존 temp_cp 디렉터리를 temp_02 디렉터리로 이동하기 위해 다음 예제를 수행합니다.

| 예제 3-49 |

- **Step 01** | 이동할 대상 디렉터리인 temp_cp 디렉터리가 이동하기 전 현재 디렉터리에 존재하는 것을 확인하기 위해 ls 명령으로 파일목록을 출력합니다.

```
[cskisa@localhost section_05]$ ls
ex_data  temp  temp_cp  test.txt  test_file  text_01  text_02  tmp
```

- **Step 02** | mv 명령으로 현재 디렉터리에 존재하는 temp_cp 디렉터리를 존재하지 않는 temp_02 디렉터리 이름으로 이동 후 ls 명령으로 현재 디렉터리를 확인합니다.

```
[cskisa@localhost section_05]$ mv temp_cp temp_02
[cskisa@localhost section_05]$ ls
ex_data  temp  temp_02  test.txt  test_file  text_01  text_02  tmp
[cskisa@localhost section_05]$
```

대상 디렉터리의 하위 디렉터리로 이동

디렉터리의 이동과정에서는 이동하고자 하는 디렉터리가 존재하는지에 따라 디렉터리의 이름이 변경되거나 하위 디렉터리로 이동하게 됩니다. 그렇기 때문에 디렉터리를 이동하기 전에 이동하고자 하는 디렉터리가 존재하는지를 먼저 살펴보는 습관을 갖는 것이 바람직합니다.

현재 디렉터리 위치에서 mv 명령으로 temp_02 디렉터리를 temp 디렉터리로 이동하기 위해 다음 예제를 수행합니다. 이 예제에서 눈여겨봐 둘 부분은 temp_02 디렉터리가 temp 디렉터리의 하위 디렉터리로 자리매김한다는 부분입니다.

| 예제 3-50 |

- **Step 01** | 이동할 대상인 temp_02 디렉터리가 이동하기 전 ls 명령으로 현재 디렉터리에 존재하는 파일목록을 출력합니다.

```
[cskisa@localhost section_05]$ ls
ex_data  temp  temp_02  test.txt  test_file  text_01  text_02  tmp
[cskisa@localhost section_05]$
```

- **Step 02** | mv 명령으로 현재 디렉터리에 존재하는 temp_02 디렉터리를 temp 디렉터리로 이동 후 현재 디렉터리의 파일목록을 출력해 보면 temp_02 디렉터리가 사라진 것을 확인할 수 있습니다.

```
[cskisa@localhost section_05]$ mv temp_02 temp
[cskisa@localhost section_05]$ ls
ex_data  temp  test.txt  test_file  text_01  text_02  tmp
[cskisa@localhost section_05]$
```

- **Step 03** | ls 명령으로 temp 디렉터리에 존재하는 파일목록을 출력해 보면 이동한 temp_02 디렉터리가 temp 디렉터리 속에 하위 디렉터리로 자리매김한 것을 확인할 수 있습니다.

```
[cskisa@localhost section_05]$ ls temp
hosts  services  temp_02
[cskisa@localhost section_05]$
```

8 파일 삭제

기존에 존재하는 파일을 삭제할 때는 remove의 약어인 rm 명령을 사용합니다. rm 명령으로 디렉터리를 삭제할 때는 반드시 옵션 -r을 함께 사용해야 합니다.

파일과 디렉터리를 삭제하는 rm 명령의 사용형식은 다음과 같습니다.

$ **rm**
기능 파일 또는 디렉터리 삭제
형식 rm [옵션] [파일 이름 또는 디렉터리명] ENTER↵
옵션 -i : 삭제할 파일 이름 또는 디렉터리명이 존재하면 삭제할 것인지를 물어보는 방법
-r : 지정한 디렉터리를 삭제할 때 사용(특히 비어 있지 않은 디렉터리를 삭제)
-ri : 지정한 디렉터리를 삭제할 때 내용을 하나씩 확인하면서 삭제

rm 명령으로 디렉터리를 삭제할 때 정말 삭제할 것인지에 대한 물음 없이 파일이나 디렉터리를 삭제할 경우 그냥 바로 삭제되어서 복구할 수 없게 되기 때문에 신중하게 삭제해야 합니다.

특히 일반 사용자 계정이 아닌 시스템 관리자 계정으로 접속한 경우 더더욱 신중함을 기해야 합니다. 그 이유는 시스템에서 중요한 파일이 삭제될 경우 전체 시스템에 심각한 영향을 줄 수 있기 때문입니다.

일반 파일 삭제

일반 파일을 삭제할 때도 옵션 -i를 사용하여 정말 삭제해도 되는지에 대한 의사를 타진한 다음에 삭제하는 것이 좋습니다. 한 번 삭제한 파일은 다시 복구되지 않기 때문에 절대적 신중함이 꼭 필요합니다.

rm 명령으로 일반 파일을 삭제하기 위해 다음 예제를 수행합니다. 파일을 삭제하기에 앞서 삭제할 대상 파일을 먼저 복사한 다음 복사된 파일을 삭제하는 과정으로 예제를 진행하겠습니다.

| **예제 3-51** |

- **Step 01** | ls 명령으로 파일을 삭제하기 전 현재 디렉터리의 파일목록을 출력합니다.

```
[cskisa@localhost ~]$ ls
ex_data   temp   test.txt   test_file   text_01   text_02   tmp
[cskisa@localhost ~]$   .
```

- **Step 02** | cp 명령으로 test_file 파일을 test_file_cp 파일 이름으로 복사 후 ls 명령으로 현재 디렉터리의 파일목록을 출력합니다.

```
[cskisa@localhost ~]$ cp test_file test_file_cp
[cskisa@localhost section_05]$ ls
ex_data   temp   test.txt   test_file   test_file_cp   text_01   text_02   tmp
[cskisa@localhost section_05]$
```

- **Step 03** | rm –i 명령으로 현재 디렉터리에 존재하는 text_file_cp 파일을 삭제할 것인지에 대해 대화식 방법을 사용하여 수행합니다. 삭제 여부는 y를 입력합니다.

$ **rm -i test_file_cp**

기능 이미 존재하는 test_file_cp 파일 삭제
형식 rm [옵션] [삭제할 파일 이름] `ENTER.↵`

```
[cskisa@localhost section_05]$ rm -ri temp_cp
rm: descend into directory `temp_cp'? y
rm: remove 일반 파일 `temp_cp/hosts'? y
rm: remove 일반 파일 `temp_cp/services'? y
rm: descend into directory `temp_cp/temp_02'? y
rm: remove 일반 파일 `temp_cp/temp_02/text_01'? y
rm: remove 일반 파일 `temp_cp/temp_02/text_02'? y
rm: remove 일반 파일 `temp_cp/temp_02/hosts'? y
rm: remove 일반 파일 `temp_cp/temp_02/services'? y
rm: remove 디렉토리 `temp_cp/temp_02'? y
rm: remove 디렉토리 `temp_cp'? y
[cskisa@localhost section_05]$
```

디렉터리 삭제

디렉터리를 삭제할 때는 디렉터리가 비어 있는지 아닌지에 따라 rmdir 명령과 rm 명령 중에서 선택적으로 사용해야 합니다. 디렉터리를 삭제할 때는 rm 명령과 옵션 –r을 함께 선언해야 합니다. 그 이유는 기존에 존재하는 디렉터리에는 하위 디렉터리와 각종 파일이 들어있기 때문입니다.

rm 명령과 옵션을 사용하여 대상 디렉터리를 삭제하는 방법을 살펴보기 위해 다음 예제를
수행합니다.

| 예제 3-52 |

• **Step 01** | ls 명령으로 디렉터리를 삭제하기 전 현재 디렉터리의 존재하는 파일목록을 출력
합니다.

```
[cskisa@localhost section_05]$ ls
ex_data   temp   test.txt   test_file   text_01   text_02   tmp
[cskisa@localhost section_05]$
```

• **Step 02** | 디렉터리를 삭제하기 전에 현재 디렉터리에 존재하는 temp 디렉터리를 temp_
cp 디렉터리로 복사합니다. 복사할 디렉터리에 하위 디렉터리가 존재할 경우 옵션 -r을 함
께 사용해야 합니다. ls 명령으로 복사한 temp_cp 디렉터리가 존재하는지를 확인합니다.

```
[cskisa@localhost section_05]$ cp -r temp temp_cp
[cskisa@localhost section_05]$ ls
ex_data   temp   temp_cp   test.txt   test_file   text_01   text_02   tmp
[cskisa@localhost section_05]$
```

• **Step 03** | rm -ri 명령으로 현재 디렉터리에서 temp_cp 디렉터리를 삭제할 것인지에 대해
대화식 방법을 사용하여 수행합니다. 삭제 여부는 y를 입력합니다.

> $ **rm -ri temp_cp**
>
> **기능** 이미 존재하는 temp_cp 디렉터리를 하나하나 확인하면서 삭제
> **형식** rm [옵션] [삭제할 디렉터리명] ENTER↵

```
[cskisa@localhost section_05]$ rm -ri temp_cp
rm: descend into directory `temp_cp'? y
rm: remove 일반 파일 `temp_cp/hosts'? y
rm: remove 일반 파일 `temp_cp/services'? y
rm: descend into directory `temp_cp/temp_02'? y
rm: remove 일반 파일 `temp_cp/temp_02/text_01'? y
rm: remove 일반 파일 `temp_cp/temp_02/text_02'? y
rm: remove 일반 파일 `temp_cp/temp_02/hosts'? y
rm: remove 일반 파일 `temp_cp/temp_02/services'? y
```

```
rm: remove 디렉토리 `temp_cp/temp_02'? y
rm: remove 디렉토리 `temp_cp'? y
[cskisa@localhost section_05]$
```

여기서 잠깐 살펴보세요.

`rm -ri` 명령으로 디렉터리를 삭제할 때 비어 있지 않은 디렉터리에 대해서는 삭제 여부에 대해 대화식 방법을 사용하여 중요한 파일이 무심히 삭제되지 않도록 하는 조치는 현명한 방법입니다. 하지만 중요하지 않은 디렉터리를 삭제할 때 그 디렉터리에는 수백 개의 파일이 존재한다고 가정한다면 y를 수백 번 입력해야 하는 번거로움이 초래됩니다. 이러한 상황이 발생하게 되면 `rm` 명령과 함께 `-rf` 옵션을 사용하면 삭제 여부에 대한 대화식 방법의 번거로운 과정을 `rm -rf` 명령과 같이 단 한 번의 명령으로 깔끔하게 처리할 수 있습니다.

- **Step 04** | ls 명령으로 현재 디렉터리에서 temp_cp 디렉터리가 삭제된 것을 확인할 수 있습니다.

```
[cskisa@localhost section_05]$ ls
ex_data  temp  test.txt  test_file  text_01  text_02  tmp
[cskisa@localhost section_05]$
```

◎ 도전 문제 3-15

1. 홈 디렉터리에서 `workspace` 디렉터리 생성하기
2. 홈 디렉터리 위치에서 `workspace` 디렉터리에 빈 파일 `sample.txt` 파일 생성하기
3. `workspace` 디렉터리에 `sample.txt` 파일이 생성되었는지 확인하기
4. `workspace` 디렉터리를 `mv _ workspace` 디렉터리로 이동하기
5. `/etc/hosts` 파일과 `/etc/services` 파일을 한꺼번에 `mv _ workspace` 디렉터리로 복사하기
6. 홈 디렉터리 위치에서 `copy _ workspace` 디렉터리에 존재하는 파일목록을 자세하게 출력하기
7. `mv _ workspace` 디렉터리에 `sample.txt` 파일 삭제하기
8. `mv _ workspace` 디렉터리를 삭제여부를 물어가면서 삭제하기
9. `mv _ workspace` 디렉터리가 정상적으로 삭제되었는지 확인하기

9 파일 링크

파일 링크는 기존에 있는 파일에 새로운 파일을 연결해 주는 것으로 MS Windows에서의 [바로 가기]와 같은 기능을 수행합니다.

파일 링크는 하나의 파일이 복잡한 디렉터리 계층구조를 가진 다단계를 짧게 줄여 다른 파일 이름으로 붙여서 간단하게 사용하기 위해 파일에 링크를 설정하는 것을 의미합니다.

파일 링크에는 하드 링크와 심볼릭 링크가 있습니다. 하드 링크는 기존 파일에 새로운 파일 이름을 추가하여 생성하는 것을 의미하고 심볼릭 링크는 원본 파일을 가리키는 새로운 파일을 만드는 것을 의미합니다.

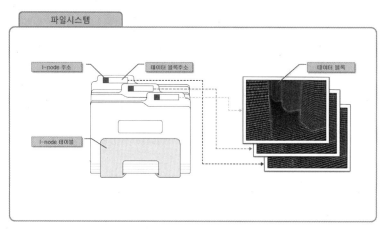

그림 3-11 리눅스 파일 시스템 구성

리눅스에서 파일의 구성요소는 파일 이름과 I-node, 데이터 블록으로 구성되며 파일 이름은 사용자가 파일에 접근할 때 사용하기 위한 파일 이름을 의미합니다.

앞에서 실습했던 ls -l 명령으로 출력되는 정보들은 I-node에 저장된 파일에 대한 상세정보를 의미합니다. 파일의 I-node 번호는 ls -i 명령을 사용하여 확인할 수 있습니다.

여기서 잠깐 살펴보세요.

I-node는 파일에 대한 정보를 가지고 있는 특별한 구조체로서 외부적으로는 번호를 표시하고 내부적으로는 파일의 종류 및 파일 이름, 크기, 파일 변경시간, 파일 소유자 등 파일에 대한 상세정보와 블록의 주소가 저장되어 관리됩니다.

I-node 조회
ls -i 명령으로 파일의 I-node 번호를 확인하기 위해 다음 예제를 수행합니다. 조회한 I-node 번호가 같은 파일은 파일 이름이 다르더라도 같은 파일로 취급됩니다.

예제 3-53

현 재 디렉터리에 존재하는 파일의 I-node 번호를 확인합니다.

| **$ ls -i** |

기능 파일에 부여된 I-node 번호 확인
형식 ls [옵션] ENTER↵

```
[cskisa@localhost section_05]$ ls -i
52075475 ex_data     849807 temp_cp   52074088 test_file  52074119 text_02
849804 temp      52075390 test.txt    849806 text_01    52074120 tmp
[cskisa@localhost section_05]$
```

하드 링크 만들기 : ln

하드 링크는 Link의 약어인 ln 명령으로 생성합니다. 리눅스 시스템에서는 파일에 여러 개의
이름을 명명할 수 있으며 이때 부여하는 파일 이름을 하드 링크라고 합니다.

하드 링크를 생성하는 사용형식은 다음과 같습니다.

| **$ ln** |

기능 링크 파일 생성
형식 n [옵션] 원본 파일 이름 링크파일 이름 ENTER↵
옵션 -b : 링크 파일을 생성할 때 대상 파일이 이미 존재한다면 백업 파일 생성 후 링크 파일 생성
    -d : 디렉터리에 대한 하드 링크 파일 생성을 가능하게 함(단, root 권한으로 수행하더라도 시스템 권한 제한으
      로 인해 실패 가능성 높음)
    -f : 대상 파일이 존재할 경우 대상 파일을 지우고 링크 파일을 생성
    -i : 대상 파일이 존재할 경우 대상 파일을 지울 것인지 확인 요청
    -s : 심볼릭 링크 파일 생성
    -S : 백업 파일을 생성할 경우 접미사를 지정
    -t, --target-directory=DIRECTORY : 링크 파일을 생성할 디렉터리 지정

기존에 존재하는 파일을 대상으로 하드 링크를 통해 새로운 링크 파일을 생성한 다음 기존 파
일과 링크 파일의 차이점에 대해서 다음 예제를 통해 자세히 살펴보도록 하겠습니다.

예제 3-54

- **Step 01** | ls -l 명령으로 하드 링크를 만들기 전에 현재 디렉터리에 존재하는 파일목록을
출력합니다.

```
[cskisa@localhost section_05]$ ls -l
합계 672
-rw-r--r--. 1 cskisa cskisa      670293    4월 28 18:47 ex_data
drwxrwxr-x. 3 cskisa cskisa          50    4월 28 19:07 temp
drwxrwxr-x. 3 cskisa cskisa          50    4월 28 19:19 temp_cp
-rw-r--r--. 1 cskisa cskisa         148    4월 28 18:17 test.txt
-rw-rw-r--. 1 cskisa cskisa           0   10월 31 2019 test_file
-rw-r--r--. 1 cskisa cskisa         158    4월 28 17:44 text_01
-rw-r--r--. 1 cskisa cskisa         158    4월 28 17:51 text_02
-rw-r--r--. 1 cskisa cskisa         158    4월 28 17:44 tmp
[cskisa@localhost section_05]$
```

- **Step 02** | ln 명령으로 현재 디렉터리에 존재하는 ex_data 파일에 대한 하드 링크 파일 ex_
  data_ln을 생성 후 ls -l 명령으로 생성된 하드 링크가 존재함을 확인할 수 있습니다.

$ **ln ex_data ex_data.ln**

기능 기존 파일에 대한 하드 링크 파일 생성
형식 ln [원본 파일 이름] [하드 링크 파일 이름] ENTER↵

```
[cskisa@localhost section_05]$ ln ex_data ex_data.ln
[cskisa@localhost section_05]$ ls -l
합계 1328
-rw-r--r--. 2 cskisa cskisa      670293    4월 28 18:47 ex_data
-rw-r--r--. 2 cskisa cskisa      670293    4월 28 18:47 ex_data.ln
drwxrwxr-x. 3 cskisa cskisa          50    4월 28 19:07 temp
drwxrwxr-x. 3 cskisa cskisa          50    4월 28 19:19 temp_cp
-rw-r--r--. 1 cskisa cskisa         148    4월 28 18:17 test.txt
-rw-rw-r--. 1 cskisa cskisa           0   10월 31 2019 test_file
-rw-r--r--. 1 cskisa cskisa         158    4월 28 17:44 text_01
-rw-r--r--. 1 cskisa cskisa         158    4월 28 17:51 text_02
-rw-r--r--. 1 cskisa cskisa         158    4월 28 17:44 tmp
[cskisa@localhost section_05]$
```

ex_data 파일에 대해 ln 명령을 실행 후 생성된 ex_data.ln 링크 파일과 원본 파일과의 차이
점에 대해서 살펴보도록 하겠습니다. 먼저 가장 큰 차이점은 링크 파일을 생성하기 전에는 접
근 권한(rw-r--r--) 다음에 부여된 숫자가 1이었지만 링크 파일 생성 후에는 2로 바뀐 것을 확
인할 수 있습니다.

이 숫자는 [표 2-2]에서 살펴본 것처럼 하드 링크의 개수를 의미합니다. I-node와 연결된 파일 이름이 하나일 경우에는 1이었지만 하드 링크 파일이 새로 생성되었기 때문에 숫자가 2로 변경된 것입니다.

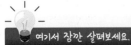

여기서 잠깐 살펴보세요.

예제를 실습한 결과 ex_data 파일과 ex_data.ln 하드 링크 파일 모두가 같은 I-node 번호 2를 부여받은 것을 확인할 수 있습니다. 이는 2개의 파일이 파일 이름만 다를 뿐 결국은 같은 파일임을 의미합니다. 그렇다고 해서 복사된 파일과 생성된 링크 파일은 전혀 별개의 다른 파일로 취급되므로 이 부분에 대해서는 혼동하면 안 됩니다.

심볼릭 링크 만들기 : -s 옵션

심볼릭 링크 파일은 MS Windows에서 사용되는 [바로 가기]와 같은 기능을 수행합니다. 하드 링크 파일은 동일한 I-node 번호가 부여되는 반면, 심볼릭 링크 파일은 전혀 다른 I-node 번호가 부여됩니다. 즉, 원본 파일과 심볼릭 링크 파일은 서로 다른 파일로 취급된다는 의미입니다.

ln –s 명령으로 ex_data 원본 파일을 ex_data.sl 심볼릭 링크 파일로 생성한 다음 I-node 번호가 어떻게 나타나는지에 대한 결과를 살펴보기 위해 다음 예제를 수행합니다.

| 예제 3-55 |

- **Step 01** | ls 명령으로 파일을 삭제하기 전 현재 디렉터리의 파일목록을 출력합니다.

```
[cskisa@localhost section_05]$ ls -i
52075475 ex_data    849804 temp         52075390 test.txt   849806 text_01
52074120 tmp        52075475 ex_data.ln 849807 temp_cp      52074088 test_file
52074119 text_02
[cskisa@localhost section_05]$
```

- **Step 02** | 현재 디렉터리에 존재하는 ex_data 파일에 대한 심볼릭 링크 파일 ex_data.sl을 생성한 다음 ls –l 명령으로 ex_data.sl 심볼릭 링크 파일에 대한 상세한 정보를 출력합니다.

$ ln -s ex_data ex_data.sl

기능 원본 파일인 ex_data 파일에 대한 심볼릭 파일 ex_data.sl 생성
형식 ln [옵션] [원본 파일 이름] [심볼릭 링크 파일 이름] ENTER↵

기능 심볼릭 파일인 ex_data.sl 파일에 대한 자세한 내용 출력
형식 ls [옵션] [심볼릭 링크 파일 이름] ENTER↵

```
[cskisa@localhost section_05]$ ln -s ex_data ex_data.sl
[cskisa@localhost section_05]$ ls -l ex_data.sl
lrwxrwxrwx. 1 cskisa cskisa 7  4월 28 20:07 ex_data.sl -> ex_data
[cskisa@localhost section_05]$
```

ls –l 명령으로 ex_data.sl 심볼릭 링크 파일에 대한 자세한 내용을 살펴보면 맨 앞에 알파벳 l로 표시된 파일의 종류가 표시되고 원본 파일 이름이 ex_data 파일이라고 화살표(->)로 나타내 줍니다. 만약 원본 파일을 삭제하게 되면 심볼릭 링크로 연결될 수 없게 되므로 파일 삭제 시 유념해야 할 부분입니다.

- **Step 03** | ls –i 명령으로 심볼릭 링크를 만든 후의 현재 디렉터리에 존재하는 파일목록을 출력합니다.

```
[cskisa@localhost section_05]$ ls -i
52075475 ex_data       849804 temp       52074088 Lest_file  52074120 tmp
52075475 ex_data.ln    849807 temp_cp    849806 text_01      52075457 tx_data.sl
52075459 ex_data.sl    52075390 test.txt 52074119 text_02
[cskisa@localhost section_05]$
```

원본 파일인 ex_data 파일의 I-node 번호는 52075475이지만 생성된 심볼릭 링크 파일인 ex_data.sl 파일의 I-node 번호는 52075459로 서로 다른 I-node 번호가 부여된 것을 확인할 수 있습니다.

01 리눅스에서의 파일이라는 개념은 아래 그림과 같이 파일 이름, I-node, 데이터 블록의 세 가지 요소를 모두 충족해야만 파일로서 존재의 가치를 가질 수 있습니다.

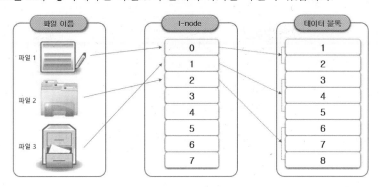

02 파일 이름은 사용자가 파일을 사용목적에 맞도록 사용하고 해당 파일에 정확하게 접근할 수 있도록 구별할 수 있는 변별력을 제공합니다.

03 Index Node라고 불리는 I-node는 파일을 기술하는 디스크 상에서의 데이터 구조를 의미하며 파일의 데이터 블록이 디스크 상의 어느 주소에 위치하고 있는가에 대한 정보를 기록하기 위해 사용됩니다.

■ I-node에 저장된 정보

- 파일의 종류
- 파일의 소유권 – 사용자(소유자)와 그룹
- 파일의 액세스 모드
- 파일의 타임스탬프(파일 갱신일)

04 데이터 블록은 파일에서 데이터를 저장하는 블록을 의미하며 데이터 블록에는 일반 파일이나 디렉터리 파일의 데이터가 존재합니다.

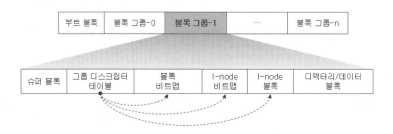

05 블록 그룹은 블록들의 모임을 의미하며 OS 커널이 같은 파일에 속하는 데이터 블록은 같은 블록 그룹에 저장하는 기능을 제공하므로 파일의 단편화를 줄일 수 있습니다.

06 리눅스 시스템에서 관리하는 모든 데이터는 파일(현지 실행 중인 프로세스, 일반 파일, 하드웨어 등)로 인식되며 하나의 프로세스는 하나의 작업 디렉터리를 가집니다.

07 일반 파일은 데이터를 관리하는 데 주로 사용되는 일상적인 파일을 의미합니다. 각종 실행 파일이나 텍스트 파일, 이미지 파일, 프로그램 소스 파일 등 리눅스에서 사용하는 대부분 파일을 의미하며 실행 파일이나 이미지 파일의 경우 데이터가 바이너리 형태로 저장됩니다.

08 리눅스 시스템에서는 디렉터리(Directory) 역시 파일로 취급되며 디렉터리 파일은 해당 디렉터리에 저장된 파일이나 하위 디렉터리에 대한 정보를 가지고 있습니다. 디렉터리는 일반 파일과 마찬가지로 디스크에 저장되어 다른 파일을 조작하고 액세스하는데 필요한 정보를 가지고 있습니다.

09 리눅스에서 제공하는 링크 파일에는 하드 링크와 심볼릭 링크가 존재하며 링크 파일을 생성하기 위해서는 ln 명령을 사용합니다.

10 하드 링크(Hard Link)는 원본 파일을 복사하여 원본 파일과 동일한 내용의 다른 사본 파일을 만드는 것을 의미합니다. 하드 링크에서는 원본 파일과 링크 파일 2개가 서로 다른 파일로 취급되므로 둘 중 어느 하나를 삭제하더라도 나머지 하나는 그대로 남아 있습니다.

11 리눅스 시스템에서 통상적으로 사용되는 링크 파일이 바로 심볼릭 링크 파일입니다. 다른 표현으로는 소프트 링크라고도 합니다. 심볼릭 링크 파일의 기능은 Windows 운영체제에서 사용되는 [바로 가기] 기능이나 [단축 아이콘]과 같은 역할을 수행합니다.

12 리눅스 시스템에서 특수 파일로 다루어지는 파일의 영역을 살펴보면 키보드, 모니터, 마우스, 디스크 드라이브 등과 같이 컴퓨터의 모든 자원이 특수 파일로 사용되고 다루어집니다.

13 리눅스 파일 시스템은 파일과 디렉터리의 구조를 가지고 있으며 최상위는 루트 디렉터리에 기반을 두고 있으며 이 디렉터리를 루트 디렉터리 또는 최상위 디렉터리라고 합니다.

14 절대 경로는 루트 디렉터리인 /를 기준으로 제공되는 디렉터리를 의미하고 상대 경로는 절대 경로인 루트(/)를 포함하지 않는 경로로 셸의 작업 디렉터리가 상대 경로의 기준이 됩니다.

15 절대 경로를 표시할 때는 항상 루트(/) 디렉터리 위치부터 시작해야 하며 다음과 같은 특징이 있습니다.

- 반드시 루트를 의미하는 '/'로 시작해야 함
- 루트 디렉터리부터 중간 단계의 디렉터리를 모두 표시해야 함
- 특정 위치를 가리키는 절대 경로명은 항상 동일해야 함

16 상대 경로는 현재 디렉터리를 기준으로 경로명을 시작합니다. 현재 디렉터리는 사용자가 어느 디렉터리에서 작업을 하고 있느냐에 따라 경로명이 달라지기 때문에 매번 경로명이 동일하지는 않습니다. 상대 경로명을 지정하는 방법은 다음과 같은 특징이 있습니다.

- '/' 이외의 문자로 시작해야 함
- 현재 디렉터리의 위치에서 서브 디렉터리로 내려갈 경우 서브 디렉터리명을 추가
- 현재 디렉터리 위치에서 상위 디렉터리로 이동하려면 ..(마침표 2개)를 추가
- 상대 경로명은 현재 위치한 디렉터리의 위치에 따라 달라질 수 있음

17 리눅스 시스템에서 파일 이름과 디렉터리명을 생성할 때는 다음과 같은 규칙을 준수해야 합니다.

> - · '/' 는 파일 이름이나 디렉터리명에 사용할 수 없음
> - 파일과 디렉터리 이름에는 알파벳, 숫자, -, _ , .(마침표)만 사용할 수 있음
> - 공백, *, |, ", ', @, #, $, %, ^, & 등은 사용할 수 없음
> - 알파벳 대/소문자는 엄격하게 구별되어 다른 글자로 취급됨
> - 파일과 디렉터리명을 사용할 때 점(.)으로 시작하면 숨김 파일로 간주됨

18 디렉터리를 관리하는 명령 중에서 주로 많이 사용되고 있는 명령을 요약하면 다음 표와 같습니다.

● 디렉터리 관리 명령과 기능

디렉터리 명령	기능
pwd	현재 디렉터리의 위치 확인
cd	디렉터리의 위치 이동
ls	디렉터리 내용 보기
mkdir	새로운 디렉터리 생성
rmdir	존재하는 디렉터리 삭제
rm -r	비어 있지 않은 디렉터리 삭제

19 파일을 관리하는 명령 중에서 주로 많이 사용되고 있는 명령을 요약하면 다음 표와 같습니다.

● 파일 관리 명령과 기능

파일 명령	기능
touch	빈 파일 생성
cp	파일 복사
find	파일 찾기

cat	파일내용 출력
more	화면 단위로 파일내용 출력
grep	파일의 특정문자열 검색
whereis	고정된 경로에서 특정 명령 검색
which	경로 또는 에일리어스 출력
mv	파일 이동
rm	파일 삭제
ln	하드 링크 만들기
ln -s	심볼릭 링크 만들기

CHAPTER 04
리눅스 에디터

학습목표

- CentOS 8 리눅스에서 사용하는 에디터에 대해 이해할 수 있습니다.
- 텍스트 편집기를 사용하여 파일 내용을 편집할 수 있습니다.
- vi 에디터 작업 모드 변경과 활용방법을 숙지할 수 있습니다.
- 텍스트 편집기와 vi 에디터를 사용하여 환경설정을 변경할 수 있습니다.

텍스트 편집기

1 사용자 계정 로그인

4장에서 배울 내용에 대해서는 사용자 계정으로 접속된 상태에서 수행하도록 하겠습니다. 실습을 위해 CentOS 8 리눅스에 사용자 계정인 cskisa를 누른 다음 암호 123456을 입력하여 접속합니다.

그림 4-1 터미널 창 실행

2 텍스트 편집기 용도

Windows에서 간단한 문서 편집을 위해 메모장을 제공하는 것처럼 X 윈도에서도 편리하게 문서를 편집할 수 있도록 [텍스트 편집기]를 제공하고 있습니다.

[텍스트 편집기] 실행은 X 윈도에서 해당 아이콘을 클릭하여 실행하는 방법과 터미널 창에서 직접 [텍스트 편집기] 명령을 입력하는 방법 두 가지 형태로 실행할 수 있습니다. 어떤 방법이든지 사용자가 편리하다고 느껴지는 방법을 선택해서 사용하면 됩니다.

[텍스트 편집기]는 UTF-8과의 호환성을 제공하며 프로그램 코딩, 마크업 언어와 같은 구조화

된 텍스트 문서를 편집하는 용도에 중점을 두고 개발된 에디터입니다. [텍스트 편집기]는 그놈(GNOME) 프로젝트의 개발목적에 따라 깔끔하고 단순한 GUI(Graphic User Interface) 특징을 가지고 있습니다.

[텍스트 편집기]의 구조를 살펴보면 X 윈도 시스템에서 사용하기 편리하게 개발되었으며 그놈 2.0 라이브러리와 GTX+2.0을 이용하여 여러 가지 편리한 기능들을 제공합니다.

여기서 잠깐 살펴보세요.

그놈 데스크톱의 공식 파일 관리자인 노틸러스(Nautilus)와 드래그 앤 드롭(Drag and Drop) 기능을 제공합니다. [텍스트 편집기]에 관련된 문서는 그놈 도움말 시스템과 가상파일 시스템, 인쇄 미리 보기 기능을 사용하기 위해 인쇄 프레임워크를 사용합니다.

3 텍스트 편집기 시작과 종료

[텍스트 편집기]의 기능은 다양한 프로그램 코드와 마크업 코드에 맞춘 구문 강조기능이 포함되어 있으며 여러 파일을 편집할 때는 [Tab]키를 구분으로 하나의 창틀 사이에서는 물론 여러 창틀 사이를 옮겨 다닐 수 있습니다.

[텍스트 편집기]는 실행취소나 취소했던 부분을 다시 복구하는 기능 이외에도 줄번호 매기기, 현재 줄 강조하기, 줄 바꿈 기능, 다양한 언어의 맞춤법 검사를 할 수 있는 기능 등이 포함되어 있습니다.

터미널 창에서 mkdir 명령으로 새로운 디렉터리를 생성하고 [텍스트 편집기]를 실행하여 주어진 문장을 입력한 다음 study.txt 파일명으로 chap_04 디렉터리에 저장하는 방법을 살펴보기 위해 다음 예제를 수행합니다.

| 예제 4-1 |

• **Step 01** | 터미널 창에서 chap_04 디렉터리를 새로 만듭니다.

```
$ mkdir chap_04
```

기능 chap_04 디렉터리를 새롭게 생성
형식 mkdir [생성할 디렉터리명] ENTER↵

```
[cskisa@localhost ~]$ mkdir chap_04
[cskisa@localhost ~]$ ls
Firefox_wallpaper.png  section_05  test_02  공개      문서      비디오  서식
chap_04                test_01     test_03  다운로드  바탕화면  사진    음악
```

- **Step 02** | chap_04 디렉터리로 이동한 다음 gedit 명령을 수행하여 텍스트 편집기 창에서 아래 주어진 문장을 입력하고 파일의 이름은 study.txt로 저장합니다.

```
$ cd chap_04
```

기능 chap_04 디렉터리로 이동
형식 cd [이동할 디렉터리명] ENTER↵

```
$ gedit
```

기능 터미널 창에서 [텍스트 편집기] 실행
형식 gedit ENTER↵

```
[cskisa@localhost ~]$ cd chap_04
[cskisa@localhost chap_04]$ gedit
```

study.txt
모든 일들이 처음에는 어렵게 느껴지지만 시간이 흐를수록 편안함을 느끼게 됩니다.

◎- 도전 문제 4-1

1. 주어진 문장을 [텍스트 편집기] 창에서 입력하기
2. 입력한 문장을 `mylife.txt` 파일명으로 저장하기
3. 터미널 창에서 `mylife.txt` 파일의 내용을 행 번호와 함께 출력하기

▼ 입력할 문장

```
모든 일들이
처음에는 어렵게 느껴지지만
시간이 흐를수록 편안함을 느끼게 됩니다.
```

4 파일 내용 편집

이미 작성하여 저장된 파일의 내용을 편집하기 위해서는 편집할 해당 파일이 어느 디렉터리에 존재하는지를 파악해야 합니다. 편집할 파일이 존재하는 디렉터리의 위치를 탐색하기 위해서는 find 명령을 조건 옵션과 함께 동작 옵션을 사용하면 쉽게 파일의 위치를 찾을 수 있습니다.

터미널 창에서 pwd 명령으로 chap_04 디렉터리에 존재하는 study.txt 파일을 불러와 내용을 추가 편집하고 저장하는 과정을 살펴보기 위해 다음 예제를 수행합니다.

| 예제 4-2 |

- **Step 01** | 파일 내용을 편집하기에 앞서 pwd 명령으로 현재 위치한 디렉터리의 위치를 먼저 확인하도록 합니다. 그 이유는 디렉터리의 위치에 따라 파일을 실행하기 위한 경로명이 달라질 수 있기 때문입니다.

```
$ pwd
```

기능 현재 디렉터리의 위치를 절대경로로 보여줌
형식 pwd [ENTER↵]

- **Step 02** | 터미널 창에서 gedit 명령으로 study.txt 파일을 불러옵니다.

```
$ gedit study.txt
```

기능 현재 디렉터리 있는 study.txt 파일을 [텍스트 편집기] 창으로 열기
형식 [텍스트 편집기] [열고자 하는 파일명] [ENTER↵]

```
[cskisa@localhost chap_04]$ pwd
/home/cskisa/chap_04
[cskisa@localhost chap_04]$ ls
study.txt
[cskisa@localhost chap_04]$ gedit study.txt
```

- **Step 03** | study.txt 파일이 열리면 기존 내용에 아래 문장을 추가 후 저장합니다.

```
--------------------------------
여기서부터는 추가되는 내용입니다.
포기하지 말고 끝까지 완주하시기 바랍니다.
```

study.txt

```
안녕하세요.
리눅스 시스템에서 텍스트 파일을 작성합니다.
열심히 하시면 반드시 좋은 결과는 찾아옵니다.
----------------------------------------------
여기서부터는 추가되는 내용입니다.
포기하지 말고 끝까지 완주하시기 바랍니다.
```

- **Step 04** | 편집이 완료된 study.txt 파일을 행 번호와 함께 출력되도록 cat 명령과 함께 -n 옵션을 지정하여 출력합니다.

$ **cat -n study.txt**

기능 파일의 내용을 연속해서 행 번호와 함께 출력
형식 cat [옵션] [출력할 파일명] ENTER↵

```
[cskisa@localhost chap_04]$ cat -n study.txt
     1
     2 모든 일들이
     3 처음에는 어렵게 느껴지겠지만
     4 시간이 흐를수록 편안함을 느끼게 됩니다.
     5 ----------------------------------------------------
     6 여기서부터는 추가되는 내용입니다.
     7 포기하지 말고 끝까지 완주하시기 바랍니다.
[cskisa@localhost chap_04]$
```

SECTION

02

vi 에디터

1 vi 에디터 기능

CentOS에서 제공되는 vi 에디터는 기존 에디터의 기능을 향상시킨 vim(Vi IMproved) 에디터라고 명명해야 정확한 명칭이지만 항상 사용해 왔던 vi 에디터의 기능이 향상된 에디터로 인식되어 사용되고 있으므로 그냥 vi 에디터라고 부르겠습니다.

vi 에디터는 각종 문서를 편집할 수 있는 텍스트 기반의 에디터로서 리눅스뿐만 아니라 유닉스 계열의 모든 운영체제에서도 아주 유용하게 사용되는 에디터로 많은 사랑과 관심을 받고 있습니다.

여기서 잠깐 살펴보세요.

vi 에디터의 vi는 visual의 약어입니다. vi 에디터를 처음 사용하는 입장에서는 다소 생소하고 사용하기 불편하다는 선입견을 떨쳐버릴 수가 없습니다. 그 이유는 명령 모드와 입력 모드, 라인 모드로 구분되어 모드를 전환하면서 사용하는 불편함 때문입니다.

2 에디터 작업 모드

사용자는 vi 에디터를 사용함에 있어 커서를 이동시키면서 내용을 수정할 수 있으며 작업은 명령 모드(Command Mode), 입력 모드(Insert Mode), 라인 모드(Line Mode)의 세 가지로 구분되어 작업할 때 모드는 전환되면서 사용됩니다.

명령 모드

명령 모드는 한 글자 또는 두 글자 명령을 사용하여 커서를 이동하고 글자를 삭제 또는 교체하며 문자열을 검색하는 등 다양하게 문서를 편집할 수 있는 기능을 제공합니다. 또한 명령이 아닌 키보드 입력에 있어서는 모두 에러로 간주하며 입력이 잘못되었을 경우 경고음을 들려줍니다.

입력 모드
입력 모드는 입력을 원하는 글자를 입력하고 화면은 입력한 상태 그대로 사용자에게 제공합니다.

라인 모드
라인 모드는 ESC 를 누르고 :(콜론) 프롬프트에서 명령을 입력하여 편집, 검색, 저장 등의 다양한 기능을 제공합니다.

❸ 작업 모드 전환
명령 모드에서 입력 모드로 전환하기 위해서는 ESC 를 눌러서 전환한 다음 문자를 새롭게 입력할 수 있습니다. vi 에디터에서 글을 쓰려면 반드시 키보드의 a 또는 i 로 모드를 입력 모드로 변환해 주어야 합니다. 입력 모드에서 명령 모드로 다시 되돌아가려면 ESC 를 눌러서 모드를 변환해 주면 됩니다.

vi 에디터는 일반적으로 사용되는 다른 에디터들처럼 자동저장 기능이 지원되지 않기 때문에 수시로 입력한 내용을 저장해 주어야 합니다. vi 에디터를 사용할 때 작업 모드의 변환을 위한 전환키 중에서 가장 많이 사용되는 것을 다음 그림 같이 나타냈습니다.

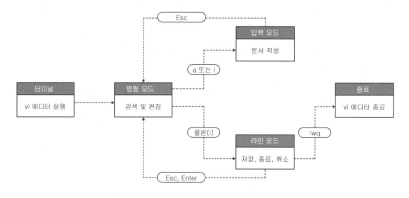

그림 4-2 vi 에디터 모드 전환 사용법

vi 에디터를 사용하여 기존에 저장된 파일을 불러와서 편집, 수정, 저장하는 과정을 수행하기 위해 명령 모드, 입력 모드, 라인 모드로 변환하는 과정에 대해서 예제를 통해 차근차근 다루기로 하겠습니다.

■4 vi 시작과 종료

vi 에디터는 [텍스트 편집기]와 달리 세 가지의 모드가 전환되면서 사용되기 때문에 가장 먼저 vi 에디터를 시작하고 종료하는 과정에 대해 살펴보겠습니다. 터미널 창에서 vi 명령으로 기존에 저장된 파일을 불러와서 편집하는 과정에 대해서 자세히 살펴보도록 하겠습니다.

vi 명령과 함께 불러올 파일명을 지정해 주면 해당 파일을 가져옵니다. 하지만 불러올 파일을 지정하지 않고 vi 명령만 수행할 경우에는 빈 파일이 열리기 때문에 종료하기 전에 반드시 저장해 주어야 합니다. vi 명령으로 앞에서 작성해 놓은 study.txt 파일을 불러와 작업 모드를 변경하는 방법을 살펴보기 위해 다음 예제를 수행합니다.

│ 예제 4-3 │ ━━━━━━━━━━━━━━━━━━━━━━━━━━━━━━━━━

● **Step 01** │ chap_04 디렉터리 위치에서 vi 명령으로 앞에서 작성해 놓은 study.txt을 엽니다.

$ **vi study.txt**

기능 지정한 파일을 읽어오고 파일을 지정하지 않으면 빈 파일이 열림
형식 vi [파일명 지정] ENTER↵

```
[cskisa@localhost chap_04]$ vi study.txt

 모든 일들이
 처음에는 어렵게 느껴지겠지만
 시간이 흐를수록 편안함을 느끼게 됩니다.
 ----------------------------------------------------------
 여기서부터는 추가되는 내용입니다.
 포기하지 말고 끝까지 완주하시기 바랍니다.
~
~
VIM을 마치려면  :quit<Enter> 입력                    1,0-1          모두
```

- **Step 02** | vi 에디트 창은 명령 모드로 열린 상태이므로 ESC 를 누른 다음 콜론(:)을 눌러 라인 모드로 전환한 다음 명령키 q를 입력한 다음 ENTER↵ 를 눌러 vi 에디터를 종료합니다.

█ :q

기능 명령 모드에서 콜론(:)을 눌러 라인 모드로 전환 (q는 종료 명령키)
형식 :[종료 명령키] ENTER↵

```
█
모든 일들이
처음에는 어렵게 느껴지겠지만
시간이 흐를수록 편안함을 느끼게 됩니다.
--------------------------------------------------------
여기서부터는 추가되는 내용입니다.
포기하지 말고 끝까지 완주하시기 바랍니다.
~
~
:q
```

vi 명령으로 파일을 열면 좌측 상단 맨 처음 위치에서 커서(█)가 깜박거리고 있습니다. 이러한 상태는 vi 에디터가 명령 모드 상태로 파일이 열린 상태임을 의미합니다.

커서의 위치를 마지막 라인 모드로 이동하기 위해 ESC 를 누르고 콜론(:)을 누른 다음 종료키 q를 입력하고 ENTER↵ 를 치면 vi 에디터는 종료됩니다. vi 에디터를 사용할 때 필요한 명령키를 다음 표와 같이 정리하였습니다.

표 4-1 vi 에디터에서 저장과 종료할 때 사용되는 명령키

모드	명령키	기능
라인 모드	q	vi 에디터에서 작업한 내용이 없으면 그냥 종료
	q!	작업한 내용을 저장하지 않고 종료
	:w[파일명]	파일명을 지정하면 새 파일로 저장 아니면 그냥 저장
	:wq 또는 :wq!	작업한 내용을 저장하고 vi 에디터를 종료
명령 모드	ZZ (Shift + Z Z)	작업한 내용을 저장하고 vi 에디터를 종료

5 입력 모드로 전환

vi 에디터를 터미널에서 실행하면 명령 모드로 접속됩니다. 문서 편집을 위해서는 i, I, a, A, o, O 중에서 하나를 누르면 명령 모드에서 입력 모드로 전환되므로 문서를 편집할 수 있습니다.

입력 모드 전환

vi 명령으로 sample_vi.txt 파일을 생성하기 위해 다음 예제를 수행합니다.

| 예제 4-4 |

- **Step 01** | pwd 명령으로 현재 디렉터리의 위치를 확인 후 vi 명령으로 새로운 sample_vi.txt 파일을 생성합니다.

> **$ vi sample_vi.txt**
>
> **기능** vi 명령으로 새로운 sample_vi.txt 파일 생성
> **형식** vi [새로 만들 파일명 지정] `ENTER↵`

```
[cskisa@localhost chap_04]$ pwd
/home/cskisa/chap_04
[cskisa@localhost chap_04]$ vi sample_vi.txt
```

- **Step 02** | vi 에디터 창이 열리면서 화면의 하단에는 작성 중인 sample_vi.txt 파일에 대한 정보를 보여줍니다. 파일이 열리면 vi 에디터는 명령 모드 상태가 됩니다.

```
█
~
~
~
~
"sample_vi.txt"[새 파일]                    0,0-1                        모두
```

- **Step 03** | 키보드로 I를 눌러 vi 에디트의 상태를 입력 모드로 변환 후 다음 문장을 입력합니다. 명령 모드에서 i 명령키를 사용하면 vi 에디터 창의 하단에는 '--끼워넣기--'가 나타나며 명령 모드는 입력 모드로 변경되었음을 보여줍니다.

```
vi 명령으로 에디트 창에서 문장을 입력하고 있습니다.
조금씩 자신감이 증진되고 있음을 기뻐하세요.
```

| **i** |

기능 명령 모드에서 명령키 i를 사용하여 입력 모드로 전환
형식 명령키 [ENTER↵]

```
vi 명령으로 에디트 창에서 문장을 입력하고 있습니다.
조금씩 자신감이 증진되고 있음을 기뻐하세요.
~
~
~
~
-- 끼워넣기 --                                    2,63-44              모두
```

- **Step 04** | 키보드의 화살표를 이용하여 해당 위치로 이동한 다음 밑줄 친 부분을 추가로 입력하고 [ENTER↵]를 쳐서 줄 바꿈을 수행합니다.

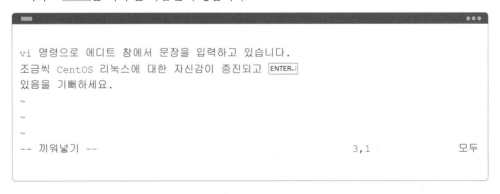

```
vi 명령으로 에디트 창에서 문장을 입력하고 있습니다.
조금씩 CentOS 리눅스에 대한 자신감이 증진되고 [ENTER↵]
있음을 기뻐하세요.
~
~
~
-- 끼워넣기 --                                    3,1                  모두
```

- **Step 05** | sample_vi.txt 파일명으로 저장하기 위해 입력 모드에서 [ESC]를 눌러 명령 모드로 전환한 다음 콜론(:)과 함께 저장하는 명령키 w를 :w와 입력 후 [ENTER↵]를 눌러 작성 중인 파일을 저장합니다.

```
vi 명령으로 에디트 창에서 문장을 입력하고 있습니다.
조금씩 CentOS 리눅스에 대한 자신감이 증진되고
있음을 기뻐하세요.
~
~
~
: w
```

```
vi 명령으로 에디트 창에서 문장을 입력하고 있습니다.
조금씩 CentOS 리눅스에 대한 자신감이 증진되고
있음을 기뻐하세요.
~
~
~
"sample_vi.txt" [새로운] 3L, 163C 저장 했습니다        3,1              모두
```

- **Step 06** | 저장을 완료하였으면 :q를 눌러 작업 중인 vi 명령을 종료합니다. 이전 단계와 이 단계를 한꺼번에 수행하려면 :wq 입력 후 ENTER↵를 누르면 됩니다.

```
vi 명령으로 에디트 창에서 문장을 입력하고 있습니다.
조금씩 CentOS 리눅스에 대한 자신감이 증진되고
있음을 기뻐하세요.
~
~
~
: q
```

- **Step 07** | cat -n 명령으로 sample_vi.txt 파일의 내용을 행 번호와 함께 출력합니다.

$ **cat -n sample_vi.txt**

기능 현재 디렉터리 있는 sample_vi.txt 파일을 [텍스트 편집기] 창으로 열기
형식 cat [옵션] [열고자 하는 파일명] ENTER↵

```
[cskisa@localhost chap_04]$ cat -n sample_vi.txt
     1 vi 명령으로 에디트 창에서 문장을 입력하고 있습니다.
     2 조금씩 CentOS 리눅스에 대한 자신감이 증진되고
     3 있음을 기뻐하세요.
[cskisa@localhost chap_04]$
```

vi 에디터 창에서 작성한 sample_vi.txt 파일의 내용이 행 번호와 함께 출력된 것을 확인할
수 있습니다.

입력 모드 전환키

vi 에디터 작업 창의 명령 모드에서 입력 모드로 변환하기 위해 사용되는 전환키를 다음 표
와 같이 정리하였습니다. 입력 모드에서 다시 명령 모드로 가려면 ESC 를 누르면 됩니다.

표 4-2 명령 모드에서 입력 모드로 전환하는 명령키

명령키	기능	동일한 키
i	현재 커서의 위치부터 입력	I
a	현재 커서의 위치 다음 칸부터 입력	A
o	현재 커서의 다음 행에 입력	O
s	현재 커서 위치에서 한 글자를 지우고 입력	S
I	현재 커서가 위치한 행의 맨 앞부터 입력	Shift + I
A	현재 커서가 위치한 행의 맨 마지막부터 입력	Shift + A
O	현재 커서가 위치한 이전 행에 입력	Shift + O
S	현재 커서의 한 행을 지우고 입력	Shift + S

6 커서 및 화면 이동

vi 에디터 편집 창에서는 일반적으로 커서를 원하는 위치로 자유롭게 이동하면서 작업을 할
수 있습니다. 가장 간편한 방법은 키보드에 있는 방향키를 사용하는 방법입니다. vi 편집 창에
서는 마우스로 커서를 이동할 수 없기 때문에 일일이 키보드로 이동해야 합니다. vi 에디터에
서 커서와 화면을 이동하기 위해 사용되는 명령키에 대해서 살펴보겠습니다.

커서 이동하기

명령 모드에서 커서를 이동할 때는 4개의 방향키(←, →, ↑, ↓)와 `Page Up`과 `Page Down` 등을 이용하면 되지만 일반 키보드를 이용하여 커서를 이동할 수도 있습니다. 일반 키보드로 명령 모드에서 커서를 이동할 때 사용되는 명령키를 다음 표와 같이 정리하였습니다.

표 4-3 커서 이동을 위해 사용되는 명령키

명령키	기능	동일한 키
^	현재 행의 처음으로 커서 이동	`Home`
s	현재 행의 마지막으로 커서 이동	`End`
h	커서의 위치를 왼쪽으로 한 칸 이동	`←`
l	커서의 위치를 오른쪽으로 한 칸 이동	`→`
k	커서의 위치를 위쪽으로 한 칸 이동	`↑`
j	커서의 위치를 아래쪽으로 한 칸 이동	`↓`
gg	제일 앞에 있는 첫 행으로 커서 이동	`G` `G`
g	제일 끝에 있는 행으로 커서 이동	`G`
숫자g	해당 숫자의 행으로 커서 이동	숫자 `G`
: 숫자 `ENTER↵`	해당 숫자의 행으로 커서 이동	:숫자 `ENTER↵`
`Ctrl` + `B`	이전 화면으로 커서 이동	`Page Up`
`Ctrl` + `F`	다음 화면으로 커서 이동	`Page Down`

화면 이동하기

vi 에디터에서 한 번에 볼 수 있는 화면은 터미널의 화면 크기에 따라 달라지기 때문에 파일의 크기가 터미널의 한 화면에서 보여주지 못할 만큼 클 경우에는 화면을 이동하면서 파일의 내용을 확인해야 합니다. 화면을 이동하기 위해 사용되는 명령키를 다음 표와 같이 정리하였습니다.

표 4-4 화면 이동을 위해 사용되는 명령키

명령키	기능	동일한 키
`Ctrl` + u	빈 화면 위로 이동	
`Ctrl` + d	빈 화면 아래로 이동	
`Ctrl` + b	한 화면 위로 이동	`Page Up`
`Ctrl` + f	한 화면 아래로 이동	`Page Down`
`Ctrl` + y	화면을 한 행만 위로 이동	
`Ctrl` + e	화면을 한 행만 아래로 이동	

특정 행으로 커서 이동하기

특정 행으로 커서를 이동하려면 Shift + G 를 이용하여 이동하고 싶은 행 번호를 입력하여 커서를 이동할 수 있습니다. 명령 모드에서는 단순히 G 명령키만으로도 파일의 마지막 행으로 이동할 수 있으며 G 명령키 앞에 행 번호를 붙이면 해당 행으로 커서를 이동시킬 수 있습니다.

특정 행으로 커서를 이동하기 위해 사용되는 명령키를 다음 표와 같이 정리하였습니다.

표 4-5 특정 행으로 커서를 이동하기 위해 사용되는 명령키

명령키	기능
G (Shift +g)	커서를 파일의 마지막 행으로 이동
행 번호G	커서를 지정한 행 번호로 이동
행 번호	커서를 지정한 행 번호로 이동
$	커서를 파일의 마지막 행으로 이동

마지막 행으로 이동하려면 콜론(:)을 입력하여 라인 모드로 전환한 다음 이동하려는 행 번호를 입력하고 ENTER 를 치면 됩니다.

7 문자열 검색과 치환

vi 에디터를 사용하여 특정 문자열을 검색하거나 검색한 문자열을 다른 문자열로 치환하기 위해 사용되는 명령은 마지막 라인 모드에서 제공합니다.

특정 문자열 검색

vi 에디터 창에서 문자열을 검색하려면 일단 마지막 라인 모드로 이동해야 합니다. 문자열을 검색하기 위해 마지막 행으로 이동할 때는 콜론(:)을 사용하는 것이 아니고 슬래시(/) 또는 물음표(?)를 사용합니다.

문자열을 검색할 때 /는 커서의 위치에서 아래쪽으로 검색하고 ?는 커서의 위치에서 위쪽 방향으로 검색합니다. 명령 모드에서 특정 문자열을 찾기 위해 사용되는 명령키를 다음 표와 같이 정리하였습니다.

표 4-6 특정 문자열을 검색하기 위해 사용되는 명령키

명령키	기능
/문자열 ENTER↵	찾을 문자열을 커서의 위치에서 아래쪽으로 검색
?문자열 ENTER↵	찾을 문자열을 커서의 위치에서 위쪽으로 검색
n	문자열을 찾던 원래 방향으로 다음 문자열 검색
N	문자열을 찾던 반대방향으로 다음 문자열 검색

vi 명령으로 centos_vi.txt 파일을 생성하여 주어진 문장을 입력하기 위해 다음 예제를 수행합니다.

| 예제 4-5 |

• **Step 01** | 터미널 창에서 chap_04 디렉터리 안에 centos_vi.txt 파일을 vi 명령으로 생성합니다.

> $ **vi centos_vi.txt**

기능 vi 명령으로 새로운 centos_vi.txt 파일 생성
형식 vi [새로 만들 파일명 지정] ENTER↵

```
[cskisa@localhost chap_04]$ vi centos_vi.txt
[cskisa@localhost chap_04]$
```

• **Step 02** | vi 명령 실행 후 명령 모드에서 i 명령키를 사용하여 입력 모드로 변환 후 다음 문장을 입력합니다.

> ▮ i

기능 명령 모드에서 명령키 i를 사용하여 입력 모드로 전환
형식 명령키 ENTER↵

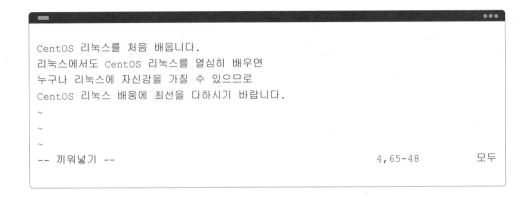

```
CentOS 리눅스를 처음 배웁니다.
리눅스에서도 CentOS 리눅스를 열심히 배우면
누구나 리눅스에 자신감을 가질 수 있으므로
CentOS 리눅스 배움에 최선을 다하시기 바랍니다.
~
~
~
-- 끼워넣기 --                                    4,65-48              모두
```

- **Step 03** | centos_vi.txt 파일명으로 저장하기 위해 입력 모드에서 ESC 를 눌러 명령 모드로 전환합니다. 키보드로 콜론(:)과 w를 :w와 같이 명령키 입력 후 ENTER↵ 를 눌러 작성 중인 파일을 저장합니다.

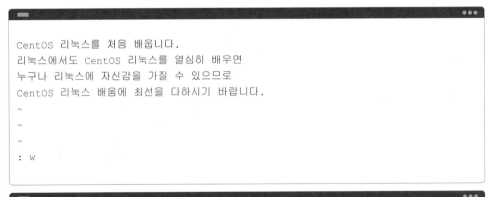

```
CentOS 리눅스를 처음 배웁니다.
리눅스에서도 CentOS 리눅스를 열심히 배우면
누구나 리눅스에 자신감을 가질 수 있으므로
CentOS 리눅스 배움에 최선을 다하시기 바랍니다.
~
~
~
: w
```

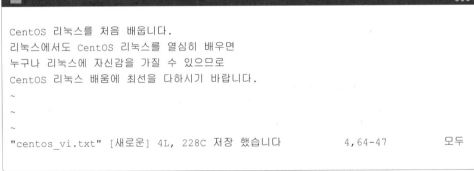

```
CentOS 리눅스를 처음 배웁니다.
리눅스에서도 CentOS 리눅스를 열심히 배우면
누구나 리눅스에 자신감을 가질 수 있으므로
CentOS 리눅스 배움에 최선을 다하시기 바랍니다.
~
~
~
"centos_vi.txt" [새로운] 4L, 228C 저장 했습니다        4,64-47              모두
```

- **Step 04** | 커서의 위치가 마지막 행에 있는 상태에서 문자열을 검색하기 위해 /(슬래시)를 입력하게 되면 커서가 마지막 행으로 이동하게 됩니다. / 다음에 검색할 문자열 CentOS 입력 후 ENTER↵ 를 누르면 찾은 문자열이 음영색으로 표시됩니다.

```
CentOS 리눅스를 처음 배웁니다.
리눅스에서도 CentOS 리눅스를 열심히 배우면
누구나 리눅스에 자신감을 가질 수 있으므로
CentOS 리눅스 배움에 최선을 다하시기 바랍니다.
~
~
~
/CentOS ENTER↵
```

```
CentOS 리눅스를 처음 배웁니다.
리눅스에서도 CentOS 리눅스를 열심히 배우면
누구나 리눅스에 자신감을 가질 수 있으므로
CentOS 리눅스 배움에 최선을 다하시기 바랍니다.
~
~
~
끝까지 찾았음, 처음부터 계속                        1,2           모두
```

- **Step 05** | 키보드로 :wq를 입력하고 ENTER↵ 를 눌러 vi 에디터를 종료합니다.

```
CentOS 리눅스를 처음 배웁니다.
리눅스에서도 CentOS 리눅스를 열심히 배우면
누구나 리눅스에 자신감을 가질 수 있으므로
CentOS 리눅스 배움에 최선을 다하시기 바랍니다.
~
~
~
: wq ENTER↵
```

문자열 치환

vi 편집 상태에서 기존의 문자열을 다른 문자열로 치환하기 위해서는 먼저 콜론(:)을 입력하여
마지막 행으로 이동한 다음 해당하는 문자열을 찾아서 치환하면 됩니다. 문자열 치환을 위한
명령키를 다음 표와 같이 정리하였습니다.

표 4-7 특정 문자열을 치환하기 위해 사용되는 명령키

명령키	기능
:s/문자열1/문자열2/	커서가 위치한 행에서 첫 번째로 나오는 문자열1을 문자열2로 치환
:%s/문자열1/문자열2/g	파일 전체에서 모든 문자열1을 문자열2로 치환
:<범위>s/문자열1/문자열2/	범위 내 모든 행의 각행에서 첫 번째로 검색되는 문자열1을 문자열 2로 치환
:<범위>s/문자열1/문자열2/g	범위 내 모든 행에서 문자열1을 문자열2로 치환
:<범위>s/문자열1/문자열2/gc	범위 내 모든 행에서 문자열1을 문자열2로 치환할 때 수정할지에 대한 여부 확인

◎- 도전 문제 4-2

1. [도전문제 4-1]에서 작성한 `mylife.txt` 파일을 vi 에디터에서 열기
2. `mylife.txt`의 파일 내용 중에서 밑줄 친 '불구하고' 내용 추가하기
3. 3행의 내용 중에서 밑줄 친 '생각합니다'를 '판단합니다.'로 치환하기
4. 내용을 편집한 다음 `mylife.txt` 파일에 저장한 다음 vi 에디터 종료하기
5. vi 에디터를 종료하고 `mylife.txt` 파일의 내용을 행 번호와 함께 출력하기

▼ 수행 전

인생이란
결코 길지 않은 시간임에도
우리는 길다고 믿고 있음은 어리석음이 앞서기 때문이라고 <u>생각합니다.</u>

▼ 수행 후

인생이란
결코 길지 않은 시간임에도 <u>불구하고</u>
우리는 길다고 믿고 있음은 어리석음이 앞서기 때문이라고 <u>판단합니다.</u>

8 파일 내용 수정 및 삭제

일반적인 에디터에서는 DELETE 와 Back Space 를 제외하고는 수정을 위한 특별한 명령키가 없지만 vi 에디터는 파일 내용 수정을 위해 다양한 명령키가 제공됩니다.

파일 내용 수정

파일 내용을 수정하기 위해 사용되는 명령키를 다음 표와 같이 정리하였습니다.

표 4-8 파일 내용 수정을 위해 사용되는 명령키

명령키	기능
r	커서가 위치한 내용을 다른 내용으로 수정
cw, #cw	커서 위치부터 현재 단어의 끝까지 수정하고 #에는 수정할 단어 수 지정
s, #s	커서 위치부터 ESC 를 입력할 때까지 수정하고 #에는 수정할 글자 수 지정
cc	커서가 위치한 행의 내용을 모두 수정
C	커서 위치부터 행의 끝까지 내용을 수정

내용 삭제

입력 모드에서 내용을 입력하는 도중에 틀린 내용을 삭제할 때는 DELETE 또는 Back Space 를 사용해도 되지만 명령 모드에서는 DELETE 와 Back Space 를 사용하여 내용이나 행을 삭제할 수는 없습니다.

명령 모드에서 내용을 삭제하거나 행을 삭제할 때 사용되는 명령키를 다음 표와 같이 정리하였습니다.

표 4-9 내용 삭제에 사용되는 명령키

명령키	기능
x, #x	커서 위치의 글자를 삭제하고 #은 삭제할 글자 수를 지정
dw, #dw	커서 위치의 단어를 삭제하고 #은 삭제할 단어 수를 지정
dd, #dd	커서 위치의 행을 삭제하고 #은 삭제할 행의 수를 지정
C	커서 위치부터 행의 끝까지 내용을 수정

🄎 수행한 명령 취소

대부분의 MS 윈도우 프로그램에서는 취소할 때 Ctrl + Z 를 사용하여 명령을 취소하는 방법을 사용해 왔습니다. 하지만 vi 에디터에서 Ctrl + Z 를 사용하게 되면 vi 에디터 화면이 사라지고 프롬프트가 나타나는 결과를 초래하게 됩니다. 그 이유는 vi 에디터를 잠시 중단하고 셸로 돌아가는 명령이 수행되었기 때문입니다.

만약 vi 에디터를 사용하던 도중에 이러한 경우를 겪었을 때는 당황하지 말고 fg를 입력하여 다시 vi 화면이 나타나도록 해결하면 됩니다. vi 에디터에서 명령을 취소하기 위해 사용되는 명령키를 다음 표와 같이 정리하였습니다.

표 4-10 내용 삭제에 사용되는 명령키

명령키	기능
u	명령을 취소
U	해당 행에서 수행한 모든 명령을 취소
:e!	마지막으로 저장한 내용 이후의 것을 버리고 새로 작업

🔟 도움말 사용 : man

리눅스에서 제공하는 많은 명령어를 일일이 다 외울 수는 없습니다. 도움말이 필요할 때는 manual의 약어인 man 명령을 사용하면 됩니다. man 명령으로 도움말이 필요할 때마다 언제든지 사용할 수 있습니다.

리눅스 명령어와 각종 옵션들에 대해서 필요할 때마다 일일이 관련 자료를 뒤져서 사용하기에는 다소 무리가 있습니다.

man 명령으로 vi 명령에 대한 도움말을 살펴보기 위해 나음 예제를 수행합니다.

| 예제 4-6 |

vi 명령에 대한 도움말을 출력합니다.

```
$ man vi
```

기능 리눅스에 포함된 체계화된 도움말 사용
형식 man [도움말이 필요한 명령] ENTER↵

```
[cskisa@localhost ~]$ man vi
VIM(1)                    General Commands Manual                    VIM(1)

NAME
       vim - Vi IMproved, a programmers text editor

SYNOPSIS
       vim [options] [file ..]
```

```
        vim [options] -
        vim [options] -t tag
        vim [options] -q [errorfile]
 Manual page vi(1) line 1 (press h for help or q to quit)  q
```

vi 명령과 관련된 도움말이 출력되었습니다. 도움말 종료는 q를 입력하면 됩니다. q를 입력하면 화면에는 보여주지 않고 그대로 vi 도움말을 종료합니다. 이와 같은 방법으로 리눅스 시스템을 사용하면서 도움말이 필요할 때마다 유용하게 사용할 수 있습니다.

◎- 도전 문제 4-3

1. ls 명령에 대한 옵션에 대해서 도움말 출력하기
2. 경로 안의 모든 파일을 나열하는 옵션과 함께 실행하여 출력하기
3. 파일의 크기가 kb 단위로 나열되도록 실행하여 출력하기
4. 파일목록이 가로로 나열하여 출력하기
5. 파일이름에 그래픽 문자가 아닌 것이 있으면 '?'로 표시하기
6. 정렬 순서를 내림차순으로 출력하기
7. 최근 파일이 제일 먼저 오도록 파일시간 순으로 정렬하기
8. 파일 정렬방식을 세로로 출력하기
9. 심볼릭 링크 파일들을 그냥 파일로 출력하기

01 [텍스트 편집기]는 UTF-8과의 호환성을 제공하며 프로그램 코딩, 마크업 언어와 같은 구조화된 텍스트 문서를 편집하는 용도에 중점을 두고 개발된 에디터입니다.

02 vi 에디터는 각종 문서를 편집할 수 있는 텍스트 기반의 에디터로서 리눅스뿐만 아니라 유닉스 계열의 모든 운영체제에서도 사용되는 아주 유용한 에디터로 많은 사랑을 받는 에디터입니다.

03 vi 에디터에서의 작업은 명령 모드, 입력 모드, 라인 모드의 세 가지 모드로 구분되어 사용됩니다.

04 명령 모드는 한 글자 또는 두 글자 명령을 사용하여 커서를 이동하고 글자를 삭제 또는 교체하고 문자열을 검색하는 등 다양하게 문서를 편집할 수 있는 기능을 제공합니다. 또한 명령이 아닌 키보드 입력에 있어서는 모두 에러로 간주하며 입력이 잘못되었을 때는 경고음을 들려줍니다.

05 입력 모드는 입력을 원하는 글자를 입력하고 화면은 입력한 상태 그대로 사용자에게 제공하는 모드입니다.

06 라인 모드는 ESC를 누르고 :(콜론) 프롬프트에서 명령을 입력하여 편집, 검색, 저장 등의 다양한 기능을 제공하는 모드입니다.

07 vi 에디터에서 작업 모드 전환방법에 대해 그림으로 표현하면 다음과 같습니다.

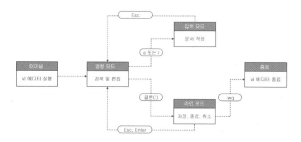

08 vi 에디터에서 저장과 종료할 때 사용되는 명령키는 다음과 같습니다.

● vi 에디터에서 저장과 종료할 때 사용되는 명령키

모드	명령키	기능
라인 모드	q	vi 에디터에서 작업한 내용이 없으면 그냥 종료
	q!	작업한 내용을 저장하지 않고 종료
	:w[파일명]	파일명을 지정하면 새 파일로 저장 아니면 그냥 저장
	:wq 또는 :wq!	작업한 내용을 저장하고 vi 에디터를 종료
명령 모드	ZZ (Shift + Z Z)	작업한 내용을 저장하고 vi 에디터를 종료

09 vi 에디터를 터미널에서 실행하면 가장 먼저 명령 모드로 접속됩니다. 문서 편집을 위해서는 i, I, a, A, o, O 중에서 하나를 누르면 명령 모드에서 입력 모드로 전환할 수 있습니다.

● 명령 모드에서 입력 모드로 전환하는 명령키

명령키	기능	동일한 키
i	현재 커서의 위치부터 입력	I
a	현재 커서의 위치 다음 칸부터 입력	A
o	현재 커서의 다음 행에 입력	O
s	현재 커서 위치에서 한 글자를 지우고 입력	S
I	현재 커서가 위치한 행의 맨 앞부터 입력	Shift + I
A	현재 커서가 위치한 행의 맨 마지막부터 입력	Shift + A
O	현재 커서가 위치한 이전 행에 입력	Shift + O
S	현재 커서의 한 행을 지우고 입력	Shift + S

10 명령 모드에서 커서를 이동할 때는 4개의 방향키(←, →, ↑, ↓)와 `Page Up`과 `Page Down` 등을 이용하면 되지만 일반 키보드를 이용하여 커서를 이동할 수도 있습니다.

● 커서 이동을 위해 사용되는 명령키

명령키	기능	동일한 키
^	현재 행의 처음으로 커서 이동	Home
s	현재 행의 마지막으로 커서 이동	End
h	커서의 위치를 왼쪽으로 한 칸 이동	←
l	커서의 위치를 오른쪽으로 한 칸 이동	→
k	커서의 위치를 위쪽으로 한 칸 이동	↑
j	커서의 위치를 아래쪽으로 한 칸 이동	↓
gg	제일 앞에 있는 첫 행으로 커서 이동	G G
g	제일 끝에 있는 행으로 커서 이동	G
숫자g	해당 숫자의 행으로 커서 이동	숫자 G
:숫자 ENTER↵	해당 숫자의 행으로 커서 이동	:숫자 ENTER↵
Ctrl + B	이전 화면으로 커서 이동	Page Up
Ctrl + F	다음 화면으로 커서 이동	Page Down

11 vi 에디터에서 한 번에 볼 수 있는 화면은 터미널의 화면 크기에 따라 달라지기 때문에 파일의 크기가 터미널의 한 화면에서 보여주지 못할 만큼 클 경우에는 화면을 이동하면서 파일의 내용을 확인해야 합니다.

● 화면 이동을 위해 사용되는 명령키

명령키	기능	동일한 키
Ctrl + u	빈 화면 위로 이동	
Ctrl + d	빈 화면 아래로 이동	
Ctrl + b	한 화면 위로 이동	Page Up
Ctrl + f	한 화면 아래로 이동	Page Down
Ctrl + y	화면을 한 행만 위로 이동	
Ctrl + e	화면을 한 행만 아래로 이동	

12 특정 행으로 커서를 이동하려면 Shift + G 를 이용하여 이동하고 싶은 행 번호를 입력하여 커서를 이동할 수 있습니다. 명령 모드에서는 단순히 G 명령키만으로도 파일의 마지막 행으로 이동할 수 있으며 G 명령키 앞에 행 번호를 붙이면 해당 행으로 커서를 이동시킬 수 있습니다.

● 특정 행으로 커서를 이동하기 위해 사용되는 명령키

명령키	기능
G (Shift +g)	커서를 파일의 마지막 행으로 이동
행 번호G	커서를 지정한 행 번호로 이동
행 번호	커서를 지정한 행 번호로 이동
$	커서를 파일의 마지막 행으로 이동

13 vi 에디터 창에서 문자열을 검색하려면 일단 마지막 라인 모드로 가야 합니다. 문자열을 검색하기 위해 마지막 행으로 이동할 때는 콜론(:)을 사용하는 것이 아니고 슬래시(/) 또는 물음표(?)를 사용합니다. 문자열을 검색할 때 /는 커서의 위치에서 아래쪽으로 검색하고 ?는 커서의 위치에서 위쪽 방향으로 검색합니다.

● 특정 문자열을 검색하기 위해 사용되는 명령키

명령키	기능
/문자열 ENTER↵	찾을 문자열을 커서의 위치에서 아래쪽으로 검색
?문자열 ENTER↵	찾을 문자열을 커서의 위치에서 위쪽으로 검색
n	문자열을 찾던 원래 방향으로 다음 문자열 검색
N	문자열을 찾던 반대방향으로 다음 문자열 검색

14 vi 편집 상태에서 기존의 문자열을 다른 문자열로 치환하기 위해서는 먼저 콜론(:)을 입력하여 마지막 행으로 이동한 다음 해당하는 문자열을 찾아서 치환하면 됩니다.

● 특정 문자열을 치환하기 위해 사용되는 명령키

명령키	기능
:s/문자열1/문자열2/	커서가 위치한 행에서 첫 번째로 나오는 문자열1을 문자열2로 치환
:%s/문자열1/문자열2/g	파일 전체에서 모든 문자열1을 문자열2로 치환
:<범위>s/문자열1/문자열2/	범위 내 모든 행의 각행에서 첫 번째로 검색되는 문자열1을 문자열 2로 치환
:<범위>s/문자열1/문자열2/g	범위 내 모든 행에서 문자열1을 문자열2로 치환
:<범위>s/문자열1/문자열2/gc	범위 내 모든 행에서 문자열1을 문자열2로 치환할 때 수정할지에 대한 여부 확인

15 일반적인 에디터에서는 DELETE 와 Back Space 를 제외하고는 수정을 위한 특별한 명령키가 없지만 vi 에디터는 파일 내용 수정을 위해 다양한 명령키가 제공됩니다.

● 파일 내용 수정을 위해 사용되는 명령키

명령키	기능
r	커서가 위치한 내용을 다른 내용으로 수정
cw, #cw	커서 위치부터 현재 단어의 끝까지 수정하고 #에는 수정할 단어 수 지정
s, #s	커서 위치부터 ESC 를 입력할 때까지 수정하고 #에는 수정할 글자 수 지정
cc	커서가 위치한 행의 내용을 모두 수정
C	커서 위치부터 행의 끝까지 내용을 수정

16 입력 모드에서 내용을 입력하는 도중에 틀린 내용을 삭제할 때는 DELETE 또는 Back Space를 사용해도 되지만 명령 모드에서는 DELETE와 Back Space를 사용하여 내용이나 행을 삭제할 수는 없습니다.

● 내용 삭제에 사용되는 명령키

명령키	기능
x, #x	커서 위치의 글자를 삭제하고 #은 삭제할 글자 수를 지정
dw, #dw	커서 위치의 단어를 삭제하고 #은 삭제할 단어 수를 지정
dd, #dd	커서 위치의 행을 삭제하고 #은 삭제할 행의 수를 지정
D	커서 위치부터 행의 끝까지 삭제

17 대부분의 MS 윈도우 프로그램에서는 취소할 때 Ctrl+Z를 사용하여 명령을 취소하는 방법을 사용해 왔습니다. 하지만 vi 에디터에서 Ctrl+Z를 사용하게 되면 vi 에디터 화면이 사라지고 프롬프트가 나타나는 결과를 초래하게 됩니다. 그 이유는 vi 에디터를 잠시 중단하고 셸로 돌아가는 명령이 수행되었기 때문입니다.

● 이전 명령을 취소할 때 사용되는 명령키

명령키	기능
u	명령을 취소
U	해당 행에서 수행한 모든 명령을 취소
:e!	마지막으로 저장한 내용 이후의 것을 버리고 새로 작업

18 리눅스에서 제공하는 많은 명령어를 일일이 다 외울 수는 없습니다. 도움말이 필요할 때는 manual의 약어인 man 명령을 사용하면 됩니다. man 명령으로 도움말이 필요할 때마다 언제든지 사용할 수 있습니다.

CHAPTER 05

파일접근 권한설정

학습목표

● 파일의 상세정보와 속성에 대해 이해할 수 있습니다.

● 파일접근 권한 표시 방법을 구현할 수 있습니다.

● 기호와 숫자를 이용하여 파일에 접근하는 권한을 부여할 수 있습니다.

● 기본 접근 권한변경과 특수접근 권한을 부여할 수 있습니다.

파일 속성

▌1 ▌ 리눅스 파일

리눅스 시스템에서 사용되는 파일은 크게 디렉터리와 파일로 구분되어 사용되고 있습니다. 리눅스 시스템은 기본적으로 여러 명의 사용자가 동시에 접속하여 사용하기 때문에 각각의 파일에 대한 접근 권한을 부여하고 있습니다.

만일 파일에 접근 권한을 부여하지 않는다면 해당 파일은 다른 사람에 의해 임의로 조작되거나 삭제 등의 악의적인 행위로 파일이 훼손되거나 파기될 수도 있습니다.

따라서 이러한 사태를 예방하기 위해 리눅스 시스템에서는 파일에 대한 접근 권한을 부여하여 인가받지 않은 사용자가 임의로 파일에 접근하더라도 파일을 훼손할 수 없도록 파일 관리에 대한 보안 기능을 제공합니다.

여기서 잠깐 살펴보세요.

사용자는 자신이 생성하고 관리하는 파일이나 디렉터리 중에서 다른 사용자가 해당 파일에 접근해도 되는 것과 해당 파일에 접근해서는 안 되는 것을 구분하여 접근 권한을 제한할 수 있습니다. 접근 권한은 파일이 가지고 있는 고유의 속성 중 하나입니다.

▌2 ▌ 파일 상세정보출력

CentOS 8 리눅스에서 다루고 있는 파일의 상세한 정보를 출력하기 위해 chap_05 디렉터리를 생성하고 다음 예제를 수행합니다.

| 예제 5-1 |

- **Step 01** | 사용자 홈 디렉터리에 chap_05 디렉터리를 새로 생성합니다.

$ mkdir chap_05

기능 새로운 chap_05 디렉터리 생성
형식 mkdir [새로 만들 디렉터리명 지정] ENTER↵

```
[cskisa@localhost ~]$ ls
Firefox_wallpaper.png   section_05   test_02     공개        문서
비디오                     서식        chap_04     test_01     test_03
다운로드   바탕화면
사진                      음악
[cskisa@localhost ~]$ mkdir chap_05
[cskisa@localhost ~]$ ls
Firefox_wallpaper.png   chap_05      test_01     test_03     다운로드
바탕화면                   사진        음악        chap_04     section_05
test_02                  공개        문서        비디오       서식
[cskisa@localhost ~]$
```

- **Step 02** | hap_04 디렉터리 안에 있는 centos_vi.txt 파일을 cp 명령으로 chap_05 디렉터리에 centos_cp.txt 파일명으로 복사하고 ls 명령으로 chap_05 디렉터리에 복사한 centos_cp.txt 파일이 존재하는지를 확인합니다.

$ cp chap_04/centos_vi.txt chap_05/centos_cp.txt

기능 기존에 존재하는 centos_vi.txt 파일을 centos_cp.txt 파일로 복사
형식 cp [원본 파일명] [복사할 파일명] ENTER↵

```
[cskisa@localhost ~]$ ls chap_04
centos_vi.txt  sample_vi.txt  study.txt
[cskisa@localhost ~]$ cp chap_04/centos_vi.txt chap_05/centos_cp.txt
[cskisa@localhost ~]$ ls chap_05
centos_cp.txt
[cskisa@localhost ~]$
```

- **Step 02** | 사용자 홈 디렉터리에서 chap_05 디렉터리로 이동한 다음 앞에서 복사한 파일 centos_cp.txt에 대한 상세한 정보를 출력하기 위해 ls -l 명령을 수행합니다.

> **$ ls -l**
>
> **기능** 파일의 정보를 상세하게 출력
> **형식** ls [옵션] ENTER↵

```
[cskisa@localhost ~]$ cd chap_05
[cskisa@localhost chap_05]$ ls -l
합계 4
-rw-rw-r--. 1 cskisa cskisa 228  7월 26 22:53 centos_cp.txt
[cskisa@localhost chap_05]$
```

위에서 보는 바와 같이 centos_cp.txt 파일에 대한 상세한 정보가 출력되었습니다. 파일을 마지막으로 수정한 날짜에는 연도가 생략되어 있는데 이는 파일이 최종적으로 금년도에 수정되었음을 의미합니다. 출력된 파일의 정보에 대해 각 항목별로 상세하게 살펴보도록 하겠습니다.

```
-  rw- rw- r--  .  1  cskisa  cskisa  228  7월 26 22:53  centos_cp.txt
❶     ❷         ❸  ❹     ❺       ❻      ❼        ❽
```

이와 같은 파일의 상세한 정보에 대해 항목별로 다음 표와 같이 정리하였습니다.

표 5-1 파일 속성에 대한 상세정보

번호	속성 값	의미
❶	-	파일의 종류 (-는 일반파일, d는 디렉터리)
❷	rw- rw- r--	파일을 읽고(rw-) 쓰고(rw-) 실행(r--)할 수 있는 접근 권한
❸	1	하드 링크의 수
❹	cskisa	파일 소유자의 로그인 ID
❺	cskisa	파일 소유자의 그룹 이름
❻	228	파일의 크기 (byte 단위)
❼	7월 26 22:53	파일을 최종 수정한 일자와 시각
❽	centos_cp.txt	파일명

❶ 파일의 종류

파일 속성의 첫 번째 항목은 파일의 종류를 표시한 것입니다. 첫 번째 항목에 표시된 −은 일반 파일을 의미하고 만약 첫 번째 항목에 표시된 기호가 d일 경우에는 디렉터리를 나타냅니다.

이와 같이 파일의 종류가 디렉터리인지 파일인지를 확인하기 위해서는 file 명령을 사용하여 확인할 수 있으며 사용형식은 다음과 같습니다.

$ file

기능 지정한 파일의 종류를 알려줌
형식 file [디렉터리명 또는 파일명] ENTER↵

파일의 종류를 파악하기 전에 먼저 현재 디렉터리의 위치를 확인합니다. 현재 디렉터리의 위치는 chap_05 디렉터리이므로 상위 디렉터리를 의미하는 ../와 디렉터리명을 함께 ../chap_04와 같이 선언하고 파일명 centos_cp.txt를 지정합니다.

file 명령으로 파일의 종류를 살펴보기 위해 다음 예제를 수행합니다.

| 예제 5-2 |

현재 디렉터리의 위치에서 chap_04 디렉터리에 존재하는 centos_cp.txt 파일의 종류를 출력합니다.

$ file ../chap_04 centos_cp.txt

기능 chap_04와 centos_cp.txt 파일의 종류 출력
형식 file [디렉터리명] [파일명] ENTER↵

```
[cskisa@localhost chap_05]$ file ../chap_04 centos_cp.txt
../chap_04:     directory
centos_cp.txt: UTF-8 Unicode text
[cskisa@localhost chap_05]$
```

현재 디렉터리의 위치가 chap_05 디렉터리이므로 ../를 선언하여 상위 디렉터리로 이동한 다음 chap_04를 지정하여 ../chap_04와 같이 상대번지로 디렉터리의 위치를 지정하였습니다.

file 명령을 수행한 결과 chap_04는 디렉터리이고 centos_cp.txt는 텍스트 파일이라는 메시지가 출력되었습니다.

❷ 파일의 접근 권한 표시

파일의 속성에서 두 번째 항목인 rw- rw- r--는 파일을 소유자(rw-) 그룹(rw-) 기타 사용자(r--)가 접근하여 읽고 쓰고 실행 할 수 있는 접근 권한을 표시한 것입니다. 이와 같이 접근 권한이 표시된 것은 centos_cp.txt 파일에 대해 접근 권한이 설정된 현재상태의 수준이 출력된 것입니다.

❸ 하드 링크의 수

하드 링크는 하나의 파일에 대해 여러 개의 파일명을 부여할 수 있는 기능으로 3장에서 이미 살펴봤습니다. 자세한 내용은 3장을 참고하기 바랍니다.

❹ 파일 소유자의 로그인 ID

리눅스 시스템에서 취급되는 모든 파일에는 각각의 소유자가 지정되어 있습니다. 시스템과 관련된 파일은 대부분 루트계정이 소유자이고 일반 파일은 해당 파일을 생성한 사용자가 바로 파일의 소유자가 됩니다.

centos_cp.txt 파일은 사용자 계정 cskisa 아이디로 접속된 상태에서 생성한 파일이기 때문에 파일 소유자의 로그인 ID가 cskisa로 출력된 것입니다.

❺ 파일 소유자의 그룹 이름

파일 소유자가 속한 그룹은 시스템 관리자가 사용자를 등록할 때 결정되고 임의로 소유자가 속할 그룹을 바꿀 수는 없으며 변경하고자 할 경우는 반드시 시스템 관리자에게 그룹변경을 요청해야만 합니다.

리눅스 시스템에서 그룹에 대해서 정의된 파일은 /etc/group이며 그룹변경은 오직 시스템 관리자만이 변경할 수 있습니다.

현재 접속 중인 사용자가 속한 그룹에 대해 알고 싶을 때는 groups 명령을 사용하면 됩니다. 사용형식은 다음과 같습니다.

> **$ groups**
>
> **기능** 현재 접속 중인 사용자가 속한 그룹을 알려줌
> **형식** groups [사용자명] [ENTER↵]

groups 명령을 사용할 때 '사용자명'을 인자로 지정하면 그 사용자가 속한 그룹을 알려주고 인자를 지정하지 않으면 현재 접속 중인 사용자가 속한 그룹을 알려줍니다.

groups 명령을 사용하여 현재 접속 중인 사용자가 속한 그룹을 출력하기 위해 다음 예제를 수행합니다.

| 예제 5-3 |

현재 접속 중인 사용자가 속한 그룹과 root 계정이 속한 그룹에 대한 정보를 출력합니다.

> **$ groups**
>
> **기능** 현재 접속 중인 사용자가 속한 그룹을 알려줌
> **형식** groups [사용자명] [ENTER↵]

> **$ groups root**
>
> **기능** 현재 접속 중인 사용자가 속한 그룹을 알려줌
> **형식** groups [사용자명] [ENTER↵]

```
[cskisa@localhost chap_05]$ groups
cskisa wheel
[cskisa@localhost chap_05]$ groups root
root : root
[cskisa@localhost chap_05]$
```

❻ 파일의 크기

파일의 크기는 byte 단위로 알려줍니다. 앞에서 실습했던 centos_cp.txt 파일의 크기는 228byte로 출력되었습니다.

❼ 파일이 수정된 마지막 일자와 시각

이 항목에는 파일이 마지막으로 수정된 일자와 시각이 표시됩니다. 이때 연도가 표시되지 않는다면 파일을 최종적으로 수정된 일자의 연도가 올해를 의미합니다.

❽ 파일명

파일의 속성 중 마지막 항목은 실질적으로 사용되고 있는 파일명을 의미합니다. 파일의 종류에 따라 디렉터리 또는 파일의 이름을 보여줍니다. 파일의 종류에 대해서는 3장에서 자세히 다루었으므로 참고하기 바랍니다.

SECTION 02 파일접근 권한

리눅스에서 사용되는 모든 파일에는 접근 권한이 있습니다. 접근 권한은 사용자가 생성한 파일에 대하여 해당 파일을 읽고 쓰고 실행할 수 있는 권한을 의미하며 사용자의 파일을 비인가자의 접근으로부터 보호하는 가장 기본적인 파일 보안 기능이라고 할 수 있습니다. 이와 같은 접근 권한의 종류에 대해 살펴보겠습니다.

1 접근 권한 종류

리눅스 시스템에서 사용되는 파일에 대한 접근 권한은 읽기, 쓰기, 실행 권한 등 세 가지 권한으로 제한하고 있습니다. 읽기 권한은 해당 파일을 그냥 읽을 수 있도록 부여된 권한이고 쓰기 권한은 파일의 내용을 읽고 쓸 수 있을 뿐만 아니라 수정과 삭제도 가능한 권한입니다.

이 권한은 다른 사용자가 파일에 접근하여 임의대로 수정과 삭제가 가능하게 되므로 쓰기 권한은 신중하게 결정해야 합니다. 실행 권한은 해당 파일을 실행할 수 있도록 권한을 부여하는 것입니다.

권한 부여는 파일과 디렉터리에 따라서 적용되는 의미가 약간 다르게 적용되기 때문에 자칫 혼선을 경험하게 될 수도 있습니다. 이와 같은 혼선을 예방하기 위해 다음 표와 같이 정리하였습니다.

표 5-2 파일 속성에 대한 상세정보

접근 권한	파일	디렉터리
읽기(r)	해당 파일을 읽거나 복사 가능	ls 명령으로 디렉터리의 목록을 확인 (옵션은 실행 권한이 있을 경우만 허용)

쓰기(w)	파일을 수정, 이동, 삭제 가능 (디렉터리에 쓰기 권한이 부여되어 있어야 함)	해당 파일을 삭제하거나 생성할 수 있음
실행(x)	셸 스크립트 또는 실행 파일에 대한 실행 가능	cd 명령 사용 가능하며 파일을 디렉터리 로 이동 또는 복사 가능

2 접근 권한 표기 방법

접근 권한의 표기는 리눅스 시스템에 접속한 사용자 카테고리별로 누가 어떤 파일에 대해 읽기와 쓰기 그리고 실행할 수 있는지에 대해 문자로 표현하는 것을 의미합니다.

읽기 권한은 r, 쓰기 권한은 w, 실행 권한은 x로 나타내며 해당 권한이 부여되지 않은 경우에는 -으로 표기하여 권한 없음을 나타내 줍니다.

[예제 5-1]에서 실습한 예제를 다시 살펴보면 ls -l 명령으로 출력된 centos_cp.txt 파일의 접근 권한이 rw- rw- r--과 같이 출력되었습니다.

```
-  rw- rw- r-- .  1  cskisa  cskisa  228  7월  26  22:53  centos_cp.txt
```

맨 앞에 출력된 -은 파일의 종류를 나타내는 부분으로 -은 일반 파일을 의미하고 d는 디렉터리를 의미한다고 앞에서 배웠습니다. 접근 권한은 맨 앞에 출력된 -을 제외하고 출력된 rw- rw- r— 부분입니다.

이와 같이 접근 권한은 세 문자씩 한 세트로 구성되어 권한 묶음이라고도 합니다. 권한 묶음에 대해 다음 그림과 같이 나타냈습니다.

그림 5-1 파일의 권한 묶음표기

각 카테고리별로 권한 묶음은 읽기(r)-쓰기(w)-실행(x)의 순서로 표기되며 해당 권한이 없을 경우에는 -으로 표기합니다. 이와 같이 파일에 접근할 수 있는 권한 부여에 대한 권한 조합의 이해를 돕기 위해 다음 표와 같이 정리하였습니다.

표 5-3 다양한 파일접근 권한 조합

접근 권한	의미
rwx r-x r-x	소유자 권한(읽기, 쓰기, 실행), 그룹과 기타 사용자 권한(읽기, 실행)
r-x r-x r-x	소유자, 그룹, 기타 사용자(읽기, 실행) 권한만 부여
rw- --- ---	소유자(읽기, 쓰기) 권한만 부여 그룹과 기타 사용자는 권한 없음
rw- rw- rw-	소유자, 그룹, 기타 사용자 모두(읽기, 쓰기) 권한만 부여
rwx rwx rwx	소유자, 그룹, 기타 사용자 모두(읽기, 쓰기, 실행) 권한 부여
rwx --- ---	소유자(읽기, 쓰기, 실행) 권한만 부여
r-- --- ---	소유자(읽기) 권한만 부여

3 접근 권한변경 명령 : chmod

파일에 접근할 수 있는 권한에 대한 변경은 파일의 소유자와 시스템 관리자만 바꿀 수 있습니다. 일반 사용자는 소유자 자신에게 허가된 파일접근 권한뿐만 아니라 그룹과 기타 사용자에 대한 권한도 변경할 수 있습니다.

하지만 다른 사용자가 소유한 파일에는 접근할 수 없기 때문에 파일접근 권한을 변경해야만 해당 파일에 대해 접근이 가능합니다. 파일접근 권한변경에 대한 명령은 change mode의 약어인 chmod 명령을 사용하며 사용형식은 다음과 같습니다.

$ **chmod**

기능 디렉터리 또는 파일의 접근 권한변경
형식 chmod [옵션] ENTER↵
옵션 -R : 하위 디렉터리까지 접근 권한을 모두 변경

파일의 접근 권한은 읽기(read), 쓰기(write), 실행(execute) 권한으로 구분되며 약어로 표기할 때 읽기는 r, 쓰기는 w, 실행은 x로 표기됩니다. 이와 같이 주어진 파일의 접근 권한에 대해 변경하고자 할 때 사용되는 chmod 명령으로 파일에 대한 접근 권한을 변경할 수 있습니다.

접근 권한을 변경하는 방법에는 다음과 같이 두 가지 방법이 존재합니다. 첫 번째 방법은 기호 모드를 이용하는 방법이고 두 번째 방법은 숫자 모드를 이용하여 파일에 대한 접근 권한을 변경하는 방법이 있습니다.

여기서 잠깐 살펴보세요.

기호 모드는 심볼릭 모드라고도 하며 이 모드는 파일에 대한 접근 권한변경을 사용자 카테고리 문자, 연산자 기호, 접근 권한 문자를 사용하여 권한을 변경합니다. 그리고 숫자 모드는 파일에 대한 접근 권한변경을 위해 숫자를 사용하여 파일에 대한 접근 권한을 변경합니다.

기호를 이용한 접근 권한

1 심볼릭 모드

기호를 이용한 접근 권한변경 방법인 심볼릭 모드는 사용자 카테고리 문자, 연산자 기호, 접근 권한 문자를 사용하여 파일에 대한 접근 권한을 변경합니다. 사용자 카테고리 문자는 소유자 와 그룹 및 기타 사용자를 나타내는 문자를 표기하고 연산자는 권한 부여 또는 권한 제거 및 권한설정을 나타내는 기호를 표기합니다.

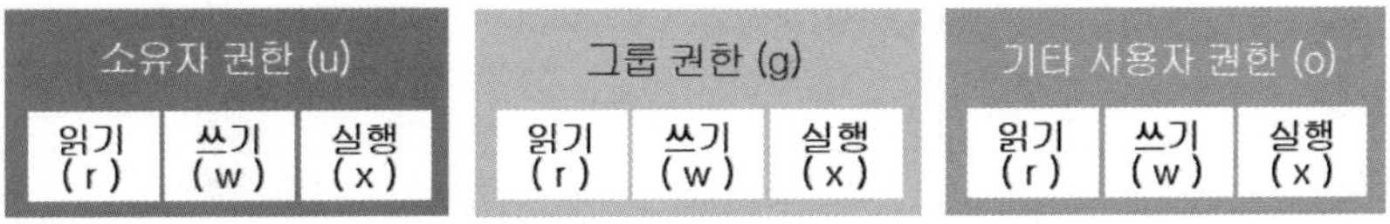

소유자 권한 (u)			그룹 권한 (g)			기타 사용자 권한 (o)		
읽기 (r)	쓰기 (w)	실행 (x)	읽기 (r)	쓰기 (w)	실행 (x)	읽기 (r)	쓰기 (w)	실행 (x)

그림 5-2 권한변경을 위한 심볼릭 모드 구성요소

심볼릭 모드에서는 사용자 카테고리, 연산자 기호, 접근 권한 문자를 사용하여 파일에 대한 접근 권한을 변경하기 위해 사용되는 문자와 기호를 다음 표와 같이 정리하였습니다.

표 5-4 심볼릭 모드에서 사용되는 문자와 기호의 종류

구분	문자/기호	의미
사용자 카테고리 문자	u	파일 소유자
	g	파일 소유자가 속한 그룹
	o	파일 소유자와 그룹 이외의 기타 사용자
	a	파일을 사용하려는 전체 사용자
연산자 기호	+	파일접근 권한 부여
	−	파일접근 권한 제거
	=	파일접근 권한설정

접근 권한 문자	r	파일 읽기 권한
	w	파일 쓰기 권한
	x	파일 실행 권한

사용자 카테고리 문자와 연산자 기호, 접근 권한 문자를 사용하여 파일에 대한 접근 권한을 심볼릭 모드로 설정하는 예를 다음 표와 같이 정리하였습니다.

표 5-5 심볼릭 모드에서 다양한 파일접근 권한 조합

권한 표기	의미
u+w	파일 소유자에게 쓰기(w) 권한 부여
u-w	파일 소유자에게 쓰기(w) 권한 제거
u=rwx	파일 소유자에게 쓰기(w), 읽기(r), 실행(x) 권한설정
u+x,go+w	소유자에게 실행(x) 권한 부여와 그룹 및 기타 사용자에게 쓰기(w) 권한 부여
g+w	파일 그룹에 쓰기(w) 권한 부여
g+wx	파일 그룹에 쓰기(w)와 실행(x) 권한 부여
go+w	그룹과 기타 사용자에게 쓰기(w) 권한 부여
+wx	파일을 사용하려는 모든 사용자에게 쓰기(w)와 실행(x) 권한 부여
a=rwx	모든 사용자에게 쓰기(w), 읽기(r), 실행(x) 권한 부여
o-r	파일 기타 사용자에게 읽기(r) 권한 제거

2 심볼릭 모드로 접근 권한변경

심볼릭 모드에서 파일에 대한 접근 권한변경을 위해 필요한 구성요소인 사용자 카테고리 문자, 연산자 기호, 접근 권한 문자에 대해서는 앞에서 살펴봤습니다. 여기서는 문자와 기호를 가지고 파일에 대한 접근 권한변경을 어떻게 하는지에 대해서 배워보도록 하겠습니다.

앞에서 접근 권한변경을 위해 사용되는 문자와 기호의 종류와 다양한 파일접근 권한의 조합에 대해서는 [표 5-4]와 [표 5-5]를 통해 미리 살펴봤습니다.

먼저 심볼릭 모드에서 문자와 기호를 어떻게 조합하여 파일에 대한 접근 권한을 부여하거나 제거하는지와 관련하여 예제실습을 통해 자세히 살펴보도록 하겠습니다.

chmod 명령으로 파일접근 권한이 어떻게 설정되어 있는지를 파악하고 심볼릭 모드로 파일 접근 권한 부여와 제거 등의 변경방법을 살펴보기 위해 다음 예제를 수행합니다.

| 예제 5-4 |

- **Step 01** | 터미널 창에서 현재 디렉터리의 위치를 확인하여 chap_05 디렉터리 안으로 이동한 다음 디렉터리에 존재하는 centos_cp.txt 파일에 대해 ls -l 명령으로 파일접근 권한이 현재 어떻게 설정되어 있는지에 대한 상세정보를 출력합니다.

> **$ ls -l**
>
> **기능** 파일의 정보를 상세하게 출력
> **형식** ls [옵션] `ENTER↵`

```
[cskisa@localhost ~]$ cd chap_05
[cskisa@localhost chap_05]$ ls -l
합계 4
-rw-rw-r--. 1 cskisa cskisa 228  7월 26 22:53 centos_cp.txt
[cskisa@localhost chap_05]$
```

- **Step 02** | centos_cp.txt 파일의 현재 접근 권한은 rw- rw- r--으로 설정되어 있습니다. 여기에서 접근 권한 첫 번째 항목인 소유자 권한 중 쓰기 권한을 제거하기 위해 문자와 연산자 기호를 u-w와 같이 선언하여 접근 권한을 변경합니다.

> **$ chmod u-w centos_cp.txt**
>
> **기능** 파일의 접근 권한변경
> **형식** chmod [심볼릭 모드] [파일명] `ENTER↵`

```
[cskisa@localhost chap_05]$ chmod u-w centos_cp.txt
[cskisa@localhost chap_05]$ ls -l
합계 4
-r--rw-r--. 1 cskisa cskisa 228  7월 26 22:53 centos_cp.txt
[cskisa@localhost chap_05]$
```

- **Step 03** | centos_cp.txt 파일에 설정되어 있던 접근 권한은 rw- rw- r--에서 소유자 쓰기 권한제거 옵션 u-w를 통해 r-- rw- r--으로 접근 권한이 변경 설정되었음을 확인합니다.

<접근 권한변경 전>

```
- rw- rw- r-- . 1 cskisa  cskisa  228  7월 26 22:53  centos_cp.txt
    ▲ 당초
```

<접근 권한변경 전>

```
- r-- rw- r-- . 1 cskisa  cskisa  228  7월 26 22:53  centos_cp.txt
    ▲ 변경
```

접근 권한이 변경된 부분은 소유자 권한 묶음 부분으로 당초 rw-에서 r--으로 변경되었음을 확인할 수 있습니다. 문자와 연산자 기호를 사용하여 표기한 u-w는 파일 소유자에게 쓰기 권한을 제거하라는 심볼릭 모드 명령입니다.

- **Step 04** | centos_cp.txt 파일의 그룹에 심볼릭 모드 g+x를 지정하여 그룹에 대한 실행 권한을 부여합니다.

$ **chmod g+x centos_cp.txt**

기능 파일의 접근 권한변경
형식 chmod [심볼릭 모드] [파일명] ENTER↵

```
[cskisa@localhost chap_05]$ ls -l
합계 4
-r--rw-r--. 1 cskisa cskisa 228  7월 26 22:53 centos_cp.txt
[cskisa@localhost chap_05]$ chmod g+x centos_cp.txt
[cskisa@localhost chap_05]$ ls -l
합계 4
-r--rwxr--. 1 cskisa cskisa 228  7월 26 22:53 centos_cp.txt
[cskisa@localhost chap_05]$
```

이 단계에서는 그룹 권한이 당초 rw-에서 rwx로 변경되었으며 centos_cp.txt 파일명이 녹색으로 변경된 것을 확인할 수 있습니다. 이와 같이 파일명의 색상이 바뀌었다는 것은 실행 권한이 부여되어 실행 파일로 인식되었다는 것을 의미합니다.

- **Step 05** | 이 단계에서는 심볼릭 모드 o+x를 지정하여 기타 사용자에게 파일에 대한 실행 권한을 부여합니다.

$ chmod o+x centos_cp.txt

기능 파일접근 권한변경
형식 chmod [심볼릭 모드] [파일명] [ENTER↵]

```
[cskisa@localhost chap_05]$ ls -l
합계 4
-r--rwxr--. 1 cskisa cskisa 228  7월 26 22:53 centos_cp.txt
[cskisa@localhost chap_05]$ chmod o+x centos_cp.txt
[cskisa@localhost chap_05]$ ls -l
합계 4
-r--rwxr-x. 1 cskisa cskisa 228  7월 26 22:53 centos_cp.txt
[cskisa@localhost chap_05]$
```

기타 사용자 권한설정이 심볼릭 모드 o+x를 지정하여 기타 사용자에게 파일에 대한 실행 권한이 당초 r--에서 r-x로 변경된 것을 확인할 수 있습니다.

- **Step 06** | centos_cp.txt 파일에 대한 그룹과 기타 사용자의 파일 실행 권한을 심볼릭 모드 go-x를 지정하여 제거합니다.

$ chmod go-x centos_cp.txt

기능 파일의 접근 권한변경
형식 chmod [심볼릭 모드] [파일명] [ENTER↵]

```
cskisa@localhost chap_05]$ ls -l
합계 4
-r--rwxr-x. 1 cskisa cskisa 228  7월 26 22:53 centos_cp.txt
[cskisa@localhost chap_05]$ chmod go-x centos_cp.txt
[cskisa@localhost chap_05]$ ls -l
합계 4
-r--rw-r--. 1 cskisa cskisa 228  7월 26 22:53 centos_cp.txt
[cskisa@localhost chap_05]$
```

그룹의 실행 권한이 rwx에서 rw-으로 변경되었으며 기타 사용자 실행 권한이 r-x에서 r--으로 변경되었습니다. centos_cp.txt 파일명 또한 녹색에서 원래의 색상으로 변경되어 표기되었습니다.

- **Step 07** | 이 단계에서는 심볼릭 모드 a+x를 지정하여 centos_cp.txt 파일을 모든 사용자에게 실행 권한을 부여합니다.

> **$ chmod a+x centos_cp.txt**
>
> **기능** 파일접근 권한변경
> **형식** chmod [심볼릭 모드] [파일명] `ENTER↵`

```
[cskisa@localhost chap_05]$ ls -l
합계 4
-r--rw-r--. 1 cskisa cskisa 228  7월 26 22:53 centos_cp.txt
[cskisa@localhost chap_05]$ chmod a+x centos_cp.txt
[cskisa@localhost chap_05]$ ls -l
합계 4
-r-xrwxr-x. 1 cskisa cskisa 228  7월 26 22:53 centos_cp.txt
[cskisa@localhost chap_05]$
```

소유자의 접근 권한이 r--에서 r-w로 변경되었고 그룹 권한이 rw-에서 rwx로 변경되었으며 기타 사용자의 실행 권한도 r—에서 r-x로 변경되었습니다.

- **Step 08** | centos_cp.txt 파일 소유자에게 u+w를 지정하여 파일의 쓰기 권한을 부여하고 그룹의 쓰기 권한은 g-w를 지정하여 파일에 대한 쓰기 권한을 각각 제거합니다.

> **$ chmod u+w,g-w centos_cp.txt**
>
> **기능** 파일의 접근 권한변경
> **형식** chmod [심볼릭 모드],[심볼릭 모드] [파일명] `ENTER↵`

```
[cskisa@localhost chap_05]$ ls -l
합계 4
-r-xrwxr-x. 1 cskisa cskisa 228  7월 26 22:53 centos_cp.txt
[cskisa@localhost chap_05]$ chmod u+w,g-w centos_cp.txt
[cskisa@localhost chap_05]$ ls -l
합계 4
-rwxr-xr-x. 1 cskisa cskisa 228  7월 26 22:53 centos_cp.txt
[cskisa@localhost chap_05]$
```

여기서 잠깐 살펴보세요.

centos _ cp.txt 파일 소유자에게 u+w를 지정하여 파일의 쓰기 권한을 부여하고 그룹의 쓰기 권한은 g-w를 지정하여 파일 쓰기 권한을 각각 제거하였습니다. 이 단계에서 주의해야 할 점은 u+w,g-w와 같이 2개의 기호 모드 사이에는 반드시 쉼표 이외에 공백문자가 있으면 안 된다는 점입니다.

◎- 도전 문제 5-1

1. 주어진 문장을 gedit 창에서 입력하기
2. 입력한 문장을 story.txt 파일명으로 저장하기
3. story.txt 파일의 현재 설정된 접근 권한 출력하기
4. story.txt 파일의 접근 권한을 심볼릭 모드로 파일 소유자에게 실행 권한과 그룹 및 사용자에게 쓰기 권한 부여하기
5. story.txt 파일에 변경된 접근 권한 출력하기
6. story.txt 파일의 접근 권한을 심볼릭 모드로 파일 소유자에게 실행 권한과 그룹 및 사용자에게 쓰기 권한 제거하기
7. story.txt 파일에 변경된 접근 권한 출력하기

▼ 입력할 문장

리눅스 운영체제는
컴퓨터를 사용함에 있어
많은 편의성과 기능을 제공해 줍니다.

SECTION 04 숫자를 이용한 접근 권한

1 숫자 모드

리눅스 시스템에서 제공하는 chmod 명령으로 파일에 대한 접근 권한을 변경하는 두 번째 방법인 숫자 모드에 대해 살펴보겠습니다. 이미 섹션 03에서 살펴본 심볼릭 모드는 파일 소유자또는 그룹과 기타 사용자에 대한 각각의 권한을 부여하거나 제거할 때 편리하게 사용할 수 있습니다.

하지만 전체적으로 접근 권한을 조정할 때는 문자의 조합이 다소 많아지므로 복잡해지는 단점이 존재합니다. 이러한 단점을 해결하기 위한 좋은 방법으로는 숫자 모드를 활용하여 소유자, 그룹, 기타 사용자의 권한을 한 번에 설정하는 방법입니다. 이 방법은 심볼릭 모드에 비해훨씬 수월하게 접근 권한을 설정할 수 있습니다.

숫자 모드에서는 접근 권한에 대해 소유자 권한은 0~700, 그룹 권한은 0~070, 기타 사용자권한은 0~007의 숫자로 표현합니다.

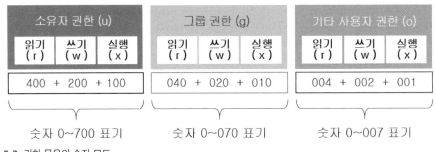

그림 5-3 권한 묶음의 숫자 모드

파일접근 권한설정에 있어서 숫자 모드에서는 2진수의 형태인 0과 1로 권한에 대한 여부를 지정합니다. 0으로 설정하면 접근 권한이 없음이고 1은 접근 권한이 부여되었음을 의미합니다.

접근 권한설정은 소유자, 그룹, 기타 사용자별로 권한 묶음(rwx)을 2진수(111)로 대체한 다음 8진수(700, 070, 007)로 환산하여 합산하는 과정으로 권한 부여를 숫자 모드(777, 407, 541, … 등)로 산출합니다.

숫자 모드를 이용한 접근 권한변경에 대해 쉽게 이해할 수 있도록 앞에서 실습한 [예제 2-65]에서 마지막 수행과정을 거쳐서 접근 권한이 변경된 centos_cp.txt 파일의 현재 상태에 대해 살펴보겠습니다.

```
-  rwx rw- r-- . 1  cskisa   cskisa   228   7월 26  22:53   centos_cp.txt
```

파일에 대한 권한 묶음은 소유자 권한, 그룹 권한, 기타 사용자 권한의 영역으로 각각 권한 묶음이 rwx r-x r-x로 설정되어 있으므로 숫자로 환산하는 과정을 다음 그림과 같이 나타냈습니다.

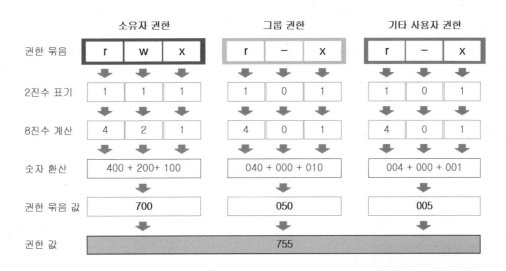

그림 5-4 파일접근 권한 숫자 환산과정

위 그림에서 보는 바와 같이 소유자 권한, 그룹 권한, 기타 사용자 권한의 영역에 대해서 권한 묶음 rwx r-x r-x는 권한 값이 각각 소유자 권한 700, 그룹 권한 050, 기타 사용자 권한 005로 환산되어 파일접근 권한 부여를 위한 숫자 모드 755로 결정되었습니다. 소유자 권한을

700, 그룹 권한을 050, 기타 사용자 권한을 005로 나타낸 것은 권한 묶음의 자리를 확실하게 구분해 주기 위함입니다.

소유자 권한을 맨 앞자리에 위치하고 그룹 권한을 두 번째 자리에 그리고 기타 사용자 권한을 맨 뒤에 위치하도록 배치하였음을 의미합니다. 이 과정에서 2진수를 8진수로 계산하여 숫자가 환산되었을 때 권한 묶음에 대한 구분에 따라 숫자의 자리 위치가 달라짐을 유의해서 살펴봐야 할 부분입니다.

파일접근 권한 표기와 숫자의 대응 관계 및 접근 권한 예시를 다음 표와 같이 정리하였습니다.

표 5-6 파일접근 권한과 숫자의 대응 관계

권한 표기	2진수	8진수	의미	접근 권한 예시	
rwx	111	7 (4+2+1)	읽기, 쓰기, 실행	rwx rwx rwx	→ 777
rw-	110	6 (4+2+0)	읽기, 쓰기	rwx r-x r-x	→ 755
r-w	101	5 (4+0+1)	읽기, 실행	rw- rw- rw-	→ 666
r--	100	4 (4+0+0)	읽기	r-x r-x r-x	→ 555
-wx	11	3 (0+2+1)	쓰기, 실행	rw- r-- r--	→ 644
w	010	2 (0+2+0)	쓰기	rwx --- ---	→ 700
--x	1	1 (0+0+1)	실행	rw- r-- ---	→ 640
---	0	0 (0+0+0)	권한 없음	r-- --- ---	→ 400

위의 표에서 제시한 접근 권한 예시를 살펴보고 숫자 모드로 접근 권한을 표기하는 방법에 대해 충분히 이해해 두기 바랍니다.

◎- 도전 문제 5-2

1. 특정 파일에 주어진 권한 -rwx r-w rwx 설명하기
2. 소유자 권한에 대한 권한값 숫자 모드로 환산하기
3. 그룹 권한에 대한 권한값 숫자 모드로 환산하기
4. 기타 사용자 권한에 대한 권한값 숫자 모드로 환산하기
5. 권한 묶음에 대한 권한값 숫자 모드로 최종 환산하기

2 숫자 모드로 접근 권한변경

숫자 모드가 기호 모드와 다른 점은 숫자의 각 위치가 사용자 카테고리를 나타내고 있으므로 사용자 카테고리를 별도로 지정할 필요는 없습니다.

숫자 모드로 접근 권한을 변경할 때는 항상 세 자릿수를 사용해야 하므로 파일에 대한 접근 권한을 변경하고자 할 때 변경하려는 사용자 카테고리의 권한뿐만 아니라 그룹과 기타 사용자의 권한까지도 반드시 명시해야 합니다.

이와 같이 숫자 모드로 접근 권한을 소유자 권한, 그룹 권한, 기타 사용자 권한의 영역으로 권한 묶음에 대한 사용형식을 다음 그림과 같이 나타냈습니다.

그림 5-5 숫자 모드를 이용한 접근 권한변경

chmod 명령으로 숫자 모드를 사용하는 방법에 대해서 살펴보기 위해 다음 예제를 수행합니다.

| 예제 5-5 |

- **Step 01** | 터미널 창에서 chap_05 디렉터리 안으로 이동한 다음 디렉터리에 존재하는 centos_cp.txt 파일에 대해 ls -l 명령으로 파일접근 권한이 설정되어 있는 현재 상태를 확인합니다.

$ ls -l

기능 파일의 정보를 상세하게 출력
형식 ls [옵션] ENTER↵

```
[cskisa@localhost ~]$ ls
Firefox_wallpaper.png      chap_05      test_01      test_03      다운로드
바탕화면                    사진         음악         chap_04      section_05
test_02                    공개         문서         비디오       서식
[cskisa@localhost ~]$ cd chap_05
```

```
[cskisa@localhost chap_05]$ ls
centos_cp.txt
[cskisa@localhost chap_05]$ ls -l
합계 4
-rwxr-xr-x. 1 cskisa cskisa 228  7월 26 22:53 centos_cp.txt
[cskisa@localhost chap_05]$
```

centos_cp.txt 파일의 접근 권한이 설정된 현재 상태는 rwx r-x r-x로 설정되어 있습니다. 현재 설정된 접근모드를 숫자로 환산하면 755(rwx r-x r-x)입니다.

이 과정을 자세히 살펴보면 7(400+200+100), 5(40+00+10), 5(4+0+1)와 같이 환산됩니다. 보충 설명은 [그림 5-4]와 [표 5-6]을 찬찬히 살펴보면 됩니다.

- **Step 02** │ centos_cp.txt 파일에 부여된 접근 권한 rwx r-x r-x에서 소유자의 접근 권한에서 쓰기 권한을 제거하기 위해 숫자 모드 555(r-x r-x r-x)로 접근 권한을 변경하면 다음과 같은 결과가 출력됩니다.

$ **chmod 555 centos_cp.txt**

기능 파일의 접근 권한변경
형식 chmod [숫자 모드] [파일명] [ENTER↵]

```
[cskisa@localhost chap_05]$ ls -l
합계 4
-rwxr-xr-x. 1 cskisa cskisa 228  7월 26 22:53 centos_cp.txt
[cskisa@localhost chap_05]$ chmod 555 centos_cp.txt
[cskisa@localhost chap_05]$ ls -l
합계 4
-r-xr-xr-x. 1 cskisa cskisa 228  7월 26 22:53 centos_cp.txt
[cskisa@localhost chap_05]$
```

- **Step 03** │ centos_cp.txt 파일에 변경된 접근 권한 r-x r-x r-x에서 그룹의 접근 권한에서 쓰기 권한을 부여하기 위해 숫자 모드 575(r-x rwx r-x)로 접근 권한을 변경합니다.

$ **chmod 575 centos_cp.txt**

기능 파일의 접근 권한변경
형식 chmod [숫자 모드] [파일명] [ENTER↵]

```
[cskisa@localhost chap_05]$ ls -l
합계 4
-r-xr-xr-x. 1 cskisa cskisa 228  7월 26 22:53 centos_cp.txt
[cskisa@localhost chap_05]$ chmod 575 centos_cp.txt
[cskisa@localhost chap_05]$ ls -l
합계 4
-r-xrwxr-x. 1 cskisa cskisa 228  7월 26 22:53 centos_cp.txt
[cskisa@localhost chap_05]$
```

centos_cp.txt 파일의 접근 권한이 당초 755(rwx r-x r-x)에서 555(r-x r-x r-x)로 변경된 다음 575(r-x rwx r-x)로 최종 접근 권한의 형태가 변경되었습니다.

이와 같은 방법으로 파일에 대한 접근 권한을 소유자 권한, 그룹 권한, 기타 사용자 권한 묶음을 각각의 숫자 모드로 환산하여 해당 파일에 대한 접근 권한을 부여하거나 제거할 수 있습니다.

◎- 도전 문제 5-3

1. 새로운 빈 파일 yesterday.txt 생성하기
2. yesterday.txt 파일에 설정되어 있는 접근 권한 출력하기
3. yesterday.txt 파일에 대한 접근 권한을 숫자 모드를 이용하여 rwx rwx r-x로 변경하기
4. 접근 권한이 변경된 yesterday.txt 파일의 접근 권한 출력하기
5. yesterday.txt 파일삭제 여부를 물어가며 삭제하기
6. 삭제된 yesterday.txt 파일이 존재하는지 확인하기

기본 접근 권한변경

① 파일과 디렉터리 생성

파일과 디렉터리에 대한 기본 접근 권한은 리눅스 시스템에 설정된 기본값에 따라 자동으로 설정됩니다.

일반 파일인 경우 소유자와 그룹의 접근 권한은 읽기(r)와 쓰기(w) 권한만 설정되고 파일의 종류가 디렉터리일 경우에는 소유자와 그룹은 읽기, 쓰기, 실행 권한이 설정되며 기타 사용자는 읽기와 실행 권한만 설정됩니다.

touch 명령과 mkdir 명령으로 파일과 디렉터리를 생성하고 생성된 파일과 디렉터리에 부여된 접근 권한을 확인하기 위해 다음 예제를 수행합니다.

예제 5-6

- **Step 01** | touch 명령으로 현재 디렉터리에 빈 파일 sample_f.txt를 생성합니다.

> **$ touch sample_f.txt**
>
> **기능** 빈 파일 생성
> **형식** touch [일반 파일명] ENTER↵

```
[cskisa@localhost chap_05]$ ls
ubuntu_cp.txt
[cskisa@localhost chap_05]$ touch sample_f.txt
[cskisa@localhost chap_05]$ ls -l
합계 4
-r-xrwxr-x.  1 cskisa cskisa 228   7월 26 22:53 centos_cp.txt
```

```
-rw-rw-r--.  1 cskisa cskisa     0  7월 26 23:14 sample_f.txt
[cskisa@localhost chap_05]$
```

- **Step 02** | mkdir 명령으로 현재 디렉터리에 새로운 work 디렉터리를 생성한 다음 sample_f.txt 파일과 work 디렉터리가 존재하는지를 확인합니다.

$ **mkdir work**

기능 새 디렉터리 생성
형식 mkdir [디렉터리명] ENTER↵

```
[cskisa@localhost chap_05]$ mkdir work
[cskisa@localhost chap_05]$ ls -l
합계 4
-r-xrwxr-x.  1 cskisa cskisa 228  7월 26 22:53 centos_cp.txt
-rw-rw-r--.  1 cskisa cskisa   0    7월 26 23:14 sample_f.txt
drwxrwxr-x.  2 cskisa cskisa   6  7월 26 23:14 work
[cskisa@localhost chap_05]$
```

[예제 2-67]에서 실습한 바와 같이 일반파일 sample_f.txt는 rw- rw- r--와 같이 권한이 설정되어 있으며 work 디렉터리는 rwx rwx r-x와 같이 기본 접근 권한이 자동으로 설정되어 있는 것을 확인하였습니다.

2 기본 접근 권한설정 확인

리눅스 시스템 환경에 현재 설정된 기본 접근 권한을 확인하기 위해서는 umask 명령을 사용하며 사용형식은 다음과 같습니다.

$ **umask**

기능 리눅스 시스템에 현재 설정되어 있는 기본 접근 권한을 출력하거나 변경
형식 umask [옵션] [마스크값] ENTER↵
옵션 -S : 마스크값을 rwx와 같이 문자로 출력

---

umask –S 명령으로 현재 리눅스 시스템 환경에 설정된 기본 접근 권한에 대해서 살펴보기 위해 다음 예제를 수행합니다.

umask –S 명령으로 현재 사용 중인 리눅스 시스템에 설정되어 있는 파일의 기본 접근 권한에 대한 정보를 출력합니다.

$ umask -S

기능 리눅스 시스템에 현재 설정되어 있는 기본 접근 권한을 출력하거나 변경
형식 umask [옵션] [마스크값] ENTER↵

```
[cskisa@localhost chap_05]$ umask -S
u=rwx,g=rwx,o=rx
[cskisa@localhost chap_05]$ umask
0002
[cskisa@localhost chap_05]$
```

[예제 5-7]에서 실습한 결과에서 볼 수 있듯이 현재 있는 위치가 chap_05 디렉터리이므로 현재 디렉터리에 설정되어 있는 일반 접근 권한을 살펴보면 소유자 권한과 그룹 권한은 읽기, 쓰기, 실행이 모두 부여되어 있고 기타 사용자의 경우에는 읽기와 실행 권한만 부여되어 있음을 확인할 수 있습니다.

umask 명령과 옵션 S를 함께 실행할 경우 현재 리눅스 시스템에 설정된 디렉터리의 기본 접근 권한이 u=rwx, g=rwx, o=rx와 같이 문자로 출력되었고 옵션 없이 umask 명령만 사용할 경우 숫자 0002가 출력되었습니다. 출력된 0002 숫자는 마스크값을 의미합니다.

❸ 마스크값 적용

마스크값은 파일이나 디렉터리를 생성할 때 부여하지 않을 권한에 대해서 지정하는 값을 의미합니다. 아무 인자 없이 umask 명령만 사용하게 되면 현재 설정된 기본 마스크값을 확인할 수 있습니다.

이와 같이 마스크값을 변경하게 되면 새로 생성되는 파일과 디렉터리의 기본 접근 권한이 변경되어 파일이나 디렉터리를 생성할 때 적용되도록 접근 권한을 제한할 수 있습니다.

umask

umask란 파일이 생성될 때 사용할 파일의 권한에 대해 mask를 인코딩하는 시스템 변수를 의미합니다. 이러한 권한 값을 퍼미션(Permission)이라고도 합니다. 퍼미션은 보통 네 자리(레드햇 7.2 이하 버전은 세 자리)로 표현됩니다. 퍼미션의 4자리 숫자는 각각의 고유권한을 나타냅니다.

맨 앞자리는 특수 퍼미션 <SetUid, SetGid>을 의미하고 다음 자리는 소유자 권한, 그 다음은 그룹 권한, 맨 마지막에는 기타 사용자 권한을 부여합니다. 특수 퍼미션에 대해서는 다음 섹션에서 다루기로 하고 여기서는 마스크값의 적용과정에 대해서 자세히 살펴보도록 하겠습니다.

umask bit 형식

[예제 5-7]을 통해 현재 리눅스 시스템에 적용되어 있는 기본 접근 권한에 대해 살펴보았습니다. 기본으로 설정되어 있는 마스크값은 0002로 출력되었습니다. 출력된 마스크값 0002와 설정된 umask bit와의 상관관계를 좀 더 이해하기 쉽도록 다음 그림과 같이 나타냈습니다.

권한 구분 →	SetUid. SetGid	소유자 권한	그룹 권한	기타 사용자 권한
umask bit →	0	0	0	2

그림 5-6 umask bit 형식

위 그림에서 나타낸 바와 같이 <SetUid, SetGid>비트는 프로그램이 파일과 프로세스들에 접근하는 것을 허락하는 기능을 의미합니다.

마스크값 테이블

여기서는 <SetUid, SetGid>비트를 제외한 소유자 권한과 그룹 권한, 기타 사용자 권한을 표기한 마스크값 중에서 맨 앞의 0을 제외하고 002에 대해서만 그 의미를 살펴보도록 하겠습니다.

리눅스 시스템에서 마스크값의 적용은 파일과 디렉터리에 따라 각각 다르게 적용됩니다. 마스크값에 대응하는 기본 접근 권한에 대해 쉽게 이해하기 위해 파일과 디렉터리에 대한 기본 접근 권한을 다음 표와 같이 정리하였습니다.

표 5-7 마스크값 테이블

마스크값	0	1	2	3	4	5	6	7
파일의 기본권한	6	6	4	4	2	2	0	0
디렉터리의 기본권한	7	7	6	4	3	2	1	0

위의 표는 마스크값에 대한 파일과 디렉터리에 맵핑되는 테이블입니다. 하지만 이 자료만으로는 쉽게 이해하기 어려울 것입니다.

마스크값과 권한설정

파일과 디렉터리에 대한 권한설정과 해당 모드의 코드 값을 다음 표와 같이 요약하여 정리하였습니다.

표 5-8 마스크값 테이블

마스크값		0	1	2	22
파일	권한 값	666	666	664	644
	기본 권한	-rw- rw- rw-	-rw- rw- rw-	-rw- rw- r--	-rw- r-- r--
디렉터리	권한 값	777	776	775	755
	기본 권한	drwx rwx rwx	drwx rwx rw-	drwx rwx r-x	drwx r-x r-x

위의 표에서 볼 수 있듯이 일반 파일이 가질 수 있는 최대 접근 권한은 권한 값(퍼미션) 666을 문자로 표현하면 rw- rw- rw-입니다.

디렉터리가 가질 수 있는 최대 접근 권한은 777의 권한 값을 가지며 문자 표현으로는 rwx rwx rwx입니다.

여기서 잠깐 살펴보세요.

일반 파일과 디렉터리에 적용되는 권한 값이 다르기 때문에 umask로 마스크값을 변경하고자 할 때는 파일과 디렉터리에 모두 적용해 봐야 합니다. 그 이유는 마스크값이 파일에는 적합하게 적용되지만, 디렉터리에는 적합하게 적용되지 않을 수도 있기 때문입니다.

4 기본 접근 권한변경

기본 접근 권한은 리눅스 시스템에서 기본값을 변경하면 기본 접근 권한도 변경되도록 설정할 수 있습니다. 리눅스 시스템에 일반 파일이나 디렉터리를 생성할 때 현재 설정되어 있는 기본 접근 권한을 출력하거나 변경할 때 사용되는 umask 명령과 함께 마스크값을 적용하면 기본 접근 권한을 변경할 수 있습니다.

umask 명령으로 기본 접근 권한을 변경한 다음 새로운 파일과 디렉터리를 생성하고 생성된 파일과 디렉터리에 부여된 기본 접근 권한을 살펴보기 위해 다음 예제를 수행합니다.

│ 예제 5-8 │

- **Step 01** │ umask 명령으로 현재 설정된 리눅스 시스템의 기본 접근 권한을 출력한 다음 기본 접근 권한을 마스크값 022를 적용하여 기본 접근 권한을 변경하고 변경된 마스크값을 확인합니다.

$ **umask 022**

기능 리눅스 시스템에 현재 설정되어 있는 기본 접근 권한을 출력하거나 변경
형식 umask [마스크값] ENTER↵

```
[cskisa@localhost chap_05]$ umask
0002
[cskisa@localhost chap_05]$ umask 022
[cskisa@localhost chap_05]$ umask
0022
[cskisa@localhost chap_05]$
```

- **Step 02** │ 파일 sample_022.txt와 work_022 디렉터리를 touch 명령과 mkdir 명령으로 생성한 다음 ls -l 명령을 수행하여 기본 접근 권한을 출력합니다.

$ **touch sample_022.txt**

기능 빈 파일 생성
형식 touch [일반 파일명] ENTER↵

> $ **mkdir work_022**
>
> **기능** 새 디렉터리 생성
> **형식** mkdir [디렉터리명] ENTER↵

```
[cskisa@localhost chap_05]$ touch sample_022.txt
[cskisa@localhost chap_05]$ mkdir work_022
[cskisa@localhost chap_05]$ ls -l
합계 4
-r-xrwxr-x. 1 cskisa cskisa 228   7월 26 22:53 centos_cp.txt
-rw-r--r--. 1 cskisa cskisa   0   7월 26 23:16 sample_022.txt
-rw-rw-r--. 1 cskisa cskisa   0   7월 26 23:14 sample_f.txt
drwxrwxr-x. 2 cskisa cskisa   6   7월 26 23:14 work
drwxr-xr-x. 2 cskisa cskisa   6   7월 26 23:16 work_022
[cskisa@localhost chap_05]$
```

- **Step 03** | 기본 접근 권한을 022로 변경 설정한 마스크값을 원래 설정되어 있던 기본 마스크값 002로 다시 변경한 다음 umask 명령으로 변경된 기본 접근 권한을 확인합니다.

> $ **umask 002**
>
> **기능** 리눅스 시스템에 현재 설정되어 있는 기본 접근 권한을 출력하거나 변경
> **형식** umask [미스크값] ENTER↵

```
[cskisa@localhost chap_05]$ umask 002
[cskisa@localhost chap_05]$ umask -S
u=rwx,g=rwx,o=rx
[cskisa@localhost chap_05]$ umask
0002
[cskisa@localhost chap_05]$
```

[예제 5-8]에서 수행한 바와 같이 리눅스 시스템의 기본 접근 권한을 변경하기 위해 마스크값 022로 설정해 준 다음 변경 전과 변경 후에 생성된 파일과 디렉터리의 기본 접근 권한에 대해서 살펴보도록 하겠습니다.

① 파일에 대한 기본 접근 권한변경 : sample_f.txt 파일과 sample_022.txt 파일

umask 022 명령을 수행하기 전에 생성했던 sample_f.txt 파일은 -rw- rw- r--과 같이 설정

되어 있는 반면 umask 022 명령을 수행한 다음 생성한 sample_022.txt 파일은 -rw- r-- r--
과 같이 다르게 출력된 것을 확인할 수 있습니다. 즉, 그룹 권한이 rw-과 r--으로 기본 접근 권
한이 각각 다르게 설정되어 있음을 알 수 있습니다.

② 디렉터리에 대한 기본 접근 권한변경 : work 디렉터리와 work_022 디렉터리

umask 022 명령을 수행하기 전에 생성했던 work 디렉터리는 drwx rwx r-x와 같이 설정되
어 있는 반면, umask 022 명령을 수행한 다음 생성한 work_022 디렉터리는 drwx r-x r-x와
같이 다르게 출력된 것을 확인할 수 있습니다. 즉, 그룹 권한에 대한 설정이 rwx와 r-x로 기본
접근 권한이 각각 다르게 설정되어 있음을 알 수 있습니다.

- **Step 04** | 기본 마스크값을 변경하기 전과 변경한 후에 생성된 파일과 디렉터리에 대한 기
  본 접근 권한에 어떠한 변화가 있는지를 ls -l 명령으로 확인합니다.

```
[cskisa@localhost chap_05]$ ls -l
합계 4
-r-xrwxr-x. 1 cskisa cskisa 228  7월 26 22:53 centos_cp.txt
-rw-r--r--. 1 cskisa cskisa   0  7월 26 23:16 sample_022.txt
-rw-rw-r--. 1 cskisa cskisa   0  7월 26 23:14 sample_f.txt
drwxrwxr-x. 2 cskisa cskisa   6  7월 26 23:14 work
drwxr-xr-x. 2 cskisa cskisa   6  7월 26 23:16 work_022
[cskisa@localhost chap_05]$
```

[예제 5-8]을 실습한 결과 umask 022 명령으로 생성했던 파일과 디렉터리에 부여된 기본 접
근 권한은 마스크값을 umask 002 명령으로 다시 변경해도 기존에 생성한 파일과 디렉터리에
는 생성 당시의 기본 접근 권한이 적용되어 있기 때문에 접근 권한에 대한 변화는 없습니다.

여기서 잠깐 살펴보세요.

마스크값을 변경해도 이미 생성되어 있는 기존 파일과 디렉터리에 대해서는 이전의 기본 설정 권한을 그대로 유지
하게 되므로 마스크값을 변경해도 기존 파일에는 접근 권한의 변경이 이루어지지 않습니다.

이미 설정되어 있는 상태의 기본 권한설정이 적용되어 있으므로 마스크값을 변경해도 파일이나 디렉터리는 생성 당시의 마스크값으로 기본 접근 권한이 설정되어 있는 상태를 그대로 유지하게 됩니다.

도전 문제 5-4

1. 현재 리눅스 시스템에 설정된 기본 접근 권한 마스크값을 출력하기
2. 새로운 디렉터리 zone_d 생성하기
3. 새로운 빈 파일 first.txt 생성하기
4. 새로 생성한 디렉터리와 파일에 대한 파일접근 권한 출력하기
5. 리눅스 시스템의 파일에 대한 기본 접근 권한이 -rw- rw- rw-로 설정되도록 마스크값을 변경하기
6. 마스크값 변경 후 zone_d 디렉터리와 first.txt 파일에 대한 권한변경 여부 확인하기
7. 당초에 설정되어 있던 기본 접근 권한 마스크값으로 다시 설정하기

SECTION 06 특수접근 권한

1 특수접근 권한 종류

리눅스 시스템의 특수접근 권한은 4자리의 비트로 표현됩니다. 파일에 대한 접근 권한을 구성하는 4자리 비트 중에서 가장 왼쪽에 있는 비트는 프로그램이 파일과 프로세스에 접근하는 것을 허용하는 역할을 수행합니다. 주로 SetUid와 SetGid 비트가 이 역할을 수행합니다.

이와 관련하여 좀 더 자세히 살펴보면 맨 앞자리 숫자가 0이면 파일에 대한 일반적인 접근 권한이지만 이 숫자가 1, 2, 4일 경우에는 특수접근 권한이 설정된 것으로 판단되어 파일에 대한 접근 권한이 수행됩니다.

특수접근 권한의 종류는 SetUid, SetGid, Sticky Bit와 같이 세 가지가 있습니다. 리눅스 시스템에서 특수접근 권한을 설정하는 값에 대해 다음 표와 같이 정리하였습니다.

표 5-9 특수접근 권한설정 값

접근 권한	SetUid	SetGid	Sticky Bit
권한설정 값	4000	2000	1000

여기서 잠깐 살펴보세요.

특수접근 권한과 일반 접근 권한을 한꺼번에 적용하고자 할 때는 모든 값을 더해주면 됩니다. 예를 들어 여러 사람이 동시에 사용하는 환경에서 특정 파일을 사용자의 권한이 아닌 파일 소유자의 권한으로 실행하도록 하려면 4700(4000+400+ 200+ 100)으로 설정하면 됩니다.

이와 같은 특수접근 권한과 일반 접근 권한 모드 값의 조합을 다음 표와 같이 정리하였습니다.

표 5-10 특수접근 권한과 권한 모드

접근 권한			소유자 권한			그룹 권한			기타 사용자 권한		
SetUid	SetGid	Sticky Bit	r	w	x	r	w	x	r	w	x
4000	2000	1000	400	200	100	40	20	10	4	2	1

2 SetUid

특정 파일에 SetUid가 설정되어 있다면 다른 사용자들이 그 파일을 실행하였을 경우와 실행되는 동안에는 실행시킨 사용자의 권한(아이디의 권한)이 아닌 파일 소유자 권한으로 실행하게 됩니다.

SetUid를 사용하여 파일을 소유자 권한으로 실행할 수 있도록 설정하려면 접근 권한에서 맨 앞자리에 4를 설정해야 합니다. [표 2-27]에서 정리한 바와 같이 8진수 4000을 적용하면 됩니다.

chmod 명령으로 이미 생성된 파일의 권한 값을 변경하기 위해 다음 예제를 수행합니다.

| 예제 5-9 |

• **Step 01** | chap_05 디렉터리에 존재하는 sample_f.txt 파일의 권한을 확인합니다.

> $ ls -l sample_f.txt

기능 파일의 정보를 상세하게 출력
형식 ls [옵션] [파일명] ENTER↵

```
[cskisa@localhost chap_05]$ ls -l sample_f.txt
-rw-rw-r--. 1 cskisa cskisa 0  7월 26 23:14 sample_f.txt
[cskisa@localhost chap_05]$
```

• **Step 02** | sample_f.txt 파일의 권한이 664(rw- rw- r--)로 설정되어 있는 권한 값을 확인한 다음 권한 값을 4700(- rws --- ---)으로 변경하여 적용합니다.

```
$ chmod 4700 sample_f.txt
```

기능 파일의 접근 권한변경
형식 chmod [SetUid + 숫자 모드] [파일명] ENTER↵

```
[cskisa@localhost chap_05]$ ls -l sample_f.txt
-rw-rw-r--. 1 cskisa cskisa 0  7월 26 23:14 sample_f.txt
[cskisa@localhost chap_05]$ chmod 4700 sample_f.txt
[cskisa@localhost chap_05]$ ls -l sample_f.txt
-rws------. 1 cskisa cskisa 0  7월 26 23:14 sample_f.txt
[cskisa@localhost chap_05]$
```

[예제 5-9]를 통해 sample_f.txt 파일에 특수접근 권한 SetUid를 적용한 결과 접근 권한은 rws --- ---으로 변경되었습니다. 여기에서 주의 깊게 살펴봐야 할 부분은 소유자 권한이 rws 로 변경되었다는 부분입니다.

여기서 잠깐 살펴보세요.

일반 접근 권한으로 설정된 sample _ f.txt 파일의 숫자 모드는 664(rw- rw- r--)로 설정되어 있었지만 chmod 명령으로 접근 권한 값을 4700으로 변경하여 설정하면 소유자 권한 또한 rwx가 아닌 rws로 변경됩니다.

3 SetGid

SetGid는 특수 권한이 설정된 파일을 실행할 경우 해당 파일이 실행되는 동안에는 파일 소유 그룹의 권한으로 실행되도록 적용해 주는 기능을 수행합니다. SetGid는 접근 권한의 맨 앞자리에 2를 설정해야 합니다.

이와 같이 설정하면 그룹 권한에서 소유그룹의 권한 값에 실행의 값인 x 대신 s 기호가 표기되고 그룹에 실행 권한이 없을 경우는 대문자 S가 표기됩니다.

특수접근 권한설정에 있어서 절대 모드 표현방법으로 적용할 경우 일반 권한 값에 8진수 2000을 설정하여 해당 파일의 그룹 권한을 변경할 수 있습니다.

chmod 명령으로 디렉터리에 존재하는 sample_f.txt 파일의 권한설정 값을 확인 후 특수접근 권한을 부여하기 위해 그룹 소유자 권한을 변경하기 위해 다음 예제를 수행합니다.

| 예제 5-10 |

- **Step 01** | ls –l 명령으로 현재 디렉터리에 존재하는 sample_f.txt 파일의 상세한 정보를 출력합니다.

$ **ls -l sample_f.txt**

기능 파일의 상세한 내용 출력
형식 ls [옵션] [파일명] ENTER↵

```
[cskisa@localhost chap_05]$ ls -l sample_f.txt
-rws------. 1 cskisa cskisa 0  7월 26 23:14 sample_f.txt
[cskisa@localhost chap_05]$
```

- **Step 02** | chmod 명령으로 sample_f.txt 파일에 대한 그룹 소유자 권한을 2700으로 변경합니다.

$ **chmod 2700 sample_f.txt**

기능 파일의 접근 권한변경
형식 chmod [SetGid + 숫자 모드] [파일명] ENTER↵

```
[cskisa@localhost chap_05]$ chmod 2700 sample_f.txt
[cskisa@localhost chap_05]$
```

실습한 결과에서 볼 수 있듯이 sample_f.txt 파일에 SetGid의 설정 값을 2700으로 지정하여 그룹 소유자의 특수접근 권한을 변경하였습니다. 실습 파일인 sample_f.txt 파일은 특수접근 권한을 설정하기 전에 설정된 권한은 -rws --- ---에서 -rwx --S ---으로 변경된 것을 확인하였습니다.

여기서 잠깐 살펴보세요.

SetGid 설정 후 그룹 권한에 표기된 권한 묶음이 대문자 S가 표기된 것은 그룹에 대한 실행 권한이 없기 때문입니다. 소유자에 대한 권한 묶음도 rws에서 rwx로 변경되어 적용되었습니다.

4 Sticky Bit

Sticky Bit는 SetUid와 SetGid는 파일에 대한 특수 권한을 설정하지만, Sticky Bit는 디렉터리에 대해 특수 권한을 설정한다는 차이점이 존재합니다. Sticky Bit가 설정된 디렉터리에는 아무런 제약 없이 누구나 파일을 생성할 수 있습니다.

이 디렉터리에 생성되는 파일은 파일을 생성한 소유자의 파일로 귀속되며 다른 사용자는 이 파일에 대해 어떠한 이유라도 삭제할 수는 없습니다.

여기서 잠깐 살펴보세요.

Sticky Bit는 접근 권한의 맨 앞자리에 8진수 1000을 설정해야 합니다. Sticky Bit가 설정되면 기타 사용자의 실행 권한에 t가 표시되며 실행 권한이 없는 파일의 경우 대문자 T가 표기됩니다.

chmod 명령으로 Sticky Bit의 설정값을 설정한 다음 특수 권한이 설정된 파일의 권한 묶음을 확인하기 위해 다음 예제를 수행합니다.

| 예제 5-11 |

- **Step 01** | chmod 명령으로 디렉터리에 존재하는 sample_f.txt 파일의 권한설정 값을 1700으로 변경한 다음 ls -ld 명령으로 특수 권한이 설정된 이 파일에 대한 권한 묶음을 확인합니다.

```
$ chmod 1700 sample_f.txt
```

기능 파일의 접근 권한변경
형식 chmod [Sticky + 숫자 모드] [파일명] ENTER↵

```
[cskisa@localhost chap_05]$ ls -l sample_f.txt
-rwx--S---. 1 cskisa cskisa 0  7월 26 23:14 sample_f.txt
[cskisa@localhost chap_05]$ chmod 1700 sample_f.txt
[cskisa@localhost chap_05]$ ls -l sample_f.txt
-rwx-----T. 1 cskisa cskisa 0  7월 26 23:14 sample_f.txt
```

실습한 결과 sample_f.txt 파일에 Sticky Bit 설정값을 1700으로 변경하였더니 파일에 대한
특수접근 권한이 rwx --- --T로 표기되었습니다. 이와 같이 표기된 이유는 기타 사용자에게
실행 권한이 없는 파일이기 때문에 대문자 T가 표기된 것입니다.

- **Step 02** | chap_05 디렉터리에 존재하는 work 디렉터리의 권한설정 값을 ls –ld 명령으로
  확인합니다.

$ ls -ld work

기능 디렉터리의 정보를 상세하게 출력
형식 ls [옵션] [디렉터리명] ENTER↵

```
[cskisa@localhost chap_05]$ ls -ld work
drwxrwxr-x. 2 cskisa cskisa 6  7월 26 23:14 work
[cskisa@localhost chap_05]$
```

실습한 결과 work 디렉터리에 Sticky Bit 설정값을 1755로 변경한 결과 디렉터리에 대한 특
수접근 권한이 rwx rwx r-x에서 rwx r-x r-t로 변경된 것을 확인하였습니다. 좀 더 자세히 살
펴보면 기타 사용자의 권한 묶음이 r-x에서 r-t와 같이 표기된 것은 work 디렉터리를 다른 사
용자가 실행할 수 있는 권한이 부여된 디렉터리임을 의미합니다.

- **Step 03** | Sticky Bit의 설정값을 1755로 설정한 다음 ls –ld 명령으로 work 디렉터리에 설
  정된 특수 권한을 확인합니다.

$ chmod 1755 work

기능 디렉터리의 접근 권한변경
형식 chmod [Sticky Bit + 숫자 모드] [디렉터리명] ENTER↵

```
[cskisa@localhost chap_05]$ chmod 1755 work
[cskisa@localhost chap_05]$ ls -ld work
drwxr-xr-t. 2 cskisa cskisa 6  7월 26 23:14 work
[cskisa@localhost chap_05]$
```

01 파일에 접근 권한을 부여하지 않는다면 해당 파일은 다른 사람에 의해 임의로 조작되거나 삭제 등의 악의적인 행위로 인해 파일이 훼손 또는 파기될 수도 있습니다. 따라서 이러한 사태를 예방하기 위해 리눅스 시스템에서는 파일에 대한 접근 권한을 부여하여 미인가자가 임의로 파일에 접근하더라도 파일을 훼손할 수 없도록 파일관리에 대한 보안 기능을 제공합니다.

02 리눅스 시스템에서 다루고 있는 파일의 속성에 대한 상세한 정보를 요약하면 다음과 같습니다.

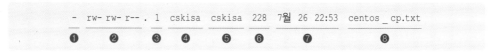

03 리눅스에서 사용되는 모든 파일에는 접근 권한이 있습니다. 접근 권한은 사용자가 생성한 파일에 대하여 해당 파일을 읽고 쓰고 실행할 수 있는 권한으로 사용자의 파일을 비인가자의 접근으로부터 보호하는 가장 기본적인 파일 보안 기능이라고 할 수 있습니다.

● 파일의 속성

번호	속성 값	의미
❶	-	파일의 종류(-는 일반파일, d는 디렉터리)
❷	rw- rw- r--	파일을 읽고(rw-) 쓰고(rw-) 실행(r--)할 수 있는 접근 권한
❸	1	하드 링크의 수
❹	cskisa	파일 소유자의 로그인 ID
❺	cskisa	파일 소유자의 그룹 이름
❻	228	파일의 크기 (byte 단위)
❼	7월 26 22:53	파일을 최종 수정한 일자와 시각
❽	centos _ cp.txt	파일명

04 리눅스 시스템에서 사용되는 파일에 대한 접근 권한은 읽기, 쓰기, 실행 권한 등 세 가지 권한으로 제한하고 있습니다.

● 파일과 디렉터리 접근 권한

접근 권한	파일	디렉터리
읽기(r)	해당 파일을 읽거나 복사 가능	ls 명령으로 디렉터리의 목록을 확인 (옵션은 실행 권한이 있을 경우만 허용)
쓰기(w)	파일을 수정, 이동, 삭제 가능 (디렉터리에 쓰기 권한이 부여되어 있어야 함)	해당 파일을 삭제하거나 생성할 수 있음
실행(x)	셸 스크립트 또는 실행 파일에 대한 실행 가능	cd 명령 사용 가능하며 파일을 디렉터리로 이동 또는 복사 가능

05 접근 권한의 표기는 리눅스 시스템에 접속한 사용자 카테고리별로 누가 파일에 대해 읽고 쓰고 실행할 수 있는지에 대해 문자로 표현하는 것을 의미합니다. 읽기권한은 r, 쓰기 권한은 w, 실행 권한은 x로 나타내며 해당 권한이 부여되지 않은 경우에는 -으로 표기하여 권한 없음을 나타내 줍니다.

● 파일의 권한 묶음표기

rw-	rw-	r--
소유자	**그룹**	**기타 사용자**

● 다양한 파일접근 권한 조합

접근 권한	의미
rwx r-x r-x	소유자 권한(읽기, 쓰기, 실행), 그룹과 기타 사용자 권한(읽기, 실행)
r-x r-x r-x	소유자, 그룹, 기타 사용자(읽기, 실행) 권한만 부여
rw- --- ---	소유자(읽기, 쓰기) 권한만 부여 그룹과 기타 사용자는 권한 없음

rw- rw- rw-	소유자, 그룹, 기타 사용자 모두(읽기, 쓰기) 권한만 부여
rwx rwx rwx	소유자, 그룹, 기타 사용자 모두(읽기, 쓰기, 실행) 권한 부여
rwx --- ---	소유자(읽기, 쓰기, 실행) 권한만 부여
r-- --- ---	소유자(읽기) 권한만 부여

06 파일접근 권한변경에 대한 명령은 change mode의 약어인 chmod 명령을 사용하며 사용형식은 다음과 같습니다.

$ **chmod**

기능 디렉터리 또는 파일의 접근 권한변경
형식 chmod [옵션] ENTER↵
옵션 -R : 하위 디렉터리까지 접근 권한을 모두 변경

---

07 심볼릭 모드는 파일에 대한 접근 권한변경을 사용자 카테고리 문자, 연산자 기호, 접근 권한 문자를 사용하여 권한을 변경합니다. 그리고 숫자 모드는 파일에 대한 접근 권한변경을 위해 숫자를 사용하여 접근 권한을 변경합니다.

● 권한변경을 위한 심볼릭 모드 구성요소

소유자 권한 (u)			그룹 권한 (g)			기타 사용자 권한 (o)		
읽기 (r)	쓰기 (w)	실행 (x)	읽기 (r)	쓰기 (w)	실행 (x)	읽기 (r)	쓰기 (w)	실행 (x)

● 심볼릭 모드에서 사용되는 문자와 기호의 종류

구분	문자/기호	의미
사용자 카테고리 문자	u	파일 소유자
	g	파일 소유자가 속한 그룹
	o	파일 소유자와 그룹 이외의 기타 사용자
	a	파일을 사용하려는 전체 사용자

연산자 기호	+	파일접근 권한 부여
	-	파일접근 권한 제거
	=	파일접근 권한설정
접근 권한 문자	r	파일 읽기 권한
	w	파일 쓰기 권한
	x	파일 실행 권한

● 심볼릭 모드에서 다양한 파일접근 권한 조합

권한 표기	의미
u+w	파일 소유자에게 쓰기(w) 권한 부여
u-w	파일 소유자에게 쓰기(w) 권한 제거
u=rwx	파일 소유자에게 쓰기(w), 읽기(r), 실행(x) 권한설정
u+x,go+w	소유자에게 실행(x) 권한 부여와 그룹 및 기타 사용자에게 쓰기(w) 권한 부여
g+w	파일 그룹에 쓰기(w) 권한 부여
g+wx	파일 그룹에 쓰기(w)와 실행(x) 권한 부여
go+w	그룹과 기타 사용자에게 쓰기(w) 권한 부여
+wx	파일을 사용하려는 모든 사용자에게 쓰기(w)와 실행(x) 권한 부여
a+rwx	모든 사용자에게 쓰기(w), 읽기(r), 실행(x) 권한 부여
o-r	파일 기타 사용자에게 읽기(r) 권한 제거

08 심볼릭 모드는 파일 소유자 또는 그룹과 기타 사용자에 대한 각각의 권한을 부여하거나 제거할 때 편리하게 사용할 수 있지만, 전체적으로 권한을 조정할 때는 문자의 조합이 다소 많아지므로 복잡해지는 단점이 존재합니다. 이러한 단점은 숫자 모드를 활용하여 소유자, 그룹, 기타 사용자의 권한을 한 번에 설정하고 싶은 대로 변경할 수 있으므로 심볼릭 모드에 비해 훨씬 수월하게 접근 권한을 설정할 수 있습니다.

● 권한 묶음의 숫자 모드

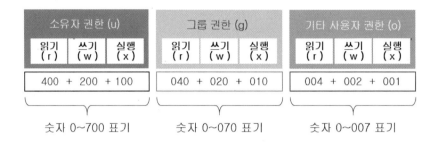

09 파일접근 권한설정에 있어서 숫자 모드에서는 2진수의 형태인 0과 1로 권한에 대한 여부를 지정합니다. 0으로 설정하면 접근 권한이 없음이고 1은 접근 권한이 부여되었음을 의미합니다.

10 숫자 모드를 이용한 접근 권한변경에서의 권한 묶음은 소유자 권한, 그룹 권한, 기타 사용자 권한의 영역으로 각각 권한 묶음이 rwx r-x r-x로 설정되어 있는 접근 권한을 숫자로 환산하는 과정은 다음과 같습니다.

● 파일접근 권한 숫자 환산과정

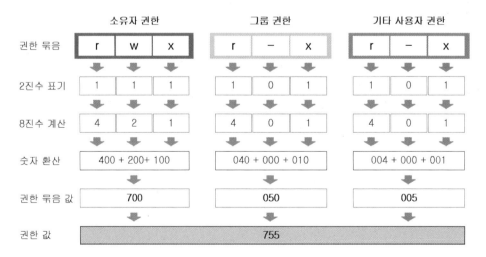

11 이와 같은 파일접근 권한 표기와 숫자의 대응 관계 및 접근 권한 예시를 정리하면 다음과 같습니다.

● 파일접근 권한과 숫자의 대응관계

권한 표기	2진수	8진수	의미	접근 권한 예시
rwx	111	7 (4+2+1)	읽기, 쓰기, 실행	rwx rwx rwx → 777
rw-	110	6 (4+2+0)	읽기, 쓰기	rwx r-x r-x → 755
r-w	101	5 (4+0+1)	읽기, 실행	rw- rw- rw- → 666
r--	100	4 (4+0+0)	읽기	r-x r-x r-x → 555
-wx	11	3 (0+2+1)	쓰기, 실행	rw- r-- r-- → 644
-w-	010	2 (0+2+0)	쓰기	rwx --- --- → 700
--x	1	1 (0+0+1)	실행	rw- r-- --- → 640
---	0	0 (0+0+0)	권한 없음	r-- --- --- → 400

12 숫자 모드가 기호 모드와 다른 점은 숫자의 각 위치가 사용자 카테고리를 나타내므로 사용자 카테고리를 별도로 지정할 필요가 없습니다. 그리고 항상 세 자리 수를 사용해야 하기 때문에 변경하려는 사용자 카테고리의 권한뿐만 아니라 그룹과 기타 사용자의 권한도 반드시 명시해야 합니다.

● 숫자 모드를 이용한 접근 권한변경

13 파일과 디렉터리에 대한 기본 접근 권한은 리눅스 시스템에 설정된 기본값에 따라 기본 접근 권한이 자동으로 설정됩니다. 일반 파일은 소유자와 그룹의 접근 권한은 읽기(r)와 쓰기 권한만 설정되고 디렉터리의 경우 소유자와 그룹은 읽기, 쓰기, 실행 권한이 설정되고 기타 사용자는 읽기와 실행 권한만 설정됩니다.

14 마스크값은 파일이나 디렉터리를 생성할 때 부여하지 않을 권한에 대해서 지정하는 값을 의미합니다. 아무 인자 없이 umask 명령만 사용하게 되면 현재 설정된 기본 마스크값을 확인할 수 있습니다. 이와 같이 마스크값을 변경하게 되면 새로 생성되는 파일과 디렉터리의 기본 접근 권한이 변경되어 생성될 수 있도록 적용할 수 있습니다.

● umask bit 형식

권한 구분 ▷	SetUid. SetGid	소유자 권한	그룹 권한	기타 사용자 권한
umask bit ▷	0	0	0	2

● 마스크값 테이블

마스크값	0	1	2	3	4	5	6	7
파일의 기본권한	6	6	4	4	2	2	0	0
디렉터리의 기본권한	7	7	6	4	3	2	1	0

● 파일과 디렉터리에 대한 기본권한과 해당 모드 값

마스크값		0	1	2	22
파일	권한 값	666	666	664	644
	기본 권한	-rw- rw- rw-	-rw- rw- rw-	-rw- rw- r--	-rw- r-- r--
디렉터리	권한 값	777	776	775	755
	기본 권한	drwx rwx rwx	drwx rwx rw-	drwx rwx r-x	drwx r-x r-x

15 특수접근 권한은 SetUid, SetGid, Sticky Bit 세 가지가 있으며 접근 권한설정 값은 다음과 같습니다.

● 특수접근 권한설정 값

접근 권한	SetUid	SetGid	Sticky Bit
권한설정 값	4000	2000	1000

● 특수접근 권한과 권한 모드

접근 권한			소유자 권한			그룹 권한			기타 사용자 권한		
SetUid	SetGid	Sticky Bit	r	w	x	r	w	x	r	w	x
4000	2000	1000	400	200	100	40	20	10	4	2	1

16 특정 파일에 SetUid가 설정되어 있다면 다른 사용자들이 그 파일을 실행하였을 경우와 실행되는 동안에는 실행시킨 사용자의 권한(아이디의 권한)이 아닌 파일 소유자 권한으로 실행하게 됩니다. 접근 권한에서 맨 앞자리에 4를 설정해야 하며 8진수 4000을 적용하면 됩니다.

17 SetGid는 특수 권한이 설정된 파일을 실행할 경우 해당 파일이 실행되는 동안에는 파일 소유그룹의 권한으로 실행되도록 해주는 기능을 수행합니다. SetGid는 접근 권한의 맨 앞자리에 2를 설정해야 합니다. 그룹 권한에서 소유그룹의 권한 값에 실행의 값인 x 대신 s 기호가 표기되고 그룹에 실행 권한이 없을 경우 대문자 S가 표기됩니다. 절대모드 표현방법으로 일반 권한 값에 8진수 2000을 설정하여 해당 파일의 그룹 권한을 변경할 수 있습니다.

18 Sticky Bit는 SetUid와 SetGid는 파일에 대한 특수 권한을 설정하지만, Sticky Bit는 디렉터리에 특수 권한을 설정합니다. Sticky Bit가 설정된 디렉터리에는 누구나 파일을 생성할 수 있습니다. 이 디렉터리에 생성되는 파일은 파일을 생성한 계정으로 설정되며 다른 사용자는 이 파일을 삭제할 수 없습니다. Sticky Bit는 접근 권한의 맨 앞자리에 8진수 1000을 설정해야 합니다.

## PART 03

파일 시스템과 디스크 관리

CHAPTER 06
관리자 권한 실행

학습목표

● CentOS 8 리눅스 관리자 계정 접속 방법을 수행할 수 있습니다.

● 사용자 계정을 생성하고 삭제하는 방법을 이해할 수 있습니다.

● 사용자별 그룹을 생성하고 그룹 암호 설정 및 삭제를 수행할 수 있습니다.

● 소유자와 소유그룹과 소유권을 변경할 수 있습니다.

SECTION 01

관리자 계정 접속

관리자 계정은 사용자 계정생성과 권한 부여 등의 리눅스 시스템의 전체적인 관리를 수행합니다. 리눅스 시스템이 부팅되면 관리자 계정인 root 계정으로 로그인을 수행합니다.

☑ root 계정 접속

리눅스 시스템에서 다루는 중요한 정보는 반드시 관리자 계정인 root로 접속해야만 정보를 확인할 수 있습니다.

- **Step 01** | 로그인 화면에서 '목록에 없습니까?'를 클릭합니다.

그림 6-1 root 계정 접속 절차

- **Step 02** | 사용자 이름에 root를 입력 후 <다음>을 누릅니다.

그림 6-2 사용자 이름에 root 입력

- **Step 03** | 관리자 계정인 root 계정의 암호는 리눅스 시스템을 설치할 때 설정한 암호 spacezone을 입력 후 <로그인>을 누릅니다.

그림 6-3 root 계정의 암호 spacezone 입력

- **Step 04** | 관리자 계정으로 접속된 상태에서 터미널 창을 열어 프롬프트를 확인해 보면 [root@localhost ~]#과 같이 나타납니다. 사용자 계정은 프롬프트 맨 끝에 $로 표기되고 관리자 계정은 #으로 표기됩니다.

```
[root@localhost ~]#
```

2 계정정보 확인

리눅스 계정에 대한 일반정보는 /etc/passwd 파일에 저장되어 있습니다. 유닉스를 사용했던 초기시절에 비해 해킹에 대한 위험이 최근에는 급증함에 따라 사용자 계정 암호를 /etc/shadow 파일에도 별도로 저장하고 있습니다.

gedit 창에서 계정정보 열기

리눅스 계정에 대한 정보를 담고 있는 /etc/passwd 파일을 gedit 창에서 열기 위해 다음 예제를 수행합니다.

| 예제 6-1 |

- **Step 01** | gedit 명령으로 /etc/passwd 파일을 엽니다.

```
[root@localhost ~]# gedit /etc/passwd
```

- **Step 02** | [텍스트 편집기] 창이 활성화되면서 /etc/passwd 파일 내용을 보여줍니다. 맨 위에 있는 첫 줄의 내용에 root 계정의 일반정보가 자세히 나타납니다.

```
                              passwd
root:x:0:0:root:/root:/bin/bash
bin:x:1:1:bin:/bin:/sbin/nologin
daemon:x:2:2:daemon:/sbin:/sbin/nologin
adm:x:3:4:adm:/var/adm:/sbin/nologin
...
(생략)
...
```

- **Step 03** | /etc/passwd 파일 내용의 하단에는 사용자 계정인 cskisa에 대한 정보를 확인할 수 있습니다.

```
                              passwd
...
(생략)
...
tcpdump:x:72:72::/:/sbin/nologin
cskisa:x:1000:1000:cskisa:/home/cskisa:/bin/bash
mysql:x:27:27:MySQL Server:/var/lib/mysql:/sbin/nologin
nginx:x:976:974:Nginx web server:/var/lib/nginx:/sbin/nologin
```

- **Step 04** | 계정에 대한 일반정보를 확인한 후 gedit 창에서 열려있는 /etc/passwd 파일을 닫아 주면 커서의 위치는 터미널 창으로 돌아옵니다.

```
[root@localhost ~]#
```

사용자 계정정보

/etc/passwd 파일에는 root 관리자 계정에 대한 정보와 cskisa 사용자 계정에 대한 정보가 저장되어 있습니다. 2개의 계정 중에서 cskisa 계정에 대한 /etc/passwd 파일 구성내용을 각 기본 항목별로 자세히 살펴보겠습니다.

❶ 로그인 ID

로그인 ID는 사용자 계정의 이름을 의미합니다. 로그인 ID는 최대 32자까지 지정할 수 있습니다. 하지만 너무 긴 ID는 효율성이 떨어지기 때문에 다른 운영체제와의 연동을 위해 적당한 길이(8자 정도)로 지정하는 것을 권장합니다.

로그인 ID에는 콜론(:)과 ENTER 를 제외한다면 어떤 문자라도 상관없이 사용할 수 있습니다. 그렇지만 동일한 ID를 사용할 수는 없습니다.

❷ 암호저장 항목
x는 유닉스 초기시절 사용자 암호를 저장하기 위한 항목입니다. 이 항목은 이전 프로그램과의 호환성을 위해 기본 항목을 그대로 유지하고 있으며 x로 표시합니다.

❸ UID
리눅스 시스템이 사용자를 구분하기 위해 사용되는 사용자 ID 번호입니다. 일반사용자는 1000번부터 할당되며 사용자에 대한 시스템 관리업무를 위해 내부적으로 사용자를 위해 예약되어 있으므로 임의로 변경하지 않는 것이 좋습니다.

사용자를 구별할 때 로그인 ID가 다르더라도 UID가 같으면 리눅스 시스템은 동일한 사용자로 판단합니다. 따라서 시스템 관리자는 UID가 중복되지 않도록 관리에 주의를 기울여야 합니다.

❹ GID
사용자가 속해 있는 그룹의 ID를 나타냅니다. 리눅스 시스템에서 사용되는 모든 사용자는 무조건 하나 이상의 그룹에 속해 있어야 합니다. GID는 사용자를 등록할 때 정해지며 GID를 지정하지 않으면 자동으로 로그인 ID가 그룹으로 등록됩니다. 등록된 GID는 /etc/group 파일에서 확인할 수 있습니다.

❺ 설명
사용자에 대한 일반적인 정보(이름, 부서, 연락처 등)가 기록되는 항목입니다. 이 항목은 유닉스에서 유래된 기원을 바탕으로 사용자 개인정보(GECOS)라고도 불립니다.

❻ 홈 디렉터리
이 항목에서는 사용자 계정에 할당된 홈 디렉터리를 절대 경로의 형태로 저장됩니다. 홈 디렉터리는 사용자 계정을 생성하면서 자동으로 부여되며 홈 디렉터리 아래에는 서브 디렉터리와 파일 등을 생성하거나 저장할 수 있습니다.

❼ 로그인 셸
사용자의 로그인 기본 셸을 지정해 줍니다. 현재 CentOS 리눅스에서는 배시 셸을 기본 셸로
적용하여 사용자에 대한 로그인 셸을 지정합니다.

사용자 계정관리

리눅스 시스템은 기본적으로 여러 사용자가 접속하여 사용하는 시스템이므로 각 사용자를 등록하고 관리하는 방법에 대해서 알아야 합니다. 여러 사용자가 접속해서 리눅스 시스템을 사용하려면 우선 사용자 계정을 발급받아야 합니다.

■1 사용자 계정생성 및 암호설정

사용자 계정은 여러 명의 사용자가 리눅스 시스템에 접속하여 사용할 때 어느 사용자가 접속 중인지를 구별할 수 있습니다. 사용자 계정은 사용자가 시스템에 접근할 수 있는 유일한 방법 입니다. 시스템 관리자 측면에서도 사용자의 접근 권한을 통제할 수 있는 중요한 역할이 사용 자 계정을 관리하는 것입니다.

여기서 잠깐 살펴보세요.

> 사용자 계정관리는 리눅스 시스템 관리자의 중요한 업무 중 하나입니다. CentOS 8에서 사용자 계정을 생성할 때 는 useradd 명령이나 adduser 명령을 사용합니다. adduser 명령은 useradd에 대한 심볼릭 링크를 의미하므로 가급적 useradd 명령을 사용하도록 합니다.

사용자 계정을 생성할 때 사용하는 useradd 명령의 사용형식은 다음과 같습니다.

$ useradd

기능 사용자 계정을 새로 생성
형식 useradd [옵션] [생성할 계정 이름] ENTER↵
옵션 -c : 사용자 이름 등 부가적인 설명 지정
 -d : 사용자 계정의 홈 디렉터리 지정
 -D : 기본설정 값을 출력하거나 설정

-e : 유효기간 설정 (YYYY-MM-DD)
-f : 사용자 계정의 유효일자 (-f-175 : 앞으로 175일간 사용가능)
-g : 사용자 계정의 로그인 기본그룹 GID 지정
-G : 2차 그룹의 GID 지정
-o : 사용자 계정의 UID 중복 허용
-p : 사용자 계정의 패스워드
-s : 사용자 계정의 기본 셸 지정
-u : 사용자 계정의 UID 지정

옵션 없이 새 계정생성 : useradd

일반 사용자 계정생성은 오직 관리자만이 발급할 수 있는 고유 권한이기 때문에 반드시 관리자 계정으로 접속한 다음 사용자 계정을 생성해야 합니다.

터미널 창에서 관리자 계정인 root로 접속되어 # 프롬프트로 나타나 있는 상태인지부터 확인한 다음 사용자 계정을 생성하도록 합니다.

useradd 명령으로 새로운 사용자 계정을 생성하기 위해 다음 예제를 수행합니다.

┃ 예제 6-2 ┃ ─────────────────────────────────

• **Step 01** | /home 디렉터리에 등록되어 있는 기존 사용자 세정을 ls 명령으로 출력합니다.

---

ls /home

기능 home 디렉터리에 존재하는 사용자 계정 리스트 출력
형식 ls [/디렉터리명] [ENTER↵]

```
[root@localhost ~]# ls /home
cskisa
[root@localhost ~]#
```

• **Step 02** | 사용자 계정 user_001 계정을 새로 생성한 다음 user_001 사용자 계정이 /home 디렉터리에 존재하는지를 확인합니다.

---

useradd user_001

기능 user_001 사용자 계정을 새로 생성
형식 useradd [새로 생성할 계정 이름] [ENTER↵]

```
[root@localhost ~]# useradd user_001
[root@localhost ~]# ls /home
cskisa   user_001
[root@localhost ~]#
```

생성된 새 계정에 암호설정 : passwd

새롭게 생성된 user_001 사용자 계정에는 아직 암호는 설정되어 있지 않은 상태입니다. 계정의 암호 설정을 위해서는 passwd 명령을 사용합니다.

passwd 명령의 사용형식은 다음과 같습니다.

passwd

기능 사용자 계정의 암호 수정
형식 passwd [옵션] 계정 이름 ENTER↵
옵션 -l : 지정한 계정의 암호 잠금
  -u : 암호의 잠금 해제
  -d : 지정한 계정의 암호 삭제

passwd 명령으로 새로 생성한 user_001 계정의 암호를 설정하기 위해 다음 예제를 수행합니다. 사용자 계정의 암호는 기억하기 쉽게 계정 이름과 동일하게 설정하겠습니다.

| 예제 6-3 |

passwd 명령으로 user_001 계정의 암호를 계정 이름과 동일하게 user_001로 설정합니다.

passwd user_001
기능 user_001 계정에 암호 설정 **형식** passwd [사용자 계정 이름] ENTER↵

```
[root@localhost ~]# passwd user_001
user_001 사용자의 비밀 번호 변경 중
새 암호: user_001   ← 보안상 화면에는 암호가 보이지 않음
잘못된 암호: 암호에 어떤 형식으로 사용자 이름이 포함되어 있습니다
새 암호 재입력: user_001   ← 보안상 화면에는 암호가 보이지 않음
passwd: 모든 인증 토큰이 성공적으로 업데이트 되었습니다.
[root@localhost ~]#
```

암호를 입력하는 부분은 실제로 눈에는 보이지 않습니다. 하지만 키보드로 입력하면 암호는 등록됩니다. 암호는 기억하기 쉽게 사용자 이름과 동일하게 user_001로 지정하였더니 '잘못된 암호'라는 메시지가 출력됩니다. 이 메시지는 그냥 무시하고 암호를 재입력하면 사용자 계정의 암호가 설정되어 저장됩니다.

여기서 잠깐 살펴보세요.

실제로 실무에서 사용되는 사용자 계정의 암호는 노출되지 않도록 난이도 있는 암호를 설정하는 것이 좋습니다. 여기에서는 사용자 계정생성과 암호를 설정하는 과정에 대해서 배우는 과정이기 때문에 단순히 사용자 이름과 동일한 이름으로 암호를 설정하였지만 숙련된 다음에는 암호를 타인에게 노출되지 않도록 어렵게 설정하는 것이 좋습니다.

user_001 계정정보 확인 : /etc/passwd

새로 생성한 user_001 계정에 대한 정보를 gedit 명령으로 확인하기 위해 다음 예제를 수행합니다.

| 예제 6-4 |

gedit 명령으로 user_001 계정에 대한 자세한 정보를 확인합니다.

gedit /etc/passwd

기능 계정에 대한 정보확인
형식 gedit [/경로명/파일명] ENTER↵

```
                            passwd
...
 (생략)
...
cskisa:x:1000:1000:cskisa:/home/cskisa:/bin/bash
mysql:x:27:27:MySQL Server:/var/lib/mysql:/sbin/nologin
nginx:x:976:974:Nginx web server:/var/lib/nginx:/sbin/nologin
user_001:x:1001:1001::/home/user_001:/bin/bash
```

gedit 창에서 user_001 계정에 대한 정보를 살펴보면 맨 마지막 행에 등록되어 있습니다. user_001 계정에게 부여된 UID와 GID는 각각 1001로 등록되었습니다. 앞에서 살펴봤던 그룹 번호인 1000에서 1 증가한 1001 번호가 자동으로 설정된 것을 확인할 수 있습니다.

/etc/passwd 파일은 관리자 계정인 root뿐만 아니라 일반 사용자 계정도 이 파일에 접근하여 계정에 대한 정보를 확인할 수 있습니다. /etc/passwd 파일에는 사용자 계정정보가 저장된 중요한 파일이므로 함부로 수정하거나 삭제해서는 안 됩니다. 사용자 계정을 추가하거나 수정 또는 삭제 등의 변경사항이 있을 때는 반드시 관련된 명령으로 작업을 수행하는 것이 좋습니다.

암호화된 user_001 계정정보 확인 : /etc/shadow

리눅스 시스템에 비정상적인 방법으로 접근할 수 있는 비인가자의 접근 및 해킹 등으로부터 사용자 계정에 대한 정보를 보호하기 위해 사용자 암호를 별도로 관리하고 있습니다.

gedit 명령으로 /etc/shadow 파일을 열어서 암호화된 사용자 계정의 정보를 확인하기 위해 다음 예제를 수행합니다.

| 예제 6-5 |

gedit 명령으로 /etc/shadow 파일을 열어서 사용자 계정의 암호가 등록된 정보를 확인합니다.

gedit /etc/shadow

기능 계정의 암호화된 정보 확인
형식 [텍스트 편집기] [/경로명/파일명] ENTER↵

```
                                  shadow
...
(생략)
...
mysql:!!:18258::::::
nginx:!!:18258::::::
user_001:$6$MN.urny3miNgN6IQ$6QIuQrncC3bDwxXAyg9RF2OEeHf0VjH6mp.c8mOaCPM90
aPqUav3FCar1TGIm9HTuOSm7abGMkrbC3zbXhMoQ.:18261:0:99999:7:::
```

gedit 창의 하단에 user_001 계정에 대한 암호가 기록되어 있습니다. 눈으로 쉽게 알아보지 못하도록 여러 문자의 조합으로 구성된 것을 확인할 수 있습니다.

/etc/passwd 파일은 관리자 계정이 아니더라도 누구나 접근해서 파일을 열어 볼 수 있지만 /etc/shadow 파일은 관리자 계정인 root 계정으로 접속했을 경우만 파일의 내용을 확인할

수 있습니다.

시스템 계정의 암호에는 mysql:!!:18258:::::과 같이 !!(느낌표)가 표기되어 있음을 확인할 수 있습니다.

여기서 잠깐 살펴보세요.

암호화된 암호는 단방향 암호이기 때문에 원래의 암호가 어떤 문자로 설정했는지에 대해서 다시 복원할 수는 없습니다. 사용자가 로그인할 때 입력한 암호를 이 암호와 비교해서 일치할 경우만 로그인을 허용합니다.

홈 디렉터리 지정하여 계정생성

리눅스 시스템에서 사용자 계정을 생성할 때 함께 제공되는 옵션은 -c, -d, -D, -e, -f, -g, -G, -o, -p, -s, -u와 같이 다양하게 지원되고 있습니다. 각각의 옵션에 대한 기능에 대해서는 이미 앞에서 살펴봤습니다.

useradd 명령과 옵션 -d를 함께 사용하여 사용자 계정을 생성하면서 홈 디렉터리를 지정하기 위해 다음 예제를 수행합니다.

| 예제 6-6 |

- **Step 01** | useradd -d 명령으로 /work_06 디렉터리 생성과 함께 user_002 사용자 계정의 홈 디렉터리를 /work_06으로 지정합니다.

useradd -d /work_06 user_002

기능 새 계정을 생성하면서 홈 디렉터리를 work_06으로 지정
형식 useradd [옵션] [/홈 디렉터리 경로명] [계정 이름] ENTER↵

```
[root@localhost ~]# useradd -d /work_06 user_002
[root@localhost ~]#
```

- **Step 02** | passwd 명령으로 user_002 계정의 암호를 계정 이름과 동일하게 설정합니다.

passwd user_002

기능 user_002 계정에 암호 설정
형식 passwd [계정 이름] ENTER↵

```
[root@localhost ~]# passwd user _ 002
user _ 002 사용자의 비밀 번호 변경 중
새 암호: user _ 002    ← 보안상 화면에는 암호가 보이지 않음
잘못된 암호: 암호에 어떤 형식으로 사용자 이름이 포함되어 있습니다
새 암호 재입력: user _ 002    ← 보안상 화면에는 암호가 보이지 않음
passwd: 모든 인증 토큰이 성공적으로 업데이트 되었습니다.
[root@localhost ~]#
```

- **Step 03** | gedit 명령으로 /etc/passwd 파일을 열어 새로 생성한 user_002 계정에 지정된
  홈 디렉터리가 work_06으로 적용되었는지에 대한 정보를 확인합니다.

```
[root@localhost ~]# gedit /etc/passwd
```

passwd
... (생략) ... cskisa:x:1000:1000:cskisa:/home/cskisa:/bin/bash mysql:x:27:27:MySQL Server:/var/lib/mysql:/sbin/nologin nginx:x:976:974:Nginx web server:/var/lib/nginx:/sbin/nologin user_001:x:1001:1001::/home/user_001:/bin/bash user_002:x:1002:1002::/work_06:/bin/bash

gedit 창에서 열린 /etc/passwd 파일 내용을 살펴보면 맨 마지막 행에 user_002 계정의 홈
디렉터리가 work_06으로 설정된 정보를 확인할 수 있습니다.

리눅스 파일 내용 출력 : tail

사용자 계정을 생성할 때마다 gedit 창에서 /etc/passwd와 /etc/shadow 파일 등을 열어보
면 많은 내용이 출력되기 때문에 마우스로 드래그하는 등의 다소 번거로움이 초래됩니다.

이러한 불편함은 tail 명령을 사용하여 해소할 수 있습니다. tail 명령을 사용하게 되면 파일
내용을 마지막 행부터 10번째 행까지만 제한하여 출력할 수 있습니다.

$ **tail**
기능 파일 내용을 마지막 행부터 10번째 행까지만 내용 출력 **형식** tail [옵션] [생성할 계정 이름] ENTER↵

> **옵션** -f : 파일의 마지막 10행을 실시간으로 계속해서 내용 출력
> -F : 파일 변동 시 다시 명령을 실행할 필요 없이 실시간으로 내용 출력
> -n : 지정한 n행 만큼 내용 출력
> -n +n : 마지막 행이 아니라 첫 번째 행부터 시작해 n번째 행 이후 출력
> --byte=n : 지정한 n 바이트만큼 내용을 출력

tail 명령은 실시간으로 로그 기록을 체크 등의 리눅스 시스템을 점검할 때에도 요긴하게 사용되는 명령입니다. tail 명령 이외에도 파일 내용을 출력하는 명령으로는 cat 명령과 more 명령이 있습니다.

여기서 잠깐 살펴보세요.

cat 명령은 작은 내용의 파일을 출력할 때 사용하고 more 명령은 Space Bar 로 파일의 내용을 페이지 단위로 넘기거나 ENTER↵ 로 한 행씩 넘기면서 파일 내용을 확인할 수 있는 명령입니다.

tail 명령으로 user_002 계정에 대한 정보를 터미널 창에 출력하기 위해 다음 예제를 수행합니다.

┃ 예제 6-7 ┃

● **Step 61** ┃ tail 명령으로 /etc/passwd 파일의 선제 내용을 출력합니다.

> \# **tail /etc/passwd**

기능 파일 내용을 마지막 행부터 10번째 행까지만 내용 출력
형식 tail [옵션] [파일명] ENTER↵

```
[root@localhost ~]# tail /etc/passwd
insights:x:978:976:Red Hat Insights:/var/lib/insights:/sbin/nologin
sshd:x:74:74:Privilege-separated SSH:/var/empty/sshd:/sbin/nologin
pesign:x:977:975:Group for the pesign signing daemon:/var/run/pesign:/
sbin/nologin
avahi:x:70:70:Avahi mDNS/DNS-SD Stack:/var/run/avahi-daemon:/sbin/nologin
tcpdump:x:72:72::/:/sbin/nologin
cskisa:x:1000:1000:cskisa:/home/cskisa:/bin/bash
mysql:x:27:27:MySQL Server:/var/lib/mysql:/sbin/nologin
nginx:x:976:974:Nginx web server:/var/lib/nginx:/sbin/nologin
user_001:x:1001:1001::/home/user_001:/bin/bash
user_002:x:1002:1002::/work_06:/bin/bash
[root@localhost ~]#
```

tail 명령으로 /etc/pass 파일 내용을 출력하게 되면 자동으로 마지막 행부터 10번째 행까지만 출력됩니다.

- **Step 02** | tail -n 명령을 사용하게 되면 필요한 행을 지정하여 파일 내용을 출력할 수 있습니다. tail -3 명령으로 /etc/passwd 파일 내용을 마지막 행부터 3개 행만 출력해 보면 user_002 계정의 UID는 1002로 지정된 것을 확인할 수 있습니다.

---

tail -3 /etc/passwd

기능 파일 내용을 마지막 행부터 3번째 행까지 내용 출력
형식 tail [옵션] [파일명] ENTER↵

```
[root@localhost ~]# tail -3 /etc/passwd
nginx:x:976:974:Nginx web server:/var/lib/nginx:/sbin/nologin
user_001:x:1001:1001::/home/user_001:/bin/bash
user_002:x:1002:1002::/work_06:/bin/bash
[root@localhost ~]#
```

◎- 도전 문제 6-1

1. 사용자 계정의 홈 디렉터리 /work _ 06을 지정하여 master 계정 생성하기
2. master 계정의 암호를 123456으로 설정하기
3. master 계정의 UID 확인하기
4. master 계정의 GID 확인하기
5. master 계정의 홈 디렉터리 확인하기

2 사용자 계정정보 수정

이미 생성된 사용자 계정에 대한 정보를 수정할 때는 usermod 명령을 사용하여 로그인 ID, UID, GID, 설명, 홈 디렉터리, 기본 셸 등 계정과 관련된 모든 정보를 수정할 수 있습니다. 사용형식은 다음과 같습니다.

$ **usermod**

기능 사용자 계정정보 수정
형식 usermod [옵션] [사용자 계정 이름] ENTER↵
옵션 -c : 사용자 이름 등 부가적인 설명 수정
     -d : 사용자 계정의 홈 디렉터리 수정
     -e : 사용자 계정 만료일(유효기간) 수정 (YYYY-MM-DD)
     -f : 사용자 계정 비활성화 일자 수정
     -g : 사용자 계정의 로그인 기본그룹 GID 수정
     -G : 2차 그룹의 GID 수정
     -l : 사용자 계정 이름 변경
     -o : 사용자 계정의 UID 중복 허용
     -s : 사용자 계정의 기본 셸 수정
     -u : 사용자 계정의 UID 수정

계정의 UID 변경 : -u 옵션

user_002 계정의 UID에 대한 정보는 앞의 예제를 통해 1002로 지정되어 있음을 확인하였습니다. 여기서는 자동으로 설정된 UID를 변경하는 방법에 대해 살펴보겠습니다.

usermod 명령과 -u 옵션을 함께 사용하여 user_002 계정의 UID를 1002에서 2001로 변경하기 위해 다음 예제를 수행합니다.

| 예제 6-8 |

- **Step 01** | usermod -u 명령으로 user_002 계정의 UID를 2001로 변경합니다.

---

usermod -u 2001 user_002

기능 user_002 계정의 UID를 2001로 변경
형식 usermod [옵션] [사용자 계정 이름] ENTER↵

```
[root@localhost ~]# usermod -u 2001 user_002
[root@localhost ~]#
```

- **Step 02** | tail -2 명령으로 /etc/passwd 파일의 내용을 출력하여 user_002 계정의 UID가 2001로 변경된 것을 확인합니다.

\# **tail -2 /etc/passwd**

기능 파일내용을 마지막 행부터 2번째 행까지만 내용 출력
형식 tail [옵션] [파일명] `ENTER↵`

```
[root@localhost ~]# tail -2 /etc/passwd
user_001:x:1001:1001::/home/user_001:/bin/bash
user_002:x:2001:1002::/work_06:/bin/bash
[root@localhost ~]#
```

홈 디렉터리와 로그인 ID 한꺼번에 변경 : -l, -u 옵션

사용자 계정의 홈 디렉터리는 계정을 생성할 때 자동으로 지정됩니다. 홈 디렉터리가 자동으로 지정되는 것은 편리합니다. 하지만 사용자 계정을 관리할 때는 관리자 의도대로 설정하지 못하는 제약적인 단점 또한 내포하고 있습니다.

수많은 사용자 계정을 효율적으로 관리하기 위해서는 특정 부류를 구분할 수 있도록 홈 디렉터리를 설정하는 것이 훨씬 좋습니다. 그렇다면 이미 홈 디렉터리가 설정된 계정의 홈 디렉터리는 변경할 수 없을까요? 당연히 변경할 수 있습니다.

반드시 홈 디렉터리와 로그인 ID를 한꺼번에 변경해야만 하는 것은 아니고 필요에 따라 따로따로 변경해도 됩니다. 여기서는 두 가지 작업과정을 한꺼번에 수행하는 방법에 대해서 살펴보고자 한꺼번에 진행하도록 하겠습니다.

usermod 명령과 함께 -l 옵션을 사용하여 user_02 계정의 홈 디렉터리와 로그인 ID를 한꺼번에 변경하기 위해 다음 예제를 수행합니다.

| 예제 6-9 |

- **Step 01** | usermod -d 명령으로 user_002 계정의 홈 디렉터리와 로그인 ID를 한꺼번에 변경하기 위해 다음과 같이 명령을 수행합니다.

기능 user_002 계정의 홈 디렉터리와 로그인 ID 변경
형식 usermod [옵션] [홈 디렉터리] [옵션] [새 로그인 ID] [기존 로그인 ID] ENTER↵

```
[root@localhost ~]# usermod -d /home/workspace_06 -l guest_001 user_002
[root@localhost ~]#
```

- **Step 02** | grep 명령으로 변경된 로그인 ID에 대한 정보를 출력합니다.

grep guest_001 /etc/passwd

기능 지정한 guest_001 문자열을 찾아서 정보를 출력
형식 grep [옵션] [찾을 문자열] ENTER↵

```
[root@localhost ~]# grep guest_001 /etc/passwd
guest_001:x:2001:1002::/home/workspace_06:/bin/bash
[root@localhost ~]#
```

user_002 계정의 로그인 ID가 guest_001로 변경되었고 홈 디렉터리도 /work_06에서 /home/workspace_06으로 한꺼번에 변경된 내용을 확인할 수 있습니다. grep 명령은 찾고자 하는 문자열을 검색할 때 사용합니다.

◎- 도전 문제 6-2

1. [도전문제 6-1]에서 생성한 master 계정의 UID를 2003으로 변경하기
2. tail 명령으로 변경된 master 계정의 UID 확인하기
3. master 계정의 홈 디렉터리를 workspace _ 06 디렉터리로 지정하기
4. grep 명령으로 변경된 master 계정의 홈 디렉터리 확인하기
5. master 계정의 로그인 ID를 manager로 변경하기
6. grep 명령으로 변경된 master 계정의 로그인 ID 확인하기

3 사용자 암호 기한설정 및 변경

우리는 사용자 계정의 암호를 실습할 때 기억하기 좋도록 사용자 ID와 동일하게 입력하였습니다. 이와 같은 방법으로 암호를 간단하게 지정할 경우 해커로부터 안전할 수가 없습니다.

여기서 잠깐 살펴보세요.

리눅스 시스템의 보안과 사용자 계정의 보안 관리를 위해서는 사용자 계정의 암호를 주기적으로 변경해 주는 것이 좋습니다. chage 명령을 사용하여 사용자 암호 기한설정 및 변경할 수 있습니다.

chage 명령의 사용형식은 다음과 같습니다.

`# chage`

기능 시스템 보안을 위해 사용자 계정에 따른 암호 기한설정 및 변경

형식 chage [옵션] [사용자 계정 이름] `ENTER↵`

옵션 -d : 암호를 마지막으로 변경한 일자 → 마지막 날짜

-E : 계정사용 종료일자 (YYYY-MM-DD) → 만료일자

-I : 암호를 유효기간 종료 이후에 계정 비활성화될 일 수 → 잠금 날짜

-m : 암호를 변경할 수 있는 최소 일 수 (0이면 아무 때나 변경) → 최소 날짜

-M : 마지막 변경 이후의 암호 유효일 수 → 최대 날짜

-W : 암호 만료기간 며칠 전에 안내 메시지 출력 → 경고 날짜

-l : 현재 사용자의 암호 만기에 대한 기본정보출력 (L의 소문자)

-1 : 암호 만료일을 지정하지 않거나 설정값 해제 (숫자 1임)

---

chage 명령과 옵션을 함께 사용하여 user_001 계정의 기존 암호에 대한 정보를 출력하고 암호의 기간만료 지정과 최소한의 암호사용 기한을 설정하기 위해 다음 예제를 수행합니다.

| 예제 6-10 | ━━━━━━━━━━━━━━━━━━━━━━━━━━━━━━

- **Step 01** | chage -l 명령으로 사용자 계정 user_001 계정의 암호 관련 정보를 출력합니다.

`# chage -l user_001`

기능 user_001 계정에 설정되어 있는 기본정보출력

형식 chage [옵션] [사용자 계정 이름] `ENTER↵`

```
[root@localhost ~]# chage -l user_001
마지막으로 암호를 바꾼 날                                    : 7월 27, 2019
암호 만료                                              : 안함
```

```
암호가 비활성화 기간                                    :안함
계정 만료                                              :안함
암호를 바꿀 수 있는 최소 날 수      : 0
암호를 바꿔야 하는 최대 날 수       : 99999
암호 만료 예고를 하는 날 수        : 7
[root@localhost ~]#
```

- **Step 02** | chage -E 명령으로 user_001 계정의 만료 일자를 2030년 12월 31일까지로 설정
  하고 변경된 정보를 확인합니다(연월일 구분은 / 또는 – 사용).

---

chage -E 2030/12/31 user_001

기능 user_001 계정의 만료 일자를 2030년 12월 31일로 설정
형식 chage [옵션] [사용자 계정 이름] ENTER↵

```
[root@localhost ~]# chage -E 2030/12/31 user_001
[root@localhost ~]# chage -l user_001
마지막으로 암호를 바꾼 날                              : 7월 27, 2019
암호 만료                                             :안함
암호가 비활성화 기간                                   :안함
계정 만료                                             :12월 31, 2030
암호를 바꿀 수 있는 최소 날 수      : 0
암호를 바꿔야 하는 최대 날 수       : 99999
암호 만료 예고를 하는 날 수        : 7
[root@localhost ~]#
```

- **Step 03** | chage -M 명령으로 user_001 계정의 암호를 최대 20일까지 사용할 수 있도록
  설정한 다음 변경된 내용을 살펴보면 암호를 바꿔야 하는 최대 일수가 기본값 99999에서
  20으로 변경되어 설정된 것을 확인할 수 있습니다.

---

chage -M 20 user_001

기능 ser_001 계정의 암호를 바꿔야 하는 최대 일수를 20일로 설정
형식 chage [옵션] [사용자 계정 이름] ENTER↵

```
[root@localhost ~]# chage -M 20 user_001
[root@localhost ~]# chage -l user_001
마지막으로 암호를 바꾼 날                              : 7월 27, 2019
```

```
암호 만료                                    : 8월 16, ,2019
암호가 비활성화 기간                          :안함
계정 만료                                    :12월 31, 2030
암호를 바꿀 수 있는 최소 날 수      : 0
암호를 바꿔야 하는 최대 날 수      : 20
암호 만료 예고를 하는 날 수        : 7
[root@localhost ~]#
```

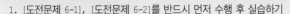

도전 문제 6-3

1. [도전문제 6-1], [도전문제 6-2]를 반드시 먼저 수행 후 실습하기
2. 에서 생성한 master 계정에 설정된 암호정보 확인하기
3. master 계정사용 만료 일자를 2030년 05월 05일로 변경하기
4. 변경된 master 계정의 암호정보 확인하기
5. master 계정의 설정된 암호를 최대 30일까지 사용할 수 있도록 변경하기
6. 변경된 master 계정의 암호정보 확인하기

4 사용자 계정 삭제

관리자 계정에서 생성한 사용자 계정을 삭제할 때는 관련된 홈 디렉터리와 파일들을 한꺼번에 모두 삭제하는 것이 바람직합니다.

필요한 경우 계정만 삭제할 때도 있지만 삭제하는 과정에서 디스크에 남겨진 파일이 존재할수 있으므로 한꺼번에 삭제하는 것을 권장합니다. 사용자 계정을 삭제할 때는 userdel 명령과함께 옵션을 사용하면 됩니다.

userdel 명령의 사용형식은 다음과 같습니다.

$ userdel

기능 사용자 계정 삭제
형식 userdel [옵션] 계정 이름 ENTER↵
기능 -r : 홈 디렉터리 삭제
　　　 -f : 사용 중인 계정 이름도 강제 삭제
　　　 -rf : 홈 디렉터리 이외에 존재하는 파일 삭제

사용자 계정 삭제 수행방법

사용자 계정의 홈 디렉터리를 root 또는 다른 소속의 그룹으로 속성을 변경하였을 경우 홈 디렉터리를 삭제하기 위해서는 groupdel 명령을 사용하여 강제로 사용자 계정의 홈 디렉터리를 삭제해야 합니다.

사용자 계정을 생성하게 되면 사용자 계정에 대한 각종 정보가 /passwd, /etc/group, /etc/shadow, /var/spool/mail 파일에 자동으로 생성됩니다.

이 과정은 다소 복잡하므로 다음과 같이 간추려서 설명하겠습니다.

❶ /etc/passwd 파일에서 사용자 계정 삭제 : # userdel -r 계정 이름

❷ /etc/group 파일에서 사용자 그룹 삭제 : # groupdel 계정 이름

❸ /home 디렉터리에 있는 사용자의 홈 디렉터리 삭제 : # rm -rf /home/계정 이름

❹ /var/spool/mail에 있는 사용자 메일 삭제 : # rm /var/spool/mail/계정 이름

❺ 데이터베이스 연동에서 삭제하려는 계정 이름과 암호 삭제

❻ 기타 응용 프로그램에 존재하는 사용자 계정의 정보 삭제

❼ 리눅스 시스템 재시작

여기서 잠깐 살펴보세요.

기존에 생성했던 사용자 계정에 대한 모든 정보를 깨끗하게 삭제하지 않은 상태에서 같은 이름의 사용자 계정을 생성할 경우 오류가 발생하게 됩니다. 그러므로 사용자 계정을 삭제할 때는 사용자 계정만 삭제해서는 안 됩니다.

UID로 사용자 계정 관련 파일 삭제

사용자 계정을 생성할 때 자동으로 생성되었던 여러 파일을 일일이 찾아서 삭제하는 과정은 다소 복잡합니다. 이렇게 복잡한 과정을 생략하고 한 번에 사용자 계정을 삭제하려면 파일 찾기 명령인 find 명령을 사용하면 됩니다.

find 명령으로 UID를 찾아서 사용자 계정과 관련된 모든 파일을 한꺼번에 삭제할 수 있습니다. find 명령과 UID를 함께 선언하는 사용형식은 다음과 같습니다.

> # find -user UID -exec rm -r { } ₩;
>
> **기능** 파일내용 중에서 UID를 찾아서 관련된 파일을 모두 삭제
> **형식** find [옵션] UID [옵션] [명령] {} ₩; `ENTER↵`

앞에서 생성한 user_001 계정을 삭제하는 과정을 살펴보기 위해 다음 예제를 수행합니다.

| 예제 6-11 | ────────────────────────────────

- **Step 01** | ls 명령으로 /home 디렉터리에 존재하는 사용자 계정 목록을 먼저 확인합니다.

> # **ls /home**
>
> **기능** 홈 디렉터리에 존재하는 사용자 계정 이름 확인
> **형식** ls [옵션] [디렉터리명] `ENTER↵`

```
[root@localhost ~]# ls /home
cskisa   user_001
[root@localhost ~]#
```

- **Step 02** | grep 명령으로 삭제하고자 하는 user_001 계정에 대한 UID 정보를 확인합니다.

> # **grep user_001 /etc/passwd**
>
> **기능** /etc/passwd 파일에서 특정 문자열 user_001을 찾음
> **형식** grep [찾을 문자열] [대상 파일명] `ENTER↵`

```
[root@localhost ~]# grep user_001 /etc/passwd
user_001:x:1001:1001::/home/user_001:/bin/bash
[root@localhost ~]#
```

- **Step 03** | userdel -r 명령으로 user_001을 삭제한 다음 ls 명령으로 /home 디렉터리에 존재하는 계정 목록을 살펴보면 user_001 계정이 삭제된 것을 확인할 수 있습니다.

> # **userdel -r user_001**
>
> **기능** 사용자 계정인 user_001 계정을 삭제
> **형식** userdel [옵션] [계정 이름] `ENTER↵`

```
[root@localhost ~]# userdel -r user_001
[root@localhost ~]# ls /home
cskisa
[root@localhost ~]#
```

- **Step 04** | fine 명령과 grep 명령으로 삭제한 user_001 계정과 관련된 파일이 남아있는지
  를 확인합니다. 이 과정에서 남아있는 파일이 존재한다면 계정 삭제가 완벽하게 수행되지
  않은 것이기 때문에 계정 삭제 과정을 다시 해야 합니다.

find -user 1001 -exec rm -r { } ₩;

기능 파일 내용 중에서 UID를 찾아서 관련된 파일을 모두 삭제
형식 find [옵션] UID [옵션] [명령] {} ₩; ENTER↵

```
[root@localhost ~]# find -user 1001 -exec rm -r {} \;
[root@localhost ~]# grep user_001 /etc/passwd
[root@localhost ~]#
```

SECTION

03 그룹 관리

PART 01

PART 02

PART 03

PART 04

PART 05

리눅스에서의 사용자는 하나 이상의 그룹에 소속되어 있으므로 그룹을 따로 생성할 수 있습니다. 생성된 그룹에 대해서도 수정과 삭제하는 방법을 다루겠습니다. 먼저 그룹 생성에 대해서 살펴본 다음 그룹의 정보수정과 그룹 암호, 그룹 삭제에 대해 살펴보겠습니다.

1 새 그룹 생성

리눅스 시스템은 동시에 많은 사용자가 접속해서 실시간으로 사용하고 있습니다. 이러한 환경에서 일일이 사용자를 관리한다는 것은 많은 시간을 소모해야 하는 번거로운 작업입니다.

동시에 많은 사용자가 접속하는 환경에서 시스템을 효율적으로 관리하기 위해서는 사용자 계정을 특정 목적에 맞도록 그룹으로 지정해야 합니다.

새 그룹의 생성은 groupadd 명령을 사용하고 새로 생성되는 그룹은 /etc/group 파일에 저장되며 사용형식은 다음과 같습니다.

> **$ groupadd**
>
> **기능** 새 그룹 생성
> **형식** groupadd [옵션] 그룹이름 `ENTER↵`
> **옵션** -g gid : 그룹의 GID를 직접 지정
>   -o : GID의 중복사용 허용

옵션 없이 새 그룹 생성

새 그룹을 생성할 때 아무런 옵션 없이 그룹을 생성하게 되면 리눅스 시스템에서는 가장 마지막 번호 다음 번호를 GID 번호로 자동 설정해 줍니다.

groupadd 명령으로 새 그룹을 생성하고 자동으로 부여된 GID를 확인하기 위해 다음 예제를 수행합니다.

| 예제 6-12 |

• **Step 01** | groupadd 명령으로 새 그룹 db_zone을 생성합니다.

---

groupadd db_zone

기능 새 그룹 db_zone을 생성
형식 groupadd [옵션] 그룹이름 ENTER↵

```
[root@localhost ~]# groupadd db_zone
[root@localhost ~]#
```

• **Step 02** | grep 명령으로 db_zone 그룹에 자동으로 부여된 GID를 확인합니다.

---

grep db_zone /etc/group

기능 /etc/group 파일에서 특정 문자열 db_zone을 찾음
형식 grep [찾을 문자열] [대상 파일명] ENTER↵

```
[root@localhost ~]# grep db_zone /etc/group
db_zone:x:1003:
[root@localhost ~]#
```

GID를 지정하여 새 그룹 생성

그룹을 효율적으로 관리하기 위해 새 그룹을 생성할 때 그룹별 특성을 부여하기 위한 특정 GID를 지정할 수 있습니다. 예를 들어 해당 연도별 그룹을 관리하기 위해 연도를 GID로 설정하여 그룹을 생성하고 관리할 수 있습니다.

groupadd 명령과 옵션 -g를 함께 사용하여 새 그룹을 생성하면서 특정 GID를 부여하기 위해 다음 예제를 수행합니다.

| 예제 6-13 |

• **Step 01** | groupadd -g 명령으로 GID를 2030으로 설정하여 새 그룹 nt_zone을 생성합니다.

```
#  groupadd -g 2030 nt_zone
```

기능 GID를 2030으로 설정하여 새 그룹 nt_zone을 생성
형식 groupadd [옵션] GID 그룹 이름 [ENTER↵]

```
[root@localhost ~]# groupadd -g 2030 nt_zone
[root@localhost ~]#
```

- **Step 02** | grep 명령으로 nt_zone 그룹의 GID 정보를 확인합니다.

```
[root@localhost ~]# grep nt_zone /etc/group
nt_zone:x:2030:
[root@localhost ~]#
```

기존 GID를 중복해서 지정하여 새 그룹 생성

새 그룹을 생성할 때 기존에 부여했던 GID를 새 그룹에 중복해서 지정할 수 있습니다. 앞에서 실습했던 GID 2030을 중복해서 지정하여 새 그룹을 생성하는 과정을 살펴보기 위해 다음 예제를 수행합니다.

| 예제 6-14 |

- **Step 01** | groupadd -g 명령으로 GID를 2030으로 설정하여 새 그룹 gp_zone을 생성합니다.

```
#  groupadd -g 2030 -o gp_zone
```

기능 기존 GID 2030을 중복 지정하여 새 그룹 gp_zone을 생성
형식 groupadd [옵션] GID [옵션] 그룹이름 [ENTER↵]

```
[root@localhost ~]# groupadd -g 2030 -o gp_zone
[root@localhost ~]#
```

- **Step 02** | grep 명령으로 gp_zone 그룹의 GID 정보를 확인합니다.

```
[root@localhost ~]# grep gp_zone /etc/group
gp_zone:x:2030:
[root@localhost ~]#
```

도전 문제 6-4

1. professor 그룹을 옵션 없이 새로 생성하기
2. 새로 생성한 professor 그룹에 자동으로 설정된 GID 확인하기
3. GID를 2018로 설정하여 student 그룹을 새로 생성하기
4. 새로 생성한 student 그룹에 설정된 GID 확인하기
5. 기존의 GID 2018을 중복 지정하여 db _ space 그룹을 새로 생성하기
6. 새로 생성한 db _ space 그룹에 설정된 GID 확인하기

2 그룹 암호설정 및 삭제

리눅스 시스템에서는 그룹에도 암호를 지정하는데 이 암호는 사용자의 현재 소속되어 있는
그룹을 다른 그룹으로 변경하고자 할 때 사용됩니다.

리눅스 시스템 관리자는 필요할 때마다 파일 및 디렉터리의 소유자와 소유그룹을 다른 계정
으로 변경할 수도 있으므로 그룹 암호가 필요합니다.

리눅스 시스템에서는 유닉스 시스템과 달리 그룹 암호를 설정하는 gpasswd 명령을 제공하고
있으며 이 명령을 통해 그룹 암호 설정과 그룹 암호 해제 및 그룹에 멤버를 추가 또는 삭제하
는 기능도 수행합니다.

gpasswd 명령의 사용형식은 다음과 같습니다.

$ gpasswd

기능 그룹 암호 관리 (/etc/group과 /etc/gshadow 파일을 관리)
형식 gpasswd [옵션] 그룹이름 ENTER↵
옵션 -a 계정 이름 : 계정을 그룹에 추가
　　　 -d 계정 이름 : 계정을 그룹에서 삭제
　　　 -r : 그룹 암호를 삭제

기존 그룹에 새 멤버 추가 : -a 옵션

user 명령으로 기존 그룹에 새 멤버를 추가하는 과정을 살펴보기 위해 다음 예제를 수행합니다.

| 예제 6-15 |

- **Step 01** │ user 명령으로 sno_2023001과 sno_2023002 계정을 생성한 다음 ls 명령으로 계

정 목록을 확인합니다.

PART 01
PART 02
PART 03
PART 04
PART 05

> # useradd sno_2023001
>
> **기능** 새 사용자 계정 sno_2023001 생성
> **형식** useradd [옵션] 계정 이름 ENTER↲

```
[root@localhost ~]# useradd sno_2023001
[root@localhost ~]# useradd sno_2023002
[root@localhost ~]# ls /home
cskisa   sno_2023001   sno_2023002
[root@localhost ~]#
```

- **Step 02** | grep 명령으로 sno_2023001 계정에 대한 정보를 확인합니다.

> # grep sno_2023001 /etc/group
>
> **기능** /etc/group 파일에서 문자열 sno_2023001을 찾아서 출력
> **형식** grep [옵션] 파일명 ENTER↲

```
[root@localhost ~]# grep sno_2023001 /etc/group
sno_2023001:x:2002:
[root@localhost ~]#
```

- **Step 03** | gpasswd -a 명령으로 sno_2023001 계정을 db_zone 멤버로 추가합니다.

> # gpasswd -a sno_2023001 db_zone
>
> **기능** 사용자 계정 sno_2023001을 db_zone 그룹의 멤버로 추가
> **형식** gpasswd [옵션] 계정 이름 그룹명 ENTER↲

```
[root@localhost ~]# gpasswd -a sno_2023001 db_zone
사용자 sno_2023001을(를) db_zone 그룹에 등록 중
[root@localhost ~]#
```

- **Step 04** | grep 명령으로 sno_2023001 계정이 속한 그룹에 대한 정보를 살펴보면 db_zone 그룹의 멤버로 추가된 것을 확인할 수 있습니다.

```
[root@localhost ~]# grep sno_2023001 /etc/group
db_zone:x:1003:sno_2023001
sno_2023001:x:2002:
[root@localhost ~]#
```

- **Step 05** | gpasswd -a 명령으로 sno_2023002 계정을 nt_zone 그룹의 새 멤버로 추가합니다.

`gpasswd -a sno_2023002 nt_zone`

기능 사용자 계정 sno_2023002를 nt_zone 그룹의 멤버로 추가
형식 gpasswd [옵션] 계정 이름 그룹명 [ENTER↵]

```
[root@localhost ~]# gpasswd -a sno_2023002 nt_zone
사용자 sno_2023002을(를) nt_zone 그룹에 등록 중
[root@localhost ~]#
```

- **Step 06** | grep 명령으로 sno_2023002 계정이 속한 그룹에 대한 정보를 살펴보면 nt_zone 그룹 멤버로 추가된 것을 확인할 수 있습니다.

```
[root@localhost ~]# grep sno_2023002 /etc/group
nt_zone:x:2030:sno_2023002
sno_2023002:x:2003:
[root@localhost ~]#
```

◎- 도전 문제 6-5

1. [도전문제 6-4]를 먼저 수행하기
2. 사용자 계정 pro_001과 pro_002 계정을 새로 생성하기
3. 새로 생성한 2개의 사용자 계정이 홈 디렉터리에 존재하는지 확인하기
4. professor 그룹에 사용자 계정 pro_001계정을 추가 지정하기
5. professor 그룹에 사용자 계정 pro_002계정을 추가 지정하기
6. 사용자 계정 pro_001과 pro_002 계정에 지정된 그룹정보 확인하기

기존 그룹에 있는 특정 멤버 삭제 : -d 옵션

기존 그룹에 존재하는 멤버 중에서 특정 멤버를 삭제하려면 gpasswd 명령과 함께 옵션 -d를
사용하면 됩니다.

gpasswd 명령과 옵션 -d를 함께 사용하여 특정 그룹에 존재하는 멤버를 삭제하는 과정을
살펴보기 위해 다음 예제를 수행합니다.

예제 6-16

- **Step 01** | gpasswd -d 명령으로 sno_2023002 멤버를 nt_zone 그룹에서 삭제합니다.

gpasswd -d sno_2023002 nt_zone

기능 nt_zone 그룹에 있는 sno_2017002 멤버 삭제
형식 gpasswd [옵션] 계정 이름 그룹명 ENTER↵

```
[root@localhost ~]# gpasswd -d sno_2023002 nt_zone
사용자 sno_2023002을(를) 그룹 nt_zone에서 제거하는 중
[root@localhost ~]#
```

- **Step 02** | grep 명령으로 sno_2023002 계정에 대한 정보를 살펴보면 소속된 그룹이 지정되
어 있지 않음을 확인할 수 있습니다.

```
[root@localhost ~]# grep sno_2023002 /etc/group
sno_2023002:x:2003:
[root@localhost ~]#
```

기존 그룹에 암호 설정 : gpasswd

기존 그룹에 암호를 설정할 수 있습니다. 그룹 암호는 소속된 그룹을 변경하고자 할 때 꼭 필
요한 요소이기 때문에 반드시 기억하고 있어야 합니다. 여기서는 편의상 그룹 이름과 그룹 암
호를 동일하게 지정하겠습니다.

gpasswd 명령으로 gp_zone 그룹에 암호를 설정하는 과정을 살펴보기 위해 다음 예제를 수
행합니다.

| 예제 6-17 |

- **Step 01** | gpasswd 명령으로 gp_zone 그룹 암호를 설정한 다음 grep 명령으로 설정한 그룹 암호를 확인합니다.

> **# gpasswd gp_zone**

> **기능**   gp_zone 그룹에 암호 설정
> **형식**   gpasswd 그룹명 `ENTER↵`

```
[root@localhost ~]# gpasswd gp_zone
gp_zone 그룹의 암호를 바꾸는 중
새 암호: gp_zone ← 보안상 화면에는 나타나지 않음
새 암호를 다시 입력하십시오: gp_zone ← 보안상 화면에는 나타나지 않음
[root@localhost ~]# grep gp_zone /etc/gshadow
gp_zone:$6$EZrj9Hs7K7$Bd6vQlz7XCLRPojEfTMcmBO.5n9PNI84p4Qn4AcEr/dJFG5OSVMS
vWeTY6SgZYSmznCaRZNp1OU6apSQzCHZB0::
[root@localhost ~]#
```

- **Step 02** | gpasswd 명령으로 db_zone 그룹과 nt_zone 그룹에 대한 암호를 그룹 이름과 동일하게 각각 설정합니다.

```
[root@localhost ~]# gpasswd db_zonc
db_zone 그룹의 암호를 바꾸는 중
새 암호: db_zone ← 보안상 화면에는 나타나지 않음
새 암호를 다시 입력하십시오: db_zone ← 보안상 화면에는 나타나지 않음
[root@localhost ~]# gpasswd nt_zone
nt_zone 그룹의 암호를 바꾸는 중
새 암호: nt_zone ← 보안상 화면에는 나타나지 않음
새 암호를 다시 입력하십시오: nt_zone ← 보안상 화면에는 나타나지 않음
[root@localhost ~]#
```

- **Step 03** | grep 명령으로 db_zone 그룹과 nt_zone 그룹에 대한 암호를 설정한 정보를 /etc/gshadow 파일에서 확인합니다.

```
[root@localhost ~]# grep db_zone /etc/gshadow
db_zone:$6$kIHsBS8nnk/$BnO1P6GXIc5TadaSe7SB/iaWNwyN3r7.deLgoD0CtK84CB.WjJy
O5DXw0LxtxLhq3qTlFZSnM2NJEoPYQT7B31::sno_2023001
[root@localhost ~]# grep nt_zone /etc/gshadow
nt_zone:$6$aY0r3QcusgzirFa/$fJyrKcWEo9yYKA//YTXRV8dusDJ23i36VFvujPH/xjkZ8.
57BqQF5M0V2VoMd4WEzWoFeV9QqX6XUQFR1c4s30::
[root@localhost ~]#
```

기존 그룹에 설정된 그룹 암호 삭제 : -r 옵션

그룹에 설정된 암호를 삭제할 때는 gpasswd 명령과 함께 옵션 -r을 사용하면 됩니다. gpasswd -r 명령으로 그룹에 설정된 암호를 삭제하는 과정을 살펴보기 위해 다음 예제를 수행합니다.

│ 예제 6-18 │

gpasswd -r 명령으로 gp_zone 그룹 암호를 삭제 후 grep 명령으로 /etc/gshadow 파일의 내용을 출력하여 그룹 암호가 삭제된 것을 확인합니다.

> **# gpasswd -r gp_zone**
>
> **기능** gp_zone 그룹에 설정되어 있는 암호 삭제
> **형식** gpasswd [옵션] 그룹명 [ENTER↵]

```
[root@localhost ~]# gpasswd -r gp_zone
[root@localhost ~]# grep gp_zone /etc/gshadow
gp_zone:::
[root@localhost ~]#
```

◎- 도전 문제 6-6

1. [도전문제 6-4]와 [도전문제 6-5]를 먼저 수행하기
1. professor 그룹에 존재하는 pro _ 001 멤버를 삭제하기
2. grep 명령으로 pro _ 001 계정이 professor 그룹에 존재여부를 확인하기
3. professor 그룹에 암호를 123456으로 설정하기
4. student 그룹에 암호를 123456으로 설정하기
5. grep 명령으로 professor 그룹과 student 그룹에 설정된 암호에 대한 정보 확인하기
6. student 그룹에 설정된 암호 삭제하기
7. 암호가 삭제된 student 그룹의 암호정보 확인하기

③ 소속 그룹 관리

소속 그룹을 관리하기 위해서는 먼저 리눅스 시스템에 등록되어 있는 그룹 목록에 대한 정보를 확인해야 합니다. 그룹 목록은 cat 명령으로 출력하면 됩니다.

그룹 목록 출력 : cat

cat 명령으로 리눅스 시스템에 등록된 그룹 목록을 출력합니다.

| 예제 6-19 | ────────────────────────────

터미널 창에서 리눅스 시스템에 등록된 그룹 목록을 출력하기 위해 다음과 같이 cat 명령을 수행합니다.

---

cat /etc/group

기능 리눅스 시스템에 등록되어 있는 그룹 목록 출력
형식 cat [옵션] 파일명 ENTER↵

```
[root@localhost ~]# cat /etc/group
root:x:0:
bin:x:1:
...
(생략)
...
sno_2023002:x:2003:
[root@localhost ~]#
```

사용자 계정으로 접속 모드 변경 : su - 계정 이름

사용자 계정의 소속 그룹을 변경하기 위해서는 관리자 계정이 아닌 해당 사용자 계정으로 접속 모드를 변경해야 합니다.

su - 명령으로 관리자 계정인 root 계정에서 사용자 계정인 sno_2023001 계정으로 접속 모드를 변경하기 위해 다음 예제를 수행합니다.

| 예제 6-20 | ────────────────────────────

su - 명령으로 root 계정에서 sno_2023001 계정으로 접속 모드를 변경합니다.

---

su - sno_2023001

기능 sno_2023001 사용자 계정으로 변경
형식 su [옵션] 계정 이름 ENTER↵

```
[root@localhost ~]# su - sno_2023001
[sno_2023001@localhost ~]$
```

소속 그룹정보출력 : id

사용자 계정이 속한 그룹의 정보를 확인하기 위해서는 id 명령을 사용합니다. id 명령의 사용
형식은 다음과 같습니다.

$ **id**
기능 현재 사용자의 실제 ID와 유효 사용자 ID, 그룹 ID를 출력
형식 id [옵션] [계정 이름] ENTER↵
기능 -g : 사용자의 그룹 ID 출력
-G : 추가 그룹의 ID 출력
-u : 사용자의 UID 출력
-n : u, g, G 옵션과 함께 사용하며 해당하는 ID의 이름 출력
-r : u, g, G 옵션과 함께 사용하며 해당하는 실제 ID를 출력

| 예제 6-21 |

sno_2023001 계정으로 접속된 상태에서 id 명령으로 사용자 계정이 속한 그룹을 살펴보면
db_zone 그룹의 멤버로 등록되어 있음을 확인할 수 있습니다.

$ **id**
기능 현재 사용자의 실제 ID와 유효 사용자 ID, 그룹 ID를 출력
형식 id [옵션] [계정 이름] ENTER↵

```
[sno_2023001@localhost ~]$ id
uid=2002(sno_2023001) gid=2002(sno_2023001) groups=2002(sno_2023001),
1003(db_zone) context=unconfined_u:unconfined_r:unconfined_t:s0-s0:c0.c1023
[sno_2023001@localhost ~]$
```

소속 그룹 변경 : newgrp

리눅스 시스템에서 사용자 계정을 생성하면 기본 그룹이 자동으로 할당됩니다. 하지만 사용
자 계정은 사용 목적에 따라 소속된 그룹을 변경해야 하는 경우도 종종 발생하게 됩니다.

사용자 계정이 소속된 그룹을 변경하기 위해서는 그룹 암호가 꼭 필요합니다. 만약 그룹 암호를 지
정하지 않았거나 삭제한 경우에는 다시 그룹 암호를 설정한 다음 소속 그룹을 변경해야 합니다.

사용자 계정이 속한 그룹을 다른 그룹으로 변경하고자 할 때는 newgrp 명령을 사용합니다. newgrp 명령의 사용형식은 다음과 같습니다.

$ **newgrp 그룹명**

기능 소속 그룹을 지정한 그룹으로 변경
형식 newgrp 그룹명 [ENTER↵]

| 예제 6-22 |━━━━━━━━━━━━━━━━━━━━━━━━━━━━━━━━━━━

newgrp 명령으로 현재 접속된 사용자 계정이 속한 그룹을 nt_zone으로 변경한 다음 id 명령으로 변경된 내용을 확인합니다. 암호는 nt_zone를 입력하면 됩니다.

$ **newgrp nt_zone**

기능 소속 그룹을 지정한 nt_zone 그룹으로 변경
형식 newgrp 그룹명 [ENTER↵]

```
[sno_2023001@localhost ~]$ newgrp nt_zone
암호: nt_zone ← 보안상 화면에는 나타나지 않음
[sno_2023001@localhost ~]$ id
uid=2002(sno_2023001) gid=2030(nt_zone) groups=2030(nt_zone),1003(db_
zone),
2002(sno_2023001) context=unconfined_u:unconfined_r:unconfined_t:s0-s0:c0.
c1023
[sno_2023001@localhost ~]$
```

◎- 도전 문제 6-7

1. 터미널 창에서 professor 그룹에 존재하는 pro_002 계정으로 접속하기
2. pro_002 계정의 그룹 정보 출력하기
3. pro_002 계정의 소속 그룹을 professor 그룹으로 변경하기
4. pro_002 계정의 변경된 그룹 정보 출력하기
5. root 계정으로 프롬프트 변경하기

SECTION 04 소유자와 소유그룹 변경

리눅스는 하나의 시스템에 여러 사용자가 동시에 접속하여 사용할 수 있도록 제공하고 있으므로 사용자들이 생성한 파일이나 디렉터리가 다른 사용자에게 노출될 위험 또한 내포하고 있습니다.

이러한 문제를 해결하기 위해 리눅스 시스템에서는 소유권과 허가권이라는 두 가지의 권한을 해결방안으로 제시하고 있습니다.

파일이나 디렉터리에 접근할 수 있는 허가권은 5장에서 배운 chmod(chang mode) 명령으로 권한을 변경하고 파일이나 디렉터리의 소유권 및 그룹 소유권에 대한 권한은 chown(chang owner) 명령과 chgrp(change group)를 사용합니다.

여기서 잠깐 살펴보세요.

chown 명령과 chgrp 명령은 일반 사용자 계정으로 접속한 상태에서는 사용할 수 없고 반드시 root 계정으로 접속된 상태에서 사용해야 합니다.

1 소유권과 그룹 소유권 변경

사용자 계정에서 생성되는 파일이나 디렉터리에 대한 소유권과 그룹 소유권은 리눅스 시스템에서 설정된 권한으로 부여됩니다.

chown 명령

생성된 파일과 디렉터리의 소유권과 그룹 소유권에 대해 변경할 때는 chown 명령을 사용하면 됩니다. chown 명령의 사용형식은 다음과 같습니다.

 # chown

기능 파일이나 디렉터리의 소유권 및 그룹 소유권을 변경
형식 chown [옵션] [계정 이름] [파일명 또는 디렉터리명] `ENTER↵`
옵션 -R : 하위 디렉터리를 모두 포함하여 소유권과 그룹 소유권을 변경

---

chown 명령으로 사용자 계정에서 생성되는 파일이나 디렉터리에 대한 소유권과 그룹 소유권을 변경하는 과정을 살펴보기 위해 다음 예제를 수행합니다.

| 예제 6-23 |

- **Step 01** | 접속 모드를 사용자 계정에서 관리자 계정인 root 계정으로 변경합니다.

 # su - root

기능 root 계정으로 이동
형식 su - `ENTER↵`

```
[sno_2023001@localhost ~]$ su - root
암호: spacezone  ← 보안상 화면에는 나타나지 않음
마지막 로그인: 토   7월 27 11:59:58 KST 2019 일시 pts/0
[root@localhost ~]#
```

- **Step 02** | ls 명령으로 root 계정에 존재하는 사용자 계정 목록을 출력합니다.

 # ls /home

기능 /home 디렉터리에 있는 사용자 계정 목록 출력
형식 ls 디렉터리명 `ENTER↵`

```
[root@localhost ~]# ls /home
cskisa  sno_2023001  sno_2023002
[root@localhost ~]#
```

- **Step 03** | su - 명령으로 root 계정에서 sno_2023002 계정으로 접속을 변경합니다.

> **# su - sno_2023002**
>
> **기능** 사용자 계정 sno_2023002로 접속 변경
> **형식** su - 계정 이름 ENTER↵

```
[root@localhost ~]# su - sno_2023002
[sno_2023002@localhost ~]$
```

- **Step 04** | sno_2023002 계정으로 접속한 상태에서 mkdir 명령으로 work 디렉터리를 생성하고 touch 명령으로 juso.txt 파일을 생성합니다. ls -l 명령으로 생성한 디렉터리와 파일에 대한 정보를 출력합니다.

> **$ mkdir work**
>
> **기능** 새로운 work 디렉터리를 생성
> **형식** mkdir 디렉터리명 ENTER↵

> **$ touch juso.txt**
>
> **기능** 새로운 빈 파일 juso.txt를 생성
> **형식** touch 파일명 ENTER↵

```
[sno_2023002@localhost ~]$ ls
[sno_2023002@localhost ~]$ mkdir work
[sno_2023002@localhost ~]$ touch juso.txt
[sno_2023002@localhost ~]$ ls -l
합계 0
-rw-rw-r--.  1 sno_2023002 sno_2023002 0  7월 27 12:08 juso.txt
drwxrwxr-x.  2 sno_2023002 sno_2023002 6  7월 27 12:08 work
[sno_2023002@localhost ~]$
```

- **Step 05** | su - root 명령으로 접속 모드를 관리자 계정으로 변경합니다. chown 명령은 관리자 계정에서만 사용할 수 있는 권한을 가진 명령입니다. 사용자 계정과 관리자 계정으로 접속 모드를 수시로 바꾸는 경우 프롬프트를 보면서 진행하게 되면 혼동되지 않습니다.

> **$ su - root**
>
> **기능** root 계정으로 접속 변경
> **형식** su - 계정 이름 ENTER↵

```
[sno_2023002@localhost ~]$ su - root
암호: spacezone ← 보안상 화면에는 나타나지 않음
마지막 로그인: 토   7월 27 12:02:16 KST 2019 일시 pts/0
[root@localhost ~]#
```

- **Step 06** | 관리자 계정으로 접속된 상태에서 sno_2023002 계정에 존재하는 파일목록과 소유자 권한에 대한 정보를 출력합니다. 출력된 정보를 살펴보면 work 디렉터리의 소유자는 sno_2023002 계정임을 알 수 있습니다.

ls -l /home/sno_2023002

기능 사용자 계정 sno_2017002에서 생성한 디렉터리와 파일 존재 확인
형식 ls [옵션] 디렉터리명/계정 이름 ENTER↵

```
[root@localhost ~]# ls -l /home/sno_2023002
합계 0
-rw-rw-r--. 1 sno_2023002 sno_2023002 0  7월 27 12:08 juso.txt
drwxrwxr-x. 2 sno_2023002 sno_2023002 6  7월 27 12:08 work
[root@localhost ~]#
```

- **Step 07** | chown 명령으로 work 디렉터리의 소유자를 cskisa 계정으로 변경하고 소유자가 변경된 사항을 확인합니다. chown 명령으로 소유자와 그룹을 한꺼번에 변경하려면 '사용자 계정:그룹 이름'을 지정해 주어야 합니다.

chown cskisa /home/sno_2023002/work

기능 sno_2023002 계정에서 생성한 work 디렉터리의 소유자를 cskisa로 변경
형식 chown 계정 이름 디렉터리명 ENTER↵

```
[root@localhost ~]# chown cskisa /home/sno_2023002/work
[root@localhost ~]# ls -l /home/sno_2023002
합계 0
-rw-rw-r--. 1 sno_2023002   sno_2023002 0  7월 27 12:08 juso.txt
drwxrwxr-x. 2 cskisa        sno_2023002 6  7월 27 12:08 work
[root@localhost ~]#
```

chown 명령을 수행한 결과 work 디렉터리의 소유자가 당초 sno_2023002 계정에서 cskisa 계정으로 변경된 것을 확인할 수 있습니다.

파일 소유자와 그룹 동시 변경

관리자 계정으로 접속된 상태에서 사용자 계정에서 생성한 파일에 대해 파일 소유자와 그룹을 동시에 변경하기 위해 다음 예제를 수행합니다.

| 예제 6-24 |

- **Step 01** | ls -l 명령으로 sno_2023002 계정에서 생성한 디렉터리와 파일 목록을 출력합니다.

 # ls -l /home/sno_2023002

기능 사용자 계정 sno_2023002에서 생성한 디렉터리와 파일 존재 확인
형식 ls [옵션] 디렉터리명/계정 이름 ENTER↵

```
[root@localhost ~]# ls -l /home/sno_2023002
합계 0
-rw-rw-r--.  1 sno_2023002    sno_2023002 0  7월 27 12:08 juso.txt
drwxrwxr-x.  2 cskisa         sno_2023002 6  7월 27 12:08 work
[root@localhost ~]#
```

- **Step 02** | chown 명령으로 sno_2023002 계정에서 생성한 juso.txt 파일의 소유자와 그룹을 모두 cskisa로 변경합니다. ls -l 명령으로 변경된 내용을 확인합니다.

 # chown cskisa:cskisa /home/sno_2023002/juso.txt

기능 sno_2023002 계정에서 생성한 juso.txt 파일의 소유자와 그룹을 cskisa로 변경
형식 chown 계정 이름:그룹이름 파일명 ENTER↵

```
[root@localhost ~]# chown cskisa:cskisa /home/sno_2023002/juso.txt
[root@localhost ~]# ls -l /home/sno_2023002
합계 0
-rw-rw-r--.  1 cskisa cskisa        0  7월 27 12:08 juso.txt
drwxrwxr-x.  2 cskisa sno_2023002   6  7월 27 12:08 work
[root@localhost ~]#
```

chown 명령을 결과 juso.txt 파일의 소유자와 소유그룹이 모두 cskisa로 변경된 것을 확인할 수 있습니다. 이와 같이 chown 명령을 사용하면 다른 사용자 계정에서 생성한 디렉터리와 파일에 대해서도 소유자와 소유그룹을 변경할 수 있습니다.

여기서 잠깐 살펴보세요.

서브 디렉터리의 파일까지 한꺼번에 소유자와 소유그룹을 변경하기 위해서는 chown 명령과 함께 옵션 -R을 지정해 주어야 합니다. 파일의 소유자 지정은 계정 이름 말고 UID로 사용자를 지정하여 변경할 수도 있습니다

2 파일과 디렉터리의 소유그룹 변경

파일과 디렉터리의 소유그룹을 변경하기 위해 계층적 디렉터리와 빈 파일을 사용자 계정에서 생성한 다음 관리자 계정으로 접속을 변경하여 파일과 디렉터리의 소유그룹을 변경하는 과정으로 진행하겠습니다.

계층적 디렉터리와 빈 파일 생성

파일과 디렉터리의 소유그룹을 변경하는 과정을 실습하기 위해 사용자 계정에서 계층적 디렉터리와 빈 파일을 먼저 생성하도록 하겠습니다.

| 예제 6-25 |

- **Step 01** | 먼저 관리자 계정에서 sno_2023001 계정으로 접속을 변경합니다.

> **# su - sno_2023001**
>
> **기능** 사용자 계정 sno_2023001로 접속 변경
> **형식** su - 계정 이름 ENTER↵

```
[root@localhost ~]# su - sno_2023001
마지막 로그인: 토   7월 27 12:02:10 KST 2019 일시 pts/0
[sno_2023001@localhost ~]$
```

- **Step 02** | sno_2023001 계정으로 접속된 상태에서 workspace/test/ex_dir 계층적 디렉터리를 생성합니다.

```
$ mkdir -p workspace/test/ex_dir
```

기능 새로운 workspace/test/ex_dir 계층적 디렉터리를 생성
형식 mkdir [옵션] 계층적 디렉터리명 [ENTER↵]

```
[sno_2023001@localhost ~]$ mkdir -p workspace/test/ex_dir
[sno_2023001@localhost ~]$
```

● **Step 03** | touch 명령으로 scale.txt 빈 파일을 생성합니다.

```
$ touch scale.txt
```

기능 새로운 빈 파일 scale.txt를 생성
형식 touch 파일명 [ENTER↵]

```
[sno_2023001@localhost ~]$ touch scale.txt
[sno_2023001@localhost ~]$
```

● **Step 04** | ls -lR 명령으로 사용자 계정에 존재하는 디렉터리와 파일목록을 출력합니다.

```
$ ls -lR
```

기능 현재 디렉터리에 존재하는 하위 디렉터리 리스트를 출력
형식 ls [옵션] 디렉터리명/계정 이름 [ENTER↵]

```
[sno_2023001@localhost ~]$ ls -lR
.:
합계 0
-rw-rw-r--. 1 sno_2023001 sno_2023001  0  7월 27 12:25 scale.txt
drwxrwxr-x. 3 sno_2023001 sno_2023001 18  7월 27 12:25 workspace

./workspace:
합계 0
drwxrwxr-x. 3 sno_2023001 sno_2023001 20  7월 27 12:25 test

./workspace/test:
합계 0
drwxrwxr-x. 2 sno_2023001 sno_2023001 6  7월 27 12:25 ex_dir

./workspace/test/ex_dir:
합계 0
[sno_2023001@localhost ~]$
```

mkdir 명령과 touch 명령으로 생성한 디렉터리와 파일의 소유자와 그룹 소유권이 모두 sno_2023001 계정으로 설정된 것을 확인할 수 있습니다.

디렉터리의 그룹 소유권 변경

디렉터리나 파일의 소유그룹을 변경할 때는 chgrp 명령을 사용합니다. chgrp 명령으로 디렉터리나 파일의 그룹 소유권을 변경할 때는 그룹명 대신 GID를 사용해도 됩니다.

chgrp 명령의 사용형식은 다음과 같습니다.

 # chgrp

기능 파일이나 디렉터리의 그룹 소유권을 변경
형식 chgrp [옵션] [계정 이름] [파일명 또는 디렉터리명] ENTER↵
옵션 -R : 하위 디렉터리를 모두 포함하여 그룹 소유권을 변경

관리자 계정으로 접속을 변경한 다음 사용자 계정에서 생성한 디렉터리 소유자를 변경하기 위해 다음 예제를 수행합니다.

| 예제 6-26 | ━━━━━━━━━━━━━━

- **Step 01** | chgrp 명령을 수행하기 위해서는 사용자 계정에서 관리자 계정인 root 세션으로 접속을 변경해야 합니다. chgrp 명령은 사용자 계정으로 접속한 상태에서는 작업을 수행할 권한이 없습니다.

$ su - root

기능 root 계정으로 접속 변경
형식 su - 계정 이름 ENTER↵

```
[sno_2023001@localhost ~]$ su - root
암호: spacezone  ← 보안상 화면에는 나타나지 않음
마지막 로그인: 토   7월 27 12:10:24 KST 2019 일시 pts/0
[root@localhost ~]#
```

- **Step 02** | root 계정으로 접속된 상태에서 sno_2023001 계정에 존재하는 파일의 목록과 소유자 권한을 ls -l 명령으로 출력하여 소유자와 그룹 권한을 확인합니다.

```
#  ls -l /home/sno_2023001
```

기능 사용자 계정 sno_2023001에서 생성한 디렉터리와 파일 존재 확인
형식 ls [옵션] 디렉터리명/계정 이름 ENTER↵

```
[root@localhost ~]# ls -l /home/sno_2023001
합계 0
-rw-rw-r--. 1 sno_2023001 sno_2023001  0  7월 27 12:25 scale.txt
drwxrwxr-x. 3 sno_2023001 sno_2023001 18  7월 27 12:25 workspace
[root@localhost ~]#
```

● **Step 03** | chgrp -R 명령으로 sno_2023001 계정에서 생성한 workspace 디렉터리의 소유
자를 cskisa 계정으로 변경합니다.

```
$  chgrp -R cskisa /home/sno_2023001/workspace
```

기능 sno_2023001 계정에서 생성한 workspace 디렉터리의 소유자를 cskisa로 변경
형식 chown 계정 이름 디렉터리명 ENTER↵

```
[root@localhost ~]# chgrp -R cskisa /home/sno_2023001/workspace
[root@localhost ~]#
```

● **Step 04** | ls -lR 명령으로 workspace 디렉터리의 그룹 소유권이 sno_2023001 계정에서
cskisa 계정으로 변경된 것을 확인할 수 있습니다.

```
$  ls -lR
```

기능 현재 디렉터리에 존재하는 하위 디렉터리 리스트를 출력
형식 ls [옵션] 디렉터리명/계정 이름 ENTER↵

```
[root@localhost ~]# ls -lR /home/sno_2023001
...
(생략)
...
-rw-rw-r--. 1 sno_2023001 sno_2023001  0  7월 27 12:25 scale.txt
drwxrwxr-x. 3 sno_2023001 cskisa      18  7월 27 12:25 workspace
...
(생략)
...
[root@localhost ~]#
```

파일의 그룹 소유권 변경

sno_2023001 계정에서 생성한 파일의 소유권을 다른 사용자 계정으로 그룹 소유권을 변경
하는 과정에 대해 살펴보도록 하겠습니다.

chgrp 명령으로 sno_2023001 계정에서 생성한 scale.txt 파일의 그룹 소유권을 cskisa 계정
으로 변경하기 위해 다음 예제를 수행합니다.

| 예제 6-27 |

- **Step 01** | ls –l 명령으로 sno_2023001 계정에서 생성한 디렉터리와 파일목록을 출력합니다.

> \# **ls -l /home/sno_2023001**
>
> **기능** 사용자 계정 sno_2023001에서 생성한 디렉터리와 파일 존재 확인
> **형식** ls [옵션] 디렉터리명/계정 이름 `ENTER↵`

```
[root@localhost ~]# ls -l /home/sno_2023001
합계 0
-rw-rw-r--.  1 sno_2023001 sno_2023001  0   7월 27 12:25 scale.txt
drwxrwxr-x.  3 sno_2023001 cskisa       18  7월 27 12:25 workspace
[root@localhost ~]#
```

- **Step 02** | chgrp 명령으로 scale.txt 파일의 그룹 소유권을 cskisa 계정으로 변경합니다.

> \# **chgrp cskisa /home/sno_2023001/scale.txt**
>
> **기능** sno_2017001 계정에서 생성한 scale.txt 파일의 소유그룹을 cskisa로 변경
> **형식** chgrp 그룹 이름 파일명 `ENTER↵`

```
[root@localhost ~]# chgrp cskisa /home/sno_2023001/scale.txt
[root@localhost ~]#
```

- **Step 03** | ls –l 명령으로 scale.txt 파일의 그룹 소유권이 sno_2023001 계정에서 cskisa 계
  정으로 변경된 사항을 확인합니다.

```
[root@localhost ~]# ls -l /home/sno_2023001
합계 0
-rw-rw-r--. 1 sno_2023001 cskisa  0  7월 27 12:25 scale.txt
drwxrwxr-x.  3 sno_2023001 cskisa 18  7월 27 12:25 workspace
[root@localhost ~]#
```

여기서 잠깐 살펴보세요.

chgrp 명령은 chown 명령과 달리 소유자와 소유그룹을 한꺼번에 변경할 수는 없습니다. 소유자와 소유그룹을 한 꺼번에 변경하려면 chown 명령으로 수행하면 됩니다.

리눅스 시스템 종료

리눅스를 사용하다 보면 의도하지 않은 문제가 발생할 수 있습니다. 리눅스는 대부분 서버 운영체제로 사용되므로 비정상적으로 시스템을 종료하게 되면 예기치 못한 문제가 발생하여 서비스를 제대로 활용하지 못할 수도 있게 됩니다.

리눅스 시스템을 종료하는 방법에는 shutdown, poweroff, halt, reboot 명령을 사용하는 방법이 있습니다. 그리고 런레벨을 0 또는 6으로 전환하는 방법, 마지막으로 전원을 끄는 방법도 존재합니다. 전원을 끄는 방법은 최후의 방법으로 사용되어야 하며 전원을 끄는 방법 이외의 방법에 대해 살펴보도록 하겠습니다.

▌**1** shutdown 명령

리눅스 시스템을 종료하는 여러 가지 방법 중에서 가장 안정적인 방법은 shutdown 명령을 사용하는 것입니다. shutdown 명령의 사용형식은 다음과 같습니다.

shutdown

기능 리눅스 시스템 종료
형식 shutdown [옵션] [시간] [메시지] `ENTER↵`
옵션 -c : 이전에 수행했던 shutdown 명령 취소
　　　-f : 빠른 재시작 (fsck 생략 가능)
　　　-h : 종료하며 halt 상태로 이동
　　　-k : 실제 종료는 아니고 사용자들에게 메시지만 전달
　　　-r : 종료 후 재시작
　　　시간 : 종료할 시간 (hh:mm, +m, now)
　　　메시지 : 접속된 모든 사용자에게 보낼 메시지

시스템 즉시 종료

리눅스 시스템을 즉시 종료하려면 shutdown 명령과 함께 -h 옵션을 사용하여 현재 시각을
의미하는 now를 지정하면 됩니다.

```
# shutdown -h now
```

종료 메시지 보낸 후 종료하기

리눅스 시스템은 여러 사용자가 동시에 접속하여 사용하는 시스템이기 때문에 리눅스를 종료
하기에 앞서 접속된 사용자들에게 미리 종료 메시지를 전달해 주는 것이 바람직합니다.

만약 3분 후 리눅스 시스템을 종료한다는 메시지를 보내고자 하는 경우는 다음과 같이 명령
을 수행하면 됩니다.

```
# shutdown -h +3 "It is 3 minutes before the shutdown."
```

종료 메시지만 보내기

실제로 시스템을 종료하지 않고 사용자들에게 메시지만 보내고자 할 때 수행해야 할 명령을
살펴보기 위해 다음 예제를 수행합니다.

| 예제 6-28 |

리눅스 시스템을 실제로 종료하지는 않고 5분 후 시스템을 종료한다는 메시지만 사용자들에
게 전달하려면 다음과 같이 명령을 수행하면 됩니다.

```
[root@localhost ~]# shutdown -k 5
Shutdown scheduled for 토 2019-07-27 12:44:22 KST, use 'shutdown -c' to
cancel.
[root@localhost ~]#
Broadcast message from root@localhost.localdomain (Sat 2019-07-27 12:39:22
KST):

The system is going down for power-off at Sat 2019-07-27 12:44:22 KST!
```

2 기타 명령어

shutdown 명령 외에 시스템을 종료하거나 재시작을 위해 사용할 수 있는 명령은 런레벨 변경
과 halt, poweroff, reboot 명령이 있습니다. halt, poweroff, reboot 명령은 /var/log/vtmp
파일에 시스템 종료와 관련된 기록을 남기고 시스템을 종료하거나 재시작합니다.

터미널 창에서 마운트 및 패키지 설치 등으로 인해 시스템을 재부팅 할 경우가 발생하게 됩니
다. 이러한 증상이 발생하게 되면 리눅스 시스템 전체를 종료하지 않고 터미널 창에서 reboot
명령을 사용하여 시스템을 재부팅 하면 됩니다.

```
[root@localhost ~]# reboot
```

터미널 창에서 reboot 명령을 수행하게 되면 리눅스 시스템은 재부팅을 수행합니다.

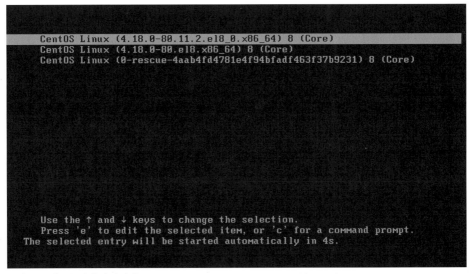

그림 6-4 새로운 가상 머신 설치

이상으로 관리자 계정 접속과 사용자 계정관리 및 그룹 관리, 소유자와 소유그룹 변경에 대해
살펴봤습니다. 다음 장에서는 리눅스 파일 시스템과 디스크 관리에 대해서 다루도록 하겠습
니다.

01 터미널 창에 나타난 '$' 프롬프트는 사용자 계정으로 접속한 상태를 의미하고 관리자 모드인 root 계정으로 접속할 경우는 '#' 프롬프트로 나타납니다.

02 터미널 창에서 프롬프트를 변경하기 위해서는 substitute의 약어인 su 명령을 사용합니다.

$ **su**
기능 다른 계정으로 변경
형식 su [옵션] 계정 이름 [ENTER↵]
옵션 -c : 셸을 실행하지 않고 주어진 명령만 수행
-s : 지정된 셸로 접속
-, -l : 지정한 사용자의 환경변수를 적용하여 접속

03 계정에 대한 일반정보는 /ect/passwd 파일에 저장되어 있으며 [텍스트 편집기] 명령이나 vi 명령으로 파일의 내용을 확인할 수 있습니다.

[텍스트 편집기] /ect/passwd
기능 터미널 창에서 지에디트를 실행하여 /etc/passwd 파일 열기
형식 [텍스트 편집기] /경로명/파일이름 [ENTER↵]

04 /etc/passwd 파일에는 root 관리자 계정에 대한 정보와 cskisa 사용자 계정에 대한 정보가 저장되어 있습니다. cskisa 계정에 대한 /etc/passwd 파일 구성내용을 각 기본 항목별로 자세히 살펴보면 다음과 같습니다.

cskisa : x : 1000 : 1000 : cskisa : /home/cskisa : /bin/bash
❶　　❷　　❸　　❹　　　❺　　　　❻　　　　　❼

❶ 로그인 ID

로그인 ID는 사용자 계정의 이름을 의미합니다. 로그인 ID는 최대 32자까지 지정할 수 있지만, 너무 긴 ID는 효율성이 떨어지기 때문에 다른 운영체제와의 연동을 위해 적당한 길이(8자 정도)로 지정하는 것을 권장합니다. 로그인 ID에는 콜론(:)과 [ENTER↵]를 제외한다면 어떤 문자라도 상관없이 사용할 수 있습니다. 그렇지만 동일한 ID를 사용할 수는 없습니다.

❷ 암호저장 항목

x는 유닉스 초기시절 사용자 암호를 저장하기 위한 항목입니다. 이 항목은 이전 프로그램과의 호환성을 위해 기본 항목을 그대로 유지하고 있으며 x로 표시합니다.

❸ UID

리눅스 시스템이 사용자를 구분하기 위해 사용되는 사용자 ID 번호입니다. 일반사용자는 1000번부터 할당되며 사용자에 대한 시스템 관리업무를 위해 내부적으로 사용자를 위해 예약되어 있기 때문에 임의로 변경하지 않는 것이 좋습니다. 사용자를 구별함에 있어 로그인 ID가 다르더라도 UID가 같으면 리눅스 시스템은 동일한 사용자로 판단합니다. 따라서 시스템 관리자는 UID가 중복되지 않도록 관리에 주의를 기울여야 합니다.

❹ GID

사용자가 속해 있는 그룹의 ID를 나타냅니다. 리눅스 시스템에서 사용되는 모든 사용자는 무조건 하나 이상의 그룹에 속해 있어야 합니다. GID는 사용자를 등록할 때 정해지며 GID를 지정하지 않으면 자동으로 로그인 ID가 그룹으로 등록됩니다. 등록된 GID는 /etc/group 파일에서 확인할 수 있습니다.

❺ 설명

사용자에 대한 일반적인 정보(이름, 부서, 연락처 등)가 기록되는 항목입니다. 이 항목은 유닉스에서 유래된 기원을 바탕으로 사용자 개인정보(GECOS)라고도 불립니다.

❻ 홈 디렉터리

이 항목에서는 사용자 계정에 할당된 홈 디렉터리를 절대 경로의 형태로 저장됩니다. 홈 디렉터리는 사용자 계정을 생성하면서 자동으로 부여되며 홈 디렉터리 아래에는 서브 디렉터리와 파일 등을 생성하거나 저장할 수 있습니다.

❼ 로그인 셸

사용자의 로그인 기본 셸을 지정해 줍니다. 현재 CentOS 리눅스에서는 배시 셸을 기본 셸로 적용하여 사용자에 대한 로그인 셸을 지정합니다.

05 리눅스 시스템을 재부팅 한 다음 root 계정으로 접속하기 위해서는 '목록에 없습니까?'를 클릭한 다음 사용자 이름 root와 암호 spacezone을 입력하면 root 계정으로 접속됩니다.

06 사용자 계정은 여러 명의 사용자가 리눅스 시스템에 접속하여 사용할 때 사용자를 구별하는 역할을 수행합니다. 사용자 계정은 사용자가 시스템에 접근할 수 있는 유일한 방법이며 시스템 관리자 입장에서도 사용자의 접근 권한을 통제할 수 있는 중요한 역할을 수행합니다.

07 사용자 계정을 생성할 때 사용되는 adduser 명령은 useradd에 대한 심볼릭 링크이므로 가급적 useradd 명령을 사용하도록 합니다. 사용형식은 다음과 같습니다.

$ useradd

기능 사용자 계정을 새로 생성
형식 useradd [옵션] [생성할 계정 이름] ENTER↵
옵션 -c : 사용자 이름 등 부가적인 설명 지정
　　　 -d : 사용자 계정의 홈 디렉터리 지정
　　　 -D : 기본설정 값을 출력하거나 설정
　　　 -e : 유효기간 설정 (YYYY-MM-DD)
　　　 -f : 사용자 계정의 유효일자 (-f-175 : 앞으로 175일간 사용가능)
　　　 -g : 사용자 계정의 로그인 기본그룹 GID 지정
　　　 -G : 2차 그룹의 GID 지정
　　　 -o : 사용자 계정의 UID 중복 허용
　　　 -p : 사용자 계정의 패스워드
　　　 -s : 사용자 계정의 기본 셸 지정
　　　 -u : 사용자 계정의 UID 지정

---

08 새로 생성한 사용자 계정에는 반드시 암호를 지정해 주어야만 리눅스 시스템을 재부팅하였을 때 계정 이름이 나타납니다. 새로 생성된 사용자 계정에 암호를 설정하기 위해서는 passwd 명령을 사용하며 사용형식은 다음과 같습니다.

09 암호화된 사용자 계정의 정보는 /etc/shadow 파일에 저장되어 있습니다. 이 파일은 리눅스 시스템에 비정상적인 방법으로 접근할 수 있는 비인가자의 접근 및 해킹 등으로부터 사용자 계정에 대한 정보를 보호하기 위해 사용자 암호를 별도로 관리하고 있는 파일입니다.

10 리눅스에 존재하는 특정 파일에 대한 내용을 출력할 경우 기본적으로 마지막 행부터 10행까지만 출력할 수 있는 tail 명령을 사용하면 편리하게 파일내용을 확인할 수 있습니다.

11 tail 명령 이외에도 파일내용을 출력하는 명령으로는 cat 명령과 more 명령이 있습니다. cat 명령은 작은 내용의 파일을 출력할 때 사용하고 more 명령은 `Space Bar`로 파일의 내용을 페이지 단위로 넘기거나 `ENTER↵`로 한 행씩 넘기면서 파일 내용을 확인할 수 있는 명령입니다.

12 이미 생성된 사용자 계정에 대한 정보를 수정할 때는 usermod 명령을 사용하여 로그인 ID, UID, GID, 설명, 홈 디렉터리, 기본 셸 등 계정과 관련된 모든 정보를 수정할 수 있습니다. 사용형식은 다음과 같습니다.

$ **usermod**

기능 사용자 계정정보 수정
형식 usermod [옵션] [사용자 계정 이름] `ENTER↵`
옵션 -c : 사용자 이름 등 부가적인 설명 수정
　　　 -d : 사용자 계정의 홈 디렉터리 수정
　　　 -e : 사용자 계정 만료일(유효기간) 수정 (YYYY-MM-DD)
　　　 -f : 사용자 계정 비활성화 일자 수정
　　　 -g : 사용자 계정의 로그인 기본그룹 GID 수정
　　　 -G : 2차 그룹의 GID 수정
　　　 -l : 사용자 계정 이름 변경
　　　 -o : 사용자 계정의 UID 중복 허용
　　　 -s : 사용자 계정의 기본 셸 수정
　　　 -u : 사용자 계정의 UID 수정

13 기존 파일의 내용 중에서 특정 문자열을 검색하기 위해서는 grep 명령을 사용하며 사용형식은 다음과 같습니다.

$ **grep**

기능 찾고자 하는 문자열 검색
형식 grep [옵션] [찾을 문자열] [파일 이름] `ENTER↵`
옵션 -c : 찾을 문자열이 속한 행의 개수 출력
　　　 -H : 파일 이름과 함께 출력
　　　 -i : 대소문자를 구별하지 않고 출력
　　　 -l : 해당 패턴을 포함하는 파일이름 출력
　　　 -n : 찾으려는 문자열이 속해 있는 행의 번호를 함께 출력
　　　 -r : 현재 경로부터 하위 경로까지 검색하여 출력
　　　 -v : 찾으려는 문자열이 없는 행 출력
　　　 -w : 패턴 표현식을 하나의 단어로 취급하여 검색

14 사용자 계정을 생성하면서 설정한 암호는 실습을 위해 사용자 ID와 동일하게 지정하였습니다. 이와 같이 암호를 간단하게 지정할 경우 해커로부터 안전할 수가 없습니다. 리눅스 시스템의 보안과 사용자 계정의 보안 관리를 위해서는 사용자 계정에 따른 암호를 주기적으로 변경해 주는 것이 좋습니다.

 # chage

기능 시스템 보안을 위해 사용자 계정에 따른 암호 기한설정 및 변경
형식 chage [옵션] [사용자 계정 이름] ENTER↵
옵션 -d : 암호를 마지막으로 변경한 일자 → 마지막 날짜
　　　-E : 계정사용 종료일자 (YYYY-MM-DD) → 만료일자
　　　-I : 암호를 유효기간 종료 이후에 계정 비활성화될 일 수 → 잠금 날짜
　　　-m : 암호를 변경할 수 있는 최소 일 수 (0이면 아무 때나 변경) → 최소 날짜
　　　-M : 마지막 변경 이후의 암호 유효일 수 → 최대 날짜
　　　-W : 암호 만료기간 며칠 전에 안내 메시지 출력 → 경고 날짜
　　　-l : 현재 사용자의 암호 만기에 대한 기본정보출력 (L의 소문자)
　　　-1 : 암호 만료일을 지정하지 않거나 설정값 해제 (숫자 1임)

---

15 관리자 계정에서 생성한 사용자 계정을 삭제할 때는 관련된 홈 디렉터리와 파일들을 모두 삭제하는 것이 바람직합니다. 필요한 경우에는 계정만 삭제할 때도 있지만 이러한 경우에는 디스크에 남겨진 파일이 존재하기 때문에 한꺼번에 삭제하는 것이 좋습니다. 사용자 계정을 삭제할 때 사용하는 명령은 userdel이며 사용형식은 다음과 같습니다.

$ userdel

기능 사용자 계정 삭제
형식 userdel [옵션] 계정 이름 ENTER↵
기능 -r : 홈 디렉터리 삭제
　　　-f : 사용 중인 계정 이름도 강제 삭제
　　　-rf : 홈 디렉터리 이외에 존재하는 파일 삭제

---

16 사용자 계정의 홈 디렉터리를 root 또는 다른 소속의 그룹으로 속성을 변경하였을 경우에 홈 디렉터리를 삭제하기 위해서는 groupdel 명령을 사용하여 강제로 사용자 계정의 홈 디렉터리를 삭제해야 합니다.

17 사용자 계정을 생성하게 되면 사용자 계정에 대한 각종 정보가 /passwd, /etc/group, /etc/shadow, /var/spool/mail 파일에 자동으로 생성됩니다. 그렇기 때문에 사용자 계정을 삭제할 때는 사용자 계정만 삭제해서는 안 됩니다.

18 삭제한 동일 계정 이름으로 다시 사용자 계정을 생성한다고 할 때 기존에 생성했던 사용자 계정에 대한 모든 정보를 깨끗하게 삭제하지 않은 상태에서 같은 이름의 사용자 계정 이름을 사용하려고 하면 오류 메시지가 출력됩니다.

19 사용자 계정을 삭제하는 방법의 순서는 다음과 같습니다.
❶ /etc/passwd 파일에서 사용자 계정 삭제 : # userdel -r 계정 이름
❷ /etc/group 파일에서 사용자 그룹 삭제 : # groupdel 계정 이름
❸ /home 디렉터리에 있는 사용자의 홈 디렉터리 삭제 : # rm -rf /home/계정 이름
❹ /var/spool/mail에 있는 사용자 메일 삭제 : # rm /var/spool/mail/계정 이름
❺ 데이터베이스 연동에서 삭제하려는 계정 이름과 암호 삭제
❻ 기타 응용 프로그램에 존재하는 사용자 계정의 정보 삭제
❼ 리눅스 시스템을 재시작

20 사용자 계정을 생성할 때 자동으로 생성되었던 여러 파일을 일일이 찾아서 삭제하는 과정은 다소 복잡합니다. 이렇게 복잡한 과정을 생략하고 한 번에 사용자 계정을 삭제하려면 파일 찾기 명령인 find 명령을 사용하면 됩니다. find 명령으로 UID를 찾아서 사용자 계정과 관련된 모든 파일을 한꺼번에 삭제할 수 있습니다. find 명령과 함께 UID를 이용하는 방법은 다음과 같습니다.

```
# find -user UID -exec rm -r { } ₩;
```

기능 파일내용 중에서 UID를 찾아서 관련된 파일을 모두 삭제
형식 find [옵션] UID [옵션] [명령] {} ₩; ENTER↵

21 사용자 계정을 특정 목적에 맞는 그룹으로 지정한다면 사용자 계정을 보다 효율적으로 관리할 수 있습니다. 새 그룹의 생성은 groupadd 명령을 사용하며 새로 생성되는 그룹은 /etc/group 파일에 저장되며 사용형식은 다음과 같습니다.

$ **groupadd**
기능 새 그룹 생성 **형식** groupadd [옵션] 그룹이름 `ENTER↵` **옵션** -g gid : 그룹의 GID를 직접 지정 　　　 -o : GID의 중복사용 허용

22 리눅스 시스템에서는 유닉스 시스템과 달리 그룹 암호를 설정하는 gpasswd 명령을 제공하고 있으며 이 명령을 통해 그룹 암호 설정과 그룹 암호 해제 및 그룹에 멤버를 추가 또는 삭제하는 기능도 수행합니다.

$ **gpasswd**
기능 그룹 암호 관리 (/etc/group과 /etc/gshadow 파일을 관리) **형식** gpasswd [옵션] 그룹이름 `ENTER↵` **옵션** -a 계정 이름 : 계정을 그룹에 추가 　　　 -d 계정 이름 : 계정을 그룹에서 삭제 　　　 -r : 그룹 암호를 삭제

23 사용자 계정이 속한 그룹을 변경하기 위해서 현재 리눅스 시스템에 등록된 그룹 목록을 cat 명령으로 확인할 수 있습니다.

cat /etc/group
기능 리눅스 시스템에 등록되어 있는 그룹 목록 출력 **형식** cat [옵션] 파일명 `ENTER↵`

24 사용자 계정이 속한 그룹의 정보를 확인하기 위해서는 id 명령을 사용하며 사용형식은 다음과 같습니다.

$ **id**

기능 현재 사용자의 실제 ID와 유효 사용자 ID, 그룹 ID를 출력
형식 id [옵션] [계정 이름] ENTER↵
기능 -g : 사용자의 그룹 ID 출력
    -G : 추가 그룹의 ID 출력
    -u : 사용자의 UID 출력
    -n : u, g, G 옵션과 함께 사용하며 해당하는 ID의 이름 출력
    -r : u, g, G 옵션과 함께 사용하며 해당하는 실제 ID를 출력
---

25 사용자 계정이 속한 그룹을 다른 그룹으로 변경하고자 할 때는 newgrp 명령을 사용하며 사용형식은 다음과 같습니다.

$ **newgrp 그룹명**

기능 소속 그룹을 지정한 그룹으로 변경
형식 newgrp 그룹명 ENTER↵
---

26 리눅스 시스템에서 접속된 사용자 계정에 따라 새롭게 생성되는 파일이나 디렉터리에 대한 소유권과 그룹 소유권은 리눅스 시스템에서 설정된 권한으로 설정됩니다. 이와 같이 이미 설정되어 있는 파일과 디렉터리의 소유권 및 그룹 소유권을 chown 명령으로 변경할 수 있으며 사용형식은 다음과 같습니다.

---
chown

기능 파일이나 디렉터리의 소유권 및 그룹 소유권을 변경
형식 chown [옵션] [계정 이름] [파일명 또는 디렉터리명] ENTER↵
옵션 -R : 하위 디렉터리를 모두 포함하여 소유권과 그룹 소유권을 변경
---

27 chgrp 명령은 파일이나 디렉터리의 소유 그룹을 변경하는 명령으로 chown 명령과 마찬가지로 root 계정에서 접속된 상태에서 사용해야 합니다. chgrp 명령으로 디렉터리나 파일의 그룹 소유권을 변경할 때는 그룹명 대신 GID를 사용해도 됩니다.

 # chgrp

기능 파일이나 디렉터리의 그룹 소유권을 변경
형식 chgrp [옵션] [계정 이름] [파일명 또는 디렉터리명] `ENTER⏎`
옵션 -R : 하위 디렉터리를 모두 포함하여 그룹 소유권을 변경

---

28 shutdown 명령은 리눅스 시스템을 종료하는 여러 가지 방법 중에서 가장 안정적인 방법입니다.

 # shutdown

기능 리눅스 시스템 종료
형식 shutdown [옵션] [시간] [메시지] `ENTER⏎`
옵션 -c : 이전에 수행했던 shutdown 명령 취소
　　　 -f : 빠른 재시작 (fsck 생략 가능)
　　　 -h : 종료하며 halt 상태로 이동
　　　 -k : 실제 종료는 아니고 사용자들에게 메시지만 전달
　　　 -r : 종료 후 재시작
　　　 시간 : 종료할 시간 (hh:mm, +m, now)
　　　 메시지 : 접속된 모든 사용자에게 보낼 메시지

CHAPTER 07
파일 시스템과 마운트 설정

학습목표

● CentOS 8에서 다루는 파일 시스템에 대해 이해할 수 있습니다.

● 디바이스에 대한 마운트 설정과 해제하는 방법을 수행할 수 있습니다.

● USB 메모리를 마운트 설정과 포맷 작업을 수행할 수 있습니다.

● 파일 시스템별 디스크 사용량을 확인할 수 있습니다.

파일 시스템

1 파일 시스템 개념

파일 시스템이란 하드디스크, DVD, USB 등과 같은 저장매체에 데이터를 저장하거나 삭제 또는 검색하는 방법을 제어하기 위한 시스템을 의미합니다. XFS 파일 시스템은 RHEL(Red Hat Enterprise Linux) 8과 CentOS 8에서 사용되고 있는 기본 파일 시스템입니다.

이 시스템은 높은 확장성과 고성능을 지원하는 64bit 파일 시스템으로 파일 시스템을 사용하는 도중 장애가 발생하게 되면 파일 시스템의 빠른 복구를 지원하는 메타데이터 저널링(Metadata Journaling)을 지원합니다. 그리고 파일 시스템 온라인 통신 중 단편화 제거(Defragmentation)와 용량 확장이 용이합니다.

저널링(Journaling) 기능은 파일 시스템에 변경사항을 반영하기 전에 저널(Journal) 안에 변경사항을 기록하고 추적하는 기능을 수행하여 시스템의 오류 또는 전원 문제 등으로 인해 시스템이 재부팅되었을 경우 더 빠르게 파일 시스템의 무결성 체크를 통해 신속 정확하게 마운트 될 수 있도록 편의성을 제공해 주는 파일 시스템입니다.

여기서 잠깐 살펴보세요.

> 저널링은 디스크에 기록되는 데이터의 복구 기능을 강화하여 데이터를 디스크에 기록하기 전에 먼저 저널에 수정 사항을 기록하여 문제가 발생할 경우 저널의 기록을 보고 빠르게 복구할 수 있도록 편의성을 제공해 줍니다.

② 주요 파일 시스템의 종류

파일 시스템의 종류를 살펴보면 FAT32, NTFS, UFS, ZFS, JSFS, VxFS 등 여러 종류의 파일 시스템이 존재합니다. CentOS 운영체제에서 사용되고 있는 기본 파일 시스템은 버전에 따라 다르게 사용되고 있습니다.

CentOS 6 버전까지는 ext 파일 시스템을 기본 파일 시스템으로 사용되었습니다. 하지만 CentOS 7 버전부터는 ext 파일 시스템의 사용과 더불어 xfs 파일 시스템도 제공되고 있습니다. ext 파일 시스템의 특징에 대해 다음 표와 같이 정리하였습니다.

표 7-1 EXT 파일 시스템의 특징

파일 시스템의 유형	ext2	ext3	ext4
도입 시기	1993년	2001년	2008년
단일파일 최대사이즈	16GB~2TB	16GB~2TB	16GB~2TB
파일 시스템 최대사이즈	2TB~32TB	2TB~32TB	1024PB
저널링 기능수행 여부	부	여	여
리눅스 커널 버전	2.4.15 이전	2.4.15부터	2.6.19부터

여기서 잠깐 살펴보세요.

XFS는 1993년 실리콘 그래픽스(SGI)가 만든 고성능 64비트 저널링 파일 시스템입니다. 버전 5.3을 기점으로 SGI 의 IRIX 운영체제의 기본 파일 시스템이었습니다. 2001년에는 리눅스 커널로 포팅되었고 2014년 6월 기준으로 XFS는 대부분의 리눅스 배포판에서 지원되며 그중 일부는 기본 파일 시스템으로 채택하고 있습니다.

파일을 저장하는 디스크 용량 단위

파일을 저장하는 하드디스크 용량의 크기는 가리키는 단위에 대해 살펴보도록 하겠습니다. 최근에 가장 기본적으로 사용하는 하드디스크의 용량을 의미하는 단위 1TB(Terabyte)부터입니다.

테라바이트가 모여 240TB가 되면 1PB(Petabyte)가 되고 페타바이트가 모여 260PB가 되면 1EB(Exabyte)가 됩니다. 그리고 엑사바이트가 모여 270EB가 되면 1ZB(Zettabyte)가 되고 제타바이트가 모여 280ZB가 되면 1YB(Yottabyte)가 됩니다.

그림 7-1 파일 용량 단위 순서

요타바이트(YB) 정도는 미국의 델라웨어주에 해당하는 한 주를 다 채울 만큼의 데이터센터가 모여야 할 정도의 어마어마한 용량을 의미합니다. 이와 같은 용량 단위를 간략하게 표현하면 TB-PB-EB-ZB-YB와 같은 순으로 나열할 수 있습니다.

리눅스에서 지원하는 파일 시스템

리눅스 시스템에서는 기본 파일 시스템이라고 할 수 있는 ext2, ext3, ext4 이외에 유닉스 시스템 또는 Windows 시스템 등에서 사용할 수 있도록 다양한 호환성 또한 제공되고 있습니다.

이와 같은 호환성은 USB, CD-ROM, DVD 등과 같은 외부 저장장치도 리눅스 시스템에서 사용할 수 있도록 지원하고 있습니다. 리눅스 시스템에서도 사용할 수 있도록 호환성을 지원하는 파일 시스템을 다음 표와 같이 정리하였습니다.

표 7-2 리눅스 시스템에서 사용할 수 있도록 지원되는 파일 시스템

파일 시스템의 종류	기능
hpfs	https를 지원하기 위한 파일 시스템
hfs	맥의 hfs 파일 시스템을 지원하기 위한 파일 시스템
iso9660	CD-ROM 또는 DVD의 표준 파일 시스템으로 읽기 전용
msdos	MS-DOS 파티션을 사용하기 위한 파일 시스템
nfs	네트워크 파일 시스템으로 원격 서버와 디스크를 연결해 줌
ntfs	Windows의 NTFS를 지원하기 위한 파일 시스템
sysv	유닉스 시스템 V를 지원하기 위한 파일 시스템
ufs	유닉스 표준 파일 시스템을 지원하기 위한 파일 시스템
vfat	Windows 95, 98, NT를 지원하기 위한 파일 시스템
xfs	레드햇과 CentOS, Ubuntu의 기본 파일 시스템

3 리눅스 가상 파일 시스템

리눅스 시스템에서 사용되는 가상 파일 시스템 VFS(Virtual File System)는 표준 유닉스 파일 시스템과 관련된 모든 시스템 호출을 처리하는 커널 소프트웨어 계층과 실제 파일 시스템의 구현을 일관된 형태로 인식하도록 해줍니다.

사용자 프로세스 사이에 존재하는 추상화 계층 및 다른 여러 종류의 파일 시스템에 일반적인 공통 인터페이스를 제공하는 등의 특수한 용도에 따라 VFS는 존재했다가 사라지기도 합니다. 이와 같이 리눅스 시스템에서 지원하고 있는 VFS를 다음 표와 같이 정리하였습니다.

표 7-3 리눅스 시스템에서 지원하고 있는 VFS

파일 시스템의 종류	기능
proc	커널의 현재 상태를 나타내는 파일 시스템(/proc 디렉터리)
ramfs	RAM 디스크를 지원하는 파일 시스템
rootfs	루트 파일 시스템으로 시스템 초기화 및 관리에 필요한 내용 관리
swap	스왑 영역을 관리하기 위한 파일 시스템
tmpfs	임시파일 저장을 위한 파일 시스템(/tmp 디렉터리)

여기서 잠깐 살펴보세요.

VFS에 지원되는 파일 시스템은 세 가지 그룹이 있습니다. 첫 번째는 로컬 디스크 파티션의 기억장소를 관리하고 HDD, FDD, CD-ROM, DVD와 같은 블록 디바이스에 저장하기 위한 디스크 기반 파일 시스템이 있습니다. 두 번째는 다른 네트워크의 컴퓨터에 속한 파일 시스템에 쉽게 접근할 수 있도록 제공해 주는 네트워크 파일 시스템이 있습니다. 세 번째는 사용자가 커널 데이터 구조의 내용에 쉽게 접근할 수 있도록 간단한 인터페이스를 제공하는 특수 파일 시스템 그룹이 있습니다.

4 현재 시스템이 지원하는 파일 시스템

리눅스 시스템에서는 [표 7-2]와 [표 7-3]에서 제시한 파일 시스템 이외에도 다양한 파일 시스템을 지원하고 있으므로 현재 컴퓨터에서 사용 중인 시스템에 따라 지원되는 파일 시스템의 종류를 반드시 확인할 필요가 있습니다.

proc 파일 시스템

현재 설치된 리눅스 시스템에서 지원하는 파일 시스템의 목록에 cat 명령으로 살펴보기 위해
다음 예제를 수행합니다.

│ 예제 7-1 │

cat -n 명령으로 내 컴퓨터에 설치된 리눅스 시스템에서 지원하는 proc 파일 시스템의 정보
를 행 번호와 함께 출력합니다.

 # cat -n /proc/filesystems

기능 현재 시스템에서 지원하는 파일 시스템 정보출력
형식 cat [옵션] 디렉터리명 또는 파일명 ENTER↵

```
[root@localhost ~]# cat -n /proc/filesystems
     1  nodev   sysfs
     2  nodev   rootfs
     3  nodev   ramfs
...
(생략)
...
    22  nodev   pstore
    23  nodev   mqueue
    24          xfs
    25          ext3
    26          ext2
    27          ext4
    28  nodev   rpc_pipefs
    29          fuseblk
    30  nodev   fuse
    31  nodev   fusectl
[root@localhost ~]#
```

예제 실습결과 출력된 proc 파일 시스템의 정보를 간단하게 살펴보면 nodev는 해당 파일 시
스템이 디스크와 같은 블록장치와 연결되어 있지 않음을 의미하고 fuseblk는 ntfs 파일 시스
템을 연결할 때 사용하는 파일 시스템입니다.

24행부터 27행까지 표기된 xfs, ext2, ext3, ext4 파일 시스템은 CentOS 8에서 지원하는 파
일 시스템입니다. 16TB보다 큰 파일 시스템의 경우 xfs와 같은 확장 가능한 고가용성 파일 시

스템을 사용하는 것이 좋습니다.

CentOS 8가 기본 파일 시스템을 xfs로 채택한 이유는 대용량 지원 및 오랜 시간 동안 다른
리눅스 배포판에서 사용되면서 입증된 안정성 때문에 xfs 파일 시스템을 기본 파일 시스템으
로 채택한 이유가 아닐까 하는 추측을 해 봅니다.

여기서 잠깐 살펴보세요.

proc 파일 시스템(procfs)은 유닉스 계열 운영체제에서 프로세스와 다른 시스템 정보를 계층적 파일 구조 같은
형식으로 보여주는 특별한 파일 시스템으로서 전통적인 트레이싱 방식이나 커널 메모리로의 간접적인 접근보다는
더 편리하고 표준적인 방식인 동적으로 커널이 소유하는 프로세스 데이터에 접근하는 방식을 제공합니다. 일반적
으로 이것은 부트 타임에 /proc 라는 이름의 마운트 포인트에 매핑됩니다. proc 파일 시스템은 커널에서 내부 데
이터 구조체에 대한 인터페이스처럼 행동하며 런타임(sysctl) 시에 특정한 커널 파라미터를 바꾸고 시스템에 대
한 정보를 얻는데 사용될 수 있습니다.

파일 시스템 구성

리눅스 시스템은 한 개로 구성된 파일 시스템들이 모여 여러 파일 시스템으로 구성되어 있습
니다. 리눅스 시스템의 파일 시스템 구성은 다음 그림과 같이 디렉터리 구조의 성격을 띠고 있
습니다.

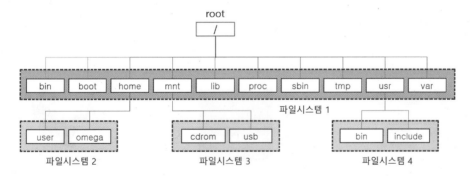

그림 7-2 여러 개의 파일 시스템 구성도

마운트 설정

1 마운트 포인트

리눅스 시스템은 계층적 디렉터리의 구조를 가지고 있기 때문에 파일 시스템이 디렉터리 계층구조와 연결되지 않으면 사용자가 해당 파일 시스템에 접근할 수 없습니다. 이와 같은 계층적 디렉터리의 구조에서 특정 디렉터리와 USB 메모리, CD-ROM, DVD, HDD, FDD 등과 같은 외부장치와도 연결하는 것을 마운트(Mount)라고 합니다.

디렉터리의 계층 구조에서 파일 시스템이 연결되는 디렉터리를 마운트 포인트라고 부릅니다. 사용자가 사용하려고 하는 물리적인 장치를 특정한 위치를 디렉터리에 연결해 주는 마운트 과정을 쉽게 이해할 수 있도록 다음 그림과 같이 나타냈습니다.

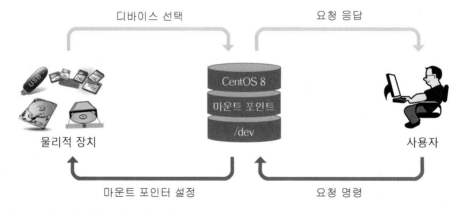

그림 7-3 디렉터리와 연결해 주는 마운트 과정

2 마운트 설정 파일

마운트를 설정하는 시기는 언제가 좋은지에 대해서 살펴볼 때 시스템 관리자가 일일이 마운트를 설정해야 한다면 상당한 번거로움이 초래됩니다. USB 메모리나 DVD, CD-ROM과 같은 이동식 저장장치를 제외하고는 대부분 파일 시스템 마운트 설정은 리눅스 시스템이 부팅할 때 마운트 되도록 설정하는 것이 편리합니다.

여기서 잠깐 살펴보세요.

리눅스 시스템이 부팅되면서 자동으로 파일 시스템이 마운트를 수행하도록 설정하려면 /etc/fstab 파일에 마운트 수행을 설정해야 합니다. 시스템 마운트 설정 과정은 반드시 root 계정으로 접속된 상태에서 진행하기 바랍니다.

/etc/fstab 파일의 용도

/etc/fstab 파일은 리눅스 시스템이 부팅될 때 파일 시스템에 대한 마운트 설정정보를 가지고 있는 파일입니다. 만약 이 파일에 오류가 존재할 경우 시스템이 정상적으로 부팅되지 않습니다.

리눅스 시스템이 부팅되면서 이 파일에서 설정한 내용에 따라 파일 시스템은 자동으로 마운트 되므로 /etc/fstab 파일을 사용할 때는 파일 시스템의 장치명과 마운트 포인트 그리고 마운트 할 때 설정할 옵션 등을 지정해 주어야 합니다.

| 예제 7-2 |

cat 명령으로 현재 사용 중인 /etc/fstab 파일의 구조를 살펴보기 위해 다음과 같이 명령을 수행합니다.

 # cat /etc/fstab

기능 현재 시스템에 설정되어 있는 파일 시스템의 정보출력
형식 cat [옵션] 디렉터리명 또는 파일명 `ENTER↵`

```
[root@localhost ~]# cat /etc/fstab

#
# /etc/fstab
# Created by anaconda on Sat Apr 27 15:11:14 2019
#
# Accessible filesystems, by reference, are maintained under '/dev/disk'
# See man pages fstab(5), findfs(8), mount(8) and/or blkid(8) for more info
```

```
#
/dev/mapper/centos-root /                       xfs      defaults      0
0
UUID=f39aa77a-4750-42f4-aeed-9f4a72db7c00 /boot       xfs    defaults   0 0
/dev/mapper/centos-swap swap                    swap     defaults      0 0
[root@localhost ~]#
```

/etc/fstab 파일의 구조

cat 명령으로 /etc/fstab 파일에 설정된 마운트 설정 정보가 출력되었습니다. 출력된 마운트 설정 정보를 /etc/fstab 파일의 구조적인 측면에서 살펴보면 다음 그림과 같이 여섯 개의 항목으로 구성되어 있습니다.

장치명	마운트 포인트	파일시스템	옵션	덤프 관련 설정	파일 점검 옵션
/dev/mapper/cl-root	/	xfs	defaults	0	0

그림 7-4 /etc/fstab 파일의 마운트 설정 정보출력

❶ 장치명 : /dev/mapper/cl-root
첫 번째 항목은 파일 시스템 장치명에 대한 설정 항목으로 파일 시스템이 구축된 물리적인 디스크 장치가 있으면 이 항복에 특정 디스크를 지정합니다.

❷ 마운트 포인트 : /
두 번째 항목인 마운트 포인트는 파일 시스템이 마운트 될 마운트 포인트를 설정하는 항목입니다. 이 항목에 대해 예를 들면 [그림 7-2]에서 '파일 시스템 3'의 마운트 포인트를 /mnt로 설정하는 것처럼 마운트 될 마운트 포인트를 설정하면 됩니다.

❸ 파일 시스템의 종류 : xfs
세 번째 항목은 파일 시스템의 종류를 설정하는 항목으로 CentOS 7 버전부터는 ext 파일 시스템을 사용하지 않고 xfs 파일이 기본 파일 시스템으로 설정되어 있습니다.

❹ 옵션 : [표 3-4] 참조
네 번째 항목은 파일 시스템의 속성을 지정하는 옵션으로 이 항목에 설정할 수 있는 옵션을 다음 표와 같이 정리하였습니다.

표 7-4 파일 시스템 속성설정에 따른 옵션

옵션	기능
default	일반적인 파일 시스템에 지정 (rw, suid, dev, auto, nouser, async 옵션 모두 포함)
ro	읽기 전용 마운트(read-only)
rw	읽기, 쓰기 모두 가능한 마운트(read-write)
auto	부팅 시 자동으로 마운트 (mount -a를 사용하면 auto 옵션이 장치 자동 마운트)
noauto	부팅 시 자동으로 마운트 하지 않음
exec	실행파일의 실행이 가능한 마운트
noexec	실행파일의 실행이 불가능한 마운트
user	일반 사용자의 마운트를 허용
nouser	일반 사용자의 마운트를 불허
async	파일 시스템에 대한 입출력이 비동기적으로 마운트
sync	파일 시스템에 대한 입출력이 동기적으로 마운트
remount	이미 마운트 된 파일 시스템을 다시 마운트 (/etc/fstab 수정한 경우 또는 마운트를 잘못 수행한 경우)
dev	파일 시스템의 문자, 블록 특수 장치를 해석할 수 있는 마운트
suid	setuid, getuid의 사용을 허가하는 마운트
nosuid	setuid, getuid의 사용을 불허하는 마운트
usrquota	사용자별 디스크 쿼터설정 마운트
grpquota	그룹별 디스크 쿼터설정 마운트
umask	마운트 된 디렉터리에서 새로 생성하는 파일과 디렉터리 퍼미션의 default 값을 지정 (박탈 개념으로 755 → 022)

❺ 덤프 관련 설정 : 0 또는 1

다섯 번째 항목은 0 또는 1을 지정하여 0인 경우 dump 명령으로 파일 시스템의 내용이 덤프
되지 않는 파일 시스템을 의미하고 1인 경우 데이터 백업 등을 위해 dump 명령의 사용이 가
능한 파일 시스템을 의미합니다.

❻ 파일 점검 옵션 : 0 또는 1 아니면 2

여섯 번째 항목은 0 또는 1 아니면 2를 지정하여 0은 시스템을 부팅할 때 fsck 명령으로 파일

시스템을 점검하지 않도록 설정합니다. 1은 루트 파일 시스템을 의미하며 2는 루트 파일 시스템 이외의 파일 시스템을 의미합니다.

여기서 잠깐 살펴보세요.

리눅스 시스템을 부팅할 때 1번인 루트 파일 시스템을 점검하여 실행하고 나머지 2로 설정된 파일 시스템들은 나열된 순서대로 `fsck` 명령을 실행하여 점검하게 되며 0으로 지정된 파일 시스템은 `fsck` 명령을 수행하지 않습니다.

3 마운트 관리 명령

리눅스 시스템에서 하드디스크의 파티션, CD/DVD, USB 메모리 등을 사용하기 위해서는 해당 디렉터리와 연결되도록 mount 명령을 사용하여 설정합니다. mount 명령의 사용형식은 다음과 같습니다.

mount

기능 주변장치와 파일 시스템을 마운트
형식   mount [옵션] 장치명 마운트 포인트 `ENTER↵`
기능 -t 파일 시스템의 종류 : 파일 시스템의 종류 지정
　　　　-o 마운트 옵션 : 마운트 옵션 지정
　　　　-f : 마운트 할 수 있는지에 대해서만 점검
　　　　-r : 읽기만 가능한 마운트 (-o ro와 같은 의미)

하드디스크의 파티션, CD/DVD, USB 메모리 등을 해당 디렉터리와의 연결을 해제하기 위해서는 umount 명령을 사용합니다. 언마운트 명령의 사용형식은 다음과 같습니다.

umount

기능 주변장치와 연결된 파일 시스템의 연결을 해제 (언마운트)
형식   umount [옵션] 장치명 또는 마운트 포인트 `ENTER↵`
기능 -t 파일 시스템 종류 : 파일 시스템의 종류를 지정하여 언마운트

마운트 기본정보출력

리눅스 시스템에서 기본적으로 설정된 주변장치와의 연결 상태에 대한 정보를 확인하려면 옵션 없이 mount 명령만 사용하면 됩니다.

mount 명령으로 CentOS 8 리눅스 시스템에 설정된 마운트 정보를 살펴보기 위해 다음 예제를 수행합니다.

| 예제 7-3 |

현재 사용 중인 리눅스 시스템에 설정된 마운트 설정 정보를 출력하기 위해서는 옵션 없이 mount 명령으로 마운트 설정 정보를 출력합니다.

mount

기능 현재 시스템에 설정되어 있는 마운트 정보출력
형식 mount `ENTER↵`

```
[root@localhost ~]# mount
sysfs on /sys type sysfs (rw,nosuid,nodev,noexec,relatime)
proc on /proc type proc (rw,nosuid,nodev,noexec,relatime)
devtmpfs on /dev type devtmpfs (rw,nosuid,size=909892k,nr_
inodes=227473,mode=755)
...
(생략)
...
gvfsd-fuse on /run/user/0/gvfs type fuse.gvfsd-fuse
(rw,nosuid,nodev,relatime,user_id=0,group_id=0)
fusectl on /sys/fs/fuse/connections type fusectl (rw,relatime)
[root@localhost ~]#
```

마운트 명령으로 장치 연결방법

하드디스크 또는 USB 메모리 장치의 이름은 시스템에 장착된 장치의 종류와 장착 수량에 따라 달라집니다. 하드디스크나 USB 메모리 장치 관련 파일 시스템은 /dev/sbd1을 사용하고 CD-ROM의 경우 장치명은 /dev/cdrom을 사용합니다.

NVMe 방식의 하드디스크를 추가할 경우 /dev/nvme0n1, /dev/nvme0n2와 같이 하드디스크 장치에 대한 이름이 자동으로 부여되고 마운트 포인터는 /mnt 디렉터리가 됩니다.

파일 시스템이나 CD-ROM, USB 메모리 그리고 이동식 저장장치와 Windows 운영체제 포맷 형식의 디스크 등 다양한 장치를 디렉터리 계층 구조의 파일 시스템에 연결하려면 장치에 따라 mount 명령의 형식을 사용하는 방법을 알아야 합니다.

다양한 장치 마운트를 연결하는 마운트 형식을 다음 표와 같이 정리하였습니다.

표 7-5 파일 시스템 또는 장치 마운트의 명령 형식

파일 시스템 또는 장치	마운트 명령 형식
ext2 파일 시스템	mount -t ext2 /dev/sda1 /mnt
ext3 파일 시스템	mount -t ext3 /dev/sda1 /mnt
ext4 파일 시스템	mount -t ext4 /dev/sda1 /mnt mount /dev/sdb1 /mnt
xfs 파일 시스템	mount -t xfs /dev/sda1 /mnt mount /dev/sdb1 /mnt
CD-ROM	mount -t ISO9660 /dev/cdrom /mnt/cdrom
Windows 운영체제 디스크	mount -t vfat /dev/hdc/mnt
USB 메모리	mount /dev/sdb1 /mnt → 리눅스용 USB 메모리 mount -t vfat /dev/sdc1 /mnt → Windows용 USB 메모리
읽기 전용 마운트	mount -r /dev/sda1 /mnt
읽기/쓰기 마운트	mount -w /dev/sda1 /mnt
원격 디스크 마운트	mount -t nfs 서버주소:/NFS 서버측 디렉터리 /mnt

USB 메모리 마운트

USB 메모리에 있는 패키지 또는 소프트웨어를 설치하거나 디렉터리에 대한 작업을 수행하려면 물리적인 장치를 특정한 위치에 연결해 주어야 합니다. CD/DVD 마운트도 마찬가지 절차를 거쳐서 연결해 주어야 합니다.

USB 메모리를 마운트 할 때 유심히 살펴봐야 할 사항이 있습니다. USB 메모리가 Windows 운영체제에서 포맷된 것인지 아니면 리눅스에서 포맷된 것인지를 확실하게 구분하여 USB 마운트를 수행해야 합니다.

USB 메모리에 대해 마운트를 수행하는 과정을 살펴보기 위해 다음 예제를 수행합니다.

- **Step 01** | USB 메모리를 꽂아 인식되면 다음과 같은 창이 나타납니다. 리눅스는 가상 머신 프로그램에서 사용 중이므로 '⊙ Connect to virtual machine'를 선택 후 <OK>를 누릅니다.

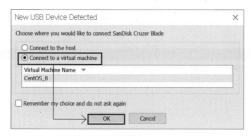

그림 7-5 USB 메모리 연결 메시지

- **Step 02** | 리눅스 바탕화면 상단에 인식된 USB 메모리의 용량이 잠시 나타났다가 사라집니다.

그림 7-6 인식된 USB 메모리

- **Step 03** | USB 메모리가 자동으로 인식되지 않으면 VMware 화면의 메뉴에서 [Player]-[Removable Devices]-[Silicon Motion USB Flash Disk]-[Disconnect (Connect to host)]를 눌러 강제 인식 과정을 수행합니다.

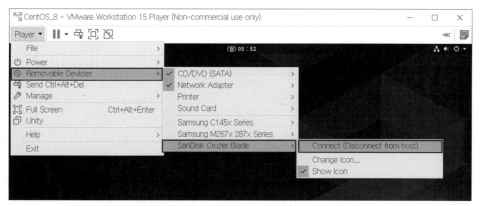

그림 7-7 USB 메모리 강제 인식방법

- **Step 04** | 마운트 명령을 수행하면 USB 메모리 장치가 마지막에 추가된 것을 확인할 수 있습니다.

---

mount

기능 현재 시스템에 설정되어 있는 마운트 정보출력
형식 mount [ENTER↵]

```
[root@localhost ~]# mount
...
(생략)
...
/dev/sda1 on /run/media/root/UBUNTU 19_0 type vfat
(rw,nosuid,nodev,relatime,fmask =0022,dmask=0022,codepage=437,iocharset=as
cii,shortname=mixed,showexec,utf8,flush,errors=remount-ro,uhelper=udisks2)
[root@localhost ~]#
```

- **Step 05** | USB 메모리가 인식되었으면 USB 메모리의 장치명을 확인하기 위해 fdisk 명령과 함께 옵션 -l을 사용합니다.

---

fdisk -l

기능 디스크의 파티션을 생성, 삭제, 관리하는 명령
형식 fdisk [옵션] [디스크 드라이브명] [ENTER↵]
옵션 -l : 디스크의 파티션 정보출력

```
[root@localhost ~]# fdisk -l
...
(생략)
...
Device      Boot    Start        End     Sectors   Size   Id    System
/dev/sda1            32     30031871   30031840  14.3G    c   W95 FAT32
(LBA)
[root@localhost ~]#
```

이와 같은 과정으로 USB 메모리의 장치명을 확인해 보면 /dev/sdb1임을 알 수 있습니다. 출력된 세부 내용은 USB 메모리의 상태에 따라 다르게 출력됩니다.

> fdisk 명령은 하드디스크의 파티션을 나눌 때 사용하는 명령으로 파일 시스템을 생성하기 전에 반드시 fdisk 명
> 령으로 파티션을 생성시켜야 합니다. 일반 사용자 계정으로 접속된 상태에서 fdisk 명령을 사용하면 터미널 창에
> 는 아무런 결과도 나타나지 않습니다. 반드시 관리자 모드인 root 계정으로 접속된 상태에서 fdisk 명령을 사용
> 해야 합니다.

USB 메모리 언마운트

아직 리눅스 시스템에서 사용할 USB 메모리가 준비된 것이 아니므로 마운트를 해제하고 파
일 시스템 생성작업을 먼저 진행하기 위해 다음 예제를 수행합니다.

| 예제 7-5 |

USB 메모리 장치명이 /dev/sda1임을 [예제 7-4]를 통해 확인했으므로 umount 명령으로
USB 메모리를 언마운트를 수행한 다음 컴퓨터에서 USB 메모리를 제거한 다음 fdisk –l 명령
으로 언마운트 정보를 확인합니다.

> # **umount /dev/sda1**

기능 주변 장치와 연결된 파일 시스템의 연결을 해제 (언마운트)
형식 umount [옵션] 장치명 또는 마운트 포인트 ENTER↵
옵션 -t 파일 시스템 종류 : 파일 시스템의 종류를 지정하여 언마운트

```
[root@localhost ~]# umount /dev/sda1
[root@localhost ~]# fdisk -l
...
(생략)
...
Disk /dev/mapper/centos-swap: 2147 MB, 2147483648 bytes, 4194304 sectors
Units = sectors of 1 * 512 = 512 bytes
Sector size (logical/physical): 512 bytes / 512 bytes
I/O size (minimum/optimal): 512 bytes / 512 bytes

[root@localhost ~]#
```

X 윈도 환경에서 USB 메모리 포맷

리눅스 시스템에서 제공하는 X 윈도 환경에서 USB 메모리를 간편하게 포맷할 수도 있습니다. 이 과정은 USB 메모리가 인식된 상태라는 전제하에 수행되는 과정이므로 반드시 USB 메모리가 마운트 되어있는지를 확인하기 위해 다음 예제를 수행합니다.

| 예제 7-6 |

• **Step 01** | 바탕화면 상단에 있는 USB 메모리 볼륨을 더블클릭하거나 [현재 활동]-[파일] 아이콘을 눌러 파일 리스트 화면을 활성화합니다. 활성화된 화면에서 USB 메모리 볼륨 위치에서 마우스 오른쪽 버튼을 눌러 <포맷>을 선택합니다.

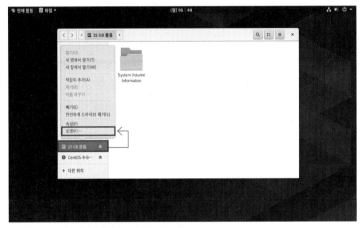

그림 7-8 X 윈도 환경에서 USB 메모리 포맷

• **Step 02** | USB 볼륨 이름은 각자 본인의 취향에 맞도록 입력 후 <다음>을 누릅니다.

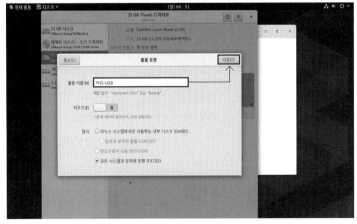

그림 7-9 USB 볼륨 이름 입력

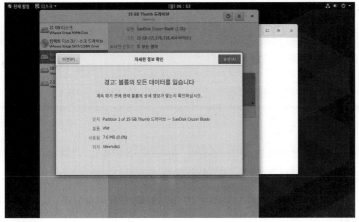

- **Step 03** | 포맷과 관련한 자세한 정보를 확인 후 <포맷>을 눌러 USB 메모리 포맷을 수행합니다.

그림 7-10 USB 메모리 포맷 시작

- **Step 04** | USB 메모리 포맷이 완료되면 메모리의 크기, 장치 드라이브, 파티션 형식 등의 정보를 보여줍니다. 다음 명령을 수행하기 위해 열린 창은 모두 닫아 줍니다.

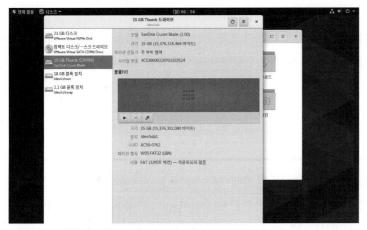

그림 7-11 포맷이 완료된 USB 메모리의 정보출력

디스크 파티션 명령 : fdisk

파티션은 fdisk 명령을 사용하여 새로 장착한 디스크의 파티션 작업을 수행하면 됩니다. disk 명령의 사용형식은 다음과 같습니다.

fdisk
기능 디스크의 파티션을 생성, 삭제, 관리하는 명령
형식 fdisk [옵션] [디스크 드라이브명] ENTER↵
옵션 -b 크기 : 섹터의 크기 지정 (512, 1024, 2048, 4096)
-l : 디스크의 파티션 정보출력

디스크 파티션을 생성하고 삭제, 관리하는 fdisk 명령에 대해서는 8장에서 자세하게 다루기로 하고 여기서는 fdisk 명령으로 파티션을 생성하는 방법에 대해서만 살펴보고 넘어가겠습니다.

USB 메모리 파티션 설정

USB 메모리를 컴퓨터 본체에 꽂아 리눅스 시스템에서 사용하기 위해서는 파티션을 생성해야 합니다. USB 메모리에 대한 파티션을 설정하려면 반드시 USB 메모리 포맷 작업부터 먼저 수행해야 합니다.

아직 파티션 작업에 대해서는 자세히 다루지 않았지만 일단 파티션을 수행하는 과정에 대해서만 실습하기로 하고 자세한 내용은 해낭 난원에서 자세히 다루기로 하겠습니다.

fdisk 명령으로 USB 메모리의 파티션을 생성하기 위해 다음 예제를 수행합니다.

| 예제 7-7 |

- **Step 01** | USB 메모리를 컴퓨터에 꽂은 상태에서 파티션을 설정하기 위해 fdisk 명령을 수행합니다. fdisk 명령 수행 후 화면에 나타나는 Command : 프롬프트에 m을 입력하여 사용할 수 있는 명령을 살펴봅니다.

fdisk /dev/sda1
기능 디스크의 파티션을 생성, 삭제, 관리하는 명령
형식 fdisk [옵션] [디스크 드라이브명] ENTER↵
옵션 -l : 디스크의 파티션 정보출력

```
[root@localhost ~]# mount
[root@localhost ~]# fdisk /dev/sda1
```

```
...
(생략)
...
Command (m for help): m

Help:

  DOS (MBR)
   a   toggle a bootable flag
   b   edit nested BSD disklabel
   c   toggle the dos compatibility flag
...
(생략)
...

Command (m for help):
```

- **Step 02** │ 새로운 파티션을 생성하기 위해 Command : 프롬프트에 n을 입력합니다.

Command (m for help) : n

기능 새로운 파티션을 생성하는 명령
형식 Command (m for help) : n `ENTER↵`
옵션 p : 기본 파티션 (primary)
　　　 e : 확장 파티션 (extended)

```
Command (m for help): n
Partition type:
   p   primary (3 primary, 0 extended, 1 free)
   e   extended
Select (default e):
```

- **Step 03** │ 기본 파티션을 생성하기 위해 Command : 프롬프트에 p를 입력하고 `ENTER↵`키
를 누른 다음 첫 번째 파티션을 의미하는 1을 입력합니다. 첫 번째 섹터의 디스크 용량을
2048로 입력하고 마지막 섹터의 디스크 용량을 나머지 용량(63391743)을 모두 입력한 다
음 `ENTER↵`를 눌러 파티션 생성을 완료합니다.

Command (m for help) : p

기능 기본 파티션을 생성하는 명령
형식 Command (m for help) : p `ENTER↵`
번호 선택된 파티션의 개수

```
Select (default e): p
Partition number (1-4, default 1): 1
First sector (2048-30031839, default 2048): 2048
Last sector, +sectors or +size{K,M,G,T,P} (2048-30031839, default
30031839): 30031839

Created a new partition 1 of type 'Linux' and of size 14.3 GiB.

Command (m for help):
```

- **Step 04** | 파티션이 제대로 생성되었는지를 확인하기 위해 p를 입력합니다.

Command (m for help) : p

기능 새로 생성된 파티션을 확인하는 명령
형식 Command (m for help) : p [ENTER↵]
출력 파티션 생성 정보

```
Command (m for help): p

Disk /dev/sda1: 14.3 GiB, 15376302080 bytes, 30031840 sectors
Units = sectors of 1 * 512 = 512 bytes
Sector size (logical/physical): 512 bytes / 512 bytes
I/O size (minimum/optimal): 512 bytes / 512 bytes
Disk label type: dos
Disk identifier: 0x00000000

Device        Boot    Start        End    Sectors    Size   Id  System
/dev/sda1p1           2048   63391743   31694848   14.3G   83  Linux

Command (m for help):
```

- **Step 05** | 파티션 정보를 파티션 테이블에 저장하고 종료하기 위해 w를 입력합니다.

Command (m for help) : w

기능 파티션 정보를 파티션 테이블에 저장하는 명령
형식 Command (m for help) : w [ENTER↵]

```
Command (m for help): w
The partition table has been altered.
```

```
Syncing disks.

[root@localhost ~]#
```

USB 메모리 파일 시스템 생성 1 : mkfs 명령

USB 메모리에 대한 파티션이 완료된 다음에는 생성한 파티션을 포맷하여 파일 시스템을 생성합니다. 파일 시스템을 생성하는 명령으로는 mkfs와 mke2fs 명령어가 있습니다. USB 메모리를 포맷하여 파일 시스템을 생성하기 위해 mkfs(make file system) 명령과 파일형식을 지정하여 xfs 파일 시스템을 생성합니다. 리눅스 파일 시스템을 생성하기 위해서는 mkfs 명령으로 파일 시스템을 생성하기 전에 반드시 fdisk로 파티션을 먼저 생성시켜야 합니다.

mkfs 명령을 통해 USB 메모리의 파일 시스템을 생성하기 위해 다음 예제를 수행합니다.

예제 7-8

- **Step 01** | mkfs.xfs 명령 또는 mkfs –t xfs 명령으로 USB 파일 시스템을 생성합니다.

```
# mkfs.xfs -f /dev/sda1
```

기능 새로 생성된 파티션을 확인하는 명령
형식 mkfs.[파일 시스템 타입] [디스크 드라이브명] ENTER↵
옵션 출력화면 참조

```
[root@localhost ~]# mkfs.xfs -f /dev/sda1
...
(생략)
...
/* prototype file */    [-p fname]
/* quiet */             [-q]
/* realtime subvol */   [-r extsize=num,size=num,rtdev=xxx]
/* sectorsize */        [-s log=n|size=num]
/* version */           [-V]
                        devicename
<devicename> is required unless -d name=xxx is given.
<num> is xxx (bytes), xxxs (sectors), xxxb (fs blocks), xxxk (xxx KiB),
      xxxm (xxx MiB), xxxg (xxx GiB), xxxt (xxx TiB) or xxxp (xxx PiB).
<value> is xxx (512 byte blocks).
[root@localhost ~]#
```

- **Step 02** | USB 메모리에 파일 시스템을 생성하였으면 이 장치를 디렉터리에 연결하는 작업을 수행하기 위해 mount 명령을 사용합니다.

---

mount /dev/sda1 /mnt

기능 주변장치와 파일 시스템을 마운트
형식 mount [옵션] 장치명 마운트 포인트 ENTER↵

```
[root@localhost ~]# mount /dev/sda1 /mnt
[root@localhost ~]# mount
...
(생략)
...
/dev/sdb1 on /mnt type vfat(rw,relatime,fmask=0022,dmask=0022,codepage
=437,iocharset=ascii,shortname=mixed,showexec,utf8,flush,errors=remoun
t-ro)
[root@localhost ~]#
```

- **Step 03** | ls -l 명령으로 USB 메모리를 마운트한 /mnt 디렉터리에 존재하는 디렉터리와 파일목록을 출력합니다.

---

ls -l /mnt

기능 주변장치와 파일 시스템을 마운트
형식 mount [옵션] 장치명 마운트 포인트 ENTER↵

```
[root@localhost ~]# ls -l /mnt
합계 0
[root@localhost ~]#
```

USB 메모리 파일 시스템 생성 2 : mke2fs 명령

mke2fs 명령은 mkfs가 확장된 명령어이며 사용형식은 다음과 같습니다.

---

mke2fs

기능 리눅스 확장개정판 파일 시스템 생성
형식 mke2fs [옵션] 장치명 마운트 포인트 ENTER↵
옵션 -t 파일 시스템의 종류 : 파일 시스템의 종류 지정 (기본 파일형식은 ext2)
　　　　-b 블록 크기 : 블록 크기를 byte 수로 지정
　　　　-c : 배드 블록 체크

-f 프래그먼트 크기 : 프래그먼트의 크기를 byte 수로 지정
-i I-node당 byte 수 : 기본값은 4,096 byte
-m 예약블록 퍼센트 : 슈퍼유저에게 예약해 둘 블록의 퍼센트 지정 (기본값 5%)

ls 명령으로 /sbin 디렉터리에 mk로 시작하는 명령을 찾기 위해 다음 예제를 수행합니다.

| 예제 7-9 |

mkfs 명령과 mke2fs 명령은 /sbin 디렉터리에 있습니다. ls /sbin/mk* 명령을 수행하면 mk
로 시작하는 파일목록을 쉽게 찾을 수 있습니다.

> # ls /sbin/mk*

기능 mk로 시작하는 파일을 /sbin 디렉터리에서 찾기
형식 ls [옵션] 디렉터리명 또는 파일명 ENTER↵

```
[root@localhost ~]# ls /sbin/mk*
/sbin/mkdict            /sbin/mkfs             /sbin/mkfs.ext4
/sbin/mkfs.vfat        /sbin/mksquashfs       /sbin/mkdosfs
/sbin/mkfs.cramfs      /sbin/mkfs.fat         /sbin/mkfs.xfs
/sbin/mkswap          /sbin/mkdumprd         /sbin/mkfs.ext2
/sbin/mkfs.minix      /sbin/mkhomedir_helper /sbin/mke2fs
/sbin/mkfs.ext3       /sbin/mkfs.msdos       /sbin/mklost+found

[root@localhost ~]#
```

cat 명령으로 /ect/mke2fs.conf 파일의 내용을 출력하기 위해 다음 예제를 수행합니다.

| 예제 7-10 |

mke2fs 명령이 제공하는 별도의 설정 파일은 /etc/mke2fs.conf 파일이며 이 파일의 내용은
cat 명령으로 살펴볼 수 있습니다.

> # cat /etc/mke2fs.conf

기능 /etc/mke2fs.conf 파일의 정보출력
형식 cat 디렉터리명 또는 파일명 ENTER↵

```
[root@localhost ~]# cat /etc/mke2fs.conf
[defaults]
        base_features = sparse_super,filetype,resize_inode,dir_index,ext_
attr
        default_mntopts = acl,user_xattr
        enable_periodic_fsck = 0
        blocksize = 4096
        inode_size = 256
        inode_ratio = 16384
...
(생략)
...
        hurd = {
                blocksize = 4096
                inode_size = 128
        }
[root@localhost ~]
```

mke2fs 명령으로 USB 메모리의 파일 시스템을 생성하는 과정을 살펴보기 위해 다음 예제를
수행합니다.

| 예제 7-11 |

- **Step 01** | mke2fs 명령으로 USB 메모리의 파일 시스템을 생성하기 위해 다음과 같이 명령
  을 수행합니다. mke2fs 명령을 사용할 때 파일 시스템의 타입을 설정해 주지 않으면 기본
  값인 ext2 파일 시스템 형식으로 생성됩니다. 이 부분을 실습하면서 주의 깊게 살펴보기를
  바랍니다.

mke2fs /dev/sda1

기능 리눅스 확장개정판 파일 시스템 생성
형식 mke2fs [옵션] 장치명 마운트 포인트 ENTER↵

```
[root@localhost ~]# mke2fs /dev/sda1
mke2fs 1.44.3 (10-July-2018)
/dev/sda1 contains a vfat file system labelled 'YHS-USB'
Proceed anyway? (y,N) y
/dev/sda1 is mounted; will not make a filesystem here!
[root@localhost ~]#
```

- **Step 02** | USB 메모리에 파일 시스템을 생성하였으면 이 장치를 디렉터리에 연결하는 작업을 수행하기 위해 mount 명령을 사용합니다.

> `# mount /dev/sda1 /mnt`
>
> **기능** 주변장치와 파일 시스템을 마운트
> **형식** mount [옵션] 장치명 마운트 포인트 `ENTER↵`

```
[root@localhost ~]# mount /dev/sda1 /mnt
mount: /mnt: /dev/sda1 already mounted on /run/media/root/YHS-USB.
[root@localhost ~]#
```

- **Step 03** | USB 메모리에 존재하는 디렉터리와 파일목록을 출력합니다.

> `# ls -l /mnt`
>
> **기능** USB 메모리에 존재하는 디렉터리와 파일목록 출력
> **형식** ls [옵션] 디렉터리명 `ENTER↵`

```
[root@localhost ~]# ls -l /mnt
합계 0
[root@localhost ~]#
```

USB 메모리 장치 연결 해제

USB 메모리의 사용을 끝내고 그냥 슬롯에서 제거하면 USB 메모리에 치명적인 오류가 발생할 수 있으므로 될 수 있으면 umount 명령을 사용해서 연결된 장치를 해제하는 것이 바람직합니다.

umount 명령으로 USB 메모리 장치의 연결의 해제하기 위해 다음 예제를 수행합니다.

| 예제 7-12 | ─────────────────────────

- **Step 01** | USB 메모리 장치의 연결을 해제할 때 가장 먼저 살펴봐야 할 사항은 터미널 창에서 현재 프롬프트의 위치가 어디인지를 확인하는 것입니다. umount 명령은 반드시 루트 디렉터리에서 수행해야 합니다.

```
#  umount /mnt
```

기능 주변장치와 연결된 파일 시스템의 연결을 해제 (언마운트)
형식 umount [옵션] 장치명 또는 마운트 포인트 `ENTER↵`
옵션 -t 파일 시스템 종류 : 파일 시스템의 종류를 지정하여 언마운트

```
[root@localhost ~]# umount /mnt
[root@localhost ~]#
```

- **Step 02** | USB 메모리 장치의 연결을 해제하였으면 mount 명령을 수행하여 마운트가 정
상적으로 해제되었는지를 확인한 다음 USB 메모리를 슬롯에서 제거합니다.

그림 7-12 USB 메모리 장치 연결 해제

VMware에서 USB 메모리 장치 연결/해제

VMware 창에서 CD/DVD 또는 USB 메모리 장치를 편리하게 연결/해제할 수도 있습니다.
USB 메모리 장치 연결과 해제방법과 CD/DVD 장치 연결과 해제방법은 동일합니다.

VMware 화면에서 USB 메모리 장치의 연결과 해제방법에 대해 살펴보기 위해 다음 예제를
수행합니다.

| 예제 7-13 | ————————————————————————————

- **Step 01** | USB 메모리를 컴퓨터에 꽂으면 VMware 오른쪽 위에 나타나는 여러 개의 아이
콘 중에서 USB 아이콘에 커서를 올려놓고 마우스 오른쪽 버튼을 눌러 나타난 메뉴에서
[Connect(Disconnect from host)]를 클릭하면 USB 메모리가 마운트 됩니다.

그림 7-13 VMware에서 USB 메모리 연결

- **Step 02** | USB 메모리 장치 연결 메시지창에서 <OK>를 누르면 USB 메모리가 연결됩니다.

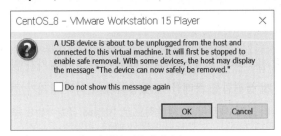

그림 7-14 USB 메모리 장치 연결 메시지

- **Step 03** | VMware 아이콘을 클릭하여 [Disconnect(Connect to host)]를 선택하면 USB 메모리 연결이 해제됩니다.

그림 7-15 VMware에서 USB 메모리 연결 해제

디스크 사용량

1 디스크 사용량 체크

리눅스 시스템은 여러 사용자가 동시에 접속하여 함께 사용하기 때문에 특정 사용자가 많은 디스크를 사용하게 되면 다른 사용자에게 불편함을 초래할 수 있습니다. 여러 사용자가 접속해서 사용하는 환경에서는 사용자마다 디스크 사용량을 제한적으로 지정해 주는 것이 좋습니다.

리눅스 시스템에서 사용자별 또는 파일 시스템과 디렉터리에서 사용하고 있는 디스크의 사용량에 대해서는 용량 부족과 배드 섹터의 발생 우려 등을 예방하기 위해 주기적으로 점검하는 것이 좋습니다.

리눅스 시스템에서 디스크 사용량을 확인하기 위한 명령으로는 df 명령과 du 명령이 있습니다.

df 명령은 disk freespace의 약어이며 현재 사용 중인 디스크의 용량을 파티션별로 확인할 수 있는 명령입니다. 그리고 du 명령은 disk usage의 약어이며 특정 디렉터리 또는 파일 단위별 디스크 용량을 확인할 수 있는 명령입니다.

먼저 파일 시스템별로 디스크 사용량을 확인하기 위해 df 명령을 사용하는 과정에 대해 살펴보도록 하겠습니다.

2 디스크 사용량 확인

df 명령은 현재 시스템의 디스크 사용량에 대해 파일 시스템의 장치명, 파일 시스템의 전체 용량 및 사용량, 파일 시스템의 추가 사용이 가능한 디스크의 남은 용량, 사용량에 대한 퍼센트 표시, 마운트 포인트 등을 보여줍니다.

디스크 사용량을 확인할 때 사용하는 df 명령의 사용형식은 다음과 같습니다.

$ df

기능 하드디스크의 남은 용량에 대한 정보를 출력
형식 df [옵션] [파일명] ENTER↵
옵션 -a : 모든 파일 시스템에서 사용 중인 디스크의 용량에 대한 정보출력
　　　 -B : 지정한 크기를 블록단위로 디스크의 용량을 출력
　　　 -h : 디스크 사용량을 보기 쉬운 단위(GB, MB, KB)로 출력
　　　 -H : 디스크의 용량을 1,024Byte가 아닌 1,000Byte 단위로 출력
　　　 -i : inode의 남은 공간과 사용 공간, 사용 퍼센트를 출력
　　　 -k : 디스크 사용량을 KB 단위로 출력
　　　 -m : 디스크 사용량을 MB 단위로 출력
　　　 -t 파일타입 : 지정한 파일타입의 종류에 해당하는 디스크 사용량 출력
　　　 -T : 파일 시스템의 형태를 추가하여 각각의 파티션 정보출력
　　　 -x 파일타입 : 지정한 파일타입을 제외한 나머지 모든 파일 시스템의 정보출력

옵션 없이 df 명령만 사용하기

df 명령은 시스템에 마운트된 하드디스크의 남은 용량을 확인할 때 사용하는 명령으로 옵션 없이 df 명령을 사용하게 되면 기본적으로 1024byte 블록 단위로 출력됩니다. 다른 단위로 출력하기 위해서는 옵션을 함께 사용해야 합니다.

관리자 계정으로 접속된 상태에서 df 명령으로 남은 하드디스크의 용량을 확인하기 위해 다음 예제를 수행합니다.

| 예제 7-14 |

df 명령으로 현재 사용 중인 리눅스 시스템의 디스크 사용량에 대한 정보를 출력합니다.

 # df

기능 현재 시스템에서 사용 중인 하드디스크의 사용량에 대한 정보출력
형식 df ENTER↵

```
[root@localhost ~]# df
Filesystem           1K-blocks      Used   Available  Use%  Mounted on
devtmpfs                909892         0      909892    0%  /dev
tmpfs                   924696         0      924696    0%  /dev/shm
tmpfs                   924696      9916      914780    2%  /run
tmpfs                   924696         0      924696    0%  /sys/fs/cgroup
/dev/mapper/cl-root   17811456   6363544    11447912   36%  /
/dev/nvme0n1p1          999320    189176      741332   21%  /boot
tmpfs                   184936        28      184908    1%  /run/user/42
tmpfs                   184936      3504      181432    2%  /run/user/0
/dev/sr0                967726   6967726           0  100%  /run/media/root
/CentOS-8-BaseOS-x86_64
/dev/sda1             15001248        32    15001216    1%  /run/media/root
/YHS-USB

[root@localhost ~]#
```

단위를 지정하여 디스크 사용량 출력 : -h 옵션

df 명령만을 사용할 경우 디스크 사용량에 대한 정보가 1,024byte 블록 단위로 출력되는 것을 볼 수 있습니다. 블록 단위보나는 사람이 쉽게 이해하기 어려운 상태이므로 GB 또는 MB 단위로 디스크 사용량을 출력하게 되면 디스크 사용량을 확인하기가 훨씬 더 수월합니다.

df 명령과 옵션 -h를 함께 사용하여 디스크 사용량을 GB와 MB 단위로 출력하기 위해 다음 예제를 수행합니다.

| 예제 7-15 |

df -h 명령으로 현재 사용 중인 시스템의 디스크 사용량을 GB와 MB 단위로 출력합니다.

> **# df -h**

기능 현재 시스템에서 사용 중인 하드디스크의 사용량에 대한 정보출력
형식 df [옵션] [ENTER↵]

```
[root@localhost ~]# df -h
Filesystem               Size      Used      Avail  Use%  Mounted on
```

```
devtmpfs                      889M        0        889M    0%   /dev
tmpfs                         904M        0        904M    0%   /dev/shm
tmpfs                         904M      9.7M       894M    2%   /run
tmpfs                         904M        0        904M    0%   /sys/fs/cgroup
/dev/mapper/cl-root            17G      6.1G        11G   36%   /
/dev/nvme0n1p1                976M      185M       724M   21%   /boot
tmpfs                         181M       28K       181M    1%   /run/user/42
tmpfs                         181M      3.5M       178M    2%   /run/user/0
/dev/sr0                      6.7G      6.7G          0  100%   /run/media/root/
CentOS-
8-BaseOS-x86_64
/dev/sda1                      15G       32K        15G    1%   /run/media/root/
YHS-USB
[root@localhost ~]#
```

파일 시스템의 타입 출력 : -T 옵션

현재 사용 중인 리눅스 시스템에서의 디스크 사용량에 대한 정보를 출력할 때 파일을 타입 별로 출력하기 위해서는 df 명령과 함께 옵션 -T를 사용해야 합니다.

df 명령과 옵션 -Th를 함께 사용하여 파일 시스템의 타입을 출력하기 위해 다음 예제를 수행합니다.

| 예제 7-16 | ────────────────────────────────

df -Th 명령으로 파일 시스템 타입 별로 디스크 사용량에 대한 정보를 GB와 MB 단위로 출력합니다.

> ### # df -Th
>
> **기능** 파일 시스템을 타입 별로 디스크 사용량에 대한 정보출력
> **형식** df [옵션][옵션] ENTER↵

```
[root@localhost ~]# df -Th
Filesystem          Type      Size   Used   Avail   Use%  Mounted on
devtmpfs            devtmpfs  889M      0    889M     0%  /dev
tmpfs               tmpfs     904M      0    904M     0%  /dev/shm
tmpfs               tmpfs     904M   9.7M    894M     2%  /run
tmpfs               tmpfs     904M      0    904M     0%  /sys/fs/cgroup
/dev/mapper/cl-root xfs        17G   6.1G     11G    36%  /
/dev/nvme0n1p1      ext4      976M   185M    724M    21%  /boot
```

```
tmpfs                  tmpfs      181M      28K      181M      1%   /run/user/42
tmpfs                  tmpfs      181M      3.5M     178M      2%   /run/user/0
/dev/sr0               iso9660    6.7G      6.7G     0       100%   /run/media/root/
CentOS-8-BaseOS-x86_64
/dev/sda1              vfat       15G       32K      15G       1%   /run/media/root/
YHS-USB

[root@localhost ~]#
```

◎- 도전 문제 7-1

1. 파일 시스템의 디스크 사용량을 MB 단위로 출력하기
2. 파일 시스템의 디스크 사용량을 GB와 MB 단위로 출력하기
3. 현재 사용 중인 디스크 사용량을 파일 시스템 타입 별로 GB와 MB 단위로 출력하기
4. tmpfs 파일 시스템의 디스크 사용량 출력하기
5. 파일의 크기가 0인 파일 시스템까지 출력하기

③ 개별 디스크 사용량 확인

du 명령은 특정 디렉터리 또는 사용자별로 디스크 사용량을 확인할 때 사용하는 명령입니다. du 명령을 사용할 때 옵션을 함께 사용하지 않으면 현재 경로의 모든 디렉터리의 크기를 KB 단위로 출력하게 됩니다.

특정 디렉터리 또는 사용자별 디스크 사용량을 확인할 때 사용하는 du 명령의 사용형식은 다음과 같습니다.

$ du

기능 디렉터리 또는 사용자별 디스크 사용량에 대한 정보출력
형식 du [옵션] [디렉터리명 또는 계정이름] ENTER↵
기능 -s : 모든 파일 시스템에서 사용 중인 디스크의 용량에 대한 정보출력
　　　 -h : 디스크 사용량을 보기 쉬운 단위(GB, MB, KB)로 출력

옵션 없이 디렉터리 또는 사용자별 디스크 사용량 확인

du 명령을 사용할 때 옵션 없이 사용하게 되면 현재 디렉터리의 위치에 있는 디렉터리의 디스크 사용량에 대한 정보를 출력합니다.

du 명령으로 디렉터리의 디스크 사용량을 확인하기 위해 다음 예제를 수행합니다.

| 예제 7-17 | ──────────────────────────────────────

- **Step 01** | pwd 명령으로 현재 디렉터리의 위치를 먼저 확인합니다.

pwd

기능 현재 위치한 디렉터리의 위치 정보출력
형식 pwd ENTER↵

```
[root@localhost ~]# pwd
/root
[root@localhost ~]#
```

- **Step 02** | du 명령으로 현재 디렉터리의 디스크 사용량에 대한 정보를 출력합니다.

du

기능 현재 위치한 디렉터리의 디스크 사용량에 대한 정보출력
형식 du ENTER↵

```
[root@localhost ~]# du
...
(생략)
...
0       ./사진
0       ./비디오
        ./pki/nssdb
        ./.pki
11188   .
[root@localhost ~]#
```

du 명령의 실행결과 점(.)으로 나타난 현재 디렉터리의 크기는 해당 디렉터리에서 사용하고 있는 전체 디스크의 사용량을 의미합니다. 서브 디렉터리에 대한 파일의 용량 또한 KB의 크기로 함께 출력되었습니다.

전체 디스크 또는 특정 디렉터리의 디스크 사용량 확인 : -s 옵션

디스크 사용량에 대해 서브 디렉터리나 파일의 사용량은 표시하지 않고 현재 위치한 디렉터리의 전체 사용량 또는 특정 디렉터리의 디스크 사용량을 확인하려면 du 명령과 -s 옵션을 함께 사용하면 됩니다.

du 명령을 사용하여 전체 디스크의 사용량에 대한 정보를 출력할 때 기본적으로 나타나는 용량의 단위는 KB이므로 MB 단위로 디스크 사용량이 출력되도록 하려면 옵션 -s와 옵션 -h를 함께 -sh와 같이 선언해 주면 됩니다.

du 명령과 옵션을 함께 사용하여 디스크 사용량을 확인하기 위해 다음 예제를 수행합니다.

| 예제 7-18 |

- **Step 01** | du -s 명령으로 현재 디렉터리의 디스크 사용량을 KB 단위로 출력합니다. 출력된 용량 맨 뒤에 있는 점(.)은 현재 디렉터리를 의미합니다.

> # **du -s**
>
> **기능** 현재 위치한 디렉터리의 전체 사용량 또는 특정 디렉터리의 디스크 사용량 출력
> **형식** du [옵션] [디렉터리명 또는 계정이름] `ENTER↵`

```
[root@localhost ~]# du -s
11188     .
[root@localhost ~]#
```

- **Step 02** | du -su 명령으로 /etc 디렉터리의 디스크 사용량을 MB 단위로 출력합니다.

```
[root@localhost ~]# du -sh /etc
31M     /etc
[root@localhost ~]#
```

- **Step 02** | du -su 명령으로 /home/cskisa 디렉터리의 디스크 사용량을 MB 단위로 출력합니다.

```
[root@localhost ~]# du -sh /home/cskisa
120M    /home/cskisa
[root@localhost ~]#
```

여기서 잠깐 살펴보세요.

du 명령을 사용할 때 옵션 -s를 함께 사용하게 되면 디렉터리의 디스크 사용량이 KB 단위로 출력되고 옵션 -sh를 한꺼번에 사용하면 특정 디렉터리의 디스크 사용량이 MB 단위로 출력됩니다.

◎- 도전 문제 7-2

1. 현재 위치한 디렉터리의 위치 출력하기
2. 현재 위치한 디렉터리의 전체 디스크 사용량을 MB 단위로 출력하기
3. /tmp 디렉터리의 서브 디렉터리까지 디스크 사용량 출력하기
4. /usr 디렉터리가 사용하고 있는 디스크의 용량을 GB와 MB 단위로 출력하기
5. 홈 디렉터리에 존재하는 사용자 계정이름 확인하기
6. 특정 사용자 계정 1개에 대한 디스크 사용량 출력하기

01 파일 시스템이란 하드디스크, DVD, USB 등과 같은 저장매체에 데이터를 저장하거나 삭제 또는 검색하는 방법을 제어하기 위한 시스템을 의미합니다. XFS 파일 시스템은 RHEL(Red Hat Enterprise Linux) 8과 CentOS 8에서 사용되고 있는 기본 파일 시스템입니다.

02 저널링(Journaling) 기능은 파일 시스템에 변경사항을 반영하기 전에 저널(Journal) 안에 변경사항을 기록하고 추적하는 기능을 수행하여 시스템의 오류 또는 전원 문제 등으로 인해 시스템이 재부팅되었을 경우 더 빠르게 파일 시스템의 무결성 체크를 통해 신속 정확하게 마운트 될 수 있도록 편의성을 제공해 주는 파일 시스템입니다.

03 CentOS 7 버전부터는 ext 파일 시스템의 사용과 더불어 xfs 파일 시스템을 기본 파일 시스템으로 사용되고 있습니다.

● EXT 파일 시스템의 특징

파일 시스템의 유형	ext2	ext3	ext4
도입 시기	1993년	2001년	2008년
단일파일 최대사이즈	16GB~2TB	16GB~2TB	16GB~2TB
파일 시스템 최대사이즈	2TB~32TB	2TB~32TB	1024PB
저널링 기능수행 여부	부	여	여
리눅스 커널 버전	2.4.15 이전	2.4.15부터	2.6.19부터

04 리눅스 시스템에서는 기본 파일 시스템이라고 할 수 있는 ext2, ext3, ext4 이외에 유닉스 시스템 또는 Windows 시스템 등에서 사용할 수 있도록 다양한 호환성 또한 제공되고 있습니다. 이와 같은 호환성은 USB, CD-ROM, DVD 등과 같은 외부 저장장치도 리눅스 시스템에서 사용할 수 있도록 지원하고 있습니다.

● 리눅스 시스템에서 사용할 수 있도록 지원되는 파일 시스템

파일 시스템의 종류	기능
hpfs	https를 지원하기 위한 파일 시스템
hfs	맥의 hfs 파일 시스템을 지원하기 위한 파일 시스템
iso9660	CD-ROM 또는 DVD의 표준 파일 시스템으로 읽기 전용
msdos	MS-DOS 파티션을 사용하기 위한 파일 시스템
nfs	네트워크 파일 시스템으로 원격 서버와 디스크를 연결해 줌
ntfs	Windows의 NTFS를 지원하기 위한 파일 시스템
sysv	유닉스 시스템 V를 지원하기 위한 파일 시스템
ufs	유닉스 표준 파일 시스템을 지원하기 위한 파일 시스템
vfat	Windows 95, 98, NT를 지원하기 위한 파일 시스템
xfs	레드햇과 CentOS, Ubuntu의 기본 파일 시스템

05 리눅스 시스템에서 사용되는 가상 파일 시스템 VFS(Virtual File System)는 표준 유닉스 파일 시스템과 관련된 모든 시스템 호출을 처리하는 커널 소프트웨어 계층과 실제 파일 시스템의 구현을 일관된 형태로 인식하도록 해줍니다.

● 리눅스 시스템에서 지원하고 있는 VFS

파일 시스템의 종류	기능
proc	커널의 현재 상태를 나타내는 파일 시스템 (/proc 디렉터리)
ramfs	RAM 디스크를 지원하는 파일 시스템
rootfs	루트 파일 시스템으로 시스템 초기화 및 관리에 필요한 내용 관리
swap	스왑 영역을 관리하기 위한 파일 시스템
tmpfs	임시파일 저장을 위한 파일 시스템 (/tmp 디렉터리)

06 VFS에 지원되는 파일 시스템은 세 가지 그룹이 있습니다. 로컬 디스크 파티션의 기억장소를 관리하고 HDD, FDD, CD-ROM, DVD 같은 블록 디바이스에 저장하기 위한 디스크 기반 파일 시스템과 다른 네트워크의 컴퓨터에 속한 파일 시스템에 쉽게 접근할 수 있도록 제공해 주는 네트워크 파일 시스템 그리고 사용자가 커널 데이터 구조의 내용에 쉽게 접근할 수 있도록 간단한 인터페이스를 제공하는 특수 파일 시스템 그룹이 있습니다.

07 CentOS 7부터 기본 파일 시스템을 xfs로 채택하였습니다. CentOS 6 버전에서는 ext4를 기본 파일 시스템으로 사용하였고 그 이전 버전에서는 ext3을 사용했지만 더 이상 ext 시리즈를 사용하지 않고 xfs를 선택한 것은 대용량 지원 및 오랜 시간동안 다른 리눅스 배포판에서 사용되면서 입증된 안정성 때문에 xfs 파일 시스템을 기본 파일 시스템으로 채택한 것으로 보입니다.

08 계층적 디렉터리의 구조에서 특정 디렉터리와 USB 메모리, CD-ROM, DVD, HDD, FDD 등과 같은 외부장치와도 연결하는 것을 마운트(Mount)라고 하며 디렉터리 계층 구조에서 파일 시스템이 연결되는 디렉터리를 마운트 포인트라고 합니다.

09 /etc/fstab 파일은 리눅스 시스템이 부팅될 때 파일 시스템에 대한 마운트 설정정보를 가지고 있는 파일입니다. 만약 이 파일에 오류가 있을 경우에는 정상적으로 시스템이 부팅되지 않습니다. 리눅스 시스템이 부팅되면서 이 파일에서 설정한 내용에 따라 파일 시스템은 자동으로 마운트 되므로 /etc/fstab 파일을 사용할 때는 파일 시스템의 장치명과 마운트 포인트, 그리고 마운트 할 때 설정할 옵션 등을 지정해 주어야 합니다.

● 파일 시스템 속성설정에 따른 옵션

옵션	기능
default	일반적인 파일 시스템에 지정 (rw, suid, dev, auto, nouser, async 옵션 모두 포함)
ro	읽기 전용 마운트(read-only)

rw	읽기, 쓰기 모두 가능한 마운트(read-write)
auto	부팅 시 자동으로 마운트 (mount -a를 사용하면 auto 옵션이 장치 자동 마운트)
noauto	부팅 시 자동으로 마운트 하지 않음
exec	실행파일의 실행이 가능한 마운트
noexec	실행파일의 실행이 불가능한 마운트
user	일반 사용자의 마운트를 허용
nouser	일반 사용자의 마운트를 불허
async	파일 시스템에 대한 입출력이 비동기적으로 마운트
sync	파일 시스템에 대한 입출력이 동기적으로 마운트
remount	이미 마운트 된 파일 시스템을 다시 마운트 (/etc/fstab 수정한 경우 또는 마운트를 잘못 수행한 경우)
dev	파일 시스템의 문자, 블록 특수 장치를 해석할 수 있는 마운트
suid	setuid, getuid의 사용을 허가하는 마운트
nosuid	setuid, getuid의 사용을 불허하는 마운트
usrquota	사용자별 디스크 쿼터설정 마운트
grpquota	그룹별 디스크 쿼터설정 마운트
umask	마운트 된 디렉터리에서 새로 생성하는 파일과 디렉터리 퍼미션의 default 값을 지정(박탈 개념으로 755 → 022)

10 리눅스 시스템에서 하드디스크의 파티션, CD/DVD, USB 메모리 등을 사용하기 위해서
는 해당 디렉터리와 연결되도록 mount 명령을 사용하며 마운트 명령의 사용형식은 다음
과 같습니다.

 # mount

기능 주변장치와 파일 시스템을 마운트
형식 mount [옵션] 장치명 마운트 포인트 ENTER↵
기능 -t 파일 시스템의 종류 : 파일 시스템의 종류 지정
　　 -o 마운트 옵션 : 마운트 옵션 지정
　　 -f : 마운트 할 수 있는지에 대해서만 점검
　　 -r : 읽기만 가능한 마운트 (-o ro와 같은 의미)

11 다른 종류의 파일 시스템이나 CD-ROM, USB 메모리 그리고 이동식 저장장치와 Windows 포맷형식의 디스크 등 다양한 장치를 디렉터리 계층구조의 파일 시스템에 연결하려면 장치에 따라 mount 명령의 형식을 사용하는 방법을 알아야 합니다.

● 파일 시스템 또는 장치 마운트의 명령 형식

파일 시스템 또는 장치	마운트 명령 형식
ext2 파일 시스템	mount -t ext2 /dev/sda1 /mnt
ext3 파일 시스템	mount -t ext3 /dev/sda1 /mnt
ext4 파일 시스템	mount -t ext4 /dev/sda1 /mnt mount /dev/sdb1 /mnt
xfs 파일 시스템	mount -t xfs /dev/sda1 /mnt mount /dev/sdb1 /mnt
CD-ROM	mount -t ISO9660 /dev/cdrom /mnt/cdrom
Windows 운영체제 디스크	mount -t vfat /dev/hdc/mnt
USB 메모리	mount /dev/sdb1 /mnt → 리눅스용 USB 메모리 mount -t vfat /dev/sdc1 /mnt → Windows용 USB 메모리
읽기 전용 마운트	mount -r /dev/sda1 /mnt
읽기/쓰기 마운트	mount -w /dev/sda1 /mnt
원격 디스크 마운트	mount -t nfs 서버주소:/NFS 서버측 디렉터리 /mnt

12 fdisk 명령은 하드디스크의 파티션을 나눌 때 사용하는 명령으로 파일 시스템을 생성하기 전에 반드시 fdisk 명령으로 파티션을 생성시켜야 합니다. 일반 사용자 계정으로 접속된 상태에서 fdisk 명령을 사용하면 터미널 창에는 아무런 결과도 나타나지 않습니다.

```
# fdisk
```

기능 디스크의 파티션을 생성, 삭제, 관리하는 명령
형식 fdisk [옵션] [디스크 드라이브명] [ENTER↵]
옵션 -b 크기 : 섹터의 크기 지정 (512, 1024, 2048, 4096)
　　　　-l : 디스크의 파티션 정보출력

13 mke2fs 명령은 mkfs가 확장된 명령어이며 사용형식은 다음과 같습니다.

```
# mke2fs
```

기능 리눅스 확장개정판 파일 시스템 생성
형식 mke2fs [옵션] 장치명 마운트 포인트 [ENTER↵]
옵션 -t 파일 시스템의 종류 : 파일 시스템의 종류 지정 (기본 파일형식은 ext2)
　　　　-b 블록 크기 : 블록 크기를 byte 수로 지정
　　　　-c : 배드 블록 체크
　　　　-f 프래그먼트 크기 : 프래그먼트의 크기를 byte 수로 지정
　　　　-i I-node당 byte 수 : 기본값은 4,096 byte
　　　　-m 예약블록 퍼센트 : 슈퍼유저에게 예약해 둘 블록의 퍼센트 지정 (기본값 5%)

14 df 명령은 현재 시스템의 디스크 사용량에 대해 파일 시스템의 장치명, 파일 시스템의 전체 용량 및 사용량, 파일 시스템의 추가 사용이 가능한 디스크의 남은 용량, 사용량에 대한 퍼센트 표시, 마운트 포인트 등을 보여줍니다.

```
$ df
```

기능 하드디스크의 남은 용량에 대한 정보를 출력
형식 df [옵션] [파일명] [ENTER↵]
옵션 -a : 모든 파일 시스템에서 사용 중인 디스크의 용량에 대한 정보출력
　　　　-B : 지정한 크기를 블록단위로 디스크의 용량을 출력
　　　　-h : 디스크 사용량을 보기 쉬운 단위(GB, MB, KB)로 출력
　　　　-H : 디스크의 용량을 1,024Byte가 아닌 1,000Byte 단위로 출력
　　　　-i : inode의 남은 공간과 사용 공간, 사용 퍼센트를 출력
　　　　-k : 디스크 사용량을 KB 단위로 출력
　　　　-m : 디스크 사용량을 MB 단위로 출력
　　　　-t 파일타입 : 지정한 파일타입의 종류에 해당하는 디스크 사용량 출력
　　　　-T : 파일 시스템의 형태를 추가하여 각각의 파티션 정보출력
　　　　-x 파일타입 : 지정한 파일타입을 제외한 나머지 모든 파일 시스템의 정보출력

15 du 명령은 특정 디렉터리 또는 사용자별로 디스크 사용량을 확인할 때 사용하는 명령입니다. du 명령을 사용할 때 옵션을 함께 사용하지 않을 경우에는 현재 경로의 모든 디렉터리의 크기를 KB 단위로 출력하며 du 명령의 사용형식은 다음과 같습니다.

$ du
기능 디렉터리 또는 사용자별 디스크 사용량에 대한 정보출
형식 du [옵션] [디렉터리명 또는 계정이름] ENTER↵
기능 -s : 모든 파일 시스템에서 사용 중인 디스크의 용량에 대한 정보출력
-h : 디스크 사용량을 보기 쉬운 단위(GB, MB, KB)로 출력

CHAPTER 08

하드 디스크 관리와
쿼터 설정

Section 01 하드디스크 관리

Section 02 파일 시스템 검사 및 복구

Section 03 쿼터 설정

핵심요약

● CentOS 8에서 하드디스크를 추가할 수 있습니다.

● 하드디스크 파티션과 효율화를 위한 LVM을 설정할 수 있습니다.

● 파일 시스템을 검사하고 복구할 수 있습니다.

● 쿼터 설정과 사용자별 디스크 용량을 할당할 수 있습니다.

하드디스크 관리

리눅스 시스템은 여러 사용자가 동시에 접속하여 사용하기 때문에 하드디스크의 공간은 언제든지 부족해질 수 있습니다. 이와 같이 하드디스크의 부족한 공간으로 인해 발생될 수 있는 여러 가지 불편사항들을 해결하기 위한 방법으로 가장 바람직한 것은 새로운 하드디스크를 추가해 주는 것입니다.

이 섹션에서는 IDE 장치와 NVMe 장치를 기준으로 구성요소를 살펴보고 하드디스크 추가와 디스크 파티션 나누기, 파일 시스템 생성, 디스크 마운트, 하드디스크의 효율적 관리에 대해 다루도록 하겠습니다.

■ IDE 장치와 NVMe 장치 구성

IDE는 메인보드에 케이블을 꽂을 수 있는 컨트롤러를 의미하며 NVMe 장치는 디스크를 연결할 수 있는 NVMe 방식의 컨트롤러를 의미합니다. NVMe 버스 방식은 하나의 장치에 데이터를 불러오면서 동시에 저장할 수 있습니다.

IDE 인터페이스에서는 각 디스크에 대한 접근이 동시에 발생 될 수 없으므로 순차적으로만 이루어지는 차별성이 존재합니다. 여기서는 메인보드 대신 VMware 가상 머신에서 다루기로 하겠습니다.

가상 머신에서 제공하는 컨트롤러 장치

VMware 가상 머신에서는 IDE 디스크 컨트롤러 2개와 NVMe 디스크 컨트롤러 4개를 제공하고 있습니다. IDE 컨트롤러는 CD/DVD 장치를 연결하는 인터페이스로 사용되고 NVMe

방식은 서버급 장치에서 많이 사용되는 인터페이스 방식입니다.

VMware는 기본적으로 현재 디스크를 NVMe 0번 컨트롤러의 첫 번째 슬롯인 NVMe 0:0에 연결해 주고 CD/DVD 장치는 IDE 1:0에 연결해 줍니다. 그러므로 IDE 장치에 하드디스크를 추가하려면 나머지 비어 있는 3개의 장치(IDE 0:0, IDE 0:1, IDE 1:1)에 장착해야 합니다.

NVMe 장치 구성

여기서는 IDE 하드디스크가 아닌 NVMe 하드디스크를 사용하여 실습하기에 앞서 IDE 장치와 NVMe 장치 구성도를 먼저 살펴보기 위해 VMware의 IDE 장치와 NVMe 장치 구성도에 대한 개념을 다음 그림과 같이 나타냈습니다.

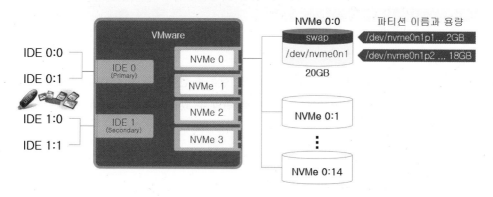

그림 8-1 VMware의 IDE 장치와 NVMe 장치 구성 개념도

 여기서 잠깐 살펴보세요.

> NVMe 장치는 NVMe 0번 슬롯의 경우 NVMe 0:0부터 NVMe 0:14까지 15개의 하드디스크를 장착할 수 있습니다. 이와 같은 방법으로 NVMe 1번, 2번, 3번 슬롯도 각각 15개씩 하드디스크를 장착할 수 있으므로 총 60개(4개 슬롯 × 15개)의 NVMe 하드디스크를 추가하여 사용할 수 있습니다.

현재 시스템에 장착된 IDE 컨트롤러 장치 확인

현재 설치된 리눅스 시스템에 장착된 IDE 컨트롤러 장치를 확인하기 위해 다음 예제를 수행합니다.

- **Step 01** | VMware 가상 머신에서 [Player]→[Manage]→[Virtual Machine Settings]를 선택합니다.

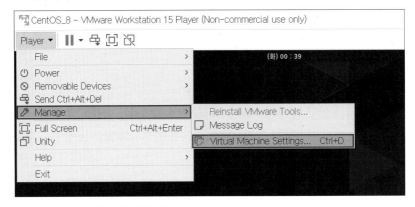

그림 8-2 VMware 가상 머신 환경설정

- **Step 02** | [Hardware] 탭에서 'CD/DVD(IDE)' 항목을 선택한 다음 <Advanced>를 누르면 리눅스 시스템에 장착된 IDE 장치 목록을 확인할 수 있습니다.

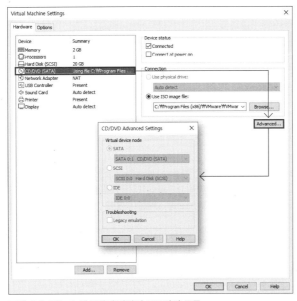

그림 8-3 리눅스 시스템에 장착된 IDE 장치 목록

② 하드디스크 추가하기

CentOS 8에서는 NVMe 하드디스크의 타입을 추천하고 있으므로 이 책에서도 새로 추가하는 하드디스크는 NVMe 타입으로 설정하도록 하겠습니다. SSD는 SATA 인터페이스가 있고 NVMe는 PCIe 인터페이스 기반으로 설치됩니다. 속도 차이는 NVMe 타입이 6배~10배 정도 빠르게 데이터를 처리합니다.

NVMe 0:1과 NVMe 0:2에 새로운 하드디스크 2개를 NVMe 방식으로 추가하는 과정을 쉽게 이해할 수 있도록 다음 그림과 같이 나타냈습니다.

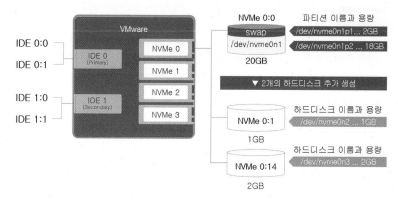

그림 8-4 NVMe 방식의 하드디스크 2개 추가 구성도

리눅스에서는 윈도우 운영체제에서 하드디스크를 추가하는 것보다 다소 복잡하기 때문에 1GB 용량의 하드디스크 1개를 추가하여 파티션, 파일 시스템 생성, 마운트를 수행하는 과정을 쉽게 이해할 수 있도록 다음 그림과 같이 나타냈습니다.

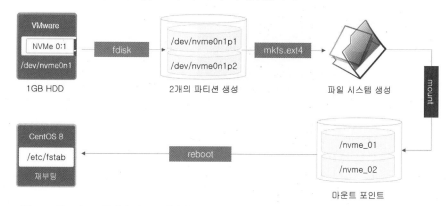

그림 8-5 하드디스크 추가에 따른 수행과정

파티션은 그냥 사용할 수 없으므로 사용자가 직접 특정 디렉터리 /nvme_01, /nvme_02를 생성하여 마운트 명령을 반드시 수행해야 합니다. 하드디스크를 추가 장착한 /dev/nvme0n1 을 사용하려면 최소한 1개 이상의 파티션을 나누어야 합니다.

파티션은 물리적 디스크를 논리적으로 나누어 사용한다는 개념입니다. 앞의 그림에서 보는 바와 같이 1개의 물리 디스크를 2개의 논리 디스크로 구분하여 파티션으로 나누게 되면 파티션의 이름은 /dev/nvme0n2p1, /dev/nvme0n2p2와 같이 자동으로 부여됩니다.

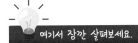

여기서 잠깐 살펴보세요.

파티션을 수행하게 되면 나눈 파티션의 개수만큼 드라이브명 맨 뒤에 p1, p2와 같이 알파벳 p와 일련번호로 구성된 접미사가 붙어 파티션을 구분할 수 있도록 네이밍(Naming) 작업을 리눅스 시스템이 알아서 수행해 줍니다.

NVMe 방식의 새로운 하드디스크 추가

VMware 가상 머신에 NVMe 방식의 새로운 하드디스크를 추가하는 과정을 살펴보기 위해 다음 예제를 수행합니다.

| 예제 8-2 |

- **Step 01** | 현재 접속된 리눅스 시스템을 종료한 다음 VMware 가상 머신을 다시 실행하여 화면 왼쪽 [CentOS 8]을 선택하고 [Edit virtual machine settings]를 클릭합니다.

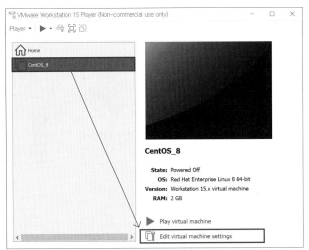

그림 8-6 하드웨어 추가를 위한 VMware 가상 머신 세팅 선택

- **Step 02** | [Hardware] 탭에서 디바이스를 [Hard Disk(NVMe)]를 선택하고 아래쪽에 있는 [Add...]를 눌러서 나타난 [Add Hardware Wizard] 창에서 하드웨어 타입을 [Hard Disk] 로 선택한 다음 <Next>를 누릅니다.

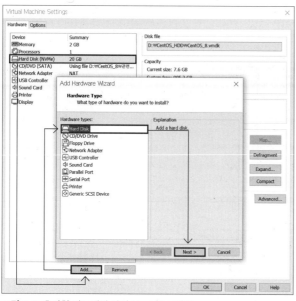

그림 8-7 추가할 하드웨어 타입 Hard Disk 선택

- **Step 03** | 가상 하드디스크 타입은 CentOS 8에서 추천하는 'NVMe' 타입을 선택하고 <Next>를 누릅니다.

그림 8-8 하드디스크 NVMe 타입 설정

- **Step 04** | 새로운 가상 디스크는 'Create a new virtual disk'를 선택하고 <Next>를 누릅니다.

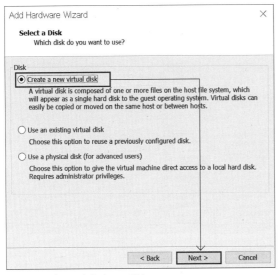

그림 8-9 새로운 가상 디스크 생성

- **Step 05** | 하드디스크는 1GB 용량을 입력하고 'Store virtual disk as a single file'을 선택한 다음 <Next>를 누릅니다.

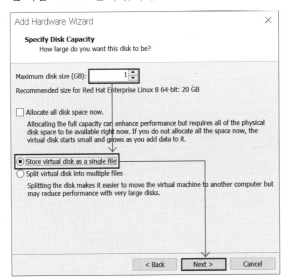

그림 8-10 새로운 가상 디스크 생성

- **Step 06** | 새로 추가되는 하드디스크는 NVMe 0:1에 장치에 장착되는 의미를 부여할 수 있도록 'NVMe_01.vmdk'로 입력 후 <Finish>를 누릅니다.

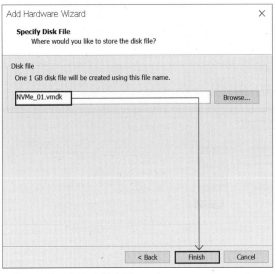

그림 8-11 하드디스크 이름 설정

- **Step 07** | NVMe_01.vmd 하드디스크가 NVMe 0:1 장치에 제대로 장착되었음을 확인할 수 있습니다.

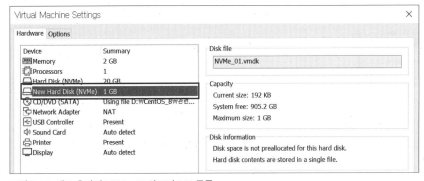

그림 8-12 새로 추가된 NVMe_01 하드디스크 목록

- **Step 08** | 앞에서 수행한 방법과 같은 방법으로 1GB 용량의 하드디스크 하나 더 생성하고 하드디스크의 이름은 'NVMe_02.vmdk'로 입력합니다. 새로 추가되는 하드디스크는 NVMe 0:2 위치에 생성됩니다.

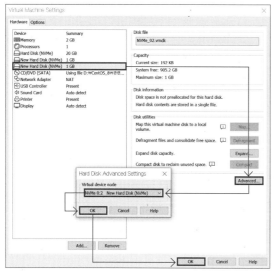

그림 8-13 NVMe 0:2 장치에 새로 추가된 하드웨어

- **Step 09** | 하드디스크 고급 설정의 가상 장치 노드(Virtual device node)를 눌러 보면 리눅스 시스템에 상착된 하드디스크의 전체 목록을 확인할 수 있습니다.

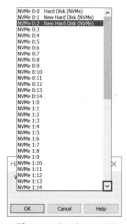

그림 8-14 하드디스크 목록

3 디스크 파티션 나누기

새로운 하드디스크가 제대로 추가된 것을 확인하였다면 디스크를 정상적으로 사용하기 위해 파티션을 생성해야 합니다. 디스크의 파티션을 나누는 방법과 추가된 하드디스크를 삭제하는 방법에 대해 살펴보겠습니다.

디스크 파티션 작업의 의미

파티션(Partition)이란 물리적인 하드디스크를 독립된 영역으로 구분하는 것을 의미합니다. 하드디스크 전체를 하나의 파티션으로 사용할 수 있고 여러 개의 파티션으로 나누어 사용할 수도 있습니다. 리눅스 시스템에서 디스크와 관련된 작업을 수행하기 위해서는 먼저 하드디스크 장치의 이름부터 파악해야 합니다.

하드디스크를 NVMe 타입으로 추가할 경우 하드디스크는 /dev/nvme0n으로 시작하는 디스크의 이름이 자동으로 부여됩니다. 컨트롤러에 연결되는 디스크의 순서에 따라 이름은 /dev/nvme0n 다음에 1, 2, 3...과 같이 숫자가 추가되는 방식으로 부여됩니다. 만약 NVMe 타입의 하드디스크 3개를 추가하였다면 디스크의 이름은 다음과 같이 부여됩니다.

- 첫 번째 디스크 : /dev/nvme0n1　　　← 20GB 용량의 하드디스크 (NVMe 0:0)
- 두 번째 디스크 : /dev/nvme0n2　　　← 1GB 용량의 하드디스크 (NVMe 0:1)
- 세 번째 디스크 : /dev/nvme0n3　　　← 1GB 용량의 하드디스크 (NVMe 0:2)

장치 이름과 함께 p1, p2처럼 맨 뒤에 숫자가 부여된 것은 여러 개의 파티션으로 나누어 사용한다는 것을 의미합니다. 디스크 장치 전체를 하나의 파티션으로 사용할 때도 파티션 작업은 반드시 수행해야 합니다.

- 첫 번째 파티션 : /dev/nvme0n2p1
- 두 번째 파티션 : /dev/nvme0n2p2

디스크 파티션 명령 : fdisk

파티션은 fdisk 명령을 사용하여 새로 장착한 디스크의 파티션 작업을 수행하며 사용형식은 다음과 같습니다.

```
# fdisk
```

기능 디스크의 파티션을 생성, 삭제, 관리하는 명령
형식 fdisk [옵션] [디스크 드라이브명] ENTER↵

fdisk 명령은 반드시 관리자 계정인 root 계정으로 접속한 상태에서 명령을 수행해야 합니다. fdisk 명령으로 파티션 작업을 할 때 사용되는 내부명령을 다음 표와 같이 정리하였습니다.

표 8-1 fdisk 명령으로 파티션 작업을 수행할 때의 내부명령

명령	의미	내부	의미
a	부팅 파티션 설정	p	파티션 테이블 출력
b	BSD 디스크 라벨 편집	q	작업 내용을 저장하지 않고 종료
c	도스 호환성 설정	s	새로운 빈 Sun 디스크 라벨 생성
d	파티션 삭제	t	파티션의 시스템 ID 변경
l	사용 가능한 파티션 정보출력	u	항목 정보를 변경하고 출력
m	도움말 출력	v	파티션 테이블 검사
n	새로운 파티션 추가	w	파티션 정보 디스크에 저장 후 종료
o	새로운 빈 DOS 파티션 생성	x	실린더 개수 등 전문가 모드 제공

관리자 계정으로 접속된 상태에서 하드디스크 파티션 정보를 살펴보기 위해 다음 예제를 수행합니다.

| **예제 8-3** |

fdisk -l 명령으로 새로 생성한 하드디스크 2개에 대한 파티션 정보를 출력합니다.

```
# fdisk -l
```

기능 현재 설정되어 있는 파티션 정보출력
형식 fdisk [옵션] ENTER↵

❶ /dev/nvme0n1 : NVMe 0:0 장치에 설치된 디스크

하드웨어 NVMe 0:0 장치에 생성된 하드디스크로 리눅스 시스템을 설치할 때 설정한 20GB 용량의 하드디스크의 파티션에 대한 정보입니다. 이 부분은 디스크의 파티션이 /dev/nvme0n1p1, /dev/nvme0n1p2와 같이 2개로 나누어져 있는 것을 확인할 수 있습니다.

```
[root@localhost ~]# fdisk -l
Disk /dev/nvme0n1: 20 GiB, 21474836480 bytes, 41943040 sectors
Units: sectors of 1 * 512 = 512 bytes
Sector size (logical/physical): 512 bytes / 512 bytes
I/O size (minimum/optimal): 512 bytes / 512 bytes
Disklabel type: dos
Disk identifier: 0x70d37e81                                          ❶

Device          Boot Start       End   Sectors Size  Id Type
/dev/nvme0n1p1 *      2048   2099199   2097152   1G  83 Linux
/dev/nvme0n1p2      2099200  41943039  39843840  19G  8e Linux LVM


Disk /dev/nvme0n2: 1 GiB, 1073741824 bytes, 2097152 sectors
Units: sectors of 1 * 512 = 512 bytes                               ❷
Sector size (logical/physical): 512 bytes / 512 bytes
I/O size (minimum/optimal): 512 bytes / 512 bytes


Disk /dev/nvme0n3: 1 GiB, 1073741824 bytes, 2097152 sectors
Units: sectors of 1 * 512 = 512 bytes                               ❸
Sector size (logical/physical): 512 bytes / 512 bytes
I/O size (minimum/optimal): 512 bytes / 512 bytes


Disk /dev/mapper/cl-root: 17 GiB, 18249416704 bytes, 35643392 sectors
Units: sectors of 1 * 512 = 512 bytes
Sector size (logical/physical): 512 bytes / 512 bytes
I/O size (minimum/optimal): 512 bytes / 512 bytes


Disk /dev/mapper/cl-swap: 2 GiB, 2147483648 bytes, 4194304 sectors
Units: sectors of 1 * 512 = 512 bytes
Sector size (logical/physical): 512 bytes / 512 bytes
I/O size (minimum/optimal): 512 bytes / 512 bytes
[root@localhost ~]#
```

❷ **/dev/nvme0n2 : NVMe 0:1 장치에 설치된 디스크**

처음 생성한 1GB 용량의 하드디스크는 하드웨어 NVMe 0:1 장치에 장착됩니다. 이 부분에서 생성된 디스크 /dev/nvme0n2에 대한 파티션 정보를 확인할 수 있습니다.

❸ /dev/nvme0n3 : NVMe 0:2 장치에 설치된 디스크

나중에 생성한 1GB 용량의 하드디스크는 하드웨어 NVMe 0:2 장치에 장착됩니다. 이 부분에서 생성된 디스크 /dev/nvme0n3에 대한 파티션 정보를 확인할 수 있습니다.

디스크 파티션 2개로 나누기 : /dev/nvme0n2

새로 추가된 NVMe 0:1과 NVMe 0:2 장치는 /dev/nvme0n2, /dev/nvme0n3과 같이 숫자로 구분되어 디스크가 표기된 것을 확인할 수 있습니다.

앞에서 추가한 2개의 하드디스크 중에서 처음에 생성한 /dev/nvme0n2 하드디스크를 대상으로 2개의 파티션으로 나누기 위해 다음 예제를 수행합니다.

| 예제 8-4 |

- **Step 01** | 1GB 용량의 하드디스크가 설치된 /dev/nvme0n2 장치를 300MB와 700MB 2개의 파티션으로 나누기 위해 다음 명령을 단계별로 진행합니다.

fdisk /dev/nvme0n2 → NVMe 0:1 하드디스크 선택

Command : n	← 새로운 파티션 분할
Select : p	← 파티션을 Primary로 선택
Partition number : 1	← 파티션 번호 1번 선택 (최대 4개까지 생성 가능)
first sector : `ENTER↵`	← 시작 섹터 기본값 적용
Last sector : +300M	← 파티션 크기 300MB 설정
Command : p	← 설정된 파티션 정보출력
Command : n	← 새로운 파티션 분할
Select : p	← 파티션을 Primary로 선택
Partition number : 2	← 파티션 번호 2번 선택
first sector : `ENTER↵`	← 시작 섹터 기본값 적용
Last sector : +700M	← 파티션 크기 700MB 설정
Command : p	← 설정된 파티션 정보출력
Command : w	← 설정된 파티션 저장 후 종료

```
[root@localhost ~]# fdisk /dev/nvme0n2

Welcome to fdisk (util-linux 2.32.1).
Changes will remain in memory only, until you decide to write them.
Be careful before using the write command.

Device does not contain a recognized partition table.
```

```
Created a new DOS disklabel with disk identifier 0x490cdc74.

Command (m for help): n   ← 새로운 파티션 분할
Partition type
   p   primary (0 primary, 0 extended, 4 free)
   e   extended (container for logical partitions)
Select (default p): p   ← 파티션 선택
Partition number (1-4, default 1): 1   ← 파티션 번호 1 선택
First sector (2048-2097151, default 2048): ENTER↵ ← 시작 섹터 기본값
Last sector, +sectors or +size{K,M,G,T,P} (2048-2097151, default 2097151):
+300M   ← 파티션 크기 설정

Created a new partition 1 of type 'Linux' and of size 300 MiB.

Command (m for help): p   ← 설정된 파티션 정보출력
Disk /dev/nvme0n2: 1 GiB, 1073741824 bytes, 2097152 sectors
Units: sectors of 1 * 512 = 512 bytes
Sector size (logical/physical): 512 bytes / 512 bytes
I/O size (minimum/optimal): 512 bytes / 512 bytes
Disklabel type: dos
Disk identifier: 0x490cdc74

Device         Boot Start    End Sectors  Size Id Type
/dev/nvme0n2p1      2048 616447  614400   300M 83 Linux

Command (m for help): n   ← 새로운 파티션 분할
Partition type
   p   primary (1 primary, 0 extended, 3 free)
   e   extended (container for logical partitions)
Select (default p): p   ← 파티션 primary 선택
Partition number (2-4, default 2): 2   ← 파티션 번호 2 선택
First sector (616448-2097151, default 616448): ENTER↵ ← 시작 섹터
Last sector, +sectors or +size{K,M,G,T,P} (616448-2097151, default
2097151): +700M   ← 파티션 크기 설정

Created a new partition 2 of type 'Linux' and of size 700 MiB.

Command (m for help): p   ← 파티션 정보출력
Disk /dev/nvme0n2: 1 GiB, 1073741824 bytes, 2097152 sectors
Units: sectors of 1 * 512 = 512 bytes
Sector size (logical/physical): 512 bytes / 512 bytes
I/O size (minimum/optimal): 512 bytes / 512 bytes
Disklabel type: dos
Disk identifier: 0x490cdc74
```

```
Device         Boot    Start        End    Sectors    Size   Id   Type
/dev/nvme0n2p1          2048     616447     614400    300M   83   Linux
/dev/nvme0n2p2        616448    2050047    1433600    700M   83   Linux
```

```
Command (m for help): w ← 설정된 파티션 저장 후 종료
The partition table has been altered.
Calling ioctl() to re-read partition table.
Syncing disks.

[root@localhost ~]#
```

/dev/nvme0n2 장치의 하드디스크가 /dev/nvme0n2p1과 /dev/nvme0n2p2와 같이 2개의 파티션으로 구분되어 생성된 것을 확인할 수 있습니다.

- **Step 02** | 파티션 설정 후 재부팅을 수행하면 /dev/nvme0n2 장치에 장착된 하드디스크는 2개의 파티션 /dev/nvme0n2p1과 /dev/nvme0n2p2가 적용됩니다.

```
[root@localhost ~]# reboot
```

추가한 하드디스크 삭제하기 - 필요한 경우만 실습

만약 [예제 3-48]를 수행하는 도중 잘못 설정하였을 경우 VMware를 다시 시작하여 생성해 놓은 NVMe 0:1 장치를 제거하면 됩니다. 예를 들어 파티션을 분할하면서 용량을 300M로 입력하지 않고 용량 단위를 뺀 숫자만 300으로 입력하였을 경우 파티션이 제대로 설정되지 않을 수 있습니다.

이와 같은 시행착오가 발생하게 되면 당황하지 말고 파티션을 수행 도중 오류가 발생한 하드디스크를 장치에서 제거하고 다시 하드디스크를 생성한 다음 파티션 작업을 수행하면 됩니다.

기존에 생성한 하드디스크를 제거하기 위해 다음 예제를 수행합니다. 이 예제는 꼭 필요할 경우만 실습하기 바랍니다. 앞에서 파티션 작업을 정상적으로 수행했다면 이 예제는 수행하지 않아도 됩니다.

예제 8-5

- **Step 01** | 이미 설치되어 있는 하드
  디스크를 삭제하기 위해 VMware
  에서 [Edit virtual machine
  settings]를 클릭하여 삭제할 대상
  디스크를 선택 후 <Remove>를 누
  르면 해당 디스크는 삭제됩니다.

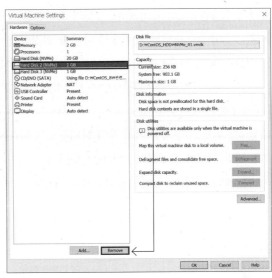

그림 8-15 하드디스크 삭제

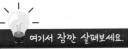
여기서 잠깐 살펴보세요.

[Edit virtual machine settings]에서 삭제한다고 해서 리눅스 시스템에서 NVMe 0:1 장치를 다시 사용할 수
있게 된 것은 아닙니다. 삭제한 장치에 설치했던 하드디스크 파일인 'NVMe _ 01. vmdk'도 찾아서 제거해야 합니
다. 만약 이 과정을 수행하지 않고 동일한 장치 드라이브에 하드디스크를 다시 생성할 경우 디스크를 생성할 수 없
다는 메시지가 출력됩니다.

- **Step 02** | 윈도우 탐색기를 사용하여 하드디스크의 이름 NVMe_01.vmdk에 대해 삭제하
  면 NVMe 0:1 장치에 새로운 하드디스크를 다시 생성할 수 있습니다.

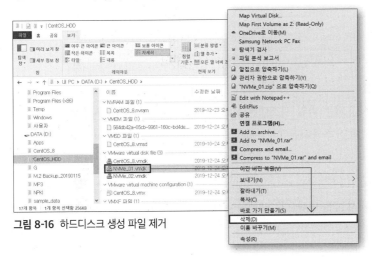

그림 8-16 하드디스크 생성 파일 제거

디스크 파티션을 나누지 않을 경우 - 필요할 경우만 실습

앞에서 실습한 /dev/nvme0n2 장치의 파티션을 나누지 않고 하나의 파티션으로 생성하려면 [예제 3-50]에서 수행한 과정에서 다음을 변경하여 수행하면 됩니다. 이 과정은 필요할 경우만 실습하기 바랍니다.

┃ 예제 8-6 ┃ ━━━━━━━━━━━━━━━━━━━━━━━━━━━━━━━━━━

대상 하드디스크 장치를 여러 개의 파티션으로 나누지 않고 1개의 파티션으로 생성하기 위해서는 다음 명령을 단계별로 수행하면 됩니다.

 # fdisk /dev/nvme0n2 → NVMe 0:1 하드디스크 선택

Command : n	← 새로운 파티션 분할
Select : p	← 파티션을 Primary로 선택
Partition number : 1	← 파티션 번호 1번 선택 (최대 4개까지 생성 가능)
first sector : `ENTER↵`	← 시작 섹터 기본값 적용
Last sector : `ENTER↵`	← 마지막 섹터 기본값 적용
Command : p	← 설정된 파티션 정보출력
Command : w	← 설정된 파티션 저장 후 종료

◎- 도전 문제 8-1

1. 현재 시스템에 설정되어 있는 파티션 정보출력하기
2. NVMe 0:3 하드디스크 생성하기
3. NVMe 0:3 하드디스크의 파티션을 300MB, 300MB, 400MB의 3개로 나누기
4. NVMe 0:3 하드디스크 삭제하기
5. 현재 설정되어 있는 파티션 정보출력하기

4 파일 시스템 생성

CentOS 리눅스에서 사용되는 파일 시스템은 ext2, ext3, ext4, xfs 파일 시스템을 사용할 수 있습니다. 이 책에서는 새로 추가하는 디스크의 파일 시스템을 주로 ext4 파일 시스템으로 생성하도록 하겠습니다.

파일 시스템은 mkfs와 mke2fs 명령으로 생성하는 방법에 대해서는 이미 앞에서 살펴봤습니다.

mkfs 명령으로 /dev/nvme0n2 하드디스크를 /dev/nvme0n2p1과 /dev/nvme0n2p2로 나눈 파티션에 ext4파일 시스템이 적용되도록 다음 예제를 수행합니다.

| 예제 8-7 |

- **Step 01** | 먼저 mkfs 명령으로 /dev/nvme0n2p1 파티션에 ext4 파일 시스템을 지정합니다.

mkfs -t ext4 /dev/nvme0n2p1

기능 새로 생성된 파티션을 확인하는 명령
형식 mkfs [옵션] [파일 시스템 타입] [디스크 드라이브명] ENTER↵
옵션 -t 타입 : 파일 시스템의 타입 지정

```
[root@localhost ~]# mkfs -t ext4 /dev/nvme0n2p1
mke2fs 1.44.3 (10-July-2018)
Creating filesystem with 307200 1k blocks and 76912 inodes
Filesystem UUID: f583f13c-1fa8-410d-a9c8-ce7f766db140
Superblock backups stored on blocks:
        8193, 24577, 40961, 57345, 73729, 204801, 221185

Allocating group tables: done
Writing inode tables: done
Creating journal (8192 blocks): done
Writing superblocks and filesystem accounting information: done

[root@localhost ~]#
```

- **Step 02** | mkfs 명령으로 /dev/nvme0n2p2 파티션도 ext4 파일 시스템을 지정합니다. mkfs 명령을 사용할 때 mkfs.ext4와 mkfs -t ext4는 같은 의미를 가집니다.

mkfs.ext4 /dev/nvme0n2p2

기능 새로 생성된 파티션을 확인하는 명령
형식 mkfs [옵션] [파일 시스템 타입] [디스크 드라이브명] ENTER↵
옵션 -t 타입 : 파일 시스템의 타입 지정

```
[root@localhost ~]# mkfs.ext4 /dev/nvme0n2p2
mke2fs 1.44.3 (10-July-2018)
Creating filesystem with 179200 4k blocks and 44832 inodes
Filesystem UUID: c938d9c4-bc6a-47d0-9425-d11035edcfcd
Superblock backups stored on blocks:
```

```
          32768, 98304, 163840

Allocating group tables: done
Writing inode tables: done
Creating journal (4096 blocks): done
Writing superblocks and filesystem accounting information: done

[root@localhost ~]#
```

5 디스크 마운트

새로 장착한 하드디스크에 대한 파티션과 각 파티션에 대한 파일형식을 지정하였습니다. 하드
디스크를 사용할 준비가 끝났으므로 지정한 파일 시스템을 디렉터리 계층 구조에 마운트를
수행하면 됩니다. 마운트는 마운트 포인트를 만들어 사용하도록 하겠습니다.

마운트 포인트 준비

여러 개의 파일 시스템에 대해 마운트를 수행할 경우 마운트 포인트를 미리 준비해 놓아야 합
니다. 여기서는 /mnt 디렉터리에 nvme_01, nvme_02 디렉터리를 생성하여 마운트 포인트로
사용할 것입니다.

파티션 작업과 파일형식을 지정한 다음에는 마운트 포인트를 준비해야 하므로 다음 예제를
수행합니다.

| 예제 8-8 |

마운트 포인트를 준비하기 위해 /mnt 디렉터리에 nvme_01 디렉터리와 nvme_02 디렉터리
를 생성합니다.

```
[root@localhost ~]# mkdir /mnt/nvme_01
[root@localhost ~]# mkdir /mnt/nvme_02
[root@localhost ~]# ls -l /mnt
합계 0
drwxr-xr-x. 2 root root 6 10월 24 10:41 hgfs
drwxr-xr-x. 2 root root 6 12월 24 04:26 nvme_01
drwxr-xr-x. 2 root root 6 12월 24 04:26 nvme_02
[root@localhost ~]#
```

파일 시스템 마운트

파티션 /dev/nvme0n2p1에 지정한 파일 시스템은 /mnt/nvme_01 디렉터리에 마운트를 수행하고 파티션 /dev/nvme0n2p2에 지정한 파일 시스템은 /mnt/nvme_02 디렉터리에 마운트 하는 과정을 진행하기 위해 다음 예제를 수행합니다.

| 예제 8-9 |

파티션 /dev/nvme0n2p1은 /mnt/nvme_01 디렉터리에 마운트, /dev/nvme0n2p2는 /mnt/nvme_02 디렉터리에 마운트를 수행하기 위해 다음 명령을 수행합니다.

```
[root@localhost ~]# mount /dev/nvme0n2p1 /mnt/nvme_01
[root@localhost ~]# mount /dev/nvme0n2p2 /mnt/nvme_02
[root@localhost ~]# mount
...
(생략)
...
/dev/nvme0n2p1 on /mnt/nvme_01 type ext4 (rw,relatime,seclabel)
/dev/nvme0n2p2 on /mnt/nvme_02 type ext4 (rw,relatime,seclabel)
[root@localhost ~]#
```

파일 시스템 사용하기

여기서는 디렉터리 계층구조에 연결한 파일 시스템을 사용하는 방법에 대해 살펴보겠습니다. 파일 시스템은 마운트 된 상태에서는 사용할 수 있지만 언마운트된 파일 시스템은 사용할 수 없습니다. 그 이유는 언마운트 자체가 장치를 제거하는 명령이기 때문입니다.

마운트가 설정된 특정 디렉터리를 umount 명령으로 마운트를 해제하기 위해 다음 예제를 수행합니다.

| 예제 8-10 |

- **Step 01** | 파일 시스템을 사용하는 방법을 살펴보기 위해 cp 명령으로 /etc/hosts 디렉터리에 존재하는 모든 파일을 /mnt/nvme_01 디렉터리로 복사한 다음 ls -l 명령으로 복사된 파일목록을 확인합니다.

```
[root@localhost ~]# cp /etc/hosts /mnt/nvme_01
[root@localhost ~]# ls -l /mnt/nvme_01
합계 14
```

```
-rw-r--r--. 1 root root    158 12월 24 04:36 hosts
drwx------. 2 root root 12288 12월 24 04:14 lost+found
[root@localhost ~]#
```

- **Step 02** | umount 명령으로 /mnt/nvme_01 디렉터리에 연결된 마운트를 해제합니다.

```
[root@localhost ~]# umount /mnt/nvme_01
[root@localhost ~]# ls -l /mnt/nvme_01
합계 0
[root@localhost ~]#
```

여기서 잠깐 살펴보세요.

특정 디렉터리에 연결된 마운트를 해제하게 되면 이 디렉터리에는 어떤 파일도 존재하지 않습니다. 그 이유는 언마운트 자체가 연결 장치를 해제한다는 의미이기 때문입니다.

6 하드디스크의 효율적 관리

리눅스 시스템은 여러 사용자가 동시에 접속하여 사용하기 때문에 디스크 용량이 부족한 현상은 언제든지 발생할 수 있습니다.

만약 디스크 용량이 부족할 때 여러 개의 하드디스크 공간을 마치 하나의 하드디스크처럼 사용할 수 있다면 디스크 용량 부족으로 인한 불편사항은 사라질 것입니다. 여러 개의 하드디스크를 마치 하나의 하드디스크처럼 사용할 수 있는 효율적인 관리방법에 대해 살펴보겠습니다.

LVM 개념 이해

LVM(Logical Volume Manager)은 여러 개의 하드디스크를 하나의 하드디스크처럼 사용할 수 있도록 파티션을 효율적으로 관리해주는 관리 도구입니다.

LVM을 사용하면 파티션이 부족할 경우 다른 파티션의 용량을 가져와 사용할 수 있게 되므로 파티션을 보다 효율적으로 관리할 수 있습니다.

- 물리 볼륨(PV; Physical Volume) : 실제 하드디스크의 /dev/nvme0n2p1, /dev/sdb2와 같은 파티션을 의미합니다. 물리 볼륨(PV)을 가진 일정한 블록을 PE(Physical Extent)라고 합니다.

- 볼륨 그룹(VG; Volume Group) : 여러 개의 물리 볼륨(PV)을 합쳐서 1개의 그룹으로 묶은 것을 의미합니다.

- 논리 볼륨(LV; Logical Volume) : 볼륨 그룹(VG)을 1개 이상으로 적절한 크기의 파티션으로 나눈 파티션을 의미합니다. 논리 볼륨(LV)을 가진 일정한 블록을 PE(Physical Extent)라고 합니다.

LVM 생성 과정

LVM은 여러 개의 물리적 하드디스크를 묶어서 1개의 볼륨 그룹으로 만든 후에 다시 필요한 용량의 파티션을 논리적 그룹으로 나눠서 사용하는 것을 의미합니다.

LVM을 구현하기 위해서는 기존 파일 시스템의 종류를 변경해야 하고 여러 개의 하드디스크로 구성된 물리 볼륨(PV)를 생성한 다음 하나의 하드디스크로 묶어주기 위해 볼륨 그룹(VG)를 생성합니다.

하나의 하드디스크로 묶어놓은 볼륨 그룹 VG를 대상으로 하드디스크의 공간을 논리적으로 나누어 주는 논리 볼륨(LV)를 생성 후 마운트를 수행합니다. 이 과정을 쉽게 이해할 수 있도록 다음 그림과 같이 나타냈습니다.

LVM에서 물리 볼륨(PV), 볼륨 그룹(VG), 논리 볼륨(LV)을 구현하는 과정을 다음 그림과 같이 나타냈습니다.

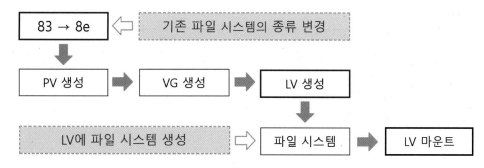

그림 8-17 LVM 생성과정

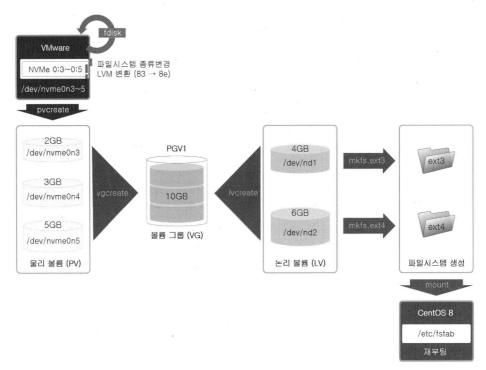

그림 8-18 LVM에서 PV, VG, LV 구현과정

LVM 명령

LVM은 파티션을 원하는 대로 추가 또는 제거하고 파티션의 크기를 조절할 수 있도록 해주는
기능입니다. LVM에서 사용되는 명령어를 다음 표와 같이 정리했습니다.

표 8-2 LVM 명령 요약

LVM 명령	의미
pvcreate 파티션명	볼륨 그룹의 일부로 사용할 물리 볼륨 생성
pvscan	물리 볼륨 상태 확인
vgcreate VG명 파티션명	볼륨 그룹 생성
vgchange -a y VG명	볼륨 그룹 설정
vgchange -a n VG명	볼륨 그룹 해제
vgremove VG명	물리 볼륨에서 LVM 데이터 구조를 제거
vgdisplay -v VG명	볼륨 그룹에 대한 정보출력

vgextend VG명 PV명	PV명 물리 볼륨을 추가하여 VG명 볼륨 그룹을 확장
vgreduce VG명 PV명	볼륨 그룹에서 볼륨을 하나 이상 제거하여 볼륨 그룹 축소
vgremove VG명 PV명	시스템과 디스크에서 볼륨 그룹의 정의 제거
vgcfgbackup VG명	볼륨 그룹의 LVM 구성을 VG명으로 저장
vgcfgrestore -n VG명	VG명의 LVM 구성을 복원
lvcreate -L PE수 VG명	볼륨 그룹에 논리 볼륨 생성
lvremove LV명	볼륨 그룹에서 LV명 논리 볼륨을 제거
lvscan	논리 볼륨 상태 출력
lvextend -L +PE수 LV명	논리 볼륨 용량 확대
lvextend -L -PE수 LV명	논리 볼륨 용량 축소

3개의 하드디스크 추가생성

LVM을 구성하는 과정에 대해 다음 예제를 통해 자세히 살펴보도록 하겠습니다. 디스크의 용량설정은 사용하고 있는 컴퓨터 하드디스크의 용량에 맞춰 적절하게 설정해도 됩니다.

2GB, 3GB, 5GB의 크기를 가진 하드디스크 3개를 추가하기 위해 다음 예제를 수행합니다. 하드디스크의 이름은 2GB는 NVMe_03.vmdk, 3GB는 NVMe_04.vmdk, 5GB 는NVMe_05.vmdk으로 입력합니다.

| 예제 8-11 |

- **Step 01** | VMware에서 [Edit virtual machine setting]을 클릭하여 하드디스크 3개를 추가합니다. 이 과정에 대한 이해가 부족할 경우 [예제 8-2]를 참고하기 바랍니다. 만약 VMware에서 [Add...] 버튼이 비활성화되어 있다면 리눅스 시스템을 재부팅하기 바랍니다.

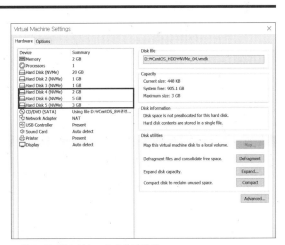

그림 8-19 하드디스크 3개 추가생성

- **Step 02** | 3개의 하드디스크를 추가하였으면 [Vitual Machine Settings]- [Hardware]-
  [New Hard Disk]-[Advanced...]-[Hard Disk Advanced Settings] -[Virtual device
  node] 순으로 추가된 하드디스크의 목록을 확인합니다.

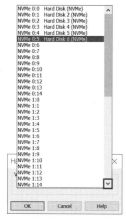

그림 8-20 하드디스크 목록

파티션 나누기

새롭게 추가된 3개의 하드디스크의 파티션을 나누기 위해 다음 예제를 수행합니다.

| 예제 8-12 |

- **Step 01** | fdisk 명령과 옵션 -l을 함께 사용하여 파티션의 현재 정보를 출력합니다. 새로 추
  가한 하드디스크는 /dev/nvme0n4, /dev/nvme0n5, /dev/nvme0n6의 디스크 이름이
  자동으로 지정된 것을 확인할 수 있습니다.

---

fdisk -l

기능 현재 설정되어 있는 파티션 정보출력
형식 fdisk [옵션] ENTER↵

```
[root@localhost ~]# fdisk -l
...
(생략)
...
Disk /dev/nvme0n4: 2 GiB, 2147483648 bytes, 4194304 sectors
Units: sectors of 1 * 512 = 512 bytes
Sector size (logical/physical): 512 bytes / 512 bytes
I/O size (minimum/optimal): 512 bytes / 512 bytes
```

```
Disk /dev/nvme0n5: 3 GiB, 3221225472 bytes, 6291456 sectors
Units: sectors of 1 * 512 = 512 bytes
Sector size (logical/physical): 512 bytes / 512 bytes
I/O size (minimum/optimal): 512 bytes / 512 bytes


Disk /dev/nvme0n6: 5 GiB, 5368709120 bytes, 10485760 sectors
Units: sectors of 1 * 512 = 512 bytes
Sector size (logical/physical): 512 bytes / 512 bytes
I/O size (minimum/optimal): 512 bytes / 512 bytes
...
(생략)
...
[root@localhost ~]#
```

- **Step 02** | 추가로 생성된 3개의 하드디스크를 차례대로 파티션 생성 후 fdisk 명령으로 파티션 정보를 출력합니다.

 # fdisk /dev/nvme0n4 → NVMe 0:3 하드디스크 선택

Command : n	← 새로운 파티션 분할
Select : p	← 파티션을 Primary로 선택
Partition number : 1	← 파티션 번호 1번 선택 (최대 4개까지 생성 가능)
first sector : ENTER↵	← 시작 섹터 기본값 적용
Last sector : ENTER↵	← 마지막 섹터 기본값 적용
Command : t	← 파일 시스템 유형 선택
Hex Code : 8e	← LVM 파일 시스템 정의 (L을 입력하면 유형 번호 출력됨)
Command : p	← 설정된 파티션 정보출력
Command : w	← 설정된 파티션 저장 후 종료

 # fdisk /dev/nvme0n5 → NVMe 0:4 하드디스크 선택

Command : n	← 새로운 파티션 분할
Select : p	← 파티션을 Primary로 선택
Partition number : 1	← 파티션 번호 1번 선택 (최대 4개까지 생성 가능)
first sector : ENTER↵	← 시작 섹터 기본값 적용
Last sector : ENTER↵	← 마지막 섹터 기본값 적용
Command : t	← 파일 시스템 유형 선택
Hex Code : 8e	← LVM 파일 시스템 정의 (L을 입력하면 유형 번호 출력됨)
Command : p	← 설정된 파티션 정보출력
Command : w	← 설정된 파티션 저장 후 종료

```
# fdisk /dev/nvme0n6 → NVMe 0:5 하드디스크 선택
```

Command : n   ← 새로운 파티션 분할
Select : p   ← 파티션을 Primary로 선택
Partition number : 1   ← 파티션 번호 1번 선택 (최대 4개까지 생성 가능)
first sector : ENTER↵   ← 시작 섹터 기본값 적용
Last sector : ENTER↵   ← 마지막 섹터 기본값 적용
Command : t   ← 파일 시스템 유형 선택
Hex Code : 8e   ← LVM 파일 시스템 정의 (L을 입력하면 유형 번호 출력됨)
Command : p   ← 설정된 파티션 정보출력
Command : w   ← 설정된 파티션 저장 후 종료

여기서 잠깐 살펴보세요.

CentOS 리눅스 기본 파일 시스템의 Id는 83이고 LVM 파일 시스템은 8e입니다. 기본 파일 시스템을 LVM 파일 시스템으로 변경하기 위해 파일 시스템의 Id를 Hex Code : 8e로 설정한 것입니다.

● **Step 03** | 하드디스크 3개에 대한 파티션 작업 완료 후 fdisk –l 명령으로 파티션 설정 정보를 확인합니다.

```
[root@localhost ~]# fdisk -l
...
(생략)
...
Disk /dev/nvme0n4: 2 GiB, 2147483648 bytes, 4194304 sectors
Units: sectors of 1 * 512 = 512 bytes
Sector size (logical/physical): 512 bytes / 512 bytes
I/O size (minimum/optimal): 512 bytes / 512 bytes
Disklabel type: dos
Disk identifier: 0x68ad8931

Device         Boot Start      End Sectors Size Id Type
/dev/nvme0n4p1      2048 4194303 4192256    2G 8e Linux LVM


Disk /dev/nvme0n5: 3 GiB, 3221225472 bytes, 6291456 sectors
Units: sectors of 1 * 512 = 512 bytes
Sector size (logical/physical): 512 bytes / 512 bytes
I/O size (minimum/optimal): 512 bytes / 512 bytes
Disklabel type: dos
Disk identifier: 0xb41797d3
```

```
Device          Boot Start      End Sectors Size Id Type
/dev/nvme0n5p1       2048 6291455 6289408   3G 8e Linux LVM


Disk /dev/nvme0n6: 5 GiB, 5368709120 bytes, 10485760 sectors
Units: sectors of 1 * 512 = 512 bytes
Sector size (logical/physical): 512 bytes / 512 bytes
I/O size (minimum/optimal): 512 bytes / 512 bytes
Disklabel type: dos
Disk identifier: 0xb457471c

Device          Boot Start      End  Sectors Size Id Type
/dev/nvme0n6p1       2048 10485759 10483712   5G 8e Linux LVM
...
(생략)
...
[root@localhost ~]#
```

3개의 물리 볼륨(PV) 생성하기

하드디스크 파티션을 생성한 다음에는 물리 볼륨을 생성하기 위해 다음 예제를 수행합니다.

| 예제 8-13 |

- **Step 01** | 각 디스크에서 설정한 파티션 /dev/nvme0n4p1, /dev/nvme0n5p1, /dev/nvme0n6p1에 pvcreate 명령으로 물리적 볼륨(PV)을 각각 생성 후 pvscan 명령으로 물리 볼륨 상태를 확인합니다.

```
[root@localhost ~]# pvcreate /dev/nvme0n4p1
  Physical volume "/dev/nvme0n4p1" successfully created.
[root@localhost ~]# pvcreate /dev/nvme0n5p1
  Physical volume "/dev/nvme0n5p1" successfully created.
[root@localhost ~]# pvcreate /dev/nvme0n6p1
  Physical volume "/dev/nvme0n6p1" successfully created.
[root@localhost ~]# pvscan
  PV /dev/nvme0n1p2   VG cl                lvm2 [<19.00 GiB / 0    free]
  PV /dev/nvme0n6p1                        lvm2 [<5.00 GiB]
  PV /dev/nvme0n4p1                        lvm2 [<2.00 GiB]
  PV /dev/nvme0n5p1                        lvm2 [<3.00 GiB]
  Total: 4 [28.99 GiB] / in use: 1 [<19.00 GiB] / in no VG: 3 [<10.00 GiB]
[root@localhost ~]#
```

- **Step 02** | /dev/nvme0n4p1, /dev/nvme0n5p1, /dev/nvme0n6p1 3개의 물리 볼륨(PV)을 하나의 볼륨 그룹(VG)으로 묶겠습니다. 볼륨 그룹 생성은 vgcreate 명령을 사용하며 필자는 볼륨 그룹의 이름을 pgv1로 정했습니다. 2GB, 3GB, 5GB의 물리 볼륨을 묶으면 전체 10GB의 볼륨 그룹이 생성됩니다.

```
[root@localhost ~]# vgcreate pgv1 /dev/nvme0n4p1 /dev/nvme0n5p1 /dev/
nvme0n6p1
  Volume group "pgv1" successfully created
[root@localhost ~]#
```

- **Step 03** | 생성된 볼륨 그룹을 vgchange -a 명령으로 활성화합니다.

```
[root@localhost ~]# vgchange -a y pgv1
  0 logical volume(s) in volume group "pgv1" now active
[root@localhost ~]#
```

- **Step 04** | 볼륨 그룹이 제대로 생성되었는지를 vgdisplay -v 명령으로 확인합니다.

```
[root@localhost ~]# vgchange -a y pgv1
  0 logical volume(s) in volume group "pgv1" now active
[root@localhost ~]# ^C
[root@localhost ~]# vgdisplay -v pgv1
  --- Volume group ---
  VG Name               pgv1
  System ID
  Format                lvm2
...
(생략)
...
  PV Name               /dev/nvme0n6p1
  PV UUID               9RJ91I-PegB-B364-bOwx-rz2N-7Kgk-VX3SK1
  PV Status             allocatable
  Total PE / Free PE    1279 / 1279

[root@localhost ~]#
```

2개의 논리 볼륨(LV) 생성하기

앞에서 2GB, 3GB, 5GB의 물리 볼륨을 1개의 볼륨 그룹으로 묶어 확보된 10GB의 용량을 2개의 논리 볼륨(LV)으로 나누겠습니다. 필자는 논리 볼륨의 이름을 nd1과 nd2로 정했습니다.

/dev/pgv1/nd1 논리 볼륨에는 4GB 용량을 할당하고 나머지 용량은 모두 /dev/pgv1/nd1 논리 볼륨에 할당하기 위해 다음 예제를 수행합니다.

PART 01

| 예제 8-14 |

하드디스크 파티션을 나눌 때 일반적인 파티션의 경우 fdisk 명령을 사용하지만, LVM에서는 lvcreate 명령을 사용합니다. 1개의 볼륨 그룹을 2개의 논리 볼륨으로 나누기 위해 다음과 같이 명령을 수행합니다.

```
[root@localhost ~]# lvcreate --size 4G --name nd1 pgv1
  Logical volume "nd1" created.
[root@localhost ~]# lvcreate --extents 100%FREE --name nd2 pgv1
  Logical volume "nd2" created.
[root@localhost ~]# ls -l /dev/pgv1
합계 0
lrwxrwxrwx. 1 root root 7 12월 24 05:52 nd1 -> ../dm-2
lrwxrwxrwx. 1 root root 7 12월 24 05:52 nd2 -> ../dm-3
[root@localhost ~]#
```

파일 시스템 생성하기

논리 볼륨 nd1의 기본 파일 시스템은 ext3, 논리 볼륨에서 nd2의 기본 파일 시스템은 ext4 파일 시스템형식으로 각각 설정합니다.

mkfs 명령으로 논리 볼륨의 파일 시스템형식을 설정하기 위해 다음 예제를 수행합니다.

| 예제 8-15 |

- **Step 01** | 논리 볼륨 /dev/pgv1/nd1은 ext3 파일 시스템형식으로 설정합니다.

```
[root@localhost ~]# mkfs.ext3 /dev/pgv1/nd1
mke2fs 1.44.3 (10-July-2018)
Creating filesystem with 1048576 4k blocks and 262144 inodes
Filesystem UUID: 027d91ca-d77d-4085-87d3-94a8945caca4
Superblock backups stored on blocks:
        32768, 98304, 163840, 229376, 294912, 819200, 884736

Allocating group tables: done
Writing inode tables: done
Creating journal (16384 blocks): done
Writing superblocks and filesystem accounting information: done
```

```
[root@localhost ~]#
```

- **Step 02** | 논리 볼륨 /dev/pgv1/nd2는 ext4 파일 시스템형식으로 설정합니다.

```
[root@localhost ~]# mkfs.ext4 /dev/pgv1/nd2
mke2fs 1.44.3 (10-July-2018)
Creating filesystem with 1569792 4k blocks and 392448 inodes
Filesystem UUID: be34772a-545b-4a31-9b7c-f59febe55895
Superblock backups stored on blocks:
        32768, 98304, 163840, 229376, 294912, 819200, 884736

Allocating group tables: done
Writing inode tables: done
Creating journal (16384 blocks): done
Writing superblocks and filesystem accounting information: done

[root@localhost ~]#
```

마운트 설정하기

기본 파일 시스템을 설정하였다면 다음 과정은 마운트 설정입니다. 마운트를 설정하기에 앞서 마운트 포인트로 사용할 /lvm1과 /lvm2 디렉터리를 먼저 생성하기 위해 다음 예제를 수행합니다.

| 예제 8-16 |

- **Step 01** | 새로 생성한 /lvm1디렉터리는 /dev/pgv1/nd1의 디렉터리 마운트로 설정하고 /lvm2 디렉터리는 /dev/pgv1/nd2의 디렉터리 마운트로 설정합니다.

```
[root@localhost ~]# mkdir /lvm1 /lvm2
[root@localhost ~]# mount /dev/pgv1/nd1 /lvm1
[root@localhost ~]# mount /dev/pgv1/nd2 /lvm2
[root@localhost ~]#
```

- **Step 02** | 디렉터리 /lvm1과 /lvm2에 /etc/hosts 파일을 testfile와 exfile 파일명으로 각각 복사한 다음 df 명령으로 디스크의 여유 공간을 확인합니다.

```
[root@localhost ~]# cp /etc/hosts /lvm1/testfile
[root@localhost ~]# cp /etc/hosts /lvm1/exfile
[root@localhost ~]# df
Filesystem              1K-blocks      Used  Available  Use%  Mounted on
devtmpfs                  909892         0     909892    0%  /dev
tmpfs                     924696         0     924696    0%  /dev/shm
tmpfs                     924696      9944     914752    2%  /run
tmpfs                     924696         0     924696    0%  /sys/fs/cgroup
/dev/mapper/cl-root     17811456   6373972   11437484   36%  /
/dev/nvme0n1p1            999320    189176     741332   21%  /boot
tmpfs                     184936        28     184908    1%  /run/user/42
tmpfs                     184936      3496     181440    2%  /run/user/0
/dev/sr0                 6967726   6967726          0  100%  /run/media/root/
CentOS-8-BaseOS-x86_64
/dev/mapper/pgv1-nd1     4062912      8260    3844940    1%  /lvm1
/dev/mapper/pgv1-nd2     6115072     24536    5760196    1%  /lvm2
[root@localhost ~]#
```

LVM 삭제하기

설치한 LVM을 삭제할 경우에는 반드시 다음 순서대로 진행해야 합니다. 앞에서 설정한 마운트 포인트와 논리 볼륨, 볼륨 그룹의 이름을 그대로 사용하였습니다.

이 예제는 필요할 경우만 수행하기로 하고 여기서는 LVM을 삭제하는 방법에 대해서만 살펴보도록 하겠습니다.

예제 8-17

- **Step 01** | 설정된 /lvm1과 /lvm2의 마운트를 해제하기 위해 umount 명령을 수행합니다. lvscan 명령으로 마운트가 해제된 것을 확인합니다.

```
[root@localhost ~]# umount /lvm1
[root@localhost ~]# umount /lvm2
[root@localhost ~]# lvscan
  ACTIVE          '/dev/pgv1/nd1' [4.00 GiB] inherit
  ACTIVE          '/dev/pgv1/nd2' [<5.99 GiB] inherit
  ACTIVE          '/dev/cl/swap' [2.00 GiB] inherit
  ACTIVE          '/dev/cl/root' [<17.00 GiB] inherit
[root@localhost ~]#
```

- **Step 02** | lvremove 명령으로 논리적 볼륨을 제거한 다음 vgscan 명령으로 확인합니다.

```
[root@localhost ~]# lvremove /dev/pgv1/nd1
Do you really want to remove active logical volume pgv1/nd1? [y/n]: y
  Logical volume "nd1" successfully removed
[root@localhost ~]# lvremove /dev/pgv1/nd2
Do you really want to remove active logical volume pgv1/nd2? [y/n]: y
  Logical volume "nd2" successfully removed
[root@localhost ~]# vgscan
  Reading all physical volumes.  This may take a while...
  Found volume group "pgv1" using metadata type lvm2
  Found volume group "cl" using metadata type lvm2
[root@localhost ~]#
```

- **Step 04** | vgremove 명령으로 볼륨 그룹 pgv1을 제거한 다음 pvscan 명령으로 확인합니다.

```
[root@localhost ~]# vgremove /dev/pgv1
  Volume group "pgv1" successfully removed
[root@localhost ~]# pvscan
  PV /dev/nvme0n1p2   VG cl              lvm2 [<19.00 GiB / 0    free]
  PV /dev/nvme0n5p1                      lvm2 [<3.00 GiB]
  PV /dev/nvme0n4p1                      lvm2 [<2.00 GiB]
  PV /dev/nvme0n6p1                      lvm2 [<5.00 GiB]
  Total: 4 [28.99 GiB] / in use: 1 [<19.00 GiB] / in no VG: 3 [<10.00 GiB]
[root@localhost ~]#
```

파일 시스템 검사 및 복구

▣ 파일 시스템 검사방법

파일 시스템 검사는 부적절한 시스템의 종료 또는 전원의 불안정 및 기타 오류로 인해 손상된
파일 시스템은 시스템 전체에 문제를 발생할 수 있으므로 주기적으로 파일 시스템을 점검해
야 합니다. 리눅스 시스템에서는 fsck 명령 또는 e2fsck 명령을 사용하여 파일 시스템 검사를
수행할 수 있습니다.

▣ fsck 명령으로 파일 시스템 검사

fsck 명령은 file system check의 약어로 디렉터리와 파일, I-node와 블록, 파일 링크 등을
검사하고 필요할 경우 복구 작업을 수행합니다. 이 명령은 /etc/fstab에 지정된 파일 시스템
을 대상으로 명령을 수행하며 사용형식은 다음과 같습니다.

 # fsck

기능 리눅스 파일 시스템 검사 및 복구
형식 fsck [옵션] 장치명 마운트 포인트 ENTER↵
옵션 -f : 파일 시스템이 이상이 없더라도 강제적으로 파일 시스템을 검사
　　　-b 슈퍼 블록 : 슈퍼 블록으로 지정한 백업 슈퍼 블록을 사용
　　　-j : 저널링 파일 시스템을 대상으로 작업 (보통 ext3을 대상으로 필수옵션)
　　　-v : 점검내역 상세정보출력
　　　-p : 오류가 있는 파일 시스템을 자동복구
　　　-y : 수행과정의 질문을 모두 Yes로 응답
　　　-n : 수행과정의 질문을 모두 No로 응답
　　　-c : 점검 과정에서 찾은 배드 블록을 마킹하여 사용할 수 없도록 조치

일반적인 파일 시스템 검사

fsck 명령은 각 파일 시스템 종류별로 fsck.ext2, fsck.ext3, fsck.ext4, fsck.xfs 명령도 제공합니다.

fsck 명령을 옵션 없이 파일 시스템을 검사하는 방법을 살펴보기 위해 다음 예제를 수행합니다.

| 예제 8-18 | ━━━━━━━━━━━━━━━━━━━━━━━━━━━━━━━━━━━

fsck 명령으로 옵션 없이 파티션 /dev/nvme0n2p1에 대한 파일 시스템 검사를 수행합니다.

> \# **fsck /dev/nvme0n2p1**

기능 /dev/nvme0n2p1 파일 시스템에 대한 일반 검사
형식 fsck [옵션] 파일 시스템 이름 `ENTER↵`

```
[root@localhost ~]# fsck /dev/nvme0n2p1
fsck from util-linux 2.32.1
e2fsck 1.44.3 (10-July-2018)
/dev/nvme0n2p1: clean, 11/76912 files, 19977/307200 blocks
[root@localhost ~]#
```

아직 사용한 적이 없는 /dev/nvme0n2p1 파티션의 파일 시스템 검사결과는 깨끗한 상태임을 알 수 있습니다.

파일 시스템 강제 검사

이번에는 fsck 명령과 -f 옵션을 함께 사용하여 /dev/nvme0n2p1 파일 시스템을 강제로 검사하는 과정을 살펴보기 위해 다음 예제를 수행합니다.

| 예제 8-19 | ━━━━━━━━━━━━━━━━━━━━━━━━━━━━━━━━━━━

fsck 명령과 옵션 -f를 함께 사용하여 /dev/nvme0n2p1 파일 시스템에 대해 검사합니다.

> \# **fsck -f /dev/nvme0n2p1**

기능 /dev/nvme0n2p1 파일 시스템을 강제 검사
형식 fsck [옵션] 파일 시스템 이름 `ENTER↵`

```
[root@localhost ~]# fsck -f /dev/nvme0n2p1
fsck from util-linux 2.32.1
e2fsck 1.44.3 (10-July-2018)
Pass 1: Checking inodes, blocks, and sizes
Pass 2: Checking directory structure
Pass 3: Checking directory connectivity
Pass 4: Checking reference counts
Pass 5: Checking group summary information
/dev/nvme0n2p1: 11/76912 files (0.0% non-contiguous), 19977/307200 blocks
[root@localhost ~]#
```

파일 시스템 지정 검사

리눅스 시스템에서 사용되는 파일 시스템의 종류를 직접 지정하여 파일 시스템을 검사하는
방법을 살펴보기 위해 다음 예제를 수행합니다.

| 예제 8-20 |

파일 시스템 형식이 ext4인 파일 시스템에 대해 fsck 명령과 옵션 -f를 함께 사용하여 /dev/
nvme0n2p1 파일 시스템에 대해 강제로 검사합니다.

> # **fsck.ext4 -f /dev/nvme0n2p1**

기능 ext4 파일 형식으로 /dev/nvme0n2p1 파일 시스템 검사
형식 fsck.파일 시스템형식 [옵션] 파일 시스템 이름 `ENTER↵`

```
[root@localhost ~]# fsck.ext4 -f /dev/nvme0n2p1
e2fsck 1.44.3 (10-July-2018)
Pass 1: Checking inodes, blocks, and sizes
Pass 2: Checking directory structure
Pass 3: Checking directory connectivity
Pass 4: Checking reference counts
Pass 5: Checking group summary information
/dev/nvme0n2p1: 11/76912 files (0.0% non-contiguous), 19977/307200 blocks
[root@localhost ~]#
```

❸ e2fsck 명령으로 파일 시스템 검사

e2fsk 명령은 fsck 명령을 확장 개정한 파일 시스템 검사 명령어로 fsck 명령과 마찬가지로
I-node 및 블록, 디렉터리, 파일 링크 등을 검사하고 필요할 경우는 파일 시스템에 대한 복구
작업도 수행합니다.

 # e2fsck

기능 리눅스 확장 개정판 파일 시스템 검사 및 복구
형식 e2fsck [옵션] 장치명 마운트 포인트 `ENTER↵`
옵션 -f : 파일 시스템이 이상이 없더라도 강제적으로 파일 시스템을 검사
　　 -b 슈퍼 블록 : 슈퍼 블록으로 지정한 백업 슈퍼 블록을 사용
　　 -j : 저널링 파일 시스템을 대상으로 작업 (보통 ext3을 대상으로 필수옵션)
　　 -v : 점검내역 상세정보출력
　　 -p : 오류가 있는 파일 시스템을 자동복구
　　 -y : 수행과정의 질문을 모두 Yes로 응답
　　 -n : 수행과정의 질문을 모두 No로 응답
　　 -c : 점검 과정에서 찾은 배드 블록을 마킹하여 사용할 수 없도록 조치

여기서 잠깐 살펴보세요.

`e2fsck` 명령을 사용하여 파일 시스템을 검사할 때는 파일 시스템에 설정되어 있는 마운트를 해제하고 파일 시스
템을 검사해야 합니다. 그 이유는 마운트가 설정되어 있는 상태에서 파일 시스템을 검사할 경우 예상치 않은 오류
가 발생할 수 있기 때문입니다.

일반적인 파일 시스템 검사

e2fsk 명령으로 /dev/nvme0n2p1 파일 시스템을 검사하는 과정을 살펴보기 위해 다음 예제
를 수행합니다.

| 예제 8-21 | ────────────────

e2fsck 명령으로 옵션 없이 /dev/nvme0n2p1 파티션의 파일 시스템을 검사합니다.

 # e2fsck /dev/nvme0n2p1

기능 /dev/nvme0n2p1 파일 시스템 일반검사
형식 e2fsck [옵션] 파일 시스템 이름] `ENTER↵`

```
[root@localhost ~]# e2fsck /dev/nvme0n2p1
e2fsck 1.44.3 (10-July-2018)
/dev/nvme0n2p1: clean, 11/76912 files, 19977/307200 blocks
[root@localhost ~]#
```

파일 시스템 강제 검사

e2fsck 명령과 -f 옵션을 함께 사용하여 /dev/nvme0n2p1 파일 시스템을 강제로 검사하는
과정을 살펴보기 위해 다음 예제를 수행합니다.

| 예제 8-22 |

e2fsck 명령과 옵션 -f를 함께 사용하여 /dev/nvme0n2p1 파일 시스템에 대해 검사합니다.

e2fsck -f /dev/nvme0n2p1

기능 /dev/nvme0n2p1 파일 시스템을 강제 검사
형식 e2fsck [옵션] 파일 시스템 이름 ENTER↵

```
[root@localhost ~]# e2fsck -f /dev/nvme0n2p1
e2fsck 1.44.3 (10-July-2018)
Pass 1: Checking inodes, blocks, and sizes
Pass 2: Checking directory structure
Pass 3: Checking directory connectivity
Pass 4: Checking reference counts
Pass 5: Checking group summary information
/dev/nvme0n2p1: 11/76912 files (0.0% non-contiguous), 19977/307200 blocks
[root@localhost ~]#
```

4 배드 블록 검사

정전 등의 이유로 컴퓨터의 전원이 갑작스럽게 꺼지는 등의 비정상적인 시스템 구동으로 인해
발생할 수 있는 배드 블록은 디스크에 심각한 오류와 데이터의 치명적인 피해를 유발할 수도
있습니다.

주기적으로 배드 블록을 검사하는 것이 매우 중요합니다. 배드 블록 검사는 fsck 또는 e2fsck

명령으로도 검사가 가능하지만, 배드 블록을 전문적으로 검사해주는 badblocks 명령도 사용할 수 있습니다.

배드 블록을 검사하는 badblocks 명령의 사용형식은 다음과 같습니다.

> # **badblocks**
>
> **기능** 디스크 장치의 배드 블록을 검사
> **형식** badblocks [옵션] 디스크 장치명 ENTER↵
> **기능** -v : 검사결과를 상세하게 출력
>   -o 출력파일 : 검사한 배드 블록 목록을 지정한 출력파일에 저장

옵션을 사용하여 배드 블록 검사하기

badblocks 명령과 옵션 -v를 함께 사용하여 배드 블록을 검사하는 방법을 살펴보기 위해 다음 예제를 수행합니다.

| 예제 8-23 |

badblocks 명령과 옵션 -f를 함께 사용하여 /dev/nvme0n2p1 파일 시스템에 대해 배드 블록을 검사합니다.

> # **badblocks -v /dev/nvme0n2p1**
>
> **기능** /dev/nvme0n2p1 장치에 대한 배드 블록 검사
> **형식** badblocks [옵션] 디스크 장치명 ENTER↵

```
[root@localhost ~]# badblocks -v /dev/nvme0n2p1
Checking blocks 0 to 307199
Checking for bad blocks (read-only test): done
Pass completed, 0 bad blocks found. (0/0/0 errors)
[root@localhost ~]#
```

배드 블록 검사결과 배드 블록은 존재하지 않는 것으로 확인되었습니다.

배드 블록 검사 저장하기

badblocks 명령과 옵션 -o를 함께 사용하면 배드 블록 검사 결과를 파일로 저장할 수 있습니다. 저장되는 파일에는 배드 블록의 번호가 저장되며 배드 블록이 없는 경우에는 아무것도 저

장되지 않습니다.

배드 블록 검사를 저장하기 위해 다음 예제를 수행합니다.

| 예제 8-24 | ─────────────────────────────────

badblocks 명령과 옵션 -o를 함께 사용하여 /dev/nvme0n2p1 파일 시스템의 배드 블록 검사결과를 bad_check.out 파일에 저장합니다.

> \# **badblocks -v -o bad_check.out /dev/nvme0n2p1**

기능   /dev/nvme0n2p1 장치에 대한 배드 블록 검사결과를 bad_check.out 파일에 저장
형식   badblocks [옵션] [옵션] 저장할 파일명 디스크 장치명 `ENTER↵`

```
[root@localhost ~]# badblocks -v -o abd_check.out /dev/nvme0n2p1
Checking blocks 0 to 307199
Checking for bad blocks (read-only test): done
Pass completed, 0 bad blocks found. (0/0/0 errors)
[root@localhost ~]#
```

5 파일 시스템 복구

만약 파일 시스템의 기본 슈퍼 블록에 문제가 있을 경우는 해당 파일 시스템을 정상적으로 사용할 수가 없게 됩니다. 리눅스 시스템에서는 이럴 경우를 대비해 백업 슈퍼 블록을 제공하고 있습니다.

슈퍼 블록에는 파일 시스템과 관련된 다양한 정보가 저장되어 있으며 주요정보는 다음과 같습니다.

- 전체 블록의 수
- 할당되지 않은 블록의 수
- I-node의 전체 노드의 수
- 할당되지 않은 I-node의 수
- 첫 번째 데이터 블록의 주소

- 그룹당 블록의 수
- 파일 시스템의 이름
- 블록의 크기
- 마운트 시간
- 그룹 디스크립터의 크기

백업 슈퍼 블록의 위치 확인 : dumpe2fs

리눅스 시스템에서 제공하는 백업 슈퍼 블록이 어디에 존재하는지를 살펴보기 위해서는 dumpe2fs 명령을 사용해야 합니다.

백업 슈퍼 블록의 위치를 확인하기 위해 다음 예제를 수행합니다.

| 예제 8-25 |

- **Step 01** | 백업 슈퍼 블록의 위치를 확인하기 위해 dumpe2fs 명령을 사용하여 앞에서 파일 시스템을 생성한 /dev/nvme0n2p1 파일 시스템의 정보를 출력합니다.

 # dumpe2fs /dev/nvme0n2p1

기능 /dev/nvme0n2p1 장치에 대한 백업 슈퍼 블록의 위치 확인
형식 dumpe2fs 디스크 장치명 ENTER↵

```
[root@localhost ~]# dumpe2fs /dev/nvme0n2p1
dumpe2fs 1.44.3 (10-July-2018)
Filesystem volume name:   <none>
Last mounted on:          <not available>
Filesystem UUID:          26336be2-2845-4112-b8d1-f3a7972e7714
Filesystem magic number:  0xEF53
...
(생략)
...
Group 37: (Blocks 303105-307199) csum 0xa418 [INODE_UNINIT]
  Block bitmap at 262150 (bg #32 + 5), csum 0x35b73f2e
  Inode bitmap at 262156 (bg #32 + 11), csum 0x00000000
  Inode table at 263422-263674 (bg #32 + 1277)
  4095 free blocks, 2024 free inodes, 0 directories, 2024 unused inodes
  Free blocks: 303105-307199
  Free inodes: 74889-76912
```

/dev/nvme0n2p1 파일 시스템에 대한 정보출력결과 상당히 많은 양의 정보가 출력되었습니다. 이렇게 많은 정보 중 슈퍼 블록에 대한 정보만을 간략하게 출력해야만 보기에도 간편해서 좋습니다. 다음 단계에서 /dev/nvme0n2p1 파일 시스템의 많은 정보 중에서 슈퍼 블록에 대한 정보만 간추려 출력하겠습니다.

- **Step 02** | /dev/nvme0n2p1 파일 시스템의 정보에서 백업 슈퍼 블록에 대한 정보만을 출력하기 위해 dumpe2fs 명령과 grep 명령을 함께 사용합니다.

```
# dumpe2fs /dev/nvme0n2p1 | grep superblock
```

기능 /dev/nvme0n2p1 장치에서 백업 슈퍼 블록의 정보만 추출
형식 dumpe2fs 디스크 장치명 | grep superblock `ENTER↵`

```
[root@localhost ~]# dumpe2fs /dev/nvme0n2p1 | grep superblock
dumpe2fs 1.44.3 (10-July-2018)
  Primary superblock at 1, Group descriptors at 2-4
  Backup superblock at 8193, Group descriptors at 8194-8196
  Backup superblock at 24577, Group descriptors at 24578-24580
  Backup superblock at 40961, Group descriptors at 40962-40964
  Backup superblock at 57345, Group descriptors at 57346-57348
  Backup superblock at 73729, Group descriptors at 73730-73732
  Backup superblock at 204801, Group descriptors at 204802-204804
  Backup superblock at 221185, Group descriptors at 221186-221188
[root@localhost ~]#
```

출력된 결과에서 보는 바와 같이 /dev/nvme0n2p1 파일 시스템이 8193번 블록을 포함하여 백업 슈퍼 블록은 전체 여덟 개를 가지고 있음을 알 수 있습니다. 이 중에서 하나를 사용하여 파일 시스템을 복구하면 됩니다.

파일 시스템 복구하기 : -b 옵션

파일 시스템에 문제가 생겨서 정상적으로 사용할 수 없게 되면 백업 슈퍼 블록을 이용하여 파일 시스템을 복구할 수 있습니다. 이때 사용되는 명령은 fsck 또는 e2fsck 명령과 함께 옵션 -b를 사용합니다.

e2fsck 명령과 옵션 -b를 함께 사용하여 파일 시스템을 복구하는 과정을 살펴보기 위해 다음 예제를 수행합니다.

| 예제 8-26 |

앞의 예제에서 확인한 백업 슈퍼 블록 번호 8193을 이용하여 /dev/nvme0n2p1 파일 시스템을 복구합니다.

e2fsck -b 8193 -y /dev/nvme0n2p1

기능 백업 슈퍼 블록을 이용하여 /dev/nvme0n2p1 장치에 파일 시스템 복구
형식 e2fsck [옵션] 슈퍼 블록 번호 [옵션] 디스크 장치명 ENTER↵

```
[root@localhost ~]# e2fsck -b 8193 -y /dev/nvme0n2p1
e2fsck 1.44.3 (10-July-2018)
/dev/nvme0n2p1 was not cleanly unmounted, check forced.
Pass 1: Checking inodes, blocks, and sizes
Pass 2: Checking directory structure
Pass 3: Checking directory connectivity
Pass 4: Checking reference counts
Pass 5: Checking group summary information
Block bitmap differences:  +(8193--8452) +(24577--24836) +(40961--41220)
+(57345--57604) +(73729--73988) +(204801--205060) +(221185--221444)
Fix? yes

Inode bitmap differences: Group 1 inode bitmap does not match checksum.
FIXED.

/dev/nvme0n2p1: ***** FILE SYSTEM WAS MODIFIED *****
/dev/nvme0n2p1: 11/76912 files (0.0% non-contiguous), 19977/307200 blocks
[root@localhost ~]#
```

여기서 잠깐 살펴보세요.

백업 슈퍼 블록을 이용하여 /dev/nvme0n2p1의 파일 시스템을 복구하는 과정에서 e2fsck 명령과 함께 선언한 옵션 -b는 백업 슈퍼 블록의 위치를 지정하고 옵션 -y는 파일 시스템 복구 과정에서 수행되는 질문을 모두 yes로 처리하라는 의미입니다.

쿼터 설정

1 쿼터의 개념

리눅스 시스템은 여러 사용자가 동시에 접속하여 사용하는 시스템이기 때문에 특정 사용자가 많은 양의 디스크를 사용하게 되면 전체적인 시스템에 치명적인 문제를 일으킬 수도 있습니다. 이러한 상황을 사전 예방을 위해서는 각각 사용자별로 사용할 수 있는 용량에 제한을 두어야 합니다.

사용자에게 적절한 디스크 용량을 할당함으로써 전체적인 시스템에 치명적인 문제가 발생하지 않도록 효율적인 시스템 관리가 가능합니다. 파일 시스템마다 사용자 또는 그룹이 생성할 수 있는 파일의 용량과 개수를 제한하는 것을 쿼터(Quota)라고 합니다. 쿼터를 수행하려면 다음 그림과 같은 절차를 거쳐야 합니다.

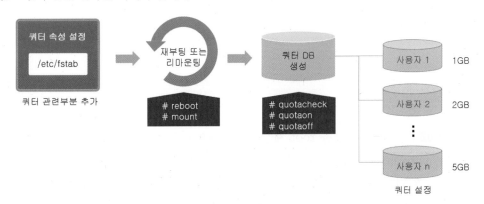

그림 8-21 쿼터 수행 절차

② 하드디스크와 사용자 계정 추가

쿼터 실습을 위해 10GB 용량의 하드디스크 1개와 사용자 계정 2개를 추가 생성하여 실습하도록 하겠습니다.

하드디스크 추가

하드디스크를 추가하는 과정에 대해서는 앞에서 다루었습니다. 이 과정에 대한 이해가 부족할 경우 [예제 8-2]를 참고하기 바랍니다.

쿼터 할당 실습을 위한 하드디스크 1개를 추가하기 위해 다음 예제를 수행합니다.

| 예제 8-27 | ─────────────────────────────

- **Step 01** | VMware에서 하드디스크 이름은 userDisk.vmdk으로 설정하여 10GB 용량의 하드디스크 1개를 추가한 다음 fdisk -l 명령으로 새롭게 생성된 하드디스크의 볼륨을 확인합니다.

```
[root@localhost ~]# fdisk -l
...
(생략)
...
Disk /dev/nvme0n7: 10 GiB, 10737418240 bytes, 20971520 sectors
Units: sectors of 1 * 512 = 512 bytes
Sector size (logical/physical): 512 bytes / 512 bytes
I/O size (minimum/optimal): 512 bytes / 512 bytes
...
(생략)
...
[root@localhost ~]#
```

- **Step 02** | 리눅스 시스템을 root 계정으로 접속한 다음 터미널 창을 열어 새로 추가한 /dev/nvme0n7 하드디스크에 대한 파티션을 수행합니다.

# **fdisk /dev/nvme0n7** → NVMe 0:6 하드디스크 선택	
Command : n	← 새로운 파티션 분할
Select : p	← 파티션을 Primary로 선택
Partition number : 1	← 파티션 번호 1번 선택 (최대 4개까지 생성 가능)
first sector : `ENTER↵`	← 시작 섹터 기본값 적용
Last sector : `ENTER↵`	← 마지막 섹터 기본값 적용

```
Command : p          ← 설정된 파티션 정보출력
Command : w          ← 설정된 파티션 저장 후 종료
```

- **Step 03** | 하드디스크 /dev/nvme0n7의 파티션 이름을 fdisk -l 명령으로 확인해 보면 /dev/nvme0n7p1로 지정되었음을 알 수 있습니다.

```
[root@localhost ~]# fdisk -l
...
(생략)
...
Disk /dev/nvme0n7: 10 GiB, 10737418240 bytes, 20971520 sectors
Units: sectors of 1 * 512 = 512 bytes
Sector size (logical/physical): 512 bytes / 512 bytes
I/O size (minimum/optimal): 512 bytes / 512 bytes
Disklabel type: dos
Disk identifier: 0xc5c17d54

Device          Boot Start      End  Sectors Size Id Type
/dev/nvme0n7p1       2048 20971519 20969472  10G 83 Linux
...
(생략)
...
[root@localhost ~]#
```

- **Step 04** | 파티션 /dev/nvme0n7p1에 대해 ext4 파일형식의 파일 시스템을 설정합니다.

```
[root@localhost ~]# mkfs.ext4 /dev/nvme0n7p1
mke2fs 1.44.3 (10-July-2018)
Creating filesystem with 2621184 4k blocks and 655360 inodes
Filesystem UUID: 05e60d23-79c6-4943-b14f-fe826fcb4d57
Superblock backups stored on blocks:
        32768, 98304, 163840, 229376, 294912, 819200, 884736, 1605632

Allocating group tables: done
Writing inode tables: done
Creating journal (16384 blocks): done
Writing superblocks and filesystem accounting information: done

[root@localhost ~]#
```

- **Step 05** | mkdir 명령으로 마운트 포인터로 사용할 /userHome 디렉터리를 생성한 다음 /dev/nvme0n7p1 하드디스크에 마운트를 설정합니다.

```
[root@localhost ~]# mkdir /userHome
[root@localhost ~]# mount /dev/nvme0n7p1 /userHome
[root@localhost ~]#
```

사용자 계정 추가

하드디스크의 쿼터 할당을 위해 2개의 사용자 계정을 생성하겠습니다. 암호는 잃어버리지 않도록 사용자 계정 이름과 동일하게 설정합니다.

useradd 명령으로 2개의 사용자 계정을 생성하기 위해 다음 예제를 수행합니다.

| 예제 8-28 |

- **Step 01** | /userHome 디렉터리에 사용자 계정 adam과 eve를 생성합니다. useradd 명령 다음에 사용한 옵션 -d는 사용자의 홈 디렉터리를 임의로 지정할 때 사용하는 옵션입니다.

```
[root@localhost ~]# useradd -d /userHome/adam adam
[root@localhost ~]# useradd -d /userHome/eve eve
[root@localhost ~]#
```

- **Step 02** | 암호는 사용자 계정 이름과 동일하게 adam과 eve로 입력합니다. 암호는 8개 이상의 문자를 입력하라는 메시지가 출력됩니다. 여기서는 실습을 위해 암호를 간단하게 설정하겠습니다. 관리자 계정인 root 계정은 임의의 암호를 설정해 줄 수 있는 권한을 가지고 있으므로 출력되는 경고 메시지는 무시하고 계정 이름과 동일하게 암호를 설정합니다.

```
[root@localhost ~]# passwd adam
adam 사용자의 비밀 번호 변경 중
새   암호: adam ← 보안상 화면에는 안보임
잘못된 암호: 암호는 8 개의 문자 보다 짧습니다
새   암호 재입력: adam ← 보인싱 화면에는 안보임
passwd: 모든 인증 토큰이 성공적으로 업데이트 되었습니다.
[root@localhost ~]# passwd eve
eve 사용자의 비밀 번호 변경 중
새   암호: eve ← 보안상 화면에는 안보임
잘못된 암호: 암호가 앞뒤 어느쪽에서 읽어도 같은 문맥임
```

```
새   암호 재입력: eve ←보안상 화면에는 안보임
passwd: 모든 인증 토큰이 성공적으로 업데이트 되었습니다.
[root@localhost ~]#
```

- **Step 03** | 사용자 계정이 생성된 것을 확인하기 위해 /userHome 디렉터리를 ls 명령으로
  확인합니다.

```
[root@localhost ~]# ls -l /userHome
합계 24
drwx------. 3 adam adam  4096 12월 24 08:52 adam
drwx------. 3 eve  eve   4096 12월 24 08:52 eve
drwx------. 2 root root 16384 12월 24 08:47 lost+found
[root@localhost ~]#
```

마운트 옵션 설정

리눅스 시스템이 재부팅되어도 /dev/nvme0n7p1 파일 시스템의 마운트가 수행되도록 옵션
을 설정하기 위해 /etc/fstab 파일에 마운트 옵션을 설정하겠습니다.

마운트 옵션을 설정하기 위해 다음 예제를 수행합니다.

| 예제 8-29 |

- **Step 01** | gedit 창에서 /etc/fstab 파일에 마운트 옵션을 설정하기 위해 다음과 같이 명령
  을 수행합니다.

```
[root@localhost ~]# gedit /etc/fstab
```

```
/dev/nvme0n7p1 /userHome ext4   defaults,usrjquota=aquota.user,jqfmt=vfsv0  0  0
```

```
                                    fstab
...
(생략)
...
#
/dev/mapper/cl-root     /            xfs      defaults      0 0
UUID=fba2badc-c5e5-4f35-9a95-7ef427f402ce /boot       ext4    defaults    1 2
```

```
/dev/mapper/cl-swap       swap              swap      defaults        0  0

/dev/nvme0n7p1 /userHome ext4  defaults,usrjquota=aquota.user,jqfmt=vfsv0  0  0
```

- **Step 02** | 재부팅 효과를 주기 위해 mount --options remount /userHome 명령을 수행
  후 mount 명령으로 /userHome 디렉터리가 쿼터용으로 마운트 되었는지를 확인합니다.

```
[root@localhost ~]# mount --options remount /userHome
[root@localhost ~]# mount
...
(생략)
...
/dev/nvme0n7p1 on /userHome type ext4 (rw,relatime,seclabel,jqfmt=
vfsv0,usrjquota=aquota.user)

[root@localhost ~]#
```

3 쿼터에서 사용되는 명령어

쿼터는 디스크 사용량을 제한하는 것을 의미합니다. 쿼터를 사용하기 위해서는 사용자의 쿼
터 정보를 저장하는 쿼터 파일의 생성과 확인 및 수정을 위해 사용되는 쿼터 명령어에 대해
자세히 살펴보도록 하겠습니다.

쿼터 파일을 생성하기 위해 파일 시스템 체크 : quotacheck

quotacheck 명령은 쿼터 파일을 생성, 확인, 수정하기 위해 파일 시스템을 체크합니다.

쿼터 파일을 생성하기 위해 파일 시스템을 체크할 때 사용하는 quotacheck 명령의 사용형식
은 다음과 같습니다.

> # quotacheck
>
> **기능** 쿼터 파일을 생성, 확인, 수정하기 위해 파일 시스템을 체크
> **형식** quotacheck [옵션] -a 또는 파일 시스템 `ENTER↵`
> **옵션** -a : 전체 파일 시스템을 체크
> -u : 사용자 쿼터를 체크
> -g : 그룹 쿼터를 체크
> -m : 파일 시스템의 리마운트 생략
> -n : 첫 번째 검색된 것을 사용
> -p : 처리결과를 출력
> -v : 파일 시스템의 상태 출력

쿼터 사용 활성화 : quotaon

quotaon 명령은 쿼터 사용을 활성화하는 명령으로 사용형식은 다음과 같습니다.

> # **quotaon**
>
> **기능** 파일 시스템의 쿼터기능을 활성화
> **형식** quotaon [옵션] -a 또는 파일 시스템 `ENTER↵`
> **옵션** -a : 전체 파일 시스템의 쿼터기능을 활성화
> -u : 사용자 쿼터를 활성화
> -g : 그룹 쿼터를 활성화
> -v : 파일 시스템의 상태 출력

쿼터 설정 : edquota

edquota 명령은 쿼터를 설정하는 명령으로 사용형식은 다음과 같습니다.

> # **edquota**
>
> **기능** 쿼터 설정
> **형식** edquota [옵션] 사용자계정 또는 그룹명 `ENTER↵`
> **옵션** -u : 사용자 쿼터를 설정
> -g : 그룹 쿼터를 설정
> -p : 쿼터 설정을 복사

쿼터정보 확인 : quota

quota 명령은 쿼터정보를 확인하는 명령으로 사용형식은 다음과 같습니다.

> # **quota**
>
> **기능** 쿼터정보를 확인
> **형식** quota [옵션] 사용자계정 또는 그룹명 `ENTER↵`

-u : 사용자 쿼터에 대한 정보 확인
-g : 그룹 쿼터에 대한 정보 확인

쿼터정보 요약 출력 : repquota

repquota 명령은 쿼터 정보를 확인하는 명령으로 사용형식은 다음과 같습니다.

 # repquota

기능 쿼터정보를 요약 출력
형식 repquota [옵션] 사용자계정 또는 그룹명 [ENTER↵]
옵션 -a : 전체 파일 시스템의 쿼터정보를 요약하여 출력
-u : 사용자 쿼터정보를 요약하여 출력
-g : 그룹 쿼터정보를 요약하여 출력
-v : 사용량이 없는 쿼터의 정보도 요약하여 출력

◢ 쿼터 DB 생성

쿼터를 사용하기 위해서는 쿼터 DB를 생성해야 합니다. 디스크 쿼터를 관리하는 데이터베이스는 다음과 같이 2개의 파일로 구성됩니다.

- `aquota.user` : 사용자 쿼터 데이터베이스 파일
- `aquota.group` : 그룹 쿼터 데이터베이스 파일

쿼터 DB를 생성하는 과정을 살펴보기 위해 다음 예제를 수행합니다.

| 예제 8-30 |

쿼터 DB를 생성하기 위한 명령을 단계별로 진행합니다.

● 쿼터 DB 생성과정

cd /userHome	← 쿼터용 파일시스템이 마운트 된 디렉터리로 이동
quotaoff -avug	← 쿼터의 기능을 모두 끄기
quotacheck -augmn	← 파일시스템의 쿼터와 관련하여 체크
rm -rf aquota.*	← 생성된 쿼터 관련 파일을 모두 삭제
quotacheck -augmn	← 다시 파일시스템의 쿼터와 관련하여 체크
touch aquota.user aquota.group	← 쿼터 관련 파일 생성
chmod 600 aquota.*	← 보안을 위해 root 계정 외에는 접근 불허
quotacheck -augmn	← 파일시스템의 쿼터와 관련하여 최종 체크
quotaon -avug	← 설정된 쿼터를 시작

```
[root@localhost ~]# cd /userHome
[root@localhost userHome]# quotaoff -avug
quotaoff: Cannot find quota file on /userHome [/dev/nvme0n7p1] to turn
quotas on/off.
[root@localhost userHome]# quotacheck -augmn
quotacheck: WARNING -  Quotafile /userHome/aquota.user was probably
truncated. Cannot save quota settings...
[root@localhost userHome]# rm -rf aquota.*
[root@localhost userHome]# quotacheck -augmn
[root@localhost userHome]# touch aquota.user aquota.group
[root@localhost userHome]# chmod 600 aquota.*
[root@localhost userHome]# quotacheck -augmn
[root@localhost userHome]# quotaon -avug
/dev/nvme0n7p1 [/userHome]: user quotas turned on
[root@localhost userHome]#
```

5 사용자별 디스크 용량 할당

쿼터 DB를 생성하였으므로 이제는 사용자가 사용할 수 있는 용량을 할당하는 과정에 대해서 살펴보겠습니다.

adam 계정에 용량 할당하기

adam 계정에 소프트웨어 10MB, 하드웨어 20MB 용량을 할당하는 과정을 살펴보기 위해 다음 예제를 수행합니다.

예제 8-31

- **Step 01** | 터미널 창에서 edquota -u adam을 입력하고 ENTER↵를 치면 사용자별 할당량과 그룹별 할당량을 편집할 수 있습니다. 사용방법은 vi 에디터와 동일합니다.

edquota -u adam
기능 adam 계정의 쿼터 속성 확인
형식 edquota [옵션] 사용자 계정 이름 ENTER↵

```
[root@localhost userHome]# edquota -u adam
```

그림 8-22 adam 계정의 쿼터 속성

각 열에서 의미하는 바를 자세히 살펴보도록 하겠습니다.

- Filesystem : 사용자별 쿼터를 할당하는 파일 시스템을 의미하며 /etc/fstab 파일에 /dev/nvme0n7p1 파일 시스템을 [예제 8-27]에서 쿼터로 설정
- blocks : 현재 사용자가 사용하는 블록(KB) 단위
- soft : 소프트웨어의 사용 한도
- hard : 하드웨어의 사용 한도
- inodes : I-node의 개수(파일의 개수)를 의미

현재 사용자인 adam은 여덟 개의 파일을 사용하며 soft와 hard 열에는 모두 0으로 나타나 있는데 이는 한도를 제한하지 않았음을 의미합니다.

- **Step 02** | 사용자별 공간 할당을 위해 adam의 사용량을 [soft]는 10,240(10MB), [hard]는 20480(20MB)으로 제한용량을 설정하고 저장합니다. 칸을 정확히 맞출 필요는 없지만, 순서는 틀리면 안 됩니다. vi 에디터를 사용하는 방법과 동일하게 Ⓐ를 눌러 편집하고 ESC를 누르고 :wq를 입력하면 됩니다.

그림 8-23 adam 계정의 쿼터 속성

- **Step 03** | 사용자 계정 adam이 사용할 수 있는 디스크 용량에 대한 제한이 제대로 설정되어 있는지를 확인하기 위해 root 계정에서 adam 계정으로 접속을 변경한 다음 할당된 디스크의 제한용량을 확인합니다.

```
[root@localhost userHome]# su - adam
[adam@localhost ~]$ quota
Disk quotas for user adam (uid 1001):
     Filesystem  blocks    quota    limit    grace    files    quota    limit
grace
 /dev/nvme0n7p1      32    10240    20480                          8        0
0
[adam@localhost ~]$
```

adam 계정에 할당된 공간에서 열의 의미를 살펴보면 [quota]는 [soft]인 10,240KB를 의미하고 [limit]는 [hard]인 20,480KB를 의미합니다. [grace]는 할당된 용량이 부족할 경우 유예기간을 나타내 주는 항목입니다.

사용자 계정에 할당된 10,240KB의 디스크 용량을 초과하였을 경우 주어진 유예기간 안에 자신에게 할당된 용량을 초과하는 공간을 사용자가 직접 정리해야 합니다. 유예기간은 edquota -t 명령을 사용해서 변경할 수 있습니다.

사용자별 디스크 사용량 확인하기

이번에는 사용자별 현재 디스크 사용량에 대해 살펴보도록 하겠습니다. 사용자별 디스크 사용량을 확인하기 위해서는 사용자 계정이 아닌 root 계정으로 변경 접속해야 합니다.

사용자별 디스크 사용량을 확인하기 위해 다음 예제를 수행합니다.

| 예제 8-32 |

터미널 창에서 adam 계정으로 접속된 상태를 exit 명령으로 로그아웃한 다음 root 계정에서 repquota 명령으로 확인합니다.

```
[adam@localhost ~]$ exit
logout
[root@localhost userHome]# repquota /userHome
*** Report for user quotas on device /dev/nvme0n7p1
Block grace time: 7days; Inode grace time: 7days
                              Block limits                     File limits
```

```
User               used     soft    hard   grace   used  soft  hard  grace
--------------------------------------------------------------------------
root          --     20        0       0              3     0     0
adam          --     32    10240   20480              9     0     0
eve           --     32        0       0              8     0     0

[root@localhost userHome]#
```

◎- 도전 문제 8-2

1. eve 계정에 소프트웨어 10MB 할당하기
2. eve 계정에 하드웨어 10MB 할당하기
3. root 계정에서 eve 계정으로 접속 변경하기
4. eve 계정에 접속해서 할당된 디스크 용량 확인하기
5. eve 계정에서 root 계정으로 접속 변경하기
6. 사용자별 디스크 사용량 확인하기

01 IDE는 메인보드에 케이블을 꽂을 수 있는 컨트롤러를 의미하며 NVMe 장치는 디스크를 연결할 수 있는 NVMe 방식의 컨트롤러를 의미합니다. NVMe 버스 방식은 하나의 장치에 데이터를 불러오면서 동시에 저장할 수 있지만 IDE 인터페이스에서는 각 디스크에 대한 접근이 동시에 발생될 수 없기 때문에 순차적으로만 이루어지는 차별성이 존재합니다.

02 NVMe 0번 슬롯의 경우 NVMe 0:0부터 NVMe 0:15까지 15개의 하드디스크를 장착할 수 있습니다. 이와 같은 방법으로 NVMe 1번, 2번, 3번 슬롯도 각각 15개씩 하드디스크를 장착할 수 있으므로 총 60개(4개 슬롯 × 15개)의 NVMe 하드디스크를 추가하여 사용할 수 있습니다.

● VMware의 IDE 장치와 NVMe 장치 구성 개념도

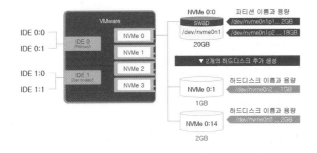

03 리눅스에서 새로운 하드디스크를 추가하여 마운트 하는 과정은 다음과 같습니다.

● 하드디스크 추가에 따른 수행 과정

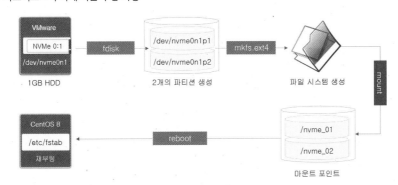

04 하드디스크를 NVMe 타입으로 추가할 경우 하드디스크는 /dev/nvme0n으로 시작하는 디스크의 이름이 자동으로 부여됩니다. 컨트롤러에 연결되는 디스크의 순서에 따라 이름은 /dev/nvme0n 다음에 1, 2, 3, …과 같이 숫자가 추가되는 방식으로 부여됩니다. 만약 NVMe 타입의 하드디스크 3개를 추가하였다면 디스크의 이름은 다음과 같이 부여됩니다.

- 첫 번째 디스크 : /dev/nvme0n1   ← 20GB 용량의 하드디스크 (NVMe 0:0)
- 두 번째 디스크 : /dev/nvme0n2   ← 1GB 용량의 하드디스크 (NVMe 0:1)
- 세 번째 디스크 : /dev/nvme0n3   ← 1GB 용량의 하드디스크 (NVMe 0:2)

05 하나의 하드디스크를 여러 개의 파티션으로 구분하여 사용할 때 파티션 이름은 디스크 장치 이름의 뒤에 p1, p2와 같이 접미사가 붙어 표시됩니다. 예를 들어 하드디스크 /dev/nvme0n2를 2개의 파티션으로 나눈다고 가정하면 파티션의 이름은 다음과 같이 부여됩니다.

- 첫 번째 파티션 : /dev/nvme0n2p1
- 두 번째 파티션 : /dev/nvme0n2p2

06 파티션은 fdisk 명령을 사용하여 새로 장착한 디스크의 파티션 작업을 수행하며 사용형식은 다음과 같습니다.

 # fdisk

기능   디스크의 파티션을 생성, 삭제, 관리하는 명령
형식   fdisk [옵션] [디스크 드라이브명] ENTER↵
옵션   -b 크기 : 섹터의 크기 지정 (512, 1024, 2048, 4096)
        -l : 디스크의 파티션 정보출력

---

07 fdisk 명령은 반드시 관리자 계정인 root 계정으로 접속한 상태에서 명령을 수행해야 합니다. fdisk 명령으로 파티션 작업을 할 때 사용되는 내부명령은 다음 표와 같습니다.

● fdisk 명령으로 파티션 작업을 수행할 때의 내부명령

명령	의미	내부	의미
a	부팅 파티션 설정	p	파티션 테이블 출력
b	BSD 디스크 라벨 편집	q	작업 내용을 저장하지 않고 종료
c	도스 호환성 설정	s	새로운 빈 Sun 디스크 라벨 생성
d	파티션 삭제	t	파티션의 시스템 ID 변경
l	사용 가능한 파티션 정보출력	u	항목 정보를 변경하고 출력
m	도움말 출력	v	파티션 테이블 검사
n	새로운 파티션 추가	w	파티션 정보 디스크에 저장 후 종료
o	새로운 빈 DOS 파티션 생성	x	실린더 개수 등 전문가 모드 제공

08 하드디스크를 추가한 다음에는 파티션을 분할하는 과정을 수행해야 하며 파티션을 /dev/sdb 장치에 대해 300MB와 700MB 2개의 파티션으로 나누려면 다음과 같은 명령을 수행해야 합니다.

```
# fdisk /dev/nvme0n2 → NVMe 0:1 하드디스크 선택

Command : n                    ← 새로운 파티션 분할
Select : p                     ← 파티션을 Primary로 선택
Partition number : 1           ← 파티션 번호 1번 선택 (최대 4개까지 생성 가능)
first sector : [ENTER↵]        ← 시작 섹터 기본값 적용
Last sector : +300M            ← 파티션 크기 300MB 설정
Command : p                    ← 설정된 파티션 정보출력
Command : n                    ← 새로운 파티션 분할
Select : p                     ← 파티션을 Primary로 선택
Partition number : 2           ← 파티션 번호 2번 선택
first sector : [ENTER↵]        ← 시작 섹터 기본값 적용
Last sector : +700M            ← 파티션 크기 700MB 설정
Command : p                    ← 설정된 파티션 정보출력
Command : w                    ← 설정된 파티션 저장 후 종료
```

09 추가한 하드디스크를 삭제하려면 VMware에서 [Edit virtual machine settings]를 클릭하여 삭제할 하드디스크를 선택하고 <Remove>를 클릭합니다.

10 /dev/sdb 하드디스크의 파티션을 나누지 않고 하나의 파티션으로 생성하려면 다음과 같이 수행하면 됩니다.

```
# fdisk /dev/nvme0n2 → NVMe 0:1 하드디스크 선택

Command : n                    ← 새로운 파티션 분할
Select : p                     ← 파티션을 Primary로 선택
Partition number : 1           ← 파티션 번호 1번 선택 (최대 4개까지 생성 가능)
first sector : ENTER↵          ← 시작 섹터 기본값 적용
Last sector : ENTER↵           ← 마지막 섹터 기본값 적용
Command : p                    ← 설정된 파티션 정보출력
Command : w                    ← 설정된 파티션 저장 후 종료
```

11 LVMLogical Volume Manager은 여러 개의 하드디스크를 하나의 하드디스크처럼 사용할 수 있도록 파티션을 효율적으로 관리해주는 관리도구입니다. LVM을 사용하면 파티션이 부족할 경우 다른 파티션의 용량을 가져와 사용할 수 있게 해 주므로 파티션을 효율적으로 관리할 수 있습니다.

12 LVM은 여러 개의 물리적 하드디스크를 묶어서 1개의 볼륨 그룹으로 만든 후에 다시 필요한 용량의 파티션을 논리적 그룹으로 나눠서 사용하는 것을 의미합니다. LVM을 이해하기 위해서는 LVM에서 사용되는 용어를 이해할 필요가 있습니다.

- 리눅스에서물리 볼륨(PV; Physical Volume) : 실제 하드디스크의 /dev/nvme0n2p1, /dev/sdb2와 같은 파티션을 의미합니다. 물리 볼륨(PV)을 가진 일정한 블록을 PE(Physical Extent)라고 합니다.
- 볼륨 그룹(VG; Volume Group) : 여러 개의 물리 볼륨(PV)을 합쳐서 1개의 그룹으로 묶은 것을 의미합니다.
- 논리 볼륨(LV; Logical Volume) : 볼륨 그룹(VG)을 1개 이상으로 적절한 크기의 파티션으로 나눈 파티션을 의미합니다. 논리 볼륨(LV)을 가진 일정한 블록을 PE(Physical Extent)라고 합니다.

13 LVM 생성과정은 다음과 같습니다.

● LVM 생성과정

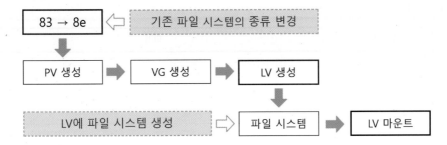

14 LVM을 구현하는 과정은 다음과 같습니다.

● LVM에서 PV, VG, LV 구현과정

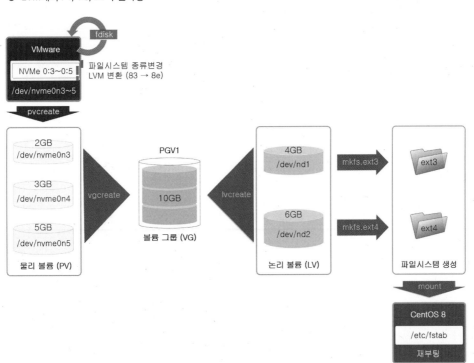

15 LVM은 파티션을 원하는 대로 추가하거나 제거하고 파티션의 크기를 조절할 수 있도록 해 주는 기능이며 LVM에서 사용되는 명령어는 다음 표와 같습니다.

● LVM 명령 요약

LVM 명령	의미
pvcreate 파티션명	볼륨 그룹의 일부로 사용할 물리 볼륨 생성
pvscan	물리 볼륨 상태 확인
vgcreate VG명 파티션명	볼륨 그룹 생성
vgchange -a y VG명	볼륨 그룹 설정
vgchange -a n VG명	볼륨 그룹 해제
vgremove VG명	물리 볼륨에서 LVM 데이터 구조를 제거
vgdisplay -v VG명	볼륨 그룹에 대한 정보출력
vgextend VG명 PV명	PV명 물리 볼륨을 추가하여 VG명 볼륨 그룹을 확장
vgreduce VG명 PV명	볼륨 그룹에서 볼륨을 하나 이상 제거하여 볼륨 그룹 축소
vgremove VG명 PV명	시스템과 디스크에서 볼륨 그룹의 정의 제거
vgcfgbackup VG명	볼륨 그룹의 LVM 구성을 VG명으로 저장
vgcfgrestore -n VG명	VG명의 LVM 구성을 복원
lvcreate -L PE수 VG명	볼륨 그룹에 논리 볼륨 생성
lvremove LV명	볼륨 그룹에서 LV명 논리 볼륨을 제거
lvscan	논리 볼륨 상태 출력
lvextend -L +PE수 LV명	논리 볼륨 용량 확대
lvextend -L -PE수 LV명	논리 볼륨 용량 축소

16 VMware에서 [Edit virtual machine setting]을 클릭하여 하드디스크 3개를 추가하면
하드디스크는 다음과 같이 장착됩니다.

● 하드디스크 3개 추가생성   ● 하드디스크 목록

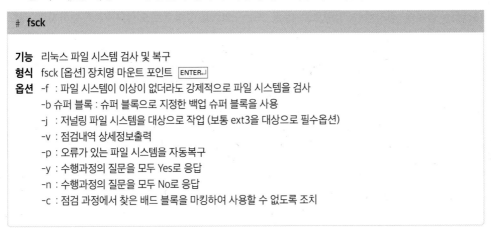

16 fsck 명령은 file system check의 약어로 디렉터리와 파일, I-node와 블록, 파일 링크 등
을 검사하고 필요할 경우에는 복구 작업을 수행합니다. 이 명령은 /etc/fstab에 지정된 파
일 시스템을 대상으로 명령을 수행하며 사용형식은 다음과 같습니다.

`#` **fsck**

기능 리눅스 파일 시스템 검사 및 복구
형식 fsck [옵션] 장치명 마운트 포인트 `ENTER↵`
옵션 -f : 파일 시스템이 이상이 없더라도 강제적으로 파일 시스템을 검사
    -b 슈퍼 블록 : 슈퍼 블록으로 지정한 백업 슈퍼 블록을 사용
    -j : 저널링 파일 시스템을 대상으로 작업 (보통 ext3을 대상으로 필수옵션)
    -v : 점검내역 상세정보출력
    -p : 오류가 있는 파일 시스템을 자동복구
    -y : 수행과정의 질문을 모두 Yes로 응답
    -n : 수행과정의 질문을 모두 No로 응답
    -c : 점검 과정에서 찾은 배드 블록을 마킹하여 사용할 수 없도록 조치

17 e2fsk 명령은 fsck 명령을 확장 개정한 파일 시스템 검사 명령어로 fsck 명령과 마찬가지로 I-node 및 블록, 디렉터리, 파일 링크 등을 검사하고 필요할 경우에는 파일 시스템에 대한 복구 작업도 수행합니다.

`# e2fsck`

기능 리눅스 확장 개정판 파일 시스템 검사 및 복구
형식 e2fsck [옵션] 장치명 마운트 포인트 `ENTER↵`
옵션 -f : 파일 시스템이 이상이 없더라도 강제적으로 파일 시스템을 검사
　　　 -b 슈퍼 블록 : 슈퍼 블록으로 지정한 백업 슈퍼 블록을 사용
　　　 -j : 저널링 파일 시스템을 대상으로 작업 (보통 ext3를 대상으로 필수옵션)
　　　 -v : 점검내역 상세정보출력
　　　 -p : 오류가 있는 파일 시스템을 자동복구
　　　 -y : 수행과정의 질문을 모두 Yes로 응답
　　　 -n : 수행과정의 질문을 모두 No로 응답
　　　 -c : 점검 과정에서 찾은 배드 블록을 마킹하여 사용할 수 없도록 조치

---

18 e2fsck 명령을 사용하여 파일 시스템을 검사할 때는 파일 시스템에 설정되어 있는 마운트를 해제하고 파일 시스템을 검사해야 합니다. 그 이유는 마운트가 설정되어 있는 상태에서 파일 시스템을 검사할 경우 예상치 않은 오류가 발생할 수 있기 때문입니다.

19 배드 블록을 검사하는 명령으로 fsck 또는 e2fsck 명령으로도 검사가 가능하지만 배드 블록을 전문적으로 검사해주는 badblocks 명령은 다음과 같습니다.

`# badblocks`

기능 디스크 장치의 배드 블록을 검사
형식 badblocks [옵션] 디스크 장치명 `ENTER↵`
기능 -v : 검사결과를 상세하게 출력
　　　 -o 출력파일 : 검사한 배드 블록 목록을 지정한 출력파일에 저장

---

20 리눅스 시스템에서 제공하는 백업 슈퍼 블록이 어디에 존재하는지를 살펴보기 위해서는 dumpe2fs 명령을 사용합니다.

21 사용자에게 적절한 디스크 용량을 할당함으로써 전체적인 시스템에 치명적인 문제가 발생되지 않도록 효율적인 시스템 관리가 가능합니다. 이와 같이 파일 시스템마다 사용자 또는 그룹이 생성할 수 있는 파일의 용량과 개수를 제한하는 것을 쿼터(Quota)라고 합니다.

● 쿼터 수행 절차

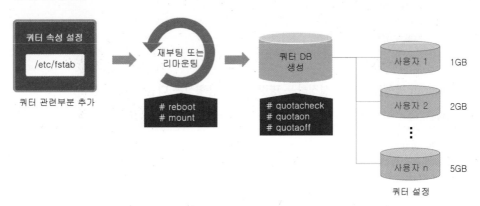

22 quotacheck 명령은 쿼터 파일을 생성, 확인, 수정하기 위해 파일 시스템을 체크하며 사용 형식은 다음과 같습니다.

quotacheck

기능 쿼터 파일을 생성, 확인, 수정하기 위해 파일 시스템을 체크
형식 quotacheck [옵션] -a 또는 파일 시스템 ⌤ENTER↵⌤
옵션 -a : 전체 파일 시스템을 체크
   -u : 사용자 쿼터를 체크
   -g : 그룹 쿼터를 체크
   -m : 파일 시스템의 리마운트 생략
   -n : 첫 번째 검색된 것을 사용
   -p : 처리결과를 출력
   -v : 파일 시스템의 상태 출력

23 quotaon 명령은 쿼터 사용을 활성화하는 명령으로 사용형식은 다음과 같습니다.

quotaon

기능 파일 시스템의 쿼터기능을 활성화
형식 quotaon [옵션] -a 또는 파일 시스템 [ENTER↵]
옵션 -a : 전체 파일 시스템의 쿼터기능을 활성화
    -u : 사용자 쿼터를 활성화
    -g : 그룹 쿼터를 활성화
    -v : 파일 시스템의 상태 출력

24 edquota 명령은 쿼터를 설정하는 명령으로 사용형식은 다음과 같습니다.

edquota

기능 쿼터 설정
형식 edquota [옵션] 사용자계정 또는 그룹명 [ENTER↵]
옵션 -u : 사용자 쿼터를 설정
    -g : 그룹 쿼터를 설정
    -p : 쿼터 설정을 복사

25 quota 명령은 쿼터정보를 확인하는 명령으로 사용형식은 다음과 같습니다.

quota

기능 쿼터정보를 확인
형식 quota [옵션] 사용자계정 또는 그룹명 [ENTER↵]
옵션 -u : 사용자 쿼터에 대한 정보 확인
    -g : 그룹 쿼터에 대한 정보 확인

26 repquota 명령은 쿼터 정보를 확인하는 명령으로 사용형식은 다음과 같습니다.

repquota

기능 쿼터정보를 요약 출력
형식 repquota [옵션] 사용자계정 또는 그룹명 [ENTER↵]
옵션 -a : 전체 파일 시스템의 쿼터정보를 요약하여 출력
    -u : 사용자 쿼터정보를 요약하여 출력

-g : 그룹 쿼터정보를 요약하여 출력
-v : 사용량이 없는 쿼터의 정보도 요약하여 출력

27 쿼터 DB를 생성하기 위해 다음 과정을 수행합니다.

● **쿼터 DB 생성과정**

cd /userHome	← 쿼터용 파일시스템이 마운트 된 디렉터리로 이동
quotaoff -avug	← 쿼터의 기능을 모두 끄기
quotacheck -augmn	← 파일시스템의 쿼터와 관련하여 체크
rm -rf aquota.*	← 생성된 쿼터 관련 파일을 모두 삭제
quotacheck -augmn	← 다시 파일시스템의 쿼터와 관련하여 체크
touch aquota.user aquota.group	← 쿼터 관련 파일 생성
chmod 600 aquota.*	← 보안을 위해 root 계정 외에는 접근 불허
quotacheck -augmn	← 파일시스템의 쿼터와 관련하여 최종 체크
quotaon -avug	← 설정된 쿼터를 시작

28 사용자 계정 adam에게 쿼터 속성을 살펴보고 쿼터를 설정하려면 다음 명령을 수행합니다.

\# **edquota -u adam**

기능 adam 계정의 쿼터 속성 확인
형식 edquota [옵션] 사용자 계정 이름 [ENTER↵]

● adam 계정의 쿼터 속성

29 쿼터가 설정되어 있는 adam은 8개의 파일을 사용하며 soft와 hard 열에는 모두 0으로 나타나 있는데 이는 한도를 제한하지 않았음을 의미합니다.

- `Filesystem` : 사용자별 쿼터를 할당하는 파일 시스템을 의미하며 /etc/fstab 파일에 /dev/nvme0n7p1 파일 시스템을 [예제 8-27]에서 쿼터로 설정했습니다.
- `blocks` : 현재 사용자가 사용하는 블록(KB) 단위입니다.
- `soft` : 소프트웨어의 사용 한도입니다.
- `hard` : 하드웨어의 사용 한도입니다.
- `inodes` : I-node의 개수(파일의 개수)를 의미합니다.

PART **04**

리눅스 시스템 관리

CHAPTER 09
소프트웨어 관리

학습목표

● CentOS 8 리눅스를 최신 버전으로 관리할 수 있습니다.

● RPM과 DNF 명령의 차이점에 대해 차별화를 수행할 수 있습니다.

● ISO 파일 생성과 파일 묶음 및 해제를 수행할 수 있습니다.

● 리눅스 시간대 변경과 주기적 반복 작업을 예약할 수 있습니다.

RPM 패키지

리눅스 시스템을 최상의 상태로 관리하기 위해서는 관리자 모드로 접속하여 소프트웨어를 주기적으로 설치해 주어야 합니다. 리눅스 시스템에 소프트웨어를 설치하는 방법은 RPM과 DNF가 있습니다.

RPM은 Yum이 나오기 이전에 소프트웨어 관리를 위해 주로 사용되어 온 패키지입니다. Yum은 RPM의 기능을 포함하여 확장된 개념이며 CentOS 8 버전부터는 Yum을 대체하는 DNF 명령을 제공하고 있습니다.

■ RPM의 특징

RPM(Redhat Package Manager)은 리눅스 회사인 레드햇에서 만든 도구로 패키지 형태로 제공되므로 소프트웨어 관리를 위해 파일을 쉽게 설치할 수 있습니다.

RPM의 장점

RPM은 바이너리 파일로 구성되어 있기 때문에 따로 컴파일할 필요가 없으며 패키지 형태로 파일들이 제공되므로 관련 디렉터리에 곧바로 설치됩니다. 한 번에 설치된 패키지의 파일을 일괄적으로 삭제할 수도 있으며 기존에 설치된 패키지를 삭제하지 않고도 바로 업그레이드할 수 있는 기능을 제공합니다. 언제든지 패키지의 설치 상태를 검증할 수 있으며 패키지에 대한 정보도 수시로 제공해 줍니다.

RPM의 단점

RPM의 최대 단점은 패키지 형태로 제공되기 때문에 관련 패키지가 먼저 설치되어 있지 않을 경우 패키지를 설치할 수 없다는 의존성이 가장 큰 걸림돌입니다.

2 자주 사용하는 명령어

RPM 패키지는 rpm 명령으로 사용할 수 있으며 사용형식은 다음과 같습니다.

> **# rpm**
>
> **기능** RPM 패키지 관리
> **형식** rpm [옵션] ENTER⏎
> **옵션** -vv : 상세한 디버깅 정보출력
> --quiet : 최대한 출력을 생략하고 오류 메시지만 출력
> --helf : 도움말 출력
> --version : 사용 중인 RPM 버전 출력

RPM 버전을 살펴보기 위해 다음 예제를 수행합니다.

예제 9-1

터미널 창에서 rpm 명령과 옵션 --version을 함께 사용하여 현재 사용 중인 RPM 버전을 출력합니다.

> **# rpm --version**
>
> **기능** 현재 시스템에서 사용 중인 RPM 버전 출력
> **형식** rpm [옵션] ENTER⏎

```
[root@localhost ~]# rpm --version
RPM 버전 - 4.14.2
[root@localhost ~]#
```

3 설치된 패키지 조회

리눅스 시스템에 이미 설치된 RPM 패키지는 어떠한 것들이 설치되어 있는지에 대해 조회할 수 있습니다. 터미널 창에서 rpm 명령과 함께 옵션을 사용하면 설치된 RPM 패키지를 조회할 수 있습니다. 패키지 조회 명령에 대한 사용형식은 다음과 같습니다.

현재 시스템에 설치된 RPM 패키지를 조회하기 위해 다음 예제를 수행합니다.

예제 9-2

- **Step 01** | 터미널 창에서 rpm 명령과 옵션을 함께 사용하여 현재 사용 중인 리눅스 시스템에 이미 설치된 quota 패키지를 조회합니다.

```
[root@localhost ~]# rpm -qa quota
quota-4.04-10.el8.x86_64
[root@localhost ~]#
```

- **Step 02** | 옵션 -qi를 사용하여 이미 설치된 quota 패키지에 대해 상세한 정보를 출력합니다.

```
[root@localhost ~]# rpm -qi quota
Name        : quota
Epoch       : 1
Version     : 4.04
Release     : 10.el8
Architecture: x86_64
Install Date: 2019년 12월 24일 (화) 오전 06시 42분 10초
Group       : Unspecified
Size        : 972079
License     : BSD and GPLv2 and GPLv2+
Signature   : RSA/SHA256, 2019년 07월 01일 (월) 오후 09시 20분 30초, Key ID
05b555b38483c65d
Source RPM  : quota-4.04-10.el8.src.rpm
```

```
Build Date  : 2019년 05월 11일 (토) 오전 11시 33분 02초
Build Host  : x86-02.mbox.centos.org
Relocations : (not relocatable)
Packager    : CentOS Buildsys <bugs@centos.org>
Vendor      : CentOS
URL         : http://sourceforge.net/projects/linuxquota/
Summary     : System administration tools for monitoring users' disk usage
Description :
The quota package contains system administration tools for monitoring
and limiting user and or group disk usage per file system.
[root@localhost ~]#
```

● **Step 03** | 조회된 quota 패키지에 포함된 파일목록을 출력합니다.

```
[root@localhost ~]# rpm -ql quota
/usr/bin/quota
/usr/bin/quotasync
/usr/lib/.build-id
...
(생략)
...
/usr/share/man/man8/repquota.8.gz
/usr/share/man/man8/setquota.8.gz
/usr/share/man/man8/xqmstats.8.gz
[root@localhost ~]#
```

● **Step 04** | 시스템에 이미 설치된 패키지 중에서 'quo' 문자열이 들어가 있는 모든 패키지를
확인합니다.

```
[root@localhost ~]# rpm -qa | grep quo
quota-4.04-10.el8.x86_64
quota-nls-4.04-10.el8.noarch
[root@localhost ~]#
```

4 RPM 패키지 이름 구성

[예제 4-2]를 통해 현재 사용 중인 리눅스 시스템에 이미 설치되어 있는 RPM 패키지에 대해
조회하였습니다. 출력된 RPM 패키지 이름의 구성에 대해 살펴보겠습니다.

quota-4.04-10.el8.x86_64

❶ 패키지 이름 : RPM 패키지 이름의 첫 번째 항목에는 패키지 quota 이름을 의미합니다.

❷ 패키지 버전 : 두 번째 항목은 해당 패키지의 버전 4.04-10을 의미합니다.

❸ 패키지 릴리즈 : 해당 버전에서 몇 번째 만들어진 것인지 e18을 나타냅니다.

❹ 아키텍처 : 사용하는 시스템의 아키텍처를 의미하며 x86은 인텔, 64는 64bit 운영체제임
　　　　　　을 의미합니다.

5 RPM 패키지 설치

현재 시스템에 설치할 RPM 패키지가 존재할 경우 설치할 패키지를 다음과 같이 설치하면 됩
니다.

> **# rpm -Uvh 패키지 이름**
>
> **기능**　현재 시스템에 해당 패키지를 설치
> **형식**　pm [옵션] 패키지 이름 [ENTER↵]
> **옵션**　-U : 이미 설치된 패키지는 업그레이드 하고 아니면 새로 설치 (대문자)
> 　　　　-v : 설치과정 확인
> 　　　　-h : 설치 진행과정을 #기호로 화면에 출력

6 미설치 RPM 패키지 조회

시스템에 설치해야 하지만 아직 설치하지 않은 RPM 패키지를 조회할 때는 rpm 명령과 함께
옵션 -qlp와 -qip를 사용하면 됩니다. 'rpm -qip 패키지 이름.rpm' 명령은 패키지를 설치하기
전에 패키지 안에 해당 기능이 포함되어 있는지에 대해 미리 확인할 수 있어서 필요할 경우
유용하게 사용될 수 있습니다.

```
#  rpm [옵션] 패키지 파일 이름.rpm
```

옵션 -qlp : 설치하기 전 패키지 파일에 어떤 파일들이 포함되어 있는지 확인

   -qip : 설치하기 전 패키지 파일의 상세정보 확인

7 RPM 패키지 삭제

현재 시스템에 설치된 RPM 패키지를 삭제할 경우에는 다음과 같이 진행하면 됩니다.

```
#  rpm -e 패키지 이름
```

기능 현재 시스템에서 지정한 패키지 제거

형식 rpm [옵션] 패키지 이름 ENTER↵

옵션 -e : 이미 설치된 패키지를 제거

1 DNF 등장 배경

Yum은 파이썬 2와 파이썬 3에서 모두 사용할 수 있는 기능을 제공해 주지는 못합니다. Yum은 파이썬 2에서만 작동하기 때문에 최근에 출시되는 레드햇 계열 리눅스 버전에는 파이썬 3가 탑재되어 있습니다. 이러한 한계를 극복하기 위해 Yum에서 DNF로 전환하게 된 배경입니다. DNF의 등장으로 새로운 API 및 전체 소프트웨어 관리 스택 통합이 가능하게 되었습니다.

여기서 잠깐 살펴보세요.

> CentOS 8로 넘어오면서 기본 패키지 매니지먼트가 Yum에서 DNF로 넘어왔습니다. 레드햇 계열 리눅스의 주 패키지 관리자는 모두 Yum에서 DNF로 변경되었습니다. 그렇다고 해서 기존에 사용하던 Yum 명령을 모두 사용할 수 없는 걸까요? 그렇지는 않습니다.

패키지 업데이트와 업그레이드 명령은 거의 동일하게 사용할 수 있지만, 일부 명령은 사용할 수 없습니다. Yum에서 사용했던 명령을 DNF에서도 계속해서 사용할 수 있는지에 대한 자세한 내용은 아래 사이트를 참고하기 바랍니다.

```
https://dnf.readthedocs.io/en/latest/cli_vs_yum.html
```

여기서는 패키지 업데이트와 업그레이드를 수행하는데 필요한 명령에 대해서만 다루겠습니다.

2 DNF 사용 방법

DNF 사용 방법은 무척 간단하기 때문에 누구나 쉽게 사용할 수 있습니다. DNF 명령을 사용할 때 필요한 옵션들에 대해 살펴보겠습니다.

 # dnf

기능 RPM 기반 패키지를 자동으로 설치
형식 dnf [옵션] [명령] [패키지 이름] ENTER↵
옵션 -h : dnf 명령어 사용에 필요한 도움말 출력
　　　 -v : 자세한 메시지 출력
　　　 -y : 설치과정에서 Yes/No 항목을 모두 Yes로 응답
명령 install : 지정한 패키지를 설치
　　　 check-update : 업데이트할 패키지를 확인
　　　 update : 패키지 업데이트
　　　 list : 패키지 목록 확인
　　　 info : 패키지 정보출력
　　　 remove : 지정한 패키지를 삭제
　　　 localinstall rpm파일이름.rpm : rpm _Uvh 명령 대체(파일 다운로드하여 설치)
　　　 search : 패키지 또는 소프트웨어 검색

---

3 업데이트 가능한 패키지 확인

현재 사용 중인 시스템에 설치된 패키지 중에서 업데이트가 가능한 패키지 목록을 출력하기
위해서는 dnf 명령과 함께 check-update 옵션을 사용합니다.

dnf 명령으로 업데이트가 가능한 패키지를 확인하기 위해 다음 예제를 수행합니다.

| 예제 9-3 | ────────────────

- **Step 01** | 현재 사용 중인 시스템에 설치된 패키지 중에서 업데이트가 가능한 패키지의 목
  록을 출력하기 위해 다음과 같이 명령을 수행합니다.

 # dnf check-update

기능 시스템에 설치된 패키지 중에서 업데이트할 패키지 확인
형식 dnf check-update ENTER↵

```
[root@localhost ~]# dnf check-update
CentOS-8 - AppStream                    1.7 kB/s | 4.3 kB      00:02
CentOS-8 - Base                         1.5 kB/s | 3.9 kB      00:02
CentOS-8 - Extras                       595  B/s | 1.5 kB      00:02
...
(생략)
```

```
...
kernel-headers.x86_64              4.18.0-80.11.2.el8_0           BaseOS
    kernel-headers.x86_64          4.18.0-80.el8                      @anaconda
[root@localhost ~]#
```

CentOS 8에서 제공하는 패키지의 이름은 다음과 같이 구성되어 있습니다.

패키지 이름.아키텍처 버전-릴리즈 저장소 또는 @설치한 저장소

- **Step 02** | 현재 시스템에 설치된 dnf 버전을 확인하기 위해 다음 명령을 수행합니다.

```
[root@localhost ~]# dnf --version
4.0.9
  Installed: dnf-0:4.0.9.2-5.el8.noarch at 2019년 12월 24일 (화) 오전 11시
42분 13초
  CentOS Buildsys <bugs@centos.org> 일 2019년 05월 13일 (월) 오후 07시 35분
13초 에 빌드됨

  Installed: rpm-0:4.14.2-9.el8.x86_64 at 2019년 12월 24일 (화) 오전 11시 40
분 12초
  CentOS Buildsys <bugs@centos.org> 일 2019년 05월 11일 (토) 오전 02시 04분
19초 에 빌드됨
[root@localhost ~]#
```

4 패키지 정보 확인

업데이트가 가능한 패키지를 [예제 9-3]을 통해 확인한 결과 firefox.x86_64 패키지가 존재하는 것을 확인하였습니다.

리눅스 시스템에 설치된 패키지 정보를 확인하기 위해 다음 예제를 수행합니다.

| 예제 9-4 |

시스템에 mysql-connector-odbc 패키지가 설치되어 있는지에 대해 살펴보기 다음 명령을 수행합니다.

```
#  dnf info mysql-connector-odbc.rpm
```

기능 mysql-connector-odbc 패키지에 대한 정보 확인
형식 dnf info 패키지 이름 ENTER↲

```
[root@localhost ~]# dnf info mysql-connector-odbc.rpm
마지막 메타 데이터 만료 확인 : 0:03:34 전에 2019년 12월 24일 (화) 오후 10시 54분
47초.
오류: 목록과 일치하는 패키지가 없습니다.
[root@localhost ~]#
```

아직 mysql-connector-odbc 패키지는 설치되어 있지 않음을 확인할 수 있습니다. 이 패키지에 대해서는 해당 단원에서 다루기로 하고 여기서는 해당 패키지 정보 존재 유/무에 대해서만 살펴보고 넘어가도록 합니다.

5 패키지 설치 및 확인

패키지를 설치할 때 시스템에 이미 설치된 패키지 중에서 의존성이 있는 패키지는 자동으로 함께 설치됩니다. 패키지 설치과정은 먼저 dnf 저장소를 검색하고 패키지를 내려 받을 때는 지정된 저장소에서 찾지 못할 경우 다른 미러 사이트를 자동으로 검색하여 패키지를 설치하는 과정으로 진행됩니다.

[예제 9-3]에서는 현재 시스템에 존재하는 패키지 중에서 업데이트가 가능한 패키지가 존재하는지에 대해 dnf check-update 명령을 수행하였습니다. 수행한 결과 업데이트가 필요한 firefox.86_64 패키지를 설치하도록 하겠습니다.

dnf 명령으로 특정 패키지를 설치하는 과정을 살펴보기 위해 다음 예제를 수행합니다.

| **예제 9-5** |

• **Step 01** | 시스템에 이미 설치된 패키지 중에서 업데이트가 필요한 firefox.x86_64 패키지를 다음 명령으로 설치합니다. 설치를 계속할 것인지에 대한 물음에는 전부 Y를 입력합니다.

dnf install firefox.x86_64

기능 dnf 저장소의 firefox.x86_64 패키지 설치
형식 dnf install 패키지 이름 [ENTER↵]

```
[root@localhost ~]# dnf install firefox.x86_64
마지막 메타 데이터 만료 확인 : 0:06:50 전에 2019년 12월 24일 (화) 오후 10시 59분 43초.
Package firefox-60.5.1-1.el8.x86_64 is already installed.
종속성이 해결되었습니다.
=====================================================================
 꾸러미               아키텍처   버전          리포지토리      크기
=====================================================================
Upgrading:
 firefox              x86_64     68.2.0-2.el8_0   AppStream        95 M
 nspr                 x86_64     4.21.0-2.el8_0   AppStream       143 k
 nss                  x86_64     3.44.0-7.el8_0   AppStream       722 k
 nss-softokn          x86_64     3.44.0-7.el8_0   AppStream       470 k
 nss-softokn-freebl   x86_64     3.44.0-7.el8_0   AppStream       274 k
 nss-sysinit          x86_64     3.44.0-7.el8_0   AppStream        69 k
 nss-tools            x86_64     3.44.0-7.el8_0   AppStream       569 k
 nss-util             x86_64     3.44.0-7.el8_0   AppStream       134 k

거래 요약
=====================================================================
업그레이드  8 꾸러미

총 다운로드 크기 : 97 M
이게 괜찮습니까 [y / N] : y
...
(생략)
...

완료되었습니다!
[root@localhost ~]#
```

여기서 잠깐 살펴보세요.

dnf 명령으로 패키지를 설치할 때 먼저 의존성이 있는 패키지의 존재 여부를 확인한 다음 함께 설치해야 할 목록을 보여줍니다. 그리고 내려받을 파일의 크기와 실제로 설치되었을 때 필요한 디스크 용량을 알려주고 계속 진행할 것인지에 대한 여부를 물어봅니다. 이 물음에 Y를 입력하면 패키지에 대한 설치가 계속 진행되고 N을 입력하면 설치가 종료됩니다.

- **Step 02** | 설치한 패키지를 실행하기 위해 실행 파일이 어느 디렉터리에 존재하는지를 확인합니다.

기능 firefox 패키지의 실행 파일이 어느 디렉터리에 존재하는지 확인
형식 rpm [옵션] 패키지 이름 ENTER↵

```
[root@localhost ~]# rpm -ql firefox
/etc/firefox
/etc/firefox/pref
/usr/bin/firefox
/usr/lib/.build-id
...
(생략)
...
/usr/share/man/man1/firefox.1.gz
/usr/share/mozilla/extensions/{ec8030f7-c20a-464f-9b0e-13a3a9e97384}
[root@localhost ~]#
```

- **Step 03** | 실행 파일이 존재하는 위치가 /usr/bin/firefox임을 확인하였으므로 firefox & 명령으로 firefox 패키지를 터미널 창에서 실행합니다.

```
[root@localhost ~]# firefox &
[1] 70577
[root@localhost ~]#
```

그림 9-1 터미널 창에서 firefox 패키지 실행

6 필요한 패키지 검색

설치를 위해 필요한 패키지 또는 소프트웨어를 검색하기 위해서는 search 명령을 사용하며
패키지를 검색하는 명령어의 사용형식은 다음과 같습니다.

---

dnf search 패키지 이름

기능 지정한 패키지를 검색
형식 dnf search 패키지 이름 ENTER↵

---

srarch 명령으로 특정 패키지를 검색하기 위해 다음 예제를 수행합니다.

예제 9-6

현재 시스템에 있는 패키지 중에서 mysql 패키지가 있는지에 대해 검색합니다.

---

dnf search mysql

기능 mysql 패키지를 검색
형식 dnf search 패키지 이름 ENTER↵

```
[root@localhost ~]# dnf search mysql
마지막 메타 데이터 만료 확인 : 0:41:32 전에 2019년 12월 24일 (화) 오후 10시 59분
43초.
======================= 요약 & 이름 일치 함 : mysql =========================
mysql.x86_64 : MySQL client programs and shared libraries
postfix-mysql.x86_64 : Postfix MySQL map support
rsyslog-mysql.x86_64 : MySQL support for rsyslog
...
(생략)
...
========================= 요약 일치 함 : mysql ============================
mariadb-devel.x86_64 : Files for development of MariaDB/MySQL applications
mariadb-server-utils.x86_64 : Non-essential server utilities for MariaDB/
MySQL applications
mariadb-java-client.noarch : Connects applications developed in Java to
MariaDB and MySQL
                                : databases
[root@localhost ~]#
```

◪ 특정 파일이 속한 패키지 이름 확인

여러 개의 패키지 중에서 특정 파일이 속한 패키지 이름을 확인하려면 다음과 같이 dnf 명령을 수행하면 됩니다.

⌗ dnf provides 파일 이름

기능 지정한 파일 이름이 속한 패키지 확인
형식 dnf provides 파일 이름 ENTER↵

특정 파일이 속한 패키지 목록을 확인하기 위해 다음 예제를 수행합니다.

| 예제 9-7 |

문자열 'my'를 포함하는 파일 이름이 속한 패키지를 확인하기 위해 다음과 같이 명령을 수행합니다.

⌗ dnf provides my*

기능 문자열 my를 포함하는 파일이름이 속한 패키지 확인
형식 dnf provides 파일 이름 ENTER↵

```
[root@localhost ~]# dnf provides my*
마지막 메타 데이터 만료 확인 : 0:45:42 전에 2019년 12월 24일 (화) 오후 10시 59분
43초.
mysql-8.0.17-3.module_el8.0.0+181+899d6349.x86_64 : MySQL client programs
and shared
                                                  : libraries
Repo : AppStream
...
(생략)
...
mythes-uk-1.6.5-14.el8.noarch : Ukrainian thesaurus
Repo : AppStream
일치 항목 :
제공 : mythes-uk = 1.6.5-14.el8

[root@localhost ~]#
```

⑧ 패키지 목록 확인

dnf 명령과 check-update 옵션을 사용할 경우에는 현재 사용 중인 시스템에 대해서만 업데이트할 패키지가 존재하는지를 확인하기 때문에 업데이트 서버에 있는 패키지를 확인하기가 어렵습니다.

CentOS에서 제공하는 업데이트 서버로부터 업데이트할 패키지가 dnf 저장소에 존재하는지에 대해 확인하려면 dnf list 명령과 함께 옵션을 사용해야 합니다.

---

dnf list

기능 CentOS에서 제공하는 패키지 목록 출력
형식 dnf list [옵션] ENTER↵
옵션 all : 모든 패키지 목록을 출력
available : dnf 저장소에서 설치 가능한 모든 패키지 목록 출력
updates : dnf 저장소에서 업데이트 가능한 패키지 목록 출력
installed : 이미 설치된 패키지 목록 출력
installed 패키지 이름 : 지정한 패키지가 설치되어 있는지 확인
httpd* : httpd 문자열이 들어간 패키지 목록 출력

현재 설치된 패키지와 업데이트 할 패키지 목록 확인

다른 옵션을 설정하지 않고 dnf list 명령만 실행하게 되면 현재 설치되어 있는 패키지와 업데이트가 가능한 패키지 목록을 확인할 수 있습니다.

현재 설치된 패키지와 업데이트 할 패키지 목록을 확인하기 위해 다음 예제를 수행합니다.

| 예제 9-8 |

dnf list | more 명령으로 현재 시스템에 설치되어 있는 패키지와 업데이트가 가능한 패키지 목록을 출력합니다.

---

dnf list | more

기능 현재 시스템에 설치되어 있는 패키지와 업데이트 가능한 패키지 목록 출력
형식 dnf list ENTER↵

```
[root@localhost ~]# dnf list | more
마지막 메타 데이터 만료 확인 : 0:47:35 전에 2019년 12월 24일 (화) 오후 10시 59분
43초.
```

```
설치된 패키지
GConf2.x86_64                                    3.2.6-22.el8
                @AppStream
ModemManager.x86_64                              1.8.0-1.el8
                @anaconda
ModemManager-glib.x86_64                         1.8.0-1.el8
--More--
...
(생략)
...
NetworkManager-tui.x86_64                        1:1.14.0-14.el8
[root@localhost ~]#
```

여기서 잠깐 살펴보세요.

현재 사용 중인 시스템에 설치된 패키지와 업데이트가 필요한 패키지 목록이 출력됩니다. 출력된 목록 중에서 업데이트를 수행하려면 dnf install 명령으로 설치하면 됩니다. 패키지 목록을 확인할 때 화면 단위로 확인하기 위해 사용한 ─more─ 명령을 종료하려면 키보드로 q를 입력하면 됩니다.

dnf 저장소의 설치 가능한 패키지 목록 확인

dnf 저장소에 설치가 가능한 패키지 목록을 확인하기 위해 다음 예제를 수행합니다.

| 예제 9-9 |

dnf 저장소에 설치 가능한 패키지 목록을 출력하기 위해 다음과 같이 명령을 수행합니다.

> **# dnf list available | more**

기능 dnf 저장소에 설치 가능한 패키지 목록 확인
형식 dnf list 명령 | 명령 [ENTER↵]

```
[root@localhost ~]# dnf list available | more
마지막 메타 데이터 만료 확인 : 0:51:26 전에 2019년 12월 24일 (화) 오후 10시 59분
43초.
사용 가능한 패키지
CUnit.i686                                       2.1.3-17.el8
                AppStream
CUnit.x86_64                                     2.1.3-17.el8
--More--
```

```
...
(생략)
...
NetworkManager-dispatcher-routing-rules.noarch        1:1.14.0-14.el8
                    BaseOS
[root@localhost ~]#
```

dnf 저장소의 업데이트 할 패키지 목록 확인

dnf 저장소의 패키지 중에서 업데이트가 가능한 패키지의 목록을 출력하기 위해 다음 예제를
수행합니다.

| 예제 9-10 |

dnf list updates 명령으로 저장소의 패키지 중에서 업데이트가 가능한 패키지 목록을 출력
합니다.

> # **dnf list updates**
>
> **기능** dnf 저장소의 패키지 중에서 업데이트가 가능한 패키지 목록 출력
> **형식** dnf list 명령 ENTER↵

```
[root@localhost ~]# dnf list updates
마지막 메타 데이터 만료 확인 : 0:53:28 전에 2019년 12월 24일 (화) 오후 10시 59분
43초.
사용 가능한 업그레이드
anaconda-core.x86_64              29.19.0.43-1.el8_0
AppStream
anaconda-gui.x86_64               29.19.0.43-1.el8_0
AppStream
...
(생략)
...
[root@localhost ~]#
```

9 패키지 삭제

시스템에 설치된 패키지를 삭제하려면 dnf 명령과 함께 remove 옵션을 사용합니다. 현재 시
스템에 설치된 패키지 중에서 특정 패키지를 삭제하는 방법을 살펴보기 위해 다음 예제를 수

행합니다.

| 예제 9-11 |

시스템에 설치된 firefox 패키지를 삭제하지 않고 삭제하는 방법에 대해서만 살펴보겠습니다.
해당 패키지에 대한 삭제 여부 물음은 모두 N을 입력하여 실제로는 패키지가 삭제되지 않도
록 합니다.

 # dnf remove firefox

기능 시스템에 설치되어 있는 패키지를 삭제
형식 dnf [옵션] 패키지 이름 ENTER⏎

```
[root@localhost ~]# dnf remove firefox
종속성이 해결되었습니다.
================================================================================
 꾸러미                    아키텍처   버전             리포지토리          크기
================================================================================
삭제 중:
 firefox                  x86_64    68.2.0-2.el8_0   @AppStream          333 M
사용되지 않는 종속성 제거:
 centos-indexhtml         noarch    8.0-0.el8        @AppStream          505 k

거래 요약
================================================================================
삭제   2 꾸러미

자유 공간 : 334 M
이게 괜찮습니까 [y / N] : n
작업이 중지됨.
[root@localhost ~]#
```

🔟 알아두면 유용한 사용방법

dnf 명령으로 패키지를 설치하는 방법 중에서 알아두면 유용하게 사용할 수 있는 방법에 대
해 살펴보겠습니다.

패키지 그룹 목록 확인

여러 가지 패키지들을 포함하고 있는 패키지 그룹 목록을 확인하는 방법을 살펴보기 위해 다

음 예제를 수행합니다.

예제 9-12

dnf grouplist 명령으로 패키지 그룹 목록을 출력합니다.

> **# dnf grouplist**

기능 패키지 그룹 목록 확인
형식 dnf [옵션] ENTER⏎

```
[root@localhost ~]# dnf grouplist
마지막 메타 데이터 만료 확인 : 1:00:53 전에 2019년 12월 24일 (화) 오후 10시 59분
43초.
사용 가능한 환경 그룹 :
    서버
    최소 설치
    워크스테이션
    가상화 호스트
    사용자 정의 운영체제
설치된 환경 그룹 :
    서버 - GUI 사용
설치된 그룹 :
    컨테이너 관리
    .NET 코어 개발
    RPM 개발 툴
    스마트카드 지원
    개발용 툴
    그래픽기반 관리 툴
    헤드리스 관리
    레거시 UNIX 호환성
    네트워크 서버
    과학기술 지원
    보안 툴
    시스템 툴
[root@localhost ~]#
```

패키지 그룹 설치

패키지 그룹 설치는 패키지 그룹에 포함되는 패키지들을 통째로 설치할 수 있습니다. 패키지
그룹의 종류는 앞의 예제에서 살펴봤습니다. 여기서는 패키지 그룹을 설치하는 방법에 대해
서만 살펴보고 넘어가도록 하겠습니다.

```
# dnf groupinstall 패키지 이름
```

기능 패키지 그룹 설치
형식 dnf [옵션] 패키지 이름 [ENTER↵]

GPG 키 검사 생략

GPG는 보안 관련 키를 의미하며 CentOS 8에서 인증되지 않은 RPM 파일을 설치할 때 인증되지 않은 설치라는 메시지가 출력되면서 그냥 종료되는 경우도 발생하게 됩니다. 이러한 경우가 발생할 때는 dnf 명령과 함께 --nogpgcheck 옵션을 사용하면 됩니다.

GPG 키 검사 생략을 수행하기 위한 사용형식은 다음과 같습니다.

```
# dnf install --nogpgcheck rpm파일이름.rpm
```

기능 GPG 키 검사를 생략하여 패키지 설치
형식 dnf install [옵션] 패키지 이름 [ENTER↵]

기존 패키지 저장소 비우기

패키지 저장소에 존재하는 기존의 다운로드 패키지를 모두 비운 다음 dnf install을 실행하면 새로운 패키지 목록을 다운로드할 수 있습니다. 기존 패키지 저장소를 비우는 명령은 다음과 같습니다.

```
# dnf clean all
```

기능 패키지 저장소에 존재하는 다운로드 패키지 삭제
형식 dnf clean [옵션] [ENTER↵]

패키지의 종류

리눅스 시스템에서 사용되는 패키지의 종류는 상당히 많지만 앞으로 계속해서 사용하게 될 패키지들을 다음 표와 같이 정리하였습니다.

표 9-1 앞으로 사용하게 될 패키지 종류

패키지	의미
system-config-display	X윈도 환경설정
system-config-date	날짜 설정
system-config-kdyboard	키보드 설정

system-config-bind	네임 서버 설정
system-config-httpd	웹 서버 설정
system-config-language	언어 설정
system-config-lvm	LVM 설정
system-config-network	네트워크 설정
system-config-printer	프린터 설정
system-config-kickstart	킥스타트 설정
system-config-nfs	NFS 설정
system-config-packages	패키지 추가설치
system-config-rootpassword	root 암호 관리
system-config-samba	Samba 서버 설정
system-config-securitylevel	보안 수준 설정
system-config-soundcard	사운드 카드 설정
system-config-user	사용자 관리

ⓒ- 도전 문제 9-1

1. dnf 명령으로 저장소에 업데이트 가능한 패키지 목록 확인하기
2. firefox 패키지에 설치를 위해 필요한 패키지 또는 소프트웨어 목록 확인하기
3. mysql로 시작하는 파일이름이 존재하는 패키지 목록 확인하기
4. 현재 시스템에 설치된 패키지와 업데이트 할 패키지 목록 페이지 단위로 확인하기
5. dnf 저장소의 설치 가능한 패키지 목록 페이지 단위로 확인하기
6. dnf 저장소의 업데이트할 패키지 목록 확인하기
7. 패키지 저장소에 존재하는 모든 패키지 목록 삭제하기

SECTION

03 ISO 파일 생성

이 섹션에서는 리눅스 시스템의 특정 디렉터리에 존재하는 모든 파일을 ISO 파일로 제작하는 방법에 대해 살펴보겠습니다. ISO 파일을 간단하게 비유하면 이미지 파일로 표현할 수 있습니다. ISO 파일을 만드는 이유는 번거롭고 시간이 오래 걸리는 작업을 하나의 파일로 만듦으로 해서 간편하게 처리하자는 취지에서 제작하는 것이 대부분의 견해입니다.

1 대상 디렉터리 파일목록 확인

ISO 파일을 생성하기 위해 대상 디렉터리인 /boot에 존재하는 파일목록을 ls 명령으로 확인합니다.

\# **ls -l /boot**

기능 /boot 디렉터리에 존재하는 파일목록 출력
형식 ls [옵션] 디렉터리 이름 ENTER↵

| 예제 9-13 |

ls -l 명령으로 /boot 디렉터리에 존재하는 모든 파일목록을 출력하기 위해 다음과 같이 수행합니다.

```
[root@localhost ~]# ls -l /boot
합계 127756
-rw-------. 1 root root  3751920  6월  4  2019 System.map-4.18.0-80.el8.
x86_64
-rw-r--r--. 1 root root   180942  6월  4  2019 config-4.18.0-80.el8.x86_64
drwxr-xr-x. 3 root root     4096 12월 24 06:39 efi
drwxr-xr-x. 2 root root     4096 12월 24 06:40 extlinux
```

```
drwx------.  4 root root    4096 12월 24 06:45 grub2
-rw-------.  1 root root 66125608 12월 24 06:44
initramfs-0-rescue-36a00cd799f54e928c4f3014cd4e7074.img
-rw-------.  1 root root 27303788 12월 24 06:45
 initramfs-4.18.0-80.el8.x86_64.img
-rw-------.  1 root root 17668722 12월 24 22:49
 initramfs-4.18.0-80.el8.x86_64kdump.img
drwxr-xr-x.  3 root root    4096 12월 24 06:43 loader
drwx------.  2 root root   16384 12월 24 06:38 lost+found
-rwxr-xr-x.  1 root root 7872760 12월 24 06:43
 vmlinuz-0-rescue-36a00cd799f54e928c4f3014cd4e7074
-rwxr-xr-x.  1 root root 7872760  6월  4  2019 vmlinuz-4.18.0-80.el8.
x86_64
[root@localhost ~]#
```

2 ISO 파일 생성

ISO 파일생성과 관련하여 CentOS 8 리눅스에서는 genisoimage 명령을 제공하고 있으며
사용형식은 다음과 같습니다.

genisoimage

기능	ISO 파일 생성
형식	genisoimage [옵션] [파일이름] ENTER⏎
옵션	-r : 8글자 이상의 파일이름 지정할 때 대/소문자를 구별
	-J : 윈도우에서 64bit 유니코드 이상의 이름도 허용
	-o 파일이름 : 출력할 파일이름 지정

rpm 명령으로 /boot 디렉터리에 존재하는 모든 파일을 하나의 ISO 파일로 제작하기 위해
다음 예제를 수행합니다.

| 예제 9-14 |

- **Step 01** | rpm -qa genisoimage 명령으로 CentOS 8에서 ISO 파일을 생성하는 패키지의
  버전을 확인합니다.

```
[root@localhost ~]# rpm -qa genisoimage
genisoimage-1.1.11-39.el8.x86_64
[root@localhost ~]#
```

- **Step 02** | /boot 디렉터리에 존재하는 모든 파일을 대상으로 my_test.iso 파일명으로 이미지 파일을 생성하기 위해 다음과 같이 명령을 수행합니다. 이 과정에서 알파벳 대/소문자는 철저히 구별하므로 명확히 입력해야 합니다.

> \# **genisoimage -r -J -o my_test.iso /boot**

기능 /boot 디렉터리에 존재하는 모든 파일을 my_test.iso 이미지 파일로 생성
형식 genisoimages [옵션] 파일 이름 디렉터리 이름 `ENTER↵`

```
[root@localhost ~]# genisoimage -r -J -o my_test.iso /boot
I: -input-charset not specified, using utf-8 (detected in locale settings)
Using INITR000.IMG;1 for
/initramfs-0-rescue-36a00cd799f54e928c4f3014cd4e7074.img
(initramfs-4.18.0-80.el8.x86_64.img)
Using INITR001.IMG;1 for  /initramfs-4.18.0-80.el8.x86_64.img
(initramfs-4.18.0-80.el8.x86_64kdump.img)
...
(생략)
...
Total translation table size: 0
Total rockridge attributes bytes: 31665
Total directory bytes: 65536
Path table size(bytes): 154
Max brk space used 51000
67274 extents written (131 MB)
[root@localhost ~]#
```

- **Step 03** | /media/iso 디렉터리를 생성 후 이미지 파일의 내용을 살펴보기 위해 먼저 마운트를 설정합니다.

```
[root@localhost ~]# mkdir /media/iso
[root@localhost ~]# mount -o loop my_test.iso /media/iso
mount: /media/iso: WARNING: device write-protected, mounted read-only.
[root@localhost ~]#
```

- **Step 04** | 마운트 설정 후 my_test.iso 파일의 내용을 ls -l 명령으로 자세히 살펴보겠습니다.

```
[root@localhost ~]# ls -l /media/iso
합계 127731
-r--r--r--. 1 root root  3751920  6월  4  2019 System.map-4.18.0-80.el8.x86_64
```

```
-r--r--r--. 1 root root   180942  6월  4  2019 config-4.18.0-80.el8.x86_64
dr-xr-xr-x. 3 root root     2048 12월 24 06:39 efi
dr-xr-xr-x. 2 root root    10240 12월 24 06:40 extlinux
dr-xr-xr-x. 4 root root     2048 12월 24 06:45 grub2
-r--r--r--. 1 root root 66125608 12월 24 06:44
initramfs-0-rescue-36a00cd799f54e928c4f3014cd4e7074.img
-r--r--r--. 1 root root 27303788 12월 24 06:45
initramfs-4.18.0-80.el8.x86_64.img
-r--r--r--. 1 root root 17668722 12월 24 22:49
initramfs-4.18.0-80.el8.x86_64kdump.img
dr-xr-xr-x. 3 root root     2048 12월 24 06:43 loader
dr-xr-xr-x. 2 root root     2048 12월 24 06:38 lost+found
-r-xr-xr-x. 1 root root  7872760 12월 24 06:43
vmlinuz-0-rescue-36a00cd799f54e928c4f3014cd4e7074
-r-xr-xr-x. 1 root root  7872760  6월  4  2019 vmlinuz-4.18.0-80.el8.x86_64
[root@localhost ~]#
```

- **Step 05** | my_test.iso 디렉터리의 목록을 확인하였으면 마운트 설정을 해제해 줍니다.

```
[root@localhost ~]# umount /media/iso
[root@localhost ~]#
```

◎- 도전 문제 9-2

1. 리눅스 시스템 파일이 존재하는 /etc 디렉터리의 모든 파일 출력하기
2. /etc 디렉터리에 있는 모든 파일을 etc_back.iso 이미지 파일로 생성하기
3. 이미지 파일을 마운트 할 /media/etciso 디렉터리 생성하기
4. 이미지 파일 마운트 설정하기
5. 이미지 파일에 존재하는 모든 파일 출력하기
6. 이미지 파일 마운트 설정 해제하기

파일 압축과 묶음

리눅스와 유닉스에서는 파일 압축과 파일 묶음을 별개의 프로그램으로 수행하도록 제공하고 있습니다. 리눅스에서 많이 사용되는 압축파일의 확장명은 xz, bz2, gz, zip, Z 등이 있으며 예전에 주로 사용되었던 확장명은 gz 확장명입니다. 최근에는 압축률이 더 좋은 xz와 bz2를 많이 사용하고 있습니다. 리눅스에서 파일 묶음의 확장자는 tar를 사용합니다.

1 파일 압축과 해제

리눅스 시스템에서 파일을 압축하기 위해 사용되고 있는 압축 관련 명령어에 대해 하나씩 차근차근 살펴보겠습니다.

bzip2 명령

bzip2 명령은 파일을 압축할 때와 압축을 해제할 때 xz 명령과 함께 자주 사용되는 명령입니다. 확장자는 bz2이며 사용하는 형식은 다음과 같습니다.

bzip2 파일이름
기능 리눅스 파일을 확장자 bz2 방식으로 파일 압축과 해제 **형식** bzip2 [옵션] [파일이름] ENTER↵ **옵션** -d : 압축된 파일(파일이름.bz2)을 해제(= bunzip2 명령과 동일함)

터미널 창에서 새로운 디렉터리와 텍스트 파일을 만든 다음 파일을 압축하는 과정을 살펴보기 위해 다음 예제를 수행합니다.

| 예제 9-15 |

- **Step 01** | 터미널 창에서 zip_test.d 디렉터리 생성 후 touch 명령으로 2개의 텍스트 파일 test_01.txt, test_02.txt를 생성합니다.

```
[root@localhost ~]# mkdir zip_test.d
[root@localhost ~]# cd zip_test.d
[root@localhost zip_test.d]# touch test_01.txt test_02.txt
[root@localhost zip_test.d]#
```

- **Step 02** | gedit를 이용하여 test_01.txt 파일에 다음 내용을 입력하고 저장한 다음 gedit 창은 닫습니다.

```
[root@localhost zip_test.d]# gedit test_01.txt
```

test_01.txt

```
언제나 웃을 수 있는 여유로움으로
행복한 시간을 보내시길 바랍니다.
```

- **Step 03** | zip_test.d 디렉터리에 존재하는 test_01.txt 파일을 bzip2 명령으로 압축한 다음 압축하기 전과 후의 파일 용량을 확인합니다.

```
[root@localhost zip_test.d]# ls -l
합계 4
-rw-r--r--. 1 root root 94 12월 25 00:24 test_01.txt
-rw-r--r--. 1 root root  0 12월 25 00:22 test_02.txt
[root@localhost zip_test.d]# bzip2 test_01.txt
[root@localhost zip_test.d]# ls -l
합계 4
-rw-r--r--. 1 root root 123 12월 25 00:24 test_01.txt.bz2
-rw-r--r--. 1 root root   0 12월 25 00:22 test_02.txt
[root@localhost zip_test.d]#
```

- **Step 04** | test_01.txt.bz2 압축파일을 해제하기 위해 bzip2 명령과 함께 -d 옵션을 사용하여 다음과 같이 명령을 수행합니다.

```
[root@localhost zip_test.d]# bzip2 -d test_01.txt.bz2
```

```
[root@localhost zip_test.d]# ls -l
합계 4
-rw-r--r--. 1 root root 94 12월 25 00:24 test_01.txt
-rw-r--r--. 1 root root  0 12월 25 00:22 test_02.txt
[root@localhost zip_test.d]#
```

💿 도전 문제 9-3

1. gedit 창에서 zip _ test.d 디렉터리에 존재하는 test _ 02.txt 파일 편집하기
2. bzip2 명령으로 원본 파일이 유지되도록 압축파일 생성하기
3. 압축파일명 확인하기
4. 생성된 압축파일에 대한 파일목록과 압축률 등 출력하기
5. test _ 02.txt 파일 삭제하기
6. 압축된 파일을 일반 파일로 압축 해제하기
7. 압축 해제된 파일 존재 확인하기

● test_02.txt 파일 편집내용

test _ 02.txt
여기는 두 번째 텍스트 파일입니다. 압축하는 과정에 대해서 명령어에 따라 어떻게 변하는지를 확인하세요.

gzip 명령

gzip 명령은 확장자 gz로 파일을 압축할 때와 해제할 때 사용하며 사용하는 형식은 다음과
같습니다.

gzip 파일이름

기능 리눅스 파일을 확장자 gz 방식으로 파일 압축과 해제
형식 gzip [옵션] [파일이름] ENTER↵
옵션 -d : 압축된 파일(파일이름.gz)을 해제(= gunzip 명령과 동일함)

다음 예제에서는 앞에서 생성한 test_01.txt 파일을 대상으로 gzip 명령으로 압축을 수행한
후 압축을 해제하는 과정을 실습하겠습니다.

- **Step 01** | test_01.txt 파일을 gzip 명령으로 압축을 수행합니다.

```
[root@localhost zip_test.d]# gzip test_01.txt
[root@localhost zip_test.d]# ls -l
합계 4
-rw-r--r--. 1 root root 121 12월 25 00:24 test_01.txt.gz
-rw-r--r--. 1 root root   0 12월 25 00:22 test_02.txt
[root@localhost zip_test.d]#
```

- **Step 02** | 압축파일 test_01.txt.gz 파일을 gzip -d 명령으로 압축을 해제합니다.

```
[root@localhost zip_test.d]# gzip -d test_01.txt.gz
[root@localhost zip_test.d]# ls -l
합계 4
-rw-r--r--. 1 root root 94 12월 25 00:24 test_01.txt
-rw-r--r--. 1 root root  0 12월 25 00:22 test_02.txt
[root@localhost zip_test.d]#
```

2 파일 묶음과 풀기

리눅스와 유닉스에서는 파일 압축과 파일 묶음을 별개의 프로그램으로 제공하고 있지만, 사용자의 편의성을 위해 압축과 묶음을 한 번에 수행할 수 있도록 tar 명령을 제공해 주고 있습니다. tar 명령을 사용하는 형식은 다음과 같습니다.

tar

기능	확장자 tar로 묶음파일을 만들거나 묶음을 풀어줌
형식	tar 동작 [옵션] ENTER↵
동작	c : 새로운 묶음 생성
	x : 묶인 파일을 풀어줌
	t : 묶음을 풀기 전에 묶인 경로를 출력
	C : 묶음을 풀 때 지정된 디렉터리에 풀어줌(지정하지 않으면 원래 디렉터리)
옵션	f : 묶음 파일의 이름을 지정(필수 옵션)
	v : 파일이 묶이거나 풀어지는 과정을 출력(생략 가능)
	J : tar + xz
	z : tar + gzip
	j : tar + bzip2

리눅스 시스템 설정을 위한 각종 파일이 존재하는 /etc/sysconfig 파일을 mybundle 파일명

으로 묶음과 풀기 과정에 대해 이해하기 쉽도록 다음과 같이 정리하였습니다.

```
# tar cvf mybundle.tar /etc/sysconfig  ← 파일명 mybundle.tar로 묶기

# tar cvfJ mybundle.tar.xz /etc/sysconfig/      ← 묶음 + xz 압축
# tar cvfz mybundle.tar.gz /etc/sysconfig/      ← 묶음 + gzip 압축
# tar cvfj mybundle.tar.bz2 /etc/sysconfig/     ← 묶음 + bzip2 압축
# tar tvf mybundle.tar.xz                       ← 묶음 파일 확인
# tar xvf mybundle.tar.xz                       ← 묶음 파일 풀기
# tar Cxvf new_d mybundle.tar                   ← new_d 디렉터리에 묶음 파일 풀기
# tar xfJ mybundle.tar.xz                       ← xz 압축해제 + tar 풀기
# tar xfz mybundle.tar.gz                       ← gzip 압축해제 + tar 풀기
# tar xfj mybundle.tar.bz2                      ← bzip2 압축해제 + tar 풀기
```

tar 명령으로 /etc/sysconfig 디렉터리에 존재하는 파일목록을 대상으로 묶음과 압축파일을
생성하기 위해 다음 예제를 수행합니다.

│ 예제 9-17 │

- **Step 01** │ /etc/sysconfig 디렉터리에 존재하는 파일목록을 tar 명령과 옵션을 사용하여
  묶음과 압축을 수행합니다.

```
[root@localhost zip_test.d]# tar cvfJ mybundle.tar.xz /etc/sysconfig/
...
(생략)
...
[root@localhost zip_test.d]# tar cvfz mybundle.tar.gz /etc/sysconfig/
...
(생략)
...
[root@localhost zip_test.d]# tar cvfj mybundle.tar.bz2 /etc/sysconfig
...
(생략)
...
[root@localhost zip_test.d]#
```

- **Step 02** │ ls 명령을 사용하여 묶음과 압축파일이 생성된 파일 이름을 확인합니다.

```
[root@localhost zip_test.d]# ls -l
합계 52
-rw-r--r--. 1 root root 13651 12월 25 00:45 mybundle.tar.bz2
```

```
-rw-r--r--. 1 root root 15090 12월 25 00:44 mybundle.tar.gz
-rw-r--r--. 1 root root 13628 12월 25 00:44 mybundle.tar.xz
-rw-r--r--. 1 root root    94 12월 25 00:24 test_01.txt
-rw-r--r--. 1 root root     0 12월 25 00:22 test_02.txt
[root@localhost zip_test.d]#
```

tar 명령으로 묶음 파일이 존재하는 파일목록을 출력하고 묶음 파일을 해제하기 위해 다음 예제를 수행합니다.

| 예제 9-18 |

- **Step 01** | tar 명령으로 파일목록을 묶어놓은 mybundle.tar.xz 묶음파일에 존재하는 파일목록을 확인하기 위해 다음 명령을 수행합니다.

```
[root@localhost zip_test.d]# tar tvf mybundle.tar.xz
drwxr-xr-x root/root        0 2019-12-24 06:45 etc/sysconfig/
-rw------- root/root     2134 2019-05-11 10:21 etc/sysconfig/ip6tables-config
-rw------- root/root     2116 2019-05-11 10:21 etc/sysconfig/iptables-config
...
(생략)
...
[root@localhost zip_test.d]#
```

- **Step 02** | tar 명령과 xvf 옵션을 함께 사용하여 mybundle.tar.xz 묶음 파일을 풀기 위해 다음 명령을 수행합니다.

```
[root@localhost zip_test.d]# tar xvf mybundle.tar.xz
etc/sysconfig/
etc/sysconfig/ip6tables-config
etc/sysconfig/iptables-config
etc/sysconfig/ebtables-config
...
(생략)
...
[root@localhost zip_test.d]#
```

여기서 잠깐 살펴보세요.

파일 묶음과 풀기 과정이 다소 복잡해 보이겠지만 필요에 따라 tar 명령과 동작 및 옵션을 적절히 사용하면 됩니다. tar 명령은 파일을 압축한 다음 파일을 묶는 두 단계 과정을 한 단계로 줄일 수 있는 편의성을 최대한 활용할 수 있습니다.

작업 예약설정

리눅스 시스템에서는 시스템의 성능향상을 위해 주기적으로 업데이트하는 등의 여러 가지 일들을 자동으로 실행될 수 있도록 설정해 놓는 것을 CRON이라 하고 일회성 효과를 두고 작업을 반복하도록 하는 설정을 AT라고 합니다.

1 주기적 반복 작업설정

일정한 주기별로 수행해야 할 작업을 설정하는 기능을 데몬이라고 하며 데몬의 기능은 crond 명령으로 동작합니다. crond 명령은 시스템을 업데이트하거나 디렉터리 백업 등의 주기적으로 수행해야 하는 명령을 주기적으로 반복 수행하도록 작업을 설정해 줍니다.

예약 작업을 수행할 수 있도록 설정할 때는 crontab 명령을 사용합니다. crontab 명령의 사용형식은 다음과 같습니다.

 # crontab

기능 주기적 반복 작업을 예약할 때 사용되는 사용자의 crontab 파일을 관리
형식 crontab [-u 사용자ID] [옵션] [파일이름] ENTER↵
옵션 -e : 사용자의 crontab 파일 편집
　　　 -l : crontab 파일의 목록 출력
　　　 -r : crontab 파일 삭제

---

cron 설정과 관련된 파일을 작성하는 순서는 다음과 같습니다.

❶ 데몬 실행 : systemctl status crond 또는 service crond start 명령
❷ 기본 설정파일 : /etc/crontab

❸ 일정 : /etc/cron.monthly, /etc/cron.weekly, /etc/cron.daily, /etc/cron.hourly

❹ 수행할 명령 : 명령 라인 또는 셸 프로그램

❺ 개별 사용자들의 cron 설정 파일 : /var/spool/cron

❻ 데몬 재실행 : systemctl status crond 또는 service crond restart 명령

❼ 데몬 실행결과 확인 : ls 명령으로 해당 디렉터리에 실행결과 파일 존재 확인

데몬 설정 상태 확인

데몬을 설정하는 방법을 수행하기 위해 먼저 데몬이 동작하고 있는지를 확인하기 위해 다음
예제를 수행합니다.

| 예제 9-19 |

• **Step 01** | 명령 프롬프트의 위치를 변경한 다음 systemctl status crond 명령을 수행하여
현재 데몬의 동작 상태를 확인합니다. 데몬의 상태 확인을 종료하려면 :(콜론)을 누른 다음
q를 입력하면 됩니다.

```
[root@localhost zip_test.d]# cd ~
[root@localhost ~]# systemctl status crond
● crond.service - Command Scheduler
   Loaded: loaded (/usr/lib/systemd/system/crond.service; enabled; vendor
preset: enabled)
   Active: active (running) since Tue 2019-12-24 22:49:02 EST; 2h 32min
ago
 Main PID: 1308 (crond)
    Tasks: 1 (limit: 11362)
   Memory: 3.2M
   CGroup: /system.slice/crond.service
           └─1308 /usr/sbin/crond -n
...
 (생략)
...
12월 25       00:01:01 localhost.localdomain anacron[72289]: Normal exit (0
jobs run)
12월 25 01:01:01 localhost.localdomain CROND[83247]: (root) CMD (run-parts
 /etc/cron.hourly)
lines 1-18/18 (END)
: q
[root@localhost ~]#
```

- **Step 02** | 데몬의 정의가 어떻게 설정되어 있는지를 확인하기 위해 gedit 창에서 예약 파일 인 /etc/crontab을 열어서 확인합니다.

```
[root@localhost ~]# gedit /etc/crontab
```

```
                                crontab
SHELL=/bin/bash
PATH=/sbin:/bin:/usr/sbin:/usr/bin
MAILTO=root

# For details see man 4 crontabs

# Example of job definition:
# .---------------- minute (0 - 59)
# |  .------------- hour (0 - 23)
# |  |  .---------- day of month (1 - 31)
# |  |  |  .------- month (1 - 12) OR jan,feb,mar,apr ...
# |  |  |  |  .---- day of week (0 - 6) (Sunday=0 or 7) OR
sun,mon,tue,wed,thu,fri,sat
# |  |  |  |  |
# *  *  *  *  * user-name  command to be executed
```

시스템 관리를 위한 설정이 저장된 /etc/crontab 파일의 기록내용 구성요소는 다음과 같습니다.

```
SHELL=/bin/bash                      ← cron이 실행할 때 기본적으로 사용할 셸 정의
PATH=/sbin:/bin:/usr/sbin:/usr/bin   ← 등록된 명령어와 스크립트들에 대한 경로 설정
MAILTO=root                          ← cron 작업의 결과를 지정한 사용자에게 보내줌
```

gedit창으로 열어 둔 /etc/crontab 파일의 제일 하단에 ENTER↵를 눌러 다음 행으로 이동하여 다음 내용을 ⇥으로 간격을 띄워 입력하면 됩니다. 앞에 #이 붙은 문장은 주석문을 의미하므로 실제 실행에서는 무시되는 부분입니다.

여기서 잠깐 살펴보세요.

/etc/crontab 파일의 기록내용의 맨 아래쪽에 있는 5개의 * 위치에 대한 의미는 다음과 같습니다. 첫 번째 *는 분을 의미하고 다음은 시, 일, 월, 요일 순으로 *의 위치를 의미합니다. 여기에서 분은 0~59, 시는 0~23, 일은 1~31, 월은 1~12, 요일은 0~6의 숫자를 지정하여 예약 작업을 설정할 수 있습니다.

데몬 설정

매월 10일 오전 5:30분에 /home 디렉터리를 통째로 /backup 디렉터리에 복사하는 데몬을 설정하기 위해 다음 예제를 수행합니다.

| 예제 9-20 |

* **Step 01** | 월과 요일은 상관없이 설정하기 위해 * 형태로 그냥 두고 작업을 수행할 시각과 일자만 입력 후 저장한 다음 gedit를 종료합니다.

```
30    5    10    *    *    root    run-parts    /etc/cron.monthly
```

```
                              crontab
SHELL=/bin/bash
PATH=/sbin:/bin:/usr/sbin:/usr/bin
MAILTO=root


# For details see man 4 crontabs


# Example of job definition:
# .---------------- minute (0 - 59)
# |  .------------- hour (0 - 23)
# |  |  .---------- day of month (1 - 31)
# |  |  |  .------- month (1 - 12) OR jan,feb,mar,apr ...
# |  |  |  |  .---- day of week (0 - 6) (Sunday=0 or 7) OR
sun,mon,tue,wed,thu,fri,sat
# |  |  |  |  |
# *  *  *  *  * user-name  command to be executed

30    5    10    *    *    root    run-parts    /etc/cron.monthly
```

요일에 해당하는 숫자의 의미는 0:일요일, 1:월요일~ 6:토요일 순으로 의미하고 사용자는 명령을 실행할 사용자를 의미합니다. 실행 명령에는 그 시간에 실행할 명령을 설정해 주면 됩니다.

```
*    *    *    *    *    root    run-parts    /etc/cron.monthly
분   시   일   월  요일   사용자           실행 명령
```

/etc/crontab 파일의 기록내용 중에서 run-parts 명령은 다음에 나오는 디렉터리 안의 명령을 모두 실행하라는 의미입니다. run-parts 명령은 월별, 주별, 일별, 시간별로 호출하는 디렉터리를 지정할 수 있습니다.

```
30 5 10  *  * root run-parts /etc/cron.monthly        ← 매월 10일 오전 5:30 수행할 작업
00 3  *  *  0 root run-parts /etc/cron.weekly          ← 일요일 오전 3:00 수행할 작업
25 4  *  *  * root run-parts /etc/cron.daily           ← 매일 오전 4:25 수행할 작업
05 *  *  *  * root run-parts /etc/cron.hourly          ← 5분마다 수행할 작업
```

root run-parts /etc/cron.monthly 부분은 root 권한을 가지고 run-parts 명령으로 /etc/
cron.monthly 디렉터리에 들어있는 파일을 실행하라는 의미입니다. 이 디렉터리에 있는 파
일들은 명령라인 또는 셸 프로그램이 기술될 수 있습니다.

여기서 잠깐 살펴보세요.

/etc/cron.d 디렉터리의 파일은 /etc/crontab 파일과 같은 의미를 가지는 파일이며 월별, 주별, 일별, 시간별
단위의 일정한 주기에 맞지 않는 작업을 예약할 때 설정하는 파일입니다. /etc/cron.d 디렉터리 파일의 설정 방식
은 run-parts 이하 설정 방식은 /etc/crontab에서 설정한 방식과 같은 방법으로 설정하면 됩니다.

- **Step 02** | /etc/cron.monthly 디렉터리에 백업 명령을 수행하도록 스크립트 파일을 생성한
  다음 속성을 실행할 수 있도록 권한을 설정합니다.

```
[root@localhost ~]# cd /etc/cron.monthly
[root@localhost cron.monthly]# touch backup_time.sh
[root@localhost cron.monthly]# chmod 755 backup_time.sh
[root@localhost cron.monthly]# ls -l
합계 0
-rwxr-xr-x. 1 root root 303 12월 25 21:31 backup_time.sh
[root@localhost cron.monthly]#
```

- **Step 03** | gedit 창을 열어서 backup_time.sh 스크립트 파일에 다음 내용을 추가한 다음
  저장 후 gedit를 종료합니다. #은 주석문을 의미합니다.

```
[root@localhost cron.monthly]# gedit backup_time.sh
```

backup _ time.sh
#!/bin/sh   # bash 셸 사용 선언(생략하면 안 됨)
set $(date)   # 변수를 선언하기 전 $에 날짜 세팅
fname = "backup-$2$3.tar.bz2"   # 변수 fname에 파일형식 지정

```
tar cfj /backup/$fname /home          # /home 디렉터리 : 파일 묶기 + bzip2 압축
```

backup_time.sh 스크립트 파일의 내용을 살펴보면 "backup-$2$3.tar.xz"에서 $2$3은 현재 날짜를 의미합니다. 즉, "backup-현재 날짜.tar.xz" 파일 이름으로 백업되는 파일의 묶음과 압축을 수행하라는 의미입니다.

backup_time.sh 파일의 끝에 붙는 .sh는 특별한 의미가 부여된 것은 아니고 단순하게 셸 스크립트 파일임을 표시하는 의미를 부여하고자 파일 이름에 붙여서 정한 것입니다. 셸 스크립트는 11장에서 자세히 다루기로 하겠습니다.

데몬 재시작
매월 10일 오전 5:30분에 백업될 수 있도록 백업용 디렉터리 /backup을 생성하고 데몬을 다시 시작하기 위해 다음 예제를 수행합니다.

| **예제 9-21** |

- **Step 01** | mkdir 명령으로 백업용 디렉터리 /backup을 생성한 다음 데몬을 다시 시작합니다.

```
[root@localhost cron.monthly]# mkdir /backup
[root@localhost cron.monthly]# systemctl restart crond
[root@localhost cron.monthly]#
```

- **Step 02** | crond 데몬이 제대로 실행되는지를 확인하기 위해 시스템의 날짜를 강제로 변경하여 실행합니다.

```
[root@localhost cron.monthly]# date 031005292023    ← 03월 10일 05시 29분 2023년
2023. 03. 10. (금) 05:29:00 KST
[root@localhost cron.monthly]# systemctl restart crond
[root@localhost cron.monthly]#
```

- **Step 03** | 현재의 시간이 정해진 알람 시간을 경과하게 되면 /backup 디렉터리에는 데몬 파일이 생성됩니다. 여기서는 아직 알람 시간을 경과하지 않은 상태라 /backup 디렉터리

에는 파일이 존재하지 않습니다.

```
[root@localhost cron.monthly]# date
2023. 03. 10. (금) 05:34:59 KST
[root@localhost cron.monthly]# ls -l /backup
합계 0
[root@localhost cron.monthly]#
```

- **Step 04** | 다음 과정 실습을 위해 리눅스 시스템을 재부팅합니다.

```
[root@localhost cron.monthly]# reboot
```

2 일회성 작업설정

일정한 주기별로 반복되는 작업이 아닌 단순히 한 번 수행하고 마치는 일회성 작업을 수행하기 위해 설정하는 것을 일회성 작업설정이라고 합니다. 일회성 작업은 예약한 시간에 단 한 번만 실행하고 소멸되어 없어지게 됩니다.

일회성 작업을 설정할 때 사용하는 명령은 at 명령이며 사용형식은 다음과 같습니다.

at
기능 수행해야 할 예약 작업을 한 번만 실행
형식 at [옵션] 시간 <kbd>ENTER↵</kbd>
옵션 -f 파일 : 표준입력 대신 실행할 명령을 파일로 지정
-l : 현재 실행 대기 중인 명령의 전체 목록 출력 (=atq 명령)
-m : 출력결과가 없는 경우에도 작업이 완료되면 사용자에게 메일 발송
-r 작업번호 : 현재 실행 대기 중인 명령에서 해당 작업번호 삭제 (=atrm 명령)

다음 예제를 통해 at 명령으로 실행할 예약 작업 설정과 at 작업 목록 확인 및 기존에 설정해 놓은 at 작업을 삭제하는 과정을 살펴보기 위해 다음 예제를 수행합니다.

| 예제 9-22 |

- **Step 01** | 내일 오전 3:00에 리눅스 시스템을 최신 패키지로 업데이트를 수행하고 패키지 업데이트가 완료되면 리눅스 시스템을 재부팅되도록 at를 설정합니다.

```
[root@localhost ~]# at 3:00 am tomorrow       ←내일 오전 3:00
warning: commands will be executed using /bin/sh
at> dnf -y update        ←패키지 업데이트
at> reboot               ←시스템 재부팅
at> <EOT>                ← Ctrl + D 를 누름
job 3 at Thu Dec 26 03:00:00 2019
[root@localhost ~]#
```

at 설정에 대한 출력된 정보를 살펴보면 다음과 같습니다.

- job 3 at : 수행할 at 작업번호 3을 나타냄
- Thu : 집필 당시 요일이 수요일(Wednesday)이므로 내일은 목요일(Thursday)
- Dec 26 : 작업을 수행할 날짜를 나타냄 (내일 날짜인 12월 26일)
- 03:00:00 : 작업을 수행할 시각을 나타냄 (오전 3:00)
- 2019 : 작업을 수행할 년도 (집필 당시)

- **Step 02** | 설정된 at 작업을 조회하려면 at -l 명령을 사용하고 설정된 at 작업을 삭제하려면 atrm <번호>를 부여하면 예약된 at 작업이 삭제됩니다.

```
[root@localhost ~]# at -l
1        Thu Dec 26 03:00:00 2019 a root
[root@localhost cron.monthly]# atrm 1
[root@localhost cron.monthly]# at -l
[root@localhost cron.monthly]#
```

일회성 작업설정 번호 1이 atrm 명령으로 삭제되었으므로 at -l 명령으로 예약된 일회성 작업을 조회해 보면 아무것도 존재하지 않음을 확인할 수 있습니다.

01 RPM은 리눅스 회사인 레드햇에서 만든 도구로 패키지 형태로 제공되므로 소프트웨어 관리를 위해 파일을 보다 쉽게 설치할 수 있습니다. RPM은 리눅스 회사인 레드햇에서 만든 도구로 패키지 형태로 제공되므로 소프트웨어 관리를 위해 파일을 보다 쉽게 설치할 수 있습니다.

■ RPM의 장점

RPM은 바이너리 파일로 구성되어 있으므로 따로 컴파일할 필요가 없으며 패키지 형태로 파일들이 제공되므로 관련 디렉터리에 곧바로 설치됩니다. 한 번에 설치된 패키지의 파일을 일괄적으로 삭제할 수도 있으며 기존에 설치된 패키지를 삭제하지 않고도 바로 업그레이드할 수 있는 기능을 제공합니다.

■ RPM의 단점

RPM의 최대 단점은 패키지 형태로 제공되기 때문에 관련 패키지가 먼저 설치되어 있지 않으면 설치할 수 없다는 의존성이 가장 큰 걸림돌입니다.

02 RPM 패키지는 rpm 명령으로 사용할 수 있으며 사용형식은 다음과 같습니다.

> \# **rpm**
>
> **기능** RPM 패키지 관리
> **형식** rpm [옵션] ENTER↵
> **옵션** -vv : 상세한 디버깅 정보출력
> ⠀⠀⠀⠀--quiet : 최대한 출력을 생략하고 오류 메시지만 출력
> ⠀⠀⠀⠀--helf : 도움말 출력
> ⠀⠀⠀⠀--version : 사용 중인 RPM 버전 출력

03 리눅스 시스템에 이미 설치되어 있는 RPM 패키지는 어떠한 것들이 설치되어 있는지에 대해 조회할 수 있습니다.

> \# **rpm -q[질의 옵션]**
>
> **기능** 현재 시스템에 이미 설치되어 있는 RPM 패키지 조회
> **형식** rpm -q[질의 옵션] ENTER↵

옵션 -a : 시스템에 찾을 패키지가 존재하는지 조회
      -f 파일 이름 : 설치된 패키지 중에서 해당 파일 이름이 포함된 정보출력
      -p 패키지 이름 : 지정한 패키지 이름의 상세정보출력
      -i : 설치된 패키지의 상세정보출력
      -R : 종속된 패키지 목록 출력
      -l : 특정 패키지에 포함되어 있는 파일목록 출력
      -s : 패키지 안에 존재하는 파일의 상태정보출력
      -c : 설정 파일만 출력
      -d : 문서 파일만 출력

04 RPM 패키지 이름은 다음과 같이 구성되어 있습니다.

quota-4.04-10.el8.x86_64
   ❶   ❷   ❸   ❹

❶ 패키지 이름 : RPM 패키지 이름의 첫 번째 항목에는 패키지 quota 이름을 의미합니다.

❷ 패키지 버전 : 두 번째 항목은 해당 패키지의 버전 4.04-10을 의미합니다.

❸ 패키지 릴리즈 : 해당 버전에서 몇 번째 만들어진 것인지 e18을 나타냅니다.

❹ 아키텍처 : 사용하는 시스템의 아키텍처를 의미하며 x86은 인텔, 64는 64bit 운영체
            제임을 의미합니다.

05 RPM 패키지가 존재할 경우 설치할 패키지를 다음과 같이 설치하면 됩니다.

> #   **rpm -Uvh 패키지 이름**

기능 현재 시스템에 해당 패키지를 설치
형식 pm [옵션] 패키지 이름 `ENTER↵`
옵션 -U : 이미 설치된 패키지는 업그레이드 하고 아니면 새로 설치 (대문자)
      -v : 설치과정 확인
      -h : 설치 진행과정을 #기호로 화면에 출력

06 아직 설치되지 않은 RPM 패키지 조회 명령은 다음과 같습니다.

> # **rpm [옵션] 패키지 파일 이름.rpm**

> **옵션** -qlp : 설치하기 전 패키지 파일에 어떤 파일들이 포함되어 있는지 확인
> -qip : 설치하기 전 패키지 파일의 상세정보 확인

07 현재 시스템에 설치된 RPM 패키지를 삭제 명령은 다음과 같습니다.

> # **rpm -e 패키지 이름**

> **기능** 현재 시스템에서 지정한 패키지 제거
> **형식** rpm [옵션] 패키지 이름 ENTER↵
> **옵션** -e : 이미 설치된 패키지를 제거

08 Yum은 파이썬 2와 파이썬 3에서 모두 사용할 수 있는 기능을 제공해 주지는 못합니다. Yum은 파이썬 2에서만 작동하기 때문에 최근에 출시되는 레드랫 계열 리눅스 버전에는 파이썬 3이 탑재되어 있습니다. 이러한 한계를 극복하기 위해 Yum에서 DNF로 전환하게 된 배경입니다. DNF의 등장으로 새로운 API 및 전체 소프트웨어 관리 스택 통합이 가능하게 되었습니다.

09 dnf을 사용하는 기본방법은 무척 간단하므로 누구나 쉽게 사용할 수 있습니다. dnf을 사용할 때 가장 기본이 되는 명령어는 다음과 같습니다.

> # **dnf**

> **기능** RPM 기반 패키지를 자동으로 설치
> **형식** dnf [옵션] [명령] [패키지 이름] ENTER↵
> **옵션** -h : dnf 명령어 사용에 필요한 도움말 출력
> -v : 자세한 메시지 출력
> -y : 설치과정에서 Yes/No 항목을 모두 Yes로 응답
> **명령** install : 지정한 패키지를 설치
> check-update : 업데이트할 패키지를 확인
> update : 패키지 업데이트

list : 패키지 목록 확인
info : 패키지 정보출력
remove : 지정한 패키지를 삭제
localinstall rpm파일이름.rpm : rpm _Uvh 명령 대체(파일 다운로드하여 설치)
search : 패키지 또는 소프트웨어 검색

10 설치를 위해 필요한 패키지 또는 소프트웨어를 검색하기 위해서는 search 명령을 사용하며 패키지를 검색하는 명령어의 사용형식은 다음과 같습니다.

dnf search 패키지 이름

기능 지정한 패키지를 검색
형식 dnf search 패키지 이름 ENTER↵

11 여러 개의 패키지 중에서 특정 파일이 속한 패키지 이름을 확인하려면 다음과 같이 dnf 명령을 수행하면 됩니다.

dnf provides 파일 이름

기능 지정한 파일 이름이 속한 패키지 확인
형식 dnf provides 파일 이름 ENTER↵

12 CentOS에서 제공하는 업데이트 서버로부터 업데이트할 패키지가 dnf 저장소에 존재하는지에 대해 확인하려면 dnf list 명령과 함께 옵션을 사용해야 합니다.

dnf list

기능 CentOS에서 제공하는 패키지 목록 출력
형식 dnf list [옵션] ENTER↵
옵션 all : 모든 패키지 목록을 출력
available : dnf 저장소에서 설치 가능한 모든 패키지 목록 출력
updates : dnf 저장소에서 업데이트 가능한 패키지 목록 출력
installed : 이미 설치된 패키지 목록 출력
installed 패키지 이름 : 지정한 패키지가 설치되어 있는지 확인
httpd* : httpd 문자열이 들어간 패키지 목록 출력

13 패키지 그룹 설치는 패키지 그룹에 포함되는 패키지들을 통째로 설치할 수 있습니다.

 # dnf groupinstall 패키지 이름

기능 패키지 그룹 설치
형식 dnf [옵션] 패키지 이름 ENTER↵

---

14 GPG 키 검사를 생략하면서 패키지를 설치할 때 사용되는 명령을 다음과 같습니다.

 # dnf install --nogpgcheck rpm파일이름.rpm

기능 GPG 키 검사를 생략하여 패키지 설치
형식 dnf install [옵션] 패키지 이름 ENTER↵

---

15 패키지 저장소에 존재하는 기존의 다운로드 패키지를 비운 다음 dnf install을 실행하면 새로운 패키지 목록을 다운로드할 수 있습니다. 기존 패키지 저장소를 비우는 명령은 다음과 같습니다.

 # dnf clean all

기능 패키지 저장소에 존재하는 다운로드 패키지 삭제
형식 dnf clean [옵션] ENTER↵

---

16 ISO 파일을 생성하려면 genisoimage 명령을 사용하며 명령어를 사용하는 형식은 다음과 같습니다.

 # genisoimage

기능 ISO 파일 생성
형식 genisoimage [옵션] [파일이름] ENTER↵
옵션 -r : 8글자 이상의 파일이름 지정할 때 대/소문자를 구별
  -J : 윈도우에서 64bit 유니코드 이상의 이름도 허용
  -o 파일이름 : 출력할 파일이름 지정

---

17 리눅스 시스템에서 파일을 압축하기 위해 사용되고 있는 압축 관련 명령어는 다음과 같습니다.

■ bzip2 명령

기능 리눅스 파일을 확장자 bz2 방식으로 파일 압축과 해제
형식 bzip2 [옵션] [파일이름] ENTER↵
옵션 -d : 압축된 파일(파일이름.bz2)을 해제(= bunzip2 명령과 동일함)

■ gzip 명령

기능 리눅스 파일을 확장자 gz 방식으로 파일 압축과 해제
형식 gzip [옵션] [파일이름] ENTER↵
옵션 -d : 압축된 파일(파일이름.gz)을 해제(= gunzip 명령과 동일함)

18 리눅스와 유닉스에서는 파일 압축과 파일 묶음을 별개의 프로그램으로 제공하고 있지만, 사용자의 편의성을 위해 한 번에 파일 압축과 묶음을 할 수 있도록 tar 명령을 제공해 주고 있습니다. tar 명령을 사용하는 형식은 다음과 같습니다.

기능 확장자 tar로 묶음파일을 만들거나 묶음을 풀어줌
형식 tar 동작 [옵션] ENTER↵
동작 c : 새로운 묶음 생성
　　　 x : 묶인 파일을 풀어줌
　　　 t : 묶음을 풀기 전에 묶인 경로를 출력
　　　 C : 묶음을 풀 때 지정된 디렉터리에 풀어줌(지정하지 않으면 원래 디렉터리)
옵션 f : 묶음 파일의 이름을 지정(필수 옵션)
　　　 v : 파일이 묶이거나 풀어지는 과정을 출력(생략 가능)
　　　 J : tar + xz
　　　 z : tar + gzip
　　　 j : tar + bzip2

19 /etc/sysconfig 파일을 mybundle 파일명으로 묶음과 풀기 과정에 대해 이해하기 쉽도록 다음과 같이 정리하였습니다.

```
# tar cvf mybundle.tar /etc/sysconfig  ← 파일명 mybundle.tar로 묶기

# tar cvfJ mybundle.tar.xz /etc/sysconfig/    ← 묶음 + xz 압축
# tar cvfz mybundle.tar.gz /etc/sysconfig/    ← 묶음 + gzip 압축
# tar cvfj mybundle.tar.bz2 /etc/sysconfig/   ← 묶음 + bzip2 압축
# tar tvf mybundle.tar.xz                     ← 묶음 파일 확인
# tar xvf mybundle.tar.xz                     ← 묶음 파일 풀기
# tar Cxvf new_d mybundle.tar                 ← new_d 디렉터리에 묶음 파일 풀기
# tar xfJ mybundle.tar.xz                     ← xz 압축해제 + tar 풀기
# tar xfz mybundle.tar.gz                     ← gzip 압축해제 + tar 풀기
# tar xfj mybundle.tar.bz2                    ← bzip2 압축해제 + tar 풀기
```

20 리눅스 시스템에서는 시스템의 성능향상을 위해 주기적으로 업데이트하는 등의 여러 가지 일들을 자동으로 실행될 수 있도록 설정해 놓는 것을 CRON이라 하고 일회성 효과를 두고 작업을 반복하도록 하는 설정을 AT라고 합니다.

21 예약 작업을 수행할 수 있도록 설정할 때는 crontab 명령을 사용합니다. crontab 명령의 사용형식은 다음과 같습니다.

```
# crontab
```

기능 주기적 반복 작업을 예약할 때 사용되는 사용자의 crontab 파일을 관리
형식 crontab [-u 사용자ID] [옵션] [파일이름] ENTER↵
옵션 -e : 사용자의 crontab 파일 편집
     -l : crontab 파일의 목록 출력
     -r : crontab 파일 삭제

22 cron 설정과 관련된 파일을 작성하는 순서는 다음과 같습니다.

❶ 데몬 실행 : systemctl status crond 또는 service crond start 명령

❷ 기본 설정파일 : /etc/crontab

❸ 일정 : /etc/cron.monthly, /etc/cron.weekly, /etc/cron.daily, /etc/cron.hourly

❹ 수행할 명령 : 명령 라인 또는 셸 프로그램

❺ 개별 사용자들의 cron 설정 파일 : /var/spool/cron

❻ 데몬 재실행 : systemctl status crond 또는 service crond restart 명령

❼ 데몬 실행결과 확인 : ls 명령으로 해당 디렉터리에 실행결과 파일 존재 확인

23 시스템 관리를 위한 설정이 저장된 /etc/crontab 파일의 기록내용의 구성요소는 다음과 같습니다.

```
SHELL=/bin/bash                    ← cron이 실행할 때 기본적으로 사용할 셸 정의
PATH=/sbin:/bin:/usr/sbin:/usr/bin ← 등록된 명령어와 스크립트들에 대한 경로 설정
MAILTO=root                        ← cron 작업의 결과를 지정한 사용자에게 보내줌
```

24 /etc/crontab 파일 기록내용의 맨 아래쪽에 있는 5개의 * 위치가 갖는 의미는 다음과 같습니다. 첫 번째 *는 분을 의미하고 다음은 시, 일, 월, 요일 순으로 *의 위치를 차지합니다. 여기에서 분은 0~59, 시는 0~23, 일은 1~31, 월은 1~12, 요일은 0~6의 숫자를 지정하여 예약 작업을 설정할 수 있습니다.

```
*    *    *    *    *    root    run-parts    /etc/cron.monthly
분   시   일   월   요일   사용자          실행 명령
```

25 /etc/crontab 파일의 기록내용 중에서 run-parts 명령은 다음에 나오는 디렉터리 안의 명령을 모두 실행하라는 의미입니다. run-parts 명령은 월별, 주별, 일별, 시간별로 호출하는 디렉터리를 지정할 수 있습니다.

```
30 5 10 * * root run-parts /etc/cron.monthly   ← 매월 10일 오전 5:30 수행할 작업
00 3 * * 0 root run-parts /etc/cron.weekly      ← 일요일 오전 3:00 수행할 작업
25 4 * * * root run-parts /etc/cron.daily       ← 매일 오전 4:25 수행할 작업
05 * * * * root run-parts /etc/cron.hourly      ← 5분마다 수행할 작업
```

26 일정한 주기별로 반복되는 작업이 아닌 단순히 단 한 번 수행하고 마치는 일회성 작업을 수행하기 위해 설정하는 것을 일회성 작업설정이라고 합니다. 일회성 작업을 설정할 때 사용하는 명령은 at 명령이며 사용형식은 다음과 같습니다.

CHAPTER 10
프로세스 관리

학습목표

● CentOS 8에서 사용되는 프로세스의 종류와 개념을 이해할 수 있습니다.

● 프로세스의 상태 전이에 대해 이해할 수 있습니다.

● 프로세스의 상태를 포그라운드와 백그라운드로 구분할 수 있습니다.

● 프로세스 관련 명령어와 서비스 및 소켓을 사용할 수 있습니다.

프로세스

1 프로세스 개념

리눅스 시스템을 구동하기 위해 가장 먼저 활동하는 것은 바로 시작 프로세스입니다. 리눅스 시작 프로세스(Linux Start Process)는 리눅스 계열 운영체제가 시작하는 프로세스로서 Unix식 시동 프로세스와 여러모로 비슷한 점이 많습니다.

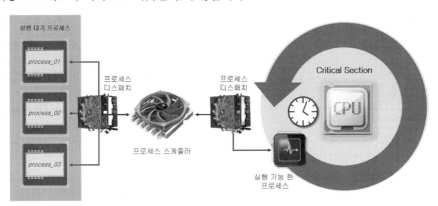

그림 10-1 프로세스 스케줄러

 여기서 잠깐 살펴보세요.

리눅스 시스템이 시작되는 과정을 살펴보면 롬 바이오스에서 부트로더, 커널의 순으로 시스템이 시작됩니다. 더 간단하게 요약하면 하드디스크에 저장된 프로그램을 CPU의 명령에 따라 메모리에 로딩되어 활성화된 것을 프로세스라고 합니다.

2 프로세스 상태

프로세스는 컴퓨터에서 연속적으로 실행되고 있는 컴퓨터 프로그램을 의미합니다. 프로그램은 일반적으로 하드디스크 등에 저장되어 있는 실행코드를 의미하고 프로세스는 프로그램을 구동하여 프로그램 자체와 프로그램의 상태가 메모리상에서 실행되는 작업 단위를 지칭합니다.

커널의 역할

커널 내에는 준비 큐, 대기 큐, 실행 큐 등의 자료구조가 있으며 커널은 이것들을 이용하여 프로세스의 상태를 관리합니다.

- **생성(create)** : 프로세스가 생성되는 상태
- **실행(running)** : 프로세스가 CPU를 차지하여 명령어들이 실행되고 있는 상태
- **준비(ready)** : 프로세스가 CPU를 사용하고 있지는 않지만 언제든지 사용할 수 있는 상태로 CPU가 할당되기를 기다리고 있으며 일반적으로 준비 상태의 프로세스 중 우선순위가 높은 프로세스가 CPU를 할당받는 상태
- **대기(waiting)** : 보류(block)라고도 부르며 프로세스가 입출력 완료, 시그널 수신 등 어떤 사건을 기다리고 있는 상태
- **종료(terminated)** : 프로세스의 실행이 종료되는 상태

프로세스 스케줄링

프로세스가 생성되면 CPU에 의해 프로세스가 실행되기를 기다립니다. 실행 순서가 도래된 프로세스는 운영체제의 스케줄링과 CPU에 의해 실행됩니다. 실행 중이던 프로세스는 인터럽트가 발생할 경우 우선순위에 따라 현재 수행 중이던 프로세스를 대기 상태로 둡니다.

수행을 마친 프로세스는 종료하게 되며 이러한 과정을 프로세스 스케줄링이라고 합니다. 프로세스 스케줄링에 의해 프로세스의 상태가 전이되는 과정을 다음 그림과 같이 나타냈습니다.

그림 10-2 프로세스 스케줄링

SECTION 02

프로세스 상태 전이

1 상태 전이

하나의 프로그램이 실행되면 그 프로그램에 대응되는 프로세스가 생성되어 준비 리스트의 끝에 들어갑니다. 준비 리스트 상의 다른 프로세스들이 CPU를 할당받아 준비 리스트를 벗어나면 그 프로세스는 점차 준비 리스트의 앞으로 나가게 되고 할당된 순서가 도래되면 CPU를 사용할 수 있게 됩니다. 이를 프로세스 상태 전이라고 합니다.

2 상태 전이 단계

프로세스의 상태 전이 단계에 대해 살펴보겠습니다.

디스패치

디스패치(dispatch)는 준비 리스트의 맨 앞에 있던 프로세스가 CPU를 점유하게 되는 것으로 준비 상태에서 실행 상태로 바뀌는 과정을 의미하며 다음과 같이 단계를 이동합니다.

```
dispatch (processname) : ready → running
```

보류

보류(block)는 실행 상태의 프로세스가 허가된 시간을 다 쓰기 전에 입출력 동작을 필요로 하는 경우 프로세스는 CPU를 스스로 반납하고 보류 상태로 넘어가는 과정을 의미하며 다음과 같이 단계를 이동합니다.

```
block (processname) : running → blocked
```

깨움

깨움(wakeup)은 입출력 작업 종료 등 기다리던 사건이 일어났을 때 보류 상태에서 준비 상태로 넘어가는 과정을 의미하며 다음과 같이 단계를 이동합니다.

```
wakeup (processname) : blocked → ready
```

시간제한

시간제한(timeout)은 프로세서가 CPU를 독점해서 계속 사용할 수 없도록 운영체제 감독하에 clock interrupt 기능으로 프로세스가 일정 시간 동안만 (시분할 시스템의 time slice) 프로세서를 점유할 수 있도록 시간을 제한하는 기능을 의미합니다.

프로세스에 대한 CPU 점유시간을 제한하기 위해 다음과 같이 단계를 이동합니다.

```
timeout (processname) : running → ready
```

프로세스 구동 상태

1 포그라운드와 백그라운드 프로세스

프로세스는 구동되고 있는 상태에 따라 직접 눈으로 직접 확인할 수 있는지, 아니면 눈으로 확인은 어렵지만, 프로세스가 구동되고 있는 상태에 따라 포그라운드 프로세스와 백그라운드 프로세스로 구분됩니다.

포그라운드 프로세스

포그라운드 프로세스(Foreground Process)는 화면에서 프로그램이 실행되고 있는 것을 눈으로 직접 확인할 수 있는 상태의 프로세스 구동을 의미합니다. 즉, 사용자와 상호작용을 하여 작업을 수행하도록 해 주는 프로세스를 포그라운드 프로세스라고 합니다.

백그라운드 프로세스

백그라운드 프로세스(Background Process)는 프로세스가 실행되었지만 직접 눈으로 확인되지 않는 프로세스를 의미합니다. 예를 들어, 백신 프로그램이나 서버 데몬 등과 같이 화면에 나타나 눈에 보이지는 않지만 실행되는 프로세스를 백그라운드 프로세스라고 합니다.

2 프로세스와 작업번호

과학의 발달로 하나의 CPU를 통해 문서작업, 음악감상, 파일 복사 등 동시에 여러 가지 작업을 동시에 수행할 수 있게 되었습니다. 이러한 환경에서 프로세스 번호와 작업번호가 수행하는 역할에 대해 살펴보겠습니다.

프로세스 번호

CPU에서 처리하고자 하는 작업이 멀티태스킹과 같이 여러 개의 프로세스가 메모리에 로딩되어 있을 경우 프로세스를 구분하려면 각각의 프로세스에 대한 고유 식별방법이 존재해야합니다. CPU가 프로세스를 구분하기 위해 부여되는 고유번호를 바로 프로세스 번호라고 합니다.

여기서 잠깐 살펴보세요.

여러 개의 프로세스는 프로세스 스케줄러에 의해 우선적으로 처리해야 할 프로세스와 나중에 처리해야 할 프로세스의 순서가 결정됩니다. 프로세스 스케줄러는 일련의 스케줄링 방식에 의거 스케줄을 조정하기 때문에 프로세스의 상태 전이가 발생하게 되는 것입니다.

작업 번호

현재 실행되는 백그라운드 프로세스가 CPU를 점유하여 작업을 수행할 때의 순차 번호를 작업번호라고 합니다.

3 부모와 자식 프로세스

시스템에서 수행되는 모든 프로세스는 하나의 독립된 프로세스만이 구동되는 것은 아닙니다. 프로세스는 먼저 실행되는 부모 프로세스와 부모 프로세스를 기반으로 파생된 자식 프로세스로 구분할 수 있습니다.

여기서 잠깐 살펴보세요.

처음에 실행하는 프로그램의 메뉴에서 종속된 프로그램을 수행하게 되면 2개의 프로세스가 구동하게 됩니다. 먼저 실행한 메인 프로그램을 부모 프로세스라고 하고 나중에 메뉴에서 선택하여 실행한 프로그램을 자식 프로세스라고 합니다.

부모 프로세스와 자식 프로세스 관계

부모 프로세스는 PPID(Parents Processor ID)를 가지며 자식 프로세스는 PID(Processor ID)를 가지고 있으므로 부모 프로세스인지 자식 프로세스인지가 구분됩니다. 부모 프로세스를 종료하게 되면 종속된 자식 프로세스 또한 강제로 종료됩니다.

부모 프로세스와 자식 프로세스와의 관계를 다음 그림과 같이 나타냈습니다.

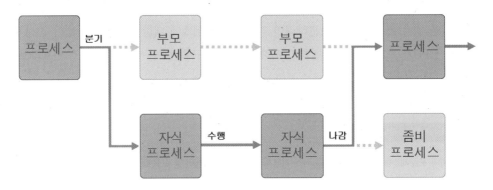

그림 10-3 부모 프로세스와 자식 프로세스의 관계

4 좀비 프로세스

자식 프로세스가 정상적으로 종료될 때는 종속된 부모 프로세스에 종료 정보를 보내게 됩니다. 부모 프로세스가 자식 프로세스의 종료 정보를 받으면 커널에 존재하는 PCB(Process Control Block)에서 자식 프로세스에 대한 정보가 제거되어야 합니다.

하지만 자식 프로세스가 종료하였음에도 불구하고 PCB 목록에 남아 있어 마치 살아 있는 프로세스인 것처럼 간주되는 프로세스를 좀비 프로세스(Zombie Process)라고 합니다.

여기서 잠깐 살펴보세요.

> 좀비 프로세스가 발생하게 되는 이유는 부모 프로세스가 자식 프로세스의 종료를 기다린 뒤에 종료를 처리해 주는 정상적인 과정을 거치지 않고 부모 프로세스를 종료할 경우 종종 발생하게 됩니다.

SECTION 04 프로세스 명령어

리눅스 시스템에서 수행되고 있는 프로세스의 상태와 상세정보 및 특정 프로세스를 검색하는 명령어에 대해 살펴보겠습니다.

1 프로세스 상태 확인

현재 프로세스의 상태를 확인하려면 ps 명령은 processor status의 약어로 많은 옵션을 사용하며 ps 명령의 사용형식은 다음과 같습니다.

ps

기능 현재 실행 중인 프로세스의 상태 확인
형식 ps [옵션] ENTER↵
옵션 -a : 터미널에서 실행한 프로세스의 정보출력
  -e : 시스템에서 실행 중인 모든 프로세스의 정보출력
  -f : 프로세스에 대한 상세한 정보출력
  -m : 프로세스가 사용하는 메모리의 정보출력
  -r : 현재 실행 중인 프로세스의 정보출력
  -u : 프로세스 소유자, CPU와 메모리 사용량 등 상세한 정보출력
  -x : 시스템에서 실행 중인 모든 프로세스 정보출력
  -u uid : 특정 사용자에 대한 모든 프로세스의 정보출력
  -p pid : pid로 지정한 특정 프로세스의 정보출력
  --pid PID목록 : 목록으로 지정한 특정 PID 정보출력

ps 명령으로 프로세스의 상태를 확인하기 위해 다음 예제를 수행합니다.

| 예제 10-1 | ─────────────

터미널 창에서 프로세스의 상태에 대한 모든 정보를 출력하기 위해 ps 명령과 옵션 -aux를

함께 선언하여 사용합니다.

```
[root@localhost ~]# ps -aux
USER      PID  %CPU  %MEM    VSZ    RSS TTY   STAT START    TIME COMMAND
root        1   0.0   0.4  193956   4768 ?     Ss   02:31    0:01 /usr/lib/sys
root        2   0.0   0.0      0        0 ?     S    02:31    0:00
[kthreadd]
...
(생략)
...
root     6695   0.1   0.6  350472   6640 ?       Sl   03:05    0:00 /usr/
sbin/abrt
root     6727   0.0   0.1  165656   1944 pts/0 R+  03:05    0:00 ps -aux
[root@localhost ~]#
```

ps 명령과 함께 -aux 옵션으로 출력한 프로세스의 상태 결과에 대한 항목들에 대해 자세히
살펴보겠습니다.

■ ps -aux 출력결과

```
USER      PID  %CPU  %MEM     VSZ    RSS  TTY  STAT  START   TIME  COMMAND
root        1   0.0   0.4   193956   4768  ?     Ss   7월28   0:01  /usr/lib/sys
  :         :     :     :       :       :    :     :      :      :      :
```

출력 결과화면에 나타난 항목들이 가지는 의미에 대해 다음 표와 같이 정리하였습니다.

표 10-1 ps -aux 출력 정보

항목	의미
USER	프로세스의 소유자
PID	실행 중인 프로세스를 구별하기 위한 프로세스의 고유 ID
%CPU	프로세스가 CPU를 점유하는 비율
%MEM	프로세스가 메모리를 점유하는 비율
VSZ	프로세스가 사용 중인 가상 메모리의 크기(KB)
RSS	프로세스가 실제 사용 중인 물리적 메모리의 크기(KB)
TTY	프로세스가 시작되고 있는 터미널

STAT	프로세스의 현재 상태 R : 현재 실행되고 있는 프로세스(running) S : 잠시 멈춘 상태로 인터럽트가 가능한 상태(sleep) → 20초 이내 D : 디스크의 입출력을 기다리는 상태(In disk wait) T : 작업 제어에 의해 정지된 상태(stopped) Z : 좀비 프로세스(defunct) STIME : 프로세스의 시작 날짜 또는 시간 s : 세션 리더 프로세스 + : 포그라운드 프로세스 그룹 l(소문자 L) : 멀티스레드
START	프로세스가 시작된 시각
TIME	현재까지 사용된 CPU의 시간(분:초)
COMMAND	프로세스가 실행한 명령행

2 프로세스 상세정보출력

프로세스에 대한 상세한 정보를 출력하기 위해서는 ps 명령과 함께 -f 옵션을 사용하면 됩니다.

ps -f 명령으로 프로세스의 현재 상태에 대한 상세한 정보를 출력하기 위해 다음 예제를 수행합니다.

| 예제 10-2 |

터미널 창에서 ps 명령과 옵션 -f를 함께 선언하여 프로세스의 상태에 대한 상세한 정보를 출력합니다.

```
[root@localhost ~]# ps -f
UID        PID      PPID  C STIME TTY          TIME CMD
root      14194    14189  0 02:31 pts/0    00:00:00 bash
root      15553    14194  0 03:12 pts/0    00:00:00 ps -f
[root@localhost ~]#
```

ps -f 명령으로 출력된 항목들이 가지는 의미에 대해 다음 표와 같이 정리하였습니다.

표 10-2 프로세스의 상세한 정보

항목	의미	항목	의미
UID	프로세스를 실행한 계정 ID	STIME	프로세스의 시작 날짜 또는 시각
PID	프로세스 번호	TTY	프로세스가 실행된 터미널 종류와 번호

PPID	부모 프로세스 번호	TIME	프로세스 실행 시간
C	CPU 사용량 (%로 표시)	CMD	실행되고 있는 프로그램 명령이름

❸ 특정 프로세스 정보 검색

ps 명령과 pgrep 명령을 사용하여 특정 프로세스에 대한 검색하는 방법에 대해 살펴보겠습니다.

ps 명령으로 특정 프로세스 정보 검색

ps -f 명령으로 출력된 전체 프로세스의 목록에서 특정 프로세스에 대한 정보만을 찾아서 확인하기는 다소 불편함이 존재합니다. ps 명령과 함께 grep 명령을 |(파이프; Shift + \)로 연결해서 특정 프로세스를 바로 검색할 수 있습니다.

ps -ef 명령과 grep 명령을 함께 사용하여 bash 프로세스의 정보를 검색하기 위해 다음 예제를 수행합니다.

| 예제 10-3 | ────────────

ps -ef | grep 명령으로 bash 셸에 대한 프로세스의 정보를 출력합니다.

```
[root@localhost ~]# ps -ef | grep bash
root        1165       1  0 02:31 ?          00:00:00 /bin/bash /usr/sbin/
ksmtuned
root       14194   14189  0 02:31 pts/0      00:00:00 bash
root       15591   14194  0 03:14 pts/0      00:00:00 grep --color=auto bash
[root@localhost ~]#
```

pgrep 명령으로 특정 프로세스 정보 검색

특정 프로세스를 검색할 수 있는 다른 방법은 pgrep 명령을 이용하여 특정 프로세스에 대한 정보를 검색할 수도 있습니다. pgrep 명령은 ps와 grep 명령을 한꺼번에 수행할 수 있도록 통합해 놓은 명령이라고 이해하면 됩니다.

여기서 잠깐 살펴보세요.

pgrep 명령은 인자로 지정한 패턴과 일치하는 프로세스를 찾아 PID를 보여줍니다. 출력결과는 주어지는 옵션에 따라 다르게 출력될 수 있으므로 필요한 옵션을 grep 명령과 함께 사용하는 것이 바람직합니다.

grep 명령의 사용형식은 다음과 같습니다.

> **# pgrep**

기능 패턴 지정으로 특정 프로세스에 대한 정보출력

형식 pgrep [옵션] [패턴] ENTER↵

옵션 -l : PID와 프로세스의 이름 출력

-n : 패턴을 포함하고 있는 최신 프로세스의 정보출력

-t term : 특정 단말기와 관련된 프로세스의 정보출력

-u 사용자명 : 특정 사용자에 대한 모든 프로세스의 정보출력

-x : 주어진 패턴과 정확히 일치하는 프로세스의 정보출력

pgrep 명령으로 특정 프로세스에 대한 정보를 검색하기 위해 다음 예제를 수행합니다.

| 예제 10-4 |

● **Step 01** | ps -fp $(pgrep -x bash) 명령으로 bash 패턴과 정확히 일치하는 프로세스의 정보를 입력합니다.

```
[root@localhost ~]# ps -fp $(pgrep -x bash)
UID          PID    PPID  C STIME TTY          TIME CMD
root       14194  14189  0 02:31 pts/0    00:00:00 bash
[root@localhost ~]#
```

● **Step 02** | root 계정에 대한 모든 프로세스 정보를 출력합니다.

```
[root@localhost ~]# ps -fp $(pgrep -u root bash)
UID         PID    PPID  C STIME TTY            TIME CMD
root      14194  14189  0 02:31 pts/0    00:00:00 bash
[root@localhost ~]#
```

4 프로세스 트리 구조

지금까지 살펴본 프로세스는 부모 프로세스와 자식 프로세스가 각각 동작하는 과정에 대해 살펴봤습니다. 부모와 자식 프로세스와 같이 종속된 관계의 프로세스를 트리 형태로 볼 수 있다면 훨씬 이해가 빠를 것입니다.

pstree 명령으로 프로세스의 정보를 트리 구조로 출력하기 위해 다음 예제를 수행합니다.

| 예제 10-5 | ────────────────────

pstree 명령으로 프로세스의 관계를 트리 형태로 출력합니다.

```
[root@localhost ~]# pstree
systemd ─┬─ModemManager───2*[{ModemManager}]
         ├─NetworkManager─┬─dhclient
         │                 └─2*[{NetworkManager}]
         ├─VGAuthService
         ├─2*[abrt-dump-journ]
         ├─abrtd───2*[{abrtd}]
         ...
         (생략)
         ...
         ├─vmtoolsd
         ├─vmtoolsd────────3*[{vmtoolsd}]
         └─wpasupplicang
[root@localhost ~]#
```

5 프로세스 강제 종료

리눅스 시스템에서 응답이 없거나 불필요한 프로세스가 상존할 경우에는 다른 프로세서에도 지장을 줄 수 있으므로 가급적이면 불필요한 프로세스는 강제로 종료하는 것이 바람직합니다.

프로세스를 종료하기 위해서는 해당 프로세스의 PID를 알아야 하며 프로세스를 종료할 때는 kill 명령이나 pkill 명령을 사용하여 종료할 프로세스에 시그널을 보냄으로써 프로세스가 종료되게 합니다.

kill 명령으로 프로세스 종료

프로세스를 종료하는 kill 명령은 종료할 프로세스에 인자로 지정한 숫자 메시지를 시그널로 보내 해당 프로세스를 종료합니다. 프로세스에 보내는 시그널은 인터럽트, 프로세스 종료, 강제 종료 등의 숫자로 기능이 지정되어 있습니다.

kill 명령의 사용형식은 다음과 같습니다.

kill
기능   프로세스 종료를 위해 지정한 시그널을 해당 프로세스에 전달
형식   kill [시그널] PID `ENTER↵`
시그널   -2 : 인터럽트 시그널 전송 (`Ctrl`+`C`) -9 : 프로세스 강제 종료 -15 : 프로세스가 관련 파일을 정리 후 종료 (종료되지 않는 프로세스도 있음)

kill 명령으로 프로세스를 종료하기 위해 2개의 터미널 창을 실행하여 각각의 명령을 수행한 상태에서 특정 프로세스의 번호를 지정하여 종료하는 방법을 살펴보기 위해 다음 예제를 수행합니다.

▎예제 10-6 ▎

- **Step 01** | 첫 번째 터미널 창을 열어서 무한루프 명령을 수행하도록 다음과 같이 명령을 실행합니다. yes 명령은 단순히 yes라는 문자열을 화면에 계속 반복해서 출력하라는 의미이고 /dev/null은 아무런 반응을 하지 않는 장치를 선언한 것입니다. 강제 종료하려면 `Ctrl`+`C`를 누르면 되지만 다음 과정을 위해 강제 종료는 하지 않습니다.

```
[root@localhost ~]# yes > /dev/null
⌐
```

- **Step 02** | [터미널]-[새 창]을 눌러 두 번째 터미널 창을 엽니다.

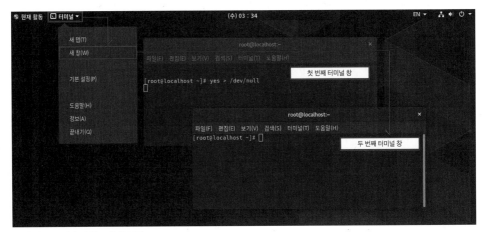

그림 10-4 터미널 창 2개 활성화

- **Step 03** | 두 번째 터미널 창에서 첫 번째 터미널 창(부모 프로세스)에서 수행하고 있는 프로세스의 PID를 확인한 다음 kill 명령과 시그널 –9 그리고 PID를 지정하여 자식 프로세스에서 부모 프로세스를 강제로 종료합니다.

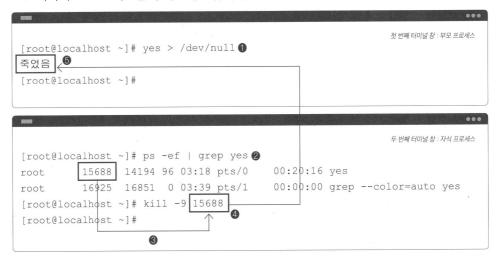

두 번째 터미널 창에서 조회한 프로세스 번호는 시스템마다 다를 수 있으며 여기서 출력된 root는 프로세스의 소유주를 의미합니다. 그리고 숫자 15688은 PID(자식 프로세스의 번호)이고 그 옆에 있는 숫자 14194는 PPID(부모 프로세스 번호)를 의미합니다.

pkill 명령으로 프로세스 종료

pkill 명령은 프로세스를 종료할 때 kill 명령과 같이 시그널을 보내는 방식은 같지만 다른 점이 있다면 pkill 명령은 PID를 보내는 것이 아니라 프로세스의 명령 이름CMD으로 프로세스를 찾아서 종료해 준다는 점이 kill 명령과 다른 점입니다.

pkill 명령은 같은 명령으로 수행한 프로세스를 명령이름으로 찾아주기 때문에 한꺼번에 같은 이름의 명령을 찾아서 모두 종료할 수 있다는 편리성을 제공해 줍니다.

3개의 터미널 창에서 각각 명령을 수행하고 pkil 명령으로 실행 중인 프로세스를 종료하는 과정을 살펴보기 위해 다음 예제를 수행합니다.

| 예제 10-7 |

첫 번째 터미널 창에서 yes > /dev/null 명령으로 무한루프 상태에 두고 두 번째 터미널 창에서 ps -ef | grep yes 명령을 수행하고 세 번째 터미널 창을 열어서 pkill yes 명령으로 yes 프로세스를 강제 종료합니다. 그리고 세 번째 터미널 창에서 pgrep -x yes 명령으로 yes 프로세스가 종료되었는지를 확인합니다.

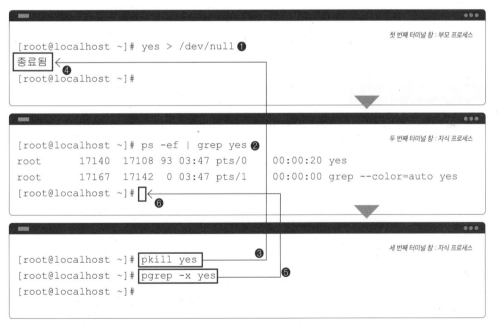

서비스와 소켓

1 서비스

서비스(Service)는 데몬(Daemon)이라고도 하며 서버 프로세스를 의미합니다. 서버 프로세스라 함은 네임 서버, 웹 서버, DB 서버 등의 프로세스 또는 네임 서버 데몬, 웹 서버 데몬, DB 서버 데몬 등으로 표현하기도 합니다.

서비스는 눈에 보이지 않는 무형의 형태로 현재 시스템에서 동작 중인 프로세스이므로 백그라운드 프로세스의 일종이라고도 할 수 있습니다.

여기서 잠깐 살펴보세요.

> 서비스는 시스템과 상관없이 독자적으로 구동되어 제공되는 프로세스를 의미하며 실행과 종료는 'systemctl start/stop/restart 서비스 이름' 형식으로 사용됩니다. 서비스의 실행 스크립트 파일은 /usr/lib/systemd/ system/ 디렉터리에 존재하며 시스템에서 제공하는 서비스 목록을 확인할 수 있습니다.

리눅스 시스템에서 제공하고 있는 서비스 스크립트의 종류를 살펴보기 위해 다음 예제를 수행합니다.

| 예제 10-8 |

ls 명령으로 CentOS 8 리눅스에서 제공하는 서비스 스크립트의 종류를 출력합니다.

```
[root@localhost ~]# cd /usr/lib/systemd/system/
[root@localhost system]# ls *.service
ModemManager.service                        ostree-finalize-staged.service
NetworkManager-dispatcher.service    ostree-prepare-root.service
```

```
NetworkManager-wait-online.service        ostree-remount.service
...
(생략)
...
nftables.service                          vsftpd@.service
nis-domainname.service                    wpa_supplicant.service
nmb.service                               zram.service
numad.service
[root@localhost system]#
```

2 소켓

소켓은 외부에서 특정 서비스를 요청할 경우 systemd 서비스가 구동시키며 요청이 끝나면
소켓도 종료됩니다. 소켓과 관련된 파일은 /usr/lib/systemd/system/ 디렉터리에 '소켓이
름.socket'이라는 이름으로 존재합니다.

여기서 잠깐 살펴보세요.

서비스 또는 데몬은 필요 여부를 떠나 항상 가동하고 있는 서버 프로세스이고 소켓(Socket)은 필요할 때만 작동하
는 서버 프로세스를 의미합니다.

소켓의 스크립트 파일 종류를 ls 명령으로 출력하기 위해 다음 예제를 수행합니다.

| 예제 10-9 |

ls 명령으로 리눅스 시스템에서 제공하고 있는 소켓의 스크립트 파일 종류를 출력합니다.

```
[root@localhost system]# ls *.socket
avahi-daemon.socket     pcscd.socket            syslog.socket
cockpit.socket          qemu-pr-helper.socket   systemd-coredump.
socket
...
(생략)
...
lldpad.socket           sssd-pam.socket         virtlogd.socket
lvm2-lvmpolld.socket    sssd-ssh.socket
multipathd.socket       sssd-sudo.socket
[root@localhost system]#
```

3 서비스 매니저

서비스와 소켓은 systemd라고 부르는 서비스 매니저 프로그램으로 작동시키거나 관리합니다. systemd 서비스는 리눅스의 시스템과 서비스 관리자로서 기존 유닉스의 init 프로세스가 수행하던 작업을 대신 수행합니다.

여기서 잠깐 살펴보세요.

systemd 서비스는 다양한 서비스 데몬을 시작하고 프로세스들의 상태를 유지해 주며 시스템의 상태를 관리해 줍니다. systemd는 전체 시스템을 시작하고 관리하는데 유닛(Units)이라고 부르는 구성요소를 사용합니다.

systemd 서비스 관리대상의 이름을 '서비스.유닛종류'의 형태로 관리합니다. 서비스 유닛의 종류와 의미에 대해 다음 표와 같이 정리하였습니다.

표 10-3 systemd 서비스 유닛의 종류

유닛 종류	의미
service	가장 확실한 유닛으로 데몬을 시작/종료/재시작/로딩 수행
socket	소켓 관리
device	리눅스 장치 트리에 있는 장치 관리
mount	디렉터리 계층 구조의 마운트 포인트 관리
automount	디렉터리 계층 구조에서 자동 마운트 포인트 관리
path	경로 관리
snapshot	다른 유닛을 참조
swap	스왑 장치 관리
target	유닛들을 그루핑
timer	타이머 관련 기능 관리

systemd 서비스는 기존 유닉스에서 제공하던 init 방식에 비해 다음과 같은 특징을 가지고 있습니다.

- 셸과 독립적으로 부팅 가능
- fsck와 마운트 제어 가능
- 소켓 기반 동작으로 inetd와의 호환성 유지

- 시스템 상태에 대한 스냅숏 유지
- 서비스에 시그널 전달
- 프로그램 자동 종료 전에 사용자 세션의 안전한 종료

systemd 관련 명령

systemd를 기반으로 서비스의 시작과 종료는 systemctl 명령을 사용하며 사용형식은 다음과 같습니다.

systemctl

기능	systemd 서비스를 제어
형식	systemctl [옵션] [명령] [유닛이름] [ENTER↵]
옵션	-a : 상태 불문하고 유닛 전체 출력
	-t 유닛종류 : 지정한 종류의 유닛만 출력
명령	start : 유닛 시작
	stop : 유닛 정지
	reload : 유닛 설정파일 다시 읽어옴
	restart : 유닛 재시작
	status : 유닛 상태 출력
	enable : 부팅 시 유닛 자동시작 설정
	disable : 부팅 시 유닛 자동 시작하지 않도록 설정
	is-active : 유닛 동작 유무 확인
	is-enable : 유닛 시작 유무 확인
	isolate : 지정한 유닛과 관련된 유닛만 시작하고 나머지는 정지
	kill : 유닛에 시그널 전송

동작 중인 유닛 출력 : systemctl

현재 리눅스 시스템에서 동작 중인 유닛을 systemctl 명령으로 출력하기 위해 다음 예제를 수행합니다.

| 예제 10-10 | ────────────

systemctl 명령으로 리눅스 시스템에서 현재 동작 중인 유닛을 출력합니다. 종료하려면 키보드로 q를 입력하면 됩니다.

```
[root@localhost system]# systemctl
  UNIT                                              LOAD    ACTIVE
SUB       DESCRIPTION
  proc-sys-fs-binfmt_misc.automount                 loaded active waiting
```

```
Arbitrary Executable File>
  sys-devices-pci0000:00-0000:00:11.0-0000:02:01.0-sound-card0.device
loaded active plugged  ES137>
  sys-devices-pci0000:00-0000:00:11.0-0000:02:04.0-ata4-host3-target3:0:0-
3:0:0:0-block-sr0.device >
lines 1-23
...
(생략)
...
197 loaded units listed. Pass --all to see loaded but inactive units, too.
To show all installed unit files use 'systemctl list-unit-files'.
lines 183-205/205 (END)
:q
[root@localhost system]#
```

특정 유닛의 상태 확인 : status와 stop

블루투스와 관련된 유닛의 상태를 확인하고 유닛을 정지하는 명령을 살펴보기 위해 다음 예제를 수행합니다.

│ 예제 10-11 │ ───────────────────────────────

- **Step 01** | systemctl 명령으로 리눅스 시스템에서 현재 동작 중인 블루투스 관련 유닛의 상태를 출력합니다.

```
[root@localhost system]# systemctl status bluetooth.service
● bluetooth.service - Bluetooth service
   Loaded: loaded (/usr/lib/systemd/system/bluetooth.service; enabled;
vendor preset: enabled)
   Active: inactive (dead)
     Docs: man:bluetoothd(8)
[root@localhost system]#
```

- **Step 02** | 리눅스 시스템에서 현재 동작 중인 블루투스 관련 유닛을 systemctl stop 명령으로 정지한 다음 정지된 블루투스의 유닛 상태를 출력합니다.

```
[root@localhost system]# systemctl stop bluetooth.service
[root@localhost system]# systemctl status bluetooth.service
● bluetooth.service - Bluetooth service
```

```
    Loaded: loaded (/usr/lib/systemd/system/bluetooth.service; enabled;
vendor preset: enabled)
    Active: inactive (dead)
      Docs: man:bluetoothd(8)
[root@localhost system]#
```

특정 유닛 서비스 시작 : start

앞 예제에서 정지한 블루투스 유닛의 서비스를 systemctl start 명령으로 다시 시작한 다음
유닛 서비스의 상태를 확인하기 위해 다음 예제를 수행합니다.

▌예제 10-12 ▌

블루투스 관련 유닛을 정지한 상태에서 systemctl start 명령으로 유닛 서비스를 시작한 다
음 블루투스 유닛의 상태를 출력합니다.

```
[root@localhost system]# systemctl start bluetooth.service
[root@localhost system]# systemctl status bluetooth.service
● bluetooth.service - Bluetooth service
   Loaded: loaded (/usr/lib/systemd/system/bluetooth.service; enabled;
vendor preset: enabled)
   Active: inactive (dead)
     Docs: man:bluetoothd(8)
[root@localhost system]#
```

◎- 도전 문제 10-1

1. 서비스 스크립트가 존재하는 디렉터리로 이동하기
2. 리눅스 시스템에서 제공하고 있는 서비스의 스크립트 정보 확인하기
3. usbmuxd.service 유닛의 상태를 status 명령으로 확인하기
4. usbmuxd.service 유닛 정지 후 유닛 상태를 status 명령으로 확인하기
5. usbmuxd.service 유닛을 다시 시작하기
6. usbmuxd.service 유닛 실행 상태에서 PID와 PPID 확인하기

01 리눅스 시스템을 구동하기 위해 가장 먼저 활동하는 것은 바로 시작 프로세스입니다. 하드 디스크에 저장된 프로그램을 CPU의 명령에 따라 메모리에 로딩되어 활성화된 것을 프로세스라고 합니다.

● 프로세스 스케줄러

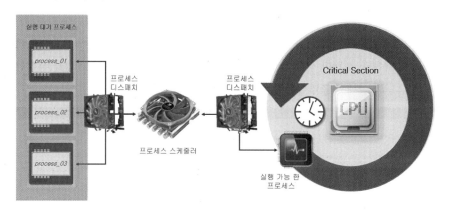

02 커널 내에는 준비 큐, 대기 큐, 실행 큐 등의 자료 구조가 있으며 커널은 이것들을 이용하여 프로세스의 상태를 관리합니다.

● **생성(create)** : 프로세스가 생성되는 상태
● **실행(running)** : 프로세스가 CPU를 차지하여 명령어들이 실행되고 있는 상태
● **준비(ready)** : 프로세스가 CPU를 사용하고 있지는 않지만 언제든지 사용할 수 있는 상태로 CPU가 할당되기를 기다리고 있으며 일반적으로 준비 상태의 프로세스 중 우선순위가 높은 프로세스가 CPU를 할당받는 상태
● **대기(waiting)** : 보류(block)라고도 부르며 프로세스가 입출력 완료, 시그널 수신 등 어떤 사건을 기다리고 있는 상태
● **종료(terminated)** : 프로세스의 실행이 종료되는 상태

03 프로세스 스케줄링에 의해 프로세스의 상태가 전이되는 과정을 다음 그림과 같습니다.

● 프로세스 스케줄링

04 하나의 프로그램이 실행되면 그 프로그램에 대응되는 프로세스가 생성되어 준비 리스트의 끝에 들어갑니다. 준비 리스트 상의 다른 프로세스들이 CPU를 할당받아 준비 리스트를 벗어나면 그 프로세스는 점차 준비 리스트의 앞으로 나가게 되고 할당된 순서가 도래되면 CPU를 사용할 수 있게 됩니다. 이를 프로세스 상태 전이라고 합니다.

● 디스패치(dispatch)
준비 리스트의 맨 앞에 있던 프로세스가 CPU를 점유하게 되는 것으로 준비 상태에서 실행 상태로 바뀌는 과정을 의미하며 다음과 같이 단계를 이동합니다.

```
dispatch (processname) : ready → running
```

● 보류(block)
실행 상태의 프로세스가 허가된 시간을 다 쓰기 전에 입출력 동작을 필요로 하는 경우 프로세스는 CPU를 스스로 반납하고 보류 상태로 넘어가는 과정을 의미하며 다음과 같이 단계를 이동합니다.

```
block (processname) : running → blocked
```

● 깨움(wakeup)

입출력 작업 종료 등 기다리던 사건이 일어났을 때 보류 상태에서 준비 상태로 넘어가는 과정을 의미하며 다음과 같이 단계를 이동합니다.

```
wakeup (processname) : blocked → ready
```

● 시간제한(timeout)

운영체제는 프로세스가 프로세서를 계속 독점해서 사용하지 못하게 하기 위해 clock interrupt를 두어서 프로세스가 일정 시간 동안만 (시분할 시스템의 time slice) 프로세서를 점유할 수 있게 하며 다음과 같이 단계를 이동합니다.

```
timeout (processname) : running → ready
```

05 포그라운드 프로세스는 화면에서 프로그램이 실행되고 있는 것을 눈으로 직접 확인할 수 있는 상태의 프로세스 구동을 의미합니다. 즉, 사용자와 상호작용으로 작업을 수행하도록 해 주는 프로세스를 포그라운드 프로세스라고 합니다.

06 백그라운드 프로세스는 프로세스가 실행되었지만 직접 눈으로 확인되지 않는 프로세스를 의미하며 예를 들어 백신 프로그램, 서버 데몬 등과 같이 화면에 나타나 눈에 보이지는 않지만 실행되는 프로세스를 백그라운드 프로세스라고 합니다.

07 CPU가 프로세스를 구분하기 위해 부여되는 고유번호를 바로 프로세스 번호라고 합니다. 여러 개의 프로세스는 프로세스 스케줄러에 의해 우선적으로 처리해야 할 프로세스와 나중에 처리해야 할 프로세스의 순서가 결정됩니다.

08 현재 실행되는 백그라운드 프로세스가 CPU를 점유하여 작업을 수행할 때의 순차 번호를 작업번호라고 합니다.

09 처음에 실행하는 프로그램의 메뉴에서 종속된 프로그램을 수행하게 되면 2개의 프로세스가 구동하게 됩니다. 먼저 실행한 메인 프로그램을 부모 프로세스라고 하고 나중에 메뉴에서 선택하여 실행한 프로그램을 자식 프로세스라고 합니다.

● 부모 프로세스와 자식 프로세스의 관계

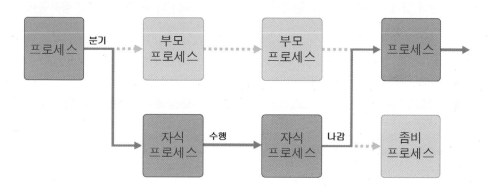

10 부모 프로세스가 자식 프로세스의 종료 정보를 받으면 커널에 존재하는 PCB에서 자식 프로세스에 대한 정보가 제거되어야 합니다. 하지만 자식 프로세스가 종료하였음에도 불구하고 PCB 목록에 남아 있어 마치 살아 있는 프로세스인 것처럼 간주되는 프로세스를 좀비 프로세스라고 합니다.

11 현재 프로세스의 상태를 확인하는 ps 명령은 processor status의 약어로 많은 옵션을 사용하며 ps 명령의 사용형식은 다음과 같습니다.

ps
기능 현재 실행 중인 프로세스의 상태 확인
형식 ps [옵션] [ENTER↵]
옵션 -a : 터미널에서 실행한 프로세스의 정보출력
-e : 시스템에서 실행 중인 모든 프로세스의 정보출력
-f : 프로세스에 대한 상세한 정보출력
-m : 프로세스가 사용하는 메모리의 정보출력
-r : 현재 실행 중인 프로세스의 정보출력

-u : 프로세스 소유자, CPU와 메모리 사용량 등 상세한 정보출력
-x : 시스템에서 실행 중인 모든 프로세스 정보출력
-u uid : 특정 사용자에 대한 모든 프로세스의 정보출력
-p pid : pid로 지정한 특정 프로세스의 정보출력
--pid PID목록 : 목록으로 지정한 특정 PID 정보출력

12 ps 명령과 함께 -aux 옵션으로 출력한 프로세스의 상태결과 화면에 나타난 항목들에 대한 의미는 다음과 같습니다.

● ps -aux 출력결과

```
USER    PID   %CPU   %MEM     VSZ    RSS  TTY   STAT  START    TIME  COMMAND
root      1    0.0    0.4   193956   4768  ?     Ss    7월28   0:01  /usr/lib/sys
  :       :     :      :       :      :    :     :      :        :       :
```

● ps -aux 출력 정보

항목	의미
USER	프로세스의 소유자
PID	실행 중인 프로세스를 구별하기 위한 프로세스의 고유 ID
%CPU	프로세스가 CPU를 점유하는 비율
%MEM	프로세스가 메모리를 점유하는 비율
VSZ	프로세스가 사용 중인 가상 메모리의 크기(KB)
RSS	프로세스가 실제 사용 중인 물리적 메모리의 크기(KB)
TTY	프로세스가 시작되고 있는 터미널
STAT	프로세스의 현재 상태 R : 현재 실행되고 있는 프로세스(running) S : 잠시 멈춘 상태로 인터럽트가 가능한 상태(sleep) → 20초 이내 D : 디스크의 입출력을 기다리는 상태(In disk wait) T : 작업 제어에 의해 정지된 상태(stopped) Z : 좀비 프로세스(defunct)

STAT	STIME : 프로세스의 시작 날짜 또는 시간 s : 세션 리더 프로세스 + : 포그라운드 프로세스 그룹 1(소문자 L) : 멀티스레드
START	프로세스가 시작된 시각
TIME	현재까지 사용된 CPU의 시간(분:초)
COMMAND	프로세스가 실행한 명령행

13 터미널 창에서 프로세스의 상태에 대한 상세한 정보를 출력하기 위해 ps 명령과 옵션 -f 를 함께 선언하여 사용합니다.

● 프로세스의 상세한 정보

항목	의미	항목	의미
UID	프로세스를 실행한 계정 ID	STIME	프로세스의 시작 날짜 또는 시각
PID	프로세스 번호	TTY	프로세스가 실행된 터미널 종류와 번호
PPID	부모 프로세스 번호	TIME	프로세스 실행 시간
C	CPU 사용량 (%로 표시)	CMD	실행되고 있는 프로그램 명령이름

14 특정 프로세스를 검색할 수 있는 다른 방법은 pgrep 명령을 이용하여 특정 프로세스에 대한 정보를 검색할 수도 있습니다. pgrep 명령은 ps와 grep 명령을 한꺼번에 수행할 수 있도록 통합해 놓은 명령이라고 이해하면 됩니다.

\# **pgrep**

기능 패턴 지정으로 특정 프로세스에 대한 정보출력
형식 pgrep [옵션] [패턴] ENTER↵
옵션 -l : PID와 프로세스의 이름 출력
    -n : 패턴을 포함하고 있는 최신 프로세스의 정보출력
    -t term : 특정 단말기와 관련된 프로세스의 정보출력
    -u 사용자명 : 특정 사용자에 대한 모든 프로세스의 정보출력
    -x : 주어진 패턴과 정확히 일치하는 프로세스의 정보출력

15 프로세스를 종료하는 kill 명령은 종료할 프로세스에 인자로 지정한 숫자 메시지를 시그널로 보내 해당 프로세스를 종료합니다. 프로세스에 보내는 시그널은 인터럽트, 프로세스 종료, 강제 종료 등의 숫자로 기능이 지정되어 있으며 사용형식은 다음과 같습니다.

 # kill

기능 프로세스 종료를 위해 지정한 시그널을 해당 프로세스에 전달
형식 kill [시그널] PID ENTER↵
시그널 -2 : 인터럽트 시그널 전송 (Ctrl + C)
　　　　 -9 : 프로세스 강제 종료
　　　　 -15 : 프로세스가 관련 파일을 정리 후 종료 (종료되지 않는 프로세스도 있음)

---

16 서비스(Service)는 데몬(Daemon)이라고도 하며 서버 프로세스를 의미합니다. 서버 프로세스라 함은 네임 서버, 웹 서버, DB 서버 등의 프로세스 또는 네임 서버 데몬, 웹 서버 데몬, DB 서버 데몬 등으로 표현하기도 합니다. 서비스는 눈에 보이지 않는 무형의 형태로 현재 시스템에서 동작 중인 프로세스이므로 백그라운드 프로세스의 일종이라고도 할 수 있습니다.

17 서비스 또는 데몬은 필요 여부를 떠나 항상 가동하고 있는 서버 프로세스를 의미하는 반면, 소켓(Socket)은 필요할 때만 작동하는 서버 프로세스를 의미합니다. 소켓은 외부에서 특정 서비스를 요청할 경우 systemd 서비스가 구동시키며 요청이 끝나면 소켓도 종료됩니다.

18 서비스와 소켓은 systemd라고 부르는 서비스 매니저 프로그램으로 작동시키거나 관리합니다. systemd 서비스는 리눅스의 시스템과 서비스 관리자로서 기존 유닉스의 init 프로세스가 수행하던 작업을 대신 수행합니다.

● systemd 서비스 유닛의 종류

유닛 종류	의미
service	가장 확실한 유닛으로 데몬을 시작/종료/재시작/로딩 수행

socket	소켓 관리
device	리눅스 장치 트리에 있는 장치 관리
mount	디렉터리 계층 구조의 마운트 포인트 관리
automount	디렉터리 계층 구조에서 자동 마운트 포인트 관리
path	경로 관리
snapshot	다른 유닛을 참조
swap	스왑 장치 관리
target	유닛들을 그루핑
timer	타이머 관련 기능 관리

19 systemd 서비스는 기존 유닉스에서 제공하던 init 방식에 비해 다음과 같은 특징을 가지고 있습니다.

- 셸과 독립적으로 부팅 가능
- fsck와 마운트 제어 가능
- 소켓 기반 동작으로 inetd와의 호환성 유지
- 시스템 상태에 대한 스냅숏 유지
- 서비스에 시그널 전달
- 프로그램 자동 종료 전에 사용자 세션의 안전한 종료

20 system를 기반으로 서비스의 시작과 종료는 systemctl 명령을 사용하며 사용형식은 다음과 같습니다.

systemctl
기능 systemd 서비스를 제어
형식 systemctl [옵션] [명령] [유닛이름] ENTER↵
옵션 -a : 상태 불문하고 유닛 전체 출력
-t 유닛종류 : 지정한 종류의 유닛만 출력
명령 start : 유닛 시작
stop : 유닛 정지
reload : 유닛 설정파일 다시 읽어옴

restart : 유닛 재시작
status : 유닛 상태 출력
enable : 부팅 시 유닛 자동시작 설정
disable : 부팅 시 유닛 자동 시작하지 않도록 설정
is-active : 유닛 동작 유무 확인
is-enable : 유닛 시작 유무 확인
isolate : 지정한 유닛과 관련된 유닛만 시작하고 나머지는 정지
kill : 유닛에 시그널 전송

CHAPTER 11
셀 스크립트

학습목표

- 셀의 기능과 환경변수에 대해 이해할 수 있습니다.

- 셀 스크립트의 특징이 무엇인지에 대해 이해할 수 있습니다.

- 셀 스크립트에서 수행하는 명령어의 종류를 사용할 수 있습니다.

- 셀 스크립트 프로그램을 작성할 수 있습니다.

셸 기능과 환경변수

셸은 사용자가 입력한 명령을 커널에게 해석하여 전달하거나 커널의 처리결과를 사용자에게 전달하는 역할을 수행합니다. 이와 같은 셸의 기능은 무엇이고 어떠한 종류들이 있는지에 대해 살펴보도록 하겠습니다.

1 셸의 개념과 기능

셸은 사용자에게 입력한 명령을 해석하여 커널에 전달하거나 커널의 처리결과를 사용자에게 전달하는 역할을 수행합니다. 이와 같은 셸의 기능은 크게 3가지 기능으로 제공되고 있습니다.

명령어 해석기능

셸의 첫 번째 기능으로 명령어 해석 기능을 들 수 있습니다. 이 기능은 사용자가 입력한 명령을 커널에게 해석하여 전달하는 번역기와 같은 역할을 수행하는 기능입니다.

명령어 해석 기능은 지금까지 실습하면서 터미널 창에 입력했던 명령들을 해석하여 커널에게 전달하고 커널의 처리결과를 사용자에게 전달해 주는 기능으로 기본적이면서도 가장 중요한 역할을 수행하는 기능입니다.

프로그래밍 기능

셸은 자체 프로그래밍 기능을 제공하고 있기 때문에 프로그램을 만들 수 있으며 이렇게 작성된 프로그램을 셸 스크립트 프로그래밍이라고 합니다. 셸 스크립트 프로그래밍에 대해서는 섹션 05에서 자세하게 다루기로 하겠습니다.

사용자 환경변수 설정 기능

셸은 초기화 파일을 제공하고 있으므로 경로를 설정하거나 파일과 디렉터리를 새로 생성할 때 기본 권한설정 등의 여러 가지 환경변수를 설정할 수 있는 기능을 제공합니다.

환경변수를 셸 스크립트에서 사용할 때는 환경변수 앞에 $를 붙여서 사용하며 셸에서 설정할 수 있는 환경변수와 그 의미에 대해 다음 표와 같이 정리하였습니다.

표 11-1 bash의 주요한 환경변수와 의미

환경변수	의미	환경변수	의미
HOME	현재 사용자의 홈 디렉터리	PATH	실행파일 찾는 경로
LANG	기본적으로 지원되는 언어	PWD	사용자의 디렉터리 위치
TERM	로그인 터미널 타입	SHELL	로그인해서 사용하는 셸
USER	현재 사용자의 이름	DISPLAY	X 디스플레이 이름
COLUMNS	현재 터미널의 컬럼 수	LINES	현재 터미널 라인 수
PS1	1차 명령 프롬프트 변수	PS2	2차 명령 프롬프트(>)
BASH	bash 셸의 경로	BASH_VERSION	bash 버전
HISTFILE	히스토리 파일의 경로	HISTSIZE	히스토리파일에 저장 갯수
HOSTNAME	호스트 이름	USERNAME	현재 사용자 이름
LOGNAME	로그인 이름	LS_COLORS	ls 명령의 확장자 색상
MAIL	메일을 보관하는 경로	OSTYPE	운영체제 타입

환경변수 설정명령 : export

환경변수를 설정하기 위해서는 먼저 셸 변수를 정의하고 export 명령을 사용하여 설정된 환경변수를 변경할 수 있습니다. export 명령의 사용형식은 다음과 같습니다.

```
# export
```

기능 지정한 셸 변수를 환경변수로 변경하여 설정
형식 export [옵션] [셸 변수] [ENTER⏎]
옵션 -n : 환경변수를 셸 변수로 변경

환경변수 값을 변경하려면 'export 환경변수=값' 형식으로 실행하면 됩니다. 정의된 변수를 해제하려면 unset 명령을 사용하여 'unset 변수명'과 같이 실행하면 정의된 변수가 해제됩니다.

2 셸 스크립트의 특징

셸 스크립트(Shell Script)는 셸이나 커맨드라인 인터프리터에서 수행하도록 작성되었거나 운영체제를 위해 사용된 스크립트를 의미합니다. 단순히 도메인 고유 언어로 여겨지기도 하며 셸 스크립트가 수행하는 일반적인 기능은 파일 이용, 프로그램 실행, 문자열 출력 등이 있습니다.

여기서 잠깐 살펴보세요.

CentOS에서 기본적으로 사용하는 기본 셸은 bash(Boume Again SHell)이며 배시 셸이라고 부릅니다. bash의 특징은 명령어 단축 기능, 사용했던 명령어를 다시 불러와서 사용할 수 있는 history 기능, 연산 기능, 작업 컨트롤 기능, ⇥키를 눌러 완성하는 자동 이름 완성 기능, 프롬프트 제어 기능, 명령 편집 기능 등을 수행할 수 있습니다.

셸 스크립트의 장점

셸 스크립트의 대표적인 장점은 다른 프로그래밍 언어에서 작성된 코드보다 훨씬 더 빠르게 처리된다는 점입니다. 다른 프로그래밍 언어들은 작성한 코드를 컴퓨터가 해석할 수 있도록 컴파일 과정을 거치게 되지만 셸 스크립트는 따로 컴파일을 수행하는 단계가 없기 때문에 코드를 보다 더 빠르게 처리할 수 있습니다.

셸 스크립트의 단점

셸 스크립트를 사용함에 있어 몇 가지 단점을 살펴보면 먼저 실행되는 각 명령에 대한 잠재적으로 새로운 하부 프로세스가 수많이 필요하게 됨에 따라 속도가 느려질 수 있습니다.

그리고 더 많고 복잡한 스크립트들은 셸 스크립트 언어의 자체적인 제한영역에서 실행할 수 있습니다. 하지만 이와 같은 제한으로 인해 다양한 셸이 문제를 개선할 목적으로 고품질의 코드와 확장을 기록하기에는 다소 힘들 수 있다는 단점도 존재합니다.

여기서 잠깐 살펴보세요.

셸 스크립트는 다양한 종류의 유닉스, 리눅스, BSD 운영체제, therof 버전, 시스템 유틸리티와의 호환성을 제공합니다. 하지만 더 복잡한 셸 스크립트의 경우에는 셸, 유틸리티 등 다른 필수 요소와의 차이로 인해 실패할 가능성도 존재합니다.

SECTION 02 셸 스크립트 프로그래밍

리눅스는 대부분 C 언어로 작성되었기 때문에 C 프로그래밍을 다루어 본 독자라면 쉽게 접근할 수 있습니다. 그 이유는 리눅스에서 코딩하는 셸 스크립트는 C 언어와 유사한 방법으로 프로그래밍을 할 수 있기 때문입니다.

셸 스크립트도 다른 프로그래밍 언어처럼 변수의 선언과 사용, 분기문, 반복문, 제어문 등을 사용할 수 있으며 별도로 컴파일을 수행하지 않고 텍스트 파일 형태로 셸에서 바로 실행할 수 있습니다.

1 셸 출력 명령

터미널 창에서 문자열을 출력하는 리눅스 배시 셸의 출력 명령에는 echo 명령과 printf 명령이 있으며 각각의 명령어를 사용하는 방법에 대해 살펴보도록 하겠습니다.

공통 셸 출력 명령 : echo

echo 명령은 모든 셸 스크립트 프로그래밍에서 공통으로 사용할 수 있는 출력 명령이며 사용 형식은 다음과 같습니다.

 # echo

기능 화면에 한 줄의 문자열을 출력
형식 echo [옵션] [문자열] ENTER↵
옵션 -n : 문자열의 마지막에서 줄 바꿈을 하지 않음

---

echo 명령으로 문자열을 출력하는 방법을 살펴보기 위해 다음 예제를 수행합니다.

터미널 창에서 echo 명령으로 다음과 같은 문자열이 출력합니다.

 # echo
---

echo CentOS
echo "I Love Linux"
echo "Have a good time"
echo -n Nice   ← 주의 : 옵션 지정으로 프롬프트 전에 문자열이 출력됨
echo Nice

```
[root@localhost ~]# echo CentOS
CentOS
[root@localhost ~]# echo "I Love Linux"
I Love Linux
[root@localhost ~]# echo "Have a good time"
Have a good time
[root@localhost ~]# echo -n Nice
Nice[root@localhost ~]# echo Nice
Nice
[root@localhost ~]#
```

여기서 잠깐 살펴보세요.

출력화면에서 보는 바와 같이 `echo -n Nice` 명령을 살펴보면 프롬프트 앞에 문자열이 출력된 것을 볼 수 있습니다. 줄 바꿈 문자를 어느 위치에 선언하느냐에 따라 출력결과는 다르게 나타날 수 있습니다.

출력형식 지정 명령 : printf

출력형식을 %d 지시자와 \n(또는 ₩n) 줄 바꿈 문자 등 C 언어에서 사용하는 출력함수인 printf( ) 함수의 형식을 지정하여 출력할 수 있습니다. printf 명령의 사용형식은 다음과 같습니다.

 # printf

기능 출력형식을 지정하여 문자열을 출력
형식 printf [옵션] [문자열] [ENTER↵]
기능 %d, \n(₩n) 등 C 언어의 printf( ) 함수 형식을 지정

---

printf 명령을 사용하여 문자열을 출력하는 과정을 살펴보기 위해 다음 예제를 수행합니다.

| 예제 11-2 |

터미널 창에서 printf 명령으로 다음과 같은 문자열을 출력합니다.

```
# printf
```

```
printf CentOS
printf "I Love ₩n Linux"
printf "%d + %d = %d ₩n" 10 20 30
printf "수고하셨습니다. ₩n 안녕"
```

```
[root@localhost ~]# printf CentOS
CentOS[root@localhost ~]# printf "I Love \n Linux"
I Love
 Linux[root@localhost ~]# printf "%d + %d = %d \n" 10 20 30
10 + 20 = 30
[root@localhost ~]# printf "수고하셨습니다.\n 안녕"
수고하셨습니다.
 안녕[root@localhost ~]#
```

여기서 잠깐 살펴보세요.

출력화면에서 보는 바와 같이 printf "%d + %d = %d" 10 20 30으로 선언한 것은 정수형 숫자를 처리하기 위한 출력 변환기호 %d와 정수를 일대일로 대응해 준 것입니다. %d의 개수와 정수의 개수는 일치해야 하며 \n은 강제로 줄 바꿈을 하라는 의미입니다. C 언어를 배운 분들이라면 가장 기초가 되는 부분일 수 있겠지만 C 언어를 접해보지 않은 분들은 생소한 문자로 보일 수도 있습니다.

2 셸 스크립트 작성과 실행

셸 스크립트 프로그램을 작성하는 방법은 주로 gedit나 vi 에디터를 사용하여 작성합니다. 리눅스의 많은 부분이 셸 스크립트로 작성되었기 때문에 셸 스크립트를 배워두면 리눅스를 이해하는 데 많은 도움이 됩니다. 여기서는 주로 gedit를 사용하여 셸 스크립트를 작성하도록 하겠습니다.

셸 스크립트 파일을 저장하기 위해 /sh_test.d 디렉터리를 생성하여 예제에서 작성하는 모든 파일을 이 디렉터리에 저장합니다. 그리고 셸 스크립트 파일의 확장자에는 .sh를 지정하여 셸 스크립트 파일명을 지정합니다.

여기서 잠깐 살펴보세요.

파일명을 부여할 때 파일명 뒤에 붙인 '.sh'는 생략해도 프로그램을 실행하는 데에는 전혀 지장을 주지는 않습니다. 다만 셸 스크립트 파일을 확실하게 구별할 수 있도록 파일명 뒤에 .sh 확장자를 붙여주는 의미입니다.

gedit로 셸 스크립트 작성 후 sh 명령으로 실행하기

gedit를 사용하여 현재 시스템에 접속 중인 사용자 이름과 호스트 이름을 출력하는 셸 스크립트를 작성 후 터미널 창에서 sh 명령으로 셸 스크립트 파일을 실행하는 과정을 살펴보기 위해 다음 예제를 수행합니다.

| 예제 11-3 |

- **Step 01** | 셸 스크립트 파일을 저장하기 위해 /sh_test.d 디렉터리를 생성한 다음 작업할 디렉터리의 위치를 /sh_test.d 디렉터리로 이동합니다.

```
[root@localhost ~]# mkdir /sh_test.d
[root@localhost ~]# ls /sh_test.d
[root@localhost ~]# cd /sh_test.d
[root@localhost sh_test.d]# ls -l
합계 0
[root@localhost sh_test.d]#
```

- **Step 02** | 터미널 창에서 셸 스크립트 파일 myname.sh를 작성하기 위해 gedit를 실행한 다음 출력할 문장들을 입력한 다음 저장합니다.

```
[root@localhost sh_test.d]# gedit myname.sh
```

→ **myname.sh**

```
01   #! /bin/sh
02
03   echo " 사용자 이름과 호스트 이름을 출력"
04   echo " a. 현재 접속된 사용자 이름 : " $USERNAME
05   echo " b. 현재 접속된 호스트 이름 : " $HOSTNAME
06
07   exit 0
```

- 01행 #! /bin/sh : 특별한 형태의 주석(#!)으로 bash를 사용하겠다는 의미(생략하면 안 됨)
- 03행 echo : 문자열 출력
- 04행 $USERNAME : 현재 시스템에 접속된 사용자 이름을 출력하는 환경변수 선언
- 05행 $HOSTNAME : 현재 시스템에 접속된 호스트 이름을 출력하는 환경변수 선언
- 07행 exit 0 : 종료 코드(0은 성공 의미)

- **Step 03** | gedit 창을 닫은 다음 작성한 셸 스크립트 파일 myname.sh를 터미널 창에서 sh 명령을 수행합니다.

```
[root@localhost sh_test.d]# sh myname.sh
사용자 이름과 호스트 이름을 출력
 a. 현재 접속된 사용자 이름 : root
 b. 현재 접속된 호스트 이름 : localhost.localdomain
[root@localhost sh_test.d]#
```

디렉터리의 위치가 다를 경우 : 셸 스크립트 실행 오류

앞 예제에서는 셸 스크립트 파일이 저장되어 있는 디렉터리의 위치에서 실행 명령을 수행하였습니다. 이와 같이 작업하는 디렉터리의 위치를 설정한 이유는 sh 명령이 셸 스크립트 파일이 저장되어 있는 디렉터리에서 실행되도록 하기 위함입니다.

여기서 잠깐 살펴보세요.

만약 셸 스크립트 파일이 저장된 디렉터리가 아닌 다른 디렉터리의 위치에서 sh 명령을 수행하게 되면 셸 스크립트 파일이 없다는 메시지가 출력됩니다. 그 이유는 셸 스크립트 myname.sh 파일은 /sh_test.d/ 디렉터리에 존재하고 현재 작업 중인 프롬프트의 위치는 틸드(~)이기 때문입니다.

파일이 저장된 디렉터리의 위치와 sh 명령을 실행하는 디렉터리의 위치가 서로 다르게 되면 파일이 없다는 메시지가 출력됩니다.

```
[root@localhost sh_test.d]# cd ~
```

```
[root@localhost ~]# sh myname.sh
sh: myname.sh: 그런 파일이나 디렉터리가 없습니다
[root@localhost ~]# cd /sh_test.d
[root@localhost sh_test.d]#
```

이와 같은 문제를 해결하려면 셸 스크립트 파일을 저장한 디렉터리에서 sh 명령을 수행하거나 'chmod +x 스크립트 파일명'을 사용하여 스크립트 파일을 '실행 가능' 속성으로 변경해 주면 됩니다. 다음 실습을 원활하게 수행하기 위해 현재 디렉터리의 위치를 /sh_test.d 디렉터리로 이동합니다.

③ 변수 선언

C, C++, Java 등의 프로그래밍에서는 변수를 사용하기 전에 먼저 변수를 선언하였지만, 셸 스크립트는 변수를 사용하기 전에 먼저 변수를 선언하지 않습니다. 그 이유는 변수에 처음 값이 할당되면서 변수가 자동으로 생성되기 때문입니다.

하지만 변수 선언 시 유의해야 할 사항이 있습니다. 셸에서 사용되는 변수는 모두 문자열(String)로 취급되기 때문에 숫자도 문자열로 처리됩니다. 그리고 알파벳 대·소문자 구별이 엄격하며 변수에 값을 대입할 때는 '=' 좌우에 공백이 없어야 합니다.

> var1 = Hi   ← 오류! '=' 좌우에 공백 있음
> var2=good
> var3=Nice Day   ← 오류! 두 개의 문자열인 경우 큰따옴표("")로 묶어야 함
> var4="Good morning"
> var5=88+95   ← 오류는 없지만, 연산은 안 됨 (모두 문자열로 취급되기 때문)

변수에 값을 대입할 때 큰따옴표("")로 묶어도 되고 묶지 않아도 되지만 대입하는 값 사이에 공백이 있을 경우에는 반드시 큰따옴표로 묶어주어야 합니다. 만일 변수에 값을 대입할 경우 이를 변수로 받기 위한 방법은 '$변수명'과 같이 변수명 앞에 $를 붙여줘야 합니다. 변수명 앞에 $를 붙이는 이유는 변수임을 알리기 위함입니다.

여기서 잠깐 살펴보세요.

변수를 선언하여 사용할 때는 $변수명 또는 "$변수명"으로 큰따옴표를 붙여도 되고 안 붙여도 되지만 $변수명 사이에 공백이 존재할 경우 "$ 변수명"과 같이 반드시 큰따옴표로 묶어서 사용하는 것이 정확한 변수의 사용방법입니다.

변수의 입력과 출력

지금부터 실습하는 셸 스크립트 프로그래밍은 모두 gedit에서 작성하고 터미널 창에서 실행하여 결과를 확인하는 과정으로 전개하겠습니다.

변수 선언의 유의사항을 준수하여 변수를 사용하여 키보드로 값을 입력받은 다음 그 값을 출력하는 프로그램을 작성하기 위해 다음 예제를 수행합니다.

│ 예제 11-4 │

- **Step 01** | 터미널 창에서 현재 디렉터리의 위치를 /sh_test.d 디렉터리로 이동한 다음 키보드로 입력받은 값을 변수에 저장하고 출력하기 위해 inout.sh 셸 스크립트 파일을 gedit 창에서 작성합니다.

```
[root@localhost sh_test.d]# gedit inout.sh
```

→ myname.sh

```
01   #! /bin/sh
02
03   echo "==================================================="
04   echo "[예제 11-4] 키보드로 입력받은 값을 변수에 저장 후 출력  "
05   echo "---------------------------------------------------"
06   echo " Q. 입력값 : "
07   read inputst1
08   echo " A. 출력값 : $inputst1 "
09   echo "---------------------------------------------------"
10
11   exit 0
```

소스 설명

- 01행 특별한 형태의 주석(#!)으로 bash를 사용하겠다는 의미(생략하면 안 됨)
- 03행 문자열 출력
- 07행 키보드로 입력한 값을 변수 inputst1에 저장하는 read 명령
- 08행 키보드로 입력한 값이 저장된 변수 출력
- 11행 종료 코드(0은 성공 의미)

- **Step 02** | 셸 스크립트 파일 inout.sh 파일을 실행합니다.

```
[root@localhost sh_test.d]# sh inout.sh
========================================================
[예제 11-4] 키보드로 입력받은 값을 변수에 저장 후 출력
--------------------------------------------------------
 Q. 입력값 :
Hello
 A. 출력값 : Hello
--------------------------------------------------------
[root@localhost sh_test.d]#
```

숫자 계산

셸 스크립트는 모든 변수를 문자열로 처리하기 때문에 연산을 수행하기 위해서는 키워드 `expr'을 사용해야 합니다. 연산식을 사용하고자 할 때는 역따옴표(ʹ)와 expr을 공백 없이 붙여서 사용해야 하며 역따옴표로 연산식의 시작과 끝을 묶어줘야 합니다.

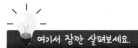

여기서 잠깐 살펴보세요.

> 연산식에서 괄호를 사용하려면 괄호 앞에 ₩(한글모드) 또는 \(영문모드)를 반드시 붙여줘야 합니다. 사칙연산 (+, -, *, /)중에서 예외적으로 곱셈연산(*) 앞에도 반드시 ₩ 또는 \를 붙여줘야 합니다.

입력받은 두 정수로 곱셈, 나눗셈, 평균값을 산출하는 프로그램을 작성하기 위해 다음 예제를 수행합니다.

| 예제 11-5 |

- **Step 01 |** 키보드로 200과 100을 입력받아 변수에 저장한 다음 곱셈, 나눗셈, 평균값을 산출하여 출력하는 셀 스크립트를 작성합니다.

```
[root@localhost sh_test.d]# gedit arithmetic.sh
```

→ **arithmetic.sh**

```
01   #! /bin/sh
02
03   echo "=============================================================="
04   echo "[예제 11-5] 입력받은 두 정수의 곱셈/나눗셈/평균값 산출 프로그램   "
05   echo "--------------------------------------------------------------"
06   echo " 1. 첫 번째 정수 입력    "
07   read num1
08   echo " 2. 두 번째 정수 입력    "
09   read num2
10   echo "--------------------------------------------------------------"
11   echo " > 입력한 두 정수의 값   "
12   echo "   num1 = $num1 "
13   echo "   num2 = $num2 "
14   echo "--------------------------------------------------------------"
15   echo " > 곱셈연산 결과      "
16   gob=`expr $num1 \* $num2`
17   echo "   $num1 * $num2 = $gob "
18   echo " > 나눗셈연산 결과      "
19   na=`expr $num1 / $num2`
20   echo "   $num1 / $num2 = $na "
21   echo " > 두 수의 평균값        "
22   avg=`expr \( $num1 + $num2 \) / 2`
23   echo "   $num1 + $num2 = $avg "
24   echo "=============================================================="
25
26   exit 0
```

소스 설명

- **01행** 특별한 형태의 주석(#!)으로 bash를 사용하겠다는 의미(생략하면 안 됨)
- **07행** 키보드로 입력한 값을 변수 num1에 저장하는 read 명령
- **09행** 키보드로 입력한 값을 변수 num2에 저장하는 read 명령
- **12행** 문자열 num1 출력과 변수 $num1의 값 출력
- **16행** 연산식은 역따옴표(`̀`)로 묶어주고 곱셈(*) 기호 앞에는 반드시 \를 붙여줘야 함

- 17행 큰따옴표 안에 변수 $num1과 $num2가 있어도 변수로 인식됨
- 18행 연산식에는 expr 키워드 사용과 역따옴표(`)로 묶어줌
- 22행 괄호 앞에는 \(와 \) 같이 모두 \를 붙여줘야 함
- 26행 exit 0 : 종료 코드(0은 성공 의미)

- **Step 02** | 셸 스크립트 파일 arithmetic.sh 파일을 실행합니다.

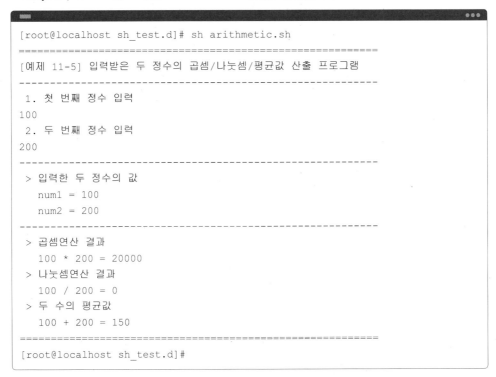

```
[root@localhost sh_test.d]# sh arithmetic.sh
===============================================================
[예제 11-5] 입력받은 두 정수의 곱셈/나눗셈/평균값 산출 프로그램
---------------------------------------------------------------
 1. 첫 번째 정수 입력
100
 2. 두 번째 정수 입력
200
---------------------------------------------------------------
 > 입력한 두 정수의 값
   num1 = 100
   num2 = 200
---------------------------------------------------------------
 > 곱셈연산 결과
   100 * 200 = 20000
 > 나눗셈연산 결과
   100 / 200 = 0
 > 두 수의 평균값
   100 + 200 = 150
===============================================================
[root@localhost sh_test.d]#
```

파라미터 변수

파라미터(Parameter) 변수는 자신이 실행한 명령어의 파라미터(매개변수)를 의미합니다. 파라미터 변수는 $0, $1, $2, … 등과 같이 실행하는 명령의 부분을 각각 하나씩 변수로 지정합니다.

예를 들어 패키지를 설치하는 dnf -y install xinetd 명령을 실행한다고 할 때 파라미터 변수는 다음 표와 같이 지정할 수 있습니다.

표 11-2 파라미터 변수와 의미

구분	수행할 명령	파라미터 1	파라미터 2	파라미터 3
명령어	dnf	-y	install	xinetd
파라미터 변수	$0	$1	$2	$3
표현 방법	$0 ← dnf	$1 ← -y	$2 ← install	$3 ← xinetd

다음 예제에서는 터미널 창에서 수행할 명령이 주어지게 되면 파라미터 변수와 어떻게 맵핑 (Mapping)되는 프로그램을 작성하기 위해 다음 예제를 수행합니다.

예제 11-6

• **Step 01** | 터미널 창의 /sh_test.d/ 디렉터리 위치에서 gedit mapping.sh 명령으로 다음 코드를 입력한 다음 저장합니다.

```
[root@localhost sh_test.d]# gedit mapping.sh
```

→ mapping.sh

```
01  #! /bin/sh
02
03  echo "========================================================"
04  echo "[예제 11-6] 수행할 명령에 대한 파라미터 맵핑 프로그램  "
05  echo "--------------------------------------------------------"
06  echo " 1. 실행 파일이름 : <$0>:  "
07  echo " 2. 첫 번째 파라미터는  <$1> 이고 "
08  echo "    두 번째 파라미터는 <$2> 입니다.  "
09  echo " 3. 전체 파라미터는 <$*> 입니다. "
10  echo "--------------------------------------------------------"
11  echo " > 프로그램을 종료합니다 !  "
12  echo "========================================================"
13
14  exit 0
```

소스 설명

- 01행   특별한 형태의 주석(#!)으로 bash를 사용하겠다는 의미 (생략하면 안 됨)
- 06행   sh mapping.sh 253 408 text_string 명령에서 수행 명령어 $0 출력
- 07행   첫 번째 파라미터 $1 출력 ← 253
- 08행   두 번째 파라미터 $2 출력 ← 408

- 09행 전체 파라미터 $* 출력 (*는 전체를 의미) ← 253 408 text_string
- 14행 exit 0 : 종료 코드(0은 성공 의미)

- **Step 02** | 셸 스크립트 파일 mapping.sh 파일을 실행합니다.

```
[root@localhost sh_test.d]# sh mapping.sh 253 408 text_string
============================================================
[예제 11-6] 수행할 명령에 대한 파라미터 맵핑 프로그램
------------------------------------------------------------
 1. 실행 파일이름 : <mapping.sh>:
 2. 첫 번째 파라미터는 <253> 이고
    두 번째 파라미터는 <408> 입니다.
 3. 전체 파라미터는 <253 408 text_string> 입니다.
------------------------------------------------------------
> 프로그램을 종료합니다 !
============================================================
[root@localhost sh_test.d]#
```

◎- 도전 문제 11-1

1. 셸 스크립트 프로그램 test _ 1101.sh 작성하기
2. 두 개의 변수 su1, su2를 선언하기
3. su1 변수에 키보드로 23을 입력하여 저장하기
4. su2 변수에 키보드로 56을 입력하여 저장하기
5. 두 수의 곱을 변수 gob에 저장하기
6. 키보드로 입력받은 값 출력하기
7. 두 수의 곱셈 연산과 결과값 출력하기

4 분기문과 관계 연산자

분기문은 프로그램의 흐름을 순차적으로 수행하다가 주어진 조건 또는 특별한 이유에 따라 다른 곳으로 흐름을 유도하는 구문을 의미하며 조건문이라고도 합니다.

관계 연산자는 두 개 이상의 값을 서로 비교할 때 사용하는 연산자이며 문자열 또는 다른 데이터를 비교하기 때문에 비교 연산자라고도 합니다.

기본 if 문

if 문은 주어진 조건이 참일 경우에 수행하는 분기문으로 거짓일 경우에는 명령을 수행하지 않습니다.

기본 if 문을 사용할 때 주의해야 할 점은 조건을 묶는 대괄호 [ ] 안에 조건식을 선언할 때는 각 단어와 연산자 사이에는 반드시 공백이 존재해야 합니다. 이 부분은 실수하기 쉬운 부분이기 때문에 반드시 유념하기 바랍니다.

기본 if 문의 사용형식은 다음과 같습니다.

● 기본 if 문 문법구조

```
if [ 조건식 ]
then
    조건식이 참일 경우 실행할 문장
fi
```

● 기본 if 문 사용예시

```
if [ "space" = "space" ]
then
    echo "두 문자열은 같은 문자열입니다."
fi
```

여기서 잠깐 살펴보세요.

기본 if 문 사용예시에서 보는 바와 같이 if 문의 조건 ["space" = "space"]에는 좌괄호 [와 "space" 문자열 사이에 공백이 존재하고 문자열 비교 연산자 =의 왼쪽과 오른쪽에도 공백이 존재합니다. 그리고 오른쪽에 있는 "space" 문자열 다음에 오는 우괄호] 사이에도 공백이 존재해야 함을 유념하기 바랍니다.

다음 예제를 통해 기본 if 문을 사용하여 프로그램을 작성하기 위해 다음 예제를 수행합니다.

| 예제 11-7 |

- **Step 01** | 터미널 창의 /sh_test.d/ 디렉터리 위치에서 gedit basicif.sh 명령으로 다음 코드를 입력한 다음 저장합니다.

```
[root@localhost sh_test.d]# gedit basicif.sh
```

→ mapping.sh

```
01   #! /bin/sh
02
03   echo "================================================"
04   echo "[예제 11-7] 기본 if 문 문법형태 사용  프로그램  "
05   echo "------------------------------------------------"
06
07   if [ "space" = "space" ]
08   then
09     echo "   > 문자열 비교 : space = space  "
10     echo "   > 두 문자열을 비교 연산자로 판단한 결과  "
11     echo "   > 주어진 조건은 <참> 입니다.  "
12   fi
13
14   echo "------------------------------------------------"
15   echo " >>> 프로그램을 종료합니다 !  "
16   echo "================================================"
17
18   exit 0
```

소스 설명

- 01행 특별한 형태의 주석(#!)으로 bash를 사용하겠다는 의미(생략하면 안 됨)
- 07행 if 문의 시작 : 조건에는 괄호와 문자열, 비교 연산자 사이에는 반드시 공백 필요
- 08행 주어진 조건이 참일 경우 수행할 명령
- 09행 주어진 조건이 참일 경우 출력되는 문자열
- 10행 주어진 조건이 참일 경우 출력되는 문자열
- 11행 주어진 조건이 참일 경우 출력되는 문자열
- 12행 if 문 닫기
- 18행 exit 0 : 종료 코드(0은 성공 의미)

- **Step 02** | 셸 스크립트 파일 basicif.sh 파일을 실행합니다.

```
[root@localhost sh_test.d]# sh basicif.sh
==================================================
[예제 11-7] 기본 if 문 문법 형태 사용 프로그램
--------------------------------------------------
   > 문자열 비교 : space = space
   > 두 문자열을 비교 연산자로 판단한 결과
   > 주어진 조건은 <참> 입니다.
--------------------------------------------------
 >>> 프로그램을 종료합니다 !
==================================================
[root@localhost sh_test.d]#
```

if~else 문

기본 if 문일 경우에는 조건이 참인 경우에만 then 이하 명령을 수행합니다. 즉, 조건이 거짓일 경우에는 then 이하의 명령을 수행하지 않는다는 의미이기 때문에 거짓일 때도 수행할 명령이 필요한 경우 기본 if 문으로는 수행하기 어렵습니다.

주어진 조건이 거짓으로 판명 날 경우에도 명령을 수행하도록 하기 위해서는 if~else 문을 사용하여 프로그램을 작성하기 위해 다음 예제를 수행합니다.

| 예제 11-8 |

- **Step 01** | 터미널 창의 /sh_test.d/ 디렉터리 위치에서 gedit ifelse_01.sh 명령으로 다음 코드를 입력한 다음 저장합니다.

```
[root@localhost sh_test.d]# gedit ifelse_01.sh
```

→ ifelse_01.sh

```
01   #! /bin/sh
02
03   echo "==================================================="
04   echo "[예제 11-8] if~else 문을 사용하여 두 문자열을 비교하는 프로그램   "
05   echo "---------------------------------------------------"
06   echo "   > 문자열 비교 : [ space != space ] "
07   echo ""
08   if [ "space" != "space" ]
```

```
09   then
10     echo "    > 주어진 조건은 <참> 입니다.   "
11     else
12       echo "    > 주어진 조건은 <거짓> 입니다.   "
13   fi
14
15   echo "----------------------------------------------------------"
16   echo " >>> 프로그램을 종료합니다 !   "
17   echo "=========================================================="
18
19   exit 0
```

소스 설명

- 01행 특별한 형태의 주석(#!)으로 bash를 사용하겠다는 의미(생략하면 안 됨)
- 07행 빈 줄을 출력하기 위함
- 08행 두 문자열의 비교를 같지 않음(!=) 비교 연산자이므로 조건은 같지 않을 때 참
- 12행 08행에서 주어진 조건이 거짓이므로 12행의 명령이 수행됨
- 18행 exit 0 : 종료 코드(0은 성공 의미)

- **Step 02** | 새로 작성한 셸 스크립트 파일 ifelse_01.sh 파일을 /sh_test.d/ 디렉터리 위치에서 다음과 같이 실행합니다.

```
[root@localhost sh_test.d]# sh ifelse_01.sh
==========================================================
[예제 11-8] if~else 문을 사용하여 두 문자열을 비교하는 프로그램
----------------------------------------------------------
   > 문자열 비교 : [ space != space ]

   > 주어진 조건은 <거짓> 입니다.
----------------------------------------------------------
 >>> 프로그램을 종료합니다 !
==========================================================
[root@localhost sh_test.d]#
```

비교 연산자

조건문에 들어가는 비교 연산자에는 문자열과 산술 비교 연산자가 있습니다. 비교 연산자는 다음 표와 같이 정리하였습니다. 연산 과정에서 필요한 연산자는 다음 표를 참조하여 사용하

면 됩니다.

표 11-3 문자열 비교 연산자

연산자	의미	사용 예	결과
=	같음	"문자열1" = "문자열2"	두 문자열이 같으면 참
!=	같지 않음	"문자열1" != "문자열2"	두 문자열이 같지 않으면 참
-n	Null이 아닌 값	-n "문자열"	문자열이 빈 문자열이 아니면 참
-z	Null 값	-z "문자열"	문자열이 빈 문자열이면 참

산술 비교 연산자를 다음 표와 같이 정리하였습니다. 연산자의 사용 의미를 충분히 이해한 다음 사용하기 바랍니다.

표 11-4 산술 비교 연산자

연산자	의미	사용 예	결과
-eq	같음	변수1 -eq 변수2	변수1과 변수2가 같으면 참
-ne	같지 않음	변수1 -ne 변수2	변수1과 변수2가 같지 않으면 참
-gt	큼	변수1 -gt 변수2	변수1이 변수2보다 크면 참
-ge	크거나 같음	변수1 -ge 변수2	변수1이 변수2보다 크거나 같으면 참
-lt	작음	변수1 -lt 변수2	변수1이 변수2보다 작으면 참
-le	작거나 같음	변수1 -le 변수2	변수1이 변수2보다 작거나 같으면 참
!	부정	!변수1	변수1이 아니면 참

산술 비교 연산자를 사용하여 프로그램을 작성하기 위해 다음 예제를 수행합니다.

| 예제 11-9 |

- **Step 01** | 터미널 창의 /sh_test.d/ 디렉터리 위치에서 gedit ifelse_02.sh 명령으로 다음 코드를 입력한 다음 저장합니다.

```
[root@localhost sh_test.d]# gedit ifelse_02.sh
```

```
➜ ifelse_02.sh
01   #! /bin/sh
```

```
02
03   echo "========================================================"
04   echo "[예제 11-9] if~else 문을 사용하여 산술 비교 연산자 프로그램  "
05   echo "--------------------------------------------------------"
06   echo "  > 주어진 조건 : [ 235 -gt 387 ] "
07   echo ""
08   if [ 235 -gt 387 ]
09   then
10     echo "  > 조건판별 :  참 ( 235는 387 보다 큽니다. )   "
11   else
12     echo "  > 조건판별 :  거짓 ( 235는 387 보다 크지 않습니다. ) "
13   fi
14
15   echo "--------------------------------------------------------"
16   echo " >>> 프로그램을 종료합니다 !  "
17   echo "========================================================"
18
19   exit 0
```

소스 설명

- 01행 특별한 형태의 주석(#!)으로 bash를 사용하겠다는 의미(생략하면 안 됨)

- 08행 수식1은 수식2 보다 크다는 -gt 산술 비교 연산자 사용 조건

- 10행 08행에서 주어진 조건이 거짓이므로 12행의 명령이 수행됨

- 18행 exit 0 : 종료 코드(0은 성공 의미)

- **Step 02** | 셸 스크립트 파일 ifelse_02.sh 파일을 실행합니다.

```
[root@localhost sh_test.d]# sh ifelse_02.sh
========================================================
[예제 11-9] if~else 문을 사용하여 산술 비교 연산자 프로그램
--------------------------------------------------------
   > 주어진 조건 : [ 235 -gt 387 ]

   > 조건판별 :  거짓 ( 235는 387 보다 크지 않습니다. )
--------------------------------------------------------
 >>> 프로그램을 종료합니다 !
========================================================
[root@localhost sh_test.d]#
```

파일 관련 조건

파일과 디렉터리를 구별하고 파일의 읽기, 쓰기, 실행이 가능한지를 if~else 문의 조건으로 판별하여 참과 거짓에 해당하는 명령을 수행하는 파일 관련 조건을 다음 표와 같이 정리하였습니다.

표 11-5 파일 관련 조건

연산자	결과
-d 파일이름	주어진 파일이름이 디렉터리이면 참
-e 파일이름	주어진 파일이름이 존재하면 참
-f 파일이름	주어진 파일이름이 일반 파일이면 참
-g 파일이름	주어진 파일이름이 set-group-id가 설정되면 참
-r 파일이름	주어진 파일이름이 읽기가 가능하면 참
-s 파일이름	주어진 파일의 크기가 0이 아니면 참
-u 파일이름	주어진 파일이름이 set-user-id가 설정되면 참
-w 파일이름	주어진 파일이름이 쓰기 가능한 상태이면 참
-x 파일이름	주어진 파일이름이 실행 가능한 상태이면 참

파일과 관련된 조건을 if~else 문으로 판별하는 프로그램을 작성하기 위해 다음 예제를 수행합니다.

예제 11-10

- **Step 01** | 터미널 창의 /sh_test.d/ 디렉터리 위치에서 gedit ifelse_03.sh 명령으로 다음 코드를 입력한 다음 저장합니다.

```
[root@localhost sh_test.d]# gedit ifelse_03.sh
```

```
➜ ifelse_03.sh
01    #! /bin/sh
02
03    echo "===================================================="
04    echo "[예제 11-10] if~else 문을 사용하여 파일관련 조건 판별 프로그램  "
05    echo "----------------------------------------------------"
06    echo "   > 파일이름  : [ /lib/systemd/system/httpd.service ] "
07    echo "   > 파일조건  : [ -f &f_name ] "
```

```
08   f_name=/lib/systemd/system/httpd.service
09   if [ -f $f_name ]
10   then
11     echo "   > 조건판별 :   참 ( 주어진 파일은 일반 파일입니다. ) "
12     head -8 $f_name
13   else
14     echo "   > 조건판별 :   거짓 ( 주어진 파일은 일반 파일이 아닙니다. ) "
15   fi
16
17   echo "------------------------------------------------------"
18   echo " >>> 파일내용을 처음부터 8행 출력하고 프로그램을 종료합니다 !    "
19   echo "======================================================"
20
21   exit 0
```

소스 설명

- 01행 특별한 형태의 주석(#!)으로 bash를 사용하겠다는 의미(생략하면 안 됨)

- 06행 주어진 파일이름 /lib/systemd/system/httpd.service 출력

- 07행 if 조건으로 수행할 파일 관련 조건내용 출력

- 08행 파일이름 /lib/systemd/system/httpd.service를 변수 f_name에 대입

- 09행 if 조건으로 파일이름을 대입한 변수 $f_file이 일반 파일인지를 판별

- 11행 if 조건이 참일 경우 수행하는 명령

- 12행 if 조건이 참일 경우 주어진 파일의 내용을 처음부터 8행 출력

- 14행 if 조건이 거짓일 경우 수행하는 명령

- 18행 exit 0 : 종료 코드(0은 성공 의미)

- **Step 02** | 셸 스크립트 파일 ifelse_03.sh 파일을 실행합니다.

```
[root@localhost sh_test.d]# sh ifelse_03.sh
======================================================
[예제 11-10] if~else 문을 사용하여 파일 관련 조건 판별 프로그램
------------------------------------------------------
   > 파일이름  : [ /lib/systemd/system/httpd.service ]
   > 파일조건  : [ -f &f_name ]
   > 조건판별 :   참 ( 주어진 파일은 일반 파일입니다. )
[Unit]
Description=The Apache HTTP Server
```

```
After=network.target remote-fs.target nss-lookup.target
Documentation=man:httpd(8)
Documentation=man:apachectl(8)

[Service]
Type=notify
-------------------------------------------------------
 >>> 파일내용을 처음부터 8행 출력하고 프로그램을 종료합니다 !
=======================================================
[root@localhost sh_test.d]#
```

case~esac 문

if~else 문은 조건이 많아지게 되면 구문이 복잡해지는 단점이 있습니다. 이와 같이 복잡한 구문에 효과적으로 사용할 수 있는 분기문이 case~esac 문입니다. if~else 문은 조건을 참과 거짓으로 판별하여 참과 거짓에 해당하는 명령을 수행합니다.

하지만 case~esac 문은 여러 개의 조건을 펼쳐놓고 어느 조건에 해당되는지를 판별하여 명령을 수행하는 방식으로 구문이 전개되므로 훨씬 간결하고 이해하기가 쉬운 분기문입니다. 사용 형식은 다음과 같습니다.

● case~esac 문법구조

```
case 파라미터 또는 키보드 입력값 in
  조건1)
     조건1에 해당할 경우 실행할 명령
  조건2)
     조건2에 해당할 경우 실행할 명령
  조건n)
     조건n에 해당할 경우 실행할 명령
  *)
     앞에서 주어진 조건 이외의 모든 경우 실행할 명령
esac
```

case~esac 문을 사용하여 프로그램을 작성하기 위해 다음 예제를 수행합니다.

- **Step 01** | 터미널 창의 /sh_test.d/ 디렉터리 위치에서 gedit ifelse_03.sh 명령으로 다음
  코터미널 창의 /sh_test.d/ 디렉터리 위치에서 gedit case_01.sh 명령으로 다음 코드를 입
  력한 다음 저장합니다.

```
[root@localhost sh_test.d]# gedit case_01.sh
```

→ **ifelse_03.sh**

```
01   #! /bin/sh
02
03   echo "================================================"
04   echo "[예제 11-11] case~esac 문을 사용하여 계절판별 프로그램 "
05   echo "------------------------------------------------"
06   echo "  > 명령 수행 파라미터 (Spring/Summer/Fall/Winter) "
07   echo ""
08   case "$1" in
09     Spring)
10       echo "  >> 봄을 선택하셨습니다. ";;
11     Summer)
12       echo "  >> 여름을 선택하셨습니다. ";;
13     Fall)
14       echo "  >> 가을을 선택하셨습니다. ";;
15     Winter)
16       echo "  >> 겨울을 선택하셨습니다. ";;
17     *)
18       echo "  >> 계절을 의미하는 단어가 아닙니다. "
19       echo "  >> 프로그램을 다시 시작하세요.   " ;;
20   esac
21   echo "------------------------------------------------"
22   echo " >>> 프로그램을 종료합니다 !  "
23   echo "================================================"
24
25   exit 0
```

소스 설명

- 01행 특별한 형태의 주석(#!)으로 bash를 사용하겠다는 의미(생략하면 안 됨)
- 06행 명령을 수행하기 위해 지정한 파라미터 출력예시
- 07행 빈 줄을 출력
- 08행 case문의 시작과 첫 번째 파라미터 $1 지정(문자열이므로 "$1"과 같이 작성)
- 09행 조건1에 주어진 파라미터는 Spring

- 10행 조건1에 해당할 때 출력문장이며 주의할 점은 세미콜론(;;) 2개 선언해야 함

- 11행 조건2에 주어진 파라미터는 Summer

- 10행 조건2에 해당할 때 출력문장이며 주의할 점은 세미콜론(;;) 2개 선언해야 함

- 17행 앞에 주어진 조건에 해당되지 않는 그 이외의 모든 것들이 해당

- 18행 조건4에 해당할 때 실행할 구문이 더 있으므로 세미콜론 붙지 않음

- 19행 조건4에 해당할 때 출력문장이며 주의할 점은 세미콜론(;;) 2개 선언해야 함

- 20행 case문 종료

- 25행 exit 0 : 종료 코드(0은 성공 의미)

- **Step 02** | 셸 스크립트 파일 case_01.sh 파일을 실행합니다. 파라미터를 입력할 때는 알파벳 대/소문자를 확실하게 구분하므로 정확하게 입력해야 합니다.

```
[root@localhost sh_test.d]# sh case_01.sh Spring
=====================================================
[예제 11-11] case~esac 문을 사용하여 계절판별 프로그램
-----------------------------------------------------
   > 명령 수행 파라미터 (Spring/Summer/Fall/Winter)

  >> 봄을 선택하셨습니다.
-----------------------------------------------------
 >>> 프로그램을 종료합니다 !
=====================================================
[root@localhost sh_test.d]#
```

- **Step 03** | 이번에는 sh 명령을 수행할 때 다른 파라미터 Winter를 입력하여 실행합니다.

```
[root@localhost sh_test.d]# sh case_01.sh Winter
=====================================================
[예제 11-11] case~esac 문을 사용하여 계절판별 프로그램
-----------------------------------------------------
   > 명령 수행 파라미터 (Spring/Summer/Fall/Winter)

  >> 겨울을 선택하셨습니다.
-----------------------------------------------------
 >>> 프로그램을 종료합니다 !
=====================================================
[root@localhost sh_test.d]#
```

- **Step 04** | 여기서는 sh명령을 수행할 때 파라미터로 지정하지 않은 exit를 입력하여 실행하면 어떤 결과가 출력되는지에 대해 살펴보도록 하겠습니다.

```
[root@localhost sh_test.d]# sh case_01.sh exit
================================================
[예제 11-11] case~esac 문을 사용하여 계절판별 프로그램
------------------------------------------------
  > 명령 수행 파라미터 (Spring/Summer/Fall/Winter)

 >> 계절을 의미하는 단어가 아닙니다.
 >> 프로그램을 다시 시작하세요.
------------------------------------------------
 >>> 프로그램을 종료합니다 !
================================================
[root@localhost sh_test.d]#
```

주어진 파라미터가 아닌 exit를 입력하여 셀 스크립트 프로그램을 실행하였더니 주어진 조건 이외의 상황에 해당되므로 조건 *)에서 수행하는 명령이 출력되었습니다.

키보드로 Yes 또는 No를 입력하거나 Y 또는 y 그리고 알파벳 n 또는 N으로 시작하는 모든 단어가 입력될 경우 해당 조건을 수행하도록 *를 함께 사용하여 [nN]*)와 같이 조건을 선언하여 프로그램을 작성하기 위해 다음 예제를 수행합니다.

예제 11-12

- **Step 01** | 터미널 창의 /sh_test.d/ 디렉터리 위치에서 gedit case_02.sh 명령으로 다음 코드를 입력한 다음 저장합니다.

```
[root@localhost sh_test.d]# gedit case_01.sh
```

→ case__02.sh

```
01   #! /bin/sh
02
03   echo "================================================"
04   echo "[예제 11-12] case~esac 문을 사용하여 심리분석 프로그램   "
05   echo "------------------------------------------------"
06   echo "> 리눅스 실습 재미있죠? "
07   echo "> 심리상태 입력 : (Yes/No/Y/N) "
08   read mind
```

```
09   echo "-------------------------------------------------"
10   case $mind in
11     Yes | YES | yes | Y | y)
12       echo "> Yes를 선택하셨습니다.  "
13       echo "> Linux 전문가로 성장할 가능성이 높습니다. ";;
14     [nN]*)
15       echo "> No를 선택하셨습니다.   "
16       echo "> 더욱 분발하시면 좋은 결과는 반드시 옵니다... ";;
17     *)
18     echo "> 알파벳은 대/소문자 구별 없이 Y 또는 N을 입력하세요. ";;
19   esac
20   echo "-------------------------------------------------"
21   echo " >>> case~esac 문 심리분석 프로그램을 종료합니다 !  "
22   echo "================================================="
23
24   exit 0
```

소스 설명

- 01행 특별한 형태의 주석(#!)으로 bash를 사용하겠다는 의미(생략하면 안 됨)

- 07행 명령을 선택적으로 수행하기 위해 지정한 문자열 제시

- 08행 키보드로 입력하는 값을 저장할 mind 변수 선언

- 10행 case 키보드 입력값을 저장한 변수명 in 지정

- 11행 Yes, YES, yes, Y, y의 5가지 형태의 문자열과 알파벳을 모두 사용할 조건

- 12행 실행할 구문이 더 있으므로 세미콜론 붙지 않음

- 13행 Yes에 해당하는 출력문장이며 주의할 점은 세미콜론(;;) 2개 선언해야 함

- 14행 알파벳 n 또는 N으로 시작하는 모든 문자열을 사용할 조건

- 15행 실행할 구문이 더 있으므로 세미콜론 붙지 않음

- 16행 No에 해당하는 출력문장이며 주의할 점은 세미콜론(;;) 2개 선언해야 함

- 17행 앞에 주어진 조건에 해당되지 않는 그 이외의 모든 것들이 해당

- 18행 조건 *)에 해당할 때 출력문장이며 주의할 점은 세미콜론(;;) 2개 선언해야 함

- 19행 case문 종료

- 24행 exit 0 : 종료 코드(0은 성공 의미)

- **Step 02** | 셸 스크립트 파일 case_02.sh 파일을 실행합니다. 심리상태 입력은 yes를 입력합니다.

```
[root@localhost sh_test.d]# sh case_02.sh
=================================================
[예제 11-12] case~esac 문을 사용하여 심리분석 프로그램
-------------------------------------------------
> 리눅스 실습 재미있죠?
> 심리상태 입력 : (Yes/No/Y/N)
yes  ← 키보드로 입력
-------------------------------------------------
> Yes를 선택하셨습니다.
> Linux 전문가로 성장할 가능성이 높습니다.
-------------------------------------------------
 >>> case~esac 문 심리분석 프로그램을 종료합니다 !
=================================================
[root@localhost sh_test.d]#
```

- **Step 03** | 이번에는 심리상태 No를 입력하여 실행합니다.

```
[root@localhost sh_test.d]# sh case_02.sh
=================================================
[예제 11-12] case~esac 문을 사용하여 심리분석 프로그램
-------------------------------------------------
> 리눅스 실습 재미있죠?
> 심리상태 입력 : (Yes/No/Y/N)
No  ← 키보드로 입력

-------------------------------------------------
> No를 선택하셨습니다.
> 더욱 분발하시면 좋은 결과는 반드시 옵니다...
-------------------------------------------------
 >>> case~esac 문 심리분석 프로그램을 종료합니다 !
=================================================
[root@localhost sh_test.d]#
```

- **Step 04** | 심리상태 입력 이외의 단어 Why를 입력하여 실행합니다.

```
[root@localhost sh_test.d]# sh case_02.sh
=================================================
[예제 11-12] case~esac 문을 사용하여 심리분석 프로그램
```

```
    -------------------------------------------------
> 리눅스 실습 재미있죠?
> 심리상태 입력 : (Yes/No/Y/N)
Why  ← 키보드로 입력
    -------------------------------------------------
> 알파벳은 대/소문자 구별 없이 Y 또는 N을 입력하세요.
    -------------------------------------------------
 >>> case~esac 문 심리분석 프로그램을 종료합니다 !
=================================================
[root@localhost sh_test.d]#
```

case_02.sh 셸 스크립트 프로그램을 실행하면서 심리상태 입력 조건에서 제시한 단어가 아닌 Why를 입력하였더니 조건 *)에 해당하는 명령이 수행되어 출력되었습니다.

관계 연산자

if~else 문과 case~esac 문에서 살펴보았듯이 조건을 하나 또는 여러 가지로 조건을 설정하여 분기문을 수행하였습니다. if~else 문에서는 하나의 조건만을 사용하였지만 분기문에서의 조건은 두 개 이상의 조건을 설정할 때도 있습니다.

> **여기서 잠깐 살펴보세요.**
>
> 2개 이상의 조건을 선언하고자 할 때는 AND 또는 OR 연산자를 사용합니다. AND 연산자는 -a 또는 &&를 사용하고 OR 연산자는 -o 또는 ||(파이프)를 사용하여 두 개 이상의 조건을 선언합니다.

셸 프로그램에서 관계 연산자를 사용하여 프로그램을 작성하기 위해 다음 예제를 수행합니다.

| 예제 11-13 |

● **Step 01** | 터미널 창의 /sh_test.d/ 디렉터리 위치에서 gedit ifandor.sh 명령으로 다음 코드를 입력한 다음 저장합니다.

```
[root@localhost sh_test.d]# gedit ifandor.sh
```

```
 → ifandor.sh

01   #! /bin/sh
02
03   echo "============================================================"
04   echo "[예제 11-13] if~else 문과 관계 연산자를 사용하여 파일 찾기 프로그램 "
05   echo "------------------------------------------------------------"
06   echo "> 찾고자 하는 파일 이름을 입력하세요. "
07   read file_name
08   echo "------------------------------------------------------------"
09
10   if [ -f $file_name ] && [ -s $file_name ] ; then
11     echo "> 찾은 파일 이름 : $file_name "
12     echo "> 찾은 파일의 내용 중 처음부터 8행의 내용은 다음과 같습니다.  "
13   echo "------------------------------------------------------------"
14     head -8 $file_name
15   else
16     echo "> 찾았던 파일 이름 : $file_name "
17     echo "> 이 파일은 존재하지 않거나 파일 크기가 0 인 파일입니다.   "
18   fi
19
20   echo "------------------------------------------------------------"
21   echo " >>> 프로그램을 종료합니다 !  "
22   echo "------------------------------------------------------------"
23
24   exit 0
```

소스 설명

- 01행 특별한 형태의 주석(#!)으로 bash를 사용하겠다는 의미(생략하면 안 됨)

- 07행 찾을 파일이름을 저장할 변수 fine_name 선언

- 10행 -f : 일반 파일, -s : 사이즈가 0이 아닌 파일, 세미콜론(;)은 두 명령을 구분해 줌

- 11행 키보드로 입력한 파일 이름 출력

- 14행 찾은 파일의 내용을 처음부터 8행 출력

- 16행 찾았던 파일이름 출력

- 17행 앞에 주어진 조건에 해당되지 않는 그 이외의 모든 것들이 해당

- 18행 if 문 종료

- 24행 exit 0 : 종료 코드(0은 성공 의미)

- **Step 02** | sh ifandor.sh 명령을 수행한 다음 시스템에 존재하는 파일을 찾기 위해 파일 이름을 입력하고 ENTER⏎를 누릅니다.

```
[root@localhost sh_test.d]# sh ifandor.sh
=============================================================
[예제 11-13] if~else 문과 관계 연산자를 사용하여 파일 찾기 프로그램
-------------------------------------------------------------
> 찾고자 하는 파일 이름을 입력하세요.
/lib/systemd/system/httpd.service  ← 키보드로 입력
-------------------------------------------------------------
> 찾은 파일 이름 : /lib/systemd/system/httpd.service
> 찾은 파일의 내용 중 처음부터 8행의 내용은 다음과 같습니다.
-------------------------------------------------------------
[Unit]
Description=The Apache HTTP Server
After=network.target remote-fs.target nss-lookup.target
Documentation=man:httpd(8)
Documentation=man:apachectl(8)

[Service]
Type=notify
-------------------------------------------------------------
 >>> 프로그램을 종료합니다 !
-------------------------------------------------------------
[root@localhost sh_test.d]#
```

- **Step 03** | 이번에는 gedit ifandor.sh 명령을 수행한 다음에 시스템에 존재하지 않는 파일을 찾기 위해 파일 이름을 다음과 같이 입력합니다.

```
[root@localhost sh_test.d]# sh ifandor.sh
=============================================================
[예제 11-13] if~else 문과 관계 연산자를 사용하여 파일 찾기 프로그램
-------------------------------------------------------------
> 찾고자 하는 파일 이름을 입력하세요.
/lib/systemd/system/filenamelist  ← 키보드로 입력
-------------------------------------------------------------
> 찾았던 파일 이름 : /lib/systemd/system/filenamelist
> 이 파일은 존재하지 않거나 파일 크기가 0 인 파일입니다.
-------------------------------------------------------------
 >>> 프로그램을 종료합니다 !
-------------------------------------------------------------
[root@localhost sh_test.d]#
```

1. 셸 스크립트 프로그램 test _ 1102.sh 작성하기
2. 명령 수행 파라미터 $1 사용하기
3. 혈액형을 알파벳 대/소문자 구별 없이 A, B, O, AB 조건으로 정하기
4. 혈액형 이외의 알파벳에 대해서는 다시 입력하기
5. 혈액형에 대해서는 출력 메시지는 "무슨 형을 선택하였습니다."로 출력하기
6. 마지막에는 "프로그램을 종료합니다."를 출력하기

5 반복문

반복문은 누적되는 합을 구하거나 수행할 명령을 반복적으로 수행할 수 있도록 조건으로 제어합니다. 반복문은 주어진 조건이 참일 동안 반복 작업을 수행하며 조건이 거짓으로 변할 때 반복 수행을 멈추게 됩니다.

셸 스크립트 프로그래밍에서 사용되는 반복문의 종류와 사용방법에 대해 살펴보도록 하겠습니다.

for~in 문

리눅스 시스템의 셸 스크립트 프로그램에서 사용할 수 있는 for 문의 문법형식은 다음과 같은 세 가지 타입이 있습니다.

① Type_01

```
for ((초깃값; 조건식; 증감값))
do
   조건식이 참일 동안 수행할 명령
done
```

② Type_02

```
for 변수 in `seq 초깃값 마지막값
do
   조건식이 참일 동안 수행할 명령
done
```

③ Type_03

```
for 변수 in 값1 값2 값3 …
do
    조건식이 참일 동안 수행할 명령
done
```

Type_01 형식의 for 문을 사용하여 프로그램을 작성하기 위해 다음 예제를 수행합니다.

| 예제 11-14 |

• **Step 01** | 터미널 창의 /sh_test.d/ 디렉터리 위치에서 gedit for_01.sh 명령으로 다음 코드를 입력한 다음 저장합니다.

```
[root@localhost sh_test.d]# gedit for_01.sh
```

→ for_01.sh

```
01   #! /bin/sh
02   echo "================================================="
03   echo " [예제 11-14] for 문으로 1~10까지 누적합 산출 프로그램   "
04   echo "-------------------------------------------------"
05   sum=0
06
07   for ((cnt=1; cnt<=10; cnt++))
08   do
09     sum=`expr $sum + $cnt`
10     echo " > 1부터 $cnt까지 누적합 ...  $sum "
11   done
12
13   echo "-------------------------------------------------"
14   echo " > 1 + 2 + 3 + ... + 9 + 10 ......... [ $sum ] "
15   echo "-------------------------------------------------"
16   echo " >>> 프로그램을 종료합니다 !  "
17   echo "================================================="
18   exit 0
```

소스 설명

• 01행 특별한 형태의 주석(#!)으로 bash를 사용하겠다는 의미(생략하면 안 됨)

- 05행 누적합을 저장할 변수 sum을 선언하고 0으로 변수의 값 초기화
- 07행 for 문의 형식 : for ((초깃값; 조건식; 증감값))

  07행을 Type _ 02 형식으로 표현하면 ← for cnt in `seq 1 10` (역따옴표)

  07행을 Type _ 03 형식으로 표현하면 ← for cnt in 1 2 3 4 5 6 7 8 9 10

- 08행 for 문의 구문 시작
- 09행 1부터 10까지 누적합을 구하는 연산결과를 sum 변수에 저장
- 10행 1부터 10까지 누적합을 10회 반복 수행하여 출력
- 11행 for 문의 구문 종료
- 14행 1부터 10까지 최종 누적합 출력
- 18행 exit 0 : 종료 코드(0은 성공 의미)

- **Step 02** | 셸 스크립트 for_01.sh 파일을 실행합니다.

```
[root@localhost sh_test.d]# sh for_01.sh
================================================
 [예제 11-14] for 문으로 1~10까지 누적합 산출 프로그램
------------------------------------------------
 > 1부터 1까지 누적합 ...   1
 > 1부터 2까지 누적합 ...   3
 > 1부터 3까지 누적합 ...   6
 > 1부터 4까지 누적합 ...   10
 > 1부터 5까지 누적합 ...   15
 > 1부터 6까지 누적합 ...   21
 > 1부터 7까지 누적합 ...   28
 > 1부터 8까지 누적합 ...   36
 > 1부터 9까지 누적합 ...   45
 > 1부터 10까지 누적합 ...   55
------------------------------------------------
 > 1 + 2 + 3 + ... + 9 + 10 ......... [ 55 ]
------------------------------------------------
 >>> 프로그램을 종료합니다 !
================================================
[root@localhost sh_test.d]#
```

Type_02 형식의 for 문을 사용하여 프로그램을 작성하기 위해 다음 예제를 수행합니다.

• **Step 01** | 터미널 창의 /sh_test.d/ 디렉터리 위치에서 gedit for_02.sh 명령으로 다음 코드를 입력한 다음 저장합니다.

```
[root@localhost sh_test.d]# gedit for_02.sh
```

→ for_02.sh

```
01    #! /bin/sh
02    echo "==================================================="
03    echo "[예제 11-15] 현재 디렉터리에 있는 파일 내용 출력 프로그램   "
04    echo "---------------------------------------------------"
05
06    for file_name in $(ls *.sh)
07    do
08      echo "----------------< $file_name >----------------"
09      echo " > 파일 [ $file_name ]의 내용 중에서 처음부터 2행 출력 "
10      head -2 $file_name
11    done
12
13    echo "---------------------------------------------------"
14    echo " >>> 프로그램을 종료합니다 !   "
15    echo "==================================================="
16    exit 0
```

소스 설명

• 01행 특별한 형태의 주석(#!)으로 bash를 사용하겠다는 의미(생략하면 안 됨)

• 06행 for 파일이름 변수 file_name 지정, 현재 디렉터리의 모든 sh 파일 지정 $(ls *.sh)

• 07행 for 문의 구문 시작

• 08행 현재 디렉터리의 있는 .sh 파일 목록에서 순차적으로 파일이름을 하나씩 출력

• 09행 반복 수행되면서 해당 순번에서 출력되는 파일이름을 출력

• 10행 반복 수행되면서 출력되는 파일의 내용 중에서 처음 2행만 출력

• 11행 for 문의 구문 종료

• 16행 exit 0 : 종료 코드(0은 성공 의미)

• **Step 02** | 셸 스크립트 for_02.sh 파일을 실행합니다.

```
[root@localhost sh_test.d]# sh for_02.sh
=======================================================
[예제 11-15] 현재 디렉터리에 있는 파일 내용 출력 프로그램
-------------------------------------------------------
----------------< arithmetic.sh >------------------
 > 파일 [ arithmetic.sh ]의 내용 중에서 처음부터 2행 출력
#! /bin/sh

...
(생략)
...
----------------< myname.sh >------------------
 > 파일 [ myname.sh ]의 내용 중에서 처음부터 2행 출력
#! /bin/sh


-------------------------------------------------------
 >>> 프로그램을 종료합니다 !
=======================================================
[root@localhost sh_test.d]#
```

while 문

반복문 중에서 for 문은 반복횟수를 정확히 알고 있는 경우에 주로 사용하고 while 문은 반복횟수를 정확히 모를 때 주로 사용합니다. while 문의 사용형식은 다음과 같습니다.

● while 문법구조

```
while [ 조건식 ]
do
   조건식이 참일 경우 실행할 문장
done
```

while 문을 사용하여 프로그램을 작성하기 위해 다음 예제를 수행합니다.

| 예제 11-16 |

- **Step 01** | 터미널 창의 /sh_test.d/ 디렉터리 위치에서 gedit while_01.sh 명령으로 다음 코드를 입력한 다음 저장합니다.

```
[root@localhost sh_test.d]# gedit while_01.sh
```

→ while _ 01.sh

```
01    #! /bin/sh
02    echo "=================================================="
03    echo " [예제 11-16] while 문으로 1~10까지 누적합 산출 프로그램   "
04    echo "--------------------------------------------------"
05    sum=0    # 공백이 존재하면 오류 발생
06    cnt=1
07
08    while [ $cnt -le 10 ]
09    do
10      sum=`expr $sum + $cnt`
11      echo " > 1부터 $cnt까지 누적합 ...  $sum "
12      cnt=`expr $cnt + 1`
13    done
14
15    echo "--------------------------------------------------"
16    echo " > 1 + 2 + 3 + ... + 9 + 10 ......... [ $sum ] "
17    echo "--------------------------------------------------"
18    echo " >>> 프로그램을 종료합니다 !  "
19    echo "=================================================="
20    exit 0
```

소스 설명

- 01행 특별한 형태의 주석(#!)으로 bash를 사용하겠다는 의미(생략하면 안 됨)

- 05행 1부터 10까지 누적되는 합을 저장할 변수 sum을 0으로 초기화

- 06행 반복을 몇 번째 수행하는지를 판별하기 위한 카운터 변수 cnt 선언과 초깃값 지정

- 08행 while 문과 조건 [$cnt -le 10]은 C 언어의 조건 [$cnt <= 10]과 같은 의미

- 09행 while 문의 구문 시작

- 10행 연산식을 사용하기 위해 역따옴표(｀ ｀) 구간과 expr 선언하여 sum 변수에 저장

- 11행 반복 수행할 때마다 변화되는 카운터 값과 누적합 출력

- 12행 while 문의 카운터 변수에 대한 증감값으로 C 언어의 cnt++와 같은 의미

- 12행 while 문의 구문 종료

- 16행 while 문으로 1부터 10까지 산출한 누적합 출력

- 20행 exit 0 : 종료 코드(0은 성공 의미)

- **Step 02** | 셸 스크립트 while_01.sh 파일을 실행합니다.

```
[root@localhost sh_test.d]# sh while_01.sh
==================================================
 [예제 11-16] while 문으로 1~10까지 누적합 산출 프로그램
--------------------------------------------------
> 1부터  1까지 누적합 ...   1
> 1부터  2까지 누적합 ...   3
> 1부터  3까지 누적합 ...   6
> 1부터  4까지 누적합 ...  10
> 1부터  5까지 누적합 ...  15
> 1부터  6까지 누적합 ...  21
> 1부터  7까지 누적합 ...  28
> 1부터  8까지 누적합 ...  36
> 1부터  9까지 누적합 ...  45
> 1부터 10까지 누적합 ...  55

--------------------------------------------------
> 1 + 2 + 3 + ... + 9 + 10 ......... [ 55 ]

--------------------------------------------------
>>> 프로그램을 종료합니다 !
==================================================
[root@localhost sh_test.d]#
```

키보드로 입력받은 비밀번호가 일치할 때까지 while 문으로 반복해서 수행하는 셸 스크립트 프로그램을 작성하기 위해 다음 예제를 수행합니다.

| 예제 11-17 | ─────────────

- **Step 01** | 터미널 창의 /sh_test.d/ 디렉터리 위치에서 gedit while_02.sh 명령으로 다음 코드를 입력하고 비밀번호는 123456으로 설정한 다음 저장합니다.

```
[root@localhost sh_test.d]# gedit while_02.sh
```

→ **while_02.sh**

```
01   #! /bin/sh
02   echo "==================================================="
03   echo "[예제 11-17] while 문으로 비밀번호 일치 여부 판정 프로그램   "
04   echo "---------------------------------------------------"
05   echo "> 비밀번호를 입력하세요.   "
06   read psword
07   echo "---------------------------------------------------"
```

```
08
09    while [ $psword != "123456" ]
10    do
11      echo "> 입력한 비밀번호 [$psword]는(은) 일치하지 않습니다...  "
12      echo "> 다시 입력하세요.  "
13      read psword
14    done
15
16    echo "----------------------------------------------------"
17    echo "> 비밀번호 [$psword]이(가) 확인되었습니다.  "
18    echo "----------------------------------------------------"
19    echo ">>> 프로그램을 종료합니다 !  "
20    echo "===================================================="
21    exit 0
```

소스 설명

- 01행 특별한 형태의 주석(#!)으로 bash를 사용하겠다는 의미(생략하면 안 됨)
- 06행 키보드로 입력받은 비밀번호를 psword 변수에 저장
- 09행 while 문과 조건에서 비밀번호가 123456이 아니면 참으로 조건설정
- 10행 while 문의 구문 시작 : 비밀번호 123456이 입력될 때까지 11행~13행 반복 수행
- 13행 다시 입력하는 비밀번호를 psword 변수에 저장 : 9행의 조건에서 다시 판별 수행
- 14행 while 문의 구문 종료
- 17행 정확한 비밀번호가 입력되었을 때 입력한 비밀번호와 함께 메시지 출력
- 21행 exit 0 : 종료 코드(0은 성공 의미)

- **Step 02** | 셸 스크립트 while_02.sh 파일을 실행합니다.

```
[root@localhost sh_test.d]# sh while_02.sh
====================================================
[예제 11-17] while 문으로 비밀번호 일치 여부 판정 프로그램
----------------------------------------------------
> 비밀번호를 입력하세요.
888888  ← 키보드로 입력
----------------------------------------------------
> 입력한 비밀번호 [888888]는(은) 일치하지 않습니다...
> 다시 입력하세요.
123456  ← 키보드로 입력
```

```
--------------------------------------------------------
> 비밀번호 [123456]이(가) 확인되었습니다.
--------------------------------------------------------
>>> 프로그램을 종료합니다 !
========================================================
[root@localhost sh_test.d]#
```

until 문

until 문은 주어진 조건식이 항상 거짓일 경우에만 명령을 수행합니다. for 문과 while 문에서
는 주어진 조건식이 참일 동안 반복 수행합니다. 하지만 그와 반대로 until 문은 조건식이 거
짓이어야 반복을 계속해서 수행합니다.

until 문은 조건식이 참이 될 때 반복 수행을 멈춘다는 의미입니다. until 문의 사용형식은 다
음과 같습니다.

● **until 문법구조**

```
until [ 조건식 ]
do
    조건식이 거짓일 경우 실행할 문장
done
```

[예제 11-16]에서 실습한 while_01.sh과 동일한 수행결과를 until 문으로 작성하려면 소스 코
드 8행을 다음과 같이 변경하면 됩니다.

● **while 문으로 작성한 while_01.sh 파일**

```
08 while [ $cnt -le 10 ]            ← C 언어에서의 (cnt <= 10)과 같은 의미
09 do
10    sum=`expr $sum + $cnt`
11    echo " > 1부터 $cnt까지 누적합 ...  $sum "
12    cnt=`expr $cnt + 1`
13 done
```

● **until 문으로 작성할 경우 while_01.sh 파일 수정할 부분**

```
08 until [ $cnt -gt 10 ]          ← C 언어에서의 (cnt > 10)과 같은 의미
09 do
10    sum=`expr $sum + $cnt`
11    echo " > 1부터 $cnt까지 누적합 ...  $sum "
12    cnt=`expr $cnt + 1`
13 done
```

until 문으로 8행을 변경하면 반복 카운터 변수 cnt가 10보다 작을 경우의 조건식은 거짓이므로 반복 수행은 계속되며 조건식이 참이 되면 반복 수행을 멈추게 됩니다.

break, continue, exit, return 문

break, continue, exit, return 문은 반복문에서 주로 사용되며 break 문은 수행 중이던 반복문을 빠져나갈 때 사용합니다. continue 문은 반복문의 조건식으로 돌아가게 하고 exit문은 프로그램을 완전히 종료합니다. return 문은 호출한 함수에 값을 반환할 때 사용합니다.

break, continue, exit, return 문을 사용하여 프로그램을 작성하기 위해 다음 예제를 수행합니다.

┃ **예제 11-18** ┃ ━━━━━━━━━━━━━━━━━━━━━━━━━━━━━━━━━━━

● **Step 01** | 터미널 창의 /sh_test.d/ 디렉터리 위치에서 gedit bcer.sh 명령으로 다음 코드를 입력한 다음 저장합니다.

```
[root@localhost sh_test.d]# gedit bcer.sh
```

→ bcer.sh

```
01   #! /bin/sh
02   echo "==================================================="
03   echo "[예제 11-18] break, continue, exit문 활용 프로그램  "
04   echo "---------------------------------------------------"
05   echo "> 대/소문자 구별없이 제시된 알파벳을 선택하여 입력하세요.  "
06   echo "> 선택할 알파벳 [b:break/c:continue/e:exit]  "
07   echo "---------------------------------------------------"
08   while [ 1 ]
09   do
10      echo "> 알파벳을 입력 :  "
```

```
11      read choice
12      case $choice in
13        b | B)
14          echo "> 반복문을 빠져나가면서 종료됩니다.  " ;  break;;
15        c | C)
16          echo "> continue문은 조건식으로 돌아갑니다.  " ;  continue;;
17        e | E)
18          echo "> exit문은 프로그램을 완전히 종료합니다.  " ;  exit 0;;
19        *)
20          echo "> 알파벳은 대/소문자 구별 없이 b, c, e 만 허용됩니다. "
21          continue;;
22      esac;
23    done
24    echo "=================================================="
25    exit 0
```

소스 설명

- 01행 특별한 형태의 주석(#!)으로 bash를 사용하겠다는 의미(생략하면 안 됨)
- 06행 키보드로 입력받을 때 허용하는 알파벳 안내 메시지 출력
- 08행 while 문에서 조건을 [1]로 선언하면 무조건 참이므로 무한반복 수행
- 09행 while 반복문 시작
- 11행 키보드로 입력하는 알파벳을 저장하는 choice 변수 선언
- 12행 case 구문 시작 : 조건은 키보드로 입력한 알파벳이 저장된 $choice 변수를 지정
- 13행 대/소문자 구별 없이 키보드로 알파벳 b를 입력받았을 때의 조건
- 14행 알파벳 b를 입력받았을 때 수행할 명령, 두 명령을 구분은 가운데 세미콜론(;) 사용
  명령문의 끝은 세미콜론 2개 사용
- 15행 대/소문자 구별 없이 키보드로 알파벳 c를 입력받았을 때의 조건
- 16행 알파벳 c를 입력받았을 때 수행할 명령
- 17행 대/소문자 구별 없이 키보드로 알파벳 e를 입력받았을 때의 조건
- 18행 알파벳 e를 입력받았을 때 수행할 명령
- 19행 앞에서 주어진 조건 이외의 모든 상황을 *로 조건 지정
  알파벳 b, c, e 이외의 알파벳을 입력받았을 때의 조건
- 20행 알파벳 b, c, e 이외의 알파벳을 입력받았을 때 출력할 메시지
- 21행 continue문을 사용하여 반복문의 조건식으로 다시 돌아감

- 22행 case 구문 종료

- 23행 while 반복문 종료

- 24행 break 문과 exit 문을 수행할 때 출력여부를 구분하여 확인하기 위한 줄표(===)

- 25행 exit 0 : 종료 코드(0은 성공 의미)

- **Step 02** | bcer.sh 파일을 실행하여 알파벳 K와 b를 차례대로 입력한 다음 실행결과를 확인합니다.

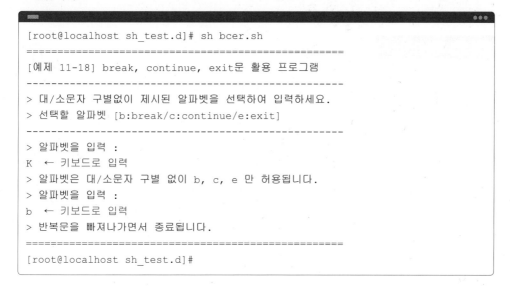

```
[root@localhost sh_test.d]# sh bcer.sh
==================================================
[예제 11-18] break, continue, exit문 활용 프로그램
--------------------------------------------------
> 대/소문자 구별없이 제시된 알파벳을 선택하여 입력하세요.
> 선택할 알파벳 [b:break/c:continue/e:exit]
--------------------------------------------------
> 알파벳을 입력 :
K  ← 키보드로 입력
> 알파벳은 대/소문자 구별 없이 b, c, e 만 허용됩니다.
> 알파벳을 입력 :
b  ← 키보드로 입력
> 반복문을 빠져나가면서 종료됩니다.
==================================================
[root@localhost sh_test.d]#
```

- **Step 03** | bcer.sh 파일을 실행하여 알파벳 c와 e를 차례대로 입력한 다음 실행결과를 확인합니다.

```
root@localhost sh_test.d]# sh bcer.sh
==================================================
[예제 11-18] break, continue, exit문 활용 프로그램
--------------------------------------------------
> 대/소문자 구별없이 제시된 알파벳을 선택하여 입력하세요.
> 선택할 알파벳 [b:break/c:continue/e:exit]
--------------------------------------------------
> 알파벳을 입력 :
c  ← 키보드로 입력
> continue문은 조건식으로 돌아갑니다.
> 알파벳을 입력 :
e  ← 키보드로 입력
```

```
> exit문은 프로그램을 완전히 종료합니다.
[root@localhost sh_test.d]#
```

두 차례 실행한 결과 화면을 살펴보면 첫 번째 실행결과는 brek 문으로 반복문만 빠져나가 줄표(==)가 출력되었지만 두 번째 실행결과에서 continue 문은 다시 조건문으로 돌아가는 과정을 볼 수 있습니다. 그리고 exit 문은 exit 명령이 있는 행에서 프로그램이 완전히 종료되어 줄표(==)가 출력되지 않았음을 확인할 수 있습니다.

⑥ 함수

함수는 특정 목적을 수행하는 프로그램 모듈을 의미합니다. 함수는 컴파일러가 제공하는 라이브러리 함수와 프로그래머가 필요에 따라 함수를 정의해서 사용하는 사용자 정의 함수가 있습니다.

함수를 사용하는 목적은 프로그램의 재사용과 유지보수의 효율성을 높이기 위함입니다.

사용자 정의 함수

사용자가 필요에 따라 함수를 정의해서 사용하는 함수를 사용자 정의 함수라고 하며 함수 정의 형식은 다음과 같습니다.

● **사용자 정의 함수 정의**

```
함수_이름 ( )      ← 함수 정의 : 함수 이름은 예약어를 사용해선 안 됨
{
   수행하고자  하는  명령
   return           ← 생략할 수도 있음
}
```

● **사용자 정의 함수 호출**

```
#! /bin/sh
      :
함수_이름         ← 함수를 호출하려는 위치에서 함수 이름을 코딩하면 호출됨
      :
exit 0
```

사용자 정의 함수를 정의할 때 함수의 이름은 예약어를 사용할 수 없습니다. 예약어라 함은 for 또는 while 등 프로그램 수행을 위해 이미 컴파일러에서 예약해 놓은 단어를 의미합니다.

사용자 정의 함수의 이름은 가급적 프로그램을 수행하려는 목적을 유추할 수 있도록 관련성 있는 단어를 사용하는 것이 바람직합니다.

사용자 함수를 정의하고 호출하는 프로그램을 작성하기 위해 다음 예제를 수행합니다.

| **예제 11-19** |

• **Step 01** | 터미널 창의 /sh_test.d/ 디렉터리 위치에서 gedit userfun_01.sh 명령으로 다음 코드를 입력한 다음 저장합니다.

```
[root@localhost sh_test.d]# gedit userfun_01.sh
```

→ userfun_01.sh

```
01   #! /bin/sh
02   echo "===================================================="
03   echo "[예제 11-19] 사용자 정의 함수에 대한 정의 및 호출  프로그램  "
04   echo "----------------------------------------------------"
```

```
05    echo "> 함수를 호출하려면 먼저 함수를 정의해야 합니다.   "
06
07    myfun ( )
08    {
09      echo "  --------------- < myfun 함수 > ----------------"
10      echo "    o. 사용자 정의 함수 myfun ( )에 대한 정의 "
11      echo "    o. 여기는 myfun 함수의 영역입니다.   "
12      echo "    o. myfun 함수가 호출 되었습니다.   "
13      echo "  -----------------------------------------------"
14    }
15
16    echo "> 사용자 정의 함수를 호출 : myfun 함수 이름 코딩   "
17    echo ""
18    myfun
19    echo ""
20    echo "> 프로그램을 종료합니다.   "
21    echo "==================================================="
22    exit 0
```

소스 설명

- 01행 특별한 형태의 주석(#!)으로 bash를 사용하겠다는 의미(생략하면 안 됨)
- 07행 사용자 정의 함수 myfun ( ) 정의
- 08행 myfun ( ) 함수 시작구간
- 09행 함수의 시작과 이름을 알리기 위한 메시지 출력
- 10행 함수 내에서 수행할 명령 1
- 11행 함수 내에서 수행할 명령 2
- 12행 함수 내에서 수행할 명령 3
- 13행 함수의 끝을 알리기 위한 메시지 출력
- 14행 myfun ( ) 함수 종료구간
- 17행 빈 행을 추가
- 18행 사용자 정의 함수 myfun ( ) 호출
- 22행 exit 0 : 종료 코드(0은 성공 의미)

- **Step 02** | 셸 스크립트 userfun_01.sh 파일을 실행합니다.

```
[root@localhost sh_test.d]# sh userfun_01.sh
========================================================
[예제 11-19] 사용자 정의 함수에 대한 정의 및 호출  프로그램
--------------------------------------------------------
> 함수를 호출하려면 먼저 함수를 정의해야 합니다.
> 사용자 정의 함수를 호출 : myfun 함수 이름 코딩

    ---------------- < myfun 함수 > ----------------
    o. 사용자 정의 함수 myfun ( )에 대한 정의
    o. 여기는 myfun 함수의 영역입니다.
    o. myfun 함수가 호출 되었습니다.
    ------------------------------------------------

> 프로그램을 종료합니다.
========================================================
[root@localhost sh_test.d]#
```

함수의 파라미터

키보드로 입력받은 숫자를 사용자 정의 함수를 사용하여 연산할 때는 파라미터(Parameter)를 사용해야 하며 함수를 호출할 때는 함수 이름 뒤에 파라미터를 붙여서 '함수 이름 $1, $2, …'와 같은 형태로 호출해야 합니다. 함수의 파라미터 사용형식은 다음과 같습니다.

- ● **파라미터와 함께 함수의 호출방식**

```
함수 이름 ( )
{
  수행하고자 하는 명령
  return              ←생략할 수도 있음
}
```

- ● **사용자 정의 함수 호출과 파라미터 선언**

```
#! /bin/sh
    :
함수 이름 $1 $2 ...      ←함수를 호출할 때 파라미터도 같이 선언
    :
exit 0
```

사용자 정의 함수를 정의할 때도 함수 안에 파라미터를 $1, $2, …의 형태로 사용해야 합니다. 예를 들어 키보드로 입력받은 정수에 대한 두 수의 덧셈 연산식을 산출하는 사용자 정의 함수를 정의할 경우 첫 번째로 입력한 값은 $1 파라미터에 대응합니다.

두 번째로 입력한 값은 $2 파라미터에 대응하는 방식으로 사용자 정의 함수를 정의해야 합니다. 마찬가지로 사용자 정의 함수를 호출할 때도 함수 이름과 함께 파라미터를 같이 붙여서 호출해야 합니다.

파라미터를 사용하여 함수를 호출하는 프로그램을 작성하기 위해 다음 예제를 수행합니다.

│ 예제 11-20 │

- **Step 01** │ 터미널 창의 /sh_test.d/ 디렉터리 위치에서 gedit userfun_02.sh 명령으로 다음 코드를 입력한 다음 저장합니다.

```
[root@localhost sh_test.d]# gedit userfun_02.sh
```

→ userfun_02.sh
```
01   #! /bin/sh
02   echo "======================================================="
03   echo "[예제 11-20] 파라미터를 사용하여 함수를 호출하는 프로그램   "
04   echo "-------------------------------------------------------"
05
06   add ( )
07   {
08     echo "----------------- < add 함수 > ----------------"
09     echo "o. 두 수에 대한 덧셈 연산식을 수행하는 함수입니다.   "
10     total=`expr $1 + $2`
11     echo "o. 연산결과 : $num1 + $num2 = $total"
12     echo "o. 여기까지가 add함수 영역입니다.   "
13     echo "-------------------------------------------"
14   }
15
16   echo "> 키보드로 두 수를 차례대로 입력하세요.   "
17   echo "> 첫 번째 수 입력   "
18     read num1
19   echo "> 두 번째 수 입력   "
20     read num2
21     add $num1 $num2
22   echo "> 프로그램을 종료합니다.   "
```

```
23   echo "==========================================================="
24   exit 0
```

소스 설명

- 01행 특별한 형태의 주석(#!)으로 bash를 사용하겠다는 의미(생략하면 안 됨)
- 06행 사용자 정의 함수 add ( ) 정의
- 07행 add ( ) 함수 시작구간
- 10행 두 개의 파라미터를 덧셈연산 후 변수 total에 저장
- 11행 키보드로 입력받은 두 수 $num1과 $num2와 연산결과를 $total 변수에 저장
- 12행 함수의 끝을 알리기 위한 메시지 출력
- 14행 add ( ) 함수 종료구간
- 18행 키보드로 첫 번째 수 입력하여 num1 변수에 저장
- 20행 키보드로 두 번째 수 입력하여 num2 변수에 저장
- 21행 add ( ) 함수를 호출하면서 파라미터 2개를 같이 선언
- 24행 exit 0 : 종료 코드(0은 성공 의미)

• **Step 02** | 셸 스크립트 userfun_02.sh 파일을 실행합니다.

```
[root@localhost sh_test.d]# sh userfun_02.sh
===========================================================
[예제 11-20] 파라미터를 사용하여 함수를 호출하는 프로그램
-----------------------------------------------------------
> 키보드로 두 수를 차례대로 입력하세요.
> 첫 번째 수 입력
100  ← 키보드로 입력
> 두 번째 수 입력
200  ← 키보드로 입력
----------------- < add 함수 > ----------------
o. 두 수에 대한 덧셈 연산식을 수행하는 함수입니다.
o. 연산결과 : 100 + 200 = 300
o. 여기까지가 add함수 영역입니다.
-----------------------------------------------
> 프로그램을 종료합니다.
===========================================================
[root@localhost sh_test.d]#
```

도전 문제 11-4

1. 셸 스크립트 프로그램 test _ 1104.sh 작성하기
2. 사용자 정의 함수 2개(hap, cha) 정의하기
3. hap( ) 함수는 덧셈을 cha( ) 함수는 뺄셈을 연산하기
4. 함수 사용 선택은 숫자 1과 2로 구분하여 호출하기 (1 : hap 함수, 2 : cha 함수)
5. 키보드로 두 수를 입력받아 변수 num1과 num2에 저장하기
6. 함수를 선택하는 숫자 1, 2 이외의 숫자가 입력되었을 경우에는 종료하기
7. 각각의 함수에는 return 문은 생략하기

7 기타 알아두면 좋은 내용

지금까지 살펴본 셸 스크립트 프로그래밍 이외에도 알아두면 좋은 내용에 대해서 살펴보도록 하겠습니다.

문자열을 명령문으로 인식 : eval

eval은 프로그램에서 문자열로 처리한 부분을 명령문으로 인식하여 명령을 수행합니다. 문자열을 명령문으로 인식하는 프로그램을 작성하기 위해 다음 예제를 수행합니다.

예제 11-21

• **Step 01** | 터미널 창의 /sh_test.d/ 디렉터리 위치에서 gedit eval.sh 명령으로 다음 코드를 입력한 다음 저장합니다.

```
[root@localhost sh_test.d]# gedit eval.sh
```

→ eval.sh

```
01   #! /bin/sh
02   echo "========================================="
03   echo "[예제 11-21] 문자열을 명령문으로 인식하는 프로그램   "
04   echo "-----------------------------------------"
05   filename="ls /tmp"
06   echo "> echo : ls /tmp를 문자열로 인식 "
07   echo $filename
08   echo "> eval : ls /tmp 문자열을 명령문으로 인식    "
09   echo "-----------------------------------------"
10   eval $filename
11   echo "> 프로그램을 종료합니다.   "
12   echo "========================================="
13   exit 0
```

소스 설명

- **01행** 특별한 형태의 주석(#!)으로 bash를 사용하겠다는 의미(생략하면 안 됨)
- **05행** 문자열 "ls /tmp"를 변수 filename에 저장
- **06행** echo 명령으로 ls /tmp 문자열 출력알림 메시지
- **07행** "ls /tmp" 문자열이 저장된 변수 $filename 출력
- **08행** eval 명령으로 ls /tmp 문자열을 명령문으로 인식하여 출력알림 메시지
- **10행** eval 명령으로 ls /tmp 문자열을 명령문으로 인식하여 수행되도록 명령어 선언
- **13행** exit 0 : 종료 코드(0은 성공 의미)

- **Step 02** | 셀 스크립트 eval.sh 파일을 실행합니다.

```
[root@localhost sh_test.d]# sh userfun_02.sh
==========================================
[예제 11-21] 문자열을 명령문으로 인식하는 프로그램
------------------------------------------
> echo : ls /tmp를 문자열로 인식
ls /tmp
> eval : ls /tmp 문자열을 명령문으로 인식
------------------------------------------
anaconda.log
hsperfdata_root
ifcfg.log
...
(생략)
...
dnf_save_tx.2019-07-28.13-00.ioIbc9.dnftx
dnf_save_tx.2019-07-28.17-04.UrlOVy.dnftx
> 프로그램을 종료합니다.
==========================================
[root@localhost sh_test.d]#
```

출력형식 지정 : printf

C 언어에서 사용하는 printf( ) 함수와 같이 출력 형식을 지정하여 문자열이나 실수의 소수점 자리 수 지정, 강제 줄 바꿈 명령 등을 수행할 수 있습니다.

printf 함수를 사용하여 출력형식을 지정하여 출력하는 프로그램을 작성하기 위해 다음 예제를 수행합니다.

| 예제 11-22 |

- **Step 01** | 터미널 창의 /sh_test.d/ 디렉터리 위치에서 gedit printf_ex.sh 명령으로 다음 코드를 입력한 다음 저장합니다.

```
[root@localhost sh_test.d]# gedit printf_ex.sh
```

```
→ printf_ex.sh
01   #! /bin/sh
02   echo "======================================================"
03   echo "[예제 11-22] printf를 사용하여 출력형식 지정 프로그램  "
04   echo "------------------------------------------------------"
05   echo "> 키보드로 실수를 입력하세요. "
06   read float_num
07   echo "> 키보드로 문자열을 입력하세요. "
08   read input_string
09   echo "------------------------------------------------------"
10   echo "> 실수를 5.2f 출력 형식을 지정하여 출력 "
11   printf " %5.2f \n " $float_num
12   echo "------------------------------------------------------"
13   echo "> 문자열 출력 형식을 지정하여 출력 "
14   echo " 1.변수에 겹따옴표를 붙였을 때 "
15   printf "  %s \n " "$input_string"
16   echo " 2.변수에 겹따옴표를 안 붙였을 때 "
17   printf "  %s \n " $input_string
18   echo "======================================================"
19   exit 0
```

소스 설명

- 01행 특별한 형태의 주석(#!)으로 bash를 사용하겠다는 의미(생략하면 안 됨)
- 06행 키보드로 입력하는 실수를 float_num 변수에 저장
- 08행 키보드로 입력하는 문자열을 input_string 변수에 저장
- 11행 printf 명령의 %5.2f 출력형식으로 전체 다섯 자리에서 소수 둘째자리까지 출력
- 15행 키보드로 입력한 문자열이 저장된 변수 "$input_string"을 겹따옴표로 묶어주면 입력한 문자열은 모두 한 줄로 출력됨

- 17행 키보드로 입력한 문자열이 저장된 변수 $input _ string을 겹따옴표로 묶어주지 않으면
  입력한 문자열은 공백을 기준하여 여러 줄로 출력됨

- 19행 exit 0 : 종료 코드(0은 성공 의미)

- **Step 02** | 셸 스크립트 printf_ex.sh 파일을 실행합니다.

```
[root@localhost sh_test.d]# sh printf_ex.sh
==========================================================
[예제 11-22] printf를 사용하여 출력형식 지정 프로그램
----------------------------------------------------------
> 키보드로 실수를 입력하세요.
123.456  ← 키보드로 입력
> 키보드로 문자열을 입력하세요.
Happy New Year  ← 키보드로 입력
----------------------------------------------------------
> 실수를 5.2f 출력 형식을 지정하여 출력
 123.46
----------------------------------------------------------
> 문자열 출력 형식을 지정하여 출력
 1.변수에 겹따옴표를 붙였을 때
  Happy New Year
 2.변수에 겹따옴표를 안 붙였을 때
  Happy
  New
  Year
==========================================================
[root@localhost sh_test.d]#
```

명령어 형식 지정

리눅스 시스템에서 사용하는 명령어를 파라미터로 세팅하여 사용하려면 set 명령과 $(명령어) 형식을 함께 지정하여 사용하면 됩니다.

오늘의 날짜와 시각 중에서 요일만 출력하고자 할 때 명령어에 대한 형식지정 방법은 다음과 같습니다.

● 명령어 형식 지정방법

```
                 $1   $2  $3   $4       $5      $6
                  ↓    ↓   ↓    ↓        ↓       ↓
$date       ←  2019.  12. 25   (수)  20:55:23  KST : 오늘의 날짜를 기준
set $4      ←  (수) : 요일에 해당하는 네 번째 파라미터를 지정하여 선언
```

set과 $를 사용하여 명령어 형식을 지정하는 프로그램을 작성하기 위해 다음 예제를 수행합
니다.

| 예제 11-23 |

• **Step 01** | 터미널 창의 /sh_test.d/ 디렉터리 위치에서 gedit set_date.sh 명령으로 다음 코
드를 입력한 다음 저장합니다.

```
[root@localhost sh_test.d]# gedit set_date.sh
```

→ set_date.sh
```
01   #! /bin/sh
02   echo "=================================================="
03   echo "[예제 11-23] set과 $로 명령어 형식 지정 프로그램  "
04   echo "--------------------------------------------------"
05   echo "> 오늘의 날짜 출력 : $(date) "
06   set $(date)
07   echo "> 오늘의 요일 출력 :  $4 요일 "
08   echo "--------------------------------------------------"
09   echo ">> 프로그램을 종료합니다. "
10   echo "=================================================="
11   exit 0
```

소스 설명

• 01행 특별한 형태의 주석(#!)으로 bash를 사용하겠다는 의미(생략하면 안 됨)

• 05행 오늘의 날짜와 요일, 시각을 출력하기 위해 $(date) 명령어 지정

• 06행 명령어 형식지정을 위한 set $(date) 선언

• 07행 set $(date) 형식지정에서 네 번째 요소인 요일을 출력하기 위해 $4를 선언

• 11행 exit 0 : 종료 코드(0은 성공 의미)

- **Step 02** | 셸 스크립트 set_date.sh 파일을 실행합니다.

```
[root@localhost sh_test.d]# sh set_date.sh
=====================================================
[예제 11-23] set과 $로 명령어 형식 지정 프로그램
-----------------------------------------------------
> 오늘의 날짜 출력 : 2019. 12. 25. (수) 21:40:55 KST
> 오늘의 요일 출력 :  (수) 요일
-----------------------------------------------------
>> 프로그램을 종료합니다.
=====================================================
[root@localhost sh_test.d]#
```

◎- 도전 문제 11-5

1. 셸 스크립트 프로그램 test _ 1105.sh 작성하기
2. set와 $(명령어)를 사용하여 오늘의 날짜와 요일 시각 형식 지정하기
3. 출력 메시지는 다음과 같이 출력하기
   a. 연도 출력 :
   b. 월일 출력 :
   c. 요일 출력 :
   d. 시각 출력 :
4. 출력형식은 아래 실행결과 그림 참조

```
[root@localhost sh_test.d]# sh test_1105.sh
=====================================================
> 오늘의 날짜 출력 : 2019. 12. 31. (화) 15:05:33 KST
a. 연도 출력 : [2019.]년도
b. 월일 출력 : [12.]월 [31.]일
c. 요일 출력 : (화)요일
d. 시각 출력 : [15:05:33]초
[root@localhost sh_test.d]#
```

01 셸은 사용자에게 입력한 명령을 해석하여 커널에 전달하거나 커널의 처리결과를 사용자에게 전달하는 역할을 수행합니다.'

● Bash의 중요한 환경변수

환경변수	의미	환경변수	의미
HOME	현재 사용자의 홈 디렉터리	PATH	실행파일 찾는 경로
LANG	기본적으로 지원되는 언어	PWD	사용자의 디렉터리 위치
TERM	로그인 터미널 타입	SHELL	로그인해서 사용하는 셸
USER	현재 사용자의 이름	DISPLAY	X 디스플레이 이름
COLUMNS	현재 터미널의 컬럼 수	LINES	현재 터미널 라인 수
PS1	1차 명령 프롬프트 변수	PS2	2차 명령 프롬프트(>)
BASH	bash 셸의 경로	BASH_VERSION	bash 버전
HISTFILE	히스토리 파일의 경로	HISTSIZE	히스토리파일에 저장 갯수
HOSTNAME	호스트 이름	USERNAME	현재 사용자 이름
LOGNAME	로그인 이름	LS_COLORS	ls 명령의 확장자 색상
MAIL	메일을 보관하는 경로	OSTYPE	운영체제 타입

02 환경변수를 설정하기 위해서는 먼저 셸 변수를 정의하고 export 명령을 사용하여 설정된 환경변수를 변경할 수 있습니다. export 명령의 사용형식은 다음과 같습니다.

\# **export**

기능 지정한 셸 변수를 환경변수로 변경하여 설정
형식 export [옵션] [셸 변수] ENTER↵
옵션 -n : 환경변수를 셸 변수로 변경

---

03 셸 스크립트의 대표적인 장점은 다른 프로그래밍 언어에서 작성된 같은 코드보다 훨씬 더 빠르게 처리된다는 점입니다. 셸 스크립트를 사용함에 있어 몇 가지 단점을 살펴보면 먼저 실행되는 각 명령에 대한 잠재적으로 새로운 하부 프로세스가 수많이 필요하게 됨에 따라 속도가 느려질 수 있습니다.

04 echo 명령은 모든 셸 스크립트 프로그래밍에서 공통으로 사용할 수 있는 출력 명령이며 사용형식은 다음과 같습니다.

echo
기능 화면에 한 줄의 문자열을 출력
형식 echo [옵션] [문자열] $\boxed{\text{ENTER↵}}$
옵션 -n : 문자열의 마지막에서 줄 바꿈을 하지 않음

05 출력형식을 %d 지시자와 \n(또는 ₩n) 줄 바꿈 문자 등 C 언어에서 사용하는 출력함수인 printf( ) 함수의 형식을 지정하여 출력할 수 있습니다. printf 명령의 사용형식은 다음과 같습니다.

printf
기능 출력형식을 지정하여 문자열을 출력
형식 printf [옵션] [문자열] $\boxed{\text{ENTER↵}}$
기능 %d, \n(₩n) 등 C 언어의 printf( ) 함수 형식을 지정

06 변수 선언 시 유의해야 할 사항이 있습니다. 셸에서 사용되는 변수는 모두 문자열(String)로 취급되기 때문에 숫자도 문자열로 처리됩니다. 그리고 알파벳 대·소문자 구별이 엄격하며 변수에 값을 대입할 때는 '=' 좌우에 공백이 없어야 합니다.

    var1 = Hi　　　← 오류! '=' 좌우에 공백 있음

    var2=good

    var3=Nice Day　← 오류! 두 개의 문자열인 경우 큰따옴표("")로 묶어야 함

    var4="Good morning"

    var5=88+95　　← 오류는 없지만, 연산은 안 됨(모두 문자열로 취급되기 때문)

07 파라미터(Parameter) 변수는 자신이 실행한 명령어의 파라미터(매개변수)를 의미합니다. 파라미터 변수는 $0, $1, $2, … 등과 같이 실행하는 명령의 부분을 각각 하나씩을 변수로

지정합니다. 예를 들어 패키지를 설치하는 dnf -y install xinetd 명령을 실행한다고 할 때 파라미터 변수는 다음 표와 같이 지정할 수 있습니다.

● 파라미터 변수와 의미

구분	수행할 명령	파라미터 1	파라미터 2	파라미터 3
명령어	dnf	-y	install	xinetd
파라미터 변수	$0	$1	$2	$3
표현 방법	$0 ← dnf	$1 ← -y	$2 ← install	$3 ← xinetd

08 if 문은 주어진 조건이 참일 경우에 수행하는 분기문으로 거짓일 경우에는 명령을 수행하지 않습니다.

● 기본 if 문 문법구조

```
if [ 조건식 ]
then
  조건식이 참일 경우 실행할 문장
fi
```

● if~else 문 문법구조

```
if [ "space" = "space" ]
then
  echo "두 문자열은 같은 문자열입니다."
fi
```

09 조건문에 들어가는 비교 연산자에는 문자열과 산술 비교 연산자가 있습니다. 비교 연산자는 다음 표를 참고하면 됩니다.

● 문자열 비교 연산자

연산자	의미	사용 예	결과
=	같음	"문자열1" = "문자열2"	두 문자열이 같으면 참
!=	같지 않음	"문자열1" != "문자열2"	두 문자열이 같지 않으면 참
-n	Null이 아닌 값	-n "문자열"	문자열이 빈 문자열이 아니면 참
-z	Null 값	-z "문자열"	문자열이 빈 문자열이면 참

10 산술 비교 연산자는 다음 표와 같습니다.

● 산술 비교 연산자

연산자	의미	사용 예	결과
-eq	같음	변수1 -eq 변수2	변수1과 변수2가 같으면 참
-ne	같지 않음	변수1 -ne 변수2	변수1과 변수2가 같지 않으면 참
-gt	큼	변수1 -gt 변수2	변수1이 변수2보다 크면 참
-ge	크거나 같음	변수1 -ge 변수2	변수1이 변수2보다 크거나 같으면 참
-lt	작음	변수1 -lt 변수2	변수1이 변수2보다 작으면 참
-le	작거나 같음	변수1 -le 변수2	변수1이 변수2보다 작거나 같으면 참
!	부정	!변수1	변수1이 아니면 참

11 파일과 디렉터리를 구별하고 파일의 읽기, 쓰기, 실행 가능한지를 if~else 문의 조건으로 판별하여 참과 거짓에 해당하는 명령을 수행하는 파일 관련 조건을 다음 표와 같이 정리 하였습니다.

● 파일관련 조건

연산자	결과
-d 파일이름	주어진 파일이름이 디렉터리이면 참
-e 파일이름	주어진 파일이름이 존재하면 참

-f 파일이름	주어진 파일이름이 일반 파일이면 참
-g 파일이름	주어진 파일이름이 set-group-id가 설정되면 참
-r 파일이름	주어진 파일이름이 읽기가 가능하면 참
-s 파일이름	주어진 파일의 크기가 0이 아니면 참
-u 파일이름	주어진 파일이름이 set-user-id가 설정되면 참
-w 파일이름	주어진 파일이름이 쓰기 가능한 상태이면 참
-x 파일이름	주어진 파일이름이 실행 가능한 상태이면 참

12 if~else 문은 조건을 참과 거짓으로 판별하여 참과 거짓에 해당하는 명령을 수행하지만, case~esac 문은 여러 개의 조건을 펼쳐놓고 어느 조건에 해당되는지를 판별하여 명령을 수행하는 방식으로 구문이 전개되어 훨씬 간결하고 이해하기가 쉬운 분기문이며 사용형식은 다음과 같습니다.

● case~esac 문 문법구조

```
case 파라미터 또는 키보드 입력값 in
  조건1)
    조건1에 해당할 경우 실행할 명령
  조건2)
    조건2에 해당할 경우 실행할 명령
  조건n)
    조건n에 해당할 경우 실행할 명령
  *)
    앞에서 주어진 조건 이외의 모든 경우 실행할 명령
esac
```

13 리눅스 시스템의 셸 스크립트 프로그램에서 사용할 수 있는 for 문의 문법형식은 다음과 같은 3가지 타입이 있습니다.

① Type_01

```
for ((초깃값; 조건식; 증감값))
do
    조건식이 참일 동안 수행할 명령
done
```

② Type_02

```
for 변수 in `seq 초깃값 마지막값
do
    조건식이 참일 동안 수행할 명령
done
```

③ Type_03

```
for 변수 in 값1 값2 값3 …
do
    조건식이 참일 동안 수행할 명령
done
```

14 반복문 중에서 for 문은 반복횟수를 정확히 알고 있는 경우에 주로 사용하고 while 문은
반복횟수를 정확히 모를 때 주로 사용합니다. while 문의 사용형식은 다음과 같습니다.

● while 문 문법구조

```
while [ 조건식 ]
do
    조건식이 참일 경우 실행할 문장
done
```

15 until 문은 조건식이 거짓이어야 반복을 계속해서 수행합니다. 즉, until 문은 조건식이 참이 될 때 반복수행을 멈춘다는 의미입니다. until 문의 사용형식은 다음과 같습니다.

● until 문 문법구조

```
until [ 조건식 ]
do
   조건식이 거짓일 경우 실행할 문장
done
```

16 break, continue, exit, return 문은 반복문에서 주로 사용되며 break 문은 수행 중이던 반복문을 빠져나갈 때 사용합니다. continue 문은 반복문의 조건식으로 돌아가게 하고 exit 문은 프로그램을 완전히 종료합니다. return 문은 함수에서 주로 사용하며 함수를 호출한 곳으로 반환값을 돌려줄 때 사용합니다.

17 사용자가 필요에 따라 함수를 정의해서 사용하는 함수를 사용자 정의 함수라고 하며 형식은 다음과 같습니다.

● 사용자 정의 함수 정의

```
함수 이름 ( )      ←함수 정의 : 함수 이름은 예약어를 사용해선 안 됨
{
   수행하고자 하는 명령
   return          ←생략할 수도 있음
}
```

● 사용자 정의 함수 호출

```
#! /bin/sh
      :
함수 이름       ←함수를 호출하려는 위치에서 함수 이름을 코딩하면 호출됨
      :
exit 0
```

18 키보드로 입력받은 숫자를 사용자 정의 함수를 사용하여 연산할 때는 파라미터 (Parameter)를 사용해야 하며 함수를 호출할 때는 함수 이름 뒤에 파라미터를 붙여서 '함수 이름 $1, $2, …'와 같은 형태로 호출해야 합니다. 함수의 파라미터 사용형식은 다음과 같습니다.

● 파라미터와 함께 함수의 호출방식

```
함수 이름 ( )
{
    수행하고자 하는 명령
    return              ←생략할 수도 있음
}
```

● 사용자 정의 함수 호출과 파라미터 선언

```
#! /bin/sh
    :
함수 이름 $1 $2 ...      ←함수를 호출할 때 파라미터도 같이 선언
    :
exit 0
```

19 eval은 프로그램에서 문자열로 처리한 부분을 명령문으로 인식하여 명령을 수행합니다.

20 printf 명령은 C 언어에서 사용하는 printf( ) 함수와 같이 출력 형식을 지정하여 문자열이나 실수의 소수점 자릿수 지정, 강제 줄 바꿈 명령 등을 수행할 수 있습니다.

21 리눅스 시스템에서 사용하는 명령어를 파라미터로 세팅하여 사용하려면 set 명령과 $(명령어) 형식을 함께 지정하여 사용하면 됩니다. 오늘의 날짜와 시각 중에서 요일만 출력하고자 할 때 명령어에 대한 형식지정 방법은 다음과 같습니다.

● 명령어 형식 지정방법

```
                   $1      $2  $3    $4        $5          $6
                    ↓       ↓   ↓     ↓         ↓           ↓
$date      ←    2019.  12.  25    (수)    20:55:23    KST : 오늘의 날짜를 기준
set $4     ←    (수) : 요일에 해당하는 네 번째 파라미터를 지정하여 선언
```

## PART 05

웹 서버 구축 및
보안 관리

CHAPTER 12

네트워크 인터페이스와
텔넷 접속

학습목표

● 네트워크 인터페이스에 대해 이해할 수 있습니다.

● CentOS 8에 할당된 IP 주소를 검색할 수 있습니다.

● 네트워크 환경설정에 필요한 요소와 연결 상태를 확인할 수 있습니다.

● 리눅스 외부 환경에서 텔넷과 Open SSH 접속을 수행할 수 있습니다.

네트워크 인터페이스

네트워크 인터페이스(Network Interface)란 지역적으로 분산된 위치에서 컴퓨터 시스템 간의 데이터 통신을 위해 네트워크 장비와 각 장치 간의 주소를 설정하여 원활한 통신 상태를 유지해 주는 것을 의미합니다.

1 네트워크 인터페이스 설정 확인

리눅스 시스템을 네트워크에 연결하려면 IP(Internet Protocol) 주소를 할당받아야 합니다. IP 주소는 같은 네트워크 내에서는 동일한 주소를 가질 수 없으며 반드시 시스템 관리자에게 문의하여 사용할 수 있는 IP 주소를 할당받아서 사용해야 됩니다.

현재 사용 중인 리눅스 시스템의 네트워크 인터페이스 설정을 확인하려면 ifconfig 명령을 사용해야 하며 사용형식은 다음과 같습니다.

ifconfig

기능 현재 사용 중인 시스템의 네트워크 인터페이스 설정 확인
형식 ifconfig [인터페이스명] [옵션] [값] `ENTER⏎`
기능 -a : 시스템의 전체 네트워크 인터페이스에 대한 정보출력
　　　 up/down : 인터페이스를 활성화(up)/비활성화(down)
　　　 netmask 주소 : 넷마스크 주소값 설정
　　　 broadcast 주소 : 브로드캐스트 주소값 설정

현재 사용 중인 리눅스 시스템에 설정된 네트워크 인터페이스의 정보를 출력하기 위해 다음 예제를 수행합니다.

| 예제 12-1 |

터미널 창에서 네트워크 인터페이스 설정을 확인하기 위해 다음과 같이 명령을 수행합니다. 독자분들의 컴퓨터에 설정된 네트워크 인터페이스 정보는 이 책과 다르게 출력되므로 참고하기 바랍니다.

```
[root@localhost ~]# ifconfig
ens160: flags=4163<UP,BROADCAST,RUNNING,MULTICAST>  mtu 1500
        inet 192.168.202.132  netmask 255.255.255.0  broadcast
192.168.202.255
        inet6 fe80::a935:d00c:87fc:5b16  prefixlen 64  scopeid 0x20<link>
        ether 00:0c:29:71:88:ba  txqueuelen 1000  (Ethernet)
        RX packets 8792  bytes 2021027 (1.9 MiB)
        RX errors 0  dropped 0  overruns 0  frame 0
        TX packets 1264  bytes 105400 (102.9 KiB)
        TX errors 0  dropped 0 overruns 0  carrier 0  collisions 0

...
(생략)
...
[root@localhost ~]#
```

현재 사용 중인 시스템의 네트워크 인터페이스 설정 정보는 다음과 같습니다. 이 정보는 컴퓨터 환경과 시스템 사양에 따라 다르게 나타날 수 있으며 유동 IP의 경우 인터넷에 접속할 때마다 IP 주소는 다르게 할당됩니다.

- IP 주소(inet) : 192.168.202.132
- 넷마스크(netmask) : 255.255.255.0
- 브로드캐스트 주소(broadcast) : 192.168.202.255
- IPv6 주소(inet6) : fe80::a935:d00c:87fc:5b16
- MAC 주소(ether) : 00:0c:29:71:88:ba

2 IP 주소 체제

IP 주소(Internet Protocol Address)란 네트워크 내에서 각종 장치(Device)들이 서로를 인식하고 구별하여 상호 통신이 가능하기 위해 사용되는 특수한 번호를 의미합니다.

네트워크에 접속된 모든 장치는 각각의 고유 IP 주소를 반드시 가지고 있어야 합니다. 그 이유는 데이터를 전송할 때 목적지 IP 주소를 찾아서 데이터를 정확하게 전달하기 위해 필요합니다.

여기서 잠깐 살펴보세요.

IP 주소를 줄여서 IP라고도 부르기도 하지만 IP는 인터넷 규약을 의미하므로 엄밀하게는 구별되어 사용되는 것이 바람직합니다. 지금까지 주로 사용되어 온 IP 주소는 IPv4 버전의 주소체제를 사용해 왔지만 IP 주소의 고갈로 인해 IP 주소의 길이를 늘린 IPv6 버전의 주소체제로 확산되고 있는 추세입니다.

IPv4 버전

이 주소의 범위는 32bit 체제로 보통 0~255 사이의 10진수 4자리를 점(.)으로 구분하여 사용되고 있습니다.

IP 주소의 범위는 0.0.0.0~255.255.255.255까지를 주소의 범위로 제한하고 있습니다. 중간의 일부 번호들은 특별한 용도로 사용하기 위해 예약된 IP 주소가 있습니다.

예를 들어 localhost를 의미하는 127.0.0.1의 주소와 같이 호스트 자신을 의미하는 용도로 IP 주소가 사용됩니다.

IPv4 버전을 사용하는 용도에 따라 클래스별로 구분하여 다음 표와 같이 정리하였습니다.

표 12-1 IPv4 버전의 사용 클래스 영역

클래스	클래스 영역	주소	용도
A	0~127	0.0.0.0~127.255.255.255	국가기관 네트워크 구축
B	128~191	128.0.0.0~191.255.255.255	중·대형급 서버 구축
C	192~223	192.0.0.0~223.255.255.255	일반인에게 사용되는 IP 주소
D	224~239	224.0.0.0~239.255.255.255	멀티캐스팅을 위한 IP 주소
E	240~255	240.0.0.0~255.255.255.255	실험 및 연구 목적용

IPv6 버전

이 주소의 범위는 128bit 체제로 IPv4 버전의 32bit 주소 체제에서의 IP 주소 고갈 문제를 해결하기 위해 등장하였습니다. IPv6 버전의 주소는 보통 2자리 16진수 8개를 사용하고 주소의 영역은 콜론(:)으로 구분합니다.

IPv6 버전은 2의 제곱수를 크기로 갖는 주소들의 집합으로 네트워크의 프리픽스 뒤에 프리픽스 기호인 / 기호와 함께 비트 수를 붙여서 나타냅니다.

IP 주소에 대해 IPv4 버전과 IPv6 버전의 차이점을 다음 표와 같이 정리하였습니다.

여기서 잠깐 살펴보세요.

IPv6 버전의 주소체제를 살펴보면 2001:1234:5678:9ABC::/64와 같이 나타낸 것은 2001:1234:5678:9ABC부터 2001:1234:5678:9ABC:FFFF:FFFF:FFFF:FFFF까지의 주소를 갖는 네트워크를 구축할 수 있습니다.

표 12-2 IPv4 버전과 IPv6 버전의 차이점

구분	IPv4	IPv6
주소 길이	32bit	128bit
표시 방법	8bit씩 4개 부분 10진수 표시	16bit씩 8개 부분 16진수 표시
주소 개수	약 43억 개	거의 무한대
주소 할당	클래스 단위의 비순차적	규모와 단말기에 따라 순차적
품질 제어	타입/서비스 QoS 일부 지원	등급/서비스별 패킷구분 보장
보안 기능	IPsec 프로토콜 별도 설치	확장기능에서 기본적으로 지원
플래그 앤 플레이	지원수단 없음	지원수단 있음
모바일 IP	곤란	용이
웹 캐스팅	곤란	용이

3 네트워크 환경설정에 필요한 요소

네트워크 인터페이스 설정과 관련된 네트워크 장비에 대한 전문용어는 많이 존재합니다. 여기서는 자세한 설명은 생략하기로 하고 이 단원에서 꼭 필요한 용어만 간략하게 살펴보겠습니다.

서브넷 마스크

서브넷 마스크(Subnet mask)는 각 네트워크에서의 시작 주소를 구분하는 기준이 되는 것으로

IP 주소에는 반드시 서브넷 마스크가 졸졸 따라다닙니다. 서브넷 마스크는 기본적으로 255와 0으로 이루어져 있으며 255는 네트워크 부분이고 0은 호스트 부분을 의미합니다.

여기서 잠깐 살펴보세요.

0으로 된 부분은 IP가 부족할 경우를 대비하여 주소를 나눠서 사용하기 위함이며 255로 된 부분은 특별히 신경 쓰지 않아도 되는 부분입니다. 마스크는 덧씌운다는 의미로 논리곱(AND) 연산을 의미합니다.

게이트웨이

게이트웨이(Gateway)는 네트워크에서 서로 다른 통신망과의 원활한 접속을 유지하기 위해 사용되는 네트워크의 포인트를 의미합니다.

즉, 네트워크 A망과 B망 사이를 연결해 주는 가교역할을 수행하여 입구이면서도 동시에 출구인 역할을 동시에 수행합니다.

여기서 잠깐 살펴보세요.

네트워크상에서 게이트웨이 주소는 따로 하나가 정해져 있을 수도 있고 그렇지 않을 수도 있습니다. 이는 호스트 주소 자신을 가리키는 의미이기 때문입니다.

브로드캐스트

브로드캐스트(Broadcast)는 자신의 호스트가 속해 있는 네트워크 전체를 대상으로 패킷을 전송하는 1 대 n 통신방식을 의미합니다.

브로드캐스트는 로컬 LAN 상에 접속된 모든 네트워크 장비에게 보내는 통신입니다. 여기서 로컬이란 라우터에 의해 구분되는 공간, 즉 브로드캐스트 도메인 공간을 의미합니다.

MAC 주소

MAC(Media Access Control) 주소는 네트워크 세그먼트의 데이터 링크 계층에서 통신을 위한 네트워크 인터페이스에 할당된 고유 식별자입니다. MAC 주소가 사용되는 용도를 살펴보면 이더넷과 와이파이를 포함한 대부분의 IEEE 802 네트워크 기술에서의 네트워크 주소로 사용됩니다.

4 네트워크 연결 상태 확인

네트워크상에서 상대방과의 통신이 원활하게 이루어지고 있는지를 확인하기 위해서는 ping 명령을 사용하여 확인할 수 있습니다. 그리고 호스트 네임과 DNS 서버가 정상적으로 잘 작동되고 있는지를 확인하기 위해서는 nslookup 명령을 사용하면 됩니다.

ping 명령

이 명령어는 서버와 클라이언트 사이에서 원활하게 통신이 이루어지고 있는지를 확인할 때 사용하는 명령으로 사용형식은 다음과 같습니다.

> **# ping**
>
> **기능** 서버와 클라이언트 사이에서 원활하게 통신이 이루어지고 있는지를 확인
> **형식** ping IP주소 또는 URL [ENTER↵]

nslookup 명령

이 명령어는 유닉스와 윈도우 운영체제에서도 많이 사용되고 있습니다. 이 명령은 호스트 네임 또는 DNS 서버의 작동을 테스트할 때 사용하는 명령으로 사용형식은 다음과 같습니다.

> **# nslookup**
>
> **기능** 호스트 네임 또는 DNS 서버 작동 테스트
> **형식** nslookup 호스트네임 또는 DNS [ENTER↵]

ping 명령과 nslookup 명령으로 특정 사이트에 대한 통신 상태와 호스트 네임 또는 DNS 서버의 작동 테스트를 확인하기 위해 다음 예제를 수행합니다.

| 예제 12-2 |

- **Step 01** | 서버와 클라이언트 사이에서 원활하게 통신이 이루어지고 있는지를 확인하기 위해 daum.net와 naver.com 사이트에 대해 ping 명령을 수행합니다. ping 명령에 따른 프로세스 종료는 [Ctrl]+[C]를 누르면 됩니다.

```
[root@localhost ~]# ping www.daum.net
PING www.g.daum.net (203.133.167.16) 56(84) bytes of data.
^C   ← Ctrl + C 누름
--- www.g.daum.net ping statistics ---
13 packets transmitted, 0 received, 100% packet loss, time 285ms
```

```
[root@localhost ~]# ping www.naver.com
PING www.naver.com.nheos.com (125.209.222.141) 56(84) bytes of data.
^C   ←  Ctrl + C 누름
--- www.naver.com.nheos.com ping statistics ---
3 packets transmitted, 0 received, 100% packet loss, time 60ms

[root@localhost ~]#
```

- **Step 02** | 터미널 창에서 nslookup 명령으로 네이버의 호스트 네임 또는 DNS 서버의 작동을 테스트하기 위해 다음과 같이 명령을 수행합니다.

```
[root@localhost ~]# nslookup www.naver.com
Server: 192.168.202.2
Address:        192.168.202.2#53

Non-authoritative answer:
www.naver.com   canonical name = www.naver.com.nheos.com.
Name:   www.naver.com.nheos.com
Address: 125.209.222.141
Name:   www.naver.com.nheos.com
Address: 210.89.164.90

[root@localhost ~]#
```

◎- 도전 문제 12-1

1. 현재 사용 중인 서버의 IP 주소 확인하기
2. 사용 중인 시스템의 넷마스크 확인하기
3. 현재 시스템의 브로드캐스트 주소 확인하기
4. 사용 중인 IPv6 버전의 IP 주소 확인하기
5. 현재 시스템의 MAC 주소 확인하기
6. www.google.com의 호스트 네임 및 DNS 서버 작동상태 테스트하기

SECTION
02 텔넷 접속

텔넷(Telnet)은 원격지에 있는 서버(Server)에 접속하는 프로그램의 의미가 부여되고 있습니다. 하지만 사실은 네트워크에서 사용되는 프로토콜을 의미합니다. 텔넷을 사용하기 위해서는 텔넷 서버와 텔넷 클라이언트가 설치되어 있어야 합니다.

서버란 서비스를 제공해 주는 고성능 컴퓨터를 의미하고 클라이언트는 일반 사용자가 개인용 PC로 접속하여 해당 서버에서 제공하는 서비스를 이용하는 사용자를 의미합니다.

텔넷 서버와 텔넷 클라이언트가 현재 사용 중인 리눅스 시스템에 설치되어 있는지를 살펴보기 위해 다음 예제를 수행합니다.

| 예제 12-3 |

- **Step 01** | 텔넷 서버 패키지 telnet-server가 설치되어 있는지를 확인합니다.

```
[root@localhost ~]# rpm -qa telnet-server
[root@localhost ~]#
```

명령을 수행한 결과 아무런 메시지가 출력되지 않은 것은 telnet-server 패키지가 설치되어 있지 않다는 것을 의미합니다.

- **Step 02** | dnf 명령으로 텔넷 서버 관련 패키지를 설치합니다.

```
[root@localhost ~]# dnf -y install telnet-server
```

```
CentOS-8 - AppStream                        1.7 kB/s | 4.3 kB      00:02
CentOS-8 - Base                             1.5 kB/s | 3.9 kB      00:02
CentOS-8 - Extras                           681  B/s | 1.5 kB      00:02
종속성이 해결되었습니다.
================================================================================
 꾸러미               아키텍처      버전              리포지토리       크기
================================================================================
Installing:
 telnet-server        x86_64       1:0.17-73.el8     AppStream       48 k

거래 요약
================================================================================
설치   1 꾸러미

총 다운로드 크기 : 48 k
설치 크기 : 60 k
패키지 다운로드중:
telnet-server-0.17-73.el8.x86_64.rpm          37 kB/s |  48 kB      00:01
--------------------------------------------------------------------------------
합계                                          17 kB/s |  48 kB      00:02
트랜잭션 점검 실행 중
트랜잭션 검사가 성공했습니다.
트랜잭션 테스트 실행 중
트랜잭션 테스트가 완료되었습니다.
거래 실행 중
  준비 중입니다   :                                                   1/1
  Installing      : telnet-server-1:0.17-73.el8.x86_64                1/1
  스크립틀릿 실행: telnet-server-1:0.17-73.el8.x86_64                 1/1
  확인 중         : telnet-server-1:0.17-73.el8.x86_64                1/1

설치됨:
  telnet-server-1:0.17-73.el8.x86_64

완료되었습니다!
[root@localhost ~]#[root@localhost ~]#
```

- **Step 03** | 텔넷 서버 설치가 완료되었으면 텔넷 서버를 시작하고 텔넷 서버의 상태를 systemctl 명령으로 확인합니다.

```
[root@localhost ~]# systemctl start telnet.socket       ← 텔넷 서버 시작
[root@localhost ~]# systemctl status telnet.socket      ← 텔넷 서버 상태 확인
● telnet.socket - Telnet Server Activation Socket
   Loaded: loaded (/usr/lib/systemd/system/telnet.socket; disabled; vendor
```

```
preset: disabled)
   Active: active (listening) since Thu 2019-12-26 01:21:45 KST; 18s ago
     Docs: man:telnetd(8)
   Listen: [::]:23 (Stream)
 Accepted: 0; Connected: 0;
    CGroup: /system.slice/telnet.socket

12월 26 01:21:45 localhost.localdomain systemd[1]: Listening on Telnet
Server Activation Socket.
[root@localhost ~]#
```

● **Step 04** | 텔넷을 사용하기 위한 사용자 tel_user를 추가하고 암호도 계정 이름과 동일하게
tel_user로 입력합니다.

```
[root@localhost ~]# adduser tel_user
[root@localhost ~]# passwd tel_user
tel_user 사용자의 비밀 번호 변경 중
새   암호: tel_user   ← 실제로 암호는 보이지 않음
잘못된 암호: 암호에 어떤 형식으로 사용자 이름이 포함되어 있습니다.
새   암호 재입력: tel_user   ← 실제로 암호는 보이지 않음
passwd: 모든 인증 토큰이 성공적으로 업데이트 되었습니다.
[root@localhost ~]#
```

● **Step 05** | dnf 명령으로 텔넷 클라이언트 관련 패키지를 설치합니다.

```
[root@localhost ~]# dnf -y install telnet
마지막 메타 데이터 만료 확인 : 0:07:47 전에 2019년 12월 26일 (목) 오전 01시 17분 56초.
종속성이  해결되었습니다.
================================================================================
 꾸러미            아키텍처       버전              리포지토리        크기
================================================================================
Installing:
 telnet            x86_64         1:0.17-73.el8     AppStream         72 k

거래 요약
================================================================================
설치   1 꾸러미

총 다운로드 크기 : 72 k
설치 크기 : 123 k
```

```
패키지 다운로드중:
telnet-0.17-73.el8.x86_64.rpm                    45 kB/s |    72 kB  00:01
--------------------------------------------------------------------------------
합계                                              23 kB/s |    72 kB  00:03
트랜잭션 점검 실행 중
트랜잭션 검사가 성공했습니다.
트랜잭션 테스트 실행 중
트랜잭션 테스트가 완료되었습니다.
거래 실행 중
  준비 중입니다    :                                                       1/1
  Installing      : telnet-1:0.17-73.el8.x86_64                           1/1
  스크립틀릿 실행: telnet-1:0.17-73.el8.x86_64                             1/1
  확인 중          : telnet-1:0.17-73.el8.x86_64                           1/1

설치됨:
  telnet-1:0.17-73.el8.x86_64

완료되었습니다!
[root@localhost ~]#
```

- **Step 06** | telnet 0 또는 telnet localhost 명령을 수행하여 텔넷 서버에 접속합니다. 로컬
  호스트의 IP 주소를 알고 있다면 IP 주소로 접속해도 됩니다.

```
[root@localhost ~]# telnet 0
Trying 0.0.0.0...
Connected to 0.
Escape character is '^]'.

Kernel 4.18.0-80.el8.x86_64 on an x86_64
localhost login: tel_user
Password: tel_user    ← 실제로 암호는 보이지 않음
[tel_user@localhost ~]$
```

- **Step 07** | 텔넷 서버 접속을 해제하려면 exit 명령을 사용하면 됩니다. 텔넷으로 접속된 상
  태에서 로그인하지 않고 그냥 종료하려면 Ctrl + D 를 누르면 됩니다.

```
[tel_user@localhost ~]$ exit
logout
Connection closed by foreign host.
[root@localhost ~]#
```

◎- 도전 문제 12-2

1. 현재 사용 중인 시스템에 텔넷 서버가 설치되어 있는지 확인하기
2. 텔넷 서버 패키지를 사용 중인 시스템에 설치하기
3. 텔넷 서버 시작하기
4. 텔넷 서버 상태 확인하기
5. 텔넷 클라이언트 패키지 설치하기
6. 사용자 계정 tel_user로 localhost에 텔넷 접속하기

Open SSH

1 Open SSH 설치

텔넷은 원격지에 있는 서버에 접속할 수 있는 대표적인 방법이지만 데이터가 암호화되지 않은 상태로 전송되기 때문에 보안에 취약할 수밖에 없습니다. 따라서 누군가 불순한 의도로 패킷 캡쳐 프로그램 등을 사용하여 패킷을 캡처할 경우 심각한 상황이 초래될 수도 있습니다.

SSH(secure shell)는 PGP와 마찬가지로 공개키 방식의 암호 방식을 사용하여 원격지 시스템에 접근하여 암호화된 메시지를 전송할 수 있는 시스템입니다. 따라서 LAN 상에서 다른 시스템에 로그인할 때 스니퍼(Sniffer)에 의해서 도청당하는 것을 막을 수 있습니다.

Windows 운영체제에서 리눅스로 SSH 프로토콜을 이용해 접속하려고 할 때 가장 많이 사용하는 프로그램은 PuTTY입니다. PuTTY는 시리얼 포트를 이용한 장비접속과 텔넷 접속에도 많이 사용됩니다.

여기서 잠깐 살펴보세요.

SSH(Secure SHELL)는 텔넷과 마찬가지로 원격지에 있는 서버에 접속하는 방법은 동일하지만, 주고받는 데이터와 모든 통신을 암호화해 주기 때문에 비교적 안전하게 데이터를 보호할 수 있습니다.

다음 그림은 PuTTY를 이용한 원격지 리눅스 서버에 접속하는 과정을 나타낸 것입니다.

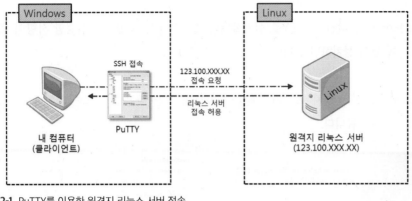

그림 12-1 PuTTY를 이용한 원격지 리눅스 서버 접속

PuTTY 다운로드

PuTTY는 SSH 프로토콜을 이용해 리눅스 또는 유닉스 계열에 원격으로 접속할 수 있는 클라이언트 프로그램입니다. PuTTY를 다운로드를 수행할 수 있는 URL 주소는 다음과 같습니다.

첫 번째 URL은 영문 버전이고 두 번째 URL은 한글 버전을 다운로드를 수행할 수 있습니다. 영문 버전일 경우에는 최신 버전으로 릴리즈가 제공되므로 가장 최신 버전을 설치할 수 있습니다.

- `http://www.chiark.greenend.org.uk/~sgtatham/putty/download.html`
- `http://kldp.net/iputty/release/`

컴퓨터의 Windows 운영체제 환경에 맞는 최신 영문 PuTTY 버전을 웹 브라우저에서 다운로드를 수행합니다.

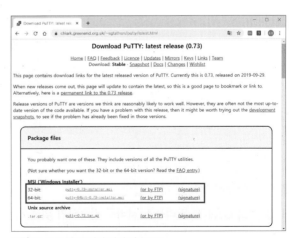

그림 12-2 PuTTY 최신 버전 다운로드

PuTTY 설치

다운로드한 영문 버전 PuTTY를 설치합니다. 설치과정은 특별하게 설정할 사항이 없으므로 <Next>를 눌러 설치하면 됩니다.

- **Step 01** | PuTTy 설치 초기화면에서 <Next>를 누른 다음 프로그램 설치 위치를 확인 후 <Next>를 누릅니다.

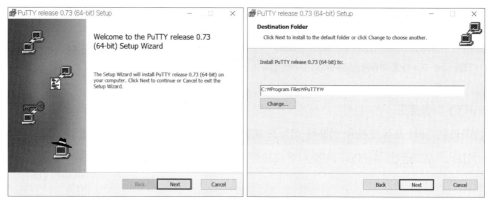

그림 12-3 PuTTY 설치 초기화면   그림 12-4 프로그램 설치 위치

- **Step 02** | 제품 특징을 보여주는 화면에서 <Install>을 누르면 프로그램 설치가 완료됩니다.

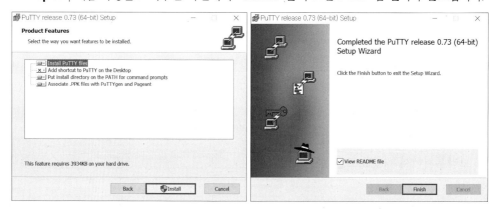

그림 12-5 프로그램 설치   그림 12-6 프로그램 설치 완료

② PuTTY로 리눅스 서버 접속

PuTTY로 CentOS 8 리눅스 서버로 접속하기 위해서는 먼저 IP 주소를 알아야 합니다. 우리는 앞에서 ifconfig 명령으로 'IP 주소(inet) : 192.168.202.129'를 살펴봤습니다.

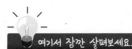
PART 01

PART 02

PART 03

PART 04

PART 05

여기서 잠깐 살펴보세요.

> 이 IP 주소는 필자가 설치한 컴퓨터 환경에서 부여된 IP 주소이므로 독자분들은 각자 컴퓨터 환경에서 지정한 IP 주소를 사용해야 합니다. 그렇지 않으면 `CentOS 8` 리눅스 서버로 접속할 수 없게 됩니다.

사용자 계정으로 접속

앞에서 생성한 사용자 tel_user 계정으로 CentOS 8 리눅스 서버에 접속하는 방법을 살펴보기 위해 다음 예제를 수행합니다.

| 예제 12-4 |

- **Step 01** | PuTTY 구성화면의 IP 주소란에 192.168.202.129를 입력하고 <Open>을 누릅니다. 포트 번호와 다른 선택 사항들은 기본값 그대로 두면 됩니다.

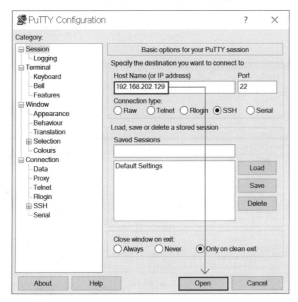

그림 12-7 PuTTY 접속 - 1

- **Step 02** | 리눅스 서버에 성공적으로 접속이 완료되면 login:_가 나타납니다. 로그인 아이디와 암호를 tel_user로 각각 입력하여 로그인합니다.

```
login as: tel_user
tel_user@192.168.202.129's password: tel_user  ← 실제로 암호는 보이지 않음
Activate the web console with: systemctl enable --now cockpit.socket
```

```
Last login: Thu Dec 26 01:28:31 2019 from localhost
[tel_user@localhost ~]$
```

여기서 잠깐 살펴보세요.

리눅스 서버에 접속이 성공적으로 이루어지면서 $ 프롬프트가 나타나는 것을 확인할 수 있습니다. tel_user 계정은 사용자 계정이기 때문에 프롬프트 모양은 $로 나타난 것입니다.

- **Step 03** | exit 명령으로 CentOS 8 리눅스 서버 접속을 해제합니다. exit 명령은 반드시 소문자로 입력해야 합니다.

```
[tel_user@localhost ~]$ exit
```

관리자 계정으로 접속

관리자 계정인 root로 CentOS 8 리눅스 서버에 접속하기 위해 다음 예제를 수행합니다.

| 예제 12-5 |

- **Step 01** | PuTTY 구성화면에서 포트 번호와 다른 선택 사항들은 기본값 그대로 두고 IP 주소란에 192.168.202.129를 입력한 다음 <Open>을 눌러 CentOS 8 리눅스 서버에 접속합니다.

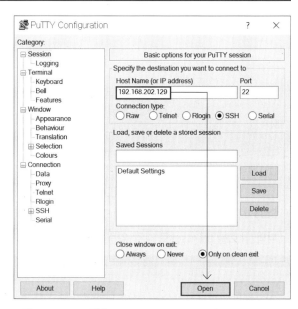

그림 12-8 PuTTY 접속 – 2

- **Step 02** | 리눅스 서버에 성공적으로 접속이 완료되면 login:_ 가 나타납니다. 로그인 아이디는 root, 암호는 spacezone을 입력하여 로그인합니다.

```
login as: root
tel_user@192.168.202.129's password: spacezone  ← 실제로 암호는 보이지 않음
Activate the web console with: systemctl enable --now cockpit.socket

Last login: Thu Dec 26 01:06:01 2019
[root@localhost ~]#
```

성공적으로 서버에 접속되면 프롬프트 모양이 $가 아닌 # 모양으로 다르게 나타난 것을 확인할 수 있습니다.

- **Step 03** | 관리자 계정으로 접속한 상태에서 date 명령으로 현재의 시각을 확인합니다.

```
[root@localhost ~]# date
2019. 12. 26. (목) 02:32:43 KST
[root@localhost ~]#
```

- **Step 04** | exit 명령으로 CentOS 8 리눅스 서버 접속을 해제합니다.

```
[tel_user@localhost ~]$ exit
```

관리자 계정인 root로 리눅스 서버에 접속하였더니 프롬프트 모양이 $가 아닌 # 모양으로 나타난 것을 확인할 수 있습니다. 다음 실습을 위해 exit 명령을 수행합니다.

3 PuTTY 환경설정

PuTTY를 사용하여 사용자 계정과 관리자 계정을 번갈아 가며 접속하면서 가장 불편했던 사항은 매번 IP 주소를 입력해야 한다는 점입니다. PuTTY로 서버에 접속할 때 IP 주소를 입력하지 않아도 기억할 수 있도록 환경설정을 변경하는 방법에 대해 살펴보겠습니다.

IP 주소 세션 등록

PuTTY를 사용하여 원격지 서버에 접속할 때마다 IP 주소를 저장하려면 세션 이름에 등록해

놓으면 됩니다.

IP 주소를 세션에 등록하기 위해 다음 예제를 수행합니다.

| 예제 12-6 | ━━━━━━━━━━━━━━━━━━━━━━━━━━━━━━━━

PuTTY 접속화면에서 Host Name인 IP 주소를 입력하고 저장할 세션의 이름은 CentOS_
Server를 입력한 다음 [Save]를 누르면 세션이 등록됩니다.

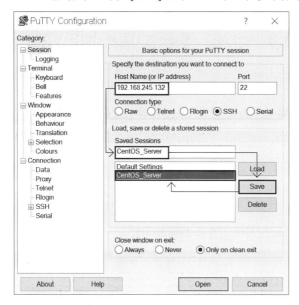

그림 12-9 IP 주소 세션 등록

PuTTY 폰트 설정

PuTTY 접속화면에 나타난 글씨의 크기가 작아서 좀 답답하게 느껴졌을 수도 있습니다. 글씨
의 크기는 폰트 설정으로 조절할 수 있습니다.

PuTTY 접속화면의 폰트 크기를 변경하기 위해 다음 예제를 수행합니다.

| 예제 12-7 | ━━━━━━━━━━━━━━━━━━━━━━━━━━━━━━━━

PuTTY 접속화면에서 Host Name인 IP 주소를 입력하고 저장할 세션의 이름은 CentOS_
Server를 입력한 다음 [Save]를 누르면 세션이 등록됩니다.

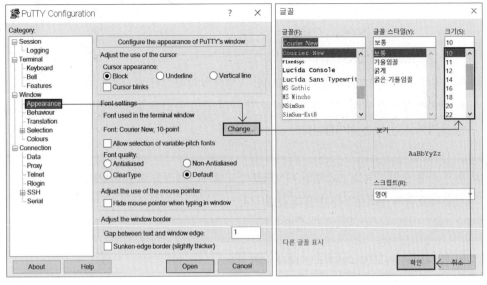

그림 12-10 PuTTY 폰트 크기 설정

PuTTY 접속화면 크기와 접속환경 설정

PuTTY 접속화면의 크기나 접속 프로토콜 버전 등에 대한 접속환경을 설정하기 위해 다음 예제를 수행합니다.

| 예제 12-8 |

PuTTY 접속화면의 [Window] 카테고리를 눌러 서버 접속 창의 크기 조절하고 [Connection] 카테고리를 눌러 접속 프로토콜 버전을 환경에 맞게 변경합니다.

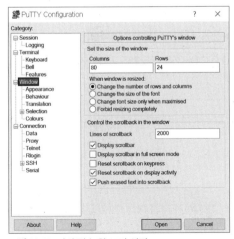

그림 12-11 서버 접속 창 크기 설정

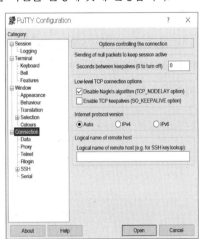

그림 12-12 접속 프로토콜 버전 설정

01 네트워크 인터페이스(Network Interface)란 지역적으로 분산된 위치에서 컴퓨터 시스템 간의 데이터 통신을 위해 네트워크 장비와 각 장치 간의 주소를 설정하여 원활한 통신 상태를 유지해 주는 것을 의미합니다.

02 현재 사용 중인 리눅스 시스템의 네트워크 인터페이스 설정을 확인하려면 ifconfig 명령을 사용해야 하며 사용형식은 다음과 같습니다.

 # ifconfig

기능 현재 사용 중인 시스템의 네트워크 인터페이스 설정 확인
형식 ifconfig [인터페이스명] [옵션] [값] ENTER↵
기능 -a : 시스템의 전체 네트워크 인터페이스에 대한 정보출력
　　　up/down : 인터페이스를 활성화(up)/비활성화(down)
　　　netmask 주소 : 넷마스크 주소값 설정
　　　broadcast 주소 : 브로드캐스트 주소값 설정

---

03 IP 주소(Internet Protocol Address)란 네트워크 내에서 각종 장치(Device)들이 서로를 인식하고 구별하여 상호 통신이 가능하기 위해 사용되는 특수한 번호를 의미합니다. 네트워크에 접속된 모든 장치는 각각의 고유 IP 주소를 반드시 가지고 있어야 합니다. 그 이유는 데이터를 전송할 때 목적지 IP 주소를 찾아서 데이터를 정확하게 전달하기 위해서 필요한 것입니다.

04 IPv4 버전의 주소 범위는 32bit 체제로 보통 0~255 사이의 10진수 4자리를 점(.)으로 구분하여 사용되고 있습니다. IP 주소의 범위는 0.0.0.0~255.255.255.255까지를 주소의 범위로 제한하고 있습니다.

05 IPv4 버전을 사용하는 용도에 따라 클래스별로 구분하면 다음 표와 같습니다.

● IPv4 버전의 사용 클래스 영역

클래스	클래스 영역	주소	용도
A	0~127	0.0.0.0~127.255.255.255	국가기관 네트워크 구축
B	128~191	128.0.0.0~191.255.255.255	중/대형급 서버 구축
C	192~223	192.0.0.0~223.255.255.255	일반인에게 사용되는 IP 주소
D	224~239	224.0.0.0~239.255.255.255	멀티캐스팅을 위한 IP 주소
E	240~255	240.0.0.0~255.255.255.255	실험 및 연구 목적용

06 IPv6 버전의 주소 범위는 128bit 체제로 IPv4 버전의 32bit 주소체제에서의 IP 주소 고갈 문제를 해결하기 위해 등장하였습니다. IPv6 버전의 주소는 보통 2자리 16진수 8개를 사용하고 주소의 영역은 콜론(:)으로 구분합니다.

07 IP 주소에 대해 IPv4 버전과 IPv6 버전의 차이점을 정리하면 다음 표와 같습니다.

● IPv4 버전과 IPv6 버전의 차이점

구분	IPv4	IPv6
주소 길이	32bit	128bit
표시 방법	8bit씩 4개 부분 10진수 표시	16bit씩 8개 부분 16진수 표시
주소 개수	약 43억 개	거의 무한대
주소 할당	클래스 단위의 비순차적	규모와 단말기에 따라 순차적
품질 제어	타입/서비스 QoS 일부 지원	등급/서비스별 패킷구분 보장
보안 기능	IPsec 프로토콜 별도 설치	확장기능에서 기본적으로 지원
플래그 앤 플레이	지원수단 없음	지원수단 있음
모바일 IP	곤란	용이
웹 캐스팅	곤란	용이

08 서브넷 마스크(Subnet mask)는 각 네트워크에서의 시작 주소를 구분하는 기준이 되는 것으로 IP 주소에는 반드시 서브넷 마스크가 졸졸 따라 다닙니다. 서브넷 마스크는 기본적으로 255와 0으로 이루어져 있으며 255는 네트워크 부분이고 0은 호스트 부분을 의미합니다.

09 게이트웨이(Gateway)는 네트워크에서 서로 다른 통신망과의 원활한 접속을 유지하기 위해 사용되는 네트워크의 포인트를 의미합니다. 즉, 네트워크 A망과 B망 사이를 연결해주는 가교역할을 수행하여 입구이면서도 동시에 출구인 역할을 수행합니다.

10 브로드캐스트(Broadcast)는 자신의 호스트가 속해 있는 네트워크 전체를 대상으로 패킷을 전송하는 1 대 n 통신방식을 의미합니다. 브로드캐스트는 로컬 LAN 상에 접속되어 있는 모든 네트워크 장비에 보내는 통신이며 여기서 로컬이란 라우터에 의해 구분된 공간, 즉 브로드캐스트 도메인 공간을 의미합니다.

11 MAC(Media Access Control) 주소는 네트워크 세그먼트의 데이터 링크 계층에서 통신을 위한 네트워크 인터페이스에 할당된 고유 식별자입니다. MAC 주소가 사용되는 용도를 살펴보면 이더넷과 와이파이를 포함한 대부분의 IEEE 802 네트워크 기술에서의 네트워크 주소로 사용됩니다.

12 네트워크상에서 상대방과의 통신이 원활하게 이루어지고 있는지를 확인하기 위해서는 ping 명령을 사용하여 확인할 수 있습니다. 그리고 호스트 네임과 DNS 서버가 정상적으로 잘 작동되고 있는지를 확인하기 위해서는 nslookup 명령을 사용하면 됩니다.

# **ping**	
기능	서버와 클라이언트 사이에서 원활하게 통신이 이루어지고 있는지를 확인
형식	ping IP주소 또는 URL `ENTER↵`

13 텔넷(Telnet)은 원격지에 있는 서버(Server)에 접속하는 프로그램의 의미가 부여되고 있지만, 사실은 네트워크에서 사용되는 프로토콜을 의미합니다. 텔넷을 사용하기 위해서는 텔넷 서버와 텔넷 클라이이언트가 설치되어 있어야 합니다.

14 SSH(Secure SHELL)는 텔넷과 마찬가지로 원격지에 있는 서버에 접속하는 방법은 동일하지만, 주고받은 데이터와 모든 통신을 암호화해 주기 때문에 비교적 안전하게 데이터를 보호할 수 있습니다.

데이터베이스 서버 구축 및 운영

학습목표

- DBMS의 역할에 대해 이해할 수 있습니다.
- SQL 명령문을 사용할 수 있습니다.
- MariaDB를 설치하고 접속할 수 있습니다.
- 데이터베이스와 테이블을 생성할 수 있습니다.

DBMS

데이터베이스(DB; DataBase)는 많은 데이터를 모아 사용하고자 하는 목적에 따라 특정한 형식에 의거 저장되어 가공처리 되는 것을 의미합니다. 그냥 흩어져 있는 데이터만을 수집하는 것이 아니고 수집하는 방법과 절차에 대해서 다루고 있는 분야입니다.

가장 쉽게 설명한다면 데이터를 저장할 때 무작위로 저장하는 것이 아니라 테이블의 형태로 저장해 두고 필요에 따라 데이터를 가공처리해서 용도에 맞는 데이터를 사용한다는 의미입니다. 이와 같은 역할을 수행하는 소프트웨어를 DBMS라고 합니다.

◪ DBMS 역할

DBMS(DataBase Management System)는 데이터베이스를 직접 응용 프로그램들이 조작하는 것이 아니고 데이터베이스를 조작하는 별도의 소프트웨어를 DBMS(데이터베이스 관리 시스템)라고 합니다.

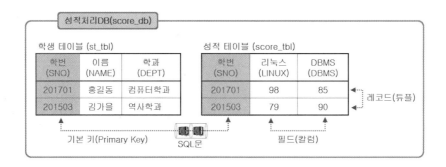

그림 13-1 성적처리 데이터베이스 구성요소

데이터베이스의 형태로 저장된 방대한 양의 각종 정보를 체계적으로 관리하는 기업용 소프트웨어와 인터넷의 발달과 함께 기업정보화가 급속도로 진행되면서 DBMS는 컴퓨터 운영체제(OS; Operating System)에 버금가는 중요한 소프트웨어로 인식되고 있습니다.

② SQL 명령문

SQL(Structured Query Language)이란 데이터베이스를 사용할 때 데이터베이스에 접근할 수 있는 데이터베이스의 하부 언어를 의미하며 다른 표현으로는 구조화 질의어라고 합니다.

데이터베이스용 질의 언어인 SQL 명령문에는 데이터 정의어(DDL; Data Definition Language)와 데이터 조작어(DML; Data Definition Language)를 포함하고 있습니다. SQL 명령문과 관련하여 많은 내용이 있지만 여기서는 꼭 필요한 요건들에 대해서만 살펴보도록 하겠습니다.

데이터베이스 관련 SQL 명령문

먼저 데이터베이스의 생성, 삭제, 조회, 사용과 관련된 SQL 명령문을 살펴보도록 하겠습니다. SQL 명령문에서는 알파벳 대/소문자를 구별하지 않으며 각 문장의 끝에는 세미콜론(;)으로 끝내야 합니다. 그 이유는 한 문장의 명령은 여기까지라는 의미를 부여하기 위함입니다.

① 데이터베이스 조회 : show 명령으로 기존에 생성된 데이터베이스 목록을 출력합니다.

```
show databases;
```

② 데이터베이스 생성 : create 명령으로 새로운 데이터베이스를 생성합니다.

```
create database DB이름;
```

③ 데이터베이스 지정 : use 명령으로 기존에 존재하는 여러 데이터베이스 중에서 작업할 데이터베이스를 선택합니다.

```
use DB이름;
```

④ 데이터베이스 삭제 : drop 명령으로 특정 데이터베이스를 지정하여 삭제합니다. 이때 해당 DB에 존재하는 테이블도 같이 삭제되므로 주의해야 합니다.

```
drop database DB이름;
```

테이블 관련 SQL 명령문

데이터베이스를 생성한 다음에는 테이블을 생성하는 과정으로 전개됩니다. 이 과정에서 DBMS가 수행되므로 선행되어야 할 부분은 DB 생성이 우선이라는 점입니다. 생성된 DB를 삭제하게 되면 그와 관련된 모든 테이블도 함께 삭제됩니다.

테이블을 조작하려면 먼저 소속되어 있는 데이터베이스와의 연관성에 대해 이해가 필요합니다. 테이블 관련 정보를 출력할 때 사용하는 SQL 명령문을 살펴보겠습니다.

① 테이블 조회 : show 명령을 사용하여 기존에 생성된 테이블 목록을 출력합니다.

```
show tables;
```

② 테이블 생성 : create 명령으로 새로운 테이블을 생성합니다. 테이블을 생성할 때는 각 필드에 어떠한 데이터를 저장할 것인지에 대한 자료형을 정해주어야 합니다. 테이블에서 사용되는 자료형을 다음 표와 같이 정리하였습니다.

표 13-1 테이블 필드의 자료형

자료형	의미
varchar(n)	개수 n개를 지정하여 가변성 문자열 지정(메모리 효율성)
char(n)	개수 n개를 지정하여 고정성 문자열 지정(메모리 비효율성)
int	정수형 숫자를 입력받을 필드의 자료형 지정
float	실수형 숫자를 입력받을 필드의 자료형 지정
date	날짜를 입력받을 필드의 자료형 지정
time	시각을 입력받을 필드의 자료형 지정

테이블을 생성할 때는 테이블 이름 다음에 괄호를 열고 필드명과 자료형을 다음과 같은 형태로 지정합니다.

```
create table 테이블명(필드명1 데이터타입1, 필드명2 데이터타입2, …);
```

③ 테이블 구조 조회 : explain 또는 desc 명령을 사용하여 테이블의 구조를 조회합니다.

```
desc 테이블명;또는 explain 테이블명;
```

④ 테이블 수정 : alter 명령을 사용하여 테이블의 구조와 필드명 등을 수정합니다.

```
alter table 테이블명 수정할 내용;
```

⑤ 테이블 삭제 : drop 명령을 사용하여 테이블을 삭제합니다.

```
drop table 테이블명;
```

레코드 관련 SQL 명령문

데이터베이스의 테이블에 데이터를 입력하거나 삭제할 때는 레코드 단위로 작업이 수행됩니다. 레코드를 삽입하거나 삭제, 수정하기 위해서 사용되는 SQL 명령문에 대해 살펴보겠습니다.

① 레코드 삽입 : insert into 명령을 사용하여 지정한 테이블에 새로운 레코드를 추가합니다. 이 과정에서 주의해야 할 점은 테이블을 생성할 때 지정한 자료형과 일치되도록 데이터를 입력해야 합니다.

```
insert into 테이블명 values(값1, 값2, …);
```

② 레코드 수정 : update 명령을 사용하여 기존 테이블에 저장되어 있는 레코드를 수정합니다.

```
update 테이블명 set 필드명1=수정할 값, 필드명2=수정할 값, … where 조건;
```

③ 레코드 삭제 : delete 명령을 사용하여 기존 테이블에 저장된 레코드 중에서 지정한 레코드를 삭제합니다.

```
delete from 테이블명 where 조건;
```

④ 레코드 조회 : select 명령을 사용하여 테이블에 저장된 레코드를 조회합니다.

```
select 필드명1, 필드명2, … from 테이블명 where 조건;
```

3 접근 권한 부여

데이터베이스 작업은 주로 관리자가 DB를 생성하여 관리하지만 때로는 사용자에게 권한을 부여할 때도 있습니다. 예를 들어 제로 보드와 같은 게시판을 설치하고자 할 때는 관리자가 일일이 데이터베이스를 관리하는 것보다는 해당 사용자에게 모든 권한을 부여하여 관리하도록 하는 것이 유지관리 측면에서 훨씬 더 효과적일 수 있습니다.

데이터베이스에 대한 접근 권한은 grant 명령을 사용하여 다음과 같이 권한을 부여합니다.

```
grant all privileges on DB명.* to 사용자계정@localhost identified by '암호';
```

사용자 계정 cskisa에게 score_db 데이터베이스에 접근할 수 있는 권한을 부여하려면 다음과 같이 관리자 계정 암호 123456으로 지정하여 접근 권한을 부여하면 됩니다.

```
grant all privileges on score.db.* to cskisa@localhost identified by '123456';
```

데이터베이스를 처음 접하는 독자들에게는 DBMS와 SQL 명령문이 다소 어렵게 느껴지는 부분이겠지만 실습을 하게 되면 차츰 익숙해질 용어들과 사용방법이니 너무 걱정하지 않아도 됩니다.

SQL 명령문은 훨씬 다양하고 복잡한 기능을 제공하고 있습니다. 하지만 여기서는 꼭 필요한 내용에 대해서만 살펴봤습니다. 이 정도 내용만 이해하고 넘어가도 앞으로 실습하는 과정에서 큰 불편함은 없을 것입니다.

MariaDB

우리가 많이 사용해 왔고 익숙하게 들어봤던 MySQL은 ORACLE사에서 인수되어 라이선스 정책에 포함되었기 때문에 이를 동조하지 않는 주요 핵심 개발자들이 별도로 데이터베이스 도구를 개발했는데 이것이 바로 MariaDB입니다.

MariaDB를 사용해야 하는 이유는 언제 유료화될지 모른다는 시대적 배경과 더불어 MariaDB가 오픈 소스의 관계형 데이터베이스 관리시스템(RDBMS)이기 때문입니다. CentOS 8 리눅스 운영체제에서는 MariaDB를 기본 DBMS로 제공하고 있으므로 이를 기반으로 DBMS를 배우고 실습하겠습니다.

1 MariaDB 설치

MariaDB 서버는 예전에 사용하던 MySQL과 동일한 소스를 사용하여 호환성을 높였습니다. MariaDB에서의 명령은 MySQL과 정확한 대응 서비스를 제공하고 있기 때문에 점증적으로 MySQL에서 MariaDB로 전환하는 사용빈도가 높아지고 있습니다.

CentOS 8에 기본적으로 설치되어 있는 MariaDB는 10.3.11 버전이 포함되어 있으며 여기서 는 CentOS 8에서 기본적으로 제공되는 MariaDB 10.3.11 버전을 기준으로 수행하겠습니다.

여기서 잠깐 살펴보세요.

> MariaDB는 기본적으로 CentOS 8에 설치된 MySQL의 드롭인 대체품이며 많은 스토리지 엔진을 제공하고 있으므로 MySQL에 비해 빠른 속도와 향상된 성능을 사용할 수 있게 되었습니다.

dnf 명령으로 MariaDB 서버 관련 패키지를 설치하는 과정과 MariaDB 서버를 활성화하는 과정을 살펴보기 위해 다음 예제를 수행합니다.

| 예제 13-1 | ────────────────────────────────

- **Step 01** | dnf 명령으로 MariaDB 서버 관련 패키지를 설치합니다.

```
[root@localhost ~]# dnf -y install mariadb-server mariadb
마지막 메타 데이터 만료 확인 : 12:52:37 전에 2019년 12월 26일 (목) 오전 01시 17분
56초.
종속성이 해결되었습니다.
...
(생략)
...
설치됨:
  mariadb-3:10.3.11-2.module_el8.0.0+35+6f2527ed.x86_64
  mariadb-server-3:10.3.11-2.module_el8.0.0+35+6f2527ed.x86_64
  mariadb-backup-3:10.3.11-2.module_el8.0.0+35+6f2527ed.x86_64
  mariadb-gssapi-server-3:10.3.11-2.module_el8.0.0+35+6f2527ed.x86_64
  mariadb-server-utils-3:10.3.11-2.module_el8.0.0+35+6f2527ed.x86_64
  mariadb-common-3:10.3.11-2.module_el8.0.0+35+6f2527ed.x86_64
  mariadb-errmsg-3:10.3.11-2.module_el8.0.0+35+6f2527ed.x86_64

완료되었습니다!
[root@localhost ~]#
```

- **Step 02** | MariaDB 활성화를 한 다음 상태를 확인하기 위해 터미널 창에서 다음과 같이 명령을 수행합니다. 상태 확인 종료는 키보드로 q를 입력하면 됩니다.

```
[root@localhost ~]# systemctl start mariadb
[root@localhost ~]# systemctl status mariadb
● mariadb.service - MariaDB 10.3 database server
   Loaded: loaded (/usr/lib/systemd/system/mariadb.service; disabled;
vendor preset: disabled)
   Active: active (running) since Thu 2019-12-26 14:18:56 KST; 6s ago
     Docs: man:mysqld(8)
...
(생략)
...
12월 26 14:18:56 localhost.localdomain systemd[1]: Started MariaDB 10.3
database server.
[root@localhost ~]#
```

- **Step 03** | 리눅스 시스템이 부팅될 때마다 MariaDB를 활성화하는 방법이 번거로움을 해결하기 위해 재부팅 할 때마다 MariaDB가 자동으로 활성화되도록 다음 명령을 수행합니다.

```
[root@localhost ~]# systemctl enable mariadb
Created symlink /etc/systemd/system/mysql.service → /usr/lib/systemd/
system/mariadb.service.
Created symlink /etc/systemd/system/mysqld.service → /usr/lib/systemd/
system/mariadb.service.
Created symlink /etc/systemd/system/multi-user.target.wants/mariadb.
service → /usr/lib/systemd/system/mariadb.service.
[root@localhost ~]#
```

2 MariaDB 접속

MariaDB에 대한 패키지 설치와 상태를 확인하였으니 이제는 본격적으로 MariaDB를 사용하는 과정에 대해 살펴보도록 하겠습니다.

mysql 명령으로 MariaDB 서버에 접속하는 과정을 살펴보기 위해 다음 예제를 수행합니다.

| 예제 13-2 | ─────────────────────────────────

- **Step 01** | mysql 명령으로 MariaDB 서버에 접속합니다.

```
[root@localhost ~]# mysql
Welcome to the MariaDB monitor.  Commands end with ; or \g.
Your MariaDB connection id is 8
Server version: 10.3.11-MariaDB MariaDB Server

Copyright (c) 2000, 2018, Oracle, MariaDB Corporation Ab and others.

Type 'help;' or '\h' for help. Type '\c' to clear the current input
statement.

MariaDB [(none)]>
```

- **Step 02** | MariaDB 서버 접속을 종료하려면 exit 명령을 입력하면 됩니다.

```
MariaDB [(none)]> exit
Bye
[root@localhost ~]#
```

DBMS 구축 및 운영

1 데이터베이스 생성

MariaDB에 접속한 다음에는 데이터베이스 생성과 활용방법에 대해 살펴보도록 하겠습니다. 데이터베이스의 생성은 create 명령을 사용하며 데이터베이스를 활용하기 위해 특정 데이터 베이스를 지정하여 선택할 경우 use 명령을 사용하여 SQL 명령문을 수행합니다. 여기서는 데이터베이스의 생성과 활용하는 방법에 대해서만 다루기로 하겠습니다.

기존 데이터베이스 목록 확인

MariaDB 서버에 접속된 상태에서 기존에 생성되어 있는 데이터베이스 목록에 대해 SQL 명 령문으로 살펴보기 위해 다음 예제를 수행합니다.

예제 13-3

• **Step 01** | mysql 명령으로 MariaDB 서버에 다시 접속합니다.

```
[root@localhost ~]# mysql
Welcome to the MariaDB monitor.  Commands end with ; or \g.
Your MariaDB connection id is 8
Server version: 10.3.11-MariaDB MariaDB Server

Copyright (c) 2000, 2018, Oracle, MariaDB Corporation Ab and others.

Type 'help;' or '\h' for help. Type '\c' to clear the current input
statement.

MariaDB [(none)]>
```

- **Step 02** | MariaDB 서버에 존재하는 데이터베이스의 목록을 확인하기 위해 show 명령을 사용하여 다음과 같이 SQL 명령문을 수행합니다. SQL 명령문의 끝에는 ;(세미콜론)을 붙여 명령문의 마지막임을 MariaDB 서버에 통보합니다.

```
MariaDB [(none)]> show databases;
+--------------------+
| Database           |
+--------------------+
| information_schema |
| mysql              |
| performance_schema |
+--------------------+
3 rows in set (0.000 sec)

MariaDB [(none)]>
```

- **Step 03** | 화면에 나타난 검색 결과를 깨끗하게 모두 지우려면 system clear 명령을 사용하면 됩니다.

```
MariaDB [(none)]> system clear;
MariaDB [(none)]>
```

여기서 잠깐 살펴보세요.

터미널 창에서 접속된 MariaDB 서버 화면에서 여러 SQL 명령문을 작성하다 보면 화면을 깨끗이 지우고 싶을 때가 있습니다. 이럴 때는 system clear 명령을 사용하여 화면을 깨끗하게 지우면 됩니다.

새로운 데이터베이스 생성

기존에 존재하는 데이터베이스 목록을 확인했으니 이번에는 새로운 데이터베이스를 생성하는 과정을 살펴보겠습니다.

create 명령으로 score_db 데이터베이스를 생성하고 존재 여부를 확인하기 위해 다음 예제를 수행합니다.

- **Step 01** | create 명령으로 score_db 데이터베이스를 생성합니다.

```
MariaDB [(none)]> create database score_db;   ← 새로운 DB score_db 생성
Query OK, 1 row affected (0.000 sec)

MariaDB [(none)]>
```

- **Step 02** | show 명령으로 데이터베이스 목록에 새로 생성한 score_db 데이터베이스가 존재하는지를 확인합니다.

```
MariaDB [(none)]> show databases;   ← MariaDB 서버에 존재하는 모든 DB 출력
+--------------------+
| Database           |
+--------------------+
| information_schema |
| mysql              |
| performance_schema |
| score_db           |   ← 새로운 데이터베이스 생성
+--------------------+
4 rows in set (0.000 sec)

MariaDB [(none)]>
```

데이터베이스 선택하여 사용

실질적으로 데이터를 입력하기 위해 테이블을 생성하기 전에 앞에서 생성한 score_db 데이터 베이스를 use 명령으로 선택해야 합니다.

SQL 명령문으로 작업 대상 데이터베이스를 선택하기 위해 다음 예제를 수행합니다.

| 예제 13-5 |

use 명령으로 score_db를 선택합니다.

```
MariaDB [(none)]> use score_db;   ← score_db 데이터베이스 선택
Database changed
MariaDB [score_db]>
```

use 명령을 사용하여 작업하고자 하는 데이터베이스를 선택하게 되면 프롬프트가 MariaDB [none]>에서 MariaDB [score_db]>와 같이 변경되어 나타납니다.

프롬프트의 모양을 보면 현재 작업 중인 데이터베이스가 score_db임을 확연하게 보여주고 있으므로 작업을 보다 편리하게 수행할 수 있습니다.

여기서 잠깐 살펴보세요.

데이터베이스를 선택한다는 의미는 테이블을 생성하겠다는 의지를 나타냅니다. 데이터베이스만 생성하였다고 해서 바로 사용할 수 있는 것은 아니고 선택된 데이터베이스에는 데이터를 저장하기 위한 테이블을 반드시 생성해야 합니다. 테이블은 우리가 흔히 볼 수 있는 표와 같은 행태로 행과 열로 구성되어 데이터의 입력할 포지션을 정해줍니다.

② 테이블 생성
앞에서 선택한 score_db에 새로운 테이블을 생성하는 과정에 대해 살펴보겠습니다.

학생 테이블 생성
테이블을 생성하기 위해서는 먼저 작업할 데이터베이스를 선택해야 합니다. 데이터베이스는 앞에서 score_db를 선택하였습니다.

선택한 score_db 데이터베이스에 학생 2명에 대한 신상정보 데이터 3개(학번, 성명, 학과)를 처리하기 위한 학생 테이블(st_tbl)을 생성하겠습니다.

표 13-2 학생 테이블(st_tbl)

SNO	NAME	DEPT
20230001	홍길동	컴퓨터학과
20301203	김가을	법학과

학생 테이블(st_tbl)의 SNO, NAME, DEPT 필드에 대한 필드명, 자료형과 크기, Null 값, 키는 다음과 같이 설정합니다.

표 13-3 학생 테이블(st_tbl)의 구조

필드명	자료형	Null 값 설정	키 설정	기본값
SNO	int	YES		NULL
NAME	varchar(20)	YES		NULL
DEPT	varchar(30)	YES		NULL

MariaDB에서 처리하는 데이터의 크기를 살펴보면 한글은 한 글자당 2byte, 영문은 1byte로 처리됩니다. 테이블에 저장할 데이터의 필드 자료형은 varchar 자료형으로 선언해 주고 필드의 크기는 입력할 데이터 중에서 가장 긴 문자열의 크기를 산정하여 적정한 크기를 선언해 주면 됩니다.

여기서 잠깐 살펴보세요.

> varchar 자료형을 설정할 때 필드의 크기를 너무 적게 설정하게 되면 입력하는 문자열 중 끝부분이 일부 잘려 저장되기 때문에 주의해야 합니다. NAME 필드와 DEPT 필드를 char 자료형으로 설정하지 않고 모두 varchar 자료형으로 설정한 것은 메모리의 효율성을 높이기 위함입니다. char 자료형은 주어진 크기만큼 무조건 메모리 공간을 확보하기 때문에 실제로 입력되는 값이 적게 되면 나머지 메모리 공간은 그냥 비어 있게 되어 메모리의 낭비를 초래하게 됩니다.

SQL 명령문으로 학생 테이블(st_tbl)을 생성하고 생성된 테이블이 목록에 존재하는 지를 확인하기 위해 다음 예제를 수행합니다.

예제 13-6

• **Step 01** | show 명령으로 score_db 데이터베이스에 존재하는 테이블의 목록을 확인합니다.

```
MariaDB [score_db]> show tables;    ← 기존에 존재하는 테이블 목록 출력
Empty set (0.00 sec)

MariaDB [score_db]>
```

• **Step 02** | create 명령으로 학생에 대한 정보를 저장할 st_tbl 테이블을 생성합니다. SQL 명령문을 한 줄에 모두 작성하기 어려울 때는 ENTER↵를 눌러 다음 행에 입력해도 됩니다. SQL 명령문을 다음 행에 이어서 작성할 때 -> 표시는 자동으로 나타납니다.

```
MariaDB [score_db]> create table st_tbl
    ->(SNO int, NAME varchar(20), DEPT varchar(30))
    -> default charset=utf8;
Query OK, 0 rows affected (0.004 sec)

MariaDB [score_db]>
```

- **Step 02** | 학생 테이블(st_tbl)이 제대로 생성되었는지 show 명령을 수행하여 확인합니다.

```
MariaDB [score_db]> show tables;
+--------------------+
| Tables_in_score_db |
+--------------------+
| st_tbl             |
+--------------------+
1 rows in set (0.000 sec)

MariaDB [score_db]>
```

성적 테이블 생성

앞에서 이미 선택한 score_db 데이터베이스에 학생 2명에 대한 과목 2개의 성적을 처리하기 위해 성적 테이블(jumsu_tbl)을 생성하겠습니다. 2명의 학생에 대한 점수를 구분하기 위해 테이블의 필드는 3개(학번, 과목1, 과목2)를 생성합니다.

표 13-4 성적 테이블(jumsu_tbl)

SNO	LINUX	DBMS
20230001	98	85
20301203	79	90

성적 테이블의 SNO, LINUX, DBMS 필드에 대한 필드명, 자료형과 크기, Null 값, 키는 다음과 같이 설정합니다.

표 13-5 성적 테이블(jumsu_tbl)의 구조

필드명	자료형	Null 값 설정	키 설정	기본값
SNO	int	YES		NULL
LINUX	int	YES		NULL
DBMS	int	YES		NULL

SQL 명령문으로 성적 테이블(jumsu_tbl)을 생성하고 생성된 테이블의 존재를 확인하기 위해 다음 예제를 수행합니다.

| 예제 13-7 | ────────────────────────────

• **Step 01** | create 명령으로 jumsu_tbl 테이블을 생성합니다.

```
MariaDB [score_db]> create table jumsu_tbl
    -> (SNO int, LINUX int, DBMS int)
    -> default charset=utf8;
Query OK, 0 rows affected (0.003 sec)

MariaDB [score_db]>
```

• **Step 02** | show 명령으로 성적 테이블(jumsu_tbl)이 제대로 생성되었는지 확인합니다.

```
MariaDB [score_db]> show tables;
+-------------------+
| Tables_in_score_db |
+-------------------+
| jumsu_tbl         |
| st_tbl            |
+-------------------+
2 rows in set (0.000 sec)

MariaDB [score_db]>
```

데이터베이스 score_db에 생성된 2개(jumsu_tbl, st_tbl)의 테이블 목록을 확인할 수 있습니다.

테이블 구조 확인

앞에서 생성한 2개(st_tbl, jumsu_tbl) 테이블의 구조를 살펴보기 위해 다음 예제를 수행합니다. 테이블의 구조를 살펴보기 위해서는 desc와 explain 명령어 중에서 어느 하나를 선택하여 사용하면 됩니다.

SQL 명령문으로 테이블의 구조를 확인하기 위해 다음 예제를 수행합니다.

| 예제 13-8 |

- **Step 01** | desc 명령으로 st_tbl 테이블의 구조를 살펴봅니다.

```
MariaDB [score_db]> desc st_tbl;
+-------+-------------+------+-----+---------+-------+
| Field | Type        | Null | Key | Default | Extra |
+-------+-------------+------+-----+---------+-------+
| SNO   | int(11)     | YES  |     | NULL    |       |
| NAME  | varchar(20) | YES  |     | NULL    |       |
| DEPT  | varchar(30) | YES  |     | NULL    |       |
+-------+-------------+------+-----+---------+-------+
3 rows in set (0.002 sec)
MariaDB [score_db]>
```

- **Step 02** | 이번에는 explain 명령으로 jumsu_tbl 테이블의 구조를 살펴봅니다.

```
MariaDB [score_db]> explain jumsu_tbl;
+-------+---------+------+-----+---------+-------+
| Field | Type    | Null | Key | Default | Extra |
+-------+---------+------+-----+---------+-------+
| SNO   | int(11) | YES  |     | NULL    |       |
| LINUX | int(11) | YES  |     | NULL    |       |
| DBMS  | int(11) | YES  |     | NULL    |       |
+-------+---------+------+-----+---------+-------+
3 rows in set (0.002 sec)

MariaDB [score_db]>
```

테이블 필드 기본 키 추가

테이블의 구성요소 중 레코드에는 여러 개의 필드가 존재합니다. 여러 개의 필드 중에서 중복성이 없는 고유의 필드를 지정해 줄 필요가 있습니다. 중복성을 구분하기 위한 고유의 값을 기본 키(Primary Key)라고 합니다.

여기서 잠깐 살펴보세요.

> 대학생들이 입학하게 되면 학생 고유의 식별자인 학번을 부여하듯이 여러 개의 필드 중에서 고유의 식별자로 사용하기 위해 특정 필드에 기본 키를 지정할 필요가 있습니다. 여러 개의 테이블에서 하나의 데이터를 검색할 때 중복되지 않는 데이터를 확보할 때 필요한 것이 바로 기본 키입니다.

SQL 명령문으로 앞에서 생성한 학생 테이블과 성적 테이블의 학번 필드에 기본 키를 설정하기 위해 다음 예제를 수행합니다.

| 예제 13-9 |

- **Step 01** | 학생 테이블(st_tbl)의 학번(SNO) 필드에 기본 키와 Not Null을 설정합니다. Not Null로 지정한 필드는 입력값을 생략할 수 없습니다.

```
MariaDB [score_db]> alter table st_tbl modify SNO int Not Null;
Query OK, 0 rows affected (0.007 sec)
Records: 0  Duplicates: 0  Warnings: 0

MariaDB [score_db]>
```

- **Step 02** | 학생 테이블(st_tbl)의 구조가 어떻게 변경되었는지를 desc 명령으로 확인해 보면 SNO 필드의 Null 값이 YES에서 NO로 변경된 것을 확인할 수 있습니다.

```
MariaDB [score_db]> desc st_tbl;
+-------+-------------+------+-----+---------+-------+
| Field | Type        | Null | Key | Default | Extra |
+-------+-------------+------+-----+---------+-------+
| SNO   | int(11)     | NO   |     | NULL    |       |
| NAME  | varchar(20) | YES  |     | NULL    |       |
| DEPT  | varchar(30) | YES  |     | NULL    |       |
+-------+-------------+------+-----+---------+-------+
3 rows in set (0.002 sec)

MariaDB [score_db]>
```

여기서 잠깐 살펴보세요.

Null 값이라 함은 생략할 수 있음을 의미하기 때문에 기본 키에 저장되는 값은 생략하게 되면 중복되는 사례가 발생하게 되므로 절대로 입력값을 생략해서는 안 됩니다. alter 명령은 테이블의 속성을 변경할 때 사용하는 명령이며 modify 이하에 있는 필드에 대해 속성을 변경할 때 사용됩니다.

- **Step 03** | 학생 테이블(st_tbl)의 학번(SNO) 필드에 Null 값을 허용하지 않도록 변경하였으므로 여기서는 SNO 필드에 기본 키를 설정하기 위해 다음과 같이 SQL 명령문을 수행합니다.

```
MariaDB [score_db]> alter table st_tbl add constraint pk_stinfo
    -> primary key (SNO);
Query OK, 0 rows affected (0.014 sec)
Records: 0  Duplicates: 0  Warnings: 0

MariaDB [score_db]>
```

- **Step 04** | 학생 테이블(st_tbl)의 구조가 어떻게 변경되었는지를 desc 명령으로 확인해 보면 SNO 필드의 Key 값에 기본 키를 의미하는 PRI이 표기된 것을 확인할 수 있습니다.

```
MariaDB [score_db]> desc st_tbl;
+-------+-------------+------+-----+---------+-------+
| Field | Type        | Null | Key | Default | Extra |
+-------+-------------+------+-----+---------+-------+
| SNO   | int(11)     | NO   | PRI | NULL    |       |
| NAME  | varchar(20) | YES  |     | NULL    |       |
| DEPT  | varchar(30) | YES  |     | NULL    |       |
+-------+-------------+------+-----+---------+-------+
3 rows in set (0.001 sec)

MariaDB [score_db]>
```

- **Step 05** | 성적 테이블(jumsu_tbl)에도 학번(SNO) 필드에 Not Null과 기본 키를 설정하기 위해 다음과 같이 SQL 명령문을 수행합니다.

```
MariaDB [score_db]> alter table jumsu_tbl modify SNO int Not Null;
Query OK, 0 rows affected (0.004 sec)
Records: 0  Duplicates: 0  Warnings: 0
```

```
MariaDB [score_db]> alter table jumsu_tbl add constraint pk_stinfo
    -> primary key (SNO);
Query OK, 0 rows affected (0.004 sec)
Records: 0  Duplicates: 0  Warnings: 0

MariaDB [score_db]>
```

- **Step 06** | 성적 테이블(jumsu_tbl)의 구조가 어떻게 변경되었는지를 explain 명령으로 확인해 보면 SNO 필드의 Key 값에 기본 키를 의미하는 PRI가 표기된 것을 확인할 수 있습니다.

```
MariaDB [score_db]> explain jumsu_tbl;
+--------+---------+------+-----+---------+-------+
| Field  | Type    | Null | Key | Default | Extra |
+--------+---------+------+-----+---------+-------+
| SNO    | int(11) | NO   | PRI | NULL    |       |
| LINUX  | int(11) | YES  |     | NULL    |       |
| DBMS   | int(11) | YES  |     | NULL    |       |
+--------+---------+------+-----+---------+-------+
3 rows in set (0.001 sec)

MariaDB [score_db]>
```

3 레코드 삽입 및 검색

데이터베이스 score_db를 생성하고 2개의 테이블(st_tbl, jumsu_tbl) 또한 생성하였습니다. 여기서는 생성된 테이블에 직접 데이터를 입력하는 과정에 대해 살펴보겠습니다.

레코드 삽입 의미

레코드(Record)라 함은 한 사람에 대한 학번, 이름, 학과 등 여러 개의 필드로 구성된 하나의 행 단위를 의미합니다. 레코드 삽입은 학생 테이블 st_tbl과 성적 테이블 jumsu_tbl에 대해 다음 표와 같이 각각 2개의 레코드씩 삽입하도록 하겠습니다.

레코드 삽입 순서는 먼저 학생 테이블(st_tbl)의 데이터를 입력한 다음 성적 테이블(jumsu_tbl)을 입력하는 순서로 진행하겠습니다.

학생 레코드 삽입

SQL 명령문을 사용하여 다음 표에서 주어진 2명의 학생 데이터를 레코드 단위로 학생 테이블에 입력하겠습니다.

표 13-6 학생 테이블(st_tbl)

SNO	NAME	DEPT
20230001	홍길동	컴퓨터학과
20301203	김가을	법학과

SQL 명령문으로 2명의 학생 데이터를 st_tbl 테이블에 입력하기 위해 다음 예제를 수행합니다.

| 예제 13-10 |

- **Step 01** | insert into 명령으로 2명의 학생 정보를 입력합니다.

```
MariaDB [score_db]> insert into st_tbl
    -> values (20230001, '홍길동', '컴퓨터학과');
Query OK, 1 row affected (0.001 sec)

MariaDB [score_db]> insert into st_tbl
    -> values (20301203, '김가을', '법학과');
Query OK, 1 row affected (0.002 sec)

MariaDB [score_db]>
```

- **Step 02** | select 명령으로 입력한 2명 학생의 신상정보를 출력합니다.

```
MariaDB [score_db]> select * from st_tbl;
+-----------+----------+-----------------+
| SNO       | NAME     | DEPT            |
+-----------+----------+-----------------+
| 20230001  | 홍길동    | 컴퓨터학과        |
| 20301203  | 김가을    | 법학과           |
+-----------+----------+-----------------+
2 rows in set (0.001 sec)

MariaDB [score_db]>
```

성적 레코드 삽입

SQL 명령문을 사용하여 다음 표에서 주어진 성적 데이터를 레코드 단위로 jumsu_tbl 테이블에 입력하겠습니다.

표 13-7 성적 테이블(jumsu_tbl)

SNO	LINUX	DBMS
20230001	98	85
20301203	79	90

SQL 명령문을 사용하여 학생 2명의 성적 데이터를 jumsu_tbl 테이블에 입력하기 위해 다음 예제를 수행합니다.

| 예제 13-11 |

- **Step 01** | insert into 명령으로 학생 2명의 성적 데이터를 jumsu_tbl 테이블에 입력합니다.

```
MariaDB [score_db]> insert into jumsu_tbl
    -> values (20230001, 98, 85);
Query OK, 1 row affected (0.001 sec)

MariaDB [score_db]> insert into jumsu_tbl
    -> values (20301203, 79, 90);
Query OK, 1 row affected (0.001 sec)

MariaDB [score_db]>
```

- **Step 02** | select 명령으로 점수 테이블의 성적을 조회합니다.

```
MariaDB [score_db]> select * from jumsu_tbl;
+------------+-------+------+
| SNO        | LINUX | DBMS |
+------------+-------+------+
| 20230001   | 98    | 85   |
| 20301203   | 79    | 90   |
+------------+-------+------+
2 rows in set (0.00 sec)

MariaDB [score_db]>
```

레코드 검색

기존 테이블에 존재하는 레코드를 검색할 때는 select 명령을 사용합니다. 앞에서 입력한 학생 테이블과 성적 테이블에 저장된 레코드를 검색하겠습니다.

SQL 명령문으로 학생 테이블과 성적 테이블의 레코드를 검색하기 위해 다음 예제를 수행합니다.

| 예제 13-12 |

- **Step 01** | select 명령으로 점수 테이블에서 학번이 20230001인 학생의 리눅스 성적을 검색합니다.

```
MariaDB [score_db]> select LINUX from jumsu_tbl where SNO=20230001;
+--------+
| LINUX  |
+--------+
|    98  |
+--------+
1 row in set (0.000 sec)

MariaDB [score_db]>
```

- **Step 02** | select 명령으로 학생 테이블에서 학번이 20301203인 학생의 이름과 학과를 검색합니다.

```
MariaDB [score_db]> select NAME, DEPT from st_tbl where SNO=20301203;
+-----------+----------+
| NAME      | DEPT     |
+-----------+----------+
| 김가을    | 법학과   |
+-----------+----------+
1 row in set (0.001 sec)

MariaDB [score_db]>
```

- **Step 03** | select 명령으로 학생 테이블과 점수 테이블에 존재하는 학번이 20230001인 학생의 이름과 학과, 리눅스 성적을 한꺼번에 검색합니다.

```
MariaDB [score_db]> select st_tbl.NAME, st_tbl.DEPT, jumsu_tbl.LINUX
    -> from st_tbl, jumsu_tbl
    -> where st_tbl.SNO=20230001 and jumsu_tbl.SNO=20230001;
+-----------+------------------+-------+
| NAME      | DEPT             | LINUX |
+-----------+------------------+-------+
| 홍길동     | 컴퓨터학과        |    98 |
+-----------+------------------+-------+
1 row in set (0.001 sec)

MariaDB [score_db]>
```

여기서 잠깐 살펴보세요.

학생 테이블과 성적 테이블에 대한 조인검색은 다소 복잡하게 SQL 명령문을 수행하였습니다. SQL 명령문을 처음 접하는 독자에게는 복잡하게 느껴지겠지만 중요한 부분을 살펴보면 from은 검색하고자 하는 테이블을 지정해 주는 부분이고 where절 이하는 수행할 조건을 선언하는 부분이라고 이해하면 됩니다.

데이터 수정하기

기존 테이블에 저장된 데이터를 수정하는 방법에 대해 살펴보도록 하겠습니다. 데이터를 수정할 때는 update 명령을 사용합니다.

SQL 명령으로 기존 테이블에 저장된 데이터를 수정하기 위해 다음 예제를 수행합니다.

| 예제 13-13 |

• **Step 01** | select 명령으로 성적 테이블에 저장된 레코드 중에서 학번이 20301203인 학생의 과목성적을 확인합니다.

```
MariaDB [score_db]> select * from jumsu_tbl where SNO=20301203;
+----------+-------+------+
| SNO      | LINUX | DBMS |
+----------+-------+------+
| 20301203 |    79 |   90 |
+----------+-------+------+
1 row in set (0.001 sec)

MariaDB [score_db]>
```

- **Step 02** | update 명령으로 성적 테이블에 저장된 레코드 중에서 학번이 20301203인 학생의 리눅스 과목성적을 79점에서 85점으로 수정합니다.

```
MariaDB [score_db]> update jumsu_tbl set LINUX=85 where SNO=20301203;
Query OK, 1 row affected (0.001 sec)
Rows matched: 1  Changed: 1  Warnings: 0

MariaDB [score_db]>
```

- **Step 03** | select 명령으로 학번이 20301203인 학생의 리눅스 과목성적을 검색하면 점수가 79점에서 85점으로 수정된 것을 확인할 수 있습니다.

```
MariaDB [score_db]> select * from jumsu_tbl where SNO=20301203;
+----------+-------+------+
| SNO      | LINUX | DBMS |
+----------+-------+------+
| 20301203 |    85 |   90 |
+----------+-------+------+
1 row in set (0.00 sec)

MariaDB [score_db]>
```

4 MariaDB 접속 종료

MariaDB 서버에 접속된 상태를 종료하려면 exit 명령을 사용하여 종료하면 됩니다.

```
MariaDB [score_db]> exit
Bye
[root@localhost ~]#
```

제대로 된 SQL 명령문은 복잡하고 배워야 할 부분이 많으므로 여기서는 이 정도만 소개하기로 하겠습니다.

1. MariaDB 서버 접속하기
2. 새로운 데이터베이스 test13 _ db 생성하기
3. test13 _ db 선택하기
4. 테이블 addr _ tbl 생성하기 → 아래 주소 테이블 참조
5. 테이블 addr _ tbl의 구조 확인하기
6. 레코드 삽입하기 → 아래 주소 테이블(addr _ tbl) 참조
7. 테이블에 삽입된 모든 레코드 검색하기
8. MariaDB 서버 접속 종료하기

● 주소 테이블

NO	NAME(varchar)	ADDR(varchar)
1001	이순신	서울특별시 중구 신당동 1850
1002	을지문덕	부산광역시 금정구 부산대학로 15

● 주소 테이블의 구조

필드명	자료형	Null 값 설정	키 설정	기본값
NO	int	NO	PRI	NULL
NAME	varchar(14)	YES		NULL
ADDR	varchar(50)	YES		NULL

01 데이터베이스(DB; DataBase)는 많은 데이터를 수집하여 사용하고자 하는 목적에 따라 특정한 형식에 의거 저장되어 가공 처리되는 것을 의미합니다.

02 DBMS(DataBase Management System)는 데이터베이스를 직접 응용 프로그램들이 조작하는 것이 아니고 데이터베이스를 조작하는 별도의 소프트웨어를 DBMS(데이터베이스 관리 시스템)라고 합니다.

03 SQL(Structured Query Language)이란 데이터베이스를 사용할 때 데이터베이스에 접근할 수 있는 데이터베이스의 하부 언어를 의미하며 다른 표현으로는 구조화 질의어라고 합니다.

04 데이터베이스 관련 SQL 명령문은 다음과 같습니다.

① 데이터베이스 조회 : show 명령으로 기존에 생성된 데이터베이스 목록을 출력합니다.

```
show databases;
```

② 데이터베이스 생성 : create 명령으로 새로운 데이터베이스를 생성합니다.

```
create database DB이름;
```

③ 데이터베이스 지정 : use 명령으로 기존에 존재하는 여러 데이터베이스 중에서 작업할 데이터베이스를 선택합니다.

```
use DB이름;
```

④ 데이터베이스 삭제 : drop 명령으로 특정 데이터베이스를 지정하여 삭제합니다. 이때 해당 DB에 존재하는 테이블도 같이 삭제됩니다.

```
drop database DB이름;
```

05 테이블 관련 SQL 명령문은 다음과 같습니다.

① 테이블 조회 : show 명령을 사용하여 기존에 생성된 테이블 목록을 출력합니다.

```
show tables;
```

② 테이블 생성 : create 명령으로 새로운 테이블을 생성합니다. 테이블을 생성할 때는 각 필드에 어떠한 데이터를 저장할 것인지에 대한 자료형을 정해주어야 합니다. 테이블에서 사용되는 자료형은 다음 표와 같습니다.

● 테이블 필드의 자료형

자료형	의미
varchar(n)	개수 n개를 지정하여 가변성 문자열 지정(메모리 효율성)
char(n)	개수 n개를 지정하여 고정성 문자열 지정(메모리 비효율성)
int	정수형 숫자를 입력받을 필드의 자료형 지정
float	실수형 숫자를 입력받을 필드의 자료형 지정
date	날짜를 입력받을 필드의 자료형 지정
time	시각을 입력받을 필드의 자료형 지정

테이블을 생성할 때는 테이블 이름 다음에 괄호를 열고 필드명과 자료형을 다음과 같은 형태로 지정합니다.

```
create table 테이블명(필드명1 데이터타입1, 필드명2 데이터타입2, …);
```

③ 테이블 구조 조회 : explain 또는 desc 명령을 사용하여 테이블의 구조를 조회합니다.

```
desc 테이블명;또는 explain 테이블명;
```

④ 테이블 수정 : alter 명령을 사용하여 테이블의 구조와 필드명 등을 수정합니다.

```
alter table 테이블명 수정할 내용;
```

⑤ 테이블 삭제 : drop 명령을 사용하여 테이블을 삭제합니다.

```
drop table 테이블명;
```

06 레코드 관련 SQL 명령문은 다음과 같습니다.

① 레코드 삽입 : insert into 명령을 사용하여 지정한 테이블에 새로운 레코드를 추가합니다. 이 과정에서 주의해야 할 점은 테이블을 생성할 때 지정한 자료형과 일치되도록 데이터를 입력해야 합니다.

```
insert into 테이블명 values(값1, 값2, …);
```

② 레코드 수정 : update 명령을 사용하여 기존 테이블에 저장되어 있는 레코드를 수정합니다.

```
update 테이블명 set 필드명1=수정할 값, 필드명2=수정할 값, … where 조건;
```

③ 레코드 삭제 : delete 명령을 사용하여 기존 테이블에 저장된 레코드 중에서 지정한 레코드를 삭제합니다.

```
delete from 테이블명 where 조건;
```

④ 레코드 조회 : select 명령을 사용하여 테이블에 저장된 레코드를 조회합니다.

```
select 필드명1, 필드명2, … from 테이블명 where 조건;
```

07 데이터베이스 작업은 주로 관리자가 DB를 생성하여 관리하지만 때로는 사용자에게 권한을 부여하는 경우도 있습니다. 데이터베이스에 대한 접근 권한은 grant 명령을 사용하여 다음과 같이 권한을 부여합니다.

```
grant all privileges on DB명.* to 사용자계정@localhost identified by '암호';
```

CHAPTER 14
웹 서버 구축 및 운영

학습목표

- 아파치 웹 서버를 설치하고 구동 상태를 확인할 수 있습니다.
- CentOS 8 리눅스 외부에서 아파치 웹 서버에 접속할 수 있습니다.
- APM 패키지를 설치하고 연동 과정을 수행할 수 있습니다.
- XE를 활용하여 자신만의 웹 사이트를 구축할 수 있습니다.

아파치 웹 서버

1 아파치 웹 서버 설치

유닉스와 리눅스에서 가장 많이 활용되고 있는 분야는 웹 서버 운영입니다. 그중에서도 가장
많은 사랑을 받는 것이 바로 아파치(Apache) 웹 서버입니다.

아파치 웹 서버(Apache HTTP Server)인 httpd(Hypertext Transfer Protocol Daemon)는 CentOS 8
에서 제공되는 아파치 하이퍼텍스트 전송 프로토콜 서버 프로그램의 약어입니다.

dnf 명령어로 아파치 웹 서버를 설치하기 위해 다음 예제를 수행합니다.

예제 14-1

• **Step 01** | dnf 명령으로 httpd 아파치 웹 서버 패키지를 설치합니다.

```
[root@localhost ~]# dnf -y install httpd
...
(생략)
...
업그레이드 됨:
  httpd-2.4.37-12.module_el8.0.0+185+5908b0db.x86_64
  httpd-filesystem-2.4.37-12.module_el8.0.0+185+5908b0db.noarch
  httpd-manual-2.4.37-12.module_el8.0.0+185+5908b0db.noarch
  httpd-tools-2.4.37-12.module_el8.0.0+185+5908b0db.x86_64
  mod_ssl-1:2.4.37-12.module_el8.0.0+185+5908b0db.x86_64

완료되었습니다!
[root@localhost ~]#
```

- **Step 02** | 아파치 웹 서버 패키지 설치가 제대로 수행되었는지를 확인합니다.

```
[root@localhost ~]# dnf list installed | grep httpd
centos-logos-httpd.noarch      80.5-2.el8
@AppStream
httpd.x86_64                   2.4.37-12.module_el8.0.0+185+5908b0db
@AppStream
httpd-filesystem.noarch        2.4.37-12.module_el8.0.0+185+5908b0db
@AppStream
httpd-manual.noarch            2.4.37-12.module_el8.0.0+185+5908b0db
@AppStream
httpd-tools.x86_64             2.4.37-12.module_el8.0.0+185+5908b0db
@AppStream
[root@localhost ~]#
```

- **Step 03** | httpd -v 명령으로 아파치 웹 서버 버전을 확인합니다.

```
[root@localhost ~]# httpd -v
Server version: Apache/2.4.37 (centos)
Server built:   Oct  7 2019 21:42:02
[root@localhost ~]#
```

- **Step 04** | 이번에는 rpm 명령으로 아파치 웹 서버 버전을 확인합니다.

```
[root@localhost ~]# rpm -qa httpd
httpd-2.4.37-12.module_el8.0.0+185+5908b0db.x86_64
[root@localhost ~]#
```

2 아파치 구동과 상태 확인

아파치 웹 서버 패키지가 정상적으로 설치가 완료되었습니다. 아파치 웹 서버를 사용하기 위해 활성화하는 과정에 대해 살펴보겠습니다.

아파치 웹 서버 구동

아파치 웹 서버를 구동할 때 사용하는 systemctl 명령과 service 명령을 살펴보면 service 명령은 CentOS 6 버전까지 사용했던 명령입니다. CentOS 7 버전부터는 systemctl 명령을 제공하고 있습니다. 그렇다고 해서 CentOS 8 버전에서 service 명령을 사용할 수 없다는 의미는 아닙니다.

여기서 잠깐 살펴보세요.

> 2가지 명령 중 어느 명령을 사용해도 아파치 웹 서버의 구동 결과는 똑같습니다. 다만 service 명령을 사용하게 되면 Redirecting to /bin/systemctl start httpd.service와 같이 수행하는 과정을 보여줍니다. 결국 systemctl 명령을 찾아간다는 의미이므로 이 책에서는 service 명령보다는 systemctl 명령을 사용하도록 합니다.

아파치 웹 서버의 구동 상태를 먼저 확인 후 아파치 웹 서버가 활성화되도록 다음 예제를 수행합니다.

│ 예제 14-2 │ ──

- **Step 01** │ 아파치 웹 서버의 현재 작동상태를 확인합니다. 출력된 메시지 Active: inactive (dead)가 표시되면 활성화 상태가 아닙니다.

```
[root@localhost ~]# systemctl status httpd
● httpd.service - The Apache HTTP Server
   Loaded: loaded (/usr/lib/systemd/system/httpd.service; disabled; vendor
preset: disabled)
   Active: inactive (dead)
     Docs: man:httpd.service(8)
[root@localhost ~]#
```

- **Step 02** │ systemctl start 명령으로 아파치 웹 서버를 활성화합니다.

```
[root@localhost ~]# systemctl start httpd
[root@localhost ~]#
```

아파치와 프로세스 상태 확인

아파치 웹 서버와 프로세스의 현재 상태를 확인하기 위해 다음 예제를 수행합니다.

│ 예제 14-3 │ ──

- **Step 01** │ 아파치 웹 서버의 현재 작동상태를 다시 확인합니다. 출력된 메시지 Active:

active (running)이 표시되면 아파치 웹 서버는 활성화된 상태입니다. 상태를 확인 후 :q를
입력하여 출력된 창을 닫아줍니다.

```
[root@localhost ~]# systemctl status httpd
● httpd.service - The Apache HTTP Server
   Loaded: loaded (/usr/lib/systemd/system/httpd.service; disabled; vendor
preset: disabled)
   Active: active (running) since Fri 2019-12-27 17:44:32 KST; 12s ago
     Docs: man:httpd.service(8)
 Main PID: 10073 (httpd)
   Status: "Running, listening on: port 80"
    Tasks: 213 (limit: 11373)
   Memory: 17.1M
   CGroup: /system.slice/httpd.service
           ├─10073 /usr/sbin/httpd -DFOREGROUND
           ├─10074 /usr/sbin/httpd -DFOREGROUND
           ├─10075 /usr/sbin/httpd -DFOREGROUND
           ├─10076 /usr/sbin/httpd -DFOREGROUND
           └─10077 /usr/sbin/httpd -DFOREGROUND
...
(생략)
...
lines 1-20/20 (END)
:q
[root@localhost ~]#
```

● **Step 02** | ps 명령으로 현재 프로세스의 상태를 확인합니다.

```
[root@localhost ~]# ps -ef | grep httpd
root      2976     1   0 09:40 ?        00:00:00 /usr/sbin/httpd -DFOREGROUND
apache    2978  2976   0 09:40 ?        00:00:00 /usr/sbin/httpd -DFOREGROUND
apache    2979  2976   0 09:40 ?        00:00:00 /usr/sbin/httpd -DFOREGROUND
apache    2980  2976   0 09:40 ?        00:00:00 /usr/sbin/httpd -DFOREGROUND
apache    2981  2976   0 09:40 ?        00:00:00 /usr/sbin/httpd -DFOREGROUND
apache    2983  2976   0 09:40 ?        00:00:00 /usr/sbin/httpd -DFOREGROUND
root      3209  2841   0 09:40 pts/0    00:00:00 grep --color=auto httpd
[root@localhost ~]#
```

여기서 잠깐 살펴보세요.

ps 명령은 프로세스의 상태를 확인하기 위한 명령입니다. 아파치 웹 서버가 활성화되면 처리해야 할 프로세스가
생성될 수 있으므로 현재 프로세스의 상태를 점검하고 아파치 웹 서버가 구동 중인지를 확인합니다. 리눅스 시스
템에서 아파치 웹 서버가 활성화되어 있다면 외부에서도 아파치 웹 서버에 접근할 수 있습니다.

- **Step 03** | firewall-cmd 명령으로 현재 리눅스 시스템에서 사용 가능한 서비스와 포트 목록을 확인합니다. 확인해 보면 ports: 번호가 비어 있는 것을 볼 수 있습니다.

```
[root@localhost ~]# firewall-cmd --list-all
public (active)
  target: default
  icmp-block-inversion: no
  interfaces: ens160
  sources:
  services: cockpit dhcpv6-client ssh
  ports:
  protocols:
  masquerade: no
  forward-ports:
  source-ports:
  icmp-blocks:
  rich rules:

[root@localhost ~]#
```

3 포트 번호 개방

웹은 기본적으로 80번 포트를 사용합니다. 80번 포트는 서버를 설치했다고 가정할 때 웹 클라이언트로부터의 요구가 들어오기를 기대하는 포트입니다. CentOS 7 이상부터는 firewalld 명령과 iptables 명령이 동작하기 때문에 방화벽과 iptables에 양방향 포트 번호 80번을 오픈해 주어야 합니다.

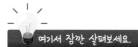

여기서 잠깐 살펴보세요.

나중에 아파치 웹 서버에서 `https`를 사용하려면 포트 번호 443번도 오픈해야 합니다. 하지만 여기서는 443번 포트를 오픈하는 과정을 수행하지는 않겠습니다. `iptables` 명령은 시스템 관리 명령어로서 커널에 저장되어 있는 IP 방화벽 정책을 표준 출력하고 패킷 필터링과 NAT를 설정합니다.

| 예제 14-4 |

- **Step 01** | firewall-cmd 명령으로 방화벽의 80번 포트 번호를 열어줍니다.

```
[root@localhost ~]# firewall-cmd --permanent --zone=public --add-port=80/tcp
success
[root@localhost ~]#
```

- **Step 02** | 방화벽과 iptables에 설정을 변경해 준 다음에는 reload 명령으로 방화벽을 다시 활성화해 줍니다.

```
[root@localhost ~]# firewall-cmd --reload
success
[root@localhost ~]#
```

- **Step 03** | iptables의 80번 포트도 오픈해 줍니다.

```
[root@localhost ~]# iptables -A INPUT -p tcp -m tcp --dport 80 -j ACCEPT
[root@localhost ~]#
```

- **Step 04** | iptable의 정보를 출력해 보면 tcp dpt:80 부분에 80번 포트가 추가된 것을 확인할 수 있습니다.

```
[root@localhost ~]# iptables -vnL
Chain INPUT (policy ACCEPT 5 packets, 380 bytes)
 pkts   bytes  target  prot opt in     out   source       destination
    0      0   ACCEPT  udp  --  virbr0 *0.0.0.0/0          0.0.0.0/0   udp dpt:53
    0      0   ACCEPT  tcp  --  virbr0 *0.0.0.0/0          0.0.0.0/0   tcp dpt:53
    0      0   ACCEPT  udp  --  virbr0 *0.0.0.0/0          0.0.0.0/0   udp dpt:67
    0      0   ACCEPT  tcp  --  virbr0 *0.0.0.0/0          0.0.0.0/0   tcp dpt:67
    0      0   ACCEPT  tcp  --  *      *0.0.0.0/0          0.0.0.0/0   tcp dpt:80

Chain FORWARD (policy ACCEPT 0 packets, 0 bytes)
 pkts   bytes  target  prot opt in     out   source       destination
    0      0   ACCEPT  all  --  *virbr0 0.0.0.0/0          192.168.122.0/24
ctstate RELATED,ESTABLISHED
    0      0   ACCEPT  all  --  virbr0 *192.168.122.0/24 0.0.0.0/0
    0      0   ACCEPT  all  --  virbr0 virbr0 0.0.0.0/0    0.0.0.0/0
    0      0   REJECT  all  --  *virbr0 0.0.0.0/0          0.0.0.0/0
reject-with icmp-port-unreachable
    0      0   REJECT  all  --  virbr0 *0.0.0.0/0          0.0.0.0/0   reject-with
icmp-port-unreachable

Chain OUTPUT (policy ACCEPT 5 packets, 380 bytes)
 pkts   bytes  target  prot opt in     out   source       destination
    0      0   ACCEPT  udp  --  *virbr0 0.0.0.0/0          0.0.0.0/0           udp
dpt:68
[root@localhost ~]#
```

4 접근 통제 옵션

리눅스 외부에서 웹 서버에 접속하기 위해서는 접근 통제 옵션을 변경해야 합니다. 접근 통제 옵션 변경은 /etc/sysconfig/selinux 파일에서 수행하면 됩니다. SELINUX는 보안에 취약한 리눅스를 보호하기 위해 탄생하였습니다.

접근 통제를 옵션 내용 중 SELINUX의 설정 내용을 변경하기 위해 다음 예제를 수행합니다.

| 예제 14-5 |

gedit 창에서 /etc/sysconfig/selinux 파일 내용 중 Ctrl + F 눌러 검색창에 SELINUX 키워드를 검색하여 enforcing(활성화)을 disabled(비활성화)로 변경합니다.

```
[root@localhost ~]# gedit /etc/sysconfig/selinux
[root@localhost ~]#
```

```
                              selinux
# This file controls the state of SELinux on the system.
# SELINUX= can take one of these three values:
#     enforcing - SELinux security policy is enforced.
#     permissive - SELinux prints warnings instead of enforcing.
#     disabled - No SELinux policy is loaded.
SELINUX=disabled      ←당초 SELINUX=enforcing으로 설정된 옵션을 disabled로 변경
# SELINUXTYPE= can take one of these three values:
#     targeted - Targeted processes are protected,
#     minimum - Modification of targeted policy. Only selected processes
are protected.
#     mls - Multi Level Security protection.
SELINUXTYPE=targeted
```

5 IP 주소 등록

CentOS 8 리눅스에서 아파치 웹 서버의 IP 주소는 /etc/httpd/conf/httpd.conf 파일에 등록해 줍니다. gedit 또는 vi 에디터로 /etc/httpd/conf/httpd.conf 파일을 열어서 IP 주소를 등록하기 위한 과정을 살펴보겠습니다.

아파치 웹 서버 환경설정 파일에 IP 주소를 등록하기 위해 다음 예제를 수행합니다.

| 예제 14-6 |

- **Step 01** | ifconfig 명령으로 내 컴퓨터의 웹 서버에 할당된 IP 주소를 확인합니다. 유동 IP 주소의 경우 컴퓨터를 재부팅 할 때마다 달라질 수 있습니다.

```
[root@localhost ~]# ifconfig
ens160: flags=4163<UP,BROADCAST,RUNNING,MULTICAST>  mtu 1500
        inet 192.168.202.132  netmask 255.255.255.0  broadcast
192.168.202.255
        inet6 fe80::a935:d00c:87fc:5b16  prefixlen 64  scopeid 0x20<link>
        ether 00:0c:29:71:88:ba  txqueuelen 1000  (Ethernet)
        RX packets 1370  bytes 550012 (537.1 KiB)
        RX errors 0  dropped 0  overruns 0  frame 0
        TX packets 821  bytes 99794 (97.4 KiB)
        TX errors 0  dropped 0 overruns 0  carrier 0  collisions 0

lo: flags=73<UP,LOOPBACK,RUNNING>  mtu 65536
        inet 127.0.0.1  netmask 255.0.0.0
        inet6 ::1  prefixlen 128  scopeid 0x10<host>
        loop  txqueuelen 1000  (Local Loopback)
        RX packets 10  bytes 1420 (1.3 KiB)
        RX errors 0  dropped 0  overruns 0  frame 0
        TX packets 10  bytes 1420 (1.3 KiB)
        TX errors 0  dropped 0 overruns 0  carrier 0  collisions 0

virbr0: flags=4099<UP,BROADCAST,MULTICAST>  mtu 1500
        inet 192.168.122.1  netmask 255.255.255.0  broadcast
192.168.122.255
        ether 52:54:00:2a:3a:2a  txqueuelen 1000  (Ethernet)
        RX packets 0  bytes 0 (0.0 B)
        RX errors 0  dropped 0  overruns 0  frame 0
        TX packets 0  bytes 0 (0.0 B)
        TX errors 0  dropped 0 overruns 0  carrier 0  collisions 0

[root@localhost ~]#
```

- **Step 02** | gedit 창에서 /etc/httpd/conf/httpd.conf 파일을 연 다음 Ctrl + F 를 눌러 ServerName을 입력하여 검색합니다. #ServerName www.example.com:80의 맨 앞의 주석을 의미하는 #은 제거하고 ServerName 192.168.202.132:80과 같이 수정합니다.

```
[root@localhost ~]# gedit /etc/httpd/conf/httpd.conf
[root@localhost ~]#
```

```
                              httpd.conf

(생략)
...
#
# ServerName gives the name and port that the server uses to identify itself.
# This can often be determined automatically, but we recommend you specify
# it explicitly to prevent problems during startup.
#
# If your host doesn't have a registered DNS name, enter its IP address here.
#
ServerName 192.168.202.132:80    ← ServerName www.example.com:80 설정 옵션을 IP
                                   주소로 변경

#
...
(생략)
```

여기서 잠깐 살펴보세요.

edit 또는 vi 에디터를 사용하여 /etc/httpd/conf/httpd.conf 파일을 연 다음 #ServerName www.example.com:80으로 설정된 옵션에서 www.example.com을 지우고 내 컴퓨터에서 사용하는 IP 주소를 등록해 주어야 합니다. IP 주소를 등록하지 않으면 다음 과정을 수행할 수 없습니다.

- **Step 03** | httpd.conf 파일의 설정 내용을 변경한 다음에는 반드시 아파치 웹 서버를 다시 활성화합니다.

```
[root@localhost ~]# systemctl restart httpd
[root@localhost ~]#
```

6 외부에서 아파치 접속

IP 주소를 설정 파일에 등록하였으므로 여기서는 간단하게 PHP 프로그램을 작성하여 인터넷 익스플로러 또는 크롬에서 정상적으로 동작하는지에 대해 살펴보겠습니다. 아파치 웹 서버의 루트 디렉터리는 /var/www/html/ 디렉터리입니다. 홈페이지와 관련된 파일은 모두 이 디렉터리를 사용해야 합니다.

Windows 환경에서 크롬 또는 익스플로러 웹 브라우저를 사용하여 아파치 웹 서버에 접속 상태를 확인하기 위해 다음 예제를 수행합니다.

| 예제 14-7 |

- **Step 01** | echot 명령으로 웹 브라우저 화면에 'Web Server Test!!'가 출력되도록 다음과 같이 webtest.php 파일을 생성합니다.

```
[root@localhost ~]# echo " Web Server Test!! " > /var/www/html/webtest.php
[root@localhost ~]# cd /var/www/html/
[root@localhost html]# ls -rlt
합계 4
-rw-r--r--. 1 root root 52 12월 28 16:14 webtest.php
[root@localhost html]#
```

- **Step 02** | 크롬 또는 익스플로러에서 http://192.168.202.132/webtest.php를 실행합니다. 만약 웹 브라우저에서 아래 그림과 같은 출력결과가 화면에 나타나지 않는다면 IP 주소 등록과정과 방화벽 해제과정을 꼼꼼히 살펴 다시 수행하기 바랍니다.

그림 14-1 익스플로러에서 webtest.php 실행 화면

- **Step 03** | firewall-cmd 명령으로 현재 리눅스 시스템에서 사용 가능한 서비스와 포트 목록을 확인해 보면 비어 있던 포트 번호에 ports: 80/tcp가 등록되어 있는 것을 확인할 수 있습니다.

```
[root@localhost html]# firewall-cmd --list-all
public (active)
  target: default
  icmp-block-inversion: no
  interfaces: ens160
  sources:
  services: cockpit dhcpv6-client ssh
  ports: 80/tcp
  protocols:
```

```
    masquerade: no
    forward-ports:
    source-ports:
    icmp-blocks:
    rich rules:

[root@localhost html]#
```

7 아파치 초기화면 설정

우리가 설정한 아파치 웹 서버의 IP 주소는 192.168.202.132 입니다. 크롬 또는 익스플로러 웹 브라우저의 url 주소에 http://192.168.202.132와 같이 입력하면 아래 그림과 같은 메시지가 출력됩니다.

이와 같은 현상은 메인 화면을 구성하는 index.html 파일이 존재하지 않기 때문입니다.

그림 14-2 아파치 웹 서버 메인 화면

웹 서버의 메인 화면은 index.html 또는 index.htm 파일이 존재해야만 웹 브라우저에서 확인할 수 있습니다.

아파치 웹 서버의 메인 화면을 HTML로 작성하기 위해 다음 예제를 수행합니다.

| 예제 14-8 |

- **Step 01** | 아파치 웹 서버 초기화면을 변경하기 위해 웹 서버의 기본 디렉터리로 이동합니다. gedit 또는 vi 에디터를 사용하여 index.html 파일을 생성합니다.

```
[root@localhost html]# gedit index.html
[root@localhost html]#
```

- **Step 02** | gedit 창에서 HTML5 문법형식으로 index.html 파일을 작성합니다.

```
                                    index.html
<!DOCTYPE html>
<html>
  <head>
    <meta charset = "utf-8">
      <title>
            아파치 웹 서버 초기 화면
      </title>
  </head>
  <body>
    <center>
        <h2> 아파치 웹 서버 초기 화면입니다. </h2>
    </center>
  </body>
</html>
```

- **Step 03** | 웹 브라우저의 URL 주소 입력란에 http://192.168.202.132를 입력 후 실행합니다. 아래와 같이 실행 결과 화면이 나타나면 제대로 수행된 것입니다.

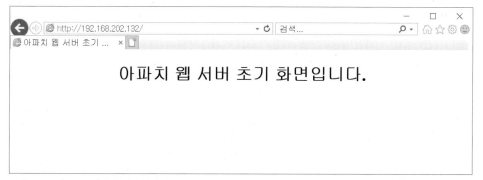

그림 14-3 익스플로러에서 실행한 메인 화면

- **Step 04** | Firefox에서 URL 주소 입력란에 http://192.168.202.132를 입력 후 실행하면 아파치 웹 서버 메인 화면을 볼 수 있습니다.

그림 14-4 Firefox에서 실행한 메인 화면

- **Step 05** | 웹 서버 루트 디렉터리에 존재하는 파일 목록을 확인합니다.

```
[root@localhost html]# ls -rlt
합계 8
-rw-r--r--. 1 root root  18 12월 28 16:23 webtest.php
-rw-r--r--. 1 root root 234 12월 28 17:33 index.html
[root@localhost html]#
```

◎- 도전 문제 14-1

1. 아파치 웹 서버 초기화면이 저장되어 있는 디렉터리로 이동하기
2. 새로운 HTML문서 hello.html 생성하기 → 문장 : 안녕하세요. 리눅스입니다.
3. 익스플로러 웹 브라우저에서 index.html 파일 실행하기
4. 터미널 창에서 생성한 html 문서가 존재하는지 확인하기

02 APM 설치 및 연동

1 APM 설치

웹 사이트 구축을 위해서 필요한 패키지는 웹 서버와 웹 언어 그리고 데이터베이스 패키지입니다. APM은 Apache와 PHP, MariaDB 3개로 구성된 패키지를 나타냅니다.

dnf 명령으로 APM 구축에 필요한 패키지를 설치하기 위해 다음 예제를 수행합니다.

| 예제 14-9 |

• **Step 01** | dnf 명령으로 mariadb와 mariadb-server 데이터베이스 패키지를 설치합니다.

```
[root@localhost ~]# dnf -y install mariadb mariadb-server
마지막 메타 데이터 만료 확인 : 1:43:04 전에 2019년 12월 28일 (토) 오후 04시 26분
42초.
Package mariadb-3:10.3.11-2.module_el8.0.0+35+6f2527ed.x86_64 is already
installed.
Package mariadb-server-3:10.3.11-2.module_el8.0.0+35+6f2527ed.x86_64 is
already installed.
종속성이 해결되었습니다.
할 것이 없음.
완료되었습니다!
[root@localhost ~]#
```

• **Step 02** | CentOS 8의 아파치 웹 서버는 기본적으로 mod_php 대신 php-fpm을 사용하여 PHP 코드를 실행하기 때문에 php-fpm 패키지도 함께 설치해야 합니다. dnf 명령으로 php-fpm, php-mysqlnd, php-opcache, php-gd, php-xml, php-mbstring 패키지를 한꺼번에 설치합니다.

```
[root@localhost ~]# dnf -y install php-fpm php-mysqlnd php-opcache php-gd
php-xml php-mbstring
...
(생략)
...
설치됨:
  php-fpm-7.2.11-1.module_el8.0.0+56+d1ca79aa.x86_64
  php-gd-7.2.11-1.module_el8.0.0+56+d1ca79aa.x86_64
  php-mbstring-7.2.11-1.module_el8.0.0+56+d1ca79aa.x86_64
  php-mysqlnd-7.2.11-1.module_el8.0.0+56+d1ca79aa.x86_64
  php-opcache-7.2.11-1.module_el8.0.0+56+d1ca79aa.x86_64
  php-xml-7.2.11-1.module_el8.0.0+56+d1ca79aa.x86_64
  nginx-filesystem-1:1.14.1-9.module_el8.0.0+184+e34fea82.noarch
  php-common-7.2.11-1.module_el8.0.0+56+d1ca79aa.x86_64
  php-pdo-7.2.11-1.module_el8.0.0+56+d1ca79aa.x86_64

완료되었습니다!
[root@localhost ~]#
```

- **Step 03** | systemctl 명령으로 설치한 php-fpm 패키지를 활성화한 다음 상태를 확인합니다.

```
[root@localhost ~]# systemctl start php-fpm
[root@localhost ~]# systemctl status php-fpm
● php-fpm.service - The PHP FastCGI Process Manager
   Loaded: loaded (/usr/lib/systemd/system/php-fpm.service; disabled;
vendor preset: disabled)
   Active: active (running) since Sat 2019-12-28 18:32:43 KST; 28s ago
 Main PID: 8566 (php-fpm)
   Status: "Processes active: 0, idle: 5, Requests: 0, slow: 0, Traffic:
0req/sec"
...
(생략)
...
12월 28 18:32:43 localhost.localdomain systemd[1]: Starting The PHP
FastCGI Process Manager...
12월 28 18:32:43 localhost.localdomain systemd[1]: Started The PHP FastCGI
Process Manager.
[root@localhost ~]#
```

- **Step 04** | PHP 소스 코드를 실행하려면 아파치 웹 서버를 다시 시작해야 합니다. 그리고 아파치 웹 서버가 php-fpm을 통해 PHP 코드를 실행할 수 있도록 SELINUX에게 알리는 명령도 수행합니다.

```
[root@localhost ~]# systemctl restart httpd
[root@localhost ~]# setsebool -P httpd_execmem 1
[root@localhost ~]#
```

② PHP 동작 확인

APM 패키지가 모두 설치되었습니다. 간단한 PHP 소스 코드를 작성하고 프로그램이 실행되는지를 확인하기 위해 다음 예제를 수행합니다.

| 예제 14-10 |

- **Step 01** | PHP 관련 패키지가 모두 설치되었다면 systemctl 명령으로 아파치 웹 서버를 다시 활성화합니다.

```
[root@localhost ~]# systemctl restart httpd
[root@localhost ~]#
```

- **Step 02** | gedit 또는 vi 편집기를 사용하여 /var/www/html/info.php 파일을 작성합니다.

```
[root@localhost ~]# gedit /var/www/html/info.php
[root@localhost ~]#
```

info.php

```php
<?php
     phpinfo();
?>
```

- **Step 03** | PHP 파일을 실행하기 위해 크롬 또는 익스플로러 웹 브라우저의 URL 주소란에 http://192.168.202.132/info.php를 입력하여 실행화면을 확인합니다.

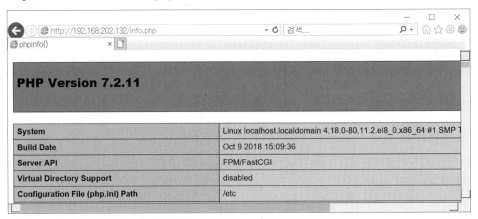

그림 14-5 익스플로러에서 info.php 실행 화면

SECTION 03 XE를 활용한 웹 사이트 구축

APM 설치를 완료하였으므로 웹 사이트 구축에 대해 살펴보기로 하겠습니다. 웹 사이트 구축은 초보자에게는 매우 힘든 과정입니다. 여기서는 웹 사이트를 통합적으로 구성하도록 도와주는 오픈 소스 도구로 유명한 XE(Xpress Engine)를 활용해 쉽게 웹 사이트를 구축하는 방법에 대해 살펴보겠습니다.

■ 아파치 웹 서버 환경설정

XE를 사용하기 위해서는 필요한 환경설정을 일부 변경해야 합니다. 먼저 아파치 웹 서버의 환경설정을 변경하는 방법부터 살펴보도록 하겠습니다. 아파치 웹 서버 설정 파일은 /etc/httpd/conf/httpd.conf 파일입니다.

gedit 또는 vi 에디터로 httpd.conf 파일을 수정하기 위해 다음 예제를 수행합니다.

| 예제 14-11 |

• **Step 01** | gedit 명령으로 /etc/httpd/conf/httpd.conf 파일을 엽니다.

```
[root@localhost ~]# gedit /etc/httpd/conf/httpd.conf
```

• **Step 02** | 파일 내용에서 Ctrl+F를 눌러 Directory 키워드를 검색하여 찾은 다음 <Directory "/var/www/html">~</Directory> 구문 안에 내용을 일부 변경합니다. 변경할 내용은 AllowOverride none을 AllowOverride all로 변경한 다음 저장합니다.

```
                              httpd.conf
(생략)
...
#
<Directory />
    AllowOverride all    ←none을 all로 변경
    Require all denied
</Directory>

#
...
(생략)
```

2 XE 다운로드 및 퍼미션 설정

웹 브라우저 Firefox에서 XE를 다운로드 후 압축을 해제한 다음 퍼미션을 설정하는 순서대로 진행하겠습니다. Firefox 웹 브라우저에서 XE Core 프로그램을 찾기가 어렵다면 검색창에서 XE Core를 입력한 다음 키워드 검색을 수행하면 됩니다.

XE Core 다운로드

웹 사이트 구축을 위해 아래 XE Core 프로그램은 아래 사이트 주소에서 다운로드를 할 수 있습니다.

```
Firefox 웹 브라우저 ➜ http://www.xpressengine.com/download
```

XE Core 프로그램에 대한 다운로드를 수행하기 위해 다음 예제를 수행합니다.

| 예제 14-12 |

- **Step 01** | 먼저 APM 관련된 서비스를 가동하고 httpd(아파치) 서비스의 현재 작동상태를 stsytemctl 명령으로 확인합니다. 만약 active: inactive (dead)로 표시되면 httpd가 활성화되지 않은 상태이므로 다음 명령으로 httpd를 활성화합니다.

```
[root@localhost ~]# systemctl status httpd
● httpd.service - The Apache HTTP Server
  Loaded: loaded (/usr/lib/systemd/system/httpd.service; disabled; vendor
```

```
preset: disabled)
  Drop-In: /usr/lib/systemd/system/httpd.service.d
          └─php-fpm.conf
   Active: active (running) since Sat 2019-12-28 18:36:40 KST; 28min ago
     Docs: man:httpd.service(8)
 Main PID: 8641 (httpd)

...
(생략)
...
[root@localhost html]#
```

- **Step 02** | 매번 httpd(아파치)를 활성화하는 과정이 번거롭다면 다음 명령으로 부팅 시 자
  동으로 활성화되도록 설정합니다.

```
[root@localhost ~]# systemctl enable httpd
Created symlink from /etc/systemd/system/multi-user.target.wants/httpd.
service to /usr/lib/systemd/system/httpd.service.
[root@localhost ~]#
```

- **Step 03** | XE 설치를 위해 리눅스 환경의 Firefox 웹 브라우저에서 아래 사이트에 접속합
  니다.

```
Firefox 웹 브라우저 ➔ http://www.xpressengine.com/download
```

그림 14-6 XE Core 다운로드 사이트

- **Step 04** | [파일 저장]을 선택하고 <확인>을 누릅니다. 다운로드 완료 후에도 Firefox 웹 브라우저는 닫지 말고 최소화해 둡니다. 다운로드를 한 파일은 /root/다운로드/ 디렉터리에 저장됩니다.

그림 14-7 XE Core 다운로드

- **Step 05** | 다운로드한 xe.zip 파일은 /root/다운로드/ 디렉터리에 저장되어 있는지 다음 명령을 수행하여 존재 여부를 확인합니다.

```
[root@localhost ~]# ls -l /root/다운로드/
합계 10980
-rw-r--r--. 1 root root 11240720 12월 28 19:11 xe.zip
[root@localhost ~]#
```

패키지 파일 압축 해제

다운로드 파일 xe.zip 파일의 압축을 해제하기 위해 다음 예제를 수행합니다.

| 예제 14-13 |

- **Step 01** | 다운로드를 수행한 xe.zip 파일을 /var/www/html 디렉터리로 이동합니다.

```
[root@localhost ~]# cd /var/www/html
[root@localhost html]# mv /root/다운로드/xe*  .  ←한 칸 띄우고 맨 뒤에 점(.) 있음
[root@localhost html]# ls
index.html  info.php  webtest.php  xe.zip
[root@localhost html]#
```

- **Step 02** | unzip 명령으로 xe.zip 압축 파일을 해제합니다.

```
[root@localhost html]#  unzip xe*
Archive:  xe.zip
   creating: xe/
   creating: xe/modules/
   creating: xe/modules/importer/
  inflating: xe/modules/importer/importer.class.php
...
(생략)
...
  inflating: xe/admin/help/img/image004.jpg
  inflating: xe/admin/help/img/image024.jpg
  inflating: xe/admin/help/index.html
  inflating: xe/.editorconfig
[root@localhost html]#
```

- **Step 03** | 다음 명령으로 압축을 해제한 XE 디렉터리의 위치를 확인합니다.

```
[root@localhost html]# find / -name xe
/var/www/html/xe
[root@localhost html]#
```

퍼미션 수행

XE 프로그램의 퍼미션 작업을 위해 다음 예제를 수행합니다.

| 예제 14-14 |

- **Step 01** | xe 디렉터리에 설정된 퍼미션을 확인합니다.

```
[root@localhost html]# ls -l
합계 10996
-rw-r--r--.  1 root root      234 12월 28 17:33 index.html
-rw-r--r--.  1 root root       22 12월 28 18:47 info.php
-rw-r--r--.  1 root root       18 12월 28 16:23 webtest.php
drwxr-xr-x. 13 root root     4096 10월 22 19:02 xe
-rw-r--r--.  1 root root 11240720 12월 28 19:11 xe.zip
[root@localhost html]#
```

- **Step 02** | 웹 서버의 루트 디렉터리인 /var/www/html 디렉터리에 XE 프로그램과 관련하여 외부접근을 허용할 수 있도록 xe 디렉터리의 퍼미션을 707로 변경합니다.

```
[root@localhost html]#  chmod 707 xe
[root@localhost html]# ls -l
합계 10996
-rw-r--r--.  1 root root      234 12월 28 17:33 index.html
-rw-r--r--.  1 root root       22 12월 28 18:47 info.php
-rw-r--r--.  1 root root       18 12월 28 16:23 webtest.php
drwx---rwx. 13 root root     4096 10월 22 19:02 xe
-rw-r--r--.  1 root root 11240720 12월 28 19:11 xe.zip
[root@localhost html]#
```

- **Step 03** | XE 홈 디렉터리인 /var/www/html/xe/modules 디렉터리로 이동하여 게시판 용도에 사용되는 board 디렉터리가 존재하는지를 확인합니다.

```
[root@localhost html]# cd /var/www/html/xe/modules
[root@localhost modules]# ls
addon       board               document        install       member
page        seo                 trash           admin         comment
editor      integration_search  menu            point         session
widget      adminlogging        communication   file          krzip
message     poll                spamfilter      autoinstall   counter
importer    layout              module          rss           tag
[root@localhost modules]#
```

3 데이터베이스 사용자 및 DB 생성

MariaDB에 접속하여 XE에서 사용할 데이터베이스 사용자 xe_user와 데이터베이스 xe_db를 생성합니다. 데이터베이스 사용자와 데이터베이스 이름은 임의로 지정한 것이므로 변경해서 지정해도 됩니다.

MariaDB 활성화

systemctl 명령으로 MariaDB의 상태를 확인하고 활성화를 위해 다음 예제를 수행합니다.

- **Step 01** | MariaDB에 접속하기 위해 먼저 systemctl 명령으로 MariaDB의 상태를 확인합니다. 확인 결과 Active: active (running)으로 나타나면 MariaDB가 활성화된 상태임을 의미합니다.

```
[root@localhost modules]# systemctl status mariadb
● mariadb.service - MariaDB 10.3 database server
   Loaded: loaded (/usr/lib/systemd/system/mariadb.service; disabled;
vendor preset: disabled)
   Active: inactive (dead)
     Docs: man:mysqld(8)
           https://mariadb.com/kb/en/library/systemd/
[root@localhost modules]#
```

- **Step 02** | MariaDB가 Active: active (dead)로 비활성화 상태이므로 systemctl 명령으로 MariaDB를 활성화합니다.

```
[root@localhost modules]# systemctl start mariadb
[root@localhost modules]#
```

- **Step 03** | systemctl 명령으로 MariaDB를 상시 활성화되도록 합니다.

```
[root@localhost modules]# systemctl enable mariadb
Created symlink /etc/systemd/system/mysql.service → /usr/lib/systemd/
system/mariadb.service.
Created symlink /etc/systemd/system/mysqld.service → /usr/lib/systemd/
system/mariadb.service.
Created symlink /etc/systemd/system/multi-user.target.wants/mariadb.
service → /usr/lib/systemd/system/mariadb.service.
[root@localhost modules]#
```

사용자 계정과 데이터베이스 생성

SQL 명령으로 MariaDB에 접속하여 사용자 계정과 데이터베이스를 각각 생성 후 MariaDB를 종료하는 과정을 살펴보기 위해 다음 예제를 수행합니다.

예제 14-16

- **Step 01** | mysql 명령으로 MariaDB에 접속합니다.

```
[root@localhost modules]# mysql
Welcome to the MariaDB monitor.  Commands end with ; or \g.
Your MariaDB connection id is 8
Server version: 10.3.11-MariaDB MariaDB Server

Copyright (c) 2000, 2018, Oracle, MariaDB Corporation Ab and others.

Type 'help;' or '\h' for help. Type '\c' to clear the current input
statement.

MariaDB [(none)]>
```

- **Step 02** | grant 명령으로 xe_user 계정을 생성하고 암호를 123456으로 지정한 다음 exit 명령으로 MariaDB 접속을 종료합니다.

```
MariaDB [(none)]> grant all privileges on xe_db.* to xe_user@localhost
identified by '123456';
Query OK, 0 rows affected (0.000 sec)

MariaDB [(none)]> exit
Bye
[root@localhost modules]#
```

사용자 계정 접속과 데이터베이스 생성

사용자 계정 xe_user로 MariaDB에 접속하여 xe_db 데이터베이스를 생성하기 위해 다음 예제를 수행합니다.

예제 14-17

- **Step 01** | mysql 명령으로 사용자 계정 xe_user와 암호 123456을 입력하여 MariaDB에 다시 접속합니다.

```
[root@localhost modules]# mysql -u xe_user -p123456
...
(생략)
```

```
...
MariaDB [(none)]>
```

- **Step 02** | create 명령으로 xe_db 데이터베이스를 생성합니다.

```
MariaDB [(none)]> create database xe_db;
Query OK, 1 row affected (0.000 sec)

MariaDB [(none)]>
```

- **Step 03** | show 명령으로 데이터베이스 목록을 출력하여 생성한 xe_user 데이터베이스가
  존재하는지 확인 후 exit 명령으로 MariaDB 접속을 종료합니다.

```
MariaDB [(none)]> show databases;
+--------------------+
| Database           |
+--------------------+
| information_schema |
| xe_db              |
+--------------------+
2 rows in set (0.000 sec)

MariaDB [(none)]> exit
Bye
[root@localhost modules]#
```

4 XE 프로그램 설치

XE 프로그램의 관리자 홈페이지 주소는 http://192.168.202.132/xe/admin입니다. 웹 브라
우저에서 접속할 때는 아래 사이트 주소로 접속합니다.

```
Firefox ➡ http://192.168.202.132/xe
```

XE 프로그램을 설치하기 위해 다음 예제를 수행합니다.

- **Step 01** | Firefox 웹 브라우저에서 http://192.168.202.132/xe로 접속하여 나타난 [설치 언어 선택] 화면에서 '한국어'를 선택하고 <다음>을 누릅니다.

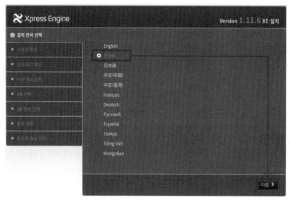

그림 14-8 설치 언어 '한국어' 선택

- **Step 02** | 사용권에 대해 읽어본 다음 맨 아래쪽에 있는 동의란에 체크 후 <다음>을 누릅니다.

그림 14-9 사용권 동의 절차

- **Step 03** | 퍼미션 설정 문제로 설치가 불가능하다는 메시지가 출력됩니다. 이 메시지가 나타나는 이유는 xe 디렉터리에 대한 퍼미션을 707로 변경하지 않았을 경우 출력됩니다. 우리는 앞에서 xe 디렉터리에 대한 퍼미션을 707로 변경하였으므로 이 단계는 무시하고 넘어

갑니다.

그림 14-10 퍼미션 문제 발생 설치 불가능 메시지

- **Step 04** | 설치가 가능하다는 메시지가 나오면 <설치를 진행합니다>를 누릅니다.

그림 14-11 설치 가능 메시지 화면

- **Step 05** | mysql 데이터베이스를 선택하고 <다음>을 클릭합니다.

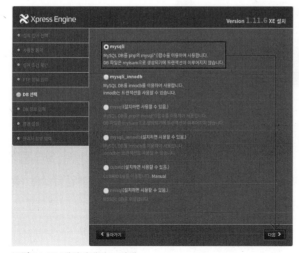

그림 14-12 데이터베이스 선택

- **Step 06** | mysql 정보입력에서는 [DB 아이디]를 xe_user, [DB 비밀번호]는 123456, [DB 이름]은 xe_db를 입력합니다. 다른 항목은 기본값 그대로 두고 <다음>을 클릭합니다.

그림 14-13 DB 관리자 정보입력

- **Step 07** | 서버는 [GMT +09:00] Korea Standard Time, Japan Standard Time을 선택하여 시각을 설정합니다.

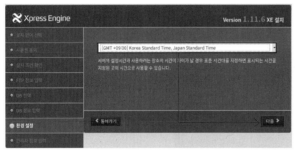

그림 14-14 서버의 설정 시각 선택

- **Step 08** | [관리자 정보입력]에서 중요한 정보는 이메일 주소와 비밀번호입니다. 앞으로 XE 관리자로 로그인할 때 사용하기 때문에 반드시 기억해 두기 바랍니다. 이메일 주소는 실제 계정 주소가 아니어도 상관없습니다.

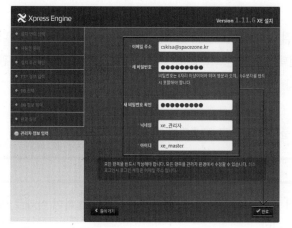

그림 14-15 로그인 정보입력

PART 01
PART 02
PART 03
PART 04
PART 05

여기서 잠깐 살펴보세요.

필자는 정식 이메일 주소가 아닌 cskisa@spacezone.kr 이메일 주소와 비밀번호 s_1234567을 입력하여 설정하였습니다. 닉네임과 아이디는 각자 알아서 입력한 다음 <완료>를 눌러 XE 설치를 마무리합니다.

⑤ 웹 사이트 구축 및 관리

XE 프로그램 설치가 완료되면 본격적으로 웹 사이트 구축 및 관리방법에 대해 살펴보겠습니다. XE가 제공하는 인터페이스를 선택하는 것만으로도 쉽게 웹 사이트를 구축할 수 있고 관리 또한 편리하게 수행할 수 있습니다.

XE 프로그램을 사용하여 웹 사이트를 본격적으로 구축하기 위해 다음 예제를 수행합니다.

| 예제 14-19 |

- **Step 01** | Firefox 웹 브라우저에서 XE 초기화면이 나타나면 화면을 스크롤하여 아래로 이동한 다음 [XE 시작하기]를 클릭합니다.

그림 14-16 XE 시작하기 화면

- **Step 02** | 왼쪽에 있는 메뉴를 클릭하면 다양한 메뉴를 선택하여 본인의 취향에 맞게 사이트를 설정할 수 있습니다.

그림 14-17 사이트 메뉴 편집 - 펼침 화면

- **Step 03** | 왼쪽 메뉴에서 [대시보드]-[사이트 디자인 설정]-[레이아웃] 순으로 간단하게 클릭하면서 레이아웃과 게시판 등을 쉽게 설정할 수 있습니다.

그림 14-18 레이아웃 스타일 선택

- **Step 04** | 왼쪽 메뉴에서 [고급]-[쉬운 설치]를 클릭하여 다양한 모듈을 직접 다운로드 후 설치할 수도 있습니다.

그림 14-19 신규 모듈 등록 화면

- **Step 05** | 왼쪽 메뉴에서 [설정]-[일반]을 누르면 홈페이지에 대한 기본설정을 수행할 수 있습니다.

그림 14-20 기본설정 화면

- **Step 06** | 왼쪽 상단에 위치한 http://192.168.202.132/xe를 누릅니다.

그림 14-21 기본설정 완료 후 http://192.168.202.132/xe 클릭

- **Step 07** | [Welcome Page]를 누르면 192.168.202.132/xe/index.php 주소가 나타납니다.

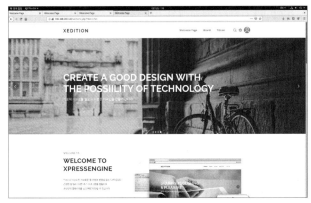

그림 14-22 Welcome Page 클릭

- **Step 08** | 리눅스 외부에서 익스플로러 또는 크롬 웹 브라우저로 앞에서 나타난 http://192.168.202.132/xe/index.php 주소로 접속합니다.

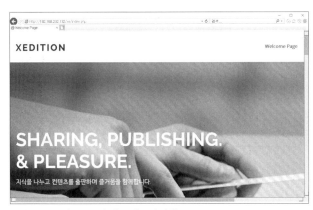

그림 14-23 익스플로러 웹 브라우저 실행

여기서 잠깐 살펴보세요.

지금까지 XE 프로그램을 사용하여 완성한 홈페이지 화면을 확인할 수 있습니다. 웹 사이트 구축과 관련하여 전문 지식이 없더라도 XE를 활용한다면 손쉽게 웹 사이트를 구축하고 관리할 수 있으므로 자신의 취향에 맞도록 자신만의 웹 사이트를 만들어 보기 바랍니다.

01 CentOS에서 제공되는 아파치 웹 서버는 httpd로 서비스되고 있으며 httpd는 아파치 하이퍼텍스트 전송 프로토콜 서버 프로그램의 약어입니다.

02 아파치 웹 서버 설치 명령은 다음과 같습니다.

```
# dnf -y install httpd
```

03 아파치 웹 서버를 구동할 때 사용하는 systemctl 명령과 service 명령을 살펴보면 service 명령은 CentOS 6 버전까지 사용했던 명령입니다. CentOS 7 버전부터는 systemctl 명령을 제공하고 있습니다. 그렇다고 해서 CentOS 8 버전에서 service 명령을 사용할 수 없다는 의미는 아닙니다.

04 아파치 웹 서버가 동작 상태인지를 확인할 때는 status 명령을 사용하고 아파치 활성화 명령은 start를 사용합니다.

```
# systemctl status httpd      ← 아파치 웹 서버 구동 상태 확인
# systemctl start httpd       ← 아파치 웹 서버 활성화
```

05 아파치 웹 서버의 작동상태가 Active: inactive (dead)이면 비활성화된 상태이고 Active: active (running)이면 활성화 상태를 의미합니다.

06 CentOS 7 이상부터는 firewalld와 iptables가 동작하기 때문에 방화벽과 iptables에 양방향 포트 번호 80번을 오픈해 주어야 합니다. 나중에 아파치 웹 서버에서 https를 사용하려면 포트 번호 443번도 오픈해야 합니다.

07 방화벽 80번 포트 번호를 열기 위해서는 다음 명령을 수행해야 합니다.

```
# firewall-cmd --permanent —zone=public —add-port=80/tcp    ← 80번 포트 열기
# firewall-cmd —reload    ← 방화벽 다시 활성화
```

08 iptables의 80번 포트도 오픈하기 위해서는 다음 명령을 수행해야 합니다.

```
# iptables -A INPUT -p tcp -m tcp --dport 80 -j ACCEPT
```

09 리눅스 외부에서 웹 서버에 접속하기 위해서는 접근 통제 옵션을 변경해야 합니다. 접근 통제 옵션 변경은 /etc/sysconfig/selinux 파일에서 SELINUX의 기능을 enforcing(활성화)에서 disabled(비활성화)로 변경하면 됩니다.

```
# gedit /etc/sysconfig/selinux
SELINUX=disabled
```

10 CentOS 8 리눅스에서는 아파치 웹 서버 설치 후 /etc/httpd/conf/httpd.conf 파일을 열어보면 IP 주소 대신 #ServerName www.example.com:80과 같이 설정되어 있기 때문에 웹 서버를 찾을 수 없습니다. 맨 앞에 붙은 #은 주석을 의미합니다.

11 내 컴퓨터 웹 서버에 할당된 IP 주소를 확인하기 위해서는 다음 명령을 수행해야 합니다.

```
# ifconfig
```

12 edit 또는 vi 에디터를 사용하여 www.example.com을 지우고 내 컴퓨터에서 사용하는 IP 주소를 등록해 주어야 합니다. 이 부분에서 www.example.com을 지우고 내 컴퓨터에서 사용하는 IP 주소를 등록해 주어야 합니다. IP 주소를 등록하지 않으면 다음 과정을

수행할 수 없습니다.

```
# gedit /etc/httpd/conf/httpd.conf
ServerName 192.168.202.132:80
```

13 아파치 웹 서버의 루트 디렉터리는 /var/www/html/ 디렉터리입니다. 홈페이지와 관련된 파일은 모두 이 디렉터리를 사용해야 합니다.

14 터미널 창에서 간단한 PHP 소스 파일을 다음과 같이 작성할 수도 있습니다.

```
# echo " Web Server Test!! " > /var/www/html/webtest.php
```

15 gedit 창에서 간단한 HTML5 형식의 문법으로 index.html을 작성하여 아파치 웹 서버 메인 화면에 나타냅니다.

```index.html
<!DOCTYPE html>
<html>
  <head>
     <meta charset = "utf-8">
        <title>
             아파치 웹 서버 초기 화면
        </title>
  </head>
  <body>
    <center>
        <h2> 아파치 웹 서버 초기 화면입니다. </h2>
    </center>
  </body>
</html>
```

16 웹 사이트 구축을 위해서 필요한 패키지는 웹 서버와 웹 언어 그리고 데이터베이스입니다. APM은 Apache와 PHP, MariaDB 3개로 구성된 패키지를 나타냅니다.

17 데이터베이스는 dnf 명령으로 mariadb와 mariadb-server 패키지를 설치하면 됩니다.

```
# dnf -y install mariadb mariadb-server
```

18 CentOS 8의 아파치 웹 서버는 기본적으로 mod_php 대신 php-fpm을 사용하여 PHP 코드를 실행하기 때문에 php-fpm 패키지도 함께 설치해야 합니다. dnf 명령으로 php-fpm, php-mysqlnd, php-opcache, php-gd, php-xml, php-mbstring 패키지를 한꺼번에 설치 후 php-fpm 패키지를 활성화합니다.

```
# dnf -y install php-fpm php-mysqlnd php-opcache php-gd php-xml php-mbstring
# systemctl start php-fpm
```

19 PHP 소스 코드를 실행하려면 아파치 웹 서버를 다시 시작해야 합니다. 또한 아파치 웹 서버가 php-fpm을 통해 PHP 코드를 실행할 수 있도록 SELinux에 알리는 명령도 수행합니다.

```
# systemctl restart httpd
# setsebool -P httpd_execmem 1
```

20 PHP 관련 패키지가 모두 설치되었다면 아파치 웹 서버를 다시 활성화합니다.

```
# systemctl restart httpd
```

21 웹 사이트를 통합적으로 구성하도록 도와주는 오픈 소스 도구로 유명한 XE를 활용하면 쉽게 웹 사이트를 구축할 수 있습니다. XE를 사용하려면 아파치 웹 서버 설정 파일 /etc/httpd/conf/httpd.conf의 내용을 gedit 또는 vi 에디터를 사용하여 다음과 같이 수정해야 합니다.

```
                           httpd.conf

(생략)
...
#
<Directory />
    AllowOverride  all    ← none을 all로 변경
    Require all denied
</Directory>


#
...
(생략)
```

22 XE 설치는 리눅스 환경의 Firefox 웹 브라우저에서 아래 사이트에 접속하여 수행하면 됩니다.

Firefox 웹 브라우저 ➜ http://www.xpressengine.com/download

리눅스 방화벽 관리

학습목표

- 컴퓨터를 안전하게 보호할 수 있는 보안 정책을 이해할 수 있습니다.
- CentOS 8 리눅스에서 제공하는 방화벽 서비스를 살펴볼 수 있습니다.
- 방화벽 영역에 대한 이해와 방화벽 영역을 변경하여 설정할 수 있습니다.
- 특정 IP 주소에 대해 트래픽을 허용할 수 있습니다.

정보 보안 정책

1 리눅스 시스템에서 취약한 보안유형

오픈형 소스는 라이선스 등의 규제로부터 제약받지 않는다는 장점이 있는 반면 응용 프로그램의 모든 소스가 공개되어 있기 때문에 보안에 취약할 수밖에 없습니다. 리눅스에서의 보안 위협의 유형을 살펴보면 비 인가된 물리적 접근, 계정 도용, 파일 시스템의 비밀성 및 무결성 침해, 비 인가된 네트워크의 접근 등을 들 수 있습니다.

여기서 잠깐 살펴보세요.

> 취약한 보안유형에 대해 관리자는 적절히 대응해야 하지만 쉽지 않은 것이 현실입니다. 그렇지만 어느 정도 취약한
> 보안에 대한 대처방안을 충분히 검토하여 대응전략을 수립하는 것이 현명한 처사입니다.

2 취약한 보안유형 대처방안

시스템 관리자는 취약한 보안유형에 대처할 수 있는 방안수립에 따른 심층 분석해야 할 항목들에 대해 살펴보도록 하겠습니다.

주기적인 시스템 점검

시스템은 언제 어떠한 상황으로 인해 정상적으로 구동되지 않을 위험에 노출되어 있습니다. 그렇기 때문에 주기적으로 시스템을 점검할 수 있도록 대응방안을 수립해야 합니다. 가장 바람직한 자세는 매월 또는 매주 특정한 주기를 정해놓고 시스템을 점검하는 습관을 기르는 것입니다. 그리고 보안 관리를 위한 시스템과 네트워크 점검 등의 솔루션을 적극 활용하는 방법도 권장합니다.

소프트웨어 최신버전 유지관리

현재 사용 중인 리눅스 시스템은 배포판이므로 현재 버전에서 발생할 수 있는 결함들을 수렴하여 출시되는 새로운 버전을 신속히 설치해야 합니다. 소프트웨어 패치 버전은 가장 최신 버전으로 유지 관리해 주는 것이 바람직한 보안 관리 대처방안이기도 합니다.

불필요한 서비스 통제

리눅스 시스템은 동시에 여러 사람이 네트워크를 통해 사용되고 있는 시스템으로 언제든지 보안에 노출되어 있습니다. 그렇기 때문에 불필요한 서비스에 대한 통제가 필요합니다. 이와 같이 불필요한 서비스를 통제하기 위해서는 불필요한 서비스 자체를 제거하거나 방화벽에서 패킷을 필터링하는 방법 등을 사용하는 것이 좋습니다.

정기적인 백업 관리

주기적인 시스템 점검과 소프트웨어 패치 및 불필요한 서비스를 통제한다고 해도 시스템 자체는 예기치 못한 상황과 문제가 발생할 소지는 다분히 존재합니다. 그렇기 때문에 정기적으로 시스템의 주요 환경설정과 소프트웨어 및 사용자 데이터 등은 백업하는 습관을 갖는 것이 바람직한 자세입니다.

물리적 보안요소 점검

컴퓨터 열쇠, CMOS 암호, Boot loader 암호, xlock, vlock 등 물리적으로 보안에 취약한 요소를 점검하여 대응전략을 수립해야 합니다. linux single 부팅 시 root 권한을 획득할 수도 있기 때문에 물리적으로 취약한 보안요소에 대한 주기적인 점검이 필요합니다.

관리자의 보안의식 고취

무엇보다 중요한 것은 시스템 관리자가 갖고 있는 보안의식에 대한 고취입니다. 해커들의 해킹 능력은 나날이 진보되어 향상된 실력을 과시하고 있는 것이 지금의 현실입니다. 이와 같은 현실에서 시스템 관리자의 보안 관련 전문지식 또한 향상되어야 합니다. 그래야만 새로운 해킹 방법에 대한 대응전략과 보안관리 지침 등을 수립하여 추진함으로써 보안 위협 요인으로부터 어느 정도 대비할 수 있습니다.

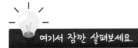

여기서 잠깐 살펴보세요.

리눅스 시스템에서 취약한 보안유형과 대처방안에 대해 살펴보았습니다. 취약한 보안유형을 대처하기 위해서는 주기적인 시스템 점검과 소프트웨어의 최신버전 유지관리, 불필요한 서비스 통제, 정기적인 백업 관리, 물리적 보안요소 점검과 관리자의 보안의식 고취가 필요합니다.

SECTION

02 방화벽 서비스

1 방화벽이란

방화벽(Firewall)이란 클라이언트에서 서버로 오는 모든 요청은 클라이언트의 IP 주소와 서버의 IP 주소 및 port 번호에 대한 정보를 가지고 있습니다. 정보를 사용하여 특정 주소로부터 전송된 요청이나 특정 서비스로 보내야 하는 요청들을 구별하게 됩니다. 이와 같은 요청을 수용 또는 거부할 수 있는 역할을 하는 것이 바로 방화벽입니다.

여기서 잠깐 살펴보세요.

> 방화벽은 영역과 서비스의 개념을 사용합니다. 방화벽을 구성할 영역과 서비스를 기반으로 시스템에 허용되거나 차단되는 트래픽을 제어할 수 있습니다. 방화벽 서비스는 영역 내에 적용되는 미리 정의된 규칙이며 특정 서비스에 대해 들어오는 트래픽을 허용하는데 필요한 설정을 정의합니다. 이 서비스를 사용하면 한 번에 포트 열기, 트래픽 전달 등 여러 작업을 쉽게 수행할 수 있습니다.

2 방화벽 상태 확인

CentOS 8은 firewalld라는 방화벽 데몬을 제공하여 시스템의 방화벽을 동적으로 관리할 수 있는 D-Bus 인터페이스를 갖춘 솔루션입니다.

컴퓨터 환경에 따라 방화벽 패키지가 설치되어 있지 않으면 dnf 명령으로 firewalld 패키지를 설치하고 시작할 수 있습니다. CentOS 8에서 방화벽은 기본적으로 설치되고 활성화되어 있습니다.

여기서 잠깐 살펴보세요

데몬(Daemon)이란 멀티태스킹 운영체제에서 사용자가 직접 제어하지 않고 백그라운드에서 돌면서 여러 작업을 수행하는 프로그램을 의미합니다.

firewall-cmd 명령으로 방화벽 상태를 확인하고 dnf 명령으로 방화벽 패키지를 설치하기 위해 다음 예제를 수행합니다.

| 예제 15-1 | ──────────────────────────────────

- **Step 01** | firewall-cmd 명령으로 방화벽의 현재 상태를 확인합니다. 방화벽이 실행 중이면 running, 실행 중이 아니면 not running으로 출력됩니다.

```
[root@localhost ~]# firewall-cmd --state
running
[root@localhost ~]#
```

- **Step 02** | 방화벽의 현재 상태를 좀 더 자세하게 살펴보려면 firewalld.service에 대한 정보를 출력하면 됩니다.

```
[root@localhost ~]# systemctl status firewalld.service
● firewalld.service - firewalld - dynamic firewall daemon
   Loaded: loaded (/usr/lib/systemd/system/firewalld.service; enabled;
vendor preset: enabled)
   Active: active (running) since Sun 2019-12-29 08:19:10 KST; 47min ago
     Docs: man:firewalld(1)
 Main PID: 1014 (firewalld)
    Tasks: 2 (limit: 11373)
   Memory: 26.2M
   CGroup: /system.slice/firewalld.service
           └─1014 /usr/libexec/platform-python -s /usr/sbin/firewalld
--nofork --nopid

12월 29 08:19:09 localhost.localdomain systemd[1]: Starting firewalld -
dynamic firewall daemon...
12월 29 08:19:10 localhost.localdomain systemd[1]: Started firewalld -
dynamic firewall daemon.
[root@localhost ~]#
```

- **Step 03** | 만약 특별한 예외 상황이 발생하게 되어 방화벽 시스템이 정상적으로 구동되고 있지 않은 상태라면 dnf 명령으로 방화벽 패키지를 다시 설치합니다.

```
[root@localhost ~]# dnf install firewalld
CentOS-8 - AppStream                          1.7 kB/s | 4.3 kB     00:02
CentOS-8 - Base                               1.7 kB/s | 3.9 kB     00:02
CentOS-8 - Extras                             609  B/s | 1.5 kB     00:02
Package firewalld-0.6.3-7.el8.noarch is already installed.
종속성이 해결되었습니다.
할 것이 없음.
완료되었습니다!
[root@localhost ~]#
```

- **Step 04** | 방화벽 패키지를 다시 설치할 경우 방화벽 시스템을 다시 활성화합니다.

```
[root@localhost ~]# systemctl enable firewalld --now
[root@localhost ~]#
```

◎- 도전 문제 15-1

1. 관리자 계정으로 접속해서 현재 방화벽 상태를 자세히 확인하기
2. dnf 명령으로 방화벽 패키지 설치하기
3. 방화벽 서비스를 영구히 구동시키기
4. 방화벽 상태 간단히 확인하기

3 방화벽 영역

리눅스에서 방화벽 영역은 컴퓨터가 연결된 네트워크의 신뢰 수준을 지정하기 위해 미리 정의된 규칙의 집합을 의미합니다. 방화벽 영역을 통해 네트워크 인터페이스와 소스의 영역을 할당할 수 있습니다.

CentOS 8에서 설정된 방화벽의 기본영역은 public으로 설정되어 있고 모든 네트워크 인터페이스가 이 영역 할당됩니다.

방화벽 영역의 신뢰 수준에 따라 FirewallD가 제공하는 신뢰할 수 있는 영역과 신뢰할 수 없는 영역의 구분을 다음 표와 같이 정리하였습니다.

표 15-1 방화벽 영역 설정 의미

영역 설정	의미
drop	네트워크로 들어오는 모든 연결은 알림 없이 끊어지고 나가는 연결만 허용
block	IPv4의 경우 icmp-host-prohibited 메시지와 icmp6-amd-prohibited, icmp-host-prohibited 메시지로 모든 수신 연결을 거부
public	신뢰할 수 없는 공용 영역에서 사용하며 네트워크의 다른 컴퓨터는 신뢰하지 않지만 선택되어 들어오는 연결만 허용
external	시스템이 게이트웨이 또는 라우터로 작동할 때 NAT 마스커레이딩(은폐)이 활성화된 외부 네트워크에서 사용하며 선택되어 들어오는 연결만 허용
internal	시스템이 게이트웨이 또는 라우터 역할을 할 때 내부 네트워크에서 사용하며 네트워크의 다른 시스템은 일반적으로 신뢰하고 선택되어 들어오는 연결만 허용
dmz	비무장 지대에 있으며 나머지 네트워크에 대한 액세스가 제한된 컴퓨터에 사용하며 선택되어 들어오는 연결만 허용
home	가정용 기기에서 사용되며 네트워크의 다른 컴퓨터는 일반적으로 신뢰하고 선택된 연결만 허용
신뢰할 수 있음	모든 네트워크 연결을 허용하며 네트워크의 모든 컴퓨터를 신뢰함

내 컴퓨터에 설정된 방화벽 활성 영역과 해당 영역에 할당된 네트워크 인터페이스를 살펴보기 위해 다음 예제를 수행합니다.

| 예제 15-2 |

- **Step 01** | firewall-cmd 명령으로 현재 설정된 방화벽 영역을 확인합니다.

```
[root@localhost ~]# firewall-cmd --get-default-zone
public
[root@localhost ~]#
```

- **Step 02** | firewall-cmd 명령으로 사용이 가능한 모든 영역의 목록을 출력합니다.

```
[root@localhost ~]# firewall-cmd --get-zones
```

```
block dmz drop external home internal libvirt public trusted work
[root@localhost ~]#
```

- **Step 03** | firewall-cmd 명령으로 방화벽 활성 영역과 해당 영역에 할당된 네트워크 인터페이스를 확인합니다.

```
[root@localhost ~]# firewall-cmd --get-active-zones
libvirt
  interfaces: virbr0
public
  interfaces: ens160
[root@localhost ~]#
```

- **Step 04** | firewall-cmd 명령으로 방화벽 영역이 public으로 설정된 정보를 출력합니다.

```
[root@localhost ~]# firewall-cmd --zone=public --list-all
public (active)
  target: default
  icmp-block-inversion: no
  interfaces: ens160
  sources:
  services: cockpit dhcpv6-client ssh
  ports: 80/tcp
  protocols:
  masquerade: no
  forward-ports:
  source-ports:
  icmp-blocks:
  rich rules:

[root@localhost ~]#
```

- **Step 05** | firewall-cmd 명령으로 방화벽 설정 영역에 대한 구분 없이 전체 영역에 대한 정보를 출력합니다.

```
[root@localhost ~]# firewall-cmd --list-all
public (active)
  target: default
  icmp-block-inversion: no
```

```
    interfaces: ens160
    sources:
    services: cockpit dhcpv6-client ssh
    ports: 80/tcp
    protocols:
    masquerade: no
    forward-ports:
    source-ports:
    icmp-blocks:
    rich rules:

[root@localhost ~]#
```

4 방화벽 기본영역 변경

방화벽 영역의 대상을 변경하려면 -zone 옵션으로 변경 대상 영역을 지정하고 --set-target 옵션으로 변경하고자 하는 영역을 설정하면 됩니다.

방화벽의 기본영역을 다른 영역으로 변경하는 방법을 살펴보기 위해 다음 예제를 수행합니다.

| 예제 15-3 |

- **Step 01** | 현재 방화벽 public 기본영역의 대상을 home 영역으로 변경하기 위해 다음 명령을 수행합니다.

```
[root@localhost ~]# firewall-cmd --set-default-zone=home
success
[root@localhost ~]#
```

- **Step 02** | 변경된 방화벽 영역을 다음 명령으로 확인합니다.

```
[root@localhost ~]# firewall-cmd --get-default-zone
home
[root@localhost ~]#
```

- **Step 03** | 방화벽 home 기본영역의 대상을 public 영역으로 변경하고 변경된 영역을 확인하기 위해 다음 명령을 수행합니다.

```
[root@localhost ~]# firewall-cmd --set-default-zone=public
success
[root@localhost ~]# firewall-cmd --get-default-zone
public
[root@localhost ~]#
```

◎ 도전 문제 15-2

1. 내 컴퓨터에 설정된 방화벽 기본영역 출력하기
2. 방화벽 활성 영역과 해당 영역에 할당된 네트워크 인터페이스 출력하기
3. 현재 방화벽의 기본영역을 home 영역으로 설정하기
4. 변경된 방화벽 영역 출력하기
5. 현재 방화벽의 기본영역을 public 영역으로 설정하기
6. 방화벽 설정 영역에 구분 없이 전체 영역에 대한 정보출력하기

5 방화벽 서비스 유형

방화벽은 클라이언트에서 서버로 오는 모든 요청은 IP 주소와 포트 번호에 대한 정보를 가지고 있으므로 특정 주소로부터 전송된 요청이나 특정 서비스로 보내야 하는 요청들을 구별하여 요청을 수용하거나 거부할 수 있도록 방화벽의 동작 확인 또한 중요한 요소입니다.

여기서 잠깐 살펴보세요.

시스템을 안전하게 관리하기 위해서는 꾸준한 노력이 필요한 것이 보안 위협으로부터 시스템을 보호하기 위한 최상의 방법입니다. 방화벽을 사용하면 서비스 정의를 만들지 않고도 신뢰할 수 있는 IP 주소 또는 특정 포트에서 모든 트래픽을 빠르게 활성화할 수 있습니다.

CentOS 8에서 기본적으로 제공하는 방화벽의 사용 가능한 서비스의 모든 유형 목록과 서비스 추가 및 제거 방법에 대해 살펴보겠습니다.

서비스 유형 목록 확인

CentOS 8 리눅스 시스템에서 사용 가능한 서비스 목록의 유형에 대한 모든 정보를 출력하기 위해 다음 예제를 수행합니다.

| 예제 15-4 |

● **Step 01** | firewall-cmd 명령으로 현재 방화벽 서비스가 가능한 유형 목록을 출력합니다.

```
[root@localhost ~]# firewall-cmd --get-services
RH-Satellite-6 amanda-client amanda-k5-client amqp amqps apcupsd audit
bacula bacula-client bgp bitcoin bitcoin-rpc bitcoin-testnet bitcoin-
testnet-rpc ceph ceph-mon cfengine cockpit condor-collector ctdb dhcp
dhcpv6 dhcpv6-client distcc dns docker-registry docker-swarm dropbox-
lansync elasticsearch etcd-client etcd-server finger freeipa-ldap freeipa-
ldaps freeipa-replication freeipa-trust ftp ganglia-client ganglia-master
git gre high-availability http https imap imaps ipp ipp-client ipsec irc
ircs iscsi-target isns jenkins kadmin kerberos kibana klogin kpasswd
kprop kshell ldap ldaps libvirt libvirt-tls lightning-network llmnr
managesieve matrix mdns minidlna mongodb mosh mountd mqtt mqtt-tls ms-wbt
mssql murmur mysql nfs nfs3 nmea-0183 nrpe ntp nut openvpn ovirt-imageio
ovirt-storageconsole ovirt-vmconsole plex pmcd pmproxy pmwebapi pmwebapis
pop3 pop3s postgresql privoxy proxy-dhcp ptp pulseaudio puppetmaster
quassel radius redis rpc-bind rsh rsyncd rtsp salt-master samba samba-
client samba-dc sane sip sips slp smtp smtp-submission smtps snmp snmptrap
spideroak-lansync squid ssh steam-streaming svdrp svn syncthing syncthing-
gui synergy syslog syslog-tls telnet tftp tftp-client tinc tor-socks
transmission-client upnp-client vdsm vnc-server wbem-http wbem-https wsman
wsmans xdmcp xmpp-bosh xmpp-client xmpp-local xmpp-server zabbix-agent
zabbix-server
[root@localhost ~]#
```

● **Step 02** | gedit 창에서 /usr/lib/firewalld/services/httpd.xml 파일을 열어 HTTP 서비스가 정의된 내용을 확인합니다.

```
[root@localhost ~]# gedit /usr/lib/firewalld/services/http.xml
```

httpd.xml
| ```
<?xml version="1.0" encoding="utf-8"?>
<service>
  <short>WWW (HTTP)</short>
  <description>HTTP is the protocol used to serve Web pages. If you
``` |
```

```
plan to make your Web server publicly available, enable this option.
This option is not required for viewing pages locally or developing Web
pages.</description>
  <port protocol="tcp" port="80"/>
</service>
```

방화벽 서비스 추가

공용 영역의 인터페이스에 들어오는 HTTP 트래픽(포트 80)을 firewall-cmd 명령으로 허용하고 관련 서비스를 추가하는 방법을 살펴보기 위해 다음 예제를 수행합니다.

| 예제 15-5 | ──

• **Step 01** | firewall-cmd 명령으로 현재 방화벽 서비스 목록을 출력합니다.

```
[root@localhost ~]# firewall-cmd --list-services
cockpit dhcpv6-client ssh
[root@localhost ~]#
```

• **Step 02** | firewall-cmd 명령으로 공용 영역의 인터페이스에 대해 들어오는 HTTP 트래픽 (포트 80)을 허용하기 위한 현재 세션(런타임 구성) 명령을 수행합니다.

```
[root@localhost ~]# firewall-cmd --zone=public --add-service=http
success
[root@localhost ~]#
```

• **Step 03** | firewall-cmd 명령으로 방화벽 서비스 목록을 출력합니다. 출력된 목록에는 http가 목록에 새로 등록되어 있습니다.

```
[root@localhost ~]# firewall-cmd --list-services
cockpit dhcpv6-client http ssh
[root@localhost ~]#
```

HTTP 트래픽 상시 허용

리눅스 시스템을 재부팅 할 때도 공용 영역의 인터페이스에 들어오는 HTTP 트래픽(포트 80)을 허용하기 위한 설정 방법을 살펴보기 위해 다음 예제를 수행합니다.

| 예제 15-6 | ─────────────────────────

● **Step 01** | firewall-cmd 명령으로 리눅스 시스템을 재부팅 후 포트 80번을 상시 열어둡니다.

```
[root@localhost ~]# firewall-cmd --runtime-to-permanent
success
[root@localhost ~]#
```

● **Step 02** | firewall-cmd 명령으로 방화벽 서비스 목록을 출력합니다.

```
[root@localhost ~]# firewall-cmd --permanent --zone=public --list-services
cockpit dhcpv6-client http ssh
[root@localhost ~]#
```

SECTION 03 트래픽 허용

■ 특정 IP 주소 트래픽 설정

특정 IP 주소 또는 범위에서 들어오는 모든 트래픽을 허용하려면 --zone 옵션으로 영역을 지정하고 --add-source 옵션으로 소스 IP를 지정하면 됩니다.

여기서 잠깐 살펴보세요.

트래픽(Traffic)이란 전화 또는 컴퓨터 통신의 특정 전송로에서 일정 시간 내에 흐르는 정보의 이동량, 즉 전송량을 의미합니다. 최근 트위터, 페이스북 같은 SNS(Social Network Service) 및 각종 파일 공유 사이트 이용이 증가하고 있지만, 기업 네트워크 관리자는 개별 애플리케이션의 트래픽 사용량이나 안전성 여부를 확인하기 어렵습니다.

트래픽 허용 IP 설정

특정 IP 주소에 대한 트래픽을 허용하는 방법을 살펴보기 위해 다음 예제를 수행합니다.

| 예제 15-7 |

- **Step 01** | firewall-cmd 명령으로 특정 IP 주소 125.209.222.141(www.naver)에서 public 영역으로 들어오는 모든 트래픽을 허용합니다.

```
[root@localhost ~]# firewall-cmd --zone=public --add-source=125.209.222.141
success
[root@localhost ~]#
```

- **Step 02** | firewall-cmd 명령으로 새로운 방화벽 서비스가 영구적으로 수행되도록 합니다.

```
[root@localhost ~]# firewall-cmd --runtime-to-permanent
success
[root@localhost ~]#
```

- **Step 03** | firewall-cmd 명령으로 트래픽을 허용한 IP 주소를 출력합니다.

```
[root@localhost ~]# firewall-cmd --zone=public --list-sources
125.209.222.141
[root@localhost ~]#
```

트래픽 허용된 IP 주소 제거

트래픽이 허용된 IP 주소를 제거하는 구문은 추가할 때 구문과 동일하며 다른 점이 있다면
--add-source 옵션 대신 --remove-source를 사용한다는 부분입니다.

앞에서 트래픽을 허용한 IP 주소 125.209.222.141을 제거하기 위해 다음 예제를 수행합니다.

| 예제 15-8 |

- **Step 01** | firewall-cmd 명령으로 트래픽이 허용된 IP 주소 125.209.222.141을 제거합니다.

```
[root@localhost ~]# firewall-cmd --zone=public --remove-source=125.209.222.141
success
[root@localhost ~]#
```

- **Step 02** | firewall-cmd 명령으로 트래픽 허용 변경된 사항을 출력합니다. 트래픽이 허용된
  IP 주소는 하나도 없는 것을 확인할 수 있습니다.

```
[root@localhost ~]# firewall-cmd --zone=public --list-sources

[root@localhost ~]#
```

2 소스 포트 설정

여기서는 포트에 대한 개념과 포트를 사용하는 방법 및 표기 방법을 살펴보고 특정 포트 열기 설정과 등록된 특정 포트 번호를 제거하는 과정에 대해 살펴보겠습니다.

포트 번호

인터넷 프로토콜 스위트에서 포트(port)는 운영체제 통신의 종단점을 의미합니다. 일반적인 포트 번호는 크게 세 종류로 구분됩니다. 첫째 0~1023번은 잘 알려진 포트 번호이고, 둘째 1024~49151번은 등록된 포트 번호입니다. 셋째, 49152~65535번은 동적 포트를 의미합니다.

잘 알려진 포트 번호 중 대표적으로 많이 사용되는 일반적인 포트 번호를 다음 표와 같이 정리하였습니다.

표 15-2 일반적인 포트 번호

포트 번호	의미	포트 번호	의미
20	FTP(data)	53	DNS(Domain Name Space)
21	FTP(control)	80	HTTP(www)
22	SSH(secure shell)	119	NNTP(Network News Transfer Protocol)
23	Telnet	443	TLSS/SSL 방식의 HTTP

포트 번호 열기

모든 트래픽을 허용하려면 --zone 옵션으로 영역을 지정하고 --add-port 옵션으로 포트와 프로토콜을 지정하면 됩니다.

firewall-cmd 명령으로 특정 포트 번호를 여는 방법을 살펴보기 위해 다음 예제를 수행합니다.

| 예제 15-9 |

- **Step 01** | firewall-cmd 명령으로 현재 세션의 공개 영역에서 포트 번호 8080을 열어줍니다. 프로토콜의 종류는 tcp, udp, sctp, dccp 등이 있습니다.

```
[root@localhost ~]# firewall-cmd --zone=public --add-port=8080/tcp
success
[root@localhost ~]#
```

- **Step 02** | firewall-cmd 명령으로 리눅스 시스템을 재부팅 한 후에도 8080 포트 를 열어두도록 설정합니다.

```
[root@localhost ~]# firewall-cmd --runtime-to-permanent
success
[root@localhost ~]#
```

- **Step 03** | firewall-cmd 명령으로 오픈한 포트 번호 목록을 출력합니다. 출력 목록에는 80번 포트와 8080번 포트가 존재하는 것을 확인할 수 있습니다. 80번은 14장에서 추가한 포트 번호입니다.

```
[root@localhost ~]# firewall-cmd --zone=public --list-ports
80/tcp 8080/tcp
[root@localhost ~]#
```

등록된 포트 번호 제거

앞에서 등록한 포트 번호 8080을 제거하기 할 때는 포트 번호를 추가할 때와 동일하며 다른 점은 --add-port 옵션 대신 --remove-port를 사용하는 부분입니다.

firewall-cmd 명령으로 등록된 특정 포트 번호를 제거하기 위해 다음 예제를 수행합니다.

| 예제 15-10 |

- **Step 01** | firewall-cmd 명령으로 오픈 설정된 포트 번호 8080을 제거합니다.

```
[root@localhost ~]# firewall-cmd --zone=public --remove-port=8080/tcp
success
[root@localhost ~]#
```

- **Step 02** | firewall-cmd 명령으로 포트 번호의 오픈설정 해제 목록을 출력합니다. 출력결과 8080 포트 번호가 제거된 것을 확인할 수 있습니다.

```
[root@localhost ~]# firewall-cmd --zone=public --list-ports
80/tcp
[root@localhost ~]#
```

◎- 도전 문제 15-4

1. 현재 세션의 공개 영역에서 포트 번호 9090/tcp 열기
2. 재부팅 후에도 9090 포트 번호 열어두기
3. 오픈한 포트 번호 출력하기
4. 오픈하도록 등록된 9090/tcp 포트 번호 제거하기
5. 포트 번호 오픈 해제 설정에 대한 정보출력하기

01 리눅스에서의 보안 위협의 유형을 살펴보면 비 인가된 물리적 접근, 계정 도용, 파일 시스템의 비밀성 및 무결성 침해, 비 인가된 네트워크의 접근 등을 들 수 있습니다.

02 리눅스 시스템에서의 취약한 보안유형 대처방안으로는 주기적인 시스템 점검, 소프트웨어 최신버전 유지관리, 불필요한 서비스 통제, 정기적인 백업관리, 물리적 보안요소 점검, 관리자의 보안의식 고취를 들 수 있습니다.

03 방화벽이란 클라이언트에서 서버로 오는 모든 요청은 클라이언트의 IP 주소와 서버의 IP 주소 및 포트 번호에 대한 정보를 가지고 있습니다. 정보를 사용하여 특정 주소로부터 전송된 요청이나 특정 서비스로 보내야 하는 요청들을 구별하게 됩니다. 이와 같은 요청을 수용 또는 거부할 수 있는 역할을 수행하는 것이 바로 방화벽이라고 합니다.

04 방화벽은 영역과 서비스의 개념을 사용합니다. 방화벽을 구성할 영역과 서비스를 기반으로 시스템에 허용되거나 차단되는 트래픽을 제어할 수 있습니다. 방화벽 서비스는 영역 내에 적용되는 미리 정의된 규칙이며 특정 서비스에 대해 들어오는 트래픽을 허용하는데 필요한 설정을 정의합니다.

05 CentOS 8은 firewalld라는 방화벽 데몬을 제공하여 시스템의 방화벽을 동적으로 관리할 수 있는 D-Bus 인터페이스를 갖춘 솔루션입니다.

06 데몬이란 멀티태스킹 운영체제에서 사용자가 직접 제어하지 않고 백그라운드에서 돌면서 여러 작업을 수행하는 프로그램을 의미합니다.

07 컴퓨터 환경에 따라 방화벽 패키지가 설치되어 있지 않으면 dnf 명령으로 firewalld 패키지를 설치하고 시작할 수 있습니다. CentOS 8에서 방화벽은 기본적으로 설치되고 활성화되어 있습니다.

08 방화벽 상태를 확인하기 위해 다음과 같이 명령을 수행합니다. 방화벽이 실행 중이면 running, 실행 중이 아니면 not running으로 출력됩니다.

```
# firewall-cmd --state
running
```

09 방화벽 패키지가 설치되어 있지 않다면 다음 명령으로 데몬을 설치하고 방화벽을 활성화를 해 주면 됩니다.

```
# dnf install firewalld                 ← 방화벽 패키지 설치
# systemctl enable firewalld --now      ← 방화벽 활성화
```

10 리눅스에서 방화벽 영역은 컴퓨터가 연결된 네트워크의 신뢰 수준을 지정하기 위해 미리 정의된 규칙의 집합을 의미합니다. 방화벽 영역을 통해 네트워크 인터페이스와 소스의 영역을 할당할 수 있습니다.

11 CentOS 8에서 설정된 방화벽의 기본영역은 public으로 설정되어 있고 모든 네트워크 인터페이스가 이 영역 할당됩니다. 방화벽 영역의 신뢰 수준에 따라 FirewallD가 제공하는 신뢰할 수 있는 영역과 신뢰할 수 없는 영역의 구분은 다음과 같습니다.

● 방화벽 영역 설정 의미

영역 설정	의미
drop	네트워크로 들어오는 모든 연결은 알림 없이 끊어지고 나가는 연결만 허용
block	IPv4의 경우 icmp-host-prohibited 메시지와 icmp6-amd-prohibited, icmp-host-prohibited 메시지로 모든 수신 연결을 거부
public	신뢰할 수 없는 공용 영역에서 사용하며 네트워크의 다른 컴퓨터는 신뢰하지 않지만 선택되어 들어오는 연결만 허용

external	시스템이 게이트웨이 또는 라우터로 작동할 때 NAT 마스커레이딩(은폐)이 활성화된 외부 네트워크에서 사용하며 선택되어 들어오는 연결만 허용
internal	시스템이 게이트웨이 또는 라우터 역할을 할 때 내부 네트워크에서 사용하며 네트워크의 다른 시스템은 일반적으로 신뢰하고 선택되어 들어오는 연결만 허용
dmz	비무장 지대에 있으며 나머지 네트워크에 대한 액세스가 제한된 컴퓨터에 사용하며 선택되어 들어오는 연결만 허용
home	가정용 기기에서 사용되며 네트워크의 다른 컴퓨터는 일반적으로 신뢰하고 선택된 연결만 허용
신뢰할 수 있음	모든 네트워크 연결을 허용하며 네트워크의 모든 컴퓨터를 신뢰함

12 내 컴퓨터에 기본으로 설정된 방화벽 영역과 사용 가능한 모든 영역을 확인하려면 다음 명령을 수행하면 됩니다.

```
# firewall-cmd --get-default-zone          ← 기본영역 방화벽 설정 정보 확인
# firewall-cmd --get-zones                 ← 모든영역 방화벽 설정 정보 확인
```

13 방화벽 활성 영역과 해당 영역에 할당된 네트워크 인트페이스를 확인하려면 다음 명령을 수행하면 됩니다.

```
# firewall-cmd --get-active-zones
```

14 방화벽 영역이 public으로 설정된 정보와 방화벽 설정 영역에 대한 구분 없이 전에 영역에 대한 정보를 출력하려면 다음 명령을 수행하면 됩니다.

```
# firewall-cmd --zone=public --list-all    ← public 방화벽 영역 정보 확인
# firewall-cmd --list-all                  ← 전체 방화벽 영역 정보 확인
```

15 방화벽 home 기본영역의 대상을 public 영역으로 변경하고 변경된 영역을 확인하려면
다음 명령을 수행하면 됩니다.

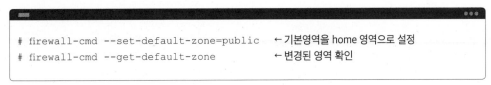

```
# firewall-cmd --set-default-zone=public    ←기본영역을 home 영역으로 설정
# firewall-cmd --get-default-zone           ←변경된 영역 확인
```

16 방화벽을 사용하면 서비스 정의를 만들지 않고도 신뢰할 수 있는 IP 주소 또는 특정 포트
에서 모든 트래픽을 빠르게 활성화할 수 있습니다.

17 현재 방화벽 서비스가 가능한 유형 목록에 대한 정보를 출력하기 위해서는 다음 명령을
수행하면 됩니다.

```
# firewall-cmd --get-services
```

18 gedit 창에서 /usr/lib/firewalld/services/httpd.xml 파일을 열어 HTTP 서비스가 정의
된 내용을 확인할 수 있습니다.

```
# gedit /usr/lib/firewalld/services/http.xml
```

19 현재 방화벽 서비스 목록을 출력하려면 다음 명령을 수행하면 됩니다.

```
# firewall-cmd --list-services
```

20 공용 영역의 인터페이스에 대해 들어오는 HTTP 트래픽(포트 80)을 허용하기 위한 현재 세션(런타임 구성)을 수행하고 이를 확인하기 위해서는 다음 명령을 수행하면 됩니다.

```
# firewall-cmd --zone=public --add-service=http      ← 트래픽 허용
# firewall-cmd --list-services                       ← 변경된 서비스 목록 확인
```

21 리눅스 시스템을 재부팅 후 포트 80번을 상시 열어두려면 다음 명령을 수행하면 됩니다.

```
# firewall-cmd --runtime-to-permanent
```

22 방화벽 서비스 목록을 확인하기 위해서는 다음 명령을 수행하면 됩니다.

```
# firewall-cmd --permanent --zone=public --list-services
```

23 특정 IP 주소 125.209.222.141(www.naver)에서 들어오는 public 영역으로 들어오는 모든 트래픽을 허용하고 새 규칙을 영구적으로 수행되도록 설정한 다음 변경된 사항을 확인하려면 다음 명령을 수행하면 됩니다.

```
# firewall-cmd --zone=public --add-source=125.209.222.141   ← IP 주소 등록
# firewall-cmd --runtime-to-permanent                        ← 설정 내용 영구 수행
# firewall-cmd --zone=public --list-sources                  ← 변경된 내용 확인
```

24 트래픽이 허용된 IP 주소 125.209.222.141을 제거하고 변경된 사항을 확인하기 위해서는 다음 명령을 수행하면 됩니다.

```
# firewall-cmd --zone=public --remove-source=125.209.222.141   ← IP 주소 등록 제거
# firewall-cmd —zone=public --list-sources                      ← 변경된 내용 확인
```

25 현재 세션에 대해 공개 영역에서 포트 번호 8080을 열기를 설정하고 재부팅 후에도 8080 포트 번호를 열어두도록 설정한 다음 변경된 사항을 확인하기 위해서는 다음 명령을 수행하면 됩니다.

```
# firewall-cmd --zone=public --add-port=8080/tcp        ← 포트 번호 열기
# firewall-cmd --runtime-to-permanent                   ← 설정 내용 영구 수행
# firewall-cmd --zone=public --list-ports               ← 변경된 내용 확인
```

26 등록된 포트 번호 8080을 제거하고 변경된 사항을 확인하기 위해서는 다음 명령을 수행하면 됩니다.

```
# firewall-cmd --zone=public --remove-port=8080/tcp     ← 등록된 포트 번호 제거
# firewall-cmd --zone=public --list-ports               ← 변경된 내용 확인
```

INDEX